北京北奥广告公司
BEIJING OLYMPIC ADVERTISING CO.
U0804167

中国广告年鉴

（1998年）

新 华 出 版 社

图书在版编目(CIP)数据

'98中国广告年鉴/新华社中广联编.
北京:新华出版社,1999.5
ISBN 7-5011-4416-8

Ⅰ.'9… Ⅱ.新…Ⅲ.广告-中国-1998-年鉴 Ⅳ.F713.8-54

中国版本图书馆CIP数据核字(1999)第15586号

新华出版社出版
中国广告年鉴编辑部编
北京同力永正图文设计事务所承制

开本787×1092毫米 16开本 38印张
彩色插页32页 字数:1000千字
1999年5月第1版 1999年5月北京第1次印刷
ISBN 7-5011-4416-8/Z·570
定价:**220**元(精装)

繁榮廣告事業
促進經濟發展

祝賀《中國廣告年鑒》出版

王众孚
九九七年元月廿二日

国家工商行政管理局局长王众孚题词

编 辑 说 明

一、《中国广告年鉴》是一部图文并茂的大型资料工具书，收编了 1997 年和 1998 年有关广告方面的主要文献资料。

二、“政策法规”、“大事纪要”等，以日期为序。

三、本年鉴收集的 1997 年和 1998 年的资料和数据中暂未包括我国台湾省、香港特区和澳门地区。

四、为便于读者检索，书末附有“广告经营单位目录索引”和“广告刊户索引”。

五、限于编辑水平和所掌握的资料，缺点和错误在所难免。欢迎读者批评指正。

人民日报 广告部

《人民日报》从一九四八年六月十五日创刊起，就开始经营国内外广告业务。我们始终以“架起产销之桥、服务内外客商”为宗旨，为国内外客户提供热情周到的服务。目前已与世界众多的广告公司及客商建立了密切的业务联系。

《人民日报》广告可信度高，广告效果显著

《人民日报》拥有一流的广告从业人员。广告部现有工作人员三十名，对广告的策划、编排、设计、制作，具有丰富的经验，业务能力强，服务水平高。对广告来稿，严格按照《广告法》审查，刊登的广告一向以真实、庄重、可信著称。《人民日报》作为最具权威的全国性报纸媒介，特别适宜国内外各行业中影响较大、经济实力雄厚的大中型企业进行广告宣传。《人民日报》的权威性、可信性在展示企业形象、扩大企业及产品知名度、商品促销、引导消费等方面可发挥特殊的影响力。《人民日报》广告部并向客户提供报刊广告创意和设计、制作业务及信息咨询服务。

《人民日报》印刷精美，广告视觉冲击力强

《人民日报》图文并茂，设计精良，采用国内最先进的激光照排、卫星传输技术，胶版印刷，视觉效果突出，广告影响显著。

《人民日报》按报纸发行量平均计算，在全国性报纸媒介中，广告价格最经济。

《人民日报》中国第一大报！

《人民日报》最佳广告媒介选择!

《人民日报》助您在市场营销活动中大展鸿图!

世界80多个国家和地区
人民日報
海外版
世界了解中国的窗口
中国走向世界的桥梁
人民日报海外版1985年7月1日创刊，是中国权威的对外综合性中文日报。创刊十几年来，以内容翔实、栏目众多、图文并茂、雅俗共赏、印刷精美、注重时效等特色受到海内外各界人士的喜爱。
人民日报海外版国内编排，国内外发行。除北京、成都印刷外，还远程传版到香港、旧金山、纽约、东京、巴黎、多伦多等地在当地制版印刷，发行世界80多个国家和地区。
人民日报海外版的广告严格遵守广告法规，内容真实可信，信息反馈及时，受众面广，价格合理，制作精美，服务周到，收效显著，信誉良好。作为中国在海外发行量最大、具有权威性的中文报纸，是企业开拓国际、国内两个市场，把中国优秀企业和名牌产品推向世界的极佳广告媒介。
祝愿中国的企业早日走向世界。
息翔实 · 栏目众多 · 图文并茂 · 雅俗共赏 · 国内编排 · 全球发行 · 远程传版 · 中文印刷
人民日报海外版广告部 发行部
地址: 中国北京朝阳区金台西路2号(100700)
广告部电话: (010)65092816 (010)65091903
发行部电话: (010)65091954
传真: (010)65092816 (010)65092664
PEOPLE'S DAILY OVERSEAS EDITION

M O N T A G E

北京市华融广告公司

北京市华融广告公司是在社会主义市场经济蓬勃发展的1993年成立的，具有独立法人资格的全民所有制企业。

我们本着真诚为客户服务的宗旨，积极拓展业务，努力探索，使经营范围不断扩大，专业技能不断提高，现可经营代理国内外广告业务。

公司具备企业CI策划、电脑美术设计、印刷品设计制作、广告摄影、灯箱及霓虹灯制作、大型广告活动、展览展示制作、广告代理发布、美术品经销等项业务，多次承担全国性大型展览的策划、设计与制作。多次为中外企业承办、策划大型活动。

我公司目前拥有西单大街繁华地段户外广告媒体，1998年又在北京市动物园管理处和通州区繁华地带开发了多块新媒体。欢迎广大客户与我们联系。

公司全体员工本着“团结、奋进、开拓、求实”的敬业精神，竭诚为国内外客户服务，共创广告业的美好未来。

地　址：北京市西城区北露园小区2号楼4层北厅
邮　编：100037
电　话：68320207，68328818
传　真：68320030
总经理：孟宪岭
联系人：陈健梅

京路廣告
北新建材
迈向住宅产业化新时代
筑信息之路
通成功之路
总代理
北京市公路局管理范围内
公路及高速公路的各种广告业务
设计、制作、代理和发布
国内和外商来华广告
高速公路
国 道
规 划 线
市县公路
101 京-沈阳
102 京-哈尔滨
103 京-塘沽
104 京-福州
105 京-珠海
106 京-广州
107 京-深圳
108 京-昆明
109 京-拉萨
110 京-银川
111 京-加格达
单位名称：北京京路广告公司
地 址：北京市西城区东太平街36号
邮编：100031
电话：66032820
总经理：刘铁军

92年12月18日《精品》创刊，京城一家彩色生活服务类报纸诞生。

朋友由生而熟，为尽早得到您的认同，《精品》对自己近乎苛求。

头版眩目的成了《精品》注册的商标。

因为没有参照者，我们每一步摸索都凭借自己的指南针。

仅说出"精品"两个字，人们就知道指的是我们。

每周增至两非工作量乘么简单。

激烈的报业竞争中，《精品》深知超越自我才是制胜法宝。

精益求精。信息更全面，服务更周到。

永远的精品

据中国人民大学舆论研究所多次调查显示，在北京地区非日报类报纸中，《精品购物指南》已无可争议地成为：

信息量最为丰富全面的报纸；
信息有用性最高的报纸；
最能贴近读者实际需要的报纸；
最能敏锐地追踪社会时尚与潮流的报纸；
广告有用度最高的报纸；
居民接触率排行第一的报纸；
版面布局最为合理的报纸；
报纸销售价最为合理的报纸；
总体质量最好的报纸。

目前全国已有1300余家广告公司（包括众多4A广告公司）成为《精品购物指南》的广告代理商，我们真诚希望您也加盟到这个行列中来，共同创造美好的明天！

精品購物指南

地址：北京市海淀区阜成路79号 邮编：100036 广告部电话：(010)88130488 88111310 88130548 88111318 传真：(010)88130549 881

上海市公共交通广告公司成立于1988年8月8日，是上海市公共交通行业的专业广告公司，公司以集约化经营为优势，拥有媒体涵盖全市400余条公交线路，10000余辆公交车，2000多个公交站点。10余种不同类型的发布样式，为各类不同需要的客户提供最佳传播效果。公司全年营业额逾五仟万元。经国家工商局、中国企业评价协会评价确定为’95中国50家最大广告公司之一，上海市排名第十位，并连续五年被上海市工商行政管理局、上海市广告协会评为上海市广告业“重信誉创优质服务”先进单位。

公共交通广告以其出现率高，诉求对象宽广，定位适应性强，收费低等卓越的优点在诸多广告媒体中独树一帜，历来为广告界和工商界所重视，在人口密集的大都市作为具有影响力的流动户外广告，其作用尤为明显。为不断提高服务质量，公司投资引进先进技术和设备，运用电脑设计和电脑写真制作，大大提高了车体广告的发布效果，尤其是全色车广告成为都市户外广告中的一枝独秀。

上海市公共交通广告公司

总经理：朱小林
联系人：王永明

地址：上海市武胜路109号　电话：业务部（021）63722680　邮编：200003

ELCOME TO NEW CONTINENT

上海新大陆传播有限公司

① 在东方明珠塔下，在黄浦江边，我们不断在开辟新的户外霓虹灯广告。又一批沿江新媒体已经诞生。

② 我们承担着上海浦东的陆家嘴金融贸易区即将闻名全国的“世纪大道”及浦东各主要景点的景观设计及广告发布任务。

③ 在上海著名的延安东路隧道两侧及隧道内，也都是我们的广告阵地。

④ 我们曾策划、组织了一系列上海及全国的大型活动，如“’96上海旅游节”、“八届全运会体育爱好者之路”等。

⑤ 我们的平面设计与国际同步，承担着各类中国对外宣传的设计、制作任务。

⑥ 我们的“经典集影视制作中心”拍摄的广告片，获1997年上海广告作品一等奖。

⑦ 当然，各种电视、广播、报纸的广告代理同样也是我们的特长。

海新大陆传播有限公司　SHANGHAI NEW-CONTINENT MEDIA CO., LTD

嵩山路77号　上海皇宫商务楼三楼

Add:3rd.Floor, Business Building Shanghai Palace No. 77 Songshan Road, Shanghai 200021

: 200021

: 53060162　53068345

电话：53060162　53068345

: 53065170

传真：53065170

总经理：赵抗卫

DONGYA

江苏常州

东亚广告策划有限公司

公司外貌、公司大厅

董事长、法人代表　邵伴鸿

▲总经理　张军华

副总经理　许志平

东亚广告策划有限公司是常（州）武（进）地区实力雄厚的专业性广告公司之一。有比较先进的技术设备和一批专业人才，是中央电视台广告代理单位，与全国各地传播媒介有着广泛而密切的合作。

公司是董事会领导下的总经理负责制，下设总经理办公室、客户部、市场调查部（含产品促销）、设计制作部、媒介部、计财部。下属单位有：东亚科技开发有限公司、北京亚东广告公司、东亚霓虹电器厂、瑞利有限责任贸易公司。

公司经营范围为：策划、设计、制作、代理影视、广播及报刊等全国各类广告业务，代理外商来华广告业务。承接霓虹灯、路牌、灯箱、建筑物、墙面、庭园等广告的设计和制作。

公司将以不断完善的创意，高水准的整体创优能力，并以您的目的为目标，成为企业家的真挚朋友，新产品销售的桥梁。您的成功就是我们辛勤劳作的收获。

地　址：市博爱路72号博爱大厦十楼

邮　编：213003

电　话：0519-8116533　8153240

传　真：0519-8103241

董事长、法人代表：邵伴鸿

总经理：张军华

副总经理：许志平

合肥市公交广告公司

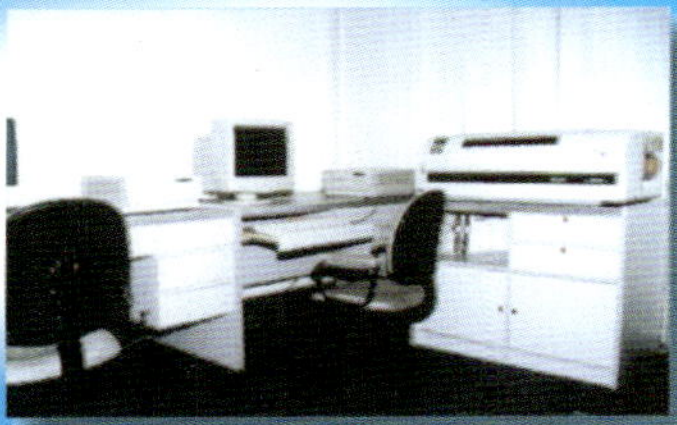

合肥市公交广告公司是中国广告协会会员单位。成立于八十年代中期，以承揽、制作、发布公交广告为主，同时代理其他广告业务。

合肥是安徽省会，改革开放以来城市建设日新月异，经济发展突飞猛进，现已形成现代化大都市的崭新风貌。合肥市公交广告公司以其优越的地理位置，并依靠公交总公司千余辆公交汽车百余个公交站亭，数百个公交站牌以及设在市内各交通枢纽的公交总站经营公交广告，成为合肥市具有相当实力和信誉可靠的广告公司。

本公司拥有效果独特的广告媒体及现代化的经营管理手段，利用先进的电脑写真设备，创新设计，精心制作，为广告主提供满意的服务。

我们拥有最先进的
美国施乐公司
电脑静电写真设备

地址：合肥市铜陵路236号　邮编：230011　电话：0551-4489953　传真：0551-4466571

企业形象规划
广告策划、设计
宽幅喷绘基地
巨型户外广告工程
公关活动代理

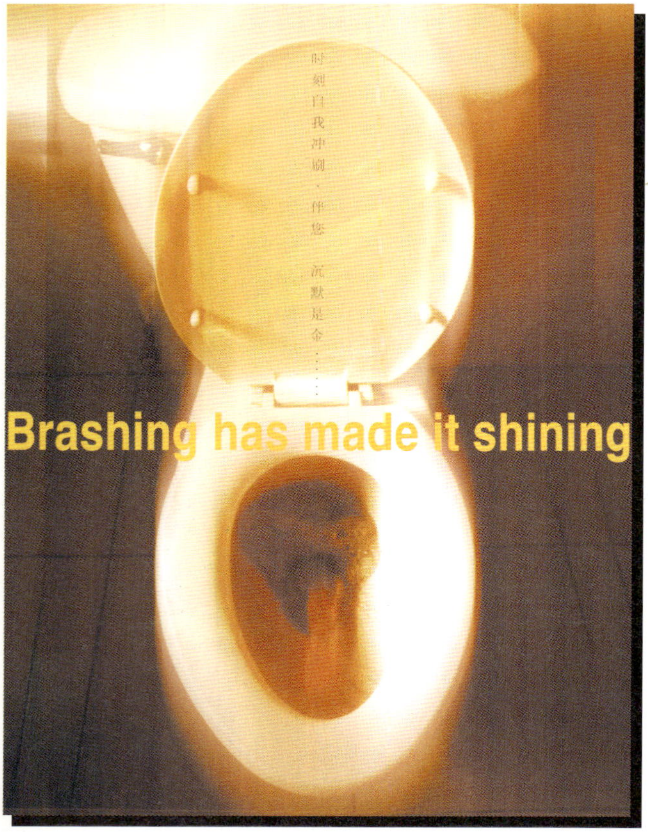

MEIKAO SPIRIT

梅高精神—馬桶精神

马桶有着深刻的文化内涵，是人类文明的尺度。马桶源于自然质朴本身，靠千锤百炼方成器。沉稳大度、处惊不乱，以热情拥抱压力是马桶的品格；甘于寂寞、严于职守、富于自我牺牲是马桶的精神。马桶能使您轻松、舒展至极至；马桶靠自我洗刷、亮丽到永远。梅高人面对客户，甘为马桶而自豪。为了您，让我们彻底地付出，使用我，请您要彻底地坦诚！

MEIKAO 梅高

北京 上海 沈陽 桂林

北京梅高企业策划顾问有限责任公司
上海梅高创意咨询有限公司
沈阳华高国际企业发展企划有限公司
桂林梅高营销企划有限责任公司
桂林梅高形象设计有限公司
桂林梅高广告策划有限责任公司
梅高印务礼品公司

541004,P.R.CHINA TEL:(0773)5811516 5812369 5811586 5826430 5816766 5817646 FAX:(0773)5812833 5817647 E-MAIL:MEIKAO @PUBLIC.GLPTT.GX.

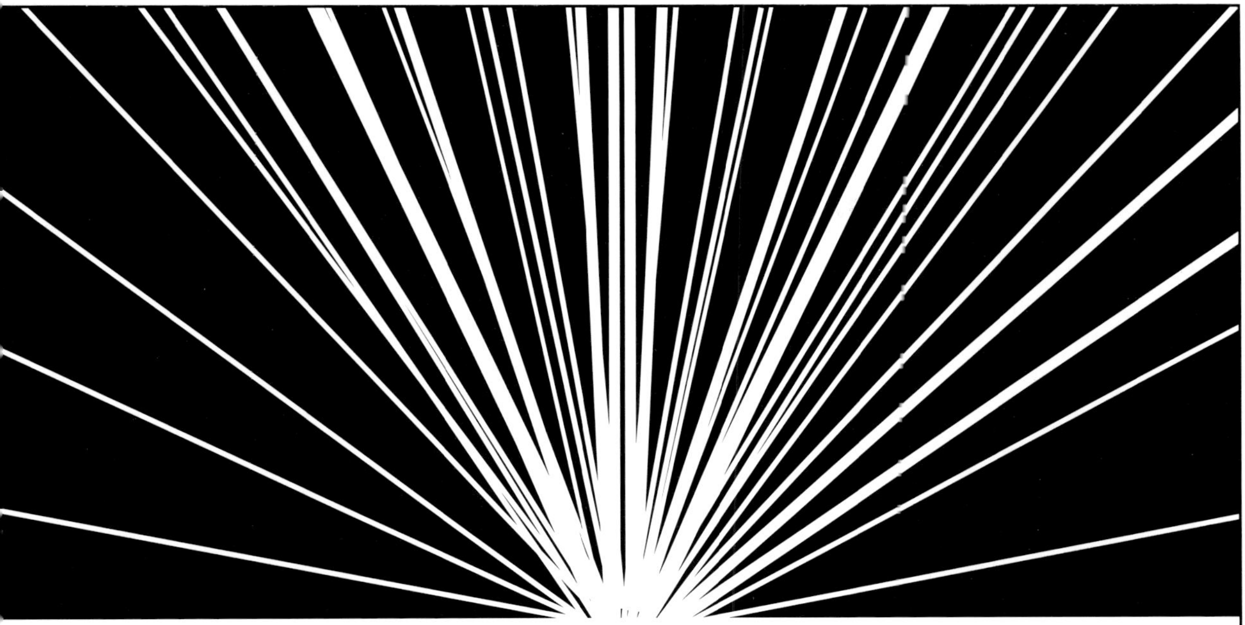

OVERSEAS DIGEST
海外文摘
《海外文摘》杂志是一本贴近生活的综合性中文月刊。它专门介绍国外以及台湾、香港、澳门的社会万象和风土人情，以传播知识、开阔眼界、陶冶情操为宗旨。设有环球采风、经营之道、海外亲历、世界名人列传、海外影视、科技新知、台湾万象、西方社会掠影等20多个栏目和8页彩色插页。文字凝练、图片精美，具有知识性、可读性、趣味性。各行各业，各种年龄的人都能从中找到自己喜爱的天地。
《海外文摘》1984年11月创刊，原名《台港与海外文摘》，1986年改为现名。它自诞生的那天起，就沐浴着改革开放的春风，始终充满着时代的气息，以清新的异国情调、丰富的人生画卷，深刻的思想内容赢得读者的喜爱。
本刊刊登国内外各种广告，广告刊例函索即寄。
IMPACT
海外文摘
了解世界的百科全书
全国各地邮局均可订阅 国外发行 中国国际图书贸易总公司(北京2820信箱) 邮发代号：2-516 广告证号：京西工商广字
刊号：ISSN1003-2177 CN11-1820/Z 定价：3.50元 地址：北京西四北五条26号 邮编：100034 电话：6618

好/ 心/ 专/ 递/ 中/ 文/ 寻/ 呼/ 广/ 告/ 网/

环视四海 一呼百应

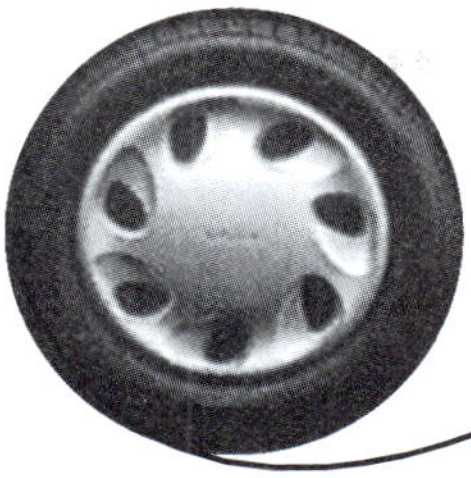

迅速传递

方便快捷

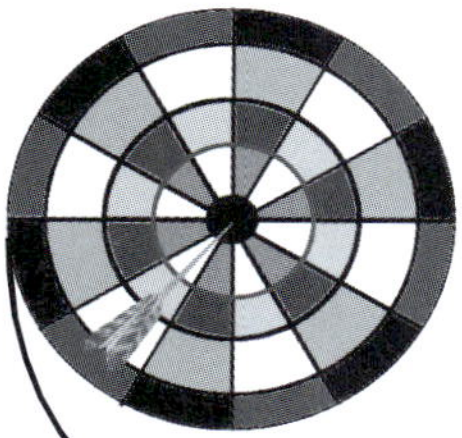

针对性强

一呼百应

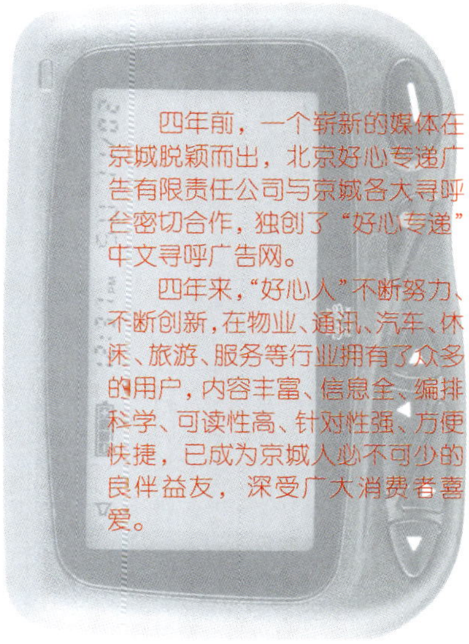

四年前，一个崭新的媒体在京城脱颖而出，北京好心专递广告有限责任公司与京城各大寻呼台密切合作，独创了“好心专递”中文寻呼广告网。

四年来，“好心人”不断努力、不断创新，在物业、通讯、汽车、休闲、旅游、服务等行业拥有了众多的用户，内容丰富、信息全、编排科学、可读性高、针对性强、方便快捷，已成为京城人必不可少的良伴益友，深受广大消费者喜爱。

“只有客户的成功才是我们的成功”。
我们努力实现：为客户服务，一定要出色！

北京好心专递广告有限责任公司
Beijing HaoXin ZhuanDi AD.CO.LTD

地址(ADD)：北京市朝阳区工体东路14号　邮编(P.C)：100020
电话(TEL)：(010)65007996　65007966　传真(FAX)：(010)65855083

目 录

1 领导人讲话

2 中国广告业发展概况

3　专论

4 政策、法规

5 大事记

6 中国广告协会

7 广告学术论文选登

8 广告优秀作品获奖名单

9 公益广告专栏

10 中外广告学术交流

11 名词注释

12 广告经营单位介绍

13 索引

CONTENTS

1. Speeches By Leaders

2. General Description of Development of China's Advertising Industry

3. Academic Papers

4. Policies and Laws and Regulations

5. Chronicle of Events

6. China Advertising Association

7. Selected Academic Papers on Advertising

8. Name List of Outstanding Prize – Winning Advertising Works

9. Public Welfare Advertisement Column

10. Advertising Academic Exchanges between China and Other Countries

11. Notes on Nouns

12. Introduction to Advertising Agents

13. Indexing

领导人讲话

广告勿忘精神文明

陈慕华

近几年,我国广告业的服务水平不断提高,各种广告都比前些年好多了,广告在物质文明建设中发挥了越来越重要的作用。虽然离高标准要求还有差距,但这几年确实进步不小。在去年中国广告协会举办的春节联欢会上,我曾建议每个广告公司每年做一次公益广告,向社会献爱心,用正确的舆论引导人。我高兴地看到广告界开展了"中华好风尚"主题广告月活动,促进了公益广告的发展。最近,无论在电视上,还是在报纸上,都能经常看到公益广告,通过公益广告宣传和提倡社会主义道德风尚,引导人们树立高尚的情操。这说明广告界的同志们在过去的一年里,为社会主义精神文明建设做出了积极的贡献。

广告既传递信息,促进社会主义市场经济的发展,同时也传播着思想和观念,影响人们的道德和行为。希望广告界的同志们在创作广告作品时,要注意其思想性,使广告符合社会主义精神文明的要求,体现社会公德、职业道德、家庭美德,积极倡导和反映爱祖国、爱人民、爱劳动、爱科学、爱社会主义的好风尚。

最近,酒的广告很突出,喝酒的风气很盛,因喝酒误事的大有人在,因喝酒失态、丢丑、乱说乱讲、开车出事故,也是经常发生的。我主张不吸烟,不喝酒或少喝酒,于国、于民、于己都有好处。即使喝酒,也应当有好的风气,不要劝酒,更不要强人所难,在这方面也要讲文明。

广告与新闻要划清界限,不要搞有偿新闻,因为有偿新闻会给人们一种误导,既影响新闻的客观性,又腐蚀记者队伍,也扰乱广告市场。

一年之际在于春,广告界在新春之际也要开一个好头。希望大家争做行业精神文明标兵,争创行业精神文明单位,在新的一年里取得更大的成绩。

[本文系全国人大常委会副委员长、中国广告协会名誉会长陈慕华在1997年首都广告界新春联谊会上的祝词]

国家工商局王众孚局长谈广告

1997年12月23日，国家工商局王众孚局长在全国工商行政管理工作会议上所作的报告中，对1997年广告工作成绩和1998年的广告工作思路作了简要概括和勾画。他说：

1997年加大了广告监管力度，规范了广告行为

——在全国范围内开展了广告经营资格专项检查。通过检查，暂缓通过4098户，取缔经营资格6239户，保证了广告业的基本经营素质；开展了医疗广告执法检查，查处违法医疗广告9000余件，销毁违法医疗广告印刷品230余万张；开展了酒类广告执法检查，对某些重点媒介违反规定发布酒类广告问题进行了严肃处理，解决酒类广告数量严重超标问题取得阶段性成果；对全国534块户外大型广告显示屏进行了检查，对违反规定发布广告的问题，责令限期整改。

——在全国开展了“自强创辉煌”主题公益广告月活动；支持指导广告行业组织开展创建精神文明行业活动，全国有103家先进单位受到表彰。

——引导广告主正确实施广告战略，积极开拓国内外市场，提高广告效益工作取得成效。

——建立了广告经营单位和发布单位广告审查员的制度和公益广告发布制度，完善了广告监测制度和药品广告审查管理制度。

——加大了对虚假、违法广告的查处力度，全年共查处广告违法案件2.73万件，罚款金额4487万元。

——广告监管工作的加强，有力地促进了我国广告业健康发展。到今年底，我国广告经营单位达5.3万户，全年广告营业额已超过450亿元。

1998年坚持发展与规范相结合，加强对广告的监督管理

——引导企业增强广告意识，正确实施广告战略宣传企业，宣传产品，拓展产品市场，促进企业发展。

——积极推行广告企业资质等级制度，严格广告经营资格的审批和管理。积极开展培训工作，努力提高广告业的整体素质。

——积极探索和完善广告监督管理体制，建立符合市场经济规律要求的广告业经营机制。继续完善广告发布标准体系，严格规范广告代理、广告出证等广告行为，推行广告审查员制度，积极开展广告监测，继续加强对酒类、烟草等特殊商品和服务广告的监督管理。严肃查处各种广告违法行为，特别是对影响经济秩序和社会稳定，影响社会风尚等群众反映强烈的问题，要采取有力措施，加以集中整治。

——注重发挥广告业在促进精神文明建设中的积极作用。引导广告业加强行业自律，大力开展创建精神文明行业活动；不断提高公益广告的创意、设计水平，更好地发挥其促进精神文明建设的作用。

新春祝词

——国家工商局副局长惠鲁生

在 1997 年新春到来之际,特向广告界同仁致以新春的祝贺和诚挚的慰问!

伴随着改革开放的不断深入,社会主义市场经济的健康发展,迅速崛起的年轻的广告业,已经显示出它旺盛的生机活力。

多年来,广告界的同仁们在为社会主义物质文明和精神文明建设服务的实践中认识到,规范有序、公平竞争的市场环境是保持市场经济持续健康发展的前提,是广告业保持活力的根本。许多市场经济较发达的国家已经为此进行了数百年的探索,付出了无数的代价,为我们提供了很多值得借鉴的经验。

直接从事和关心广告这一新兴产业的朋友们正在用自己的实践不断深化和提高我们的认识,即:不断完善广告业规则,规范广告市场,以保持广告业旺盛的生机活力,促进健康发展。这是摆在我们面前的一个非常严肃,又十分紧迫的历史性课题。

挑战和希望并存,机遇和风险同在,这个历史性课题,虽然严峻,但又令人鼓舞,它给我们带来的绝不仅仅是焦躁不安,恰恰相反,它使我们更加振奋,就像这些年所取得的成绩那样又给我们注入了新的继续前进的力量!

如同万事万物一样,市场经济的产生、发展,广告业的完善和规范,也是一个渐进的过程,在这新春即将到来之际,我诚恳地希望无论是广告主、广告经营者,还是广告发布者,所有的广告同仁们、朋友们都要从各自的角度,为推进中国广告市场的规范和发展,为社会主义市场经济的两个文明建设作出新的努力!我愿以此与大家共勉!

把握全局,突出重点,强化执法

国家工商局副局长　　惠鲁生

把握全局,立足本职,科学客观认识广告业的发展现状

工商行政管理机关作为市场执法和经济监督机关,市场主体的监督管理和市场行为的监督管理构成了执法的核心内容。伴随着市场经济的发展,我国广告业迅速崛起,工商行政管理部门是广告的管理机关,承担广告行业行政管理和广告市场监督管理的职能。在加强广告监督的同时,履行着促进广告业发展的艰巨任务。我们从事广告管理,必须对广告业发展要有宏观的把握。

首先,我们应当看到我国广告业强劲的发展势头

我国广告业是一个极富朝气、有巨大发展潜力的新兴行业。改革开放以来,在数量和质量

上都有了很大的发展，这主要有以下原因：

1.市场经济发展的客观要求。广告业在一定程度上反映了市场经济发展的状况，是市场经济的必然要求。市场经济是其存在和发展的基础。我国广告业的发展与我国经济体制由传统计划体制向市场经济体制转变的过程同步。正是由于我国实行社会主义市场经济体制，才使国家面貌发生深刻变化，人民生活水平提高，国家综合实力和国际地位增强，为广告业的发展创造了得天独厚的条件。可以说我国广告业的发展得益于市场经济的发展，市场经济的无限前景和迅速发展，是广告业源源不断的动力。

2.广告业自身发展的客观需要。广告业作为市场经济的先导产业，必然遵循市场经济的一般规律。一般要经历起步、发展、成熟三个阶段，由小到大，由低到高。我国广告业发展还不到20年的时间，还处于积累、发展阶段，广告市场潜力很大。同时，广告业作为高新技术产业，对人才资源、技术资源具有较强的吸引力，广告业快速发展符合广告业自身发展的需要。

其次，我们也应当看到广告业不容回避的问题

1.从市场运行角度看：

主体不规范。一些广告经营单位资质条件不高，人员素质不高，管理水平不高，广告主的意识弱，投入差；广告发布者未完全按市场规则运作。

行为不规范。一些广告主由于法制观念不强，在经济利益的驱动下，发布虚假违法广告，推销假冒伪劣产品；有的在广告中贬低竞争对手，损害他人的商业信誉；一些广告经营者违背商业道德，利用不正当手段争夺广告客户，干扰正常的经营秩序；一些媒介单位见利忘义，不认真履行广告审查职责，发布损害国家利益和社会公众利益、损害消费者权益的违法广告。这些问题干扰了广告行业的正常秩序和健康发展。

2.从市场监督管理角度看：

我们的监管工作与飞速发展的广告业还不能完全适应。一是广告监督管理工作量大、面广、广告涉及社会生活的方方面面，广告监管的领域和对象不断扩大，新的情况、新的问题不断出现。二是广告处于物质文明和精神文明的交汇点，同时又与人民生活极为密切，热点、敏感问题多。三是广告行业行政管理比较薄弱，中介机构不发达，使监督管理面临较大压力。此外我们工作层次的清晰度以及执法力度都有待加强。

针对这些问题我们应当能够科学分析：

1.客观上：我国广告业处于发展的初始阶段。全社会的广告意识不强，广告市场竞争不充分，决定了我国广告业的不成熟性。广告业的问题是广告业发展阶段必然出现的问题。

2.主观上：(1)广告主受传统计划体制的影响，“重生产、轻营销”的观念根深蒂固，导致广告行为存在一定的盲目性。(2)广告经营者、广告发布者公平竞争意识、自律意识不强，不能正确处理单位利益与广告业整体利益、长远利益的关系，导致竞争行为不规范。(3)广告监督管理部门对广告业在市场经济中的重要地位和作用，以及对广告市场规律的把握上都存在一定的局限性。

有全局、有层次解决广告业发展中出现的问题

工商行政管理机关作为广告的管理机关，对于解决广告业出现的问题，不仅大有可为，而且责无旁贷。各级广告管理机关应当从本地实际出发，对广告业发展进行定期研究，提出宏观指导意见，通过广告市场的发展和规范促其健康发展，为经济发展服务。

一、解决好广告经营者、发布者、广告主的认识问题

1.抓紧制定广告管理法规。特别要加快制定与《广告法》相配套的单行规章,健全广告法律体系,依法规范广告活动。广告监管要有所创新,有立法权的地方,要制定一些地方法规;同时要制定一些规范性措施,解决阶段性问题,为监管工作提供依据。

2.严格执法,做到执法必严,违法必纠,严厉打击广告违法活动、净化广告市场。要克服地方保护主义和办案畏难思想,敢于执法,善于执法,保护合法经营,维护公平竞争。

二、解决好广告经营者、发布者、广告主的行为问题

1.按照党中央、国务院关于两个文明建设的总体部署和要求,加强对广告主、广告经营者、广告发布者的引导和教育,积极推进广告业精神文明建设,从根本上增强企业的社会责任感和市场道德观念,发挥广告行业组织和各类市场中介机构的积极作用,建立广告市场自律机制,全面提高广告从业人员的职业道德水平。

2.分层次培训广告主、广告经营者、广告发布者,切实提高广告主体的广告意识和法律意识,提高运用广告战略的水平和广告策划、创意能力,改善广告发布质量。

3.加强广告业的行业交流,不断学习和借鉴国际上先进的广告观念、技术、方法,以及经营管理经验,迅速提高我国广告业的整体实力。

广告监管部门要提高认识,突出重点,强化广告执法工作

一、要有宏观总体的把握和认识

只有了解国民经济、广告业的宏观,广告执法这一局部才能深刻。只有了解广告业的发展前景,才能明确监管目标。只有了解广告业的发展现状才能找准工作的切入点。我们看问题,应当跳出本位主义小圈子,高屋见瓴,着眼全局。各级广告监督管理机关要在市场经济发展的大环境下纵横认识广告业发展的必然前景,准确把握广告业发展的脉搏,开阔眼界,拓展思路,增强工作的使命感和责任感。

二、在工作的部署和推进上要目标明确,层次清楚,重点突出

当前,广告管理要围绕为广告业健康发展创造良好环境而展开。要根据不同地区市场经济发育程度和广告业现实状况进行分类指导。广告业比较成熟的地区要强化规范;对广告薄弱的地区,在抓好规范的同时,要做好扶持和指导工作。

三、要抓本质,抓热点

抓本质就是要从市场经济的规律出发,审视广告业的问题。要抓体制、机制等根子上的问题,不能就事论事。抓热点就是要紧紧抓住社会关注的热点,把欺诈广告、政治错误类广告作为查处的重点。要加强招生、医疗、房地产、养殖、种植广告的监督检查,严厉查处虚假违法广告,切实维护消费者利益,维护社会和谐稳定的良好局面。

四、认真研究执法,高质量办案

1.执法办案是广告管理的基础工作,是广告法律实施的关键环节,是管理力度和权威的体现,是履行广告监督管理职能的重头戏。不加强执法办案,就不能实现职能到位。

2.集中思想,注意研究不同时期广告违法行为的特点、原因、发案区域、表现形式、商品服务种类、违法趋势、苗头,集中时间,集中力量,组织有针对性的执法检查。

3.广告办案要讲求质量,执法要定期研究。监管力度、执法水平从何而来?依法行政是前提,关键是要加强案例分析研究,定期会诊,及时总结,不断提高执法水平。

五、广告管理干部要加强学习,深化实践

这里我想强调"三学"。一要学习、研究法律法规规章,争取成为广告法律专家;二要学习

研究广告活动主体,研究它们的行为状态、兴趣状态和发展趋势,摸索规律,提高管理的针对性;三要学习研究社会,丰富知识,增加内涵。

最后,我想强调一下广告管理人员问题。目前,广告管理人员无论数量还是质量与广告业的飞速发展、与我们承担的工作都不相适应。广告业是集知识、技术、人才于一身的行业,又是前途广阔的行业,需要高素质的广告管理人才,各级工商行政管理机关要从实际出发,根据工作任务的需要,舍得在这方面投入力量。

广告业是一个极富朝气、有巨大潜力的新兴行业,广告监管岗位是一个充满活力、有充分发展前途的岗位。在这一局部,能够感受到新兴行业的发展和成熟,感受到市场经济跳动的脉搏和发展轨迹,所能获得的是全局性的认识和知识,这是在任何一所大学都不可能学到的教科书。

国家工商局惠鲁生副局长就中广协的工作发表讲话

在中广协四届六次执行理事会上,惠鲁生副局长首先向全体执行理事通报了1997年的工商行政管理工作情况。她说,1997年是我国历史上非常重要而又极不平凡的一年。全国政治稳定,经济发展,各项事业取得了新的成就。各级工商行政管理机关紧紧围绕规范市场主体行为、规范市场交易行为和规范市场监管行为的总体思路,深入开展公平交易执法年和工商形象建设年活动,加大监管力度,加强队伍建设,在维护市场秩序,推进两个文明建设中,取得了新的进步和成绩。

惠副局长接着指出,1998年的工商行政管理工作,要以十五大精神统揽全局,进一步健全市场规则,加强市场管理,清除市场障碍,努力开创工商行政管理工作的新局面。在推进两个文明建设中要做出新的贡献;在执法上要上新的水平;在提高队伍素质上要上新的台阶;在体制改革上要有新的进展。惠副局长说,广告协会作为工商行政管理机关领导下的广告行业自律组织,作为市场的中介机构,随着市场经济的发展,其中介作用日益重要,有着广阔的发展前景。多年来,中国广告协会在各专业委员会的共同努力和积极支持下,做了大量富有成效的工作。在新的一年里,要继续开拓奋进,通过自律,促进发展,提高素质,强化规范,协助监管,进一步开创协会工作的新局面,努力服务于大中型企业,努力服务于国民经济。为此,提出以下三个观点与大家共勉:

1.全局的观点。要了解市场经济推进的层面,明确自己的定位。要着眼于全国经济发展的大局,再看广告业发展的全局,以及协会工作所处的地位、层次和面临的问题。只有这样,才能正确把握自己,科学有效地做好工作。

2.系统的、过程的观点。市场经济的发展是分层次推进的,广告行业也是如此,发展壮大需要有个过程,与之相伴的协会工作发展也是个过程。因此,要通过坚持不懈的努力,不断推进协会工作的发展,使之日臻完善。用这样的观点认识问题,就有了工作的自觉性,就能把握好时机,就会事半功倍。

3.市场的观点。要依据市场确定目标，用市场的方法实现目标，从市场的角度审视市场的问题。有了明确的目标和现实的切入点，再有层次地推进。

目标与现实政策是有区别的。市场经济的推进为广告协会的工作提供了光明的发展前景，提供了宽广的活动舞台。作为执行理事，对协会工作的发展承担着重要的责任。我们要理顺关乎企业和协会发展全局性的大事，理顺触及协会本质及其规律的大事。我们所理顺之事有层次、有档次，协会的工作就能上层次、上档次。协会要成为全行业有权威性的协会，指导工作必须加强。

惠鲁生副局长就“自强创辉煌”主题广告月活动和“争创广告业精神文明先进单位”活动发表讲话

同志们：

今年，国家工商行政管理局在全国范围内组织开展的“自强创辉煌”主题公益广告月活动和“争创广告业精神文明先进单位”活动，在各级党委、政府及有关部门的大力支持下，取得了显著成效。今天，我们在这里召开总结表彰大会，对在这两项活动中表现突出的单位和个人给予表彰，对优秀公益广告作品颁发公益广告政府奖。有关部门领导在繁忙的工作中抽出时间出席今天的大会，对我们的工作给以大力支持。在此，我代表国家工商行政管理局和全国广告界同仁向他们表示热烈的欢迎！同时，也代表活动组织单位向获奖的单位和个人表示热烈的祝贺，向所有积极参与这两项活动的社会各界人士和朋友们表示衷心的感谢。

全国“自强创辉煌”主题公益广告月活动和全国“争创广告业精神文明先进单位”活动，是广告业坚持建设有中国特色社会主义理论，使我国广告业以崭新的面貌迈向21世纪的重要举措。这两项活动由国家工商行政管理局统一部署，全国各级工商行政管理机关和广告协会组织落实，广大广告主、广告经营者和广告发布者共同参与，目的是配合香港回归祖国和迎接党的十五大的召开，学习、宣传、贯彻党的十五大精神，充分发挥广告的社会教育、舆论导向等作用，弘扬中华民族励精图治的民族精神，引导和规范广告业为社会主义物质文明和精神文明做出应有的贡献。

在各地党委、政府的领导下，在各级宣传部门的大力支持下，在各级工商行政管理机关和广告协会的精心组织下，这两项活动产生了积极的社会影响。

长期以来，工商行政管理机关坚持“两手抓，两手都要硬”的方针，在规范广告市场的同时，注重广告业的精神文明建设。这两项活动的开展，是工商行政管理机关建设两个文明的具体体现。1996年，在全国范围内组织开展了“中华好风尚”主题公益广告月活动，受到了社会各界以及广大群众的肯定和赞扬。今年，我们又在全国范围内组织开展了“自强创辉煌”主题公益广告月活动和“争创广告业精神文明先进单位”活动。为了保证活动的顺利开展，并达到预期目的，国家工商行政管理局和中宣部、广电部、新闻出版署联合发出了《关于做好公益广告宣传的通知》，规定了媒介单位发布公益广告的时间和版面，充分发挥广告业在两个文明建设中的积极作用。

这两项活动的开展，树立了广告界的良好社会形象，促进了广告界整体素质的提高。在这两项活动中，广大广告主、广告经营者和广告发布者表现出极高的热情。在“自强创辉煌”主题公益广告月活动中，很多广告主、广告经营者、广告发布者投入了大量的人力、物力和财力，制作、发布了一大批内涵深刻、制作精良、水平较高的优秀公益广告，体现了广告界的奉献精神和社会责任感，展现出广告人热爱国家、关心社会、关心公益事业的美好心灵。在向社会传播良好风尚的同时，各级工商行政管理干部和广大广告主、广告经营者、广告发布者自身也受到了深刻的社会主义道德风尚教育，陶冶了情操。

在“争创广告业精神文明先进单位”的活动中，各广告经营单位建立健全了内部各项管理制度，加强了行业自律意识，规范了自身行为，树立了广告人良好的社会形象。“争创广告业精神文明先进单位”活动的开展，提高了广告界在广告活动中遵纪守法、注重社会主义精神文明建设的自觉性。同时，共同的目标和责任感，进一步加深了监督管理机关和广告经营发布单位之间的理解，这对广告业的健康发展具有十分重要的意义。

今后，我们要继续认真做好以下几个方面的工作：

一、认真贯彻党的十五大精神，发挥广告在两个文明建设中的积极作用

党的十五大要求我们要高举邓小平理论的伟大旗帜，把建设有中国特色社会主义事业全面推向二十一世纪。我们要认真学习、贯彻党的十五大精神，按照党中央、国务院领导的要求，在工商行政管理工作中，始终坚持两手抓，两手都要硬，把促进社会主义物质文明建设与促进社会主义精神文明建设很好地结合起来。在充分发挥商业广告在经济建设中的积极作用的同时，要引导商业广告注重社会主义精神文明建设，要通过组织广告经营者、广告发布者开展精神文明建设活动，让大批的广告业精神文明先进单位涌现出来，让大量寓意深刻、感染力强的公益广告作品问世，引导人们树立正确的人生观、道德观、价值观，为两个文明建设做出应有的贡献。

二、采取有效措施，将两项活动长期坚持下去

首先，政府要倡导。各级工商行政管理机关要在政府领导下，在党委宣传部门的指导下，将广告业精神文明建设作为广告监督管理工作的一项重要内容，广泛宣传，常抓不懈，持之以恒。要通过主题公益广告月活动和创建精神文明先进单位活动，广泛深入地发动群众，充分调动广告界参与精神文明建设的积极性，坚持“两手抓，两手都要硬”的方针。

其次，社会要参与。广大的广告主、广告经营者和广告发布者，要充分认识到自己的社会义务和责任，充分认识广告业精神文明建设对国家、社会繁荣安定和自身树立良好形象的重要意义。要统筹规划，合理安排资金、人员、设备和时段、版位，不断制作、发布高文化品位，高创意设计水平的公益广告；要通过行业自律，规范自身行为，加强行业精神文明建设，展现出在社会主义市场经济条件下，中国广告界积极向上、健康蓬勃的精神风貌。

第三，要建立良性循环机制。政府要加强对这两项活动的指导，制定有关的政策、措施和制度，建立公益广告发展良性循环机制，解决好公益广告活动资金保障问题，保证公益广告发展的后劲。对于广告业精神文明先进单位，广告协会要做好经常性的检查、指导工作，使他们不断提高水平，不断创新。

三、加强公益广告理论研究，全面提高我国公益广告的水平

通过两年的主题公益广告月活动，我国的公益广告无论是在质量上还是在数量上，都有了很大的提高。广告界要进一步加深对公益广告自身规律的认识，研究、探讨有关的理论问题，认真学习、借鉴国际上关于公益广告的有益经验，围绕建设社会主义精神文明，创作出更多的

优秀公益广告作品，使我国公益广告事业再上新台阶。

促进社会主义物质文明和精神文明建设是广告界义不容辞的责任，我们要按照党的十五大精神，充分利用自身的优势，采取多种形式促进广告业精神文明建设，把我国广告业精神文明建设活动提高到新的水平。

1997年12月22日

中广协杨培青会长在外广协第七届二次理事会上的讲话

首先，我代表中国广告协会，祝贺外广协、外企协会两个理事会的召开。

在世界经济全球化挑战的严峻形势下，在我国改革开放中，外贸企业、外贸广告企业负有特殊的历史使命，是增强我国国际竞争力的生力军。

过去，外经贸部的领导对中广协的工作给予了很多关心和支持。最近，在广告行业的行政主管部门国家工商局的推动下（其中，国家工商局广告司的郑和平司长起了关键的倡导和促进作用），在外贸老前辈齐中堂会长的重视和支持下，中广协与外广协的工作合作关系有了新的重要发展。

今后，中广协将在各项重大工作中，与外广协密切协调，形成合力。特别要借助两个外贸协会的特长与优势，提高广告行业的整体素质，以增强其为经济服务的功能，特别是在创名牌商品、名牌企业方面，要有突破性的举措。

衷心希望外贸企业对中国广告业的发展给予更多的关心和帮助。

谢谢。

1997年3月19日

杨培青会长在中广协团体会员委员会一届三次会议上的讲话

（1997年7月7日）

各位代表：

请允许我代表中广协衷心祝贺团体会员委员会一届三次会议顺利召开。感谢内蒙古自治区领导及工商局、广告协会的领导的周到安排，使我们大家得以在呼市团聚。

这次会议的主题是“广协职能的定位与作用问题”。命题选得恰逢其时，说明随着全国改革开放、经济发展的进程，广告界在实践中探索与思考，越来越接近自身发展的实质问题。大家思考了很长时间，讨论了很长时间，可以说，我们每做一件事，成功与失误，顺利与困难，无不与这个大前提有关。我相信,随着我们国家各项建设事业的深入发展,我们对这个问题的思路会越来越清晰,答案会越来越明确。

方才,郑和平司长就这一问题发表了具体的意见。我基本同意他考虑问题的角度,他的具体设想,是在改革的必然趋势面前的积极响应,他没有绕弯子,不含乎其词,这对我们接触问题实质进行讨论,是很有益的。

的确,广协的发展出路,依然在于深化改革,在于在体制和机制方面有所突破。当然,迈出步子,要顾及方方面面。我们面对的,有必然趋势,又有现实境况;有自身建设问题,也有客观条件问题;有共性问题,还有发展不平衡带来的特殊问题。但无论有多少问题,主要矛盾、迎刃而解的问题,应当是在社会主义市场经济体制下,作为一个综合性的行业组织——广告协会应该如何准确设定自己政府助手、行业服务的位置、职能和作用。回答这些问题的一个重要思路,显然就是政事分开。和平同志讲:广协的许多同志是身兼二面,既是政府官员,又是行业组织职员。这有其难舍难分,容易混淆的一面,但也有知己知彼,入木三分的优势,在合理划分政、事功能方面,更容易做到准确、实际和可行。希望大家发挥各自的经验优势,从现实出发,着眼于建立社会主义市场经济体制的大趋势,围绕着解放生产力(当然也包括广告行业的自身发展)的需要,讨论转轨问题和自律规范问题。这可能是我们迎接十五大应当采取的积极姿态,也是对行业发展的负责姿态。

有以下几方面的具体意见,供大家参考:

一是,广协作为以会员制为基本体制的行业组织,如何通过会员去推动行业自律。以什么方式和渠道为会员服务,又以什么内容和标准表明起到了政府的助手作用;

二是,既然广协不是一般性的、专业技术性的事业服务社团,如何更加综合地、高层次地去联络服务体系,牵动服务网络,形成更大的凝聚力和权威性?而又避免"行政色彩"?

三是,广协在全国、在本地如何带领会员进入主渠道、主战场,去为大企业服务,去为国家和地方建设的中心任务服务。在这方面,一些地方协会作了努力,已开始见到成效。但从总体上看,在加强广告经营单位、媒体与企业的沟通与合作方面,我们的功力还十分薄弱,许多大的经济改革及企业转轨的活动,广告界很少介入,这与广告的功能很不相称。我们要解脱历史造成甘居另册的局限性,努力改变这种局面,要把广告服务带入国民经济和精神文明建设的主战场,在为企业创品牌上,使有实力的广告公司,作出突出贡献;在为社会公益事业的宣传上,发挥积极的作用。

相信同志们在新的形势下,会更加开拓思路,有所创新、有所突破。

祝会议成功。

谢谢

杨培青会长在中广协广告主委员会成立大会上的讲话

各位代表：

首先，我代表中国广告协会对广告主委员会的成立表示衷心的祝贺。

从《广告法》的界定中，从宏观调控度来看，广告业的对象包括广告主、广告经营者、广告发布者三个方面，缺一不可。但是，广告事业发展的基本力量、基本动力在企业，也就是广告主。广告归根结底是为国民经济发展服务的，但无论以何种形式发布广告，在商品广告范围，主要是两个方面：即树立企业的良好形象与创名牌、开拓市场。在这一过程中，广告经营者与广告发布者离不开与广告主的良好合作。这种合作与发展，促进了中国广告业的发展与成熟。所以，中广协广告主委员会的成立是形势发展的必然结果，是我国广告业迈进新的历史高度的重要步伐。

中广协广告主委员会的成立受到全国各个行业的重视，热切地希望能进入这个组织。我国社会主义市场经济发展十几年来，尤其是 1992 年以来，许多新、老企业作为市场主体，逐渐成长、成熟，广告决策战略水平不断提高。我相信，广告主委员会的成立必将为我国企业的发展和广告事业的发展起到推动作用。

从中广协来说，广告主委员会是一个新的事物，怎样发挥这部分力量与作用，是一个新的课题，一定要从实际出发，在实践中探索。本着自愿、民间的原则，认真实验，在实践中不断认识、健全。我真诚希望这个委员会能推动企业利用广告手段提高效益，拓展市场，从而提高驾驭市场的本领，并进一步为我国企业进入世界经济大潮，提高国家综合实力作出我们的贡献。

杨培青会长在中广协四届六次执行理事会上的总结讲话

学习贯彻十五大，各单位都已进行了很长时间的反复学习。在此基础上，我们执行理事和会员们必须高度关注十五大以后将出现的新的发展形势，以便指导我们自身的改革与发展，将我们的工作调整到适应的档次上来。

总体上看、发展地看，全国的改革形势对广告界来说是非常严峻的。譬如在经营方面，面临的许多问题都是与改革紧密相关。那么我们会员单位在新的形势下，怎么样才能实现增强实力，提高服务水平？达到这两个目标的有效实现形式与途径是什么？这是值得思考和研究的。我在 IAA 中国分会会上提出过这个问题，会前与广协的同志交换过意见。现在在执行理事会上又提出来。我认为这是在新的形势下,面临一个质量飞跃的机遇的时候,必须要回答的问题。我们要按江总书记要求的那样,**要抓住机遇,不可丧失机遇,要开拓进取,不可以因循守旧,要围绕经济建设这一中心,经济体制改革要有新的突破,政治体制改革要继续深入,精神文明建设要切实加强,对外开放要提高到一个新的水平**,等等。那么广告经营单位的机遇是什么呢?国有大中型企业实行股份制、集团化,是现在的一个潮流,以实现规模经济,增强实力,增强国际竞争力;小企业搞专业化、发挥专业优势是一条出路;商业则是搞连锁,都是从规模实力、社会效能上考虑的。那么广告界呢?这对我们是个很大的问题,至少我觉得目前广告业小型化、功能不强的公司实体太多。另外在经营运作上,也存在转化方式的问题。就是如何从双轨制的框架中走出来,进入市场机制的问题。第三,我们还受一些小农经济的影响,小而全。社会联合、社会化的大协作不会做。就广协本身而言,围绕着这些转变,围绕着为会员服务,应该以自律为基础。怎么搞好自律?广协是一个群众性社团,没有很强的行政手段,财力又薄弱,在这种情况下,增强凝聚力需做很多工作。现在有个好的形势,会员对广协工作很支持,各专业委员会对广协工作非常热心和认真,这是有利条件。要求会员提高素质,增强功能,中国广告协会本身也要提高工作效能,提高工作素质。我一直在想该如何突破。围绕自律,急会员所急,急会员所需,抓突破。如培训工作,国内培训应扩大规模,提高档次,搞一些如经理培训、创意总监培训等活动。也就是说,广协应为广告业的发展作实质性贡献。培训就应有现代化的、合适的、实用的教材,有能教这种课的师资队伍。前期的基础性工作要做,对怎么做好要有考虑。明年要组织具体的研究讨论。总之,要在实质性方面取得突破,讲实效、讲务实。国际交流应体现水平,在前两年综合性交流的基础上,要进入专业化的高层次交流。今后要明确团组的专业性质和人员的专业构成。如去戛纳广告节,创意总监、技术骨干应该多些;去美国,经理和教师应多去些。国内外资源如何组合,用于我们自身的教育发展。如 IAA 的培训,IAA 的资格证书考试,我们要做,借船出海也好,借船登陆也好,在现有资源的基础上,在市场经济条件下更好组合起来"为我所用"。另外,在调动执行理事和会员的积极性方面,要有一些具体做法,如在北京市,经常组织一些与政府部门对话活动,不要形成一般性的抱怨、议论与叫苦。有针对性的沟通,组织得好,准备的充分,效果就会好,使广协真正成为行业与政府部门联系的枢纽与桥梁,起好这个疏导作用。总之,广协自身素质应加速提高,是特别重要的,也希望各执行理事单位在这大变革时代,一如既往地支持广协工作,加强自身建设。

认清形势,抓住机遇,提高质量,讲究实效,以此 16 字约束思维与工作,也愿和广告协会一起在大家的支持下,使得 1998 年工作有实质性的推进。

协会工作要具创造性、前瞻性和实效性

——外经贸部常务副部长石广生在外广协第七届二次理事会上的讲话摘录

外经贸部常务副部长、党组副书记石广生在外广协第七届二次理事会上肯定了外广协及其会员单位在社会主义两个文明建设中所做的工作及所取得的成绩后强调指出：广告是非常重要的营销手段，广告为外经贸出口起了重要的先导作用，现在国际市场上新产品、新客户很多，企业要舍得花钱做广告，外经贸广告一定要为优化出口商品结构、为争创名牌、提高出口商品质量服务。现在外经贸形势发生了很大变化，新情况、新问题不断出现，外经贸广告公司遇到了前所未有的困难，必须以经济效益为中心，拓宽服务领域，在深化改革当中研究新思路、新举措，闯出新的经营路子。石广生还指出：协会工作要具创造性、前瞻性和实效性，进一步发挥参谋、助手、桥梁和纽带作用。

新春祝词

——人民日报社副社长、中国报业协会主席许中田

各位领导、各位来宾、各位朋友：

新年好！

在新春佳节即将到来之际，我代表人民日报社向在座的各位领导及首都广告界的朋友们拜年！

朋友们，1996年是我国“九五”计划的头一年，我国的广告业也同其它各行业一样，取得了令人瞩目的成绩，在繁荣社会主义市场经济和促进社会主义精神文明方面起到了积极的作用。尤其是去年9月份在全国范围内广泛开展的“中华好风尚”主题公益广告宣传月活动取得了巨大成功。这项活动对弘扬中华民族优秀传统、树立良好的社会风尚，促进社会主义精神文明建设发挥了良好作用，在社会上引起了强烈反响，树立了广告界的良好社会形象。今后，我们还要继续把公益广告的宣传作为一项长期的任务来抓，多创作、刊登一些符合社会主义精神文明要求，内容健康向上、主题鲜明突出、内涵深刻、艺术感染力强的社会公益广告作品，推动和促进我国公益广告宣传事业的不断发展。

广告业是社会主义市场经济的重要组成部分，是繁荣市场经济的润滑剂，是联系生产与消费的桥梁，是引导人们正确消费的航标。这是一项神圣的事业，她的繁荣与发展，不仅需要全国广告界朋友的共同努力，而且依赖于各级领导和全国人民的关心和支持。我们广告人应当认清自己肩负的使命，团结进取，努力开拓新局面。

朋友们，今年7月1日香港将要回归祖国。下半年，党的十五大即将召开。这一年，是具有深远历史意义的一年，是全国各行业大有作为的一年。在此，我相信在新的一年里，广告事业在广告界全体同仁的共同努力下，一定能再攀高峰，繁荣发达。

最后，祝愿大家在新的一年里身体健康、事业有成、万事如意！

中广协副会长、人民日报社秘书长朱新民在人民日报全社广告工作会议上的讲话(摘要)

一、改革开放使人民日报广告事业蓬勃发展

自党的十一届三中全会以来,人民日报广告经营工作由改革开放初期的广告部一家经营,发展到现在的20余家。由过去的单一人民日报媒体广告发展到今天的“五报四刊”及相继创建的华东版、华南版和网络版等众多发布媒体,广告代理公司由从零起步到现在的13家;以经营广告为主的信息咨询类公司也发展到10余家。公司由单一代理,发展到集市场调研、CI策划、技术咨询等多种综合业务的全方位服务,我社媒介容量不断扩大。据广告部不完全统计,目前报社现有广告从业人员400余人,是1990年的40倍。去年全社广告营业额已达到1.7亿元,比1990年增长了近8倍。这些发展变化,增强了我社的广告竞争能力,使我社的广告业形成了多种类、多层次、多方位的广告信息传播手段和经营体系,广告业已成为报社重要的支柱产业,为繁荣市场经济和增强报社的经济实力做出了重要贡献,尤其为促进人民日报社朝报业集团方向发展奠定了基础。

二、坚持正确的广告导向,在贯彻广告法规中成为报业的排头兵

1995年《广告法》颁布以后,我们把学习、贯彻《广告法》当作一项长期重要的工作来抓,以促进报社广告工作逐步走向规范化、法制化和科学化。

我们制定了报社《广告工作管理条例》,要求广告业务人员要始终遵循人民日报的办报宗旨及有关政策法规,学法、懂法,把《广告法》贯穿于组稿、接稿、编校、审稿的全过程中,不断适应市场经济的新形势,为客户提供全面、准确、优质、导向正确的广告服务。

现在我社主要广告媒体的业务人员已100%取得了有关部门颁发的广告专业技术岗位资格证书。今年各报刊广告部门又分批组织业务人员参加了所在地各区组织的广告审查员资格培训班。

我社市场报在广告经营中始终以《广告法》为依据,严格审查,不搞短期行为,尽最大努力避免违法广告的出现,遇到疑难问题及时与广告部或与有关部门协商。近来,我们可以看出市场报的广告内容有了较大变化,一些优秀企业的名牌产品广告显著增多。1995年以来,市场报广告收入每年都以30%的幅度递增。经济部《质量万里行》杂志广告部,经常派人去工商部门请教,主动向他们学习《广告法》及有关法规,并将有关人员请到报社进行授课,使广告人员法制意识不断增强,被北京市评为可信广告单位。近两年中,本报没有刊登违法广告、没有被罚款,我社在1995年国家工商局组织对《广告法》的执法情况的互查评比中,被有关部门评为执行《广告法》最好的单位之一。

三、转变经营观念,适应市场经济的需求,初步形成了一支广告骨干队伍

针对新形势,报社主要采取了以下几项措施:

(一)实行经营机制和人事体制改革,促进报社广告业的发展。

1996年初,按照“邓小平同志所说的‘三个有利于’的指导思想”,编委会决定对广告部、事

业发展局处以下领导干部实行聘任制，并逐步试行全员聘任制。将广告部由处级编制定为局级，扩大了广告部工作职能，对全社的广告工作进行监督、管理、协调、指导，以利于全社广告工作的健康运行与发展。在用人制度上，实行能上能下；在分配制度上实行“效率优先、兼顾公平”的原则，做到奖勤罚懒，不吃大锅饭。广告部经过改革，在1996年的工作中，成绩显著。本报全国版全年广告收入首次突破亿元。

另外，广告部、海外版、华东分社、市场报以及正在筹建的华南分社等单位，所需的广告外勤业务人员和所有的广告公司及期（报）刊的广告部成员，全部是面向社会公开招聘，严格考核，做到人员能进能出，并把他们的个人利益同业务实绩挂钩，多劳多得，优胜劣汰，使公司及期（报）刊，有用之人进得来，留得住、广告效益逐年增加。

（二）从单一经营媒体向多层次、多种类组合发展。采用先进广告制作技术，提高制作水平。

1991年，我们合资成立了上海诺贝广告公司，由人民日报出资57%，作为控股方，负责该公司的经营管理，并相继注册成立了北京诺贝分公司、无锡诺贝电脑公司，实力与规模不断扩大。此后，报社又与日方合作成立了北京华闻旭通广告有限公司，预计1997年营业额可达7000万元。除此之外，我社从1989年起陆续创办了《时代潮》、《大地》、《人民论坛》、《质量万里行》及《环球时报》等刊物。这些公司及期（报）刊的发展，使人民日报社初步形成了报业集团的雏形，广告工作进入了一个全新的时期。

近几年来，我们的广告经营媒体、广告代理公司还陆续更新了设备，广泛采用了电脑排版制作，许多先进设备、先进工艺、先进材料被我们引进、利用和吸收，提高了工作效率，大大改善了我社广告业的技术条件，总体设计水平明显提高，极大地增强了广告效果。

海外版针对读者层次高，又是面对海外华人、华侨、台港澳同胞和中国在各国的留学生、工作人员及懂中文的各国朋友，所以在编排广告时，他们做到设计新颖、庄重大方，既符合中国国情、强调规范，又力求创新，不呆板。因此，近几年来海外版广告的设计制作，一直受到客户和同行们的好评。

（三）注重广告人员队伍素质建设，不断提高业务水平。

现在全社广告从业人员中，大专以上学历的占98%，这些人员经过多年的培养锻炼，已成为我社广告专业的骨干力量，在广告工作中发挥着重要作用。

近几年为适应广告业的需要，我们把广告人员的培训作为重点二作来抓。一是选送优秀骨干到大专院校进修，二是积极参加有关部门举办的各类广告学习班培训；三是注意在实践中自我培养优秀骨干。据广告部不完全统计，现在我社广告业务人员中已有95%的人，受过不同形式、不同层次的各种类型的专业培训。华东分社注重经常性的业务培训工作，他们每季度请专业教授、讲师或资深广告人来分社讲课、交流，这样一方面提高了广告人员的专业水平和整体素质，另一方面通过结交广告界有影响的人士，扩大了华东分社的影响。

四、充分发挥自身优势，扬长避短，积极参与市场竞争

广告部在1996年5月份，委托国家统计局城市调查总队，在全国31个大中城市就本报广告市场状况，进行了全面深入的调查。调查结果显示，我们在四个方面具有一定优势。

1.约有近半数的被调查者认为人民日报广告可信度高，具有公正性和权威性，在广告市场中能发挥其独特的影响力。

2.人民日报读者层次高，是企事业机关决策领导的必读报，拥有相当稳定的读者群，报纸重复阅读率高。

3.人民日报的头版、国际版、经济版、体育版、政法版,深受读者喜爱。

4.人民日报适宜发表公告、通告、金融保险业、企业形象展示、机械设备、家用电器、招工招聘、医疗用品等广告。

通过调查,广告部掌握了大量的第一手资料,调整了广告工作策略,重点在两方面抓好人民日报广告:一是抓大中型企业的形象广告。在企业形象广告组织中,选择信誉好、实力强的广告代理公司,与其合作共同开辟市场。二是加大局部地区广告开发,发展地方广告专版。

海外版广告部扬长避短,充分利用自己的优势和特点,在房地产、旅游业、航空公司、宾馆饭店等方面多做文章,收到了很好的效果。既提高了海外版的知名度,扩大了海外版的影响,又为企业在国内外做了很好的形象广告宣传。

华东版广告处针对自身特点,积极开辟新栏目,吸引广告客户,如:每月二期的“杂志苑”,每月一期的“月末书市”及《广告文萃》栏目,都收到了较好的效果。1996年他们还成功策划了全国针棉织品博览会和上海全国商品交易会的广告版面。

五、坚持把社会主义精神文明贯穿于广告工作中,积极服务于社会

(一)做好公益广告宣传,为精神文明建设服务。

去年8月,国家工商行政管理局和北京市工商行政管理局发出通知,9月份在全国开展“中华好风尚”主题公益广告宣传月活动。我社广告部、海外版、华东分社、市场报及部门所属的期(报)刊,都积极踊跃地参加,组织和自己设计制作了大量的公益广告作品,进行宣传,收到了良好的社会效果。广告部还成立专门小组,组织了“中华好风尚”主题公益广告征集、发布活动,并向全国公开征集公益广告作品,先后收到30个省、市、自治区及海外读者近2000封应征稿件。各界人士对报社举办此次征集活动反映强烈,他们来函、来电给予积极肯定。与此同时,报社广告部还自己设计创作了一批公益广告宣传作品,在本报陆续发表了3个半版、9条通栏的公益广告。其中,“爱我长城、强我中华”公益广告作品获得北京市公益广告作品二等奖,广告部还获得了全国公益广告宣传组织贡献奖。

(二)开展广告扶贫工作,为穷困地区经济发展做贡献。

1995年,根据国家的有关精神,我社将河南虞城县作为人民日报的重点扶贫县。我们除了向该县选派两名扶贫干部外,还在各个方面都给予了虞城县巨大的支持,特别是在广告宣传上,我们在自己财政有较大困难的情况下,为了支持该县的经济发展,1996年为他们刊登了200余万元的免费广告。通过我们的宣传,使虞城县的部分企业取得了良好的社会及经济效益,1996年的总产值比上一年增长了近一倍。我社决定1997年再为他们免费刊登120万元的广告,作为对扶贫县的资金投入。

六、目前报社广告工作中存在的问题

(一)在广告的组织、刊登、出版工作中,违反法规、纪律的现象时有发生。

(二)广告的质量和广告策划、创意及制作能力有待提高。

(三)经营中缺乏全社一盘棋的思想,整体协作能力差。

(四)在广告经营中,点子较少,办法不多。

郑和平司长在中广协团体会员委员会一届三次会议上的讲话

（1997年7月7日）

各位领导，各位来宾，同志们：

首先，我受国家工商行政管理局领导同志的委托，代表广告监督管理司的全体同志，向中广协团体会员委员会一届三次会议在内蒙古自治区呼和浩特市召开，表示热烈的祝贺，向自治区领导在百忙之中光临会议，关心、支持我们广告协会的工作，表示衷心的感谢。

中广协及各地广协创建十多年来，在各级工商行政管理机关的直接领导下，为促进广告业健康发展作了大量工作。近一年多来，在开展行业自律、法律咨询、行业培训，特别是在响应党的十四届六中全会号召，创建广告行业精神文明、开展“中华好风尚”主题公益广告月活动等方面，都取得了显著的成绩。1996年，全国广告营业额达到366.63亿元，比上年增长34.2%；广告经兼营单位与从业人员平稳发展，达到52871家，512087人，分别比上年增长10%与7.3%；广告经营单位的内部结构进一步趋于合理，经济效益不断提高。中国广告业取得的每一成就，都是与广告协会的辛勤工作分不开的。

在党的十四届三中全会通过的《中共中央关于建立社会主义市场经济体制若干问题的决定》中，以专门条款阐明了社会中介组织在建立社会主义市场经济体制中的地位和作用。广告协会是广告业的行业组织，是广告市场中介组织的重要组成部分，承担着开展行业自律的重要职能。这一重要职能是其他广告市场中介组织所不能取代的，也是政府主管部门所不能取代的。在国际上，广告行业组织的基本职能也是行业自律，是增强其内部凝聚力的重要手段。因此，充分发挥广告协会的自律职能，不仅是规范我国广告市场的需要，也是我国广告市场机制适应与国际惯例接轨的需要。广告协会的自律职能，是面向全行业，受政府委托所履行的一种社会规范职能，体现了市场体系中的自我完善机制。中广协与各地广协根据国家的有关规定制定的自律性规则，是我国广告法制体系的重要组成部分。近几年来，中广协和各地广协努力实践，探索出一些行之有效的自律性措施，如中广协及北京、上海广协等开展的广告法律、法规咨询服务工作，对规范广告市场，树立广协形象就起到了很好的促进作用。

目前，中广协和各地广协工作班子的同志基本来自行政管理岗位，甚至有的地方暂时还做不到政事分开，两边兼着。这一点，同国外有很大区别，国外广协的工作人员多来自企业。这种情况，使得我们的同志习惯从行政管理的角度考虑问题，习惯采用行政的办法处理行业组织的内部事务。**政事分开，是机构改革的一个重要原则。**就国家对广告业的规范、引导而言，**政务体现的是行政执法和宏观指导职能。**国家工商局颁布的《工商行政管理暂行规定》要求履行四方面的职责：（一）负责实施广告经营许可制度，对广告经营资格进行审批，对户外广告进行登记；（二）查处各类广告违法行为；（三）制订并实施广告业发展的方针、政策和规划；（四）指导广告审查机构和广告行业组织的工作。其中第（三）项职责的内容主要是产业政策、行业规划、广告发布标准、企业标准、质量技术标准的制订和监督执行。广协应当从自律的角度协助政府做好这些工作，但不可能代替政府发布行政指令。**事务体现的是服务职能，**主要是与广告监管工作有关的一些辅助性、技术性工作。在市场经济体制下，这部分工作应当由各类市场中介组织来完成。除了行业组织的自律外，还包括开发、培训、信息咨询、效果评估，等等。各类市场中介组织也需要自律，他们可以从自律的角度，参加广协。因此，广协的层次要高于一般的中介组织。如何做到"高于"又有别于政府行政行为，这是在改革中迫切需要探索和实践的问题。当然，有条件的广协组织也可以开展一些中介服务，这同自律的主要职能并不矛盾。但有一点应当明确，广告市场的中介职能，广协包不下来，广协有其特定的中介职能，就是行业自律。广协如果包揽一切，形同二政府，就不是广协了，不符合市场经济的规律。

从我国改革开放的发展趋势看，广协的组织机构和工作机制，应当符合社会主义市场经济的规律，符合社会主义物质文明和精神文明建设的要求，符合中国广告业发展的实际进程。广协四大的章程，是一个改革的章程。按照广协四大的工作思路，广协的工作有了较大的起色，在国内外有了一定的知名度，也为广告界办了不少实事。但与此同时，中国广告业的情况在变化，我们的认识也需要进一步深化。譬如：第一，广协有很多专业委员会，就自律而言，充分发挥专业委员会的作用，针对性会更强一些，也更便于操作，更有利于提高广协的整体效能。行业内部涉及全局性的大事，经各委员会充分协商后，再由中广协提出自律的措施和办法，就可能更实一些，更容易见成效。第二，现在的中广协，实际上已经成为各专业委员会和团体会员联席会议的召集人，其实际规模和职能已超出一般意义上的协会，再叫广告协会，已经不太适合我国全国性广告行业组织的特点。将来各专业委员会职能切实加强后，可以考虑换一个更符合实际情况、更有利于对内对外开展工作的名称。第三，广协的经费来源不能主要靠创收。广协对会员可以搞点有偿服务，补助事业经费的不足，但不能主要依靠创收来支付开展行业自律所必需的费用。否则，会对广协形象产生很大的负面影响，形象倒了，什么自律也搞不成。将来会费的收取办法能不能搞点改革，协会的财务要实行预算管理，要有个民主决策层，花什么钱，办什么事，要由专业委员会、团体会员委员会的代表议定，议定的预算，大家来支持完成。怎么操作可以研究，关键是建立一个合理的机制，绝不能靠创收解决生存问题。

培育广告市场体系，扶持、引导各类广告市场中介组织，是广告管理的一项重要工作。在各类广告市场中介组织中，广告协会应当是管理机关扶持、指导的重点。政府管理部门可以采取法律的、行政的、市场的各种手段，帮助广协在自律方面树立权威。国家工商局转发广协的一些自律规定，就是出于这方面的考虑。

"指导、协调、服务、监督"是广告协会改革后的重要职能，这些职能是行业自律在行业组织内部的具体体现，主要是面对会员单位来开展的，是以自律的方式协助政府加强对会员单位的管理。这些职能在实际工作中，表现为大量的经常性、事务性工作。我们广协的同志要乐于从小事做起，从点滴做起，增加协会组织的凝聚力和向心力。

目前，全国性和各省、市的行业自律规范在相继出台，但从整体上看，操作性还不够强。有些规定应该更细一点，更具体一点，以便于各广告经营单位执行，也便于广大消费者的监督。解决这一问题的主要途径可能还是要着眼于发挥各专业委员会的作用，把专业委员会办得更强一些，更实一些。广告行为的自律是一个长期自我约束的过程，只要我们团结全体广告界同仁，坚持广告为社会主义物质文明和精神文明建设服务的方针，就一定能把这项任务完成好。

这次会议上，各地广协的同志，将要交流经验，并讨论地方广协的工作。可以肯定，这次会议的召开，对强化协会的职能，规范协会工作，完善协会的组织机构，促进广告业健康发展，会起到重要推动作用。

内蒙古自治区的领导同志和自治区工商局的同志对开好这次会议给予了大力的支持，我再一次向各位领导表示感谢，并祝会议圆满成功。

谢谢大家。

郑和平司长在中广协四届六次执行理事会上的讲话

广告市场规范管理工作面临两个任务：1、广告行业面对社会，保证广告真实性，广告监督管理的一个重要问题就是保证广告真实性的问题。这几年我们搞了《广告法》和不少规章制度，主要就是要维护广告真实性，让广告企业更好地为我们的企业开拓市场服务。2、维护广告市场竞争秩序。前两年我们的主要精力是放在我们同社会的矛盾上，在广告中出现误导问题，出现一些不切实际的宣传问题，在设计上出现不符合我们良好社会风尚的问题，受到社会的批评，受到消费者的批评，我们要纠正。在实行《广告法》之后两年主要做这方面的工作，因为这些工作是社会接受你、承认你的前提。我也知道这两年广告界朋友对我们广告司工作有意见，要点在于我们对广告市场的竞争秩序和交易规则过问不多，力度不到位，给正当依法经营的单位提供一个公平的竞争条件不够，特别是大公司、大媒介、国有大公司。明年我们的要点就是渐渐转了。现国家工商局已出了20个多个规章，对广告内容基本有了规范，对广告出证行为还要进一步规范。查处违法行为总数增长，罚款总额不再增长，说明大案件数降低，监督管理正向日常化、规范化发展，不以罚款额上升为目标。几年来，在发布标准上，解决同社会各界、广大消费者的矛盾上做了大量工作，但在公平交易规则上欠账很大。明年重点转到规范市场交易规则、规范市场竞争秩序上来。广协可以搞一些自律规则。广协自律有两方面，一方面我们对社会的自律，面对消费者，面对社会各部门，我们怎样树立我们的形象。另一种是内部的自律。我们的交易规则、竞争秩序，怎么搞才最好。应当说在国际上协会是有地位的，它的地位也体现在这两个方面。广协的自律要面对会员，不要用广告界的名义，实力强自然可以达到规范广告界的目的，声明、号召都可以。广协自律，抓精神文明建设，抓职业道德建设。广告协会在全国类似协会中凝聚力、号召力、威信都是做得好的，社会有目共睹，这和同志们的工作分不开，是一个朝气蓬勃的集体。我们有能力把协会办成一个数一数二的最好的行业组织，真正按十五大要求把协会的事办好。创建精神文明先进单位等活动搞得不错。在考虑自律规则时应考虑相关性，即所搞活动应引起大家的关心，与大家有关系，就能做好。建议自律规则多在专业委员会内部搞，面太宽反而不好，执行不了就会受到影响。可在会员中层次较高的单位中搞一些交易规则。交易规则和竞争规则、政府与协会的职能是交叉的，如果协会组织会员研究问题，制定自律规则，政府就可以不用制定那么多令。不是政府分配协会干什么，协会自律工作是一种自发的选择，是让政府管我还是自己管自己。自律工作还值得探索，争取在这方面为其它协会做点榜样，有所突破。

至于服务问题，我与几位秘书长交换过意见，我对你们的工作还是很支持的，如开展咨询，开展服务。但我也强调，这个确实不是协会的主要工作。目前我们中介机构发育不完善，从广协派生出一些中介机构也是现实的，符合小平同志三个有利于，该干的事不能推，也得干。长远看，广协是一个广告界联合会的架子，不是4A，也不是像有关行业的纯行业组织。广协可以作为股东，办实体独立的法人，不能在广协底下，作为广协的机构办这类事。保持投资关系，有独立才给予广告代理权。研究大事，不要专注于经营。广协要生存，要发展，多收一些会费是主要途径。培训，国内高层次培训是空白。中广协有这么多大公司、大媒介，这项工作是非做不可的，再不做就得由市场去做了。办一些班，由学术委员会承担，我们帮你们协调各地工商局，大家来支持你们。人才培训应好好策划，只有想不到，没有做不到的。广告业应与国际接轨，走向世界。

明年我们要对广告市场交易规则作手术。要求提供不同的服务，收取合理的费用，态度慎重、积极地解决这一问题，尽力去创造一个公平竞争的环境。要对中外合资、合作企业加强资格管理。小公司在经济薄弱地方的贡献也不能忽视，应对其进行指导，即实行联合、股份制的方式，以降低成本，提高质量。对国有大公司的管理体制应灵活些，建立更宽松、更灵活的用人机制，必要时我们监督管理机关可以帮忙，同有关部门协调。

具体措施出台时，我们还要同在座的同志反复商量，争取在解决市场交易、市场秩序问题上有所突破。

郑和平司长关于“自强创辉煌”主题公益广告月活动及评选工作情况介绍

一、活动开展情况

全国“自强创辉煌”主题公益广告月活动的开展，得到了社会各界的热烈响应和大力支持。据统计，全国共制作发布公益广告24155件，其中，影视广告6548条，播放158544次；广播广告3921条，播放117630次；报刊广告5961条；户外广告7725条。另外，全国各地还制作发布了100多万张招贴公益广告。此次公益广告月活动的规模与作品质量与去年相比，有了明显提高，进一步推动了我国公益广告事业的发展，对社会主义精神文明建设起到了积极作用，社会各界给予了高度评价。

二、优秀公益广告作品评选情况

“自强创辉煌”主题公益广告优秀作品评选活动分两步进行。首先，我们邀请了来自全国9个省、直辖市的14位广告学者、广告经营者、广告管理人员组成专家评审组，对参评作品进行初评；然后，我们又邀请了中宣部、广电部、新闻出版署、文化部及国家工商局宣教司、法制司有关领导组成政府评审组，对专家组初评出的优秀作品进行了审定。经过两轮评选，评出此次公益广告活动获奖作品。

1.参评作品类别与数量

此次评选优秀广告作品，共收到全国30个省、自治区、直辖市参评作品441件，其中平面广告作品236件、影视广告作品129件、广播广告作品76件。

2.参评作品获奖情况

此次评奖，共有123件广告作品获得公益广告政府奖。其中平面广告作品60件，影视广告作品42件，广播广告作品21件。影视、广播广告作品各分别评出金奖作品1件、银奖作品2件、铜奖作品3件；平面广告作品评出金奖作品1件，银奖作品3件，铜奖作品4件（名单附后）。

3.获奖作品评选基本过程

此次获奖作品，是由评委以无记名方式投票，按照作品得票多少顺序产生。首先，评出获政府奖入围作品，然后再从入围作品中分别评选出进入金银铜奖预选作品，再次，从进入金银铜奖预选作品中按金银铜奖顺序依次投票选出初定的金银铜奖作品。专家评审组初评出的获奖作品经政府评审组审核后，报国家工商行政管理局批准为最终获奖作品。

三、活动先进单位、先进个人评选情况

在这次公益广告月活动中，全国涌现出一大批先进单位和先进个人，经各省、自治区、直辖市工商行政管理局推荐，国家工商行政管理局审核，共有94个单位被评为活动先进单位、72名个人被评为活动先进个人。

附："自强创辉煌"主题公益广告获政府奖金、银、铜奖作品名单

广告类别	奖别	作品名称	创作单位
影视广告	金奖	报得三春晖	福建省广视创意制作公司
	银奖	四海飘泊，根在中国	中央电视台广告部
		自尊、自立、自强	北京开元国际广告公司
	铜奖	男儿当自强	安徽金鹏国际广告公司
		鼓篇	乌鲁木齐市三郎影视广告发展有限公司
		生命本平凡，自强创辉煌	湖北天向广告公司、湖北经济电视台
广播广告	金奖	身残志坚	中央人民广播电台
	银奖	一分钱	中央人民广播电台
		香港回归	中央人民广播电台
	铜奖	祖国统一	北京人民广播电台
		改革的中国看农村	河南人民广播电台
		西部人自强创辉煌	宁夏经济广播电台广告部
平面广告	金奖	今天我们自强不息	云南日报广告处
	铜奖	从小自立，长大自强	北京广告艺术集团
		翻启新的篇章	浙江广播电视广告中心 浙江广播电视报
		没有弱者	长江日报社
	铜奖	魂	苏州常熟华实广告有限公司
		奉献不分你我他	湖北日报社广告部
		此时无声胜有声	南京卓越形象创意公司
		我的未来不是梦	常德日报社广告部

中国广告业发展概况

1997年广告业基本情况

1997年,在我国良好的宏观经济环境条件下,广告业发展呈现好的势头,广告经营单位和从业人员稳中有升,广告营业额达到462亿元。

截至1997年底,全国广告经营单位57024户,比上年增长7.85%;广告从业人员545788人,比上年增长6.58%;广告经营额462亿元,比上年增长26.02%。其中广东省的广告经营单位户数最多,达7000多家;上海、北京、广东省的广告经营额最高,均在40亿元以上,分别占全国广告经营额的18.39%、15.53%和10.55%。

从广告业的基本构成来看,1997年广告公司经营额194.1亿元,比上年增长23.78%,占全国广告经营额的42.03%,仍居行业之首。广告公司29010户,比上年增长12.77%,占经营单位总数的50.87%。在四大媒体中,电视广告经营额仍居首位,达114.4亿元,比上年增长25.99%,占全国广告经营额的24.78%;报纸广告作为重要媒体,广告经营额达96.8亿元,比上年增长24.42%,占全国广告经营额的20.95%;广播广告居第三位,经营额9.7亿元,比上年增长11.49%,占全国广告经营额的2.1%;杂志广告居四大媒体之末,广告经营额5.3亿元,占全国广告经营额的1.15%,比上年下降5.36%。

另外,随着户外广告中新技术、新材料应用的加大,户外广告也有了较大的发展。霓虹灯广告达61049件,路牌广告达到195960件,电子显示屏广告达到2714个,立体造型广告9614件,公交车身广告134361件,均比上年有不同程度的增长。

从广告投入来看,生活资料投入比上年有所增长,尤其是食品和家用电器最为活跃,广告经营额均在65亿元以上。经营外商来华广告的广告公司比上年有所增长,达2003户,增长43.79%;全国广告经营外汇收入5301万美元,比上年下降24.14%。

总的来看,广告业发展呈现如下特点:

1、行业结构进一步趋向合理。改革开放以来,广告业作为一个新兴行业,适应市场经济发展迅速。1994年以前侧重量的发展,广告经营单位和从业人员连年大幅度增长。从1994年开始,广告经营单位和从业人员上涨幅度逐渐回落,1996年和1997年连续两年呈现低增长态势。与此同时,广告经营额一直保持较高增长比率。这就为广告行业形成规模经营,完善广告经营体制,有效利用广告资源提供了有利的条件。

2、北京、上海、广东、浙江等省市成为广告业发展的中心地区,广告业发展势头旺盛。如:北京、上海、广东三省(市)的广告经营单位占全国总数的23.72%;广告经营额达205.4亿元,占全国总经营额的44.46%。

3、广告监督管理力度加大,全年查处广告违法案件的数量增加。1997年,共查处广告违法案件 31780 件，比上年增长 20.80%，罚没金额 5855 万元，停业整顿 601 户，吊销执照 717 户，比上年均有不同程度的增长。从广告主体来讲，经过各级工商行政管理机关开展的一系列执法检查和广告法规教育，广告经营单位守法经营情况较好，违法案件仅占 6.77%；广告发布单位违法情况较多，占 24.93%；广告主违法情况仍较为严重，占总数的 52.86%。从地区来看，在中心城市和经济发达地区，广告违法情况较少，北京、天津、上海的广告违法案件分别占违法总数的 2.28%、1%和 1.22%。从违法广告类别看，药品广告违法仍占第一位，占案件总数的 21.93%；其次是医疗服务广告，占案件总数的 11.19%；食品广告占 9.03%，医疗器械广告占 3.92%，化妆品广告占 3.78%，烟草广告占 1.64%。

4、广告市场环境进一步改善，一是近几年来，工商行政管理机关出台了一系列与《广告法》相配套的规章和规范性文件，广告市场秩序进一步规范，对于从源头上杜绝广告违法行为的发生，发挥了重要作用。二是全国性及各地开展广告执法检查，认真贯彻落实广告审查员制度，广告监测网络体系逐步建立，为严格广告发布管理提供了保障。三是严格了违法案件查处工作，有效地打击了广告违法行为，全国查处广告案件数量比 1996 年有所上升，但案值相对较小，严重危害社会和消费者利益的恶性案件明显减少，反映出广告监管工作的效果逐渐日常化，广告市场环境也由此得到改善。

全国广告经营单位户数结构情况

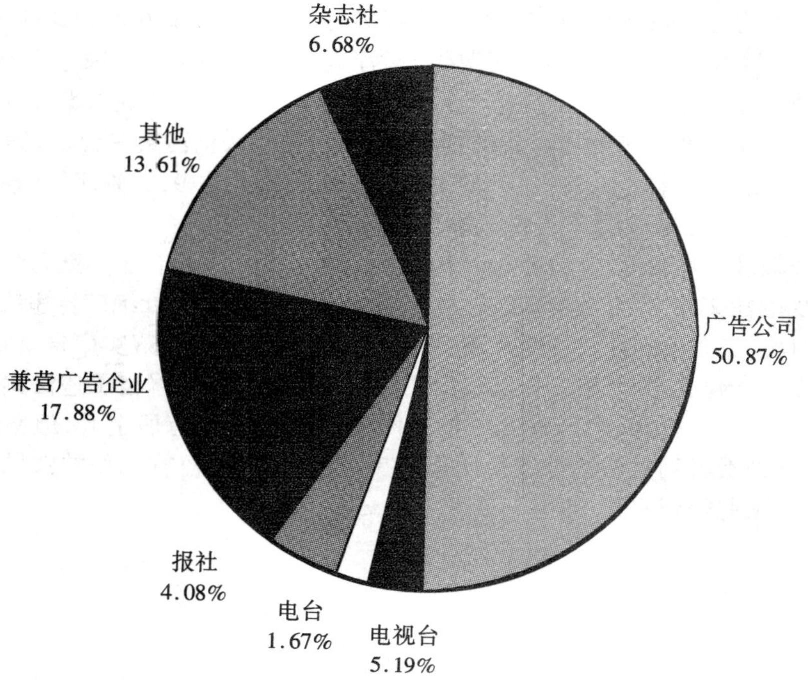

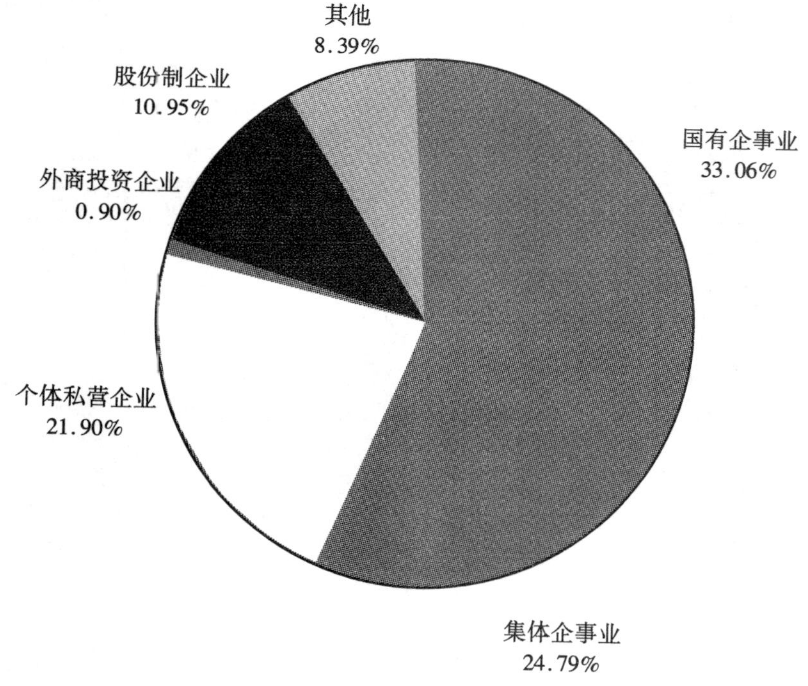

1997年全国广告经营单位基本情况

项目	单位数(户)	从业人员(人)	营业额(万元)	其中:外汇人民币(万元)
合计	57024	545788	4619638	43857
其中:1.国有企业	8658	107111	730754	15239
2.国有事业	10192	73299	2075679	13536
3.集体企业	13005	138247	470441	354
4.集体事业	1134	11074	69582	67
5.个体、私营企业	12489	97467	292441	101
6.外商投资企业	516	9468	315001	13691
7.股份制企业	6246	61878	175455	688
8.联营企业	431	4856	27749	10
9.其他	4353	42388	462536	171
其中:1.广告公司	29010	319092	1941413	24363
2.兼营广告企业	10196	93067	320474	1501
3.电视台	2962	24859	1144105	8967
4.电台	955	7499	97406	405
5.报社	2329	20040	968265	8377
6.杂志社	3812	19543	52710	133
7.有线广播	366	2480	8370	2
8.其他	7394	59208	86897	109

1997 年各地区广告经营单位基本情况

地　　区	单位数(户)	从业人员(人)	营业额(万元)	其中:外汇人民币(万元)
全国总计	57024	545788	4619638	43857
北　京	3134	26580	717250	10378
天　津	1358	13744	90004	770
河　北	1935	17172	64611	570
山　西	1111	8424	30225	116
内　蒙	708	5036	14131	25
辽　宁	1985	16523	102080	132
吉　林	1115	5672	28893	
黑龙江	1397	10669	56749	
上　海	2400	35290	849343	14132
江　苏	4139	38257	332397	715
浙　江	3138	27213	283403	558
安　徽	1621	16371	72393	
福　建	1427	13969	119452	1080
江　西	1245	10647	54457	
山　东	3628	38698	333348	154
河　南	2281	20789	71965	3
湖　北	1897	16664	86204	
湖　南	2704	22148	69344	8
广　东	7867	81677	487244	14104
广　西	1323	14939	44187	229
海　南	791	7606	12343	38
四　川	3198	36150	111757	
贵　州	528	3138	11616	
云　南	1059	8291	46182	
陕　西	1829	15634	56561	81
西　藏	81	436	293	
甘　肃	749	7211	15341	
青　海	152	918	4133	
宁　夏	301	2741	3460	
新　疆	655	6165	23610	5
局本部	125	2391	350000	
重　庆	1143	14625	76661	759

1997年广告公司基本情况

项目	单位数(户)	从业人员(人)	营业额(万元)
合计	29010	319092	1941413
国有企业	4993	65608	504723
集体企业	8275	94844	416158
私营企业	6907	64074	263506
外商投资企业	412	8181	271063
股份制企业	4953	50775	155441
联营企业	362	3510	21028
其他	3108	32100	309493

1997年查处广告违法违章情况

<table>
<tr><th colspan="2">项目</th><th>合计</th><th colspan="2">项目</th><th>合计</th></tr>
<tr><td colspan="2">查处案件总数</td><td>31780</td><td rowspan="7">按违法类别分(件)</td><td>药品广告</td><td>6968</td></tr>
<tr><td rowspan="4">按违法行为主体分(户)</td><td>广告主</td><td>16798</td><td>食品广告</td><td>2870</td></tr>
<tr><td>广告公司</td><td>2152</td><td>化妆品广告</td><td>1200</td></tr>
<tr><td>广告发布者</td><td>7923</td><td>医疗器械广告</td><td>1246</td></tr>
<tr><td>其他</td><td>6337</td><td>医疗服务广告</td><td>3555</td></tr>
<tr><td rowspan="5">按违法性质分(件)</td><td>虚假广告</td><td>4833</td><td>烟草广告</td><td>521</td></tr>
<tr><td>违禁广告</td><td>6343</td><td>其它</td><td>15420</td></tr>
<tr><td>无证明或证明不全</td><td>6348</td><td colspan="2">罚没款额(万元)</td><td>5855</td></tr>
<tr><td>非法经营广告业务</td><td>4119</td><td colspan="2">停业整顿(户)</td><td>601</td></tr>
<tr><td>其他</td><td>10137</td><td colspan="2">吊销证照(户)</td><td>717</td></tr>
</table>

1981～1997
中国广告业统计资料
总　概　况

日期	全国广告营业额	广告费占国民生产总值比重	人均广告费	全国广告经营单位	全国广告从业人员	广告从业人员人均营业额
年	万元	亿元%	元	户	人	元
1981	11800.0	0.024	0.117	1160	16160	7302
1982	15000.0	0.028	0.147	1623	18000	8333
1983	23407.4	0.039	0.227	2340	34853	8716
1984	36527.8	0.051	0.350	4077	47259	7729
1985	60522.5	0.067	0.571	6052	63819	9483
1986	84477.7	0.083	0.786	6944	81130	10412
1987	111200.3	0.093	1.017	8225	92279	12050
1988	149293.9	0.100	1.345	10677	112139	13313
1989	199899.8	0.118	1.774	11142	128203	15592
1990	250172.6	0.135	2.188	11123	131970	18957
1991	350892.6	0.162	3.030	11769	134506	26088
1992	678675.4	0.255	5.792	16683	185428	36600
1993	1340873.6	0.388	11.314	31770	311967	42981
1994	2002623.0	0.429	16.709	43046	410094	48833
1995	2732690.0	0.475	22.562	48082	477371	57245
1996	3666372.0	0.548	29.957	52871	512087	71596
1997	4619638.0	0.629	37.368	57024	545788	84642

1983～1997年我国广告业发展情况比较

发展情况比较	单位	1983	1990	1993	1995	1996	1997
一、全国广告营业额	(万元)	23407.4	250172.6	1340873.6	2732690.0	3666372	4619638
与上年比较	(%)	144.0	125.1	197.6	136.5	134.2	126.0
与1983年比较	(%)	100.0	1068.8	5728.4	11674.5	15663.4	19735.8
与1990年比较	(%)	9.4	100.0	536.0	1092.3	1465.5	1846.6
二、国民生产总值	(亿元)	5957.4	18598.4	34560.5	57494.9	66850.5	73452.5
广告费所占亿元比重	(%)	0.039	0.135	0.388	0.475	0.548	0.629
所占比率与上年比较	(%)	139.3	114.14	153.7	103.9	115.4	114.8
所占比率与1983年比较	(%)	100.0	346.2	994.9	1217.9	1405.1	1612.8
所占比率与1990年比较	(%)	32.0	100.0	193.3	326.1	405.9	465.9
三、全国人口总数	(万人)	103008	114333	118517	121121	122389	123626
人均广告费	(元)	0.227	2.188	11.314	22.562	29.957	37.368
人均广告费与上年比较	(%)	154.4	123.3	195.3	135.0	132.8	124.7
人均广告费与1983年比较	(%)	100.0	963.9	4984.1	9996.2	13196.5	16461.7
人均广告费与1990年比较	(%)	90.1	100.0	517.1	1031.2	1369.1	1707.9
四、全国广告经营单位	(户)	2340	11123	31770	48082	52871	57024
与上年比较	(%)	156.1	99.8	190.4	111.7	110.0	107.9
与1983年比较	(%)	100.0	475.3	1357.7	2053.1	2259.4	2436.9
与1990年比较	(%)	21.1	100.0	285.6	432.3	475.3	512.7
五、全国广告从业人员	(人)	34853	131970	311967	477371	512087	545788
与上年比较	(%)	193.6	102.9	168.2	116.4	107.3	106.6
与1983年比较	(%)	100.0	378.6	895.1	1369.7	1469.3	1566.0
与1990年比较	(%)	26.4	100.0	236.4	361.7	388.0	413.6
六、全国广告从业人员人均经营额	(元)	6716	18957	42981	57245	71597	84642
与上年比较	(%)	80.9	121.6	117.4	117.2	125.1	118.2
与1983年比较	(%)	100.0	282.6	640.0	852.4	1066.1	1260.3
与1990年比较	(%)	35.4	100.0	226.7	302.0	377.7	446.5

1990～1997年我国各媒体广告经营发展情况

营业额	单位	1990	1993	1995	1996	1997
一、全国广告营业额	万元	250172.6	1340873.6	2732690.0	3666372.0	4619638.0
二、专业广告公司营业额	万元	47907.9	461745.5	1071245.0	1567858.0	1941413.0
与上年比较	%	120.7	247.7	151.7	146.4	123.8
与1990年比较	%	100	963.8	2236.1	3272.7	4052.4
占全国总额比率	%	19.1	34.4	34.2	42.8	42.0
三、报纸广告营业额	万元	67710.5	377109.9	646768.0	776891.0	968265.0
与上年比较	%	107.6	233.0	128.0	120.1	124.0
与1990年比较	%	100	556.9	955.2	1147.4	1430.0
占全国总额比率	%	27.1	28.1	23.7	21.2	21.0
四、杂志广告营业额	万元	8683.0	18447.0	28229.0	56096.0	52709.0
与上年比较	%	102.1	106.8	96.8	146.7	94.0
与1990年比较	%	100	212.4	440.3	646.0	607.0
占全国总额比率	%	3.5	1.4	1.4	1.5	1.1
五、电视广告营业额	万元	56136.8	294390.7	649800.0	907894.0	1144105.0
与上年比较	%	155.1	143.3	145.2	139.7	126.0
与1990年比较	%	100	524.4	1157.5	1617.3	2038.1
占全国总额比率	%	22.4	22.0	23.8	24.7	24.8
六、广播广告营业额	万元	8641.6	34944.3	73769.0	87267.0	105776.0
与上年比较	%	115.8	175.4	148.8	118.3	121.2
与1990年比较	%	100	404.4	853.6	1009.8	1224.0
占全国总额比率	%	3.5	2.6	2.7	2.4	2.3
七、其他广告营业额	万元	61092.1	154235.6	252879.0	270365.0	407370.0
与上年比较	%	135.4	175.7	99.4	106.9	150.7
与1990年比较	%	100	252.5	413.9	442.6	666.8
占全国总额比率	%	24.4	11.5	9.2	7.4	8.8
（内含有线广播）	万元	（493.8）	（1801.3）	（3437.0）	（9467.0）	（8370.0）

1990～1997年我国各经、兼营广告单位发展情况

经营单位	单位	1990	1993	1995	1996	1997
一、全国广告经营单位	户	11123	31770	48082	52871	57024
二、专业广告公司	户	1076	11044	22691	25726	29010
与上年比较	%	95.2	363.6	123.5	113.4	112.8
与1990年比较	%	100	1026.4	2108.8	2390.9	2696.1
占全国总额比率	%	9.7	34.8	47.2	48.7	50.9
三、报纸兼营广告单位	户	1298	2054	2334	2231	2329
与上年比较	%	92.3	133.5	93.0	95.6	104.4
与1990年比较	%	100	158.2	179.8	171.9	179.4
占全国总额比率	%	11.8	6.5	4.8	4.2	4.1
四、杂志兼营广告单位	户	2197	3324	3540	3825	3812
与上年比较	%	86.0	123.0	104.9	108.1	99.7
与1990年比较	%	100	151.3	161.1	174.1	173.5
占全国总额比率	%	19.7	10.5	9.4	7.2	6.7
五、电视兼营广告单位	户	747	1606	2312	2625	2962
与上年比较	%	116.7	163.7	116.5	113.5	112.8
与1990年比较	%	100	1215.0	309.5	351.4	396.5
占全国总额比率	%	6.7	5.0	4.8	5.0	5.2
六、广播兼营广告单位	户	563	834	922	990	955
与上年比较	%	117.8	126.4	99.2	107.4	96.5
与1990年比较	%	100	148.1	163.8	175.8	169.6
占全国总额比率	%	5.1	2.6	1.9	1.9	1.6
七、其他广告经营单位	户	5242	12908	16283	17474	17956
与上年比较	%	106.3	166.2	102.6	107.3	100.8
与1990年比较	%	100	246.2	310.6	333.3	342.5
占全国总额比率	%	47.1	40.6	33.9	33.0	31.5
（内含有线广播）	户	(648)	(671)	(466)	(431)	(366)

1990～1997年我国各媒体从业人员发展情况

从业人员	单位	1990	1993	1995	1996	1997
一、全国广告从业人员	人	131970	311967	477371	512087	545788
二、专业广告公司	人	26440	143184	270508	288675	319092
与上年比较	%	–	254.8	123.1	106.7	110.5
与1990年比较	%	100.0	541.5	1023.1	1091.8	1206.9
占全国总额比率	%	20.0	45.9	56.7	56.4	58.5
三、报纸广告从业人员	人	7867	14190	18280	19352	20040
与上年比较	%	–	139.2	99.9	105.9	103.6
与1990年比较	%	100.0	180.4	232.4	246.0	254.7
占全国总额比率	%	6.0	4.5	3.8	3.8	3.7
四、杂志广告从业人员	人	10364	16924	22421	20520	19543
与上年比较	%	–	128.7	114.8	91.5	95.2
与1990年比较	%	100.0	163.3	216.3	198.0	188.6
占全国总额比率	%	7.8	5.4	4.7	4.0	3.6
五、电视广告从业人员	人	5256	11847	19475	22955	24859
与上年比较	%	–	155.6	122.0	117.9	108.3
与1990年比较	%	100.0	225.4	370.5	436.7	473.0
占全国总额比率	%	4.0	4.0	4.1	4.5	4.5
六、广播广告从业人员	人	2630	5480	6771	7664	9979
与上年比较	%	–	109.1	93.6	113.2	130.2
与1990年比较	%	100.0	151.0	257.4	291.4	379.4
占全国总额比率	%	2.8	1.7	1.4	1.5	1.8
七、其他广告从业人员	人	78413	120342	139916	152921	152275
与上年比较	%	–	129.1	108.2	109.3	99.6
与1990年比较	%	100.0	153.5	178.4	195.0	194.2
占全国总额比率	%	59.4	38.5	29.3	29.8	27.9
（内含有线广播）	人	(3373)	(3881)	(2665)	(2941)	(2480)

1990～1997 年我国广告投入构成情况

广告投入	单位	1990	1993	1995	1996	1997
一、全国广告投入总额	万元	250172.6	1340873.6	2732690.0	3666372	4619638
二、生产资料广告投入	万元	64549.9	356112.7	409415.0	420417.0	368839.0
与上年比较	%	125.0	179.5	110.6	102.7	87.7
与 1983 年比较	%	810.9	4473.4	5143.0	5281.6	4633.6
与 1990 年比较	%	100	551.7	643.3	651.3	571.4
占全国总投入比率	%	35.8	26.5	14.9	11.5	8.0
三、生活资料广告投入	万元	117299.4	527917.3	1433609.0	1794798.0	2401998.0
与上年比较	%	121.4	152.8	196.7	125.2	133.8
与 1983 年比较	%	1123.1	5055.0	13725.7	17183.8	22997.3
与 1990 年比较	%	100	450.1	1222.2	1530.1	2047.7
占全国总投入比率	%	46.9	39.4	52.5	48.9	52.0
四、其他广告投入	万元	68323.3	456783.6	889666.0	1451156.0	1848801.0
与上年比较	%	132.0	339.3	98.5	163.1	127.4
与 1983 年比较	%	1365.9	9132.0	17786.2	29011.5	36961.2
与 1990 年比较	%	100	668.6	1302.1	2124.0	2706.0
占全国总投入比率	%	27.3	34.1	32.6	39.6	40.0

1997 年我国生活资料广告投入分类情况

分　类	单位	药品	食品	化妆品	医疗器械	家用电器
一、生活资料广告投入分类	万元	390759	655994	475773	103990	650604
与上年比较	%	114.4	134.7	144.3	107.4	148.4
(上年广告投入)	万元	(350707)	(487032)	(329754)	(96810)	(438369)
占全国投入总额比率	%	8.5	14.2	10.3	2.3	14.1
占生活资料投入比率	%	16.3	27.3	19.8	4.3	27.1
二、广告公司营业额分类	万元	131612	241593	179500	32341	255920
报纸广告营业额分类	万元	92478	90356	86110	31913	174224
杂志广告营业额分类	万元	120664	271989	179531	26459	173682
电视广告营业额分类	万元	11858	12804	9556	3667	12608
广播广告营业额分类	万元	5180	3026	86110	1870	4214
其它广告营业额分类	万元	28967	36205	18229	7737	29956

1997年全国6239户广告经营单位被取消经营资格

1997年,全国各级工商行政管理机关开展了广告经营资格专项检查,共检查了广告经营单位5.3万户,其中暂缓通过的4098户,取消了严重违法和不具备法定条件的6239户广告经营资格。仅在检查的15.3万条医疗广告中,就查出9000多条违法广告,并销毁了230多万张违法医疗广告印刷品。全国共查处2.73万件广告违法案件,罚没款4487万元。

1990~1997年我国广告营业额、经营单位、从业人员分布情况

	单位	1990年	1994年	1995年	1996年	1997年
一、广告营业额:						
全国总额	万元	250172.6	2002623.0	2732690.0	3666372.0	4619638.0
国有	万元	221444.5	1328252.0	1904007.0	2267676.0	2806433.0
集体	万元	26409.9	318339.0	375294.0	461231.0	540023.0
个体、私营	万元	786.5	62836.0	103954.0	189997.0	292441.0
外商投资	万元	1531.7	72810.0	198211.0	209761.0	315001.0
股份制	万元	–	40976.0	74475.0	155881.0	175455.0
联营	万元	–	11961.0	22272.0	18452.0	27749.0
其他	万元	–	167449.0	54478.0	363373.0	462536.0
二、广告经营单位:						
全国总数	户	11123	49046	48082	52871	57024
国有	户	8455	18557	18631	19497	18856
集体	户	2315	16415	16176	15137	14139
个体、私营	户	336	4785	7596	9777	12489
外商投资	户	17	558	552	573	516
股份制	户	–	1557	2863	4341	6246
联营	户	–	218	351	403	431
其他	户	–	956	1913	3143	4353
三、广告从业人员:						
全国总数	人	131970	410094	477371	512087	545788
国有	人	82050	170047	184629	188987	180410
集体	人	47099	162140	167526	156430	149321
个体、私营	人	2634	40675	62424	76660	97467
外商投资	人	187	8540	9179	9547	9468
股份制	人	–	14387	30711	44653	61878
联营	人	–	2883	5439	5172	3510
其他	人	–	11422	17463	28938	42388

1993～1997年
我国各地区广告营业额发展情况

地区	单位	1993年	1994年	1995年	1996年	1997年
全　国	万元	1340873.6	2002623.0	2732690.0	3666372.0	4619638.0
北　京	万元	291103.6	385202.0	606323.0	924709.0	1062709.0
(北京)	万元	(214603.6)	(373234.0)	(383626.0)	(624709.0)	(717250.0)
天　津	万元	37472.8	41168.0	54877.0	72468.0	90004.0
河　北	万元	14232.8	24498.0	44364.0	51285.0	64611.0
山　西	万元	12337.0	44329.0	16173.0	21717.0	30225.0
内蒙古	万元	5086.0	6769.0	8287.0	10612.0	14131.0
辽　宁	万元	50348.7	62211.0	83244.0	90362.0	102080.0
吉　林	万元	9185.0	14228.0	18753.0	20060.0	28893.0
黑龙江	万元	16314.2	18938.0	30742.0	43100.0	56749.0
上　海	万元	210807.1	296250.0	440004.0	642098.0	849343.0
江　苏	万元	85455.0	134056.0	163379.0	236361.0	332397.0
浙　江	万元	63656.1	120276.0	196090.0	239450.0	283403.0
安　徽	万元	13676.1	24529.0	42753.0	56385.0	72393.0
福　建	万元	35057.2	58457.0	72726.0	89283.0	119452.0
江　西	万元	9570.3	18005.0	20297.0	42167.0	5445.0
山　东	万元	56585.2	94498.0	133411.0	227837.0	333348.0
河　南	万元	20486.7	34554.0	42211.0	50728.0	71965.0
湖　北	万元	29425.8	54150.0	72148.0	86371.0	86204.0
湖　南	万元	29834.0	48134.0	59642.0	58436.0	69344.0
广　东	万元	214717.3	320315.0	372353.0	404538.0	487244.0
广　西	万元	18009.9	36547.0	37708.0	36547.0	44187.0
海　南	万元	12651.1	12249.0	13350.0	12249.0	12343.0
四　川	万元	50022.1	131481.0	104435.0	131481.0	111757.0
重　庆	万元	–	–	–	–	76661.0
贵　州	万元	5347.4	11781.0	7523.0	11781.0	11616.0
云　南	万元	12313.0	33808.0	26336.0	33808.0	46182.0
西　藏	万元	104.5	159.0	158.0	159.0	293.0
陕　西	万元	19761.4	40276.0	34633.0	40276.0	56561.0
甘　肃	万元	4689.5	10212.0	9768.0	10212.0	15341.0
青　海	万元	1596.8	2390.0	2060.0	2390.0	4133.0
宁　夏	万元	2530.0	2905.0	2699.0	2905.0	3460.0
新　疆	万元	8477.0	18106.0	16184.0	16106.0	23610.0

1983～1997年
我国各地区广告经营单位发展情况

地区	单位	1983年	1990年	1993年	1995年	1996年	1997年
全　国	户	2340	11123	31770	48082	52871	57024
北　京	户	244	692	1879	3265	2933	3259
(北京)	(不含全国性广告经营单位数)			(1853)	(3229)	(2893)	(3134)
天　津	户	58	539	856	986	1356	1358
河　北	户	101	443	1108	1692	1690	1935
山　西	户	92	319	545	750	991	1111
内蒙古	户	75	164	437	596	629	708
辽　宁	户	167	567	1636	2261	2034	1985
吉　林	户	55	244	843	952	1093	1115
黑龙江	户	50	324	815	1212	1400	1397
上　海	户	152	534	1497	2631	2869	2400
江　苏	户	102	662	2672	3563	3746	4139
浙　江	户	130	470	1980	3117	3147	3138
安　徽	户	64	282	720	1277	1482	1621
福　建	户	75	153	566	1064	1290	1427
江　西	户	53	381	730	1106	1271	1245
山　东	户	134	489	1650	2618	3191	3628
河　南	户	106	381	846	1560	1968	2281
湖　北	户	96	401	962	1531	1817	1897
湖　南	户	34	483	1723	2296	2367	2704
广　东	户	145	1116	4246	6559	7264	7867
广　西	户	29	217	698	1095	1214	1323
海　南	户	–	134	347	805	772	791
四　川	户	268	1033	2199	3163	3705	3198
重　庆	户	–	–	–	–	–	1147
贵　州	户	9	161	395	487	526	528
云　南	户	28	136	395	686	901	1059
西　藏	户	–	5	21	23	23	81
陕　西	户	32	335	1047	1346	1521	1829
甘　肃	户	9	190	392	557	670	749
青　海	户	6	62	104	126	130	152
宁　夏	户	14	62	180	270	269	301
新　疆	户	7	164	382	538	600	655

1983～1997年
我国各地区广告从业人员发展情况

地区	单位	1983年	1990年	1993年	1995年	1996年	1997年
全　国	人	34853	131970	311967	477371	512087	545788
北　京	人	1334	4950	21017	34026	27036	28971
（北京）	（不含全国性广告经营单位数）			（19688）	（32388）	（25336）	（26580）
天　津	人	401	13464	13104	10513	13670	13744
河　北	人	430	3857	9290	14270	14963	17172
山　西	人	640	2813	3940	5711	7545	8424
内蒙古	人	422	1026	2952	4212	4602	5036
辽　宁	人	1648	5426	11608	17520	16351	13523
吉　林	人	435	1667	3680	5048	5672	5672
黑龙江	人	414	2409	6398	8503	9634	10669
上　海	人	1894	6889	20778	34714	35071	35290
江　苏	人	1354	7442	24579	28713	37938	38257
浙　江	人	1025	4073	18607	26299	28198	27213
安　徽	人	376	2384	5914	23131	14227	16371
福　建	人	760	1667	6556	11056	12576	13969
江　西	人	331	4801	8952	10160	10427	10647
山　东	人	1365	5441	18851	29046	35749	38698
河　南	人	3275	3611	6818	14269	18683	20789
湖　北	人	748	4278	7994	15482	17220	16664
湖　南	人	398	4783	16425	20974	21875	22148
广　东	人	1295	15411	41351	67764	75763	81677
广　西	人	425	1985	8701	12860	14738	14939
海　南	人	–	1050	3559	10725	7983	7606
四　川	人	14927	22656	25740	37794	42776	36150
重　庆	人	–	–	–	–	–	14625
贵　州	人	187	1175	3431	3305	4175	3138
云　南	人	109	1019	3630	7852	8100	8291
西　藏	人	–	65	–	132	123	436
陕　西	人	324	3785	9236	11258	12712	15634
甘　肃	人	109	1819	4235	5157	6526	7211
青　海	人	72	412	581	630	645	918
宁　夏	人	77	469	1482	2049	2410	2741
新　疆	人	78	1145	3558	4207	4699	6165

1996～1997年我国各地区广告营业额增长情况

地区	1995 广告营业额 万元	1996 广告营业额 万元	1997 广告营业额 万元	1996 较上年增长 %	1997 较上年增长 %
全　国	2732690.0	3666372.0	4619638.0	34.2	26.0
北　京	606323.0	924709.0	1062709.0	52.5	15.4
(北京)	(383626.0)	(624709.0)	(717250.0)	(61.4)	(14.8)
天　津	54877.0	72468.0	90004.0	32.1	24.2
河　北	44364.0	51285.0	64611.0	14.6	26.0
山　西	16173.0	21717.0	30225.0	34.4	39.2
内蒙古	8287.0	10612.0	14131.0	28.1	33.2
辽　宁	83244.0	90362.0	102080.0	8.6	13.0
吉　林	18753.0	20060.0	28893.0	7.0	44.0
黑龙江	30742.0	43100.0	56749.0	40.2	31.7
上　海	440004.0	642098.0	849343.0	45.9	32.3
江　苏	163379.0	236861.0	332397.0	45.0	40.3
浙　江	196090.0	239450.0	283403.0	21.1	18.4
安　徽	42753.0	56385.0	72393.0	31.9	28.4
福　建	72726.0	89283.0	119452.0	22.8	33.8
江　西	20297.0	42167.0	5445.0	107.7	29.2
山　东	133411.0	227837.0	333348.0	70.8	46.3
河　南	42211.0	50728.0	71965.0	20.2	41.9
湖　北	72148.0	86371.0	86204.0	19.7	-0.2
湖　南	59642.0	58436.0	69344.0	-2.1	18.7
广　东	372353.0	404538.0	487244.0	8.6	20.4
广　西	37708.0	36547.0	44187.0	-3.1	20.9
海　南	3350.0	12249.0	12343.0	-8.3	0.8
四　川	104435.0	131481.0	111757.0	25.8	-
重　庆	(1997年1月1日重庆建直辖市)		76661.0	-	-
贵　州	7523.0	11781.0	11616.0	56.6	-1.4
云　南	26336.0	33808.0	46182.0	28.4	36.6
西　藏	158.0	159.0	293.0	0.6	84.3
陕　西	34633.0	40276.0	56561.0	16.3	40.4
甘　肃	9768.0	10212.0	15341.0	4.5	50.2
青　海	2060.0	2390.0	4133.0	16.0	72.9
宁　夏	2699.0	2905.0	3460.0	7.6	19.1
新　疆	16184.0	18106.0	23610.0	-0.5	46.6

1996～1997 年我国各地区广告经营单位情况

地区	1995 广告经营单位 户	1996 广告经营单位 户	1997 广告经营单位 户	1996 较上年增长 %	1997 较上年增长 %
全 国	48082	52871	57024	10.0	7.9
北 京	3265	2933	3259	－10.2	11.1
(北京)	(3229)	(2893)	(3134)	(－10.4)	(7.7)
天 津	986	1356	1358	37.5	0.1
河 北	1692	1690	1935	0.1	14.5
山 西	750	991	1111	32.1	12.1
内蒙古	596	629	708	5.5	12.6
辽 宁	2261	2034	1985	－10.0	－2.4
吉 林	952	1093	1115	14.8	2.0
黑龙江	1212	1400	1397	15.5	－0.2
上 海	2631	2869	2400	9.0	－16.3
江 苏	3563	3746	4139	5.1	10.5
浙 江	3117	3147	3138	1.0	－0.3
安 徽	1277	1482	1621	16.1	9.4
福 建	1064	1290	1427	21.2	10.6
江 西	1106	1271	1245	14.9	－2.0
山 东	2618	3191	3628	21.9	13.7
河 南	1560	1968	2281	26.2	15.9
湖 北	1531	1817	1897	18.7	4.4
湖 南	2296	2367	2704	3.1	14.2
广 东	6559	7264	7867	10.7	8.3
广 西	1095	1214	1323	10.9	9.3
海 南	805	772	791	－4.1	2.5
四 川	3163	3705	3198	17.3	－
重 庆	(1997 年 1 月 1 日重庆建直辖市)		1147	－	－
贵 州	487	526	528	8.0	0.4
云 南	686	901	1059	31.3	17.5
西 藏	23	23	81	0.0	252.2
陕 西	1346	1521	1829	13.0	20.2
甘 肃	557	670	749	20.3	11.8
青 海	126	130	152	4.8	15.2
宁 夏	270	269	301	0.4	11.9
新 疆	538	600	655	11.5	9.2

1996～1997年我国各地区广告从业人员情况

地区	1995 广告从业人员 人	1996 广告从业人员 人	1997 广告从业人员 人	1996 较上年增长 %	1997 较上年增长 %
全　国	477371	512087	545788	7.3	6.6
北　京	34026	27036	28971	-20.6	7.2
(北京)	(32388)	(25336)	(26580)	(21.8)	(4.9)
天　津	10513	13670	13744	29.9	0.5
河　北	14270	14963	17172	4.9	14.8
山　西	5711	7545	8424	32.1	11.7
内蒙古	4212	4602	5036	9.3	9.4
辽　宁	17520	16351	16523	-6.7	1.1
吉　林	5048	5672	5672	12.5	0.0
黑龙江	8503	9634	10669	13.3	10.7
上　海	34714	35071	35290	1.0	0.6
江　苏	28713	37938	38257	32.6	0.8
浙　江	26299	28198	27213	7.2	-3.5
安　徽	23131	14227	16371	-38.5	15.1
福　建	11056	12576	13969	13.7	11.1
江　西	10160	10427	10647	2.6	2.1
山　东	29046	35749	38698	23.1	8.2
河　南	14269	18683	20789	30.9	11.3
湖　北	15482	17220	16664	11.2	-3.2
湖　南	20974	21875	22148	4.3	1.2
广　东	67764	75763	81677	11.8	7.8
广　西	12860	14738	14939	14.6	1.4
海　南	10725	7983	7606	-25.6	-4.7
四　川	37794	42776	36150	13.2	-
重　庆	(1997年1月1日建直辖市)		14625	-	-
贵　州	3305	4175	3138	26.3	-24.8
云　南	7852	8100	8291	3.2	2.4
西　藏	132	123	436	0.0	254.5
陕　西	11258	12712	15634	12.9	23.0
甘　肃	5157	6526	7211	-6.5	10.5
青　海	630	645	918	1.6	43.4
宁　夏	2049	2410	2741	17.6	13.7
新　疆	4207	4699	6165	11.7	31.2

1990～1997年我国广告媒体覆盖面发展情况

媒　体	单位	1990	1993	1995	1996	1997
一、报纸(省市级)　数量	种	773	943	1049	1083	1092
印数	亿份	60.5	199.6	177.9	179.5	193.2
二、杂志　数量	种	5751	7011	7583	7916	7917
总印数	亿册	17.9	23.5	23.4	23.1	24.5
三、电视　中心台	座	509	684	837	880	923
四、电视接收机(百户拥有量)						
城镇　黑白	台	52.36	35.92	27.97	25.53	–
城镇　彩色	台	59.04	79.46	89.79	93.50	100.48
农村	台	44.44	69.16	80.73	87.97	92.44
(其中彩电)	台	(4.72)	(10.86)	(16.92)	(22.91)	(27.32)
五、广播　电台	座	635	987	1202	1244	1363
六、收录机(百户拥有量)						
城镇	台	45.25	75.53	72.83	72.66	57.20
农村	台	17.83	24.24	30.87	31.15	32.02
七、路牌	块	226723	134543	121666	131193	195960
八、霓虹灯	个	12999	80559	84817	44711	61049
九、电子显示牌	个	(12697)(橱窗)	(32804)(橱窗)	2932	1906	2714
十、公交车载体	件	–	–	49521	65634	134361
十一、立体造型	件	–	–	4118	6689	9614

注:以上各表数据系根据有关资料综合整理(1998.7 鲁彬)

附:参考资料(一) 1992—1997年部分广告公司营业额(一)

1992年		1993年	
经营单位	营业额(万元)	经营单位	营业额(万元)
珠海东方广告有限公司	9600	上海广告公司	18565
长城国际影视广告公司	9182	上海市广告装璜公司	11005
中国广告联合总公司	8605	北京新世纪广告有限公司	10500
上海广告公司	8484	中国广告联合总公司	10048
上海市广告装璜公司	7840	中国国际广告公司	10000
广东省广告公司	7500	盛世长城广告有限公司	10000
北京新世纪广告有限公司	7225	广东省广告公司	9280
北京电扬广告公司	6223	长城国际影视广告公司	9186
金马广告公司(海南)	6034	海润国际广告有限公司	8633
白马广告有限公司	5500	东方广告有限公司	8300
北京广告公司	5000	白马广告有限公司	8163
国安广告公司(北京)	4770	星华国际市场开发公司	7500
湖南东方广告投资有限公司	4725	电扬广告公司	7424
杭州市美术公司	4570	上海美术设计公司	7052
上海市美术设计公司	4043	福建广播电视广告总公司	6605
中国国际广告公司	4000	北京广告公司	6500
中国国际广告展览有限公司	3960	金马广告有限公司(上海)	4108
湖南省国际贸易广告展览公司	3369	上海奥美广告有限公司	4069
深圳市美术广告公司	3300	天联广告有限公司	4000
金马广告有限公司上海分公司	3169	麦肯·光明上海分公司	3501
上海奥美广告公司	2563	麦肯·光明广告公司	3151
天联广告有限公司(北京)	2400	中化国际广告展览公司	3000
江苏国际广告公司	2341	中国机电广告公司	2950
凤凰国际广告有限公司	2157	上海解放广告有限公司	2293
广西(桂林)梅高广告策划公司	2008	上海东药广告公司	2231

注:附件资料非经营排序,仅为了方便阅读故按营业额多少依次排列。如'92年广告公司当时有几方面排序,各有不同排序条件,本资料将收集到的各种数字汇集一并列出,(媒体情况相同)仅供参考。

(鲁彬)

附:参考资料(二) 1992—1997年部分广告公司营业额(二)

1994年		1995年	
经营单位	营业额(万元)	经营单位	营业额(万元)
盛世长城广告有限公司	38757	盛世长城广告有限公司	63600
精信广告有限公司	23031	精信广告有限公司	31030
上海广告公司	18321	中国广告联合总公司	28500
中国广告联合总公司	18137	上海奥美广告有限公司	24582
北京新世纪广告有限公司	16042	长城国际广告有限公司	20189
北京国安广告公司	16000	中国国际广告公司	20000
广东省广告公司	15165	北京广告公司	20000
麦肯·光明广告有限公司	15100	广东省广告公司	19941
北京广告公司	15000	北京电通广告有限公司	19300
中国国际广告公司	15000	麦肯·光明广告有限公司	17309
奥美广告有限公司(上海)	13492	珠海东方广告有限公司	17075
长城国际影视广告有限公司	12964	上海广告公司	16906
上海市广告装璜公司	12303	福建广播电视广告公司	11950
海润国际广告有限公司	11826	天联广告有限公司	11422
中化国际广告展览有限公司	11264	中国对外贸易广州广告总公司	11090
福建省广播电视广告总公司	9688	上海美术设计公司	11044
上海美术设计公司	9293	电扬广告公司	11000
金马广告有限公司(海南)	8835	辽宁省辽广经贸集团公司	10400
浙江省国际广告公司	8504	浙江省广告公司	10226
电扬广告有限公司	7029	上海市广告装璜公司	8600
北京北奥广告公司	5800	金马广告(集团)公司	8348
南京市广告公司	5499	北京国安广告公司	7800
中国对外贸易广州广告公司	5146	广州市广告公司	7282
金马广告有限公司上海分公司	4773	上海新民广告公司	6744
中国机电广告公司	4340	广东白马广告有限公司	6700

附:参考资料(三) 1992—1997年部分广告公司营业额(三)

1996年		1997年	
经营单位	营业额(万元)	经营单位	营业额(万元)
盛世长城国际广告有限公司	78748	盛世长城国际广告有限公司	142000
麦肯·光明广告有限公司	47891	麦肯·光明广告有限公司	76149
中乔智威汤逊广告有限公司	46271	中乔智威汤逊广告有限公司	64928
精信广告有限公司	42939	上海奥美广告有限公司	62561
上海奥美广告公司	38268	精信广告有限公司	47600
上海广告公司	33806	中国广告联合总公司	38987
北京电通广告有限公司	30944	北京电通广告有限公司	37168
长城国际广告有限公司	30300	广东省广告公司	36428
中国广告联合总公司	25719	上海广告有限公司	34717
北京广告公司	24000	上海灵狮广告有限公司	30000
广东省广告公司	23189	北京广告公司	24000
北京未来广告公司	18112	福建广播电视广告总公司	20691
电扬广告有限公司	17871	山东太阳国际广告有限公司	18000
天联广告有限公司	16285	天联广告有限公司	17903
中国国际广告公司	15000	北京未来广告公司	17400
北京中视影视广告公司	14628	中国国际广告公司	16000
福建广播电视广告总公司	13651	上海新民广告公司	14675
辽广对外经贸集团公司	13541	北京国安广告总公司	14616
浙江省国际广告公司	13200	上海美术设计公司	14025
金鹰国际广告企划有限公司	13111	辽宁省辽广对外经贸集团公司	12100
上海美术设计公司	12384	福建福视广告有限公司	12000
青岛海尔广告艺术中心	12000	浙江省国际广告公司	11286
山东太阳国际广告有限公司	12000	广东广旭广告有限公司	10800
上海新民广告公司	10835	上海解放广告有限公司	10615
中国对外贸易广州广告公司	10278	中国对外贸易广州广告公司	10283

附:参考资料(四)　1992—1997 年部分媒体广告营业额(一)

1992 年		1993 年		1994 年	
经、兼营单位	营业额 万元	经、兼营单位	营业额 万元	经、兼营单位	营业额 万元
中央电视台	49045	中央电视台	64693	中央电视台	96904
上海电视台	14675	上海电视台	19326	上海电视台	22135
广东电视台	11400	北京电视台	13000	北京电视台	21488
北京电视台	8000	广东电视台	12400	东方电视台	20014
山东电视台	8000	上海东方电视台	12070	广东电视台	16000
天津电视台	5460	钱江电视台	7415	天津电视台	7379
广州电视台	5320	天津电视台	6600	广州电视台	6800
福建电视台	4545	江苏电视台	4500	浙江电视台	6800
浙江电视台	4235	湖南电视台	4000	江苏电视台	6123
陕西电视台	3300	山东电视台	4000	辽宁电视台	6000
解放日报	8138	广州日报	18500	羊城晚报	31000
广州日报	8100	羊城晚报	18000	广州日报	30600
羊城晚报	6800	解放日报	16378	新民晚报	26210
新民晚报	6610	新民晚报	15880	北京日、晚报	19735
深圳特区报	6005	海南日报	13000	解放日报	17768
文汇报	5090	南方日报	12000	深圳特区报	16000
人民日报	5000	深圳特区报	12000	南方日报	15120
南方日报	4968	北京日、晚报	10255	新华日报、扬子晚报	11000
北京日报	4174	文汇报	8520	人民日报	10340
长江日报	2700	人民日报、成都日报	各 7200	成都晚报	9223
中央人民广播电台	2575	中央人民广播电台	4175	中央人民广播电台	4150
广东人民广播电台	1633	上海人民广播电台	2000	上海人民广播电台	3300
上海人民广播电台	1300	广东人民广播电台	1955	湖北人民广播电台	2676
广州人民广播电台	843	北京人民广播电台	1000	上海东方广播电台	2300
北京人民广播电台	650	山东人民广播电台	650	广东人民广播电台	2150
佛山人民广播电台	600	南京人民广播电台	650	广州人民广播电台	2100
江苏人民广播电台	517	江苏人民广播电台	600	北京人民广播电台	1413
深圳人民广播电台	480	安徽人民广播电台	507	南京人民广播电台	1300
山东人民广播电台	396	无锡人民广播电台	459	佛山人民广播电台	1300
天津人民广播电台	340	浙江人民广播电台	405	辽宁人民广播电台	1100

附:参考资料(五) 1992—1997 年部分媒体广告营业额(二)

1995 年		1996 年		1997 年	
经、兼营单位	营业额 万元	经、兼营单位	营业额 万元	经、兼营单位	营业额 万元
中央电视台	200000	中央电视台	351088	中央电视台	417364
北京电视台	35899	北京电视台	62455	重庆电视台	75176
上海电视台	31000	上海电视台	37700	北京电视台	68373
上海东方电视台	24326	上海东方电视台	34132	上海电视台	52156
广东电视台	18800	浙江电视台	23920	上海东方电视台	50600
山东电视台	15000	山东电视台	22000	浙江电视台	27000
浙江电视台	13500	上海有线电视台	16000	山东电视台	27000
广州电视台	13000	广东电视台	15700	上海有线电视台	21150
天津电视台	11500	天津电视台	14500	天津电视台	18400
福建电视台	11000	广东有线电视台	12000	广东电视台	17100
广州日报	46000	新民晚报	52511	新民晚报	61287
羊城晚报	46000	广州日报	51000	广州日报	50000
新民晚报	32416	北京日报	39970	羊城晚报	50000
北京晚报	20836	深圳特区报	24000	北京日(晚)报	47108
深圳特区报	20500	解放日报	22125	深圳特区报	31000
解放日报	17770	南方日报	21000	新华日报	29900
新华日报	16000	天津今晚报	14000	解放日报	23479
南方日报	15359	钱江晚报	12000	天津今晚报	22000
人民日报	13700	深圳商报	12000	扬子晚报	22000
成都晚报	13700	人民日报	11848	计算机世界	20000
中央人民广播电台	4754	中央人民广播电台	5698	北京人民广播电台	9500
北京人民广播电台	4500	北京人民广播电台	5195	中央人民广播电台	8030
上海人民广播电台	4500	上海人民广播电台	4550	上海人民广播电台	5200
上海东方广播电台	4114	广东人民广播电台	4300	上海东方广播电台	4293
广东人民广播电台	3500	上海东方广播电台	3090	佛山人民广播电台	1500
广州人民广播电台	3255	广州人民广播电台	2090	天津人民广播电台	1476
辽宁人民广播电台	2000	深圳人民广播电台	2052	南京人民广播电台	1383
深圳人民广播电台	1950	南京人民广播电台	1700	黑龙江人民广播电台	1350
天津人民广播电台	1860	江苏人民广播电台	1600	深圳人民广播电台	1109
佛山人民广播电台	1500	佛山人民广播电台	1244	汕头人民广播电台	1100

1997 年广告公司营业额
前十名排序

本土广告公司前十名

序号	单位名称	企业性质	97 年广告营业额（万元）	97 年上交税金（万元）	97 年广告业务净利润（万元）
1	中国广告联合总公司	国有	38987	647.5	481.13
2	广东省广告公司	国有	36428	464	723
3	上海广告有限公司	国有	34717	466	89
4	北京广告公司	国有	24000	174.9	153
5	福建广播电视广告总公司	国有	20690.91	2969.27	3918.67
6	北京未来广告公司	国有	17400	420	576
7	中国国际广告公司	国有	16000	81.13	802
8	上海新民广告公司	国有	14675	378	612
9	北京国安广告总公司	集体	14616	368	751
10	上海美术设计公司	国有	14025	564	630

合资广告公司前十名

序号	单位名称	企业性质	97 年广告营业额（万元）	97 年上交税金（万元）
1	盛世长城国际广告有限公司	中外合资	142000	1132
2	麦肯·光明广告有限公司	中外合资	76148.97	692.19
3	中乔智威汤逊广告有限公司	中外合资	64927.91	977.69
4	上海奥美广告有限公司	中外合资	62561.24	2048
5	精信广告有限公司	港澳合资	47600	402
6	北京电通广告有限公司	中外合资	37167.5	1040.5
7	上海灵狮广告有限公司	中外合资	30000	340
8	FCB－美格广告公司	中外合资	21336.36	-
9	山东太阳国际广告有限公司	中外合资	18000	190
10	天联广告有限公司	中外合资	17903	241

此排序由中国广告协会会员部提供，媒介排序和广告公司十名以后排序情况请向中广谐信息咨询中心查询

中国广告 1997

范鲁彬

1997年,是中国整体经济继续由卖方市场走向买方市场,实现了经济高增长和价格低水平这一理想组合,成就斐然。中国广告业的发展也颇令人瞩目。据有关资料统计截至年底,全国广告营业额达到461.9638亿元,较上年366.6372亿元增长26%,为1990年的18倍多。年净增65.3亿元,是历年来净增额最多的一年。广告经营单位和广告从业人员低速发展,达到57024家,545788人,较上年52871家512087人分别增长7.9%与6.6%,为近五年来增长幅度最低一年。广告从业人员人均营业额,较上年增长18.2%,提高了1.3万元达到8.464万元,成绩喜人。从数字看发展:

一,1997年中国改革、开放和现代化建设成绩显著,经济始终保持平稳快速增长,城乡居民收入继续增加,物价涨幅持续走低,商品货源充足,营销活跃繁荣,市场竞争日益激烈,中国广告业运行良好。广告专业公司与各大媒体得到均衡协调发展。除杂志之外其他各方面广告营业额普遍增长20%以上。广告专业公司是行业的主旋律,它的经营状况关系着整个行业大局。近几年来,广告专业公司有了长足发展,它的优势日益为工商企业所认识。其重要标志就是广告代理制得到逐年拓展。1997年广告公司代理费又较上年增长85%,远远超过全国广告营业额增长26%的幅度。广告专业公司年营业额达到194.1413亿元,占全国广告营业额42%,较上年156.7858亿元增长23.8%,与四大媒体相比较,排名自1993年跃居首位之后,至1997年已保持五年之久。经营单位达到29010家,从业人员319092人,较上年25726家288675人分别增长12.8%与10.5%。

电视中心台至1996年底已达880座;城镇彩色电视接收机每百户拥有93.5台;农民百户拥有电视接收机88台;电视节目也拥有几亿收视观众,这无疑使电视广告成为一些企业首选对象,十分火爆。如今电视台在继续增加,频道不断增多,覆盖面日益拓宽,必然为电视广告提供更多空间。使广告营业额达到114.4105亿元,占全国广告营业额24.8%,较上年90.7894亿元增长26%,增幅与全国总营业额同步。连续3年排名第二。兼营广告经营单位达到2962家,广告从业人员24859人,较上年2625家22955人分别增长12.8%与8.3%。

报纸仅省、市级1996年就有1075种181亿份,据悉自办发行的还有2000来种。1997年扩版增幅、开辟周末版(刊)为广告提供更多版面。据有关调查资料表明,报纸广告并没有因电视声、像、色并茂的冲击而削弱。它伴随着新闻信息的传播,而风采依旧,兼营广告营业额达到99.8265亿元,占全国营业额21%,较上年77.6891亿元增长24.6%,亦连续三年排名第三。兼营广告单位2329家广告从营业人员20040人,较上年2231家19352人,分别增长4.4%与3.6%。

广播列入国家统计的大型广播电台,1996年底已有1238座,不论是新闻报导,还是广告宣传,在时效上是完全可与电视、报纸相抗衡。况且具有广告费用低廉特点,优势常在。企业、特别是中小企业决不会冷漠它。兼营广告营业额达到10.5776亿元,较上年8.7267亿元增长21.2%,占全广告营业额2.3%,一直排名第四,兼营广告经营单位955家,广告从业人员9979

人,较上年990家7664人,分别下降3.5%与增长23.2%。

杂志广告经营多年来一直呈现波浪式发展势态。一年起、一年伏、曲线上升。以广告营业额年增长率为例:1991年为15%,1992年(起)较上年增长72.8%,1993年(伏)只增6.8%,1994年(起)增长114.2%,1995年(伏)负3.2%,1996年(起)增长46.7%,1997年(又伏)负6%。实际达到5.2709亿元,较上年5.6096亿元下浮3387万元,排名第五。兼营广告单位为3812家,广告从业人员19543人,较上年3825家20520人,亦分别下降0.3%与4.8%。

其他民航、铁路、体育、文化……等综合广告营业额达到40.7370亿元,广告经营单位为17956家,广告从业人员为152275人,情况大体与上年相同。

二,1997年社会消费品保持快速增长,商品丰富多彩,产品更新换代加快,商品流通需求两旺。居民消费心理越加成熟,人们对消费的选择性增强。市场竞争令人眼花缭乱,这就使广告投入倍增,投入走向也发生变化。总的情况是生活资料广告投入大幅度上升;相对的生产资料广告投入略有下浮。截至年底:生产资料广告投入为36.8839亿元,占年广告投入8%;较上年42.0417亿元下浮2.3%;生活资料广告投入为240.1998亿元,超过年广告投入的一半以上,达到52%,较上年的179.4798亿元上升33.8%;其他广告投入为184.8801亿元,占广告投入总额40%,较上年145.1156亿元,上升27.4%。

生活资料商品在市场上竞争日益激烈,使生活资料广告投入形成新热点,食品广告投入几年来处于领先位置,物质生活的不断提高,人们在口腹得到满足之后,已从单一的追求温饱向讲究营养过渡。天然保健食品、绿色食品……等发起了猛烈的广告攻势,促进了食品广告的发展,也为广告投入注入大量份额。使食品广告投入达65.5994亿元,较上年48.7032亿元增长34.7%。电器广告步其后尘,来势之猛不亚于白酒之争,使广告投入快速增加,已接近食品广告投入数额,达到65.0604亿元,较上年43.8369亿元增长48.4%,两者分别占生活资料的广告投入的27.3%与27.1%,合计已达生活资料广告投入一半以上为54.4%。化妆品广告投入达47.5773亿元,较上年32.9754亿元增长44.3%,增幅如此之大,充分显示广大人民生活水平的提高,收入有了富余,这也是人们越加走向文明的标志。药品广告投入达到39.0759亿元,较上年35.0707亿元增长11.4%。医疗器械达到10.3990亿元,较上年9.6810亿元增长7.4%。……

三,纵观全国广告经营情况:(除台湾省和香港特区另行统计外)31个省、市(直辖)、自治区广告营业额有(依序)北京、上海(如北京地区扣除全国性广告经营单位数,上海地区则连续排名在先)、广东、山东、江苏、浙江六地区分别超过或接近达到30亿元。其中北京为106.7250亿元(71.7250亿元),较上年92.4709亿元(62.4709亿元)增长15.4%(14.8%);上海为84.9343亿元,较上年64.2098亿元增长32.3%;广东、山东、江苏、浙江分别达到48.7244亿元、33.3348亿元、33.2397亿元、28.3403亿元,较上年40.4538亿元、22.7837亿元、23.6861亿元、23.9450亿元增长20.4%、46.3%、40.3%、18.4%;六地区综合广告营业额已达335.2985亿元,相当全国营业额72.58%。山东、江苏营业额增幅较大,缩短了与北京、上海、广东的距离。另外福建、四川、辽宁地区的广告营业额也超过10亿元,尤其是西部的西藏、青海、甘肃、新疆、陕西广告营业额均增长40%以上。

广告经、兼营单位与广告从业人员,广东地区仍居全国之最,达到7867家81677人,较上年7264家67764人增长8.3%与11.8%,两项几乎相当第二、第三位的两地区之和。其次:广告经、兼营单位(依序)为江苏、四川、山东、浙江、北京、上海、湖南、辽宁……。上海尤为突出,广告营业额增长20亿元,广告经、兼营单位出现负增长,较上年下降16.3%,实际较上年减少

469家，呈现“经营单位减少，单体规模增扩，广告业结构趋向合理，广告公司成为业内支柱，外贸企业优势加强”好局面。辽宁、江西、浙江、黑龙江四地区也实现营业额增长，经营单位下降好势头；浙江成为全国唯一的广告营业额增长而广告经营单位与广告从业人员都负增长的地区，分别下浮0.3%与3.5%。全国还有贵州、海南、湖北三地区广告从业人员出现负增长，如此大好势态是历年所没有的，确实令人鼓舞。

中国广告业1998从数字上看“发展”

范鲁彬

1998年我国克服了亚洲金融危机的冲击和战胜百年不遇的长时间、大面积洪灾的困难。深化改革，保持了国民经济持续平稳发展。中国广告业在抗洪精神的激励下，继续上了一个新台阶。据有关资料统计至年底（除港、澳、台另行统计外）全国广告营业额突破500亿元人民币大关，达到537.8327亿元，较上年增长16.4%，虽然增长率略低于历年，但基数一年大于一年，其净增额并不低，实际较上年净增75.86亿元。其中，专业广告公司营业额为230.1亿元，较上年增长18.5%，占全国总营业额42.8%，较上年上升0.8个百分点；电视广告营业额为135.6亿元，较上年增长18.6%，占全国总营业额25.2%，较上年增长1.6个百分点；报纸广告营业额为104.4亿元，较上年增长7.8%，占全国总营业额19.4%；广播广告营业额为13.3亿元，较上年增长25.8%，占全国总营业额2.5%；杂志广告营业额为7.1亿元，较上年增长35.3%，占全国总营业额1.3%；其他民航、铁路、体育、文化……等广告综合营业额为47.3亿元，较上年增长16.1%，占全国总营业额8.8%。

1998年全国广告经、兼营单位达到61730户，较上年增长4706户，上升8.3%，其中专业广告公司为33290户，较上年上升14.8%，净增4280户，电视、报纸分别为2945户与2316户，各回落0.6%；广播为906户，回落5.1%；杂志3908户，增长2.5%；其他综合为18365户，增长2.3%，广告从业人员达到57.89万人，较上年增长6.1%，净增3.3万人。与广告经营单位对照看，每户平均不过9～10人。其中专业广告公司为34.99万人，较上年上升9.8%，净增3万余人，已占全国广告从业人员总数60.5%；兼营广告的四大媒体，除广播回落24.6%，不仅较上年减少2453人，而且还较1996年低138人；其余电视、报纸、杂志及其他综合分别增长4.6%、5.5%、7.7%和0.6%。

1998年生产资料广告投入为39.09亿元，虽较上年增长6%，但占年总投入比重却走低，只占7.3%，又下降0.7个百分点；生活资料广告投入继续盘升，为314.92亿元，较上年增长31.1%，占年总投入58.5%，比重又较上年增多6.5个百分点，生活资料广告投入中重点仍然集中在食品与家用电器方面，广告投入分别为79.33亿元与79.02亿元，较上年上升20.9%与21.5%，其次为药品与化妆品，分别为64.48亿元与57.89亿元，较上年上升65%与21%；其它广告投入为183.82亿元,略低于上年0.6%,占年总投入34.2%。

1998年全国各地区(除港、澳、台外)31个省、市(直辖)、自治区中,除北京、上海、广东三地继续保持领先地位,三地广告营业额综合仍超过全国总营业额一半以上之外,还出现令人注目大好势态。部分有基础的地区在广告营业额继续增长的前提下,广告经营单位与从业人员出现负增长,如广东分别回落1.16%与3.68%,天津分别回落5.6%与10.3%,湖南分别回落4.48%与4.56%,以及上海、黑龙江广告从业人员也分别减少1.17%与0.8%……。而广告业较薄弱地区,广告经营额、广告经营单位与广告从业人员,又有了长足发展,如新疆分别增长30.34%、24.88%与5.34%,贵州分别增长145%、9.87%与168.58%,陕西分别增长23.3%、9.9%与11.13%,这一落一涨形势令人十分欣慰。

1998 年我国广告业发展概况

年份		1997	1998	增长率
广告营业额	全国合计	4619638	5378326	16.42
	专业广告公司	1941413	2301138	18.53
	报纸	968265	1043546	7.77
	杂志	52709	71328	35.32
	电视	1144105	1356380	18.55
	广播	105776	133036	25.77
	其他	407370	472898	16.09
广告经营单位	全国合计	57024	61730	8.25
	专业广告公司	29010	33290	14.75
	报纸	2329	2316	-0.56
	杂志	3812	3908	2.52
	电视	2962	2945	-0.57
	广播	955	906	-5.13
	其他	17956	18365	2.28
广告从业人员	全国合计	545788	578876	6.06
	专业广告公司	319092	349953	9.67
	报纸	20040	21146	5.52
	杂志	19543	21040	7.66
	电视	24859	26004	4.61
	广播	9979	7526	-24.58
	其他	152275	153207	0.61

1990～1998年我国广告业发展情况示意图

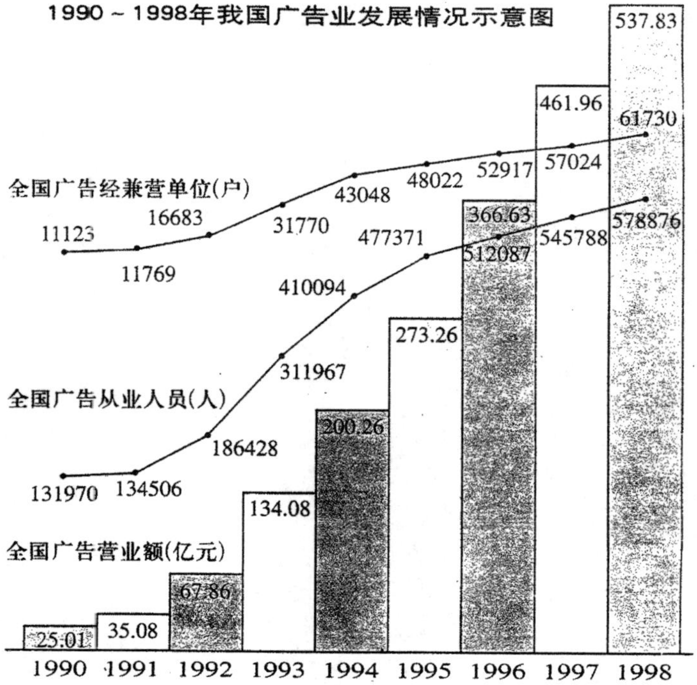

1990～1998年我国广告投入构成情况

日期	全国广告营业额	生产资料广告投入	生活资料广告投入	其他方面广告投入
1990	250172.6	64549.9	117299.4	68323.3
1991	350892.6	97125.7	169114.5	84652.4
1992	678675.4	198446.3	345615.1	134614.0
1993	1340873.6	356112.7	527917.3	456783.6
1994	2002623.0	379415.0	728891.0	903599.0
1995	2762690.0	409415.0	1433609.0	889666.0
1996	3666372.0	420417.0	1794798.0	1451156.0
1997	4619638.0	368839.0	2401998.0	1848801.0
1998	5378327.0	390940.0	3149170.0	1838217.0

1998年我国生活资料广告费投入情况

项　　目	单位	药　品	食　品	化妆品	医疗服务	医疗器械	家用电器
生活资料广告费投入分布	万元	644808	793316	578922	213755	128121	790249
上年生活资料广告费投入	万元	390759	655994	475773	124879	103990	650604
与上年比较	%	165.0	120.9	121.7	171.2	123.2	121.5
占全国投入总额比率	%	12.0	14.8	10.8	4.0	2.4	14.7
占生活资料投入比率	%	20.5	25.2	18.4	6.8	4.0	25.1
其中广告公司营业额分布	万元	312274	344885	289696	47474	40673	317125
其中报纸广告营业额分布	万元	104445	95589	79762	75698	33365	184008
其中杂志广告营业额分布	万元	6436	5389	4784	5677	3966	5085
其中电视广告营业额分布	万元	111212	227422	161157	52614	33492	222580
其中广播广告营业额分布	万元	14692	15564	12361	14356	5647	16065
其中其他广告营业额分布	万元	95749	104518	31151	17936	10983	56368

1998年我国各地区广告业发展情况

地区	广告营业额			广告经兼营单位			广告从业人员		
	1998年 万元	1997年 万元	增长率 %	1998年 户	1997年 户	增长率 %	1998年 人	1997年 人	增长率 %
全国	5378327	4619638	16.43	61730	57024	8.25	578876	545788	6.06
北京	1206977	1062709	13.57	3976	3259	22.00	35390	28971	22.16
北京*	799577*	717250*	11.48*	3824*	3134*	22.02*	32870*	26580*	23.66*
天津	111050	90004	23.38	1282	1358	-5.60	12328	13744	-10.30
河北	66417	64611	2.79	1962	1935	1.39	17869	17172	4.06
山西	33601	30225	11.17	1386	1111	24.75	9616	8424	14.15
内蒙古	14786	14131	4.63	803	708	13.42	5615	5036	11.50
辽宁	125495	102080	22.94	2418	1985	21.81	18918	16523	14.49
吉林	31293	28893	8.31	1430	1115	28.25	5737	5672	1.14
黑龙江	69700	56749	22.82	1499	1397	7.30	10584	10669	-0.80
上海	949875	849343	11.84	2449	2400	2.04	34878	35290	-1.17
江苏	382989	332397	15.22	4612	4139	11.43	39701	38257	3.77
浙江	371212	283403	30.98	3344	3138	6.56	28155	27313	3.08
安徽	85487	72393	18.09	1734	1621	6.97	18424	16371	12.54
福建	136055	119452	13.90	1506	1427	5.54	15086	13969	8.00
江西	60617	54457	11.31	1248	1254	-0.48	11690	10647	9.80
山东	341257	333348	2.37	4150	3628	14.39	42847	38698	10.72
河南	101860	71965	41.54	2112	2281	-7.41	22001	20789	5.83
湖北	113770	86204	31.98	2139	1897	12.76	17688	16664	6.14
湖南	78306	69344	12.92	2583	2704	-4.48	21137	32148	-4.56
广东	575106	487244	18.03	7776	7867	-1.16	78669	81677	-3.68
广西	47957	44187	8.53	1391	1323	5.14	14046	14939	-5.98
海南	11868	12343	-3.85	814	791	2.91	8853	7606	16.39
四川	163237	111757	46.26	3761	3198	17.60	39770	36150	10.01
重庆	90148	76661	17.59	1315	1147	14.65	14991	14625	2.50
贵州	28489	11616	145.26	559	528	5.87	8428	3138	168.58
云南	53588	46182	16.04	1137	1059	7.36	9970	8291	20.25
西藏	293	293	0	81	81	0	436	436	0
陕西	69741	56561	23.30	2010	1829	9.90	17374	15634	11.13
甘肃	16740	15341	9.12	868	749	15.89	7596	7211	5.34
青海	4800	4133	16.14	233	152	53.29	1413	918	53.92
宁夏	4837	3460	39.80	334	301	10.96	3172	2741	15.72
新疆	30774	23610	30.34	818	655	24.88	6494	6165	5.34

*不含全国性经营单位数字

专　论

在广告执法办案中应重点解决的几个问题

郑和平

●关于以新闻形式发布广告的问题

以新闻形式发布广告，是目前违法广告比较突出的问题。这种违法行为，主要有两种表现形式：

1.名为新闻报道，实为广告。新闻与广告有着质的区别。但是如何区别新闻和广告，还需有一个明确的界定原则。这要着重看两个方面：一是看内容，是否主要为推销商品或者服务；二是看是否收取费用(包括变相收费)。从实际情况看，这两条缺一不可。如果媒介的新闻报道没有收取费用而宣传了商品或服务，可能说这个新闻质量不高，但还不能算广告。如果媒介接受赞助，但没有主要宣传赞助商，只给赞助商挂个名，把这些栏目都认定为广告，恐也不妥，充其量是个有偿新闻问题。广告监管机关负责监管广告，对于有偿新闻，主要靠新闻管理部门管。广告监管部门在认定这类广告时，要紧紧把握住这两条，严厉查处名为新闻实为广告的违法行为。

2.使公众误认为新闻的广告。前一段时期，一些电视广告中采用调查采访的形式，发布广告。在这些广告中，通过“记者”或“市场调查人员”与“消费者”双方问答进行调查采访由特定的“消费者”讲述自身体验与感受，介绍产品或服务的优点、特点。在广告中使用新闻调查采访形式，总体上产生了客观介绍或报道的效果，极易对消费者造成误导。为此，国家工商局发布了《关于制止调查采访形式广告的通知》。对此类广告，无论是否有广告标记，均应依据该通知予以制止。

制止以新闻形式发布广告，事关党和政府的形象问题，也是维护广告市场秩序的重要措施。各级广告监管机关，要遵照法律、法规的规定、从严执法，坚决杜绝各种形式的新闻广告。

对于新闻媒介的广告栏目，要加强监测，凡属广告性质的，必须具有广告标记，不允许以各种“信息”类标题代替。发现媒介中其他栏目，以新闻报道形式变相发布广告的，要严肃查处，并予以通报。

●关于加强酒类广告管理问题

广告是一个社会热点问题，酒类广告是热点中的热点。今年国家局共收到人大、政协提案、议案40多件，其中一半与广告有关，需广告司办理。广告司办理的提案、议案中，又有一半呼吁要加强对酒类广告的管理。对此，除了加强监测，严格执法外，需要进一步考虑从根本上解决酒类广告数量过多的问题。《广告管理条例施行细则》有关酒类广告的规定,并未废止。烈性酒做广告应该经过批准。现在的问题是不能再根据获奖批酒类广告了,现在各类奖项名目繁多,无法作为审批依据,而且不可能控制酒广告的总量。依据什么审批呢,我们设想建立酒类广告发布配额制度,从根源上实现对酒类广告总量的控制。酒厂可根据自己的销售量向广告监管机关申请广告配额,每年度国家工商局根据酒类市场状况公布配额比例。发布广告时,按照配额履行批准手续,配额用完为止。我们希望能通过这种办法加大对酒类广告的调控力度,保证现行规章的贯彻执行。

●关于名牌广告问题

为了帮助企业开拓市场,各地都在搞名牌战略。广告宣传名牌产品,是好事,本身没有错。但现在有一股“评名牌热”,包括许多种“第一”、认定各种第一等等,把好事办得走了样。产品的评价活动,是一种市场中介行为,应当由比较规范的、有权威的市场中介机构来完成。目前,在各种评价活动很不规范,评价结果又主要用于做广告的情况下,我们广告监督管理机关可以管两件事:

第一、评价组织者应依法承担广告出证者和广告产品推荐者的责任。评价过程和评价结果中有弄虚作假情况,并发布了广告的,我们可以依据有关规定予以处罚。

第二、评价组织者作为广告出证者,应当受到必要的资格限制,要具备一定的资质条件。广告监管机关认可的出证单位可以为广告出证,未经广告监管机关认可的评价活动组织者,其评价结果不能作为广告证明。对广告出证者要加强资格检查,对严重违法、不再具备出证条件的,要及时取消其出证资格。

中国民族品牌的市场竞争力

最近,由国家统计局、中国人民银行总行等六部委联合组织的调查显示:

一、中国民族品牌市场竞争力总体态势

1.中国民族品牌在我国消费市场中占主导地位

调查结果显示,经过18年的改革开放,我国民族品牌已经在大多数消费品市场中占主导地位。

根据1996年市场销售份额,调查涉及的40余种消费品中,民族品牌占70%以上市场份额的产品有33个,占全部被调查 产品总类的82.5%。其中,电冰箱、洗衣机、抽油烟机等占到90%以上。民族品牌居榜首的有30个,占全部被调查产品的75%。

2.民族品牌在市场竞争中占优势的消费产品

调查显示,民族品牌占优势的消费产品主要表现在冰箱、洗衣机、抽油烟机、热水器、火腿肠、速冻食品、方便面、酒、卷烟、西服、衬衣等,其市场占有率均在80%以上。民族品牌在这些产品的生产领域有扎实的基础,生产能力、质量已达到相当水平。同时,这些产品的生产和消费在我国有传统优势,受地域、人文环境等因素影响,国外品牌与之竞争的优势不明显。

3.民族品牌与国外品牌竞争激烈的消费产品类

彩电、冰箱、洗衣机、微波炉及摩托车等产品市场,是当前民族品牌与国外品牌激烈竞争的领域。大致分三类情况:

第一类是中国民族品牌逐步上升的市场。例如彩电、微波炉等,经过十多年的发展,民族品牌已经站稳脚根并取得长足进步,有些在技术方面已经赶上或超过了国外品牌,市场综合竞争力逐步加强。1996年彩电和微波炉的民族品牌份额为69.3%和63.9%,明显高于过去累积的民族品牌拥有率。而未来三年购买意向中国民族品牌的份额又高于1996年的实际购买份额,总的趋势为不断上升。

第二类是民族品牌竞争走势不明朗的。例如空调,1996年民族品牌市场份额72.2%,低于过去累积的家庭拥有率,表现为竞争力的下降。但未来三年购买意向中,民族品牌上升到78.7,又有很好的潜在市场。

第三类是民族品牌市场阵地正逐步地丢失的市场。调查显示,洗衣机、洗发香波、饮料等民族品牌市场在逐步缩小,其中洗发香波和饮料等民族品牌的"经常使用率"已经低于50%,主导权正逐步被外国品牌所取代。

4.国外品牌占主导地位的市场

调查显示,在录放像机、摄像机、移动电话、传呼机等产品类别中,基本是国外品牌占主导地位,其中传真机的民族品牌尚是空白。

二、我国民族品牌未来发展趋势

1.民族品牌竞争力将进一步提高

本次活动调查了耐用消费品未来三年购买意向。到本世纪末,中国民族品牌的竞争力将进一步得到加强。调查的22种耐用消费品中,民族品牌占主导地位、未来三年品牌购买意向在70%以上的有冰箱、洗衣机、抽油烟机等15种产品。在竞争激烈的产品中,民族品牌未来三年购买意向的份额高于1996年实际份额的有彩电、微波炉、组合音响等。总体看,中国消费者未来三年倾向购买民族品牌的比例平均为82.7%,比1996年实际购买份额74.5%高出8.2个百分点。

2.竞争日趋激烈

近年来,许多国际知名厂家都看好中国市场,或捷足先登,或正跃跃欲试。复关之后,民族品牌将面临更严峻的挑战。一批已经进入中国市场的国外品牌已有相当大的消费者基础,一旦居民收入提高,国外品牌仍有可观的市场。

3.未来消费市场品牌化,市场份额向具竞争力的品牌集中

调查显示,市场份额越来越向具竞争力的品牌集中,1985年,主要家电产品市场占有率前十名的平均占有份额仅66%,1990年上升为70%,1996年为75%。在未来三年购买意向调查中,位于前十名的品牌市场份额占有率将上升至80%左右。以彩电、冰箱、洗衣机三个产品为例,近五年来品牌集中提高8-15个百分点,平均每年以1.5至3个百分点的速率向名牌集中。

创立名牌的关键

章汝奭

最近有人对上海南京路上的户外广告作了一番调查,发现外商广告占到了85%以上,而国产品牌的广告却不到15%,于是便评论到,上海企业的产品缺的不是市场而是广告。这种说法本身就存在着本末倒置、因果倒置的毛病。这些洋品牌之所以能风靡国内市场并占有市场的主要份额,首先不是广告的胜利,而是市场策略的胜利,是产品策略的胜利,是分配渠道策略的胜利,是促销定价乃至整个营销组合策略的胜利,总之是规范化操作的市场营销活动的胜利。

仔细观察,几乎所有名牌产品从产品开发时起就遵循着成功的营销规律。那就是事先从事目标明确的市场调研,努力发掘目标公众的特定需求,而这种特定需求又是企业能够发挥自己相对优势的领域,这样,这种产品一登场就应该是有它自身的优势的。

名牌决不是自封的,而是通过营销效果体现出来的,它不仅有数量可观的忠实买主,即指名购买率,而且销量稳步增长,历久不衰,其销量增长的主要原因是品质可靠,值得人们的信赖,其次是它的独特卖点渐为更多的人所接受。

然而品质优越、有适销对路的独特卖点只是名牌不可缺少的物质基础,而要达到无愧于名牌称号和营销效果,有效的渠道和促销也都是必需的,这是因为后两者都是使产品能达到目标受众手中的必要条件。

在实际的广告业务中,广告主要求广告商的往往不是单纯的广告制作,而是帮助他们解决营销中的问题,而市场营销特别强调要抓住潜在买主。潜在买主大体有三种情况:1.他确有需要,但自己还没有认识到,那就需要告诉他;2.他虽然认识到需要,但现在还没能力买,需等待具备条件,这就要不断让他加深印象;3.有需要,有条件买,已决定买,但正在进行选择,这就要吸引他选中你的产品。总之在这三方面,广告都能起到一定的作用,但关键是提供什么样的产品。

名牌产品从产品开发到成为真正的名牌,确实需要走过一段漫长的路。这就需要两个方面,即作为产品的开发者、经营者的广告主的高瞻远瞩和广告代理商的高瞻远瞩,没有这两个高瞻远瞩的通力合作,即使有好的产品也成不了名牌。这两方面又是平等双向选择的,广告主既要找到合适的广告代理,广告代理也要找到合适的产品和广告主。这当然不是容易的事,这依靠什么?首先,要依靠规范性操作。什么是规范性操作的起点?就是要从事正规的市场调研。

首先,营销活动开始于特定产品诞生之前。经营者通过市场调研找到目标消费者,开拓最具潜质和最能发挥经营者实力优势的市场层面。外商(包括中外合资产品),对中国市场开拓的核心策略是重点考虑开拓中级市场,这是因为:1.抓住这个层次,既可能赢得较高的消费层次,又可能吸引较低的消费层次;2.中级市场是购买欲最旺盛的市场,它既不像高级市场那样挑剔保守,又不像低层次市场受购买力条件限制;3.中级市场是最容易被挑动尝试性购买的市场。外商抓住了这个市场层面锐意开拓,这是走对了策略的第一步。

市场的开拓者抓住目标消费者的特定诉求，开发具有独特卖点且又适销对路的产品，在导入期按照营销成功的规律，以高额的促销投入，运用各种有效的促销手段吸引试用，然后假以时日以其一贯稳定的品质质量，建立忠诚消费者群。这是外商成功策略的第二步。产品一经占领市场后，需要做进一步调研，不断改进产品，使之更适应目标受众的需要。如"飘柔"洗头膏有了创新一族，"奥妙"洗衣粉又推出手搓洗衣粉和护肤洗衣粉等等。长期以来质量一贯稳定可靠，在消费者心目中树立起来的累积效应使其顺利地通过市场导入期，而进入成长期。这时在经营效益急剧上升的情况下，既有能力从事进一步产品开发，更有后劲从事各种促销活动，包括利用广告强化品牌形象。这样，从市场调研到产品开发研制，从促销铺垫到导入市场，直到试销成功，巩固扩大，构成一个良性循环。这是外商成功策略的第三步。

而我们国内产品从产品开发到投产到投放市场，乃至安排广告，很少有按照营销要求进行规范操作的。特别是市场调研作为市场营销的准则之一，更容易被忽视，往往更多的是依靠经验或按预计销售额确定资金投放。在这种习惯意识主导之下，成功是偶然的，失败倒是必然的。

我们看到从"飘柔"到"潘婷"，从"碧浪"到"奥妙"，洋品牌真是铺天盖地。据说这些企业不但不赚钱，还在亏本。为什么要这样？就是为了要争得大的市场份额。在开放的政策下，我们没有理由要求政府采取"堵"的做法，摆在国内企业面前的路只有一条，就是正面迎战，那就要有像样的，足以与洋货一较长短的产品，那就要有像样的准确到位充分有效的广告，而这两者的前提是经营管理运转良好的企业和拥有各方面专家的广告代理商。

有人相信"炒"，"不管是什么，总能炒热，就看你的本事了。"对此，我们的回答是："广告不是游戏，不是赌博，而是科学的信息传递和规范化的市场操作。"

在日益激烈的市场竞争中，
为什么高价位的名牌洋货一直旺销，
而低价位的国内产品却每况愈下？难道－－

"百货中百客"不再起作用了吗？

章汝奭

在与企业的营销人员和广告从业人员的接触中，笔者直觉地感到人们似乎普遍认为营销学的理论和有关的专业知识没有什么用。经过仔细思考，笔者认为这主要还是由于人们掌握这门专业知识的深度不够，结合实际运作的思考不够，结合人文状况对潜在买主的行为模式分析不够，任何上述方面的不足都可能导致营销活动的失败。

目前，国内一些大城市市场的很多日用品日益为洋货名牌、合资企业产品所占领，国内同类产品尽管价格较前两者低很多，却仍走势不畅。这个问题显然在趋向尖锐，面对如此严峻的形势，竟然还有人不负责任的斥言什么我们的产品不是没有市场而是缺少广告。现在，电视节目中又增加了电视导购，其中也大多是介绍洋品牌，其价格往往令人咋舌，如388元、698元等等，在价格前面还加上"只售"两字，不禁使人感到啼笑皆非。

笔者就上述现象询问过一些人，其中包括企业经营者、广告界人士、中老年消费者、青年知识分子等，大家众说纷纭，其中有个较典型的说法是“百货中百客”。这似乎既是为我们的一些低价位产品解嘲，又是在为我们某些企业进行辩解。

“百货中百客”的说法，从市场细分的角度来看，并没有错。人们由于性别、年龄、生活阶段的不同，文化水平及收入情况的不同，乃至先天的后天的种种条件不同，导致需求和消费的不同，因而市场不是铁板一块，而是千差万别的。从这个意义上来说“百货中百客”的说法不能算错。但就同一大类中不同牌号、不同档次、不同价位产品的营销效果来看，往往很不一样，那些名品牌、高价位的洋货不仅一直旺销，而且日益扩大其市场占有份额，而同类的国内产品虽价格低到不成比例，仍然每况愈下，这究竟是什么道理？为什么在这个时候，“百货中百客”的说法不起作用？

市场营销学的一项重大理论和实战贡献是：通过市场调研、市场细分实施目标生产、目标销售、目标营销的主要特征，就是先达到目标消费群，就是要摸清楚哪些人有哪些特定需求和欲望，本企业何以能提供那种较其他同行更能满足这种特定需求的产品，如果真能做到这一点，且能及时将这一特定信息送达目标受众，其营销的成功自然就较有把握。从这一点也就可以顺理成章地理解产品须具有独特卖点的特殊重要性。而这个问题的复杂性在于，目标消费者究竟追求的是什么样的利益或好处？是便捷、省事、省力、省钱，是悠闲、潇洒、轻松，是高贵地位的显示、超一流的功能，还是特定的癖好、保值、收藏等等，不一而足。难就难在事先要摸清楚、而决不是产品生产出来之后到处以低价去兜售测试。人们当能理解，目标销售的这一全过程的优越性就在于开发出来的特定产品与特定的目标受众之间有着超越一般的契合性，在这种条件下，其他的同类产品就会显得黯然失色。可是我们的很多产品都未能遵循这一规律进行规范性操作，于是众多消费者看来除了它的一般实体功能之外，别无特色，只剩下突出的低价。殊不知这类低价往往会在买主心目中产生某种反面作用：这是便宜货，劣质品的别称，买这样的东西会让人笑话的等等。而更重要的是这类低价产品往往会引起分销商反应冷淡，厌售乃至拒绝，这是因为越是低价，其毛利既低，且毛利率也常会呈下降趋势，而管理费用却在成本构成中占较高份额，这就很有可能导致恶性循环，这当然是必须认真考虑的。

人们购买任何产品（包括服务）时，实际上不过是购买各种各样的满足感，甚至是多种因素综合起来的满足感，然而尽管同样打着“满足消费者需求”的旗号，都还有着各种各样的差别，即使是同一类型的满足也还有程度上的差别。现在多数人对于价格的权衡标准是只希望物有所值，很少有人在刻意追求便宜货，特别是中产阶层在购买上常有攀高倾向。事实上中产阶层不仅购买欲旺盛（既没有上层的挑剔保守，又较下层有较高的购买力），而且在选购档次的层面上也是宽的。因此，如果在中产阶层中还找不到它的市场空间，剩下的机会就很难捕捉了。

仔细观察人们在买与不买之间的抉择，在主客观方面都有一些影响因素。在主观上，如果低价的法码超过实体功能乃至其他附加值的要求，那么这种低价品就首先通过了“入选”的第一关，然而影响购买抉择的因素是众多的，譬如当发现另一种更适合需求的产品时，即使价格略高，也会重新考虑原定的购买抉择。此外，还有各种各样的间接竞争因素也都可能影响原来的决定。凡此种种都显示出越是缺少独特卖点的商品，越是低档货，其竞争力度相对也就越弱，何况人们的消费习惯和流行时尚都在不断地变化，那种能预见这种变化并能及时迎合这种变化的企业自然能在竞争中赢得胜券。有的厂商能锐意研究人们的潜在需求，并据以开发出新产品，开发出一项新的需求。而在这种变化面前，那些缺少特色或附加值低的产品就会显得苍白无力。企业的经营者应该认识到体现产品市场基础的征象决不仅是具有相当数量的市场份额,而更重要的是其中要有相当数量的重复或多次购买的份额,即有相当数量的忠实顾主,只有相当比率忠诚度的产品才能反映出一定的市场基础和某种程度的竞争性胜利。

“百货中百客”的说法尽管在道理上可以讲得通,但在实际的销售竞争环境中,由于不可避免地受到种种因素不同力度的影响,它的适用面就会因为种种条件的制约而变得异常狭小。实践是检验真理的唯一标准,市场营销学的理论和实战技巧只有能指导实际经营并取得效益才能显示出它的生命力。

因此,我们企业的经营者应该从中悟出遵循规范性操作的极端重要性,悟出在寻找目标市场的同时如何相应地根据主客观条件有效地发挥自身的相对优势,开发出能最大限度地适应目标受众需求的新产品这一经营首要准则的极端重要性。果真能这样的话,企业的经营肯定会有起色。

在 CI 与 CS 之间

企业成功的战略选择需要遵循的原则

马鸿飞　张雨人

企业文化战略的核心是企业哲学。哲学的苍白将导致企业理念的苍白,所谓“企业使命”、“经营宗旨”、“经营方向”的目标系统,所谓“经营思想”、“经营方针”、“运行原则”的策略系统,所谓人才观、企业观、顾客观、市场观、效益观、责任观等等的价值因为没有坚实的哲学根基,而沦为缺乏指导意义和操作意义的标签系统、口号系统。将主体如何达到客体,客体又如何返归于主体即主客体是怎样相互作用的形而上的哲学命题,演绎为形而下的经营艺术,在选择范畴的两极中,恰当把握互斥和互补、系统和环境、整体和部分、结构和功能、控制和反馈、竞争和协同、原因和结果、现象和本质、混沌和有序……。是企业哲学的基础课题,是使经营战略成其为战略的活的灵魂。

站在企业与顾客之间,面对 CI 和 CS 这两个来自不同方向的理论坐标系,我们偏执地奔向哪一极都难免陷入尴尬:立足企业主体由内向外传播企业形象的 CI,因为缺乏与顾客的情感沟通,偏离顾客需求和心灵满足,而使企业个性不被接受;立足企业客体由外向内地沟通顾客情感的 CS 因为缺乏对企业个性的塑造和表达,而使顾客满足无从附丽。有关这方面的分析,我们已在 CI 与 CS 战略对比中有所揭示。下面本文将在企业战略与消费时代的对应性考察中,进一步明确我们面对战略选择所应掌握的原则。

企业经营战略的进步与消费时代的进步是同步。企业管理战略和企业文化战略在它的发祥地和率先流行区,与消费时代背景有一个清晰的对应关系。

第一个时代是理性消费时代。商品和购买力尚不充分,消费者注重产品质量和价格,着眼价廉物美。“好”与“坏”成为消费者的购买标准。在这个时代里,旨在提高产品品质的质量管理战略在企业得到超级发挥。

第二个时代是感觉消费时代。物质财富开始丰富,购买力和可选择性大大提高,消费者重视品牌和形象。“喜欢”与“不喜欢”成为消费者的主要购买标准。在这个时代里,旨在传播企业形象和品牌形象的CI战略得到超级发挥。

第三个时代是情感消费时代。随着社会进步和人本精神回归，消费者越来越重视心灵的充实，对商品的要求是激活心灵的魅力，和在消费过程中所能体验的心灵满足。“满意”和“不满意”成为消费者的主要购买标准。在这个时代里，旨在沟通顾客情感的CS战略将得到超级发挥。

根据上述消费时代与经营战略的对位关系，我们的战略选择必须掌握如下原则：

1.适应性原则

经营战略与消费潮流的适应性，并不意味着在特定消费时代里，导入那个时代流行的经营战略，就一定会天然地适应那个时代的主流消费。在第二个消费时代里，日本不以“节俭”为美德的“新人类迅速壮大，贫穷之歌已不受欢迎。在这个时候，大荣百货导入CI提出“便宜的好货”的口号，走低价位销售策略，强力诉求“便宜”形象，与消费潮流产生巨大落差。没有契合时代变化的企业理念，导致战略失败，销售业绩节节下降。即使在节日里人们购买馈赠礼品，也大都不进大荣百货，因为多数人认为以廉价品当礼品是不礼貌的。

2.主动性原则

对特定消费时代的市场需求和消费时尚的适应，不意味着只能机械地被动适应。经营战略亦具有创造市场需求和引导消费时尚的功能。起步于物质财富和购买力都极度匮乏年代的松下公司，从一开始便把生产和销售定位在那个时代还是“奢侈品”的“高档”家用电器的开发上，并始终不渝地坚持这一方向。表面看去，这种定位明显脱离市场需求和主流消费。但是，苛守“产业报国”精神的松下幸之助先生，把“改善大众生活品质”作为公司经营使命，坚持低价位策略，使“奢侈品”迅速走进大众生活，变成生活必需品。松下的经营“秘诀”是：以虚拟的异乎寻常的低价位，重新“核定”市场需求，于是“市场需求”被几十倍、几百倍地放大。然后在放大的市场需求与生产规模、生产成本、产品价格、销售利润之间寻求变量，以规模化的生产降低成本，保证低价位的可行性，拓展市场需求。这是一种对消费时代高度艺术化的主动适应。超前性的消费引导，以低价位销售策略作保证，使松下公司获得了对理性消费时代的适应性。同样，反过来说，在感觉消费时代和情感消费时代，低价位策略以超前性的消费引导为前提，又使松下公司永远立于消费潮头，不踮主流消费的价值选择，继续保持对新时代的适应性。

3.开放性原则

任何理论体系都有其特定的结构与功能，为了区别其它理论而不使概念体系发生混乱并能够构成一个自圆其说的框架，都表现出一定的封闭性。当我们应用企业文化 理论于错综复杂的经营实际的时候，必须在灵活的操作中还理论以相应的开放性。日本NTT公司董事长真藤先生，在分发给每个员工的《员工手册》中指出：我们更应该重视CI的本质，不必太拘泥于表面上的形式，施行CI时，必须彻底检讨自我的作风。NTT公司在导入CI时，将原有的收集顾客意见的机构“顾客中心”，更名为“橙色活动”，进一步扩大它的沟通功能。公司内部和分营部门设立橙色委员会、顾客代表会议，开设橙色询问台，积极收集顾客反映、建议，致力于与消费者之间的沟通活动。由于NTT对内对外都施行了长期的各种沟通战略，使公司的形象更坚固，进而逐渐形成“NTT是时代先导者”的企业形象，NTT公司的上述举措已经具有了与情感消费时代的对应性，而使CI战略焕发出旺盛的生命力。

4.动态性原则

企业经营战略是依存于特定经营环境的方法论，当环境变迁时，战略也必须随之做相应的调整。在一个时期成功的战略并不能一劳永逸地保证它会永远成功，尤其是当经营战略本身缺乏像松下公司那样的“以不变应万变”的生命力，没有达到“不易之易”与“变易之易”相辅相生的“易变”境界的时候，针对环境的随机调整显得更为必要。

创造CI经典范例，使其具有CI发展里程碑意义的美国IBM公司，借助CI创造了辉煌业绩，成为举世瞩目的“蓝巨人”。“蓝巨人”形象培植了市场，也培植了IBM“制造商老大”的心态。IBM漠视顾客需要的价植，拒绝顾客要求家用电脑产品的意见，无视家用电脑广阔的市场前景，坚守高利润高价位策略，最终摧毁了自己的市场，创下了西方企业连年巨额亏损的最高纪录，陷入“蓝色忧虑症”之中。

IBM的失败不仅表现在理念和行为的落伍，也表现在视觉形象的落伍。以今天的设计眼光重新审视IBM标志，除感受一种“僵硬”之外，就很难发掘其精神内涵了，三个字母的比例关系和空间布局也很不谐调。IBM曾使引证者乐道的“一流形象，二流产品，三流市场”已成为过去。根据国外管理专家们的调查。IBM在今天，已是“一流技术，二流产品，三流市场，三流形象”了。

与IBM相反的例子是可口可乐公司经营战略在时间与空间上动态性。在时间上，适应消费时尚和社会环境变迁，可口可乐逐渐改变了“保健饮料”的市场定位和“医用效果”诉求；在70年代导入CI战略时，可口可乐在原有视觉设计基础上，全面而审慎地更新视觉识别系统。在空间上，“可口可乐”标志根据不同的消费市场，采用不同语种文字，并根据语种特点灵活译名品牌。

5.继承性原则

后起经营战略对原有经营战略的超越，和新兴消费价值观对以往消费价值观的更新，并不表现为简单的否定，而是否定之否定的继承性批判。

消费时代的进步，是消费价值取向从一元化向多元化的转化，因此并不意味着人们选择新的标准，就会完全放弃旧的标准。“喜欢”与“不喜欢”是建立在产品“好”与“坏”的基础之上的，品牌和形象是质量的附加价值，“满意”与“不满意”是建立在“喜欢”与“不喜欢”的基础之上的，心理满足是品牌和形象以及产品质量和功能的附加价值。因此当人们实施情感战略时，仍需融入形象战略，就像实施形象战略并没有排斥质量管理战略一样。这种表述是可逆的：今天当我们实施质量管理战略或CI战略时，也必需将其融入于CI战略或CS战略。

CI过时论有这样一个论点：企业差别化战略的普遍实施导致个性泛滥，共性减少，商品信息总量与复杂度激增，公众被暴露在信息轰炸之下，形成“信息避拒”，结果，差别化逐渐失去效果。

这种看法可能失之于武断，首先，“信息避拒”是否来自差别化的信息泛滥值得怀疑。因为个性不清，而不易识别和记诵的趋同性信息，或许更会引起公众的厌烦而躲之不及。其次，就经营个体而言，差别化效益递减，并不是差别化本身的过失，而是差别化力度不足。一个不容回避的选择是，继续施加“差别”去冲击“避拒”，吸引注意。当然，我们也决不否定情感化沟通的选择。最后，即使CS战略也并不排斥差别化，“识别性”仍是视觉满意的先决指标。

6.创造性原则

经营战略不是经营守则，套裁理论模式或临摹现成案例，本身就是对“战略”本义的曲解，将CI战略和CS战略放在中国国情背景中，创造性原则显得尤为必要。

模向共时性对比——表现为空间上的不规则性。①三个消费时代特征共存，三种消费群体共生，主流消费究竟处于哪个阶段很难判断。三种消费群体的消费价值选择也互相渗透，你中有我，我中有你，错综复杂。②中国企业科学管理水平和文化管理水平参差不齐，封建小农经济手工作坊式运作、资本原始积累投机掠夺式运作、计划经济体制官商式运作、管理理论武装的科学运作、文化 理论包装的艺术式运作相生相息,彼中有此,此中有彼,纠缠不清。

纵向历时性差异——表现为时间上的无脉胳性。①中国消费时代是从所谓"三人时代"之前的"供给制式",突然间闯进现代消费圈的,西方消费时代变迁模式在中国找不到线性对应。②中国企业运营没有经历传统管理——科学管理——现代管理——文化管理的进步历程,管理思想也没有经历理性主义到非理性主义的否定之否定的螺旋式上升。中国 CI 潮的出现既没有理性主义的科学化、现代化管理水准的支持,也没有非理性主义的被"新潮四重奏"(企业的文化 差别研究——企业的文化类型研究——企业的文化 结构功能分析——企业的全面综合文化 研究)洗礼的企业文化热潮的配合。

中国经营环境的堕距使 CI 推行处于一个奇怪的矛盾空间:既淹没在理性本位主义观念之中(企业界、管理学界仍习惯于将企业文化管理视作科学管理和现代管理的并行技术或补充技术,理性主义仍处于主导地位),又悬浮在理性管理水平低下的经营实态之上。

于是,CI 便出现两种极端的奇怪操作,其一,脱离企业实态,既不做市场调查,也不做企业检讨,既不建企业理念,也不规划企业行为,而只进行视觉设计,把 CI 工程变成一种极其表面化的"粉饰工程"。其二,包打天下,企图通过 CI 解决企业所有课题,把 CI 工程变成一种被戏称为"CI 是筐,什么都装"的"泥沼工程"。

我们不能一味非薄这种操作,因为它往往出于无奈,当然我们也不能一味容忍这种操作,因为它加剧了经营环境的混沌和无序。正如 CI 在中国推行不利一样,CS 在中国的推行也承接着 CI 推行水准的堕距。现实既然不传授我们只吃第三只烧饼就能填饱肚子的魔法,历史也不赠予我们回过头来一只一只顺序吃掉的机会。因此,那种干完 CI 再考虑 CS 和只干 CS 不考虑 CI 的想法,都是幼稚的。我们唯一的出路就是,在借鉴的基础上创造。

'97 创意,漂泊的航程

乔运生

1997,是中国广告充满激情的一年,也是一个多姿多彩的时代。如果从创意的角度来评析 1997 年中国广告就如一艘漂泊的航船,它在世纪末前进中,探索着理性的航标。

创意标准尚未建立

至今,无论国际国内。究竟何为创意的标准,人们无法给出一个统一的答案,但这并不影响我们对这一问题达成的基本共识:好的创意一定是既能促销又具有艺术性的东西,它是一种独一无二的原则,一种源于生活又能直接打动消费者心灵的创造力。事实上,中国广告创意整体水平的低下,在某种程度上是与创意标准的模糊不清密切相关的。因为我们没有一个清晰而统一的创意准则,广告创作也就失去了基本的方向。实际上,就总体而言,目前作为游戏的裁判人更多的是广告主,而不是市场,虽然广告主也把市场销售的好坏一开始就判定为游戏的规则,但往往从一开始,广告主就不知不觉地已经代替了市场的裁定。广告公司纵然有优秀的创意,但由于它不符合广告主心目中制定的标准,因此广告公司往往因为经济的原因而放弃或妥协,这不能不说是中国广告游戏没有规则的一大诱因。

创意思想的剖析

目前我们的广告创意思想还继续维持在孩提时代。形式主义、浪漫主义和英雄主义是广告思想表现的三大主流。中国人注重形式流于表面的思想观念和文化传统注定这一代广告人会把广告创意更多的看作是一种商品销售以外的形式创作、广告信息的负载完全服从于形式的需要,这一方面是因为我们广告创作思想的浅薄,另一方面则归结于急功近利式的商业心态,其实,目前中国广告普遍重形式轻策略的创作风气,也是对广告诉求苍白的表述,是广告人在无奈中对创意的一种图解。为什么中国广告这么多年来一直徘徊不前,创意令人失望,其根本是我们就没有建立起自己的广告思想和创意概念。

浪漫主义是中国文人从事广告业不可救药地要犯的一个错误 。把广告当作个人情绪的释放,我们从地方台到中央电视台所有的影视广告中都可以看到创意人自身的影子。它把中国人在现实中得不到的美女、温馨、爱情,富有和理想巧妙地隐含在商品广告信息中激发你的想往,让你梦中拥有。从八十年代末诞生的中国式"温情广告"一开始就博得了大众的喝彩。

直至成为影视广告创作的模式,这种浪漫主义就把广告创意推向了"伪创意"的边缘。其实,这种所谓的浪漫创意发展至今,衍生出许多抄袭之作或自作多情式的雷同广告,也注定 一代广告人历史使命的完结。

英雄主义的表现思想一直是中国广告创意中挥之不去的影子。长城、地球、宇宙、太空、江河、山川,几乎中国所有的企业都希冀通过广告把企业实力无比、气吞山河的一面告诉受众。广告成为他们表现英雄气概最好的宣传武器。

创意沉重,广告旁白更沉重。被客户用大量金钱买回来的黄金时间,成为表现企业自身实力的宣言,创意扮演了一个英雄角色的化妆师。

1997 年 VCD 广告大战,国际影星成龙和李连杰在中央电视台上的表演,就是这种英雄主义式创意的解读。市场上的商品竞争演绎为屏幕上明星的亮相,广告语的呐喊和宏伟场景的展现,英雄主义创意不是把商品信息建立在相关的联想中,它试图用神圣庄严的画面来激发人们的想象,进而让消费者拜倒在长城、山川、地球、高科技、明星等"英雄"的脚下。

科技发展与创意的异化

电脑技术的全球普及,把中国广告设计的手段同国际水准放在了同一起跑线上。聪明勤奋的中国人很快掌握了电脑,并把它熟练地应用于广告设计之中。无论是平面还是影视、无论是户外还是印刷制作、电脑设计对提高中国广告创意水准起了极为重要的作用,并且使得我们同国外在广告设计制作的差距大大缩短。

但是,我们要看到电脑设计还给广告创意带来异化的一面,这就是它扼杀了创意的原创性,使人更多的依赖于电脑的处理而不是人脑的创造,把刚刚开始发展起来的,而且很初级的中国广告创意,引向了一个歧途——用电脑取代人脑。过多地依赖于电脑进行技术创意,用设计创意去取代广告创意这是一条危险的自杀之路。

千篇一律的影视广告落榜,缺乏个性特征的报纸、杂志等平面广告,中国广告创意越来越缺乏人性和个性是电脑设计成分太多、太重而造成的恶果。

电脑设计成为广告创意的捷径带来的另一个异化，就是弱化了广告创意人的智力，把人们的创意思维方式纳入到了电脑数字化的思维方式中，使创意缺乏感性，沦为电脑的附属，这样使我们本来就很不成熟的广告创意更加稚嫩，也使我们一开始就走入探索广告创意的误区。

1997 年整个中国大地广告创意中都弥漫着电脑特技的气息。我们不排斥电脑设计的作用，但我们不希望看到广告创意完全是电脑特技的堆砌。设计技术不是解决目前中国广告问题的根本途径。电脑设计人员不是完全意义上的广告创意人员，他们需要的不是设计技术，而是对市场敏锐的把握，对消费者心态的认真研究和对生活的仔细观察。让创意成为沟通品牌与消费者心智的桥梁。

向人家学习什么

继八十年代日本用“车到山前必有路，有路必有丰田车”的广告创意征服了广告概念一贫如洗的中国人之后，国外的广告以其丰富的经验，稔熟的创作、精良的制作不愠不火的广告创意大举进攻中国广告市场。特别是随着众多国际品牌安家落户，他们不仅把世界一流的产品带来，而且还引来一流的国际广告创意水准。

西方广告每天都在活生生地给我们上着培训课，我们除了要在思想和专业上加以改变和提高外，更重要的是要改变我们在广告创作视野上坐井观天，在审美上孤芳自赏的自我心态。

近年众多的境外广告首次在中国亮相，随便在北京、上海、广州的街头或地铁留意一下，仅灯箱的各种品牌创意已经令人目不暇接，创意新颖奇特，幽默夸张和明确简练，构成其共性，向我们昭示着“创意，就是各种旧原素巧妙组合”这样一个颠扑不破的真理。中外广告共处一片蓝天之下，为什么人家的广告就会引起受众的广泛注视？为什么今年中央电视台竞标又无例外地没有一个境外品牌？为什么境外的名表会纷纷选择杂志做广告，而不在中央电视台买断黄金时间报时？境外广告在整体策略上考虑的理智与精明，就如同他们的广告创意一样讲究实效。这里给我们的最终启迪应该是：广告创意是一种策略，也是一门科学。

品牌创意，革命性的转变

广告创意从注重产品宣传向品牌塑造转化，这是近年中国广告一个革命性的转变。品牌形象是广告创意最终要完成的商业使命。

围绕建立富有个性形象和市场竞争力的品牌去发展。随着中国社会供过于求和商品经济时代的到来，品牌广告创意将是未来广告发展的主流。

1997 年以 VCD 掀起的中央电视台广告大战将品牌创意广告推向了一个新的历史阶段，并且它宣告了中国以酒类广告为大创意中心的时代的结束。虽然目前国内众多的广告创意还是以产品功能和直接售卖为导向，但我们欣喜地看到 1997 年一部分民族品牌为了迎接市场和境外品牌的挑战，已经开始从痛苦的产品广告中向品牌广告迈进，尤其是长虹、海尔、康佳、重庆奥尼、中国联通、联想等一批民族优秀品牌的崛起，它们已经自觉地、非常理性地将建立品牌资产视为企业广告创意的核心，把品牌策略和创意策略有机地结合起来，创意不再是产品功能简单的描述，而是企业向消费者和向社会传达思想与利益承诺的手段。品牌国际化是推动中国广告创意走向世界的推动力。纵观历年国际广告获奖作品，有哪一个不是已经完全品牌化了的产品呢？解决我们广告创意症结所在是完成民族品牌向国际品牌的转化，虽然这个过程刚刚开始，但这是我们广告创意走向专业与成熟的必经之路。如果没有品牌化道路的伴随，中国广告的困扰就像戛纳情结那样，永远挥之不去。

树立全球品牌定位观

黎景辉

即使是最漫不经心的人，也会注意到今日广告业的繁荣，它的发展是如此的迅速和多变。广告行业最为注重新颖的创意、个人品味的表现、人类情感的交流、流行趋势的变化、最新科技的运用、形象的塑造和语言文字的组织；当然，还有很重要的一点，就是客户在广告投资上的慷慨。毫无疑问，我们的生活本身就是变化的，而且只有不断地变化，我们的员工、客户或投资者才能顺应时代的要求取得成功。这种情形要求我们广告人始终走在事物的前面，并且不断为我们的客户提供使他们在行业竞争中取得成功的战略建议和方法。

品牌定位全球化已呈大势所趋

目前，品牌定位全球化而导致的广告行业全球化已经成为广告业发展的一大趋势，如果与盛世国际广告、奥美广告、麦肯广告、灵狮广告、BBDO、恒美广告、杨罗比凯或李奥贝纳合作，就一定不可避开品牌全球化广告这个话题。

起初，许多广告公司的美国大客户诸如宝洁、福特、柯达、可口可乐、菲利普莫利斯、通用汽车和美国运通卡等等，为了出口他们的美国品牌和相关品牌价值到别的国家以增加销售，他们需要广告公司在别的国家也能提供相同水平的服务。这就是广告服务全球化发展趋势的原因之一。

在那个年代，美国公司向国际化发展，一部分原因是当时只有他们有这样的分销实力，另一部分原因是美国人的青春活力。美国在人们心中一直代表着活力和自由，因此美国的品牌如苹果牌牛仔裤和麦当劳快餐都给人这样的感觉。那时候，推广这些品牌时最注重的是生产、分销和加工等，而没有太多考虑消费者的需求。

近年来，越来越多的生产商和服务商加入到国际化的行列，其中最著名的就是英国航空公司所作的广告，它的名为“全球”的广告片在33个国家同时上映，利用“更多的人乘坐英国航空公司班机”这一简单的事实，把英国航空公司定位为“全球最受欢迎的航空公司”。然而今天，消费者有了更高的要求。同时，越来越多的产品是以全球为市场的，也就导致了对广告业全球化服务的要求。许多产品和品牌从涉世之初就是以全球为目标市场的，而不是仅仅为了美国或者其它某一个国家。这一类品牌和产品的代表包括丰田凌志汽车、惠普桌面喷墨打印机、IBM网络产品和宝洁公司的玉兰油等等。

在50～60年代，有另一种趋势出现，那就是把已经在某一个或几个国家取得成功的已有品牌再推广到新的国家。这种品牌的代表包括贝纳通和必胜客等等。这种把已有品牌进行全球化推广 的好处在于比全新推出一个品牌风险更小和成本更低。

目前，绝大多数的新产品的生命期只有三年，而全新树立一个品牌需要1～3亿美元，而且不能保证成功,这令人心寒的统计数据使我们自然觉得把一个在某些市场已取得经验的已有品牌进行推广会更容易成功,因为这意味着你在那个市场上已学到些关于这个品牌的知识。即使是在不同的市场条件下,那些在原来市场上所学到的知识如市场战略、广告手法等仍将会大有帮助。很明显,跨国企业集团在这方面独具优势。这些跨国企业已经深刻体会到保持一种全球广告方法和模式的好处。那么,这些好处会是什么呢?

第一个好处很明显,生产、分销和人事管理的规模化导致经济化,而且这种经济化是相当明显的。

第二个好处不一定很明显。全球化运作不仅给大公司增加了销售的机会,而且在今天它是许多大公司生存的基本条件,这就是由品牌国际化到以消费者为中心的新产品开发,由新产品开发到已有品牌的全球化的强大动力。这就是我们对全球品牌定位的基本评价。

消费者和媒介的趋同是两大根源

接下来的问题是这为什么会发生?我认为其中主要有两个原因:

1.消费者的趋势的同一化。今天,全世界许多地方的消费者都在干同样的事情、看同样的节目、吃同样的食品和开同样的汽车。的确,人们在看索尼电视、开宝马汽车和吃麦当劳汉堡包。但是,人们买这些产品完全不是因为他们想要日本、德国、美国或世界品牌的牌子,而是因为他们想要有一种让人感觉形象很舒服的好产品。

2.媒介的趋势的同一化。媒介的发展在很多方面加速了消费者市场的同一化,以前我们有谈论商业精英的时代杂志、新闻周刊、华尔街日报和金融时报,现在我们有 CNN、MTV、卫星电视、ESPN、ELLE、读者文摘、VOGUE 及许多其它媒介,它们用通用的语言告诉消费者这个世界上发生的事情。媒介的发展使企业看本地和看世界都一样简单,而迅速发展的国际旅游加速了媒介对消费者市场同一化的促进。同时,随着进入信息高速公路时代,互联网也会对世界产生巨大影响。

现在,企业的策划和运作是以全球或区域为基础的。只要可能,大的跨国企业都希望生产一种产品就可以用在许多市场上。事实上,全球品牌定位的真正推动力不是因为消费者需要"一个世界品牌",而是来自企业内部的市场营销组织结构的改革。

全球品牌定位趋势对中国市场的影响

当邓小平先生的讲话"致富光荣"在全世界广为传播之时,他也就把中国推上了世界大舞台最瞩目的位置。中国对外开放、引进外资以加速经济发展,一系列的改革措施已经大大提高了人民的生活水平,使千百万人摆脱了贫困。中国消费者不断增长的购买力吸引了许多跨国公司纷纷进入以寻找新的商业契机。

中国不仅是当今世界发展最快的经济增长点,而且也是竞争最激烈的市场。你今天看到的一个商业机会,明天就会有很多的竞争者蜂拥而入。由于跨国公司可以利用他们在其它市场的经验投入中国,所以在中国这个市场上的企业家面临的压力特别大。

对中国本地企业而言,理解全球品牌定位这个概念也非常重要,因为中国企业今天不仅要继续同中国本地同行竞争,更要同进入中国的跨国公司争夺这个市场。

中国的企业家们必须理解他们现在所在的市场——中国——已经是日本、美国和欧洲跨

国公司全球 商业战略的一部分。到2000年以前，如果还有少数的行业未受到外国竞争的威胁，他们应该尽力争取利用巨大的国内市场来作为推出和支撑新产品的跳板。

中国市场瞬息万变，特别是中国最近有望加入世界贸易组织，更多的行业必须要对外开放，这就要求在中国经营的企业要有跨世纪的眼光，要由过去的单纯追求生产和分销的低成本化，转变到全球品牌定位战略上来。无疑，中国将成为21世纪世界市场营销大战的主战场。

"单一共通的真理"

市场营销就是要努力找到消费者的真实需求，而不是简单地把我们自己的偏好强卖给他们。为了遵循并运用这一原则，我设计和开发了一整套行之有效的调查和战略策划方法和工具。以我们的一个专业术语"单一共通真理"为例，世界上每一个人都不同，但同时又是极相似的，伟大品牌就是通过能简单直接敲击人们的内心共同情感的广告树立起来的。全球品牌定位强调的是，什么使我们感到共同，而不是什么使我们感到不同。

那么，是什么使我们感到共同呢？是基本需求，是食物、取暖、水、住所、爱情、关心、美等等。这些能够感动我们，因为它们是我们内心真正所需。人就是人，都需要与别人交流。消费者想知道你是谁、你的习性、你的价值，他们希望能猜想你是什么样，他们需要信任你，这些定义了他们心中对一个品牌的印象。如果他们能以人性化的感觉来认同你，那么他们就会接受你卖给他们能让他们开心的东西。

在今天的市场上，由于产品越来越相似，品牌的区别是显得更为重要，由于品牌代表了一定的人性化色彩，所以使用同一品牌的消费者往往在内心中有某种相互间的认同。因此，全球品牌要达到的是让全世界的人们都喜欢，而不仅仅是中国人。

在中国要树立一个成功的品牌，就要求真正关心消费者的所需和所想，要培植一种挖掘他们内心世界并与之沟通交流的灵感，消费者对你的品牌的亲近不会发生在一夜之间，但如果运作得当，培植一个名牌从长远来看实际上是最经济的投资，它会给你带来很长久的利润。

USP，强劲的竞争哲学

章汝奭

何谓USP？这有两种说法，一种是Unique Selling Point，即独特卖点，这往往指产品具有某种独特之处，而这一特点又是它的目标受众所瞩目者；另一种说法则是Unique Selling Proposition，即独特销售主张，既然说"销售主张"，那就既可泛指营销组合中的所有因素，也可指其中的某一方面或某几个方面的独特安排，这种广义的提法，确实给市场营销开拓了新的视野。

USP是达彼思(Bates)全球集团前总裁罗斯·瑞佛于1961年在其《广告的现实》一书中首先提出来的，是达彼思的广告哲学。现在达彼思重新提出USP，认为这一思想将成为该集团迈向新世纪的座右铭。

达彼思中国董事总经理梁桂泉先生在阐述USP的文章中提出了他的主要看法：

在当今日益激烈的品牌竞争环境中，我们没有比今天更需要USP的了，消费者每时每刻面对着成千上万的广告信息,要想使品牌信息有效地传给消费者,使其做出相应的反应,我们更加需要传播简单而真实的信息。品牌承诺必须是独特的、和消费者利益相关的、有吸引力的和有说服力的,这也就是USP。……那么,USP是一个品牌策略还是创意主张呢?每个USP广告通过文字、图像、标语、声响,特别技巧或这些的组合给予消费者一个独特和相关的承诺。然而,在我们发展创意之前,这一承诺必须作策略性思考,让这个品牌承诺是独享的一部分,所以每个USP广告都是策略性的。

首先,USP是关于内涵在一个品牌自身深处的独特性,或者尚未被提出的独特的承诺,它必须是其它品牌未能提供消费者的最终利益。

第二,USP意味着销售,它必须是对消费者的需求有实际和重要的意义。

第三,每个USP必须为目标消费者提供一个清楚的强有力的品牌承诺,而且这个品牌承诺是独特的。

达彼思作为广告代理商提出的这些观点,自然是从接受广告主的委托从事广告业务的角度来考虑的。但笔者以为推行USP应该贯穿整个营销过程,即从产品开发之前开始,这和产品既经生产之后从已经生产出来的产品中挖掘产品特色或品牌个性还是有区别的。

笔者以为“独特销售主张”中的“独特”的本质不在于“特别”,而在于具有超越一般的更大适应性,特别能适应目标受众的特定需求,甚至多数情况下,这种特定需求就体现在产品的开发上。而在开发出这种商品以后,还要清楚、明确而形象地把这种特色信息有效的传递给受众,使目标受众的潜在需求通过获得这种产品变成感觉到的需求,也就是说这项独特属性就成为目标受众和这种产品之间的特殊纽带。

笔者要再次强调“独特销售主张”本质在于“有更大的适应性”。譬如:在美国有一个长期困扰商界的谜,即日本每年选送不少企业高级管理人员赴美国进修市场营销,而美国的企业界却盯着日本企业看他们是如何从事管理的,特别使美国人感到困惑不解的是,在美国人看来日本的价格构成几乎没有管理费的份额,而实际上日本厂商多数能保证经营其产品的批零商有较丰厚的利润可得,有的厂商甚至向批零商保证如货在定期内未能售出可按原价退货,或无偿更换新产品,所有这些就使得日本货的分配渠道特别有效。实际上,这就是USP在渠道策略上的典型表现。

就拿上海商业来说,目前基本上还是老的格局,就那么几条街,几个广场,几个商厦,前些天某区商业领导人问我怎样才能提高我这条街的含金量?我的回答是:过去企业的经营准则是“为所有人提供一切商品”,现在是“为某些人提供某些商品”。现在年轻女士在市场上真有举足轻重的影响力,她们并不总是追求高价位,只是她们在选择上很挑剔。正因为如此、如果哪一条街、哪一个商厦比较更能反映时尚、潮流,比较更能迎合年轻女性的个性追求,比较更能迎合各种服饰的配套要求,那他们就能够独超众类,获致较高的效益。譬如:可能多数人再也想不到女性的高级内衣会空然如此走红,显然那些能迎合这种潜在需求的经营者会首先赢得丰厚的回报。所以说,不仅厂商在经营上,在产品开发上要考虑USP,批发商要考虑USP,零售商更要考虑USP,但是他们各有侧重。总的来说,还得使各个方面都协调一致。广告代理商恰恰是从众多方面的协调一致中找到创意的切入点,找到具有品牌个性的USP。广告代理商要在这方面取得成功,就必须从内到外、由表及里彻底了解产品营销组合的各个方面,而且在USP的实际运用上对于不同性质的产品、不同性质的市场也都会有不同的侧重考虑,从以上各点,我们可以比较确切地感受到通常广告主要求广告代理要能为他们提供所谓的“大创意”到底是什么东西,那就是将最能反映产品特色、企业形象以及产品文化和它们的附加值的东西,以最凝炼、最简单生动且又切中目标受众诉求的方式表现出来，这既需要深入地挖掘，又要能够高度地概括。我想这绝不是靠一点小聪明——所谓灵感的火花所能解决问题的。

毫无疑问，当整体营销组合具有 USP 的内涵时，自然会赋予产品以强劲的竞争力。凡此种种都说明 USP 是值得经营者和广告人深入研究的课题。

给产品注入“灵魂”

高中羽

可口可乐公司一个负责人说：“许多制造商只知道生产产品，而不知道消费者需要的是品牌。窍门就在于发现需求所在，并以此创出品牌”，“一个品牌是一个有机体，一个生物，要像保护处在危险中的珍贵动物一样保护你的品牌”。

万宝路品牌价值到 1995 年已增值为 440 亿美元，生产万宝路的美国莫里斯公司总裁乌克斯韦尔深知，品牌好比储蓄户头，只要不断用质量、信誉和宣传累计其名下，就可以获得高额利息。

品牌不是简单的牌号名称，要培育它成为一种生命体，品牌好比是企业存入到“市场银行”中的一个储蓄户头，它是把好产品转化为好商品的催化剂。名牌是对发展的投资，是企业素质、优势、信誉和形象的综合体现，是重要的知识产权，并可以量化为有形价值，是长久驻留人们心头的烙印，是进入国际市场的通行证，是市场竞争的杀手。一个好品牌具有内在价值概念和外在鲜明形象，其实力体现为对市场的稳定的影响力、国际化走向和发展趋势。

发达国家走过了对外从产品输出、资本输出到品牌输出之路，美、日等国有专门品牌营销机构，并抢注包括中国在内的他国品牌商标，或在“联姻”中吞掉对方品牌，这就是国际品牌战。引进外资中国内一些企业染上了“外资饥渴症”，将自己经营了多年的牌子让出式廉价卖给外方，外商利用自己的品牌，建立各地生产基地，用中国原料和人员生产自己品牌的产品，然后就近倾销到中国市场，短短几年国货就丢失了大片的国内市场。

安徽省有一种“阳光”牌饮料，因口味不错，一度经销甚好。可是，企业不仅没有下力培育，而且在可口可乐代表前去谈判时，仅以三万元人民币作了转让。恐怕可口可乐代表没有想到能如此轻易地扫除一个对手。

今日的消费大众随消费能力的提高，消费价值观已今非昔比，消费观念中文化含量的不断提高，促使软消费不断发展。人们在购买中不仅挑剔产品而且选择品牌，一般物化的产品功能已经难以唤发人们的全部购买热情。人们买礼品是在买社交价值，买一份心意；买名牌时装是在买面子，买身分，是在买一份穿名牌的感觉；进入高档购物场所掏腰包，同时也在消费环境，消费服务，消费形象。人们在购物选择中为了获得一份无形的满足、获得一种软价值的满足，往往不惜多花一些钱，特别是中、青年消费层主导了这种消费文化的发展。

有位国外专家说：“任何产品都有某种潜在的戏剧性，可以开发出生动的话剧。”这种戏剧性就是文化性，通过文化的开发和培育，没有情感可以有情感，没有生命力可以有生命力，通过此品牌形象的传播，在公众中培育这种生命力，如同围棋手的段位一样，使其从三段、四段升到五段、六段，最后达到九段，成为名人。

所谓名牌就是“民牌”，知名度就是对公众的影响度，就是公众的认知度和认同度。知名度只能存在于公众心目之中，而不在政府或行政领导颁发的奖状或某一称号中，不在名人、要人的题词中。

公众的心目包含“心”和“目”两层含义，对公众心目的影响就是对公众的心和目两方面的感染，以产品价值概念通心，以产品形象通目，做到攻心夺目，赏心悦目，由形象认知和概念认同达到经营的佳境。所以，从好产品到好商品，在疏通流通环节中，不但要疏通营销渠道和网点的硬环节，而且要疏通公众心目软环节，只有疏通广大公众心目中的“航道”，经营之船才能最后做到在市场水域中的畅行。在公众心目中产生活力，无异于产品有了灵魂。我们不少产品有躯壳而无灵魂，叫作“魂不附体”，也就没有生命力，没有市场活力。

企业在经营中不但要制造产品，还要制造产品文化，制造软价值感；不仅要开发市场，还要开发公众心目，从而建立经营形象和产品形象。

冷眼旁观中国报纸广告市场

唐绪军

报纸，是广告传播的重要媒体；广告，是报纸收入的主要来源；在市场经济条件下，二者相互依存，共生共荣。

但是，我国报纸的广告经营毕竟还处于初级阶段，不规范与不科学之处所在多多。比如，报纸广告的定价应该是以报纸的发行量、报纸的权威性以及报纸的读者构成为基础的，但是就连报纸的发行量目前我们还没有一个独立的核查机构能够提供准确、客观的核查数据以利公平竞争，报纸的广告刊例基本上是拍脑袋的产物。而与此同时，报纸本身对自己的读者构成也所知寥寥，对广告经营的情况更是缺乏应有的分析与研究，因而拿不出广告经营的总体设想来，也确定不了自己的主攻方向。其结果是，报纸的广告经营一字以蔽之：“拉”。能拉到广告的就是能人。但这种建立在人情关系基础上的报纸广告经营往往是靠不住的，许多报社都曾经经历过广告部负责人跳槽后报纸广告难以为继的痛苦。

随着报纸进一步走向市场、随着广告代理制的逐步推开，有关报纸的各种基本数据也将日益受到广告主和广告公司的重视，成为他们选择广告投放对象的重要依据；而在竞争日趋激烈的报业市场上，准确、及时地掌握有关报纸广告经营的各种资料也将成为报社自身制定经营决策、不断增强竞争力的重要依据。

正是预见到了未来报业市场发展的需要，我国最大的市场调查与咨询机构央视调查咨询中心从今年年初开始，开展了一项新的业务——报纸广告监测。他们每天对全国130家报纸的广告刊出情况进行跟踪监测，并应客户的要求提供报纸广告的各种相关信息和资料。应该说，这是在促进我国报纸广告经营规范化与科学化的征途上迈出的可喜的一步。央视调查咨询中心的报纸广告监测，也为我们了解和分析我国报纸广告经营的状况提供了另一双眼睛，一双更为客观、更为冷静，因而也更为数量化的科学的眼睛。本文就是根据央视调查咨询中心提供的今年第二季度的报纸广告监测统计数据对我国的报纸广告经营现状所做的初步分析和研究。

各类报纸的广告量分布不均

为了便于相互比较，我们把央视调查咨询中心目前所监测的130种报纸根据其性质、出版时间、发行对象等因素分为以下7个大类：

1、机关报类　即中共中央和各省市自治区的党委所属的机关报，如《人民日报》、《北京日报》等，共31种。

2、晚报类　即各省会城市下午出版的日报，如《羊城晚报》、《新民晚报》等，共34种。

3、专业报类　即侧重报道某一专门领域内容的全国性报纸，如《法制日报》、《经济日报》等，共19种。

4、对象报类　即专门针对某一特定群而出版的全国性报纸，如《中国妇女报》、《中国青年报》等，共5种。

5、行业报类　即某一行业主管单位创办的主要针对该行业范围发行的报纸，如《中国交通报》等，共6家。

6、广播电视报类　即中央和各省市自治区创办的广播电视节目报，如《中国电视报》、《北京广播电视报》等，共29种。

7、其他类　无法归入以上各类的报纸归入此类，如《文摘报》、《南方周末》等，共6种。

机关报类的31种报纸第二季度平均广告刊出总面积为301113.85平方厘米(本文的广告面积统计数据中不包括8×8厘米以下的零碎广告、中缝广告和不成块的分类广告)，折合为对开179.23版，各报每天刊出广告面积的平均数为对开2个整版。超过这一平均数的有12种报纸，其中刊出广告最多的是《解放日报》，平均每期刊出广告5.4个对开整版，占每期出报总版面的33.6%。低于平均数的有19种报纸，其中刊出广告最少的是《宁夏日报》，平均每期刊出广告0.85个对开整版，占每期出报总版面的10.6%。

晚报类的34种报纸第二季度平均广告刊出总面积为297104.5平方厘米，折合为四开379.92版，各报每天刊出广告面积的平均数为4.2个四开整版。超过这一平均数的有14种报纸，其中刊出广告最多的是《今晚报》，平均每期刊出广告5.8个对开整版，占每天出报总版面的45%。低于平均数的有20种报纸，其中刊出广告最少的是《西宁晚报》，平均每期刊出广告0.51个四开整版，占每天出报总版面的12.6%。

机关报中刊出广告面积最多和最少的5家报纸

排　序	报名	广告面积（平方厘米）
1	解放日报	820721.1
2	深圳特区报	755058.0
3	天津日报	638249.5
4	海南日报	492447.4
5	浙江日报	447155.8

排　序	报名	广告面积（平方厘米）
1	云南日报	120258.9
2	青海日报	111524.5
3	西藏日报	90306.5
4	内蒙古日报	89427.3
5	宁夏日报	86704.0

专业报类的19种报纸第二季度平均广告刊出总面积为310459.24平方厘米，折合为对开184.8版，各报每天刊出广告面积的平均数为2个对开整版。超过这一平均数的有5种报纸，其中刊出广告最多的是《计算机世界》，平均每期刊出广告200个四开整版，占每期出报总版面的66%。低于平均数的有14种报纸，其中刊出广告最少的是《中国经营报》，平均每期刊出广

告 1.29 个对开整版，占每期出报总版面的 8.1%。

对象报类的 5 种报纸第二季度平均广告刊出总面积为 197488.8 平方厘米，折合为对开 117.6 版，各报每天刊出广告面积的平均数为 1.3 个对开整版。超过这一平均数的有 2 种报纸，其中刊出广告最多的是《北京青年报》，平均每期刊出广告 3.4 个对开整版，占每期出报总版面的 42.4%。低于平均数的有 3 种报纸，其中刊出广告最少的是《中国妇女报》平均每期刊出广告 0.4 个对开整版，占每期出报总版面的 9.3%。

行业报类的 6 种报纸第二季度平均广告刊出总面积为 237784.6 平方厘米，折合为对开 141.5 版，各报每天刊出广告面积的平均数为 1.6 个对开整版。超过这一平均数的只有 1 种报纸，即《中国计算机报》，平均每期刊出广告 118.2 个四开整版，占每期出报总版面的 59.1%。其他 5 种报纸均低于平均数，其中最少的是《中国财经报》，平均每期刊出广告 0.3 个对开整版，占每期出报总版面的 7.3%。

广播电视报类的 29 种报纸第二季度平均广告刊出总面积为 40431.95 平方厘米，折合为四开 51.7 版，各报每期刊出广告面积的平均数为 4 个四开整版。超过这一平均数的有 12 种报纸，其中刊出广告最多的是《福建广播电视报》，平均每期刊出广告 3.8 个对开整版，占每期出报总版面的 47.5%。低于平均数的有 17 种报纸，其中刊出广告最少的是《中国广播报》，平均每期刊出广告 0.3 个四开整版，占每期出报总版面的 3.6%。

其他类的 6 种报纸第二季度平均广告刊出总面积为 130372.98 平方厘米，折合为对开77.6 版，各报每天刊出广告面积的平均数为 0.85 个对开整版，超过这一平均数的有 2 种报纸，其中刊出广告最多的是《精品购物指南》，平均每期刊出广告 21 个四开整版，占每期出报总版面的 52.3%。低于平均数的有 4 种报纸，其中刊出广告最少的是《联合时报》，平均每期刊出广告 0.68 个对开整版，占每期出报总版面的 17%。

各类报纸广告的特点

为了考察各报刊出广告的特点及倾向性，我们把报纸广告分成以下 14 个大类：酒类、电器类、日化类、饮料类、食品类、服装鞋帽类、机械类、保健品类、医药类、邮电通讯类、办公用品类、百货类、服务业类及其他类。在服务业类又分为金融保险、房地产、企业形象、企业产品综合、旅游餐饮娱乐、居民服务、广告业、招聘招商、其他等 9 个小类。

机关报的广告绝大部分属于服务业大类，占广告刊出总面积的 43.5%。其中尤以《解放日报》刊出的服务业类广告为最多，占机关报该类广告刊出总面积的 12%；同时，《解放日报》也是刊出办公设备类广告最多的机关报，占机关报该类广告刊出总面积的 21.8%。刊出酒类广告最多的是《海南日报》，占机关报该类广告刊出总面积的 20.4%。《深圳特区报》是刊出电器类广告、日化类广告、饮料类广告、保健品类广告和邮电通讯类广告最多的机关报，五最集于一身，各类广告分别占机关报该类广告刊出总面积的 8.3%、19.2%、9.5%、16.2%和 14.8%。刊出食品类广告最多的是《陕西日报》，占机关报该类广告刊出总面积的 10.4%。刊出服装鞋帽类广告最多的是《浙江日报》，占机关报该类广告刊出总面积的 10.5%。刊出机械类广告最多的是《河北日报》，占机关报该类广告刊出总面积的 7.6%。刊出医药类广告最多的是《南方日报》，占机关报该类广告刊出总面积的 10.5%。刊出百货类广告最多的是《山西日报》，占机关报该类广告刊出总面积的 12.9%。

广播电视报中刊出广告面积最多和最少的5家报纸见下表

排序	报名	广告面积（平方厘米）
1	福建广播电视报	83904.3
2	中国电视报	78137.0
3	山西广播电视报	75311.4
4	北京广播电视报	70647.0
5	天津广播电视报	62701.8

排序	报名	广告面积（平方厘米）
1	青海广播电视报	25864.5
2	安徽广播电视报	25028.5
3	黑龙江广播电视报	23526.0
4	湖北广播电视报	17331.0
5	中国广播报	2920.8

晚报中刊出广告面积最多和最少的5家报纸

排序	报名	广告面积（平方厘米）
1	今晚报	824657.1
2	羊城晚报	758864.5
3	成都晚报	737140.5
4	西安晚报	649206.2
5	新民晚报	565680.9

排序	报名	广告面积（平方厘米）
1	呼和浩特晚报	51490.4
2	城市晚报	46906.7
3	辽沈晚报	44538.6
4	银川晚报	39897.3
5	西宁晚报	30821.5

晚报的广告同样以服务业类广告为主，该大类的广告占晚报刊出广告总面积的36.9%。其中刊出服务业类广告最多的是《新民晚报》，占晚报该类广告刊出总面积的6.8%；《新民晚报》也是晚报刊出食品类广告、服装鞋帽类广告、百货类广告最多的报纸，刊出的各类广告分别占晚报该类广告刊出总面积的11.7%，12.3%和11.6%。刊出酒类广告最多的是《今晚报》，占晚报该类广告刊出总面积的8.7%；《今晚报》也是刊出邮电通讯类广告最多的晚报，占晚报该类广告刊出总面积的11.3%。刊出电器类广告最多的是《西安晚报》，占晚报该类刊出总面积的8%。刊出饮料类广告最多的是《武汉晚报》，占晚报该类广告刊出总面积的16.8%；同时，《武汉晚报》刊出的医药类广告也是最多的，占晚报该类广告刊出总面积的12%。《成都晚报》刊出的日化类广告，机械类广告，办公设备类广告均在晚报中居首位，分别占晚报该类广告刊出总面积的8.8%、10.2%和16.5%。

专业报的广告同样以服务业类的广告为主，服务业类广告占专业报广告刊出总面积的46.8%。但是，与机关报和晚报相比，专业报刊出的广告侧重点倾向明显。《健康报》侧重于刊出医药类广告，该类广告占该报刊出广告总面积的53.6%，占专业报该类广告刊出总面积的47.8%。《计算机世界》侧重于办公设备类广告，该类广告占该报刊出广告总面积的90%，占专业报该类广告刊出总面积的88%。有意思的是《法制日报》侧重于机械类广告，该类广告占该报刊出广告总面积的20.7%，占专业报该类广告刊出总面积的11.9%。而《足球报》则侧重于电器类的广告，该类广告占该报刊出广告总面积的22.1%，占专业报该类广告刊出总面积的10.4%

对象报的广告除了《中国妇女报》以医药类广告为主外，其他各报都以服务业类广告为主。《中国妇女报》刊出的医药类广告占该报刊出广告总面积的32%，占对象报该类广告刊出总面积的38.4%。《北京青年报》在对象报中一枝独秀,囊括了除医药、日化、百货类以外的所有类别广告刊出总面积之最,其中尤其以服务业类广告为最多,该类广告占该报刊出广告总面积的44.3%,占对象报该类广告刊出总面积的57.4%。《中国青年报》只是在百货类广告刊出的总面积上超过了《北京青年报》,《中国青年报》刊出的百货类广告占该报刊出广告总面积的18.8%,占对象报该类广告刊出总面积的45%。

行业报刊出的广告最具行业特色。《中国计算机报》以刊出办公设备类广告为最多,占其广告刊出总面积的89.3%,占行业报该类广告刊出总面积的98.9%。《中国机电报》刊出的机械类广告最多,占其广告刊出总面积的69.1%,占行业报该类广告刊出总面积的57.7%。《中国轻工报》刊出的电器类广告最多,占其广告刊出总面积的37.3%,占行业报该类广告刊出总面积的85.8%。《中国财经报》刊出的服务业类广告最多,占其广告刊出总面积的48.1%。

对象类报纸刊出广告面积排序

排 序	报名	广告面积（平方厘米）
1	北京青年报	518394.0
2	中国青年报	219770.0
3	中国消费者报	116866.5
4	解放军报	75549.5
5	中国妇女报	56864.9

广播电视报刊出的广告以医药类广告为主,该类广告占广播电视报广告刊出总面积的34.5%,其中《福建广播电视报》刊出的此类广告为最多,占广播电视报该类广告刊出总面积的10.1%。《福建广播电视报》同时也还位于日化类广告、保健品类广告在广播电视报类中刊出总面积的首位,其百分比分别为19.4%和11.5%。《中国电视报》刊出的邮电通讯类广告和服务业类广告在同类报纸中位于首席,分别占广播电视报刊出的该两类广告的19.78%和8%。《北京广播电视报》刊出的服装鞋帽类广告和办公设备类广告在同类报纸中居于首位,分别占广播电视报刊出的该两类广告总面积的19.2%和22.4%。

在其他类报纸中,《精品购物指南》一枝独秀。该报囊括了除酒类、饮料、服装鞋帽、机械、医药、办公设备以外的各类广告刊出总面积之最,其中刊出面积最多的是服务业类广告,占其刊出广告总面积的70.5%,占同类报纸该类广告刊出总面积的78.9%。《南方周末》刊出的办公设备类广告最多,占其刊出的广告总面积的20.3%,占同类报纸该类广告总面积的21.2%。《文摘报》刊出的医药类广告最多,占其刊出广告总面积的35.1%,占同类报纸该类广告刊出总面积的19.3%。

分类广告应加以重视

纵观被监测的这130种报纸的广告经营情况,我们发现,一个带有倾向性的问题是:普遍重视工商广告而轻视分类广告。据统计,在这130种报纸中,目前辟有分类广告专栏的仅有29种,占被监测总数的22.3%。并且其中绝大多数报纸的分类广告专栏是不定期刊出,或者一周只刊出半版。这种现状,应该说是我国报纸广告经营中的一个误区,亟待匡正。

诚然,工商广告是报纸广告经营的重要对象,它收益高,手续简便,是报社聚财敛资的主要渠道。但是,工商广告的致命之处在于它并不是以读者需要为第一考虑因素,而是试图通过对读者的不断诉求以达到说服的目的，这就很自然地会引起读者的反感。我国报业恢复广告经营的历史不长，广告的刊出量也很有限。据对被监测的这130种报纸的统计，平均广告的刊出量还不到报纸刊出总版面的25%，与西方报纸平均广告刊出量占报纸总版面60%左右相比要少得多。但是，为什么读者普遍反映报纸广告太多了呢？除了读者对市场经济条件下的报纸广告还不太适应外，一个不容忽视的因素就是工商广告太多而分类广告太少。

在13个行业大类中刊出广告(面积)最多的七类报纸

行　业	机关报类	晚报类	专业报类	对象报类	行业报类	电视报类	其它类
酒类	海南日报	今晚报	经济日报	北京青年报	中国轻工报	甘肃广播电视报	联合时报
电器	深圳特区报	西安晚报	经济日报	北京青年报	中国轻工报	山西广播电视报	精品购物指南
日化	深圳特区报	成都晚报	经济日报	中国妇女报	中国轻工报	福建广播电视报	精品购物指南
饮料	深圳特区报	武汉晚报	中国体育报	北京青年报	中国轻工报	山西广播电视报	南方周末
食品	陕西日报	新民晚报	中国商报	北京青年报	—	山东广播电视报	精品购物指南
服装鞋帽	浙江日报	新民晚报	中国体育报	北京青年报	中国交通报	北京广播电视报	南方周末
机械	河北日报	成都晚报	经济日报	北京青年报	中国机电报	贵州广播电视报	参考消息
保健品	深圳特区报	钱江晚报	中国体育报	北京青年报	—	福建广播电视报	精品购物指南
医药	南方日报	武汉晚报	健康报	中国妇女报	—	福建广播电视报	参考消息
邮电通讯	深圳特区报	今晚报	文汇报	北京青年报	中国建设报	中国电视报	精品购物指南
办公设备	解放日报	成都晚报	计算机世界	北京青年报	中国计算机报	北京广播电视报	参考消息
百货	山西日报	新民晚报	光明日报	中国青年报	中国计算机报	宁夏广播电视报	精品购物指南
服务业	解放日报	新民晚报	中国证券报	北京青年报	中国计算机报	中国电视报	精品购物指南

对报社来说，分类广告与工商广告相比，经营起来要复杂得多，收益也少得多，但是分类广告的最大优势就在于能够向读者提供大量的与日常生活息息相关的各种实用信息，读者能够通过这些信息解决生活中实实在在的问题。在欧美发达国家生活过一段时间的人都有这样的体会：当自己走投无路时常常是报纸的分类广告帮了大忙。初到一个陌生的环境，举目无亲，想要找住房、找学校、找工作，首先要做的事就是上街买报纸，查分类广告。报纸上每天都登有整版整版的分类广告，其中就有你所需要的“房屋出租”、“学校招生”、“企业招聘”等信息。当你通过这些广告，达到了你的目的时，你就决不会感到报纸的广告是多余的了，相反你会觉得它是你生活中的参谋和帮手。久而久之，也就自然而然地养成了读报看广告的习惯。这也就是为什么西方国家的读者并不抱怨报纸广告太多的一个基本原因。

事实上，西方报纸的工商广告要比我们多得多，但是他们在长期的经营实践中领悟到了工商广告与分类广告之间存在着某种内在的联系。对报纸来说，工商广告越多越好，这意味着大把大把的钞票；而对读者来说，他们更愿意接受的却是分类广告，因为分类广告对他们更有用。这就产生了矛盾，为了报社的经济利益应该多登工商广告，但为了读者的需要则应该多登分类广告。为了报社的眼前利益而得罪读者，显然是不明智的，这于长远的发展不利。因此，解决的办法只有从中寻求一种平衡，既重视工商广告也不偏废分类广告。这样做的好处是，适当刊登一些分类广告不仅能满足读者的需要，同时也能培养读者阅读广告的兴趣，从而有利于工商广告的刊出效果。据统计，美国报纸的分类广告约占广告刊出总面积的20%，法国约为15%，意大利为18%。近年来，由于西方国家出现了许多纯粹刊登广告的廉价报纸和免费报纸，分类广告大量流失，一些综合性的大报不得不花钱从广告中心买来分类广告登在自己的报纸上。

其目的无非是想用分类广告吸引住读者,稳定报纸的发行量,进而以一定的发行量去换取更多的工商广告。

或许有人会说,西方资本主义国家市场已经搞了好几百年了,人们的广告意识比较强,分类广告源比较多,搞起来也容易;而我们刚刚开始搞市场经济,人们的广告意识还非常淡薄,分类广告源太少,搞起来很难。这确实是实情,但决不能成为借口。看看国内广告经营成就比较突出的一些报社,像《羊城晚报》、《北京晚报》、《深圳特区报》、《南方日报》、《精品购物指南》等,都已经开辟了大块的分类广告专栏,有的还成立了专门的分类广告部,开辟了定期的分类广告专版。可见,非不能也,是不为也。

这里的关键问题是个报纸广告经营的观念问题,是从长远着眼,努力开拓广告市场呢,还是急功近利,以期在短时间内脱贫致富?恐怕现在很多报社的广告经营主管是以后一种观念在指导着自己的经营实践的。这一观念必须转变。如果我们能从战略的高度去理解分类广告与工商广告之间的辩证关系,我们肯定会想出很多办法去克服困难,开拓和培养分类广告的市场。

现在提出应该重视报纸的分类广告经营,有其特定的迫切性,理由如下:

首先,就总体上来看,目前我国的广告市场还没有充分发育,人均广告额与先进国家相比还少得多。因此,随着市场经济的进一步发展,广告市场必将不断壮大。从根本上来说,广告市场的充分发育依赖于商品经济的高度发达,但是培养大众的广告观念同样也是其中不可忽视的基础工程。报纸适当多刊登些分类广告有利于培养读者读广告用广告的习惯,从而促进我国广告市场的尽快发育。

其次,随着经济体制改革的进一步深化,市场将在资源配置和资源优化方面发挥越来越重要的调节作用,可以预计,分类广告的需求量和产出源必将随之成倍增长。已有好几家国外媒介集团看好这一点,正与国内有关单位接洽,准备合作开发中国的分类广告市场。对此,我们不能掉以轻心,不能眼睁睁地看着别人来咱们家门口把生意给抢去了。还是那句老话,“先下手为强”。

第三,近几年来,随着电视媒介在数量上的剧增,广告市场的竞争也日趋激烈。与电视声形并茂的传播手段相比,报纸在广告市场上的竞争显然处于不利的地位。因此,报纸的广告经营必须扬长避短,寻找和拓展自己的优势和强项。分类广告尽管在利润率上赶不上工商广告,但却面广量大,完全可以积少成多。据美国报协的统计,分类广告构成了美国地区性报纸广告收入的35—40%,可谓举足轻重。更为重要的是,报纸几乎是目前分类广告最合适的发布媒体。广播电视一播就过,无法查找,也无法储存;而电脑还远未普及,无法承担发布分类广告的经营,可以说是得其所哉。

第四,广告代理制肯定将是未来我国广告市场规范化的重要步骤。随着广告代理制的逐步推行,报社对广告主的影响力将日益削弱。工商广告的业务今后将主要由专业的广告公司代理,报社在广告方面的职责将被限定在“发布各类广告,承办分类广告”的范围之内,这也是大势所趋。与其到时被逼上梁山,仓促上阵,不如现在早试身手,积累经验。

第五,传统报业发展到今天,如何对信息进行深度开发和再度利用已经成了关于今后报业进一步发展的紧迫课题。报纸不应该只是广告的被动载体,而应该成为整个社会的信息源。通过经营分类广告业务,报社可以实时采集到社会动态的海量信息,借助于现代化的电子技术手段可以利用这些信息建立起面向公众的信息资料网或信息资料库。这也为报社今后拓展经营业务,开展咨询服务业或中介服务业打下了坚实的物质基础。

第六，随着因特网的迅猛发展，在网上出版电子报纸可能是传统报业走向现代化的发展方向。未来的网上竞争将会是什么样的形式，目前我们还无法确知。但是，有一点几乎是可以肯定的，那就是：谁的信息量大，谁发布的信息更有用，谁就能在网上占据主动。到那时，以“不断诉求以达到说服目的”为主要特征的工商广告将有可能萎缩，因为它不符合未来网上传播对象化、双向性的基本原则，相反，以对象化和实用性为基本特征的分类广告则有可能繁荣。因此，从现在开始重视报纸的分类广告，实际上就是为未来的发展打下基础。

我国广告人才的培养问题

——在中国广告人才需求调研成果论证会上的发言

郑和平

党的十一届三中全会以来，在改革开放政策的引导下，我国广告业有了很大发展，在规模上、质量上都有了显著的进步和提高。但同其所面临的引导社会消费走向，帮助民族品牌开辟国内外市场，促进社会主义精神文明建设三项基本任务相比，同发达国家广告业发展水平相比，仍存在很大的差距。一是还未形成具有国际竞争能力的民族广告企业集团；二是能够为企业提供全面品牌服务的广告公司为数甚少；三是广告创意、设计水平同国际先进水平差距明显；四是先进设备、技术、材料在广告业中的应用还不够广泛。而目前我国广告专业人才的匮乏，则是缩小上述差距需要解决的突出矛盾和问题。

工商行政管理机关作为法定的广告监督管理机关，是《广告法》、《广告管理条例》的执法机关，也是广告业的政府行业行政管理部门，负责广告业产业政策、行业规划、行业标准的制订和贯彻落实。为了促进我国广告业健康发展，广告人才的培养问题，越来越引起各级广告监督管理机关的关注。

1993年7月，国家计委和国家工商局共同制订下发了《关于加快广告业发展的规划纲要》，把培养广告专业人才的任务提到了非常突出的地位，对广告行业培训和广告学历教育都提出了比较具体的目标和要求，提出了适合我国广告业发展现状的行业培训和学历教育并重、两条腿走路的基本方针。与此同时，我国教育体制的改革从另一方面有力地促进了广告学历教育的开展。高等教育适当扩大了院校办学的自主权，加强了人才培养同社会需求的协调性。广告业作为符合市场经济体制需要，且发展迅速的一门新兴产业，其对专门人才的巨大需求，有力地推动了广告学历教育的发展。

经过几年来的努力，我国广告人才的培养有了长足的进步。从1994年开始，参加工商行政管理机关在全国范围内开展的广告专业人才培训，并取得专业资格证书的广告从业人员已近8万人，占从业人员总数的16%。在国家工商局指导下，中国广告协会已组织200多人参加了境外高级广告人才培训和学术交流。各省、区、市广告监督管理机关和广告协会也都结合本地实际情况，同当地高等院校合作，开展了多种形式的广告职业教育。一批中外合资、中外合作企业的境外投资方，按照我国法令、政策的有关规定，履行相应义务，对合资、合作企业的员工进行了各类境内外业务、技术培训。上述各项广告行业培训的开展，使广告从业人员质量有了明显提高。

就学历教育而言,从1984年厦门大学开设第一个广告专业到今天,我国广告学历教育也有了令人瞩目的发展。1996年,我国已有开设广告学系、广告学专业的高等院校49所,有博士、硕士研究生、本科生、大专生、函授生共2000多人,其中本科生占学生总数的50%左右。

一、加强广告人才培养体系的系统性

当前,我国广告业发展对人才的需求呈现出很强的系统性,表现出多层次、全方位的需求趋向。广告企业需要高级管理人才、各类专业人才;媒介需要经营、具备工商管理基本知识的市场营销人员。同时,为了保证广告业的长期稳定发展,对高学历的广告学教师和研究人员的需求也越来越强烈。

根据上述情况,广告人才的培养必须加强系统性。要继续坚持两条腿走路,一方面抓好行业培训和职业教育,一方面抓好学历教育。在行业培训和职业教育中,也要区分不同的档次,除了一般的从业资格培训外,广告监督管理机关和行业组织要注意抓好高级广告经营管理人才的培训和业务交流,要为我国民族广告业开辟国际市场作好必要的人才储备。在学历教育中,要注意广告业内部专业人才的定向培养,各院校要结合自己的学术和教学优势,把广告专业办得有所侧重,有自己的特点。譬如,新闻院系可以侧重于媒介经营人才的培养和传播学基础的教学;经济院系可以侧重于市场调查、品牌策划人才的培养和工商管理学基础的教学;艺术院系可以侧重于广告设计、制作人才的培养和美术基础的教学。专门的广告学院、系要注重广告学基础理论的教学,注重有中国特色的广告市场环境、法制环境的教学,为广告企业管理、广告行政管理和广告学科研究培养后备人才。

从人才的层次上讲,要培养大批有专业技能的广告务实人才,也要培养宏观经济和企业经营管理理论基础扎实的高级管理人才。要有相当数量的大学本科、专科人才,也要有一定比例的研究生。随着广告业的发展,也可以考虑利用中等专业技术教育,快速培养一大批具有专业技能的广告创意、设计、制作人才。

二、完善广告学教材体系

无论是行业培训、职业教育,还是学历教育,科学设立教材体系,对广告人才的培养起着至关重要的作用。教材是教学设置的基础。而就目前状况而言,这一点远远不尽人意。第一是基础课教材“新瓶装旧酒”,把原有中文专业、新闻专业、广播电视专业的传播专业基础课教材,简单包装一下,充作广告学基础课教材,缺乏必要的概括和升华。一些院系简单地把国内外广告职业培训讲座教材综合一下,便搬上讲台。其中包括广告企业的一般操作流程,广告业务的一般性知识,广告创意、设计的某些案例,等等。这些由“讲座”拼凑起来的教材,难以全面反映广告的基本规律,既因繁杂而显得头绪繁多,逻辑性差,又因浅薄而显得底气不足,苍白无力。第三是广告学教材中缺少同相关行业、相关知识的联系和比较,更缺少同社会主义市场经济基本理论的有机结合,显得基础很不牢固。上述这些问题在行业培训和职业培训中不够明显,在学历教育中就表现得非常突出了。

为了维护广告学历教育的声誉,切实保证和提高教学质量,尽管院系广告专业培养广告人才的专业方向可以有所差别,但就绝大多数的专业基础课和同类专业方向的专业课教材而言在全国范围内，应当具有一定的统一性和权威性，尽早改变目前各院系自编、自选教材的混乱现象。首先，应当由政府行业主管部门和教育行政主管部门，依靠广告行业组织，组织广告学专家、学者充分研究论证，确定我国广告学专业的基础课教材。有些要组织力量重新编写。其次，要确定不同专业培养方向适用的基本专业教材，组织力量精心编写，在全国范围推广使用。第三，要组织广告学专家和广告界权威人士推荐一批有价值的选修课教材，供不同专业方向的院系选用。同时，也要适当介绍和组织翻译一批国外广告专业教材和广告职业培训教材，帮助学生开阔眼界。

实习课程在广告学历教育中占有非常重要的位置，实习时间的保证以及有关教材和教学设备配置对提高学生的动手能力，适应就业岗位的职业需要非常重要。可以设想将广告从业资格培训的有关内容，同实习课结合起来，提高广告教育的实际水平和效率。

广告学历教育教材体系的确定和统一，肯定对广告行业培训、职业培训的质量起到有力的促进作用。而广告行业素质的提高又会反过来推动广告学历教育水平的进一步提高。二者相得益彰，互相促进会将我国广告人才的培养推向一个新的高度和水平。

三、建立与教学规模相适应的科研体系

教师水平和教材质量是广告人才培养的核心问题，要保持教师水平和教材质量的不断提高，必须有相适应的科研体系作为后应。一方面开设广告专业的大专院校可以设立相应的科研机构，如中国人民大学新闻学院的现代广告研究中心和北京广播学院的IAI国际广告研究所。一方面在广告业内部，也应尽快筹建一批有一定规模和科研实力、能够承担国家级科研项目的广告研究机构。在计划经济体制下，大多数研究机构都是国家拿事业费开办的，企业既插不上手，也使不上劲，体制上弊端非常明显。在社会主义市场经济体制已经确立的新情况下，我们应当借鉴发达国家发展市场中介机构的成功经验，鼓励广告企业联合兴办或同大专院校合办广告学研究机构。各级广告监督管理机关，应当把促进和培育广告科研体系的发展，作为完善广告市场体系，促进广告业健康发展的一件大事来抓，作为促进广告人才培养的一件大事来抓。

就同广告教学的联系而言，有些应用研究显得非常必要和迫切，包括向国外借鉴和学习一些先进的广告业经营管理经验；引进某些国外先进广告设计、制作工艺和技术及使用现代传媒和某些新型材料等等。

作为“知识密集、人才密集、技术密集”的新兴产业，广告业的发展当前迫切需要基本理论研究工作的支持和指导，广告人才培养中有关教材编写、课程设置等项工作，也都与广告学的理论研究成果密切相关，特别是某些对中国民族广告业发展将产生重大影响的理论问题，包括中国现代广告业的基本特征；国家政治、法律制度对广告市场的影响和作用；广告业在中国经济发展中的地位、作用和发展方向；中外广告管理制度、广告经营机制的比较；中外传统文化在广告中的表现及比较等等。上述这些重大理论问题的探索和研究，都将为我国广告人才整体素质的提高奠定一个比较坚实的基础。

四、保证人才供需渠道的畅通

学以致用，是人才培养的根本目的。但由于我国广告市场体制中人才供应机制还很不完

善，以致学用之间还未真正架设起一座畅通的桥梁，本来就紧张的人才资源由于用人渠道不畅不能有效加以利用。近一两年来，我国广告业的发展，越来越呈现出专业化分工不断加强的趋向，用人单位的需求表现出多层面、多专长的特点。人才供应方面，除了国家规定的广告从业人员资格培训的教学体系在全国范围内比较统一外，各高等院校的广告专业由于起步于不同学科，使培养的人才也呈现出多样性的特点。因此，用人单位和求职的毕业生同时都面临着一个大而分散的选择空间。在实际动作中，往往因为用人单位急于聘人，求职一方也没有过多时间选择，使有限的人才资源得不到合理使用。

在广告监督管理机关指导下，尽快建立全国性的广告人才中介机构，是解决上述问题的当务之急。

我们设想，这类广告人才中介机构，应当建有联络全国广告人才培养基地和用人单位的信息网络；应当采用先进的计算机技术作为这个网络的硬件支撑；应当能够为供求双方提供相应的法律和咨询服务；应当为供需双方的合法权益提供一定的保护措施。当然，广告人才中介机构的信息库中不仅应当储存广告学历教育毕业生的有关信息，也应储存大量已经服务于广告业，但仍希望找到更适合自己的工作环境的，比较成熟，甚至具有丰富经验的广告人才的信息，以利于广告人才的合理流动和配置。可以肯定，广告人才中介机构作用的充分发挥，不仅会大大提高现有人才培养系统的社会效益，也会有力地促进广告人才培养体系的进一步完善，促进我国广告人才素质的普遍提高。

广告人才培养工作相对我国民族广告业面临的任务而言，任重道远需要研究和解决的问题还很多。我国广告监督管理机关应当把人才问题摆到重要议事日程，把迅速培养高质量专门人才的有关政策、措施作为我国广告业产业政策的一个重要环节切实抓紧、抓好。应当采用法律的、经济的、行政的各种有效措施，包括充分发挥广告行业组织的积极作用，争取社会各界的广泛支持，坚持不懈地抓广告从业人员资格培训工作，抓好广告从业人员的职业教育，大力扶持、指导广告学历教育健康发展，为我国广告业培养出更多、更好的广告专业人才，从根本上增强我国广告业在国际的竞争实力，使我国现代广告业在社会主义经济建设和社会主义精神文明建设事业中，做出应有的贡献。

政策、法规

1997 年

关于制止调查采访形式广告的通知

各省、自治区、直辖市及计划单列市工商行政管理局：

近来，一些电视广告采用调查采访形式，即在“市场调查或采访”的特定场景中，通过“记者”或“市场调查人员”与“消费者”双方问答进行调查采访，由特定的“消费者”讲述自身体验与感受，介绍产品或服务的优点、特点，这是典型的以新闻报道形式发布广告。为制止此类形式的广告，现将有关规范性意见通知如下：

一、上述调查采访形式的广告，由于使用特定的场景设计和特定的人员表演，产生了客观介绍或报道的效果，极易对消费者造成误导。此类广告，违反了《广告法》第十三条规定。

二、对于使用调查采访形式的电视广告，无论是否具有广告标记，均应制止。对于继续设计、制作、代理、发布上述广告者，依照《广告法》第四十条规定处理。

三、对于报纸、杂志、广播等媒介发布的调查采访等客观报道形式的广告，应参照本通知的精神办理。

1997 年 2 月 27 日

关于户外广告监督管理有关问题的答复

上海市工商行政管理局：

你局《关于户外广告监督管理有关问题的请示》收悉。经研究，现答复如下：

一、《广告法》第六条规定，县级以上人民政府工商行政管理部门是广告监督管理机关。这从法律上明确了工商行政管理机关对包括户外广告在内的所有广告的监督管理权。

二、户外广告设施是户外广告的媒体，与户外广告内容不可分割，对户外广告的管理是对户外广告整体的管理。因此，对户外广告的登记管理应当包括户外广告媒体的登记。

1997 年 3 月 21 日

关于对制售“地主家酒”行为如何定性的答复

浙江省工商行政管理局：

你局《关于制售“地主家酒”行为应如何定性的请示》(浙工商检〔1997〕9 号)收悉。经研究，答复如下：

在包装物上宣传、介绍产品，是广告的一种形式。大邑县庄园酒厂生产、销售的“庄园”牌酒包装盒上印有的“刘家祖传”、“地主家酒”和“西南大庄园主刘文彩及其上辈所酿”内容，违背社会良好风尚，违反了《广告法》第三条和第七条第二款第五项的规定，印有该酒获奖等评比结果的内容，违反了《酒类广告管理办法》第七条第七项的规定。

1997 年 3 月 25 日

关于上海爱建广告公司违法事实及法律适用问题的答复

上海市工商行政管理局：

你局《关于对上海爱建广告公司违法事实及法律适用的请示》〔沪工商广(1997)第 43 号〕收悉。经研究，答复如下：

《广告法》所称广告活动，是指包括广告设计、制作、代理、发布等环节发生的行为。广告活动发生在《广告法》实施之后，该行为违反《广告法》规定，对负有责任的广告主、广告经营者、广告发布者应依照《广告法》进行处罚。

1997 年 3 月 4 日

关于信息市场报社异地经营广告查处问题的答复

北京市工商行政管理局：

你局《关于对信息市场报社异地经营广告问题的请示》(京工商文字〔1997〕54 号)收悉。经研究，答复如下：

根据《广告管理条例》及《广告管理条例施行细则》的有关规定，事业单位兼营广告业务，应当向所在地工商行政管理机关申请办理《广告经营许可证》。

信息市场报社从哈尔滨市迁入北京市，未经你局或授权的工商行政管理机关批准领取《广告经营许可证》，即擅自开展广告经营活动，违反了《广告管理条例》及《广告管理条例施行细则》的有关规定。对此行为，你局可以比照《广告管理条例施行细则》第二十一条的规定予以处罚。

1997 年 4 月 29 日

关于加强对含有宗教内容广告管理的通知

各省、自治区、直辖市、计划单列市工商行政管理局：

近一时期以来，一些单位和个人出于商业目的，在大众传媒及其他非宗教场所发布介绍宗教活动和宗教用品的广告。这种做法，严重违背了国家有关宗教的法观和政策，在社会上造成了不良影响。为保障宗教活动的正常开展和宗教用品的正常流通，维护正常的广告经营秩序，经商国务院宗教事务局同意，现就有关问题通知如下：

任何单位和个人不得在大众传播媒介及非宗教活动场所发布有关宗教活动、宗教用品、宗教活动纪念品的广告，以及以讲经、传道等为内容的图书、音像制品的广告。如确实由于特殊需要在大众传播媒介及非宗教活动场所发布上述广告，须经省级以上宗教事务部门同意并报同级工商行政管理机关备案。

请各地接到本通知后，严格按通知精神认真贯彻执行。对违反本通知的，依据《广告法》第七条第二款规定处理。

1997 年 4 月 30 日

关于房地产广告中承诺为入住者办理户口问题的答复

广州市工商行政管理局：

你局《关于对房地产广告中承诺为入住者办理户口问题的请示》（穗工商函〔1997〕76 号）收悉。经研究，答复如下：

《房地产广告发布暂行规定》第十八条中关于在房地产广告中不得含有广告主能够为入住者办理户口的承诺的规定，可从以下方面理解：

一、办理户口只能由政府有关部门依照规定进行。因此，房地产广告中不得以任何形式出现房地产开发企业、房地产权利人、房地产中介服务机构能够为入住者办理户口承诺的内容。

二、依照法律法规和有关规定可以办理户口的房地产项目，广告中有关办理户口的内容应当表述清楚、明白，标明有关规定的出处或者相关条件，不得使人产生误解。

1997 年 5 月 5 日

关于食品广告、房地产广告管理有关问题的答复

各省、自治区、直辖市及计划单列市工商行政管理局：

最近，部分省市就《食品广告发布暂行规定》、《房地产广告发布暂行规定》中“违法行为人”认定问题请示国家工商行政管理局。经研究，答复如下：

《食品广告发布暂行规定》、《房地产广告发布暂行规定》中“违法行为人”是指对发布违法广告负有责任的广告主、广告经营者、广告发布者。凡未按照《广告法》和国家有关规定履行法律义务，造成食品、房地产违法广告发布的广告主、广告经营者、广告发布者，应当依照《广告

法》的规定承担相应的法律责任;《广告法》中没有具体规定的,分别依照《食品广告发布暂行规定》第十五条、《房地产广告发布暂行规定》第二十一条的规定予以处罚。

1997年5月20日

关于进一步加强药品广告审查和监督管理工作的通知

各省、自治区、直辖市工商行政管理局、卫生厅(局):

为进一步贯彻执行《广告法》和《药品管理法》,加强药品广告的审查、监督管理工作,保证药品广告真实、合法、科学,现就有关问题通知如下:

一、药品广告的内容必须以国务院和省、自治区、直辖市卫生行政部门批准的说明书和质量标准为依据,不得任意增加、更改宣传内容。药品标准和说明书中规定禁忌症的,必须在广告中醒目标示;如不能全部标示的,除注明主要内容外,必须醒目标示"其它禁忌症详见说明书"字样。

二、禁 止审批和发布任何有奖销售、让利销售及馈赠、降价等形式的药品广告;药品广告中禁止出现"×××指定产品"、"×××专用产品"、以药品作为礼品或奖品等不确切证明药品功效以及与药品作用无任何关系的内容。

三、药品广告的广告主必须是合法的药品生产和经营单位。对无上述资格的广告主的广告,已经审查并发给审查批准文号的,自1997年8月1日起,一律停止发布,并由药品广告审查机关收回药品广告审查批准文号。

四、电视、报刊、印刷品及其他以文字图象表现的药品广告,其药品通用名称应当显著标示。

五、已经审查批准的药品广告,经省辖市以上广告监督管理机关同意,当地广播电台发布药品广告时,可省略审查批准文号。对于发布未经审查的广播药品广告者,应当依法从重处罚。

六、各级工商行政管理机关和卫生行政部门不得以发布药品广告审批公告的名义向企业摊派,或以其他名义强迫企业出资发布药品广告审批公告。

七、对违反《中药保健药品管理规定》,将治疗药品批准为保健药品的,一律不受理和审批其广告。已经发给广告审查批准文号的,要撤销其批准文号。

八、自1997年8月1日起,地方药品标准收载的品种禁止在重点媒介发布广告。对已经审查并发给广告审查批准文号的,在有效期满后不再受理。

九、凡属卫生部审查批准的药品广告,在全国范围内有效。此类广告在非重点媒介发布时,应向当地药品广告审查机关备案。备案时不再换发批准文号。

十、工商行政管理机关和卫生行政部门在药品广告审查、监督管理工作中应加强协调配合,及时处理各类药品广告违法问题。各省级药品广告审查机关应严格依照有关规定和本通知要求审查药品广告。工商行政管理机关对卫生行政部门提请查处的违法药品广告,应及时予以处理。省级以上工商行政管理机关在监督检查中,发现具有审查批准文号的药品广告仍存在违法问题的,应在责令其停止发布的同时,及时向卫生行政部门提出纠正意见。

国家工商行政管理局　卫生部

1997年6月27日

关于取消未通过广告经营资格检查的广告经营单位广告经营资格问题的答复

河南省工商行政管理局：

对广告经营单位经营活动进行专项检查，是规范广告市场主体行为和广告经营行为的一项重要监督管理措施。对广告经营专项检查和今年在全国范围内开展的广告经营资格集中检查中发现的不符合广告经营资格条件和未通过检查者以及故意不接受检查者，广告监督管理部门可依据广告管理法律、法规和《关于在全国范围内开展广告经营资格集中检查的通知》(工商广字〔1997〕第59号)的规定，收回其《广告经营许可证》，核减或核销其广告经营项目。在核减或核销其广告经营项目后，广告监督管理部门应将核减或核销意见通知企业登记主管部门，并同时通知广告经营单位限期向其登记机关申请办理变更登记，广告经营单位不按规定办理变更登记的，由登记机关按企业登记管理的有关规定予以处理。

对于经查找，办公地址仍不明的广告经营单位，采用公告的形式通知其参加检查。在公告的期限内(一般为30日)前来接受检查者，在严格检查其广告经营活动的同时，应对其不履行变更登记的违法行为进行处理。对公告期满后，仍未前来接受检查者，广告监督管理部门应核销其《广告经营许可证》，并将核销该单位广告经营资格的书面意见及有关情况说明和材料送企业登记主管部门，由企业登记主管部门注销其营业执照上的广告经营项目，并将注销情况及时反馈广告监督管理部门。

1997年8月4日

中共中央宣传部、国家工商行政管理局、广播电影电视部新闻出版署关于做好公益广告宣传的通知

各省、自治区、直辖市及计划单列市党委宣传部、工商行政管理局、广播影视厅(局)、新闻出版局：

为了进一步规范公益广告行为，充分发挥公益广告在社会教育、文化传播、舆论导向等社会主义精神文明建设方面的功能，现就广告媒介单位公益广告宣传问题通知如下：

一、广告媒介单位要充分认识公益广告宣传的重要意义，把公益广告宣传作为促进社会主义精神文明建设事业的一项重要工作来抓，统筹合理安排好公益广告发布时间和版位。

二、广播、电视媒介每套节目用于发布公益广告的时间应不少于全年发布商业广告时间的3%。

三、电视媒介在19:00—21:00时间段每套节目发布公益广告的时间应不少于该时段发布商业广告时间的3%。

四、报纸、期刊媒介每年刊出公益广告的版面应不少于发布商业广告版面的3%。

五、户外广告经营者应发布一定比例的户外公益广告，具体数量由当地工商行政管理部门

会同有关部门共同制定，统一规划。

六、发布公益广告时，应当认真审核内容，凡违反国家法律、法规、政策规定和社会主义道德规范要求的，不得发布。

不得以公益广告的形式发布商业广告。

七、对于企业出资设计、制作、发布的公益广告，可以标注企业名称，但不得标注企业产品名称和商标标识，不得涉及与该企业商品或提供的服务有关的内容。

八、电视公益广告标注企业名称显示时间不应超过5秒，标注面积不超过电视广告画面的1/5。报刊、户外公益广告标注企业名称面积不超过报刊、户外广告版面的1/10。

九、请各地接到本通知后，迅速转发各有关单位，并认真贯彻执行。

1997年8月4日

关于以专题报道、经济信息等形式对商品、服务作宣传是否依广告管理法规进行管理问题的答复

陕西省工商行政管理局：

你局《关于以专题报道、经济信息等形式对商品、服务作宣传是否应该依广告管理法规进行管理的请示》(陕工商广字〔1997〕116号)收悉。经研究，现答复如下：

新闻是一种社会客观报道，而广告则是由商品经营者或者服务提供者承担费用，通过一定媒介和形式直接或者间接地介绍自己所推销的商品或者所提供的服务。因此，二者之间是有严格区别的。

新闻单位采用专题报道、经济信息等形式，对药品、医疗等商品或者服务进行宣传，如果直接或者间接地向企业收取费用，此类专题报道、经济信息无论以何种形式出现，均属于商业广告性质，应依据广告管理法规进行管理。对于新闻单位发布的广告未标明广告标记或者以新闻报道形式发布广告的，应依据《广告法》的有关规定，予以严肃处理。

1997年8月8日

关于"极品"两字在广告语中是否属于"最高级""最佳"等用语问题的答复

浙江省工商行政管理局：

你局《关于"极品"两字在广告语中是否属于"最高级"、"最佳"等用语的请示》收悉。经研究，答复如下：

《广告法》第七条第二款规定，广告不得使用国家级、最高级、最佳等绝对化用语。"极品"两字，与上述用语含义相同，属于绝对化用语，故适用上述规定。

1997年8月8日

关于立即停止发布含有"第一品牌"等内容广告的通知

各省、自治区、直辖市及计划单列市工商行政管理局：

近来，广告中使用"第一品牌"等内容的现象较多，甚至出现同一行业、同一类商品有两个以上"第一品牌"的现象。此类广告宣传，影响了公平竞争环境的形成，社会各界反映强烈。

"第一品牌"等广告用语，是与"最佳"含义相同的绝对化用语。无论其称号以何种形式、程序产生，均不得在广告中使用。

自本通知发布之日起，凡在广告中继续使用"第一品牌"等广告用语的，各地工商行政管理机关均应按违反《广告法》第七条第二款予以处理。

1997年9月16日

中华人民共和国国家工商行政管理局令

第78号

《广告经营资格检查办法》已经国家工商行政管理局局务会议审议通过，现予公布，自1998年1月1日起施行。

局长：王众孚

1997年11月3日

广告经营资格检查办法

第一条 为加强对广告经营者、广告发布者（以下合称广告经营单位）的监督管理，促进广告业健康发展，根据《中华人民共和国广告法》和《广告管理条例》等法律、法规的规定，制定本办法。

第二条 广告经营资格检查，是指广告监督管理机关依法定期对广告经营单位进行检查，确认其继续经营广告业务资格的管理制度。

广告经营资格检查的具体时间，由省、自治区、直辖市以上工商行政管理局确定。

第三条 国家工商行政管理局负责在国家工商行政管理局登记的广告经营单位的广告经营资格检查。

省、自治区、直辖市及计划单列市工商行政管理局，负责在本局登记和上级工商行政管理局授权管辖的广告经营单位的广告经营资格检查。

市、县(区)工商行政管理局，负责在本局登记和上级工商行政管理局授权管辖的广告经营单位的广告经营资格检查。

第四条 凡经广告经营登记领取《广告经营许可证》及营业执照的广告经营单位，均应按照本办法接受广告经营资格检查。

第五条 广告监督管理机关对广告经营单位应当以户为单位建立广告经营资格检查档案，详细记载每次检查的时间、内容、检查结论和有关问题的处理等情况。

第六条 广告经营资格检查的主要内容包括：

(一)广告经营资质条件是否符合广告经营资质标准规定的要求；

(二)广告经营单位是否按照合法程序取得广告经营资格；

(三)是否按照审批登记的事项从事广告经营活动；

(四)广告业务承接登记、审核、档案、合同等基本管理制度建立和执行情况；

(五)执行广告审查员管理制度和广告专业技术岗位资格培训制度情况；

(六)执行广告服务收费标准规定和广告收费备案制度、广告财务制度的情况；

(七)户外广告、广告显示屏、印刷品广告、临时性广告等经营资格情况；

(八)设计、制作、代理、发布的广告是否符合国家法律、法规的规定；

(九)是否按照规定报送《广告经营单位基本情况统计表》；

(十)其他遵守国家法律、法规、政策的情况。

第七条 广告经营资格检查的基本程序是：

(一)广告监督管理机关通知广告经营单位提交《广告经营许可证》副本和自检材料，按照规定时间参加广告经营资格检查。

(二)广告监督管理机关受理、审核自检材料，对广告经营单位进行实地抽查。

(三)广告监督管理机关在《广告经营许可证》副本上加注广告经营资格检查标识。

(四)广告监督管理机关发还《广告经营许可证》副本。

第八条 广告经营单位参加广告经营资格检查须提交下列自检材料：

(一)《广告经营单位广告经营资格检查表》；

(二)广告监督管理机关要求提交的其他材料。

第九条 广告监督管理机关对通过广告经营资格检查的广告经营单位，签署通过广告经营资格检查意见，并在其《广告经营许可证》副本上加盖广告经营资格检查标识后，广告经营单位取得继续经营广告业务的资格。

第十条 广告监督管理机关对通过广告经营资格检查的广告经营单位，可以采取不同的形式予以公告。

第十一条 广告监督管理机关对有下列情形之一的广告经营单位，暂缓通过广告经营资格检查，并责令其限期整改：

(一)广告经营资质条件达不到广告经营资质标准要求的；

(二)广告经营基本管理制度尚未建立和执行的；

(三)有违反法律、法规行为,尚未改正的。

第十二条 对按照规定要求进行整改的广告经营单位,经广告监督管理机关复查合格后,予以通过广告经营资格检查;对未按要求采取有效整改措施的广告经营单位,广告监督管理机关可以核减其广告经营项目直至核销其《广告经营许可证》。

既领取《广告经营许可证》又领取营业执照的广告经营单位,其营业执照中广告经营项目应随《广告经营许可证》内容的变更即时变更。

第十三条 对核准登记后一年以上未开展正常广告经营业务的广告经营单位,广告监督管理机关应责令其办理广告经营注销手续;拒不办理的,核销其《广告经营许可证》。

第十四条 广告经营单位在广告监督管理机关广告经营资格检查通知规定的时间内,未报送广告经营资格检查材料的,限期补报广告经营资格检查材料,处一千元以下罚款。

第十五条 广告监督管理机关应当对在广告经营资格检查截止日期前未参加检查的广告经营单位实行公告。自公告发布之日起,三十日内无正当理由仍未到广告监督管理机关接受检查的,核销其《广告经营许可证》。

第十六条 广告经营单位在广告经营资格检查中隐瞒真实情况、弄虚作假的,广告监督管理机关应当责令其限期改正。并处一万元以下罚款。

第十七条 广告经营基本管理制度尚未建立和执行的,广告监督管理机关应当责令其限期改正;逾期仍未改正的,处五千元以下罚款。

第十八条 广告经营审批登记事项发生变化,未及时办理广告经营许可变更手续的,广告监督管理机关应当责令其限期补办,并处五千元以下罚款。

第十九条 广告经营单位不按规定报送《广告经营单位基本情况统计表》的,广告监督管理机关应当责令其限期补报;逾期仍未补报的,处一千元以下罚款。

第二十条 广告监督管理机关工作人员在广告经营资格检查中玩忽职守、滥用职权、徇私舞弊的,给予行政处分。构成犯罪的,由司法机关追究其刑事责任。

第二十一条 《广告经营单位广告经营资格检查表》格式、广告经营资格检查标识式样,由国家工商行政管理局统一制定。

第二十二条 本办法自 1998 年 1 月 1 日起施行。

关于化妆品广告中"使用他人名义保证"认定问题的答复

浙江省工商行政管理局:

你局转报杭州市工商行政管理局《关于化妆品广告中"使用他人名义保证"认定问题的请示》(杭工商商广〔97〕191 号)收悉。经研究,答复如下:

在化妆品广告中,通过他人使用前后的效果表明该化妆品的功效,客观上对化妆品的效用作了保证,属于违反《化妆品广告管理办法》第八条第(二)项"使用他人名义保证或者以暗示方法使人误解其效用"的行为。

1997 年 12 月 10 日

关于印发《广告活动道德规范》的通知

各省、自治区、直辖市及计划单列市工商行政管理局：

现将《广告活动道德规范》印发你们，请转发各广告主、广告经营者、广告发布者认真遵照执行。

附件：广告活动道德规范

1997 年 12 月 16 日

附件

广告活动道德规范

一、总则

第一条　为维护广告市场秩序，促进广告业社会主义精神文明建设，增强广告主、广告经营者、广告发布者及其他参与广告活动的单位和个人的社会公德意识和职业道德观念，依据《中华人民共和国广告法》，制定本规范。

第二条　广告活动道德规范是广告活动的基本道德准则。凡在中华人民共和国境内从事广告活动的广告主、广告经营者、广告发布者以及其他参与广告活动的单位和个人，均应自觉遵守本规范。

第三条　各级工商行政管理机关在维护广告市场秩序，查处违法广告案件的同时，应当注重广告业职业道德建设，引导广告业树立良好风尚。

第四条　广告行业组织应当在工商行政管理机关指导下，积极开展行业自律，教育其成员单位自觉遵守和维护广告市场公平竞争、公平交易秩序，促进广告业职业道德建设。

二、广告主广告活动道德规范

第五条　广告主应当自觉维护消费者的合法权益，本着诚实信用的原则，真实科学地介绍自己的产品和服务。

第六条　广告主应当自觉遵守国家广告管理法律法规和其他有关规定，与其它广告主进行公平、正当的竞争，不得以不正当的方式和途径干扰、损害他人合法的广告活动。

第七条　广告主发布商业广告，应当自觉遵守和维护社会公共秩序和社会良好风尚，不应以哗众取宠、故弄玄虚、低级趣味等方式，片面追求广告的感官刺激和轰动效应，对社会造成不良影响。

第八条　广告主应当按照国家有关规定，积极参加各类公益事业，响应政府主管部门的号召,参与公益广告活动,树立良好的企业形象。

第九条 广告主应当在国家法律、法规的规范内,按照市场经济规律,根据服务质量,选择广告经营者的服务,自觉抵制各种损害企业利益的人情、关系广告业务。

第十条 广告主实行广告服务招标,应当尊重投标者的劳动成果,自觉履行招标承诺,自觉抵制和纠正以虚假招标形式引诱投标者投标,以及窃用投标者的广告策划和创意的不公平交易行为。

第十一条 广告主应当自觉抵制和纠正下列不正当的广告宣传:

(一)依据科学上没有定论的结论来否定他人的产品和服务,借以突出自己的产品和服务;

(二)片面宣传或夸大同类产品或服务的某种缺陷,以对比、联想等方式影射他人;

(三)未经有关部门认定假冒商标的情况下,在各种声明、启事中涉及他人的商标;

(四)擅自使用他人知名商品和服务标志作为陪衬宣传自己的产品和服务,不正当地利用和享用他人的商品声誉和商业信誉;

(五)使用不规范的行业用语或消费者无法熟知的专业术语表示商品的质量、制作成分、性能、用途、产地以及采用的技术、设备等;

(六)使用含糊不明,易使消费者产生歧义的承诺;

(七)使用不合法、不科学、不公正的评比结果和奖项;

(八)采用隐去主要事实、断章取义、偷换概念的手法使用有关数据、统计资料、调查结果、文摘和引用语,误导消费者。

三、广告经营者广告活动道德规范

第十二条 广告经营者在广告创意、设计、制作中应当依照有关广告管理法律、法规的要求,运用恰当的艺术表现形式表达广告内容,避免怪诞、离奇等不符合社会主义精神文明要求的广告创意。

第十三条 广告经营者在广告创意中使用妇女和儿童形象应当正确恰当,有利于树立健康文明的女性形象,有利于维护未成年人的身心健康和培养儿童良好的思想品德。

第十四条 广告经营者在广告创作中应当坚持创新与借鉴相结合,继承中华民族优秀传统文化 ,汲取其他国家和地区广告创作经验,自觉抵制和反对抄袭他人作品的行为。

第十五条 广告经营者为同类产品广告主同时或先后提供广告代理服务,应当保守各广告主的商业秘密,不得为自身业务发展的需要泄漏广告主的商业秘密。

第十六条 广告经营者应当注重广告在社会主义精神文明建设中的作用 ,坚持商业广告创意设计中的社会主义思想文化导向,积极参与公益广告活动,倡导正确的道德观念和社会风尚。

第十七条 广告经营者应当注重提高经营管理水平和服务质量,依靠不断提高服务质量和商业信誉 与广告主建立稳定的业务关系,自觉抵制和纠正下列不正当竞争行为:

(一)利用物质引诱或胁迫等不正当手段获取其他广告经营者的商业秘密;

(二)采用给予广告主经办人好处或竞相压价等手段争夺广告客户;

(三)采用暗中给媒介经办人财物等不正当手段争取有利或紧俏的时间和版面。

四、广告发布者广告活动道德规范

第十八条 广告发布者发布商业广告应当考虑民族传统、群众消费习惯以及广告受众的区别等社会因素，合理安排发布时段、版面，依照各类广告的发布标准和社会主义精神文明建设的要求，认真履行广告审查义务。

第十九条 广告发布者应当严格遵守国家关于禁止有偿新闻的有关规定，坚持正确的经营观念，杜绝新闻形式的广告。

第二十条 广告发布者应当严格执行国家有关广告服务价格的管理规定，根据媒介的发行量、收视率等科学依据制订合理的收费方法和收费标准。广告经营者采用招标等特殊方式确定广告价格的，招标方案和办法应当合法、公正，不得利用不正当手段哄抬广告服务价格。

第二十一条 广告发布者应当自觉执行国家关于公益广告宣传有关规定，发挥公益广告宣传社会主义精神文明的积极作用，促进社会主义精神文明建设，树立良好的社会道德风尚。

第二十二条 广告发布者在经营活动中应当自觉抵制和纠正下列行为：

（一）以不正当理由拒绝广告经营者正常客户代理业务，并强制该广告经营者必须通过与其有特殊关系的代理公司进行代理；

（二）违背广告主、广告经营者的意愿搭售时间、版面或附加其他不合理的交易条件；

（三）对不同客户实行不同的收费标准，强制要求客户预付广告费，不按规定的标准返还代理费。

五、各类市场中介机构参与广告活动的道德规范

第二十三条 从事各类广告出证活动的社会团体和商业调查、技术检测、标志认证等市场中介机构，必须具备合法资格，其广告出证行为必须遵循诚实信用原则，出证内容必须真实、合法，不得助长不正当竞争和不公平交易行为。

第二十四条 各类市场中介机构以广告形式公布其推荐、介绍、调查、检测、认证结果的，应将其从事该项活动的依据，采用的方法、方式等向社会公布，自觉接受社会监督。

第二十五条 各类市场中介机构应当保证广告出证行为的客观、公正性，自觉抵制和纠正以牟利为主要的目的广告出证活动，杜绝以收费多少排名、排序，并用于广告误导消费者的现象。

六、附则

第二十六条 违反本道德规范，情节严重、构成违法的，工商行政管理机关依照广告管理法律、法规和国家有关规定予以行政处罚；情节轻微的，工商行政管理机关应对其进行批评、教育、监督改正。

第二十七条 广告行业组织对违反本规范的成员，依照行业自律规则予以批评教育，直至取消其行业组织成员资格。

第二十八条 本规范自发布之日起施行。

关于印发《综合性广告企业资质等级标准》(试行)和《广告制作企业资质等级标准》(试行)的通知

各省、自治区、直辖市及计划单列市工商行政管理局:

为了进一步落实《关于加快广告业发展的规划纲要》精神,引导广告企业规范发展,在广告企业中树立一批经营管理典范,促进广告业整体素质的提高,我局制订了《综合性广告企业资质等级标准》(试行)和《广告制作企业资质等级标准》(试行)。现印发给你们,请转发给各广告经营单位遵照执行。

附件:

1、《综合性广告企业资质等级标准》(试行)

2、《广告制作企业资质等级标准》(试行)

1997年12月30日

附件一

综合性广告企业资质等级标准(试行)

一级企业标准

1.企业成立时间3年以上,企业成立以来资产得到增值,企业利润率高于行业平均水平;

2.注册资本不低于400万元;

3.广告专业设备净值200万元以上;

4.广告年营业收入不低于1200万元;

5.具有开展包括市场调查、广告创意、广告制作、媒体实施、广告效果测定、企业形象策划、市场营销策划等内容的整体广告策划服务能力和经营实绩;

6.企业总经理等业务负责人具有3年以上广告经营管理经验和大专以上文化学历;

7.具有大专以上文化学历人员占员工总数80%以上;

8.具有至少5个业务合作关系2年以上的固定客户;

9.为8个以上品牌提供综合代理服务;

10.为3个以上国内品牌提供过境外(包括港、澳、台地区)广告服务;

11.企业提供综合性代理服务所得营业收入占总营业收入的70%以上,纯媒介代理服务营业收入和其他营业收入低于总营业收入的30%;

12.企业至少在平面、广播、影视、户外广告媒体中的3种媒体为客户提供过广告设计、制作、代理发布服务;

13.具有跨省开展促销、公关等广告经营活动的能力和实绩；

14.创作发布过在全国或国际性广告作品评比中获奖作品；

15.中外合资、合作广告企业，至少应为5个以上国内企业（不包括各类外商投资企业）提供过境外（包括港、澳、台地区）广告服务；

16.广告经营资格连续二年以上检查合格；

17.具有为公益事业做出贡献的实绩。

二级企业标准

1.企业成立时间3年以上，企业成立以来资产得到增值，企业利润率高于行业平均水平；

2.注册资本不低于200万元；

3.广告专业设备净值100万元以上；

4.广告年营业收入不低于800万元；

5.具有开展包括市场调查、广告创意、广告制作、媒体实施、广告效果测定、企业形象策划、市场营销策划等内容的整体广告策划服务能力和经营实绩；

6.企业总经理等业务负责人具有3年以上广告经营管理经验和大专以上文化学历；

7.具有大专以上文化学历人员占员工总数70%以上；

8.具有至少3个业务合作关系2年以上的固定客户；

9.为5个以上品牌提供综合代理服务；

10.为国内品牌提供过境外（包括港、澳、台地区）广告服务；

11.企业提供综合性代理服务所得营业收入占总营业收入的70%以上，纯媒介代理服务营业收入和其它营业收入低于总营业收入的30%；

12.企业至少在平面、广播、影视、户外广告媒体中的3种媒体为客户提供广告设计、制作、代理发布服务；

13.具有跨省开展促销、公关等广告经营活动的能力和实绩；

14.创作发布过在全国或国际性广告作品评比中获奖作品；

15.中外合资、合作广告企业，至少应为3个以上国内企业（不包括各类外商投资企业）提供过境外（包括港、澳、台地区）广告服务；

16.广告经营资格连续二年以上检查合格；

17.具有为公益事业做出贡献的实绩。

三级企业标准

1.企业成立时间2年以上，企业成立以来资产得到增值，企业利润率高于行业平均水平；

2.注册资本不低于100万元；

3.广告专业设备净值50万元以上；

4.广告年营业收入不低于400万元；

5.具有开展包括市场调查、广告创意、广告制作、媒体实施、广告效果测定等内容的广告策划服务能力和经营实绩；

6.企业总经理等业务负责人具有2年以上广告经营管理经验和大专以上文化学历；

7.具有大专以上文化学历人员占员工总数60%以上；

8.具有至少2个业务合作关系2年以上的固定客户；

9.为3个以上品牌提供综合代理服务；

10.企业提供综合性代理服务所得营业收入占总营业收入的70%以上，纯媒介代理服务营业收入和其它营业收入低于总营业收入的30%；

11.企业至少在平面、广播、影视、户外广告媒体中的2种媒体为客户提供广告设计、制作、代理发布服务；

12.中外合资、合作广告企业，为国内企业（不包括各类外商投资企业）提供过境外（包括港、澳、台地区）广告服务；

13.广告经营资格连续二年以上检查合格；

14.具有为公益事业做出贡献的实绩。

附件二

广告制作企业资质等级标准（试行）

一级企业标准

1.企业成立时间3年以上，企业成立以来资产得到增值，企业利润率高于行业平均水平；

2.注册资本不低于400万元；

3.广告设计、制作设备净值500万元以上；

4.广告年营业收入600万元以上；

5.具有与制作影视广告、广播广告、平面广告、户外广告相适应的专业技术人员、专业技术设备、专业工作场地，其中专业技术人员占员工总数比例50%以上；

6.企业年制作广告作品50件以上；

7.企业年制作国际品牌广告作品占总作品比例10%以上；

8.企业总经理等业务负责人具有3年以上广告经营管理经验和大专以上文化学历；

9.具有大专文化学历人员占员工总数比例80%以上；

10.企业设计、制作过8件以上在全国或国际广告作品评比中获奖作品；

11.广告经营资格连续二年检查合格；

12.具有为公益事业作出贡献的实绩。

二级企业标准

1.企业成立时间3年以上，企业成立以来资产得到增值，企业利润率高于行业平均水平；

2.注册资本不低于200万元；

3.广告设计、制作设备净值300万元以上；

4.广告年营业收入400万元以上；

5.具有与制作影视广告、广播广告、平面广告、户外广告相适应的专业技术人员、专业技术

设备、专业工作场地,其中专业技术人员占员工总数比例50%以上;

6.企业年制作广告作品30件以上;

7.企业年制作国际品牌广告作品占总作品比例10%以上;

8.企业总经理等业务负责人具有2年以上广告制作经验和大专以上文化学历;

9.具有大专文化学历人员占员工总数70%以上;

10.企业设计、制作过5件以上在全国或国际广告作品评比中获奖作品;

11.广告经营资格连续二年检查合格;

12.具有为公益事业作出贡献的实绩。

三级企业标准

1.企业成立时间2年以上,企业成立以来资产得到增值,企业利润率高于行业平均水平;

2.注册资本不低于100万元;

3.广告设计、制作设备净值200万元以上;

4.广告年营业收入200万元以上;

5.具有与制作影视广告、广播广告、平面广告、户外广告相适应的专业技术人员、专业技术设备、专业工作场地,其中专业技术人员占员工总数比例50%以上;

6.企业年制作广告作品20件以上;

7.企业为国际品牌设计、制作过广告作品;

8.企业总经理等业务负责人具有二年以上广告制作经验和大专以上文化学历;

9.具有大专文化学历人员占员工总数比例60%以上;

10.企业设计、制作过3件以上在全国或国际广告作品评比中获奖作品;

11.广告经营资格连续二年检查合格;

12.具有为公益事业作出贡献的实绩。

中华人民共和国国家工商行政管理局令

第81号

《店堂广告管理暂行办法》已经国家工商行政管理局局务会议审议通过,现予公布,自1998年3月1日起施行。

局长:王众孚

1997年12月31日

店堂广告管理暂行办法

第一条 为加强店堂广告管理,规范店堂广告,依据《中华人民共和国广告法》、《广告管理条例》,制定本办法。

第二条 本办法所称店堂广告,是指利用店堂空间、设施发布的广告及在店堂建筑物控制地带发布的店堂牌匾广告。

本办法所称店堂包括:

(一)商场(店)、药店、医疗服务机构;

(二)体育场(馆);

(三)各类等候室、休息室、会议室、阅览室、展览厅(室);

(四)影剧院、歌舞厅等娱乐场所;

(五)宾馆、饭店、酒吧等营业场所;

(六)地铁车站、地下停车场;

(七)铁路、民航售票厅及营业厅;

(八)邮电、金融、证券等营业厅;

(九)各类游乐场所;

(十)其他店堂。

本办法所称店堂管理者,是指具有店堂经营管理权或者被授权负责店堂日常经营管理的法人、其他组织或者个人。

第三条 店堂广告必须真实、合法,符合社会主义精神文明建设的要求。

第四条 店堂管理者应当对店堂广告履行下列义务:

(一)指定专人管理店堂广告。

(二)负责店堂广告的合理规划,督促广告主、广告经营者、广告发布者保证店堂广告的清洁、美观、安全。

(三)负责建立、管理本店堂广告档案。店堂广告档案应当包括广告主、广告经营者、广告发布者名称,广告形式、位置、数量,广告样件,发布日期等内容。

(四)负责将广告样件送当地工商行政管理机关备案。备案的具体办法由当地县级以上工商行政管理机关制定。

第五条 为推销商品、服务,在店堂建筑物控制地带自行设立的店堂牌匾广告(仅以企业登记核准名称为内容的标牌、匾额除外),应当向当地工商行政管理机关办理登记,同时提交下列证明文件:

(一)营业执照或者其他关于法定主体资格的证明文件;

(二)含有广告发布地点、形式的申请报告;

(三)广告样件;

(四)广告管理法规规定应当提交的其他证明文件。

工商行政管理机关应当在申请人提交的证明文件齐备后予以受理,并在10个工作日内做出批准或者不予批准的决定。对批准设立的店堂牌匾广告核发《店堂牌匾广告发布登记证》。

各类店堂牌匾广告,属于当地人民政府户外设置规划范围,设置地点依法律、法规须经政府有关部门批准的，应当按照户外广告予以管理，可不再进行店堂牌匾广告登记。

第六条 店堂管理者从事店堂广告经营，应当设立广告经营机构，依法取得广告经营资格。

第七条 店堂管理者申请办理《广告经营许可证》时，应当提交下列证明文件：

（一）营业执照或者其他关于法定主体资格的证明文件；

（二）申请报告；

（三）广告经营机构负责人、广告审查人员名单；

（四）广告经营管理制度；

（五）广告管理法规规定应当提交的其他证明文件。

第八条 在国家禁止范围以外的店堂发布烟草广告，必须经省级以上广告监督管理机关或者其授权的省辖市广告监督管理机关批准。

第九条 在店堂举办的展览、展销、模特表演和体育、文化活动等涉及广告经营的，依照《临时性广告经营管理办法》管理。

第十条 店堂内发布印刷品广告、显示屏广告，分别依照《印刷品广告管理暂行办法》、《广告显示屏管理办法》管理。

第十一条 店堂广告的经营者、发布者，应当负责查验广告证明，核实广告内容，对证明不全或者内容不实的广告不得发布。

第十二条 店堂广告的设计和制作，应当符合国家有关质量技术标准，与店堂环境相协调，不得粗制滥造。店堂广告使用文字、汉语拼音、计量单位等，应当符合国家有关规定，书写规范、准确。

第十三条 县级以上工商行政管理机关及其派出机构，负责对店堂广告进行监督管理。

第十四条 违反本办法第四条规定的，应当予以警告，责令其限期改正，可以并处 1 万元以下的罚款。

第十五条 违反本办法第五条第一款规定的，依照《广告管理条例施行细则》第二十八条予以处罚。

第十六条 违反本办法第八条规定的，依照《烟草广告管理暂行办法》第十二条予以处罚。

第十七条 违反本办法第十二条规定的，应当责令其限期改正，逾期仍未改正的，可以处以一万元以下罚款。

第十八条 违反本办法其他规定的，依照《广告法》、《广告管理条例》、《广告管理条例施行细则》等法律、法规、规章的有关规定处罚。

第十九条 对具有固定场地设施的各类交易市场发布的广告的管理，参照本办法执行。

第二十条 本办法由国家工商行政管理局负责解释。

第二十一条 本办法自 1998 年 3 月 1 日起施行。

1998 年

关于切实加强邮寄印刷品广告管理的通知

各省、自治区、直辖市及计划单列市工商行政管理局：

近一时期，一些单位未经许可，擅自将印刷品广告邮寄给企业和消费者，妨碍了企业生产和居民生活，产生了不良影响。为切实加强对邮寄印刷品广告的管理，保护企业和消费者的合法权益，特作如下通知：

一、邮寄印刷品广告，必须经工商行政管理机关登记，未经登记不得发布。

二、印刷品广告邮寄给企业的，如果企业复函不需要，应当立即停止邮寄。

三、印刷品广告邮寄给消费者个人的，应当事先征得消费者个人的书面同意，未经同意，不得邮寄。

四、印刷品广告内容涉及烟草、酒类内容的，邮寄对象不得涉及未成年人。

五、违反本通知第一项内容的，依照《印刷品广告管理暂行办法》第二十一条处罚；违反本通知第二、三项内容的，依照《印刷品广告管理暂行办法》第十九条处罚；违反本通知第四项内容的，依照《广告法》第三十九条规定处罚。

请速将本通知传达至各广告经营单位。

1998 年 1 月 13 日

关于在收费栏目中发布介绍、推销商品信息是否应认定为广告问题的答复

江苏省工商行政管理局：

你局《关于在收费栏目中发布介绍、推销商品信息是否应认定为广告的请示》（苏工商广[1997]218 号）收悉。经研究，答复如下：

新闻媒介以介绍、推销商品、服务为目的的收费栏目，属于广告栏目，应当具有广告标记。在此类栏目中发布的介绍、推销商品和服务的信息，媒介因种种原因免收广告费，或者协议采用其他方式回报补偿的，也应认定为广告。

1998 年 1 月 13 日

中华人民共和国国家工商行政管理局令

第 84 号

《广告语言文字管理暂行规定》已经国家工商行政管理局局务会议审议通过，现予公布，自 1998 年 3 月 1 日起施行。

局长　王众孚

1998 年 1 月 15 日

广告语言文字管理暂行规定

第一条　为促进广告语言文字使用的规范化、标准化，保证广告语言文字表述清晰、准确、完整，避免误导消费者，根据《中华人民共和国广告法》和国家有关法律、法规，制定本规定。

第二条　凡在中华人民共和国境内发布的广告中使用的语言文字，均适用本规定。

本规定中所称的语言文字，是指普通话和规范汉字、国家批准通用的少数民族语言文字，以及在中华人民共和国境内使用的外国语言文字。

第三条　广告使用的语言文字，用语应当清晰、准确，用字应当规范、标准。

第四条　广告使用的语言文字应当符合社会主义精神文明建设的要求，不得含有不良文化内容。

第五条　广告用语用字应当使用普通话和规范汉字。

根据国家规定，广播电台、电视台可以使用方言播音的节目，其广告中可以使用方言；广播电台、电视台使用少数民族语言播音的节目，其广告应当使用少数民族语言文字。

在民族自治地方，广告用语用字参照《民族自治地方语言文字单行条例》执行。

第六条　广告中不得单独使用汉语拼音。广告中如需使用汉语拼音时，应当正确、规范，并与规范汉字同时使用。

第七条　广告中数字、标点符号的用法和计量单位等，应当符合国家标准和有关规定。

第八条　广告中不得单独使用外国语言文字。

广告中如因特殊需要配合使用外国语言文字时，应当采用以普通话和规范汉字为主、外国语言文字为辅的形式，不得在同一广告语句中夹杂使用外国语言文字。广告中的外国语言文字所表达的意思，与中文意思不一致的，以中文意思为准。

第九条　在下列情况下，广告中使用的外国语言文字不适用第八条规定：

（一）商品、服务通用名称，已注册的商标，经国家有关部门认可的国际通用标志、专业技术标准等；

(二)经国家有关部门批准,以外国语言文字为主的媒介中的广告所使用的外国语言文字。

第十条 广告用语用字,不得出现下列情形:

(一)使用错别字;

(二)违反国家法律、法规规定使用繁体字;

(三)使用国家已废止的异体字和简化字;

(四)使用国家已废止的印刷字形;

(五)其他不规范使用的语言文字。

第十一条 广告中成语的使用必须符合国家有关规定,不得引起误导,对社会造成不良影响。

第十二条 广告中出现的注册商标定型字、文物古迹中原有的文字以及经国家有关部门认可的企业字号用字等,不适用本规定第十条规定,但应当与原形一致,不得引起误导。

第十三条 广告中因创意等需要使用的手书体字、美术字、变体字、古文字,应当易于辨认,不得引起误导。

第十四条 违反本规定第四条的,由广告监督管理机关责令停止发布广告,对负有责任的广告主、广告经营者、广告发布者可以处以3万元以下罚款。

第十五条 违反本规定其他条款的,由广告监督管理机关责令限期改正,逾期未能改正的,对负有责任的广告主、广告经营者、广告发布者处以1万元以下罚款。

第十六条 本规定自1998年3月1日起施行。

关于《广告法》执行中有关问题的答复

湖北省工商行政管理局:

你局《关于〈广告法〉执行中有关问题的请示》(鄂工商字[1997]第127号)收悉。经研究,答复如下:

一、《广告法》第二十七条中的"核实广告内容",是指广告经营者、广告发布者在依据法律、行政法规查验有关证明文件以外,履行核实广告内容的义务,并承担相应的责任,以确保广告内容真实、合法。

二、《广告法》第三十八条中"不能提供广告主真实名称、地址"的认定,是确定民事责任的前提条件,在一般情况下,仅适用于司法机关的民事裁决,不作为行政处罚的依据。

1998年1月20日

关于加强专利广告出证管理的通知

各省、自治区、直辖市及计划单列市工商行政管理局:

根据我国现行专利制度,仅凭中国专利局颁发的《专利证书》,还难以确认专利权现有的法律状况。因此,为加强对专利广告的监督管理,杜绝虚假违法专利广告,维护消费者合法权益,现就专利广告出证的有关问题通知如下：

一、广告主发布专利广告，应当具有或者提供专利出证机关出具的该专利权有效的证明。

二、专利广告的出证机关是中国专利局和中国专利局授权的各省、自治区、直辖市、计划单列市以及武汉、长春、西安、广州、哈尔滨、沈阳、成都、南京市专利管理局。

专利广告出证机关所出具的证明文件在全国范围内有效。

三、依据中国专利局专利登记簿出具的《专利广告证明》，是专利广告的有效证明文件。

在《专利广告证明》有效期内，专利权发生变化的，《专利广告证明》持有人应当及时到专利出证机关办理变更手续。

四、广告中涉及境外专利的，该专利的有关文件应当经过中国专利局认可并由中国专利局出具《专利广告证明》。

五、广告中涉及外国人持有中国专利的，应由中国专利局出具《专利广告证明》。

六、广告中涉及专利推广、专利转让交易活动的，如专利展览会，专利信息发布会等，应具有中国专利局或其授权的专利管理机关批准其举办该活动的证明文件。

七、广告主自行或者委托他人设计、制作、发布专利广告，应当依据本通知要求，具有或者提供真实、合法、有效的专利证明文件；广告经营者、广告发布者应当依法查验专利证明文件，对不具有专利证明文件的广告，广告经营者不得提供设计、制作、代理服务，广告发布者不得发布 。

附件：《专利广告证明》式样

1998年2月27日

专利广告证明

NO.

根据————————————————————核验

本专利合法有效。

专利名称	
专利类型	
专利号	
专利权人	
被许可方	
许可备案号	
有效日期	年　月　日之前
备注	
	（出证机关印章） 年　月　日

说明：1.本证明中如为中国专利，则填写根据中国专利局专利登记簿核验；如为境外专利，则填写根据××国家(地区)专利局核验。

2.本证明的有效期根据《中华人民共和国专利法》及有关国家(地区)专利法的规定确认。

关于《户外广告登记管理规定》有关问题的答复

大连市工商行政管理局：

你局关于《户外广告登记管理规定》有关问题的请示收悉。经研究，答复如下：

一、个体工商户、城乡居民个人张贴各类招贴广告，依照《户外广告登记管理规定》第十六条的规定，应当在县(区)工商行政管理机关专门设置的公共广告栏内张贴，并到设置地工商行政管理所办理简易登记手续。

二、个体工商户、城乡居民个人发布店堂牌匾广告，依照《店堂广告管理暂行办法》执行。

三、个体工商户、城乡居民个人发布印刷品广告，依照《印刷品广告管理暂行办法》执行。

四、除上述情况外，按照《户外广告登记管理规定》第五条及广告经营资格管理的有关规定，个体工商户、城乡居民个人不具备户外广告登记的条件，如个体工商户、城乡居民个人未按规定，自行发布了其他形式的户外广告，工商行政管理机关可依照《广告管理条例施行细则》第二十八条规定予以处罚。

1998年3月13日

关于开展公益广告活动的通知

各省、自治区、直辖市及计划单列市工商行政管理局：

国家工商行政管理局于1996年、1997年在全国范围内开展的主题公益广告月活动，有效地引导了公益广告事业的发展，发挥了广告在社会教育、文化传播等社会主义精神文明建设方面的积极作用，在社会上引起了极大的反响，得到了全社会的支持和参与。1998年，各级工商行政管理机关要进一步组织广大广告主、广告经营者、广告发布者继续开展公益广告活动，充分发挥广告在社会主义物质文明和精神文明建设中的积极作用，树立广告界的良好形象。为了调动社会各界参与公益广告活动的积极性，拓展广告创意思路，深入开展公益广告活动，1998年，国家工商行政管理局不再组织主题公益广告月活动，各类主题的公益广告都可以参加年度公益广告政府奖的评选。现就有关工作意见通知如下：

一、1998年，各级工商行政管理机关要把开展公益广告活动，作为贯彻党的十五大精神和工商形象建设的一件大事来抓，高度重视，广泛宣传，做好监督指导工作。

二、要按照两手抓，两手都要硬的方针，将公益广告活动作为一项重要的日常工作，常抓不懈，使此项工作逐步长期化、法制化。

三、各地工商行政管理机关要在党委宣传部门的指导下，加强对公益广告内容政治、思想导向的监督管理，避免某些消极思想倾向对公益广告产生不良影响。为了使公益广告内容导向更符合当地实际情况，各地可以倡导一些针对性较强的主题，增强本地公益广告活动的声势和宣传力度。

四、要动员有实力的广告主、广告经营者、广告发布者，积极出资、制作、发布公益广告。在新闻媒介的黄金时间或版面，要有公益广告；在城市的繁华地段或主要交通要道，要有一定比例的户外公益广告。工商行政管理机关要对媒介单位执行中宣部、国家工商行政管理局、原广播电影电视部、新闻出版署《关于做好公益广告宣传的通知》(工商广字[1997]第 211 号)情况及时进行检查。公益广告活动情况要作为评定广告企业资质等级的重要指标。

五、在公益广告活动中，各地可以做一些有益的探索，建立公益广告良性循环机制。同时要注意掌握好有关政策界限。有些地方进行公益广告作品冠名权拍卖，其收入一定要用于公益广告事业，不得以赢利为目的或挪作他用。要严格区分公益广告和商业广告的界限，防止公益广告成为变相的商业广告。

六、国家工商行政管理局继续组织公益广告活动政府奖评定工作，对优秀公益广告作品和表现突出的单位和个人予以奖励和表彰，表彰大会定于 1998 年 11 月召开。请各地组织好本地区公益广告活动评奖工作，并于 1998 年 9 月 30 日之前，将本地的优秀公益广告作品、先进单位和先进个人事迹材料报送国家工商行政管理局。

七、1998 年公益广告政府奖设立以下几个奖项：公益广告作品政府奖金奖、银奖、铜奖及政府奖四个等级；先进单位或先进个人奖(不含工商行政管理系统单位或个人)。对于获奖作品的创作单位和出资单位，分别进行表彰；对于获奖作品的主创人员，采用适当形式予以鼓励。

八、工商行政管理机关在公益广告活动中的工作情况，作为广告监督管理工作评选先进的一个重要指标。请各地接到本通知后，认真组织本地广告主、广告经营者、广告发布者开展公益广告活动。

1998 年 4 月 7 日

关于对印刷品广告进行一次重点检查的通知

各省、自治区、直辖市及计划单列市工商行政管理局：

自国家工商行政管理局制定发布《印刷品广告管理暂行办法》(国家工商行政管理局令第 68 号，以下简称《办法》)以来，各地工商行政管理机关加强了对印刷品广告的监督管理，组织力量多次对违法印刷品广告活动进行了查处，使混乱无序的印刷品广告市场秩序初步得到治理。但由于印刷品广告内容涉及面广，发布量大、范围广，流动性强等因素，虽经多次治理，但在部分地区印刷品违法广告问题仍比较突出。主要表现在：未向广告监督管理机关登记就乱张贴、乱散发印刷品广告的现象大量存在，有的广告内容严重违法，尤其是一些邮寄印刷品，甚至出现大量"黄色"和有淫秽内容的广告，严重影响了广告市场秩序和社会主义精神文明建设，干扰了社会生活秩序，引起群众强烈不满。为进一步规范印刷品广告市场秩序，巩固前一阶段治理印刷品广告市场的成果，决定在全国范围内对印刷品广告开展一次重点检查活动。现就有关事项通知如下：

一、各地应根据本地区贯彻执行《办法》的情况，确定需要进行重点检查的问题、对象、地区，采取行之有效的办法和措施，于近期内集中力量进行一次重点检查。

二、在检查活动中，要进一步加大对《办法》及其他有关法规规章的宣传力度，采取有效措施对广告主和广大人民群众进行广泛宣传，使广告主能够知法守法，使广大人民群众进一步提高识别、分辨、抵制、监督违法印刷品广告的能力。

三、加大查处力度。对内容虚假，宣传“黄色”、淫秽等内容的广告，要从严从重予以处罚。对典型案件，要通过新闻媒介予以曝光，以扩大此次检查活动的影响，震慑广告违法活动。

四、各地要通过此次检查活动，进一步研究探索有效管理印刷品广告的办法，制定相应的管理措施。为进一步做好印刷品广告登记管理工作根据《办法》第七条规定，跨省发布的非固定形式印刷品广告，由广告主所在地省级工商行政管理机关负责登记和发布的备案管理工作。

各地要充分认识此次开展印刷品广告重点检查工作对维护广告市场秩序和促进“两个文明”建设的重大意义，切实加强领导，认真组织，采取有效措施，把工作落到实处，力争通过此次检查，使印刷品广告市场秩序得到明显好转。各地应于 9 月中旬前完成此次检查工作，并于 9 月 30 日前将检查情况总结报送国家工商行政管理局广告监督管理司。

1998 年 5 月 29 日

大　事　记

1997年广告界大事记

▲1月7日，国家工商行政管理局下发《关于对酒类广告发布情况进行检查的通知》，要求在全国范围内对酒类广告发布情况进行一次检查。

▲1月9日，国家工商行政管理局广告监督管理司印发《1997年广告监督管理工作要点》。

▲1月9日，国家工商行政管理局广告监督管理司下发《关于停止发布和查处兰贵人化妆品违法广告的通知》。

▲1月16日，中国广告协会向会员单位发出了《关于开展"争创广告行业精神文明先进单位"活动的公告》。

▲1月25日，由中国广告协会主办，中国报业协会广告委员会、中国广告协会报纸委员会承办的'97首都广告界新春联谊会在北京人民大会堂举行。全国人大常委会副委员长、中国广告协会名誉会长陈慕华，中国广告协会会长杨培青，人民日报社副社长、中国报业协会主席许中田，国家工商行政管理局副局长惠鲁生以及中央人民广播电台，全国妇联，全国工商联的领导出席了会议。陈慕华同志在新春祝词中指出："近期酒的广告很突出，喝酒的风气很盛，因喝酒误事的大有人在"，"我主张不吸烟，不喝酒或少喝酒，于国、于民、于己都有好处"，"广告与新闻要划清界限，不要搞有偿新闻"。参加此次联谊活动的还有：中国广告协会顾问、副会长以及各专业委员会的负责人、在京各媒体、广告公司、广告主的负责人、各新闻单位的记者等约220人。

联谊会上还宣读了中国广告协会关于开展"争创广告行业精神文明先进单位"活动的公告。

▲1月25日，中国广告协会电视委员会为了落实党中央全面加强社会主义精神文明建设的精神，促进广告业的健康发展，特向全体会员发出争当社会主义精神文明建设先进单位的倡议书。

▲1月30日，国家工商行政管理局转发《中国广告协会〈关于开展"争创广告行业精神文明先进单位"活动方案〉及〈广告宣传精神文明自律规则〉的通知》。

▲1月31日，桂林梅高广告策划公司选送的为桂林天和制药厂制做的《天和骨通》广告营销企划案，获得了美国"纽约节"组织主办的96年度AME国际大奖赛医药保健类的银奖。这是中国广告作品在国际著名广告节上所获得的最高奖项。

▲2月20日，中国广告协会会长杨培青、中国对外经济贸易广告协会会长齐中堂举行会

谈,确定后者以团体会员的身分加入前者。参加会谈的还有国家工商行政管理局广告司司长郑和平、中国广告协会副会长兼秘书长吴德裕、中国对外贸易经济合作企业协会常务副会长张利、中国对外贸易广告协会副会长何长林等。

▲2月27日,国家工商行政管理局下发《关于制止调查采访形式广告的通知》。

▲3月4日,国家工商行政管理局下发《关于推荐广告作品参加国际评比及展示等活动有关问题的通知》。通知规定,国家工商行政管理局委托中国广告协会统一负责向国际性的广告评比、展示活动推荐中国广告作品。

▲3月5日,国家工商行政管理局下发《关于在全国范围内开展广告经营资格集中检查的通知》。

▲3月10日,中国广告协会、中国对外经济贸易广告协会发出联合公告:为适应中国广告事业发展的需要,两会决定正式联手,优势互补,共同发展。为了统一对外加强领导,中国对外经济贸易广告协会作为团体会员加入中国广告协会,并推荐一名副会长兼任中国广告协会副会长。

▲3月21日,国家工商行政管理局作出《关于户外广告监督管理有关问题的答复》。

▲3月25日,国家工商行政管理局作出《关于对制售"地主家酒"行为如何定性的答复》。

▲4月1日,IAA理事长诺曼维尔致函IAA中国分会副会长吴德裕,确认"IAA中国分会是IAA证书考试在中国的唯一考试中心和考试管理部门,任何没有中国分会会长签名的考试报名是无效的。"

▲4月8日,民航总局决定在全国45个大中型机场设置大型公益广告牌。通过精神文明宣传,在中外旅客中塑造中国民航的良好形象。

▲4月11日,国家工商行政管理局下发《关于开展"自强创辉煌"主题公益广告月活动的通知》。

▲4月17日,由厦门市委宣传部和市工商局主办、市广告协会承办的"向不文明行为告别"公益广告宣传月活动全面开展起来。活动的内容包括:公益广告设计大赛、公益广告设施发布拍卖、大型交响乐团音乐会、设立公益广告奖励基金等。

▲4月18日,中国广告协会选送19件作品参加第44届国际广告节的评选。

▲4月25日,中国广告协会四届五次执行理事会在京举行。会议讨论、修改并原则通过了"变更和增补理事、执行理事、副会长","接纳新会员"的议案。

▲4月25日,天津市广告协会在市干部俱乐部举办了《天津市'97广告人才交流洽谈会》。这是中国第一次举办的省(市)级广告人才交流会。

▲4月29日,国家工商行政管理局广告监督管理司作出《关于信息市场报社异地经营广告查处问题的答复》。

▲4月30日,国家工商行政管理局发出《关于加强对含有宗教内容广告管理的通知》。

▲5月5日,国家工商行政管理局作出《关于房地产广告中承诺为入住者办理户口问题的答复》。

▲5月17—18日,由中国广告协会会员部和广告公司委员会组织的国有广告企业改革与发展座谈会在青岛召开。出席会议的有全国12家大型国有广告企业的总经理、中国广告协会广告公司委员会和会员部的负责人,以及广告管理部门和特邀新闻单位的代表等22人。与会代表交流了各公司的经营情况,并就当前国有广告企业在改革与发展中遇到的问题和相应的对策展开了热烈的讨论。

▲5月20日,国家工商行政管理局作出《关于食品广告、房地产广告管理有关问题的答复》。

▲5月21日,广西壮族自治区广告协会第三次会员代表大会在南宁市召开。

▲5月24—25日,全国第九届电视广告《印象奖》颁奖大会暨全国第三届电视公益广告研讨会在大连举行。

▲5月29日,国家工商行政管理局广告监督管理司下发《关于建立广告监督管理远程信息传输系统的通知》。

▲5月31日,'97沈阳(国际)广告"四新"展示会在沈阳市隆重开幕。此次展示会共展出了美国、法国、德国、日本、瑞典、瑞士、韩国以及台湾、香港地区的当今世界最先进的广告制作技术、广告材料、新媒体等400多个品种,全天参观人员近万人。

▲6月3—4日,IAA理事、中国分会会长杨培青同志出席了在荷兰首都阿姆斯特丹召开的'97 IAA理事会。来自32个国家和地区的45名理事及5名观察员出席了会议。会议期间,杨培青同志就中国分会参与IAA活动的问题,与有关人员交换了意见。

▲6月6日,国家工商行政管理局广告监督管理司作出《关于〈印刷品广告管理暂行办法〉有关问题的答复》。

▲6月13—16日,中国广告协会广告公司委员会第五届优秀广告作品评选活动在黑龙江省哈尔滨市举行。从此次评选活动可以看出,近两年来,广告公司的作品的创意和制作水准有较大提高。

▲6月10—27日,中国电视广告代表团一行20人赴美进行电视广告业务培训和考察。

▲6月22日,以中国广告协会贾玉斌副秘书长为团长的中国广告代表团一行49人,赴法国参加第44届嘎纳国际广告节。第44届嘎纳国际广告节共有65个国家和地区的6000多名代表参加,共有6651件平面作品和4500件影视作品参赛。212件作品获奖。来自中国的参赛作品共有44件。

▲6月27日,国家工商行政管理局下发《关于进一步加强药品广告审查和监督管理的通知》。

▲7月7日,为了向我国报纸行业长期从事广告业务工作的同志表达敬意,激励更多的报业广告人敬业爱岗,为两个文明建设和中国报业发展忠诚奉献,中国广告协会报委会和中报协广告委员会首次向479名从事报纸广告工作10年以上的同志颁发了中国报业广告贡献纪念章。

▲7月7—8日,中国广告协会团体委员会一届三次会议在内蒙古自治区首府呼和浩特市召开。会议就地方广告协会的职能定位和作用问题,政务和事务的关系问题,进行了有深度的交流和探讨。

▲7月9日,国家工商行政管理局下发《关于对医疗广告进行检查的通知》。通知要求各地广告监督管理机关从7月中旬到10月底,对1997年发布的各类医疗广告集中检查。在这次检查中,全国共检查广告经营单位1.1万余家,检查医疗广告15.3万条,查处违法医疗广告9000余条,收缴、销毁违法医疗广告印刷品230余万张。

▲7月11日,国家工商行政管理局下发《关于对部分电视台发布酒类广告进行重点监督管理的通知》。

▲7月20日,'97第一批中国广告人才培训一行27人离京赴美。培训团在旧金山、纽约和华盛顿等城市进行了为期28天的专业培训和考察。

▲7月22—26日，中国广告协会公交委员会在大连市召开'97公交广告研讨会。参加此次研讨会的有46个城市的63个公交广告企业130多人。这次会议收到论文6篇。有4个单位介绍了经验。

▲7月31日—8月3日，中国广告协会副会长兼秘书长、IAA中国分会副会长吴德裕以六个发起国之一的代表的身分，出席了在泰国举行的亚太广告节筹划指导委员会会议。会议就1998年举行的首届亚太广告节的准备工作以及一系列有关事宜进行了充分的讨论，并确定1998年3月4—7日在泰国的清迈市举行首届亚太广告节。

▲8月4日，国家工商行政管理局作出《关于取消未通过广告经营资格检查的广告经营单位广告经营资格问题的答复》。

▲8月8日，国家工商行政管理局作出《关于以专题报道、经济信息等形式对商品、服务作宣传是否依广告管理法规进行管理问题的答复》。

▲8月8日，国家工商行政管理局作出《关于"极品"两字在广告中是否属于"最高级""最佳"等用语问题的答复》。

▲8月11日，国家工商行政管理局下发《关于做好公益广告宣传的通知》。

▲8月15—18日，由中国广告协会电视委员会主办、贵州电视台承办的'97全国省级电视台广告年会在贵阳举行。全国40多家省、市电视台的广告负责人及部分广告公司的代表160余人参加了会议。会议的主要议题：研究当前电视媒体广告管理中存在的问题；探讨电视媒体广告如何在两个文明建设中更好地发挥作用。

▲8月18日至21日，国家工商行政管理局广告监督管理司在成都召开全国广告执法办案座谈会，交流各地广告监督管理执法办案经验体会及具体做法。国家工商行政管理局副局长惠鲁生到会并作重要讲话。各地交流广告执法办案经验材料87件。

▲8月25日，中国广告协会广告主委员会在广州市成立。上海家化有限公司当选为执行主任单位。广告主委员会的主要任务是，提供信息服务；培训广告主市场、信息和广告部门的工作人员；协调与广告公司、媒介单位的关系；维护广告主的正当权益。

▲8月26—29日，由广州市政府主办的，中国（广州）广告节及由中国广告协会主办的第五届全国优秀广告作品展在广州市举行。这次活动的主要内容有：第五届全国优秀广告作品展；《跨世纪的中国广告业》专题讲座；广告业绩展；广告新技术、新材料、新设备和新媒体展；卫星电视媒介展；港、澳、台地区及新加坡的优秀广告作品展；广州市花车巡游等。

▲9月3日，中国广告协会会长杨培青和上海市工商行政管理局局长兼上海市广告协会会长甘忠泽代表中国广告协会和上海市广告协会，首次将标志着广告人最高荣誉的奖牌——"广告人终身成就奖"授予了被誉为"中国广告第一人"的徐百益老先生。

▲9月7日，国家工商行政管理局发出《关于对医疗广告进行检查的通知》。

▲9月16日，国家工商行政管理局下发《关于立即停止发布含有"第一品牌"等内容广告的通知》。

▲10月15日，国家工商行政管理局印发《关于认定广告内容真实性有关问题的函》。

▲10月16日—18日，中国广告协会广告公司委员会霓虹技术协作会一届四次会员大会在上海召开。来自全国霓虹行业的会员及同行250余人参加会议。

▲11月1—8日，中国广告协会公交委员会在广西壮族自治区的桂林市召开'97年会，全国64个城市70多个会员单位120多人出席了这次会议。

▲11月3日，国家工商行政管理局发布《广告经营资格检查办法》第78号局长令。

▲11月18日至24日，国家工商行政管理局广告监督管理司在北京举办广告监督管理培训班，对各地广告监督管理人员进行广告法规培训。参加培训的人员有，省级工商行政管理局广告监督管理处处级领导、地市工商行政管理局分管局长、省会市及较大市工商行政管理局广告处长、工商行政管理学校教员。

▲11月18日—12月23日期间，为使国内众多广告人一睹世界最高创意制作水平的广告作品，获得一次学习借鉴的机会，贯彻中国广告协会为广告行业服务的精神，中国广告协会学术培训部和《现代广告》杂志编辑部在武汉、无锡、重庆、乌鲁木齐、昆明等城市策划实施了第44届嘎纳广告节获奖作品巡回展示活动。

▲11月25日，福建省广告协会及省艺术（广告）专业技术职务评审委员会对该省广告系统从业人员进行首批专业技术职务评审。开展广告专业技术职务评审，是培养广告人才的一项重要措施，也是省广告协会为全省广告界服务的一项具体措施。

▲11月30日，国家工商行政管理局广告监督管理司印发《关于广告经营资格检查情况通报》。

▲12月4—5日，IAA中国分会在广西自治区的北海市召开年会。48名分会会员和15名当地广告界代表参加了会议。会议就中国分会1997年工作汇报及1998年工作计划进行了讨论。

▲12月9—10日，由中国广告协会广告主、报纸、电视、广播、广告公司等专业委员会联合主办的"规范广告市场、发展中国名牌"研讨会在深圳市蛇口召开。来自全国各地的广告主、媒介、广告公司、市场及媒介监测机构的代表60多人参加了此次研讨会。与会代表主要围绕共同感兴趣的"媒介价格与广告代理"问题展开了热烈的讨论。

▲12月10日，国家工商行政管理局作出《关于化妆品广告中"使用他人名义保证"认定问题的答复》。

▲12月13日，中国广告协会四届六次执行理事会在北京召开。会议听取了吴德裕副会长兼秘书长关于中国广告协会97年度工作及98年的工作思路的汇报、贾玉斌副秘书长关于"争创广告行业精神文明先进单位"活动的开展情况的总结汇报、孙英才副秘书长关于《第五届全国广告优秀作品展》情况的汇报，审议了各项议案。

▲12月16日，国家工商行政管理局印发《广告活动道德规范》。

▲批准下列单位为中国广告协会会员：

重庆晚报社广告部、中国农业电影电视中心广告部、中国教育电视台广告部、中乔智威汤逊广告有限公司、北京东方艺术广告公司、北京中租广告有限责任公司、北京燕兴装潢广告公司、北京未来广告公司、北京红叶广告公司、北京中视影视广告公司、中航公关广告公司、中国对外贸易广州广告公司，无锡市富润广告有限公司、武汉市南山广告公司、西安华圣广告有限公司、央视调查咨询中心。

▲由于工作变动，同意：

1.甘忠泽同志（上海市广告协会会长）接替崔善江同志担任中国广告协会理事、执行理事；

2.柴浦安同志（中广协铁路委员会主任）接替石玉林同志担任中广协理事、执行理事；

3.王永林同志（上海市广告装潢公司常务副总经理、法人代表）接替潘锦富同志担任中国广告协会理事；

4.岳同生同志（河南省广告协会会长）接替王庆宗同志担任中国广告协会理事。

同意增补中广协广告主委员会执行主任周启英同志（上海家化有限公司副总经理）为中国

广告协会理事、执行理事。

▲12 月 22 日，国家工商行政管理局在北京召开全国“自强创辉煌”主题公益广告月活动和全国“争创广告业精神文明先进单位”活动总结表彰大会。在全国开展的“自强创辉煌”主题公益广告月活动中，123 件优秀公益广告作品获公益广告政府奖，其中，金奖 3 件，银奖 7 件，铜奖 10 件；有 94 家单位、72 名个人被评为先进单位或先进个人；103 家单位被命名为广告业精神文明先进单位；93 家单位得到表扬。国家工商行政管理局、广播电影电视部、新闻出版署、文化部等有关部门的领导同志出席了会议。

▲12 月 30 日，国家工商行政管理局印发《综合性广告企业资质等级标准》（试行）和《广告制作企业资质等级标准》（试行）。

▲12 月 31 日，国家工商行政管理局发布《店堂广告管理办法》第 81 号局长令。

附件 1：

广告宣传精神文明自律规则

（中国广告协会四届三次理事会议通过，并经国家工商局批准）

第一条 为加强广告行业的精神文明建设，提高各类广告的精神文明标准，根据《中国广告协会章程》总则第三条制定本规则，作为“中国广告协会自律规则”的单项规则，中国广告协会的会员应自觉遵守。

第二条 利用各种媒体和形式发布的各类广告，都应当遵守《中华人民共和国广告法》和有关政策、法规关于社会主义精神文明建设的规定，符合社会主义精神文明建设的要求。

第三条 广告作品应当体现社会主义思想道德风貌，积极倡导和反映爱祖国、爱人民、爱劳动、爱科学、爱社会主义的好风尚。广告创作应当体现下列原则：

（一）有利于引导消费者健康消费，反对奢靡；

（二）有利于弘扬中华民族精神和民族文化，增强民族自信心和自豪感；

（三）有利于普及推广科学知识，破除和反对封建迷信和伪科学；

（四）有利于促进国家各项建设事业的健康发展；

（五）有利于国家统一和民族的团结和睦。

第四条 广告应维护国家尊严和利益，不得出现下列内容：

（一）危害国家统一、主权和领土完整；

（二）丑化、影射、诽谤、侮辱我国国家领导人和著名人物；

（三）使用禁止演唱的歌曲作为背景音乐；

（四）煽动民族分裂、破坏民族团结、伤害民族感情。

第五条 广告应当体现科学、真诚、善良、不得夸大、欺骗、宣传伪科学，不得出现带有封建迷信、鬼神、算命、相面，看风水及恐怖、暴力、丑恶的内容。

第六条 广告应有利于维护社会公共秩序和树立新的社会风尚，在广告中不得出现破坏公共设施、公共环境秩序的行为，以及吸烟、酗酒、虐待老人和儿童，纵容犯罪，以强凌弱等不文明举止以至违法的行为。

第七条 广告应当体现尊重妇女,男女平等。凡涉及妇女形象的,应当展示社会主义国家女性公民的独立地位和庄重形象,不得出现下列内容:

(一)歧视、侮辱妇女、宣扬男尊女卑、伤害、排斥女性;

(二)性行为,性挑逗的描述和过分地展现性特征;

(三)具体描写、形容与性行为有关的用品、药品、滋补品的特征、功能。

第八条 广告应有利于儿童身心健康。儿童使用的产品或者儿童参加演示的广告,必须注意儿童优秀思想品德的树立和培养;广告中出现的儿童和家长形象,应表现出良好的思想道德修养,不得出现下列内容:

(一)利用儿童给家长施加压力;

(二)儿童对长辈和他人不尊重、不友善或有不文明举止;

(三)以是否拥有某种商品而使儿童产生优越感或自卑感;

(四)利用超出儿童判断力的描述,使儿童误解或变相欺骗儿童或其他消费者;

(五)表现不应由儿童单独从事的某种活动;

(六)画面出现青少年及儿童吸烟、饮酒形象。

第九条 广告要正确引导大众消费,不得出现下列内容:

(一)直接或间接宣扬享乐主义,奢靡颓废的生活方式;

(二)使用封建帝王、贵族的名称、形象以衬托产品高贵特征;

(三)诱导人们在消费中可能采取不良行为。

第十条 广告内容要体现尊重和弘扬祖国优秀传统文化,要正确使用祖国的语言文字、大力推广普通话,不得出现下列内容:

(一)广告道白用地方语言代替普通话(地区性媒介除外);

(二)贬低、丑化、否定祖国优秀传统文化;

(三)不恰当地编造谐音成语或使用文理不通的语句,引起误导;

(四)使用已被简化了的繁体字和不符合规定的各种简体字、异体字;

(五)单独使用汉语拼音而无汉字并用。

第十一条 不符合规范标准的广告用字、有下列情况之一的应被允许使用:(1)建国前书写并沿用至今的老字号牌匾用字;(2)文物古迹中原有的文字;(3)已注册商标定型字。

第十二条 广告要客观公正地宣传国内外商品,不得诱导消费者对外国商品盲目崇拜,对民族工业产品盲目贬低。

第十三条 会员单位在广告创作、设计制作过程中应自觉遵守本《规则》的规定,在发布广告前应当按照广告管理法律、法规的规定,并参照本《规则》严格审查广告内容。

第十四条 中广协各专业委员会应根据本专业实际情况,增补自律条款,并切实加强本专业的自律。

第十五条 对违反本《规则》的会员单位,中广协将视情节轻重给予批评、通报批评、除名等处分。

附件 2:

全国广告行业文明单位(排名不分先后):

报纸:

人民日报社广告部
解放日报社广告部
重庆晚报社广告部
辽宁日报社广告部
安徽日报社广告部
杭州日报社广告部
福建日报广告总公司
湖北日报社广告部
长沙晚报社广告部
四川日报社广告处
甘肃日报社发行广告处
新疆日报社广告部
北京广播电视报广告部
天津日报社广告部
内蒙古日报社广告部
长春日报社广告部
青岛日报社广告部
江西日报社广告部
河南日报社广告部
湖南日报社广告处
南宁晚报社广告部
贵州日报社广告发行部
宁夏日报社广告部

电台:

中央人民广播电台广告部
上海人民广播电台广告部
沈阳人民广播电台广告部
深圳人民广播电台广告部
北京人民广播电台广告部
重庆经济广播电台广告部
山东人民广播电台广告部
新疆人民广播电台广告部

电视台

中央电视台广告部
上海电视台广告部
保定电视台广告经济信息中心
沈阳电视台广告部
吉林市电视台广告部
黑龙江电视台广告部
苏州电视台广告部
江西电视台广告部
广西电视台广告部
贵州电视台广告部
陕西电视台广告部
北京电视台广告部
河北电视台广告信息部
辽宁电视台广告部
大连电视台广告部
长春电视台广告部
江苏有线电视台经济信息部
浙江电视台广告部
广东省电视台广告部
云南电视台广告部
宝鸡电视台广告部
青海电视台广告部

广告公司：

中国广告联合总公司
中国国际广告公司
北京国安广告公司
北京广告艺术集团
北京广告公司
上海奥美广告有限公司
上海广告有限公司
上海美术设计公司
上海市广告装潢公司
天津市广告公司
菲林广告制作有限公司
哈尔滨市广告公司
山东省国际广告公司
江苏国际广告公司
南京市广告公司
安徽金鹏国际广告有限公司
浙江省国际广告公司
福建省广告公司
厦门市广告公司
河南天明广告有限公司
湖南省国际贸易广告展览公司
广东省广告公司
广州市广告公司
深圳机场广告公司
成都市美术广告公司
云南威特国际广告有限公司
西安市美术广告总公司
北京公交广告公司
上海市公共交通广告公司
天津市公交广告公司
南京市公交广告公司
福建铁路广告公司
武汉铁路广告艺术装饰工程公司
柳州铁路局广告公司
成都铁路广告公司

全国广告宣传文明单位(排名不分先后)：

上海家化有限公司
北大方正集团公司
联想集团
北京丽源公司
北京红星酿酒集团公司
海尔集团
江苏维维集团
南京熊猫电子股份有限公司
合肥荣事达集团有限责任公司
杭州西泠集团
活力二八集团公司
康佳集团股份有限公司
丽珠医药集团股份有限公司
成都彩虹电器(集团)股份有限公司
兰州黄河企业集团公司

表扬单位(排名不分先后)：

报纸：

工人日报社广告部
光明日报社广告部
参考消息广告部
北京日报社广告部
石家庄日报信息广告部
沧州晚报广告部
鄂尔多斯电视报广告部
沈阳日报社广告部
长春晚报社广告部
哈尔滨日报社广告部
齐齐哈尔日报广告部
牡丹江日报社广告部

济南日报广告部
扬子晚报广告部
马鞍山日报社广告部
宁波日报社广告部
厦门日报社广告科
郑州晚报社广告部
信息时报广告部
珠海特区报社广告部
广西日报社广告部
西安日(晚)报广告部
青海经济报广告部
西宁晚报广告部

电视台：

吉林省电视台广告部
青岛电视广告实业总公司
湖北电视台广告部
贵阳电视台广告部
甘肃有线电视台广告经济信息部
青海有线电视台广告部
新疆电视台广告部

广告公司：

北京地铁广告公司
北京圣马广告有限公司
金马广告公司
天津盛华国际广告发展公司
天津杰臣广告有限公司
北岛国际联合(天津)有限公司
天津市通达广告公司
重庆大地广告公司
唐山市国际广告公司
大连市交通广告公司
黑龙江天问文化实业有限公司
山东宏智广告有限责任公司
无锡市敦煌广告公司
苏州亚太广告公司
安徽不夜城广告公司
安徽黑白广告公司
宁国装饰广告公司
浙江民航广告公司
浙江亚视传播有限责任公司
江西省外贸广告公司
江西方圆广告有限公司
江西明珠广告公司
庐山东方艺术广告公司
福州金狮广告有限公司
樟州市天马广告公司
福建广播电视广告总公司闽南公司
湖北省中兴广告装饰有限责任公司
河南百姓文化传播公司
湖南广播电视广告总公司
湖南省湘潭市广告装潢公司
汕头市艺术广告公司
桂林华顿广告策划公司
大西南国际经济文化传播中心
昆明市广告公司
昆明风弛广告(集团)股份有限公司
贵州省商业广告有限公司
西安正远广告公司
西安公共交通广告公司
兰州炼油化工广告装潢公司
甘肃省众望广告代理公司

广告主：

上海大昌儿童食品厂有限公司
石家庄三鹿集团股份有限公司
延边熬东药业(集团)股份有限公司
沈阳味精厂
抚顺石化公司石油一厂
吉林省通化东宝实业集团
海信集团
孔府宴酒厂

双星集团
福建东百集团股份有限公司
杭州美丽健乳品有限公司
武汉健民药业集团股份有限公司
宝洁有限公司
成都双枪皮革制品有限公司
东风汽车公司
无锡小天鹅股份有限公司
厦门奋发企业有限公司
武汉市汉商集团股份有限公司
广东健力宝集团
广州奇星药业有限公司
成都百货大楼
银川化工厂

附件 3:

国际广告界 1997 年度重大活动

△1997 年 4 月 9 日—11 日
美国广告公司协会(4A)年会
地点:美国佛罗里达州顿伯利群岛
△1997 年 4 月
1.'97 网络化研讨会
2.国际广协阿联酋分会 1997 年 GCC 广告大奖赛
3.国际广协阿联酋分会半年年会,主题:第二变革的挑战
地点:阿联酋迪拜市
△1997 年 5 月 13 日—15 日
第 31 届国际期刊联合会世界大会
主题:全球市场挑战 21 世纪
地点:日本东京
△1997 年 6 月 2 日—3 日
IAA 执委会会议及 IAA 理事会会议(讨论 2000 年 IAA 大会地点事宜)
地点:阿姆斯特丹
△1997 年 6 月 4 日—6 日
第 3 届欧洲 IAA 大会
主题:2005 年与变革中的广告业驾驭难题
地点:阿姆斯特丹
△1997 年 6 月 23 日—28 日
戛纳国际广告节
地点:法国戛纳
△1997 年 9 月 23 日—25 日
第 2 届中东欧 IAA 大会
地点:基辅
△1997 年 10 月 12 日—16 日
第 3 届 IAA 非洲大会

地点：内罗毕

△1997 年 10 月 15 日—16 日

第 43 届世界广告主大会

地点：瑞士日内瓦

△1997 年 10 月

第 5 届 IAA 拉丁美洲大会

地点：巴拉圭首都亚松森

△1997 年 10 月

IAA 执委会会议

△1997 年 10 月

IAA 阿联酋分会 PARC 大会

地点：迪拜市

△1997 年 10 月 18 日—23 日

全球读者研究第 8 次专题讨论会

地点：温哥华

△1997 年 11 月 12 日—15 日

'97 亚广联大会

地点：马尼拉

△1997 年 11 月 13 日—14 日

第 5 届阿拉伯广告大奖赛

地点：阿布扎比

△1997 年 11 月 20 日—21 日

国际营销大会

主题：欧洲营销的挑战

主办：匈牙利营销协会

地点：布达佩斯

1998 年上半年广告监管司大事记

▲1 月 4 日，国家工商行政管理局广告监管司印发《关于医疗广告检查工作的情况通报》。从 1997 年 7 月中旬到 10 月底，各地广告监管机关对 1997 年发布的医疗广告进行了集中检查。全国共检查广告经营单位 1.1 万余家，检查医疗广告 15.3 万条，查处违法医疗广告 9000 余条，收缴、销毁违法医疗广告印刷品 230 余万张。

▲1 月 6 日，国家工商行政管理局广告监管司印发《1998 年广告监督管理工作要点》。

▲1 月 13 日，国家工商行政管理局下发《关于切实加强邮寄印刷品广告管理的通知》。

▲1 月 13 日，国家工商行政管理局作出《关于在收费栏目中发布介绍、推销商品信息是否认定为广告问题的答复》。

▲1 月 15 日，国家工商行政管理局发布《广告语言文字管理暂行规定》第 84 号局令。

▲1月20日，国家工商行政管理局作出《关于〈广告法〉执行中有关问题的答复》。

▲2月24日至25日，国家工商行政管理局广告监督管理司在杭州市召开部分省市工商行政管理局公益广告工作座谈会，会议总结了各地两年来开展公益广告月活动的情况，重点讨论了按照十五大精神，推动公益广告事业持续、健康发展的有关政策、措施。国家工商局广告司副司长王晋杰主持了会议，浙江省工商局副局长俞观山出席会议并讲了话。

▲2月26日至27日，国家工商行政管理局广告监督管理司在广东佛山市组织召开固定形式印刷品广告经营单位座谈会。会议主要包括三项内容：一是印刷品广告管理法规培训；二是通报固定形式印刷品广告管理有关情况；三是交流、探讨固定形式印刷品广告经营管理经验和今后固定形式印刷品广告发展方向。广告司副司长王晋杰、广东省工商局副处长郭有源、佛山市工商局副局长谢少敏参加了会议并作了讲话。

▲2月27日，国家工商行政管理局印发《关于加强专利广告出证管理的通知》。

▲3月10日，国家工商行政管理局作山《关于〈广告法〉有关条款适用范围的答复》。

▲3月12日，国家工商行政管理局作出《关于〈户外广告登记管理规定〉有关问题的答复》。

▲3月23日，国家工商行政管理局广告监督管理司司长郑和平在香港贸发局驻京办事处举办的"香港——广告创作的良伴"研讨会上，做了题为"世纪之交的广告业发展方针和政策"的演讲，从加快广告管理法制化进程、积极推进广告业改革进程、全面提高广告业服务水平、大力推进广告业社会主义精神文明建设等四个方面，阐述了我国广告业发展的政策和措施。

▲4月7日，国家工商行政管理局发出《关于开展公益广告活动的通知》。通知要求，各级工商行政管理机关在1998年要进一步组织广大广告主、广告经营者、广告发布者继续开展公益广告活动。通知指出，为拓展创意思路，1998年国家工商行政管理局不再组织主题公益广告月活动，各类主题的公益广告都可以参加年度公益广告政府奖的评选。

▲5月29日，国家工商行政管理局发出《关于对印刷品广告进行一次重点检查的通知》。通知要求各地加大查处力度，对内容虚假、宣传"黄色"、淫秽等内容的印刷品广告，要从严从重予以处罚；规定跨省发布的非固定形式印刷品广告，由广告主所在地省级工商行政管理机关负责登记和发布的备案管理工作。

▲6月30日至7月4日，国家工商行政管理局广告监管司与经济信息中心在北京联合举办了广告监督管理系统软件使用培训班。各省、自治区、直辖市及计划单列市工商行政管理局广告和信息管理部门的有关人员参加了培训。广告监管司司长屈建民到会讲话。同时，给各地配发了软件。

中国广告协会

中国广告协会组织机构

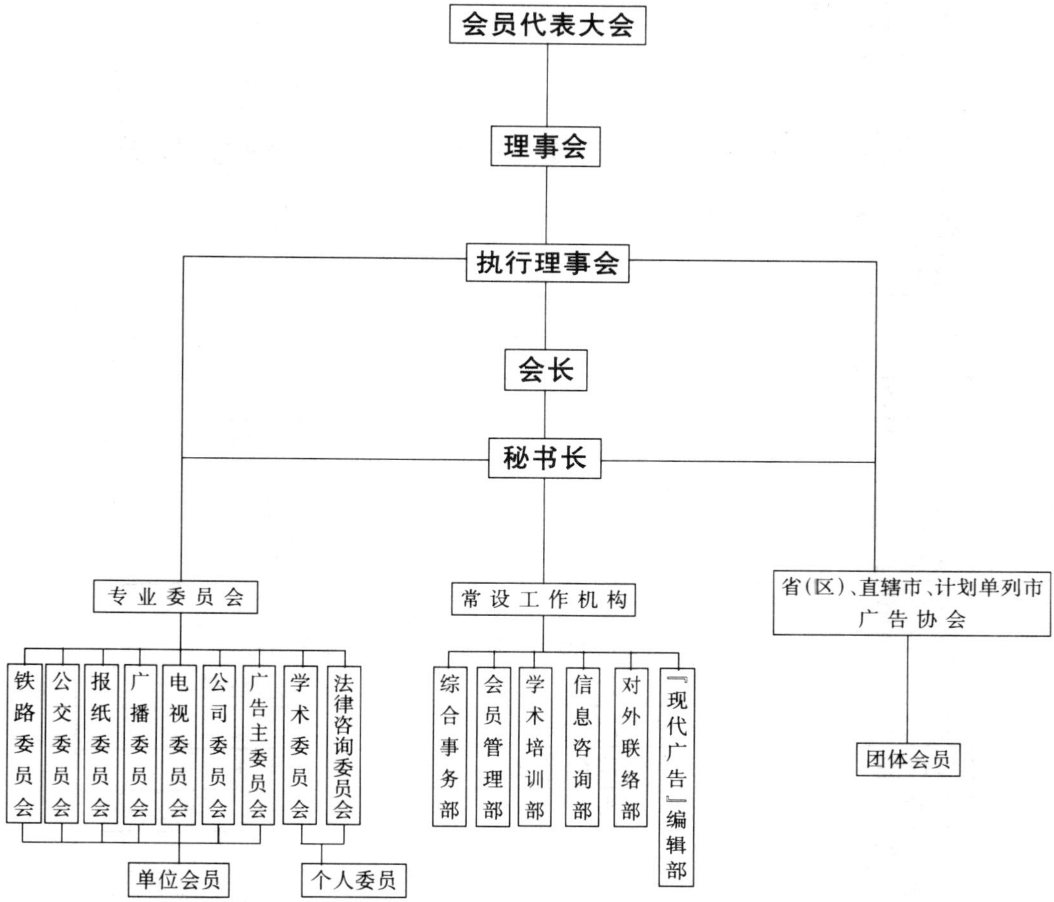

中国广告协会名誉会长、顾问名单

名誉会长：陈慕华　　全国人大副委员长
顾　　问：王众孚　　国家工商行政管理局局长
　　　　　张宝顺　　新华通讯社副社长
　　　　　朱新民　　人民日报社秘书长
　　　　　何栋材　　广播电影电视部副部长
　　　　　梁　衡　　国家新闻出版署副署长
　　　　　解建群　　中国国际贸易促进会原副会长
　　　　　田树千　　中国广告协会第三届会长

中国广告协会会长、副会长、秘书长、副秘书长

姓名	单位	职务
会长		
杨培青	中国广告协会	会长
副会长		
王正在	北京市工商局	副局长
仇学忠	中国广告联合总公司	总经理
刘　波	新闻出版署报纸司	司长
刘保孚	中华商标协会	原秘书长
安景林	中央人民广播电台	台长
吴德裕	中国广告协会	秘书长
何长林	中国对外经济贸易广告协会	秘书长
王淑敏	中国国际广告公司	副总经理
赵晨妤	中共中央宣传部新闻局	副局长
张海潮	中央电视台经济信息部	副主任
魏铭祥	人民日报社广告部	主任
秘书长		
吴德裕	中国广告协会	副会长兼秘书长
副秘书长		
贾玉斌	中国广告协会	副秘书长
孙英才	中国广告协会	副秘书长

中国广告协会执行理事会名单

执行理事		
王正在	北京市工商局	副局长
仇学忠	中国广告联合总公司	总经理
甘忠泽	上海市工商局	局长
朱小林	上海公交广告公司	总经理
刘保孚	中华商标协会	原秘书长
刘　波	新闻出版署报纸司	司长
李沛钧	中国广告联合总公司办公室	主任
安景林	中央人民广播电台	台长
杨培青	中国广告协会	会长
吴　江	中央人民广播电台华夏之声广告公司	经理
吴德裕	中国广告协会	副会长兼秘书长
张海潮	中央电视台经济信息部	副主任
何长林	中国对外经济贸易广告协会	秘书长
周启英	上海家化有限公司	总经理
王淑敏	中国国际广告公司	副总经理
赵晨好	中宣部新闻局	副局长
贾玉斌	中国广告协会	副秘书长
徐道礼	北京电视台	副台长
柴浦安	中国铁路对外服务公司	总经理
梁勤俭	工人日报社广告部	主任
魏铭祥	人民日报社广告部	主任

中国广告协会会员名单

荣誉会员(以姓氏笔划为序)

丁士中　王永义　王根田　刘永清　庄凯勋　汪家桦　张冬兴
张惠兰　陈汉元　陈重信　杨润杰　赵桂鸿　保育钧　洪一龙

团体会员(排名不分先后)

中国对外经济贸易广告协会
北京广告协会
上海市广告协会
天津市广告协会
重庆市广告协会
河北省广告协会
山西省广告协会
内蒙古自治区广告协会
辽宁省广告协会
吉林省广告协会
黑龙江省广告协会
山东省广告协会
江苏省广告协会
安徽省广告协会
浙江省广告协会
江西省广告协会
福建省广告协会
河南省广告协会
湖北省广告协会
湖南省广告协会
广东省广告协会
广西壮族自治区广告协会
海南省广告协会
四川省广告协会
云南省广告协会
贵州省广告协会
西藏自治区广告协会
陕西省广告协会
甘肃省广告协会
宁夏回族自治区广告协会
青海省广告协会
新疆维吾尔自治区广告协会
沈阳市广告协会
大连市广告协会
长春市广告协会
哈尔滨市广告协会
济南市广告协会
青岛市广告协会
南京市广告协会
杭州市广告协会
宁波市广告协会
厦门市广告协会
武汉市广告协会
广州市广告协会
深圳市广告协会
珠海市广告协会
汕头市广告协会
成都市广告协会
西安市广告协会

单位会员(排名不分先后):

报纸

人民日报社广告部
经济日报社广告部
光明日报社广告部
工人日报社广告部
中国青年报社广告部
法制日报社广告部
农民日报社广告部
健康日报社广告部

解放军报社广告部
参考消息报社广告部
科技日报社广告部
金融时报社广告部
中国商报社广告部
中国日报社广告部
中国工商报社广告部
人民画报社广告部
《半月谈》杂志社广告部
中国化工报社广告部
人民日报(海外版)广告部
中华工商时报社广告部
经济参考报社广告部
机电日报社广告部
人民邮电报社广告部
北京日报社广告部
北京青年报社广告部
解放日报社广告部
文汇报社广告部
新民晚报社广告部
天津日报社广告部
今晚报社广告部
重庆日报社广告部
重庆晚报社广告部
河北日报社广告部
山西日报社广告部
内蒙古日报社广告部
辽宁日报社广告部
沈阳日报社广告部
大连日报社广告部
吉林日报社广告部
黑龙江日报社广告部
大众日报社广告部
青岛日报社广告部
新华日报社广告部
南京日报社广告部
无锡日报社广告部
安徽日报社广告部
浙江日报社广告部
杭州日报社广告部
江西日报社广告部
福建日报社广告部
厦门日报社广告部
河南日报社广告部
湖北日报社广告部
长江日报社广告部
广州日报社广告部
南方日报社广告部
羊城晚报社广告部
深圳特区报社广告部
珠海特区报社广告部
汕头日报社广告部
深圳商报社广告部
深圳经济特区《广告世界》杂志社广告部
广西日报社广告部
海南日报社广告部
四川日报社广告部
成都晚报社广告部
云南日报社广告部
贵州日报社广告发行处
西藏日报社广告部
陕西日报社广告部
西安晚报社广告部
宁夏日报社广告部
青海日报社广告部
香港大公报社广告部
香港文汇报社广告部
香港经济导报社广告部

电台

中央人民广播电台广告部
北京人民广播电台广告部
上海人民广播电台广告部
上海东方广播电台广告部
天津经济广播电台信息公关部
辽宁人民广播电台广告部
沈阳人民广播电台广告部
黑龙江人民广播电台广告部
江苏人民广播电台经济信息部
南京人民广播电台广告部
温州人民广播电台广告信息部

江西人民广播电台广告信息部
海峡之声广播电台广告部
湖北人民广播电台广告信息部
广东人民广播电台广告部
广州人民广播电台广告信息部
佛山人民广播电台广告部
深圳人民广播电台广告部
海南人民广播电台广告部
四川人民广播电台广告部
云南人民广播电台广告部
贵州人民广播电台广告部
西藏人民广播电台广告部
陕西人民广播电台广告部
新疆人民广播电台广告部

电视台

中央电视台广告部
中国农业电影电视中心广告部
中国教育电视台广告部
北京电视台广告部
北京电影频道广告部
上海电视台广告部
上海东方电视台广告部
天津电视台广告部
河北电视台广告信息部
山西电视台广告经理部
内蒙古电视台广告部
辽宁电视台广告传播中心
沈阳电视台广告部
大连电视台经济信息部
山东电视台广告部
江苏电视台广告信息部
苏州电视台广告部
浙江电视台广告部
江西电视台广告部
厦门电视台广告部
河南电视台广告部
湖北电视台广告经济部
湖南电视台广告部
广东电视台广告部
广州电视台广告部
深圳电视台广告部
汕头电视台广告部
海南电视台广告部
四川电视台对外经济部
云南电视台广告部
贵州电视台广告部
西藏电视台广告部
陕西电视台广告经理部
甘肃电视台广告部

广告公司

中国广告联合总公司
中国国际广告公司
中国机电广告公司
北京广告公司
中体广告公司
歌华集团北京广告艺术集团
中化国际广告展览公司
电扬广告有限公司
北京国安广告公司
北京新世纪广告有限公司
盛世长城国际广告有限公司
长城国际广告有限公司
中国民航宣传广告公司
天联广告有限公司
凤凰国际广告有限公司
北京电通广告有限公司
北京市北奥广告公司
大桥国际广告传媒有限公司
麦肯·光明广告公司
北京捷先广告公司
精信广告有限公司
三星影视交流中心
中国电子国际展览广告公司
智威汤逊——中乔广告有限公司
北京中租广告有限责任公司
北京东方艺术广告公司
北京燕兴装潢广告公司
北京未来广告公司
北京东方红叶广告有限公司
北京中视影视广告公司

中航公关广告公司
北京泛华广告公司
北京华闻旭通国际广告有限公司
心族广告公司
上海广告公司
上海市广告装潢公司
上海美术设计公司
上海东艺广告公司
上海奥美广告有限公司
上海文化发展总公司
天津市广告公司
天津市美术广告公司
重庆市美术广告公司
重庆广告装潢公司
石家庄市广告总公司
辽宁北方广告公司
沈阳市广告总公司
哈尔滨市广告公司
山东省国际广告公司
青岛广告公司
齐鲁广告公司
山东太阳国际广告有限公司
山东北斗广告集团
南京市广告公司
徐州市广告公司
无锡市富润广告有限公司
安徽省广告公司
安徽省金鹏国际广告有限公司
浙江省国际广告公司
杭州市广告公司
温州市广告公司
福建省广告公司
福建广播电视广告总公司
厦门市商业广告公司
厦门市广告公司
河南省广告公司
郑州市广告公司
郑州市广告装潢公司
湖北省国际贸易广告公司
湖北中兴广告装饰公司
武汉市南山广告公司
湖南省国际贸易广告展览公司
广东省广告公司
广州市广告公司
广州市天艺广告有限公司
中国对外贸易广州广告公司
深圳市旅游广告公司
深圳众人广告传播有限公司
梅高广告策划有限公司
海南经典文化传播有限公司
成都市美术广告公司
昆明市广告公司
贵州广告公司
贵阳美术广告公司
西安正远广告公司
西市市美术广告总公司
西安华圣广告有限公司
中国铁路外服公司广告展览部
北京京铁广告艺术公司
上海铁路局美术广告公司
天津市天龙广告公司
重庆铁路宏达广告有限公司
石家庄铁路广告总公司
沈阳铁路公司广告公司
哈尔滨站美术广告公司
哈尔滨铁路局广告美术中心
青岛铁路广告公司
南京铁路分局美术广告公司
南京铁路列车广告公司
福建铁路广告公司
武汉铁路广告艺术装饰工程公司
长沙铁路广告装饰公司
广州铁路文化广告总公司
柳州铁路局广告公司
成都铁路广告公司
昆明铁路客运广告公司
兰州铁路广告艺术总公司
北京市公交广告公司
北京地下铁道广告公司
北京通成推广公交广告有限公司

上海市公共交通广告公司
天津市公交广告公司
石家庄市公交广告公司
大同公共交通总公司广告公司
沈阳客运集团广告公司
大连电车广告公司
长春市公交广告公司
哈尔滨电车广告公司
哈尔滨市公共汽车广告公司
济南公交广告公司
南京公交广告公司
合肥市公交广告公司
杭州公交广告公司
南昌市公交广告公司
福州公交广告公司
郑州市公交广告装璜公司
武汉市公汽广告装璜公司
武汉市电车广告设计制作公司
长沙市公交广告公司
广州电车广告公司
成都公交广告装饰公司
昆明公交汽车公司广告部
西安市公共交通广告公司

广告主

北大方正集团公司
联想集团公司
北京奎科新技术公司
宝洁(中国)有限公司
通用电气嘉宝照明有限公司
上海家化有限公司
上海利华有限公司
上海百事可乐饮料有限公司
中美天津史克制药有限公司
天津汽车工业集团有限公司
天津灯塔涂料股份有限公司
中国嘉陵工业股份有限公司(集团)
沈阳味精厂
海尔集团公司
山东孔府宴酒厂(鱼台酒厂)
山东三株实业有限公司
南京熊猫电子集团公司
春兰(集团)公司
金陵石化公司烷基厂
合肥荣事达集团有限责任公司
西湖电子集团公司
杭州美丽健乳品公司
杭州西泠制冷电器有限公司
江中制药厂
福建闽东电机集团股份有限公司
洛阳春都集团股份有限公司
活力28集团公司
武汉红桃开集团有限公司
东风汽车贸易公司
湖北多佳股份有限公司
广东太阳神集团有限公司
广东健力宝集团有限公司
丽珠医药集团股份有限公司
海南省海口罐头厂
四川长虹电子集团公司
成都彩虹电器(集团)股份有限公司
成都双枪皮革制品有限公司
成都百货大楼
红河卷烟厂
长岭(集团)股份有限公司
西安三宝双喜集团公司

教学研究机构

人大新闻学院现代广告研究中心
北京广播学院广告学系
央视调查咨询中心
北服－莱佛士国际学院电脑绘画系
辽宁省现代广告研究会
厦门大学新闻传播系

1997年中国广告协会学术委员会委员名单

姓　名	工作单位	职务(称)	姓　名	工作单位	职务(称)
洪一龙	中宣部新闻局	学术委员会顾问	卢　勇	中国国际广告公司	策划总监
赵晨好	中宣部新闻局	副局长	将汉良	北京广告艺术公司	高级工美师
潘大钧	北京商学院管理系	教授	刘林清	北京财贸学院工商系	副教授
张冬兴	中央人民广播电台	中广协学术委员会副主任	杨荣刚	中国广告联合总公司	
徐道礼	北京电视台	副台长	祁聿民	北京商学院管理系	副教授
姜　弘	北京大诚广告有限公司	董事长	许俊基	北京广播学院图书馆	教授
尚恒德	华艺广告公司	顾问	傅慧芬	对外经济贸易大学	副教授
金子泓	北京电通广告有限公司	副总经理	李　雁	北京工艺美校	讲师
王南生	中央电视台		罗真如	中央工艺美术学院	教授
崔登东	工人日报社		程庄庄	中国广告协会	经济师
程　春	北京燕兴广告公司	常务副总经理	曾新民	经济日报出版社	主编
马谋超	中科院心理所	研究员	黄宇翔	人民日报广告处	副编审
路盛章	北京广播学院新闻传播系	副教授	周建梅	中国邮政广告公司	执行总监
任小春	北京广告公司		朱维理	北京广告艺术集团	创意总监
董立津	炎黄艺术国际推广有限公司	副总经理	杨存生	人民日报市场报	编辑
刘瑞武	人民日报广告处	处长	张　农	中央人民广播电台广告部	副主任
黄升民	北京广播学院广告学系	系主任.教授	刘立宾	国际广告杂志	主编
尹春雨	北京大宝广告公司	总经理	李卫华	中央电视台经济部	
谭希松	中央电视台		陈毅文	中科院心理所	助理研究员
赵桂鸿	中国广告联合总公司		殷东升	中央人民广播电台广告部	编辑
曹　璐	北京广播学院新闻传播系	系主任	张安腾	上海广播电视局上海迈克汀国际商务学院	

姓　名	工作单位	职务(称)	姓　名	工作单位	职务(称)
赵　凯	中国广告协会广播委员会	副秘书长	蒋竞元	新闻报广告部	主任
张　健		教授	晁钢令	上海财经大学贸易经济系	系主任
黄恒学	北京大学光华管理学院	教授	董　杰	上海韦尔广告公司	总经理
邵隆图	上海隆图广告创意策划公司	总经理	傅汉章	暨南大学经济学院	教授
唐仁承	香港天厨味精化学工业有限公司	董事兼总经理	裴民慧	人民日报华南分社	副总经理
陈　梁	中国广告杂志社	主编高经工美师	李嘉宝	广州市广告公司	副总经理
章汝奭	金马广告(集团)	首席顾问	林志东	羊城晚报社	总经理
方振兴	上海大学美术学院	副教授	李　谋	广州金长城国际广告有限公司	总经理
徐　益	上海电视台广告部	主任编辑	陈宝琼	暨南大学退休科	副教授
陈志宏	上海社会科学院世界经济研究所	市场研究部主任、副研究员	邝铁军	暨南大学	副教授
陈锡周	上海市广告协会	顾问	胡惠民	广东华夏电视传播有限公司	总经理
吴整风	上海东方广播电台广告部	编辑	张小平	广州黑马广告公司	总经理
唐可爱	上海丽人广告公司	总经理	许鸿克	广东人民广播电台	
吴德江	上海艾迪企业形象设计顾问公司	总经理	卢泰宏	中山大学管理学院	教授
王依群	依群广告设计制作事务所	负责人	杨建华	暨南大学商学系	副教授副系主任
何　平	上海何平广告有限公司	总监	余明阳	深圳大学文化传播学院	经济学博士
冯长明	人民日报华东分社	经理	熊源伟	深圳大学大众传播系	系主任
梅汝和	上海财经大学	教授	欧阳康	深圳大学电教中心	副教授
潘中法	农业银行上海浦东分行	副行长	宋顺清	海南省华南热带作物学院	经贸学部副教授
孔令智	南开大学	教授	陈舍钿	浙江(湖州日报社)	记者
赵奉堂	天津工艺美院	系主任	韩永夫	郑州大学商学院	教授
周　伟	天津经济广播电台	编辑	彭星闾	中南财经大学贸易系	教授
周　明	天津海天广告策划公司	副总经理	许俊千	武汉大学管理学院	教授

姓　名	工作单位	职务(称)	姓　名	工作单位	职务(称)
刘午广	天津中视传播代理有限公司	经理	张锦妙	湖北省工商局	副处长
贾永壮	青岛天诚广告公司	总经理	刘永葆	湖北日报	编辑
曹志耘	北京语言文化大学文化学院	副教授	田剑云	中国机械工程杂志社	副社长
朱　铭	山东工艺美术学院	副院长	夏清华	武汉大学管理学院	讲师
朱月昌	厦门大学新闻传播系	副教授	姚　苏		
林信卿	福建电视台		张育有	县人民政府多种经营办公室	副主任
陈培爱	厦门大学新闻传播系	副教授	姜仁华	活力28集团信息中心	主任
范寿春	厦门人民广播电台	主任记者	欧阳在三	江西财经学院经济系	副教授
陈扬明	厦门大学新闻传播系	副教授	邱燊生	江西赣州地区奥特广告公司	经理
项建中	浙江华林广告有限公司	总经理	筱　毅	南京市广告公司	高级工艺美术师
程　冬	杭州阳光创意广告有限公司	创作总监	周晓虹	南京大学社会心理学所	所长.教授
陈鹭流	浙江省国际广告公司	副总经理	高丕烈	南京卓越形象创意公司	顾问
王兴华	杭州大学新闻系	教授	王　鸣	江苏太仓南方广告装潢公司	总经理
胡季强	浙江康恩贝集团公司	总经理	林中兴	丹东市广播电视局	主任编辑
厉忠辉	浙江省商标广告事务所	副所长	邵永安	丹东人民广播电台	主任编辑
钱旭涛	浙江省国际广告公司	高级工艺美术师	刘凤岐	辽宁电视台	副台长
王　鼎	沈阳市广告公司		樊文江	西安美术学院	教授
胡凤廷	沈阳晚报	处级	杨晋安	陕西省工商局商标广告处	
吴士元	哈尔滨工业大学工业设计系	教授	王　琪	陕西电视台	
陈一虹	哈尔滨市广告协会	副秘书长	刘　智	西安日报(晚报社广告部)	
蒋光宜	吉林江城日报	高级记者	林安令	西安市美术广告总公司	高级美术设计师
蔡广元	长春唐人智业有限责任公司	总经理	金国强	陕西电视台	副台长

姓　名	工作单位	职务(称)	姓　名	工作单位	职务(称)
傅丽霞	吉林大学包装学院	副教授	崔广韬	陕西日报社广告处	主任记者
刘宝璋	沈阳人民广播电台	广告部主任	任世德	西安德昌广告有限公司	经理
王多明	贵州广播电视大学	编辑部主任副教授	星　亮	兰州商学院商业文化系	广告教研室副主任
王世明	成都市美术广告公司	总经理	胡祖源		
王世德	四川联合大学中文系	教授	陈树林	天津市双木广告策划传播有限公司	总经理
李　巍	四川美术学院装潢环艺系	教授	顾建平	金马广告有限公司	总经理
全玉玺	重庆电视台广告部	主任记者	谢舒弋	中国国际广告公司	创意总监
宋　林	重庆电视台	主任记者	李文华	声屏之友报社	副社长
熊克俭	重庆现代广告研究中心	主任	胡川妮	广州美院装潢艺术设计系	副教授

各专业委员会 1997 年活动

铁路委员会：

·3 月 27 日在北京召开铁路委员会常委扩大会，会议总结了 1996 年工作，对广铁委牵头组织京九铁路全线开通庆典整体广告活动的成功实践和规范列车广告发布形式、发展冠名列车广告给予了高度评价。会议批准了 1997 年工作计划及第二届广铁委领导机构组成方案的建议。同时，会议讨论并支持为推进联合经营组建股份广告公司的提议。

·4 月用三周时间，在北京、北京西站集中对进京的各等级、不同车型的始发、到达列车的广告发布情况进行调查和检查。同时还深入成都、大连等部分列车段进行了调研。为完善修订“铁路旅客列车广告发布形式规范”作了必要工作。

·5 月 4 日广铁委发出关于在铁路广告经营单位中开展“争创广告行业精神文明先进单位”活动的通知。

·广铁委关于推进联合、组建股份广告公司的提议得到部分成员响应，7 月 11 日中国铁路对外服务总公司决定牵头并着手股份制广告有限公司筹组工作。

·9、10 月份广铁委秘书处根据开展“争创广告业精神文明先进单位”活动部署和要求，对成员单位活动情况进行了解和重点检查。

·经 12 月 13 日召开的中广协四届六次执行理事会批准，柴浦安(中国铁路对外服务总公司总经理)担任中广协理事、执行理事和中广协铁路委员会主任。

·12 月 22 日，福建铁路广告公司、武汉铁路广告艺术装饰工程公司、柳州铁路局广告公司、成都铁路广告公司在“争创广告行业精神文明”活动中被命名为“全国广告行业文明单位”，同日出席了国家工商局在北京钓鱼台国宾馆召开的表彰大会。

公交委员会：

·4月16日在武夷山市召开主任办公会落实1996年工作。

·制定“争创精神文明先进单位行动计划”，组织全国公交广告会员单位积极参加。

·7月下旬在大连召开公交广告(公益广告)研讨会。

·将拟好的“公交广告管理规范和技术标准”交国家工商局广告司审批。

·组织67家公交广告企业参加中广协在广州举办的第五届全国广告优秀作品展。

·11月在桂林召开公交委员会1997年年会，总结一年来的工作。

广播委员会

·4月14—18日，在浙江萧山召开了主任、秘书长会议。决定广播委员会四届三次会议在7月份和全国省级电台台长会议，同时在青海省西宁市召开。

·7月17—19日，广播委员会第13次全国优秀广播广告节目评选活动在西宁进行。评选出一等奖9个、二等奖19个、三等奖32个。

·7月20—25日，在青海省西宁市召开了广播委员会四届三次会议暨第五届全国省级电台台长会议。会议认为：随着我国社会主义市场经济的不断完善，广播广告也面临着一系列新的发展课题，这就是如何适应新的形势，进一步深化广播改革，努力办好节目，增强广播电台经营创收能力，为广播在下个世纪的更大发展提供坚实的保证。

电视委员会：

·1月25日在北京召开了第四届三次常委会。会议的主要议题是：1、总结1996年的工作，讨论和研究1997年的工作要点；2、讨论电视广告在精神文明建设中应如何发挥作用；3、讨论了召开第四届二次委员会议的问题；4、研究了电视广告从业人员的出国培训和考察工作；5、讨论了不缴纳活动经费的会员台的处理意见；6、发展了河南新乡电视台和江苏丹阳电视台为电视委员会的会员台；7、审议了中广协电视委员会1996年度活动经费收入情况说明。

·为了使全国各广告公司和其它媒介及时了解电视台的广告价目，电视委员会于1997年1月份将全国主要电视台的广告价目表，收集整理，上报中国广告协会，以便出版《97中国主要媒介广告价目表》一书。

·2月23—24日在福建厦门市召开了电视委员会第四届二次全会。这次会议总结了1996年电视委员会的工作，讨论了1997年电视委员会的工作要点；讨论了电视广告如何在精神文明建设中发挥作用和关于开展《争创广告行业精神文明先进单位》活动问题；研究了电视委员会换届改选问题，决定1998年进行换届；研究了电视广告在电视台内部的统一经营管理问题。

·5月23日中国广告协会电视委员会与中国电视艺术委员会在大连举办了第九届全国电视广告《印象奖》颁奖大会。广播电影电视部副部长刘习良同志、中国广告协会副会长兼秘书长吴德裕同志出席了颁奖大会。

·5月24日电视委员会与中央电视台在大连举办了第三届全国电视公益广告研讨会。在大会上发言的有中央电视台、北京电视台、河南电视台、大连电视台、山东电视台、辽宁电视台，他们就如何策划公益广告题材；如何保障公益广告经费；如何协作走向市场等问题，做了经验介绍和探讨。

会上还对十多家电视台自上届公益广告研讨会以来制作的公益广告进行了观摩、研讨和交流。

在会议期间特邀湖南湘潭大学潘泽宏教授就《电视公益广告播出的心理学问题》作了专题发言。

·8月15—18日在贵阳市召开了“97全国省级电视台广告年会”，全国40多家省、市电视台广告负责人及部分广告公司代表160人参加了会议。会议的主要议题：1、研究当前电视媒介广告管理中存在的问题，2、探讨电视媒体广告如何在两个文明建设中更好地发挥作用。

·8月16日在贵阳市召开了中广协电视委员会第四届四次常委会议，对各会员台开展广告行业精神文明建设情况进行了研究，按照推荐精神文明先进单位的要求，推荐出中央电视台、上海电视台、河北电视台、大连电视台为电视委员会向中广协推荐的先进单位，同时同意苏州电视台、贵州电视台为候选单位上报中广协。

·11月14日在北京召开的电视委员会四届五次常委会，重新讨论和推荐出16个电视台为广告行业精神文明先进单位。

广告公司委员会：

·5月17、18日在青岛市召开了《国有广告企业改革与发展》座谈会，来自全国12家大型国有广告公司的总经理、广告公司委员会的负责人、以及广告管理部门和特邀新闻单位的代表出席了会议。中广协副会长、广告公司委员会主任、中国广告联合总公司总经理仇学忠主持会议并作了主题发言。他认为，1997年我国广告业仍呈高速发展的态势，已开始出现国际化、股份化、专业化的新趋势。面对广告市场“三化”的新形势，与会的国有广告公司经理们达成共识：破除等、靠、要的思想，更新观念，加快体制、机制、人才、资金等方面的改革，积极探索国有广告企业的联合之路，以进一步增强市场竞争力。

·中广协广告公司委员会第五届优秀广告作品评选活动于6月13—16日在黑龙江哈尔滨市举行。本届评选活动由中国国际广告公司提供赞助并命名“国广”杯。《金谷晶大米》等58个优秀作品荣获“国广”杯《中国广告金箭奖》。广告公司委员会将荣获金银铜奖的58件作品中的49件，以直接入围身分参加第五届全国优秀广告作品展评，其中荣获金奖2件、最佳公益广告1件、银奖3件、铜奖8件、评为推荐奖3件、入围32件。

·根据中广协1997年工作要点，在全国广告业开展了“创建广告行业精神文明先进单位”活动，11月14日广告公司委员会召开了四届六次常委会议，常委们对中广协提交的“创建广告行业精神文明先进单位”名单，依据1、以地方广告协会上报的名单为基础；2、优先考虑会员单位；3、兼顾欠发达地区的原则进行了认真讨论。在21个省、市、区推荐的60家广告公司名单中，按照中广协分配的名额，筛选出17家，补充了4家，共计23家，上报中广协执行理事会审议。

·会上常委们还就申请加入中广协广告公司委员会的广告公司进行了认真的资格审查。鉴于目前要求入会的广告公司较多，且背景复杂，常委们认为应坚持1994年我会制定的入会条件。通过了9家广告公司的入会申请，上报中广协执行理事会审议。

·根据中广协章程规定，对组织机构及人事进行相应调整：

1.中国国际广告公司总裁南昌明同志由于另有他任，由新任总裁许复兴同志接任广告公司委员会第一副主任委员职务。

2.原副主任委员潘锦富同志因工作需要已调离上海市广告装潢公司，因此，由新任常务副总经理、法人代表王永林同志接任广告公司委员会副主任委员职务。

3.中国民航协会广告委员会于1992年11月成立，由民航系统48家广告经营单位组成。为了加强行业协会内统一领导和业务指导，今年5月提出申请，要求以团体会员的名义加入中广协。经中广协批准，同意中国民航协会广告委员会纳入中广协组织系统，归在广告公司委员会领导之下,名称为中广协广告公司委员会民航协作会。民航协作会常设机构在中国民航宣传广告公司,副总经理李宝生同志兼民航协作会广告委员会秘书长。

4.根据中广协的有关规定和四届五次执行理事会决定:凡连续两年以上未缴纳会费的会员单位,取消其会员资格。涉及到我会的有4家,即:湖北省宜昌市广告集团公司、河北省广告公司、深圳市美术广告公司、云南省广告联合总公司。

5.经中广协批准,中国电子国际展览广告公司、中乔智威汤逊广告有限公司、北京中租广告有限责任公司、北京东方艺术广告公司、北京燕兴装潢广告公司、北京未来广告公司、北京红叶广告公司、中航公关广告公司、中国对外贸易广告公司、无锡市富润广告有限公司、武汉市南山广告公司、西安华圣广告有限公司为新会员单位。至此,我会现有会员单位86家。

报纸委员会:

·进一步贯彻执行《广告法》抓行业自律公约的宣传贯彻落实,针对工作中遇到的带普遍性的问题,邀请国家工商局广告司司长郑和平与全国30余家报社广告经营负责人座谈,释疑解惑。

·承办在人民大会堂举行的中国广告界新春联谊团拜会,邀请到陈慕华副委员长等嘉宾出席。

·组织成员单位参加中广协“争创广告行业精神文明先进单位”或表扬,300余家报社广告部分别受到所在省、区、市的表彰和奖励。

·号召成员单位踊跃参加国家工商局组织的主题公益广告宣传活动,一批报纸公益广告作品获全国和地方大奖,25家报社广告部获国家局授予的先进单位荣誉称号,19名报业广告人获先进个人称号。

·精心组织学术研讨,业务交流,为提高报业广告队伍整体素质出力,先后组织或协助举办了“京津广告专题交流会”、“药业与媒体广告研讨会”等,还协助中广协组团参加戛纳广告节和赴欧、美考察培训。

·为500名从事报纸广告工作10年以上的老广告人制作、颁发了“中国报业广告贡献纪念章”。

·参与主办《广告人》杂志,主编《中国报业广告》多期,及时向中广协汇报工作和向全行业通报情况,推荐新经验和新举措。

广告主委员会:

·根据我国广告行业健康、有序发展的需要,经中广协第四次会员代表大会讨论通过,并报国家工商局批准,于1996年11月、1997年6月分别在北京、上海召开了两次筹备会议。1997年8月25日,在广州召开了中广协广告主委员会的成立大会。会议选举产生了广告主委员会第一届执行委员会,制定了广告主委员会工作条例。广告主委员会的成立,标志着中广协的组织机构更趋完善(见附件1.中广协广告主委员会筹委会第二次会议纪要。2.广告主委员会第一届执行委员会组成名单。3.中国广告协会广告主委员会工作条例)。

·由中广协广告主委员会牵头,报纸、电视、广播、广告公司等专业委员会协助,于1997年12月9—10日在深圳市蛇口召开了题为:“规范广告市场、发展中国名牌”研讨会。来自全国各地的广告主、媒介、广告公司、市场及媒介监测机构的代表60多人参加了会议。与会代表主要围绕共同感兴趣的“媒介价格与广告代理”问题展开了热烈的讨论。这次研讨会是中国广告界各经营主体之间,特别是广告主和媒介之间的第一次直接沟通和对话,通过相互间充分、坦诚地交换意见,从而达到了很多共识,对于促进中国广告业健康、有序地发展起到了积极的作用。

(附件4."规范广告市场、发展中国名牌"研讨会纪要)。

附件1:

中广协广告主委员会筹委会第二次工作会议纪要

中广协广告主委员会筹委会第二次工作会议于1997年6月10—11日在上海市召开。出席此次会议的有上海家化联合公司常务副总经理周启英、上海梅林食品集团公司总经理唐仁承、广东健力宝集团广告部经理刘新粤、宝洁(中国)有限公司公共关系事务部孙雨净、上海家化联合公司市场部总监朱美霞、副总监金波、广告部经理黄惠荣等有关企业主管广告负责人和中国广告协会会员管理部有关同志;上海市广告协会秘书长张大镇、顾问陈锡周应邀出席了会议;会议还特邀了中国工商报的记者参加。中国广告协会副秘书长贾玉斌同志出席了会议并向会议作了关于广告主委员会筹备工作情况汇报。与会代表讨论了广告主委员会工作条例(草案);研究了成立广告主委员会的各项具体事宜。会议达到预期目的。

作为东道主,上海家化周启英副总经理首先致词,他指出,广告主作为广告行业的主体,成立自己的组织是一件好事,很必要、很及时。我们要努力谋求广告主应该得到的最大利益。贾玉斌副秘书长接着阐述了成立广告主委员会的目的、意义。他说,当今世界上发达国家一般都有广告主组织,他们代表广告主的声音,有效地促进和发展当地的广告业。在国际上代表广告主利益的世界性组织是"世界广告主联合会"。我们建立了广告主的组织,可以与之建立联系,发展相互交流与合作,借鉴他们的先进经验。

与会代表一致认为,成立广告主自己的组织是发展的需要,是广告主自我保护的需要,是非常及时和必要的。代表们对广告主委员会工作条例(草案)进行了认真细致的讨论。他们认为条例的宗旨必须明确,委员会要定性为行业自律组织,规范市场竞争行为;委员会要成为维护广告主合法利益的组织,是广告主的代言人,要成为企业和政府之间的桥梁和纽带;同时也是国际交流组织,要吸取国外的先进经验和做法。广告主应得到物有所值的服务。代表们希望,广告监播资料要得到中广协广告主委员会的认可,才具有权威性、客观性,有关行政管理部门对广告公司的资质认定也应征求广告主组织的意见。这样,广告主委员会才能真正发挥作用,维护自身的权益。

代表们在研究广告主委员会成立大会的有关事宜时,达成一致共识。首先,代表们认为,成立大会同时也是一次交流研讨的好机会,建议将成立大会与名牌战略研讨结合起来,与中国(广州)广告节衔接起来,让成立大会开得积极生动、丰富多彩。代表们建议研讨会的议题要紧密结合广告与市场营销;广告与名牌战略等内容,要求讲出当前广告市场新动向、新趋势,要有深度,有指导意义。在谈到广告主委员会机构时,大家一致认为中国广告协会中工商企业会员皆是委员会委员,上设常务委员会。常委会人数不宜太多。以9—11人为宜,中广协也须选派一名领导同志出任常委。常委会推举一名执行主任,轮流坐庄,每任1—2年。下设秘书处,处理日常事务工作。代表们建议秘书处设在中广协。

代表们强调,为使大会达到预期目的,特请各企业主管广告工作的负责人亲自参加成立大会,以共商大事。

最后,周启英副总就上海家化名牌之路,发表了热情洋溢的讲话。与会代表交流了广告工作的经验。大会在友好、积极的气氛中结束。

附件 2：

广告主委员会第一届执行委员会组成名单(排名不分先后)

执行主任单位： 上海家化有限公司(执行主任召集单位)
上海梅林(集团)有限公司

执行委员单位：

单位名称	代表人	代表人职务
上海家化有限公司	周启英	副总经理
上海梅林(集团)有限公司	唐仁承	总经理
海尔集团	武克松	副总裁
中国宝洁有限公司	肖向旋	媒介部经理
广东健力宝集团	梁 斌	广告部经理
杭州美丽健乳品有限公司	任光惠	总经理
合肥荣事达集团	李洪峰	副总经理
联想集团	杨 洁	市场部副总经理
北大方正集团	姚秀琛	副总裁
孔府宴酒厂	刘荣玉	宣传部长
东风汽车公司	胡少方	销售公司广告部经理

秘书长： 阎志翔(中国广告协会会员部副主任)
副秘书长:朱美霞(上海家化有限公司市场部总监)

附件 3：

中国广告协会广告主委员会工作条例

第一章 总 则

第一条 中国广告协会广告主委员会在中国广告协会的领导下,按照《中国广告协会章程》有关规定,指导广告主开展广告工作,维护广告主正当权益,协调广告主与广告经营者、广告发布者之间的关系,规范广告主广告发布行为。

第二条 广告主委员会的宗旨是坚持党的基本路线,团结全国广大广告主认真执行《广告法》和有关法律、法规,努力提高广告水准,提高广告的社会效益和经济效益,促进社会主义物质文明和精神文明,推动市场经济的发展。

第二章 任 务

第三条 认真执行有关广告的法律、法规,加强自律,及时通报新出台的规章制度。

第四条 及时向广告主报告市场动态,提供广告监测、信息及广告发布前的咨询服务。

第五条 维护广告主的正当合法权益，调解业务活动中广告主与广告经营者、发布者、管理者之间的关系，争取优质优价的服务，反映广告主的意见和要求。

第六条 组织业务培训，开展国外优秀广告作品观摩、理论研讨和市场营销工作经验交流活动。

第七条 加强与世界广告主联合会的联系，扩大国际交流与合作。

第三章 委 员

第八条 广告主委员会由中广协工商企业会员单位(年广告投入1000万元；有一定规模和企业信誉)组成，参加本会活动的代表由本单位委派。

第九条 委员的权力

1.参加广告主委员会组织的各项活动；

2.有选举权与被选举权；

3.对广告主委员会的工作有批评、建议、监督权。

第十条 委员的义务

1.遵守中国广告协会章程和本工作条例，执行中国广告协会和广告主委员会的决议；

2.完成委员会交给的任务。

3.以自己的规模行为带动其他广告主。

第四章 组 织

第十一条 广告主委员会执行委员会

执行委员会由广告主委员会选举产生，在委员会闭会期间行使委员会职权。

第十二条 执行委员会协商推选执行主任委员、秘书长、副秘书长。

执行委员会下设办事机构——秘书处，秘书处在秘书长领导下处理日常事务工作。

第十三条 广告主委员会会议每年召开一次，必要时可提前或延期举行。主要任务是制定工作计划，商议委员会有关的重大事宜。

第十四条 执行委员会不定期召开会议，研究具体实施本会计划和任务的措施。

第五章 经 费

第十五条 广告主委员会经费来源

1.广告协会拨款；

2.委员缴纳的活动费；

3.咨询服务收入或其他合法收入。

学术委员会：

- 1997年5月，中广协学术委员会邀请部分专家学者及主管部门负责同志在北京召开了“中国广告人才需求培养”的小型专题研讨会。与会代表对广告专业人才的需求与培养应具有一个怎样的基本战略框架进行了热烈的讨论并取得了共识。
- 1997年学术委员会配合中广协为广州广告节成功地策划、组织、实施了“跨世纪广告专题讲座”。
- 1997年出版发行了《1996年全国广告学术研讨会论文集》和《广告新生代》两本书。

附件4：

“规范广告市场、发展中国名牌”研讨会纪要

由中国广告协会广告主、报纸、电视、广播、广告公司等专业委员会联合主办的“规范广告市场、发展中国名牌”研讨会于12月9—10日在深圳市蛇口召开。来自全国各地的广告主、媒介、广告公司、市场及媒介监测机构的代表60多人参加了此次研讨会。与会代表主要围绕共同感兴趣的“媒介价格与广告代理”问题展开了热烈的讨论。

(一)

广告主代表最为关心的是媒介价格上存在的一些不规范问题,这主要表现在:

1.媒介价格形成机制不健全。媒介单方面报价,广告主及广告公司在媒介报价过程中的参与度与影响力都很低。换言之,媒介价格是在广告主缺位情况下形成的。

2.媒介价格构成要素不明晰。广告媒介报价的依据是什么?其中成本性因素与效益因素的比重各占多少?成本性因素的构成项目及价格水平,业内缺乏统一认识和统一标准。

3.媒介价格优惠幅度不透明。媒介单方面报价的结果,往往是价格报得过高,超过广告主的心理预测与实际承受能力,难以按报价成交,致使媒介不得不通过打折优惠等方式作出让步,而打折优惠幅度又不公开、不统一、不规范。业务员、部主任、台(社)长各自的权限和标准不同,对不同的广告主也不一样,形成事实上的权力作价、关系作价与价格歧视,致使广告主和广告媒介把主要精力耗费在拉关系走后门上,而不是放在提高节目、栏目及广告的创意设计水平与创作质量档次上。打折优惠的隐秘性也不利于纯洁广告队伍,给忠于职守、廉洁守法的广告人员过多的心理压力,而给思想不健康的广告人员则留下了可乘之机。

4.媒介价格上涨幅度不合理。政府对物价上涨幅度十分关心,并采取了得力的措施加以控制,比如规定了物价上涨幅度指标,明确省长抓“米袋子”,市长抓“菜篮子”。但对广告媒介价格监控力度不够,致使媒介价格上涨幅度超过物价上涨水平,增加了企业的双重压力。如:1994—1997年媒介价格均有大幅度上涨,主要电视台广告价格1997年比1994年平均上升了300%左右,主要报纸广告价格1997年比1994年也普遍上升了150%以上,但同期的商品零售物价指数却仅上升了约70%。因此,媒介广告价格上涨幅度明显高出商品零售物价的上涨水平,其中电视媒介价格指数的增长速度又明显高于报纸媒介。这种媒介广告价格的不合理上涨,在客观上给广告主增加了许多压力。因为,随着市场机制的建立,他们既认识到广告对企业发展的重要性;但另一方面,媒介价格的迅速上涨,使很多企业难以以同样的涨幅支付相应的广告费用。因此,出现了这样一种情况,虽然每年的市场费用在上升,但实际的广告投放量却在下降,从而不利于企业的经营和发展。

广告主代表认为,要建立一种合理的媒介广告价格体系,就需要研究媒介价格的形成机制。首先必须弄清媒介的属性,除户外、POP等完全市场化的媒介外,广播、电视、报纸等媒介都具有政府、市场双重属性。一方面,无论是在计划经济体制下还是在社会主义市场经济体制下,这些新闻媒介是党和政府的喉舌,这一点一直没有变。这是新闻媒介的政府属性,而且在中国特定的国情下,这种政府属性还将长期不变;但随着改革开放,新闻媒介也进入了市场,形成其市场属性,而且随着市场改革的步步深入,其市场属性越来越明显。因此,双重属性并存

是新闻媒介的根本特性。

由于新闻媒介的政府属性，使得新闻媒介在大众传播媒介市场上占有举足轻重的地位。新闻媒介的垄断性与权威性，在很大程度上源于其政府属性。凭借这种优势，新闻媒介可以取得较高的价格收益。由于利益驱动，新闻媒介总是尽可能利用其政府属性优势提高其价格标准，但政府作为媒介政策性优势的给予者不能完全从经济利益出发，任由媒介无节制地涨价，而应该从社会管理者的角度对媒介价格进行监控。从措施上看，既可以建立类似物价上涨指数一样的指标，对媒介价格进行宏观调控，也可以对其具体媒介的具体价格标准进行直接监控。也就是说，政府应该是新闻媒介价格形成机制中的重要角色之一，在新闻媒介广告价格形成中政府角色不能缺位，否则，新闻媒介价格就可能失控。

因此，具有政府和市场双重属性的新闻媒介的广告价格形成机制应当是：政府、媒介、广告主三者，根据政治、经济两重因素共同决定媒介价格。这里价格形成机制的主体有三个方面，即：政府、媒介和广告主，过去仅有媒介一方，现在应将政府和广告主补充进来，这是当务之急。可以设想由党和政府的有关部门以政府代表的身分参与对媒介价格的指导；而广告主一个个都参与对媒介价格的指导既不可能也无必要，可以考虑先由中广协广告主委员会及其执行委员会代表广告主利益参与中央级媒介价格的制定，待地方性广告主委员会成立后再逐步介入地方性新闻媒介价格的制定。广告公司对媒介价格有一定的影响，但不是价格形成机制中的独立主体。

在媒介价格形成机制中，应该并能够考虑到的定价因素，包括政治、经济两个大方面，具体因素主要是：

1.媒介覆盖范围与影响人数

2.媒介权威性与影响力

3.媒介发布空间位置

4.媒介发布时间段位

5.媒介直接制作成本

6.媒介间接维持费用

7.媒介正常利润

8.媒介供求关系

9.政府对媒介价格的规定

这种由政府、媒介和广告主三方面根据以上多种因素的综合考虑来制定媒介价格，机制是健全的，价格构成要素是明晰的，所确定的价格水平也是合理的、公平的，是各方面都能接受的。

当然，建立合理的媒介价格，与公开、明示价格的执行政策也是分不开的。只有建立合理的媒介价格，公开价格政策，才能在实际的价格执行中，保证价格的统一尺度，避免折扣的随意性，避免人情、官情、友情等对价格的人为影响。

对于媒介广告价格标准的制定，与会的市场与媒介监测公司的代表认为，其主要依据应当来源于对媒介阅读或收视情况的科学分析和研究。央视调查中心的代表认为，媒介可以卖给客户的并不是时间和版面，而是它的受众，而客户看中媒介的也正是这一点。因此，媒介必须以收视后阅读率数据为依据，确定或调整广告价格。ACNielsen SRG 的代表则将这一观点细化为可操作的模式，提出了媒介制定广告价格标准的几个步骤，即：

1.分析目前的广告价格和受众情况的关系。

2.设定目标单位收视点的费用标准。

3.将收视点乘以目标单位收视点的费用标准,得出合理的收视点价格。

4.找出大致相同的收视点价格,并将其组合在同一价目收费级别之中。

对于广告价格问题,媒介代表也发表了自己的看法。大多数媒介代表,特别是报纸媒介的代表普遍认为,主要有三个因素影响着实际的媒介广告价格标准的制定:一是市场供求关系;二是上级下达的任务指标;三是“左邻右舍”的动向。而在价格执行过程中,则又存在着长官意志、人情关系等非经济性因素的干扰,从而带来一定的价格上的混乱。

(二)

除了价格问题之外,媒介代表更为关心的还是代理制问题。以上海电视台广告部为代表的电视广告界认为,这一问题的关键在于是客户代理还是媒介代理。如果广告公司是受广告主的委托代理广告主的业务,那么,广告代理费就应该由广告主而非媒介支付给广告公司;如果广告公司是受媒介的委托代理销售媒介的时间或版面,那么支付代理费的则应是媒介而非广告主。目前国内广告公司基本上都是受广告主的委托而为广告主代理广告业务,却要由媒介支付这笔代理费,因此这种办法是不合理的。1995 年开始实行的《广告法》,也没有讲一定要搞“广告代理制”,只是在国家计委、国家工商局关于印发《广告服务收费管理暂行办法的通知》(计价格〔1995〕2329 号文)的第十三条中对广告代理收费标准规定为 15%。这个 15%,是指媒介报价的 15%,还是广告主拿出的广告预算中的 15%,都没有作出任何解释。理论基础上出现了偏差,执行中就出现了问题:

1.为了达到“肥水不流外人田”的目的,企业和媒介纷纷成立“一套班子、两块牌子”的广告公司,急功近利、短期行为、变相垄断、不公平竞争、低价位倾销的情况时有发生。

2.广告主利用“媒介在向广告公司支付佣金”的现实,玩手中的“牌”,谁让利多,我就给谁做“代理”。广告公司不仅把媒介给予的优惠全部让给客户,而且在代理费中让利。为了争取客户,越让越多。有的小广告公司为应付工商局的年审,保住营业执照,在局部的业务中,全部代理费都让给客户,追求公司的营业额。

3.媒介的广告部门本想通过代理制这种现代广告业的分工模式改变直接接受广告主的业务,变小作坊式的分散经营为有集约效应、规模效应的社会化大生产,通过广告公司这一中介机构联络更多的客户,吸引更多的业务,同时减轻媒介广告的工作量,变应付成百上千个客户为面对若干广告公司。结果他们却发现,事实并非如此,广告部的工作量不仅没有减轻,而且加重了。因为广告公司竟比客户还多,他们都在瓜分代理佣金和优惠折扣。原来与媒介接触的,可能只有一家客户,而如今却有了好几家广告公司代理该客户的业务,与媒介打交道,而且这一代理名单还在不时地增减。对此,媒介代表指出,只有实行客户代理制,媒介代理才能健康生存。广告业似乎应该回到“初步阶段”,既可接受广告公司的订单,也可以承揽来自广告主的直接业务,逐步过渡到客户代理。广告公司只有在为广告主作全面代理的时候,广告公司的整体业务能力和服务水平才能得以充分地体现。因为广告公司要为广告主认真做好市场调查、创意策划、设计制作、媒介计划和效果测定等全面的、良好的服务。当广告主付给他佣金的时候,真正意义上的“走广告代理制的道路”就实现了。广告公司就会大大减少,混乱的局面才能得以改变。

媒介为应付代理制而建立的广告公司要与媒介脱钩,不能实行“一套班子,两个牌子”,以便树立媒介公允的形象和坚持公正的立场。

为达这一目的，媒介的发布价格应该报实价，而不是毛价，不含代理费。即无论是广告主还是广告公司，媒介的收费标准就是一个。不管竞争多么激烈，媒介在执行价格时一定要严肃，绝不能厚此薄彼，要摒弃随意性。媒介可以公开宣布一个优惠刊例，最好是按不同的级数计算连续折扣。

对确有必要的媒介代理，媒介仍可以付给代理佣金。但对媒介指定的代理公司总体资质要进行认真的审查，包括他的客户委托书、年营业额和短期债务的偿还能力等等。而媒介代理就作为媒介的一种优惠，让利于客户。

在代理方面，广告主则提出了广告公司服务收费与媒介交易价格透明化的问题。目前许多广告公司对广告主的服务收费，通常笼统地以15%计算。但在理论上，15%的代理费应分为品牌策划、广告创意、媒介计划和购买三部分。目前许多广告公司正在以局部的服务，向广告主收取全面的代理费，这是极不合理的。另一方面，广告公司不愿公开其与媒介之间的交易价，目的在于赚取实际的媒介采购价和与广告主成交价之间的利润。这成为除代理费之外的又一笔收入。因此在媒介、广告公司和广告主三者之间，广告主代表认为，广告主的正当利益受到了损害。

（三）

此外，与会代表还就发展中国名牌等其它问题进行了研讨。会议结束时，与会的38家机构共同签署了“规范广告市场、发展中国名牌”的联合宣言和“中国广告市场自律交易规则”等重要文件。

这次研讨会是中国广告界各经营主体之间，特别是广告主和媒介之间的第一次直接沟通和对话，通过相互间充分、坦诚地就“规范广告市场、发展中国名牌”问题交换意见，从而达成了很多的共识，对于促进中国广告业健康、有序地发展，并为树立中国名牌创造一个有利的市场环境，起到了积极的作用。

会后，主办者就此次研讨会的效果和意义进行了调查：

1.认为此次研讨会总体上对代表很有帮助者占64%；有些帮助者占36%；说不上者和没有帮助者无。

2.认为研讨会比自己想象的要好者占66%；差不多者占33%；要差者占1%。

3.如果再有这样的研讨会，一定要参加者占83%；看情况再说者占17%；肯定不去者无。

4.希望这样的研讨会继续办下去者占100%。

中广协团体会员委员会主任会议（上海）纪要

一、依据中广协团体会员委员会’96二次全会（新疆）期间，就’97三次全会在内蒙举行的意向得到内蒙区工商局和广协的支持与欢迎，关于三次全会的议题及有关准备工作，将举行主任会议商定的决定，于1997年5月22日在上海虹桥国际机场虹港大酒店举行了主任会议。上海、北京、天津、江苏、云南、新疆、黑龙江的崔善江、王正在、周英余、李全寿、任仲生、钱西夫、韩本祥（代）正副主任和内蒙冯义会长，以及张大镇、史国江、张香琴、宝音、高世来、陈锡周等有关同志参加会议。中广协吴德裕副会长受杨培青会长委托莅会指导，上海市工商局甘忠泽局长到会欢迎并参加会议，中广协会员部韩胜东主任参加会议。广东李兰田、黑龙江黄志杰副主任分别因在国外考察和因病请假。

二、崔善江主任主持会议，就本次主任会议的任务，确定'97三次全会的议题和会务安排等有关事项作了说明，上海张大镇同志就'97三次全会中心议题的设想作了汇报。内蒙冯义会长对'97三次全会的同志们，能在欢庆内蒙自治区成立50周年前夕，去内蒙欢聚、交流、指导表示最热烈的欢迎，并就会务安排作了说明，与会同志就当前广告业的发展和三次全会的任务、会议主题、会务安排进行了认真、热烈的讨论。吴德裕副会长就开好'97三次全会作了指导，并就当前广协工作——精神文明建设活动、戛纳广告节和广州广告节、筹建广告主委员会，以及加强队伍建设的培训工作等事项作了通报。

三、会议认为：根据当前广告业的发展，广协十多年工作的积累和广协肩负的历史使命，交流、总结、规范广协工作的设想是适时的、必要的。为此，要求全体委员——各地广协以改革、发展的总体思路，完善广协组织体制，拓展强化广协职能，规范广协工作机制，总结各地广协十多年来的工作经验，提供一份"地方广协工作规范的提纲"，以及某一个或几个方面工作的"专题总结"，以供'97三次全会交流汇总（"提纲"及"专题总结"材料请各打印100份带交全会）。会议一致赞同内蒙广协关于在7月6日在呼和浩特开始的'97三次全会会务的初步安排（具体日程将另行通知）。

与会同志一致要求邀请国家工商局有关领导和中广协领导莅会指导。

中广协团体会员委员会一届三次全会（内蒙古）纪要

中广协团体会员委员会一届三次全会于1997年7月7日—8日在内蒙古自治区首府呼和浩特市举行。30个省市委员单位53人出席会议，28个地市工商局、广协代表30人应邀列席会议。国家工商局广告监督管理司郑和平司长、中广协杨培青会长莅会指导。团体会员委员会委员、内蒙古工商局副局长、广告协会会长冯义主持全会开幕。甘忠泽主任致开幕词，并就全会议题——广协的职能定位和作用问题等作了说明。内蒙古工商局珏其嘎局长致欢迎词。内蒙古自治区政府包文发副主席发表了热情洋溢的讲话，代表自治区党政领导热烈欢迎全会代表在欢庆内蒙古自治区成立五十周年前夕光临自治区举行全会，介绍了内蒙古自治区五十年来的巨大发展和灿烂前景。郑和平司长、杨培青会长先后作了重要讲话，充分肯定广协十多年来所创业绩，并就广协在进一步深化改革、完善组织体制、发挥协会职能和建立工作机制等问题发表了指导性意见。

会议认真讨论了领导讲话，并就地方广协的职能定位和作用问题、政务和事务的关系问题，进行了有深度的交流和探讨。与会同志从理论到实践分析了十多年来各省市经历的组织体制上的三种模式，通过实践检验，一致认为"一套领导班子（即局、处长和会长、秘书长互兼）两套机构人员"是适合现阶段发展需要的，也是实质上的统一领导下的政、事分立：一是坚持指导（领导）与助手的组织关系；二是明确行政监督管理与行业自律职能的内在联系与外部区分，做到监督管理与自律服务的有机结合；三是在行政管理机关强化立法、执法、监督管理力度的同时，指导、支持、强化广协行业自律职能。各省市认为还应从各自实际出发，不搞一刀切。

李全寿副主任主持了大会交流和闭幕式。中广协会员部通报了关于开展争创广告行业精神文明先进单位检评事项。上海代表就《关于省级广协工作规范的建议》作了说明。北京、西安等8个城市的广协代表作了交流发言。根据各省市同志提议，一届四次全会初定于1998年

4月在河南省洛阳市举行。河南省工商局副局长、广协会长阮仲亨在会上热情邀请全会同志去河南指导工作。甘忠泽主任作会议总结发言。

崔善江主任主持了会前的主任会议,对有关事项作了说明。杨培青会长莅会指导。由于团体会员委员会主任、上海市工商局局长、广协会长崔善江工作变动,根据团体会员委员会工作条例规定:"由于工作变动不能继续担任委员时,由委员单位提出新的人选,报常委会批准"。据此,主任会议一致同意和欢迎由新任上海市工商局局长(将推荐兼任市广协会长)甘忠泽同志任团体会员委员会委员、主任,并请原主任崔善江任顾问,继续关心、支持团体会员委员会工作。主任会议同意三次全会议程安排。上述事项经杨会长同意,并向三次全会作了通报。

与会同志热烈祝贺内蒙古自治区成立五十周年及其光辉成就,祝愿在社会主义现代化建设中取得更大的胜利。衷心感谢内蒙古自治区领导的亲切接见和重要讲话。衷心感谢内蒙古工商局、广协领导和同志们给予全会的热情接待和周到安排。

各地方协会 1997 年主要工作

北京广告协会

·3月,在北京市工商行政管理局干部培训中心召开第三届二次理事会。市委宣传部长左新民到场讲话。

·4月,在市工商局召开第三届六次常务理事会,吕德春同志出任北京广告协会副会长。

·5月,北京广告协会与中共北京市委宣传部、北京市工商局联合发文,关于开展争创"广告行业精神文明先进单位"活动的通知。

·7月,在北京市怀柔中国国际商会培训中心召开专家讲师团会议。

·9月,在北京市工商局召开《首都广告十年》纪念画册首发式。市委宣传部李牧同志到场讲话。

·与北京市工商局联合出版"广告法规汇编"。

上海市广告协会

·宣传贯彻法律法规,协助政府进行行业管理。在《广告法》实施一周年之际,为进一步贯彻实施《广告法》树立广告行业自律意识,规范广告经营行为,上海广告协会与《中国广告》杂志社、上海电视台合作制作了一台《智力大冲浪》节目,用喜闻乐见的表现形式进一步宣传《广告法》。

·"自强创辉煌"主题公益广告月活动期间,本市共发布公益广告万余件,其中电视4200余条次、报纸1160余条次、期刊496件、广播1840余条次、大屏幕480余条次、灯箱575只,户外广告牌690块、条幅870条,以及各种招贴、粘纸、散页共46万余张。

·1997年,在本市广告业中继续开展"重信誉,创优质服务"活动,在此基础上,对96—97年度上海广告业重信誉,创优质服务先进单位进行认定工作。

·积极组织优秀作品参加"全国第五届优秀广告作品评比",根据中国广告协会的统一布置,上海市广告协会在全市范围内组织了近千件优秀广告作品,经初步评选后,确认178件优秀作品(占全国90%),经评选上海共获得:金奖、银奖、铜奖、最佳广告语奖、评委推荐奖共70件(占报送数178件的40%),其中:金奖4件(全国14件)占28.5%,银奖8件(全国28件)占28.5%,铜奖9件(全国56件),占16.1%,最佳广告语奖2件(全国4件)占50%,评委推荐奖2

件(全国14件)占14.3%,入围奖45件(全国300件)占15%。

·与上海现代国际展览公司合作举办'97国际广告技术及设备展览会,本次展览会在上海展览中心7000平方米的展示现场,来自美国、德国、英国、法国等十四个国家和地区的近二百家厂商,展示交易世界最先进的广告制作技术、多媒体技术、广告摄影、影视广告制作技术及设备、大型电脑喷绘机、打印机及新型广告灯箱材料、纸张、印前制版设备。吸引了来自本市、江苏、浙江、安徽、江西等省市7万多名参观者。

·开展广告发布前咨询服务工作。在深入贯彻《广告法》过程中,广告经营者、广告发布者和广告主迫切需要在广告发布前和影视广告制作前的有关法律、法规问题提供咨询,协会作为一个行业组织,为强化自律规则,在上海电视台、东方电视台、有线台和其他经营者的委托下,就广告是否符合《广告法》及有关规定,提供咨询意见,这是行业自律的一项措施,也是本市广告发布走向规范化的一种尝试。1997年,向委托咨询单位发出意见书2197件(其中电视广告1544件、印刷品广告571件、报纸广告81件、灯箱广告1件)。其中大部分是符合《广告法》要求,可供发布,经建议修改后发布的电视广告占15%、印刷品广告占70%、报纸广告90%。有些广告因不符合有关规定不得发布。

·开展广告专业技术岗位资格培训。上海市广告协会与上大文学院广告系联合举办了广告行业技术岗位资格培训。1997年共举办10期,803人参加培训。培训工作的开展为提高广告业的人员素质起到了促进作用,也为工商行政管理机关提高广告经营者的市场准入条件创造了基础。

·为了让本市广告界了解"戛纳国际广告节"的盛况,学习和借鉴世界一流的广告创意和执行,上海广告协会与中国广告协会《现代广告》杂志社共同举办了"'96戛纳国际广告节获奖作品巡回展",通过对获奖作品的点评和观察,使本市广告界对广告的创意表现有了新的认识,会后,部分广告界人士与戛纳广告节主席罗杰先生举行了座谈。

·5月9—14日与日本亚太文化交流机构共同举办了"'97日本优秀挂历展"并在复旦大学举办了讲座,使本市广告界人士了解了日本挂历的设计思想和展示风格。

·7月4—7日,与解放日报社、上海工业美术设计协会、上海市企业家协会共同举办了"亚洲优秀CI案例巡回展",本市广告设计界对企业的形象整体设计有了一个新的认识。

天津市广告协会

·4月25日,举办'97广告人才交流洽谈会,17家应聘单位共收到应聘报名表400多份。

·8月25—28日,组团参加在广州召开的中国广告节暨中国广告协会第五届全国广告优秀作品展。我市选送作品共有10件获奖,即,铜奖两件、评委提名奖1件、入围奖7件,是历届我市取得成绩最好的一次。

山东省广告协会

·1月28日,在济南召开山东省广告协会三届二次常务理事会。

·3月18日,通报表彰1995—1996年"重信誉、创优质服务"活动中涌现出的85家先进单位和160名先进广告工作者。

·5月8日,山东省第四届优秀广告作品展评活动在省农业展览馆隆重举行。共有150件作品分获一、二、三等奖、优秀奖、佳作奖。

·8月25—28日,山东省广告协会组团140余人赴广州参加首届中国广告节暨全国"五广"展览会。

·10月9—10日,首次全省市地广告协会秘书长会议在青州市召开,会议通过了《山东省广告协会自律规则》、《山东省先进市地广协评比办法》等主要文件，评选出 1997 年先进市地广协。

·12 月 22 日，首届全省广告联谊会暨广告业务洽谈会在济南市隆重举行。

·12 月 31 日，山东省广告协会与山东省工商行政管理局联合通报表彰 1997 年度全省广协工作先进单位、先进个人。

江苏省广告协会

·9 月，在全省范围组织开展了《自强创辉煌》主题公益广告月活动。广告发布者、广告经营者、广告主们踊跃参加，精心创意和设计制作，其中 14 件作品荣获国家工商局政府奖，56 件作品受到省工商局表彰；常熟华实广告公司的“魂”、南京卓越形象设计公司的“此时无声胜有声”获全国铜奖。

·省广协邀请国内著名广告专家和各专业委员会主任委员共同组成评审委员会，经过严格认真的评选，评出省第四届优秀广告作品 128 件，参加了全国第五届优秀广告作品展，其中 31 件作品荣获优秀作品奖，获奖名次由全国第六位升至第四位。

·省广协积极组织各市广协参加'97 中国广告节，用三个展位、25 块展板展示了迈向新世纪的江苏广告业的概况。

·省广协积极组织了 1997 年的苏州广告展、无锡“广告战略讲座”、常熟“企业形象和广告研讨会”、无锡“'97 戛纳组约广告节优秀作品展”等活动。

·5 月，省广协配合国家工商局广告司，组织了广告企业资格标准的调研，南京、徐州、无锡、苏州、常州等十多家广告公司认真填报了调查报表，7 个广告公司领导参加了调研会，对国家制定广告企业标准，提出了积极建议。

·省广协于 11 月在无锡召开了《'97 江苏广告发展战略》研讨会，全省 80 名代表参加了会议。会议共收集到论文 56 篇，省广协提出的“世纪之交江苏广告业发展的目标与任务”得到与会代表的热烈反响。研讨会上，代表们对发展江苏广告业提出了很多新的思路。

·省广协配合省工商局在《扬子晚报》上举办的“江苏省广告法规、法律知识竞赛”，收到有效答题卡三万多份。

福建省广告协会

·省广告协会与厦门大学联办的第一届广告专业大专班 60 名学员于 3 月 26 日全部毕业。同时，第二届广告专业大专班 96 名学员和首届广告研究生班 35 名学员开班学习。

·4 月，为及时掌握和指导行业自律工作，我会抽出 4 位同志配合广告监督管理机关开展对我省部分电视、报纸、杂志发布的广告内容进行全方位监测。

·5 月，省广告协会向省工商局提出了《关于促进我省广告业持续快速健康发展的 10 条建议》和有关工作意见。组织召开了专业广告公司专题座谈会，研究在新一轮创业中如何运用广告策略促进闽货出省，实施名牌战略，抢占市场，为我省新一轮创业提供优质服务等有关对策和措施，对指导全省广告行业起到了良好的导向作用。会同政府有关部门制定《福建省“九五”计划和 2010 年广告发展规划》。

·5 月，举办第四届福建省优秀广告作品评展，评出金、银、铜奖和佳作奖 39 件。8 月份选送 60 件作品参加在广州举办的第五届全国优秀广告作品评展，有 17 件作品获奖。我会制作送展的《福建省广告业绩展》获得组织奖。

·10 月，召开了第三届三次理事会，会议通过了《关于开展学习党的十五大精神，加强行业自律，为新一轮创业服务系列活动的决议》以及《福建省广告行业社会主义精神文明建设规则》。通过了《关于授权会长办公会议行使常务理事部分职责的决定》。

·开展了全省广告论文征集评选活动，并由厦门大学出版社出版发行了《福建广告论文选》。在省委组织电教中心配合支持下，拍摄制作了《福建户外广告》电视专题片。

·1997 年我省广告业有了长足的发展，截止 12 月底，全省广告经营单位 1427 家，与上年相比增长 10.6%，广告经营额 12 亿元，比增 33.8%，广告从业人员 13969 人，比增 11.1%。

广东省广告协会

·5 月 21—22 日，在从化市召开省广播广告委员会筹备委员会第二次会议，并进行第二届广播广告作品评比。全省有 13 个电台选送 39 条作品参评，评出获奖作品 21 条，其中金奖 1 条，银奖 3 条，铜奖 6 条，优秀奖 11 条。

·6 月 10 日，由广东省广告协会主办的广东省第五届广告优秀作品评比活动在省工商局举行。此次评比选送 425 件作品参评，共评出金奖 11 个、银奖 27 个、铜奖 55 个，优秀奖一批。并推荐 418 件优秀广告作品参加全国第五届优秀广告作品评比，共获各类奖 132 件。参评作品数和获奖作品数居全国首位。

·6 月 18—20 日，广东省广告协会广播委员会成立大会在广州三寓宾馆举行。全省 32 个县级市以上的广播电台参加了成立大会。会议选举省电台副台长陈大海为主任委员和 8 家电台广告部负责人组成的领导机构。会议还交流各台广告经营管理等方面的经验。该委员会在省广告协会指导下开展工作，组织各类活动。

·7 月 30 日，广东省广告协会广告主委员会在广州成立。全省有 47 家大、中型企业参加，会议选举健力宝广告部主任梁斌为主任委员和 10 家企业广告部负责人组成的领导机构。会议还邀请了香港三位教授为与会代表作了提高企业现代广告意识的精采讲座。

·8 月 26—29 日，中国(广州)广告节暨第五届全国优秀广告作品展在广州交易会举行，省广协组织了全省从业人员观摩中国(广州)广告节。

·11 月 10—12 日，省广协在广州举办了广告文案专业培训班。全省各广告公司、媒体单位共 120 余人参加了培训。

·11 月 20 日，广东省广告协会报纸委员会在广州成立。全省 37 个市级以上报社参加了成立大会，会议选举了以南方日报社广告部主任张建平为主任委员和 8 家报纸广告部负责人组成的领导机构，并进行了报纸广告工作经验交流活动。

·11 月 26 日，广东省广告协会电视委员会在广州成立。全省 41 家电视台参加了成立大会，会议选举了以广东电视台广告部主任仇绍强为主任委员和其它 8 家电视台广告部负责人组成的领导机构，并进行经验交流活动。

·12 日 19 日，在广州三寓宾馆召开广东省广告协会第四届四次理事年会。并为广东省第五届广告优秀作品获奖单位、作者及荣获 1997 年度全省广告行业精神文明建设先进单位颁奖。

新疆维吾尔自治区广告协会向社会公开承诺：

1.尽心尽力服务于广告业，全心全意办好广告人之家。

2.内练硬功，外塑形象，努力与高新产业发展合拍。

3.以热情周到的服务，以符合实际的指导与协调，全方向地促进新疆广告业的健康发展。

'97 沈阳(国际)广告“四新”展示会于 5 月 31 日在香格里拉酒店集团沈阳商贸饭店隆重开幕。

·为提高四川省广告从业人员素质，解决广告行业中广告摄影的技术职称问题，征得国家及省有关部门同意，由四川省广告协会、四川省青年摄影家协会共同举办了《四川省国家广告摄影师培训班》。该班将以初、中级职称培训为主,招收对象面向全省广告行业,采取面授与函授相结合的方式,时间为3个月,其中面授10天(含辅导、考核)。培训班由成都市广告摄影公司具体承办,考核评定由经四川省劳动厅批准的四川省国家职业技能鉴定所负责。学习期满后,凡考核成绩在60—79分者授予广告摄影师初级职称,成绩在80分以上者授予广告摄影师中级职称。

中广协信息咨询中心

中广协信息咨询中心(以下简称中心)是中国广告协会所属的咨询服务机构,开展的主要业务有:

一、广告发布前咨询

1995年《广告法》正式实施后,在国家工商局广告司的指导下,中国广告协会开展了这项业务,主要是依据有关法律和规定,对广告内容合法性进行发布前咨询。由于《广告法》基本上属于框架性的法规,在执行中还可能遇到许多需要具体分析的问题,因此,成立这一机构,为广大会员及广告经营单位提供咨询帮助是非常必要的。中心受理除药品、医疗器械、农药、兽药外各类产品的广告,并接受脚本、样带、样张等各种形式的电视、广播和平面广告的咨询。主要程序是:广告经营单位(广告公司、媒介或广告主)完全出于自愿,提供广告文案、脚本或播出制成品,交纳咨询费;中心对广告中与法律、法规不符的创意和设计不当的内容提出修改意见(对难以定论的问题,由中心请示广告司),出具《初步咨询通知书》;对合法的、制作完成的广告进行认证,复制存档,出具《咨询认证书》,并对咨询结果承担相应的法律连带责任。

中心以“置身市场、服务会员、促进自律”为宗旨,在咨询时间的安排上,接待客户原则上没有作息时间的限制,以客户需求为己任;在咨询周期的确定上,承诺三个工作日内作出咨询答复,力争24小时内完成咨询;在咨询工作的态度上,牢固树立客户是上帝的观念,耐心、周到、事事从客户的角度设身处地着想,谁摆架子,谁就必须离开咨询岗位;在咨询业务的水平上,尽力准确把握广告法规的尺度,既要合法,又不人为地设置障碍,力求咨询的结果经得起实践的检验。

广告经营者按《咨询认证书》内容投放时是如果遇到问题,中心负责进一步与有关单位沟通与协调,并尽力去维护广告经营者的合法权益。

中心开展咨询业务三年多的时间,在广告界具有了一定的影响,得到了越来越多的媒介单位的认可,为广大会员和广告经营者提供了实实在在的帮助,在贯彻落实《广告法》、协助广告管理机关规范广告市场,维护公平竞争方面都起到了积极的作用。

为了能够更好的体现广告发布前咨询的作用,建议前来咨询的单位,从广告脚本阶段开始咨询,这样可以避免盲目制作造成的巨额损失,而咨询费用反而比直接送播出带更便宜,这也正是事前咨询的主要意义所在。

1998年9月,国家工商局颁布了《关于停办广告审查机构的通知》,禁止工商管理部门进行广告事先审查,从而为进一步解决部分地方行政部门对广告进行强制审查的问题提供了保证,也使中介机构做好咨询工作有了更广阔的天地。中广协咨询中心将以更好的服务在新的一年里为广告界同仁排忧解难。

二、中国广告协会网络站点的维护

中国广告协会与燕兴广告公司合作，已经通过中网公司在 Internet 网络上建立了站点，域名为：http://www.cnad.com.cn。网站上设置了动态新闻、行业名录、展会信息、媒体报价、信息驿站、法规数据库、新产品与新技术、网上书城、国际交流、招聘求职、公告板、交流与合作、同行媒体和网上广协等众多栏目。中心将负责在网站上不断完善设置内容和形式，增加广告行业动态信息量，并通过网络增强与全国广告经营单位的沟通和联系，也欢迎更多的业内人士访问和关注这一站点，并提出宝贵意见。

三、其它服务项目

1、**电视广告监测**：由中国广告协会和原国家统计局城调总队合作，对全国 32 个城市 160 多个电视频道的广告播出进行监测，提供 14 大类、141 小类商品广告投放统计资料和监播报告（以书面、软盘或联机查询等方式提供），并接受委托进行市场调查和广告效果分析等。

2、**全国广告行业统计资料**：主要媒介、广告公司、省（市）年度广告营业额、从业人员、经营单位数量等数据资料。

3、**海外最新广告资料录像带**：按月录制美、英、法、德、意、日、西班牙、香港电视台首播的电视广告，当月提供上月的录像带，可随意购买其中任何一盘录像带。

4、**产品推荐**：以中国广告协会的名义，对产品质量优良、售后服务有保障的广告新设备、新材料进行推荐，以促进产品知名度和市场占有率的提高。

中国广告协会境外培训工作简介

为适应中国广告业飞速发展的客观需要，为中国广告业培养一批高级广告专业人才，1995 年初，国家工商局和中国广告协会向国家外国专家局提出赴国外开展广告业务培训的申请。国家外国专家局在对我国广告业现状进行研究分析，并对中国广告协会和境外有关机构承办培训项目的能力进行考察和评估的基础上，认为，广告业在市场经济中占有重要地位，而我国广告业的整体运作水平亟待提高以适应国际竞争的需要，因此，于 1995 年 3 月认定中国广告协会“具有派遣团组和人员出国（境）培训工作资格”，并予公布。（见外专发〔1995〕37 号，中国广告协会是第二批认定的具有派遣团组和人员出国培训工作资格的事业单位、社会团体单位之一，外专局认定的资格单位共 25 家）

经国家工商局和国家外专局审批，中国广告协会于 1995 年派出首批培训团赴美国纽约进行为期 28 天的专业培训和考察。在随后的 1996 年、1997 年又先后派出三批赴美广告培训团，截至到 1997 年共派出四批培训团，培训学员 110 人，全部获得由境外培训机构（三批纽约时装与广告设计技术学院、一批芝加哥伊利诺大学管理学院）颁发的培训结业证书。培训团学员分别来自大型广告公司、广告媒介单位，大多为广告公司管理层（总经理、部门经理、客户总监和创作总监等）以及报纸、电视和广播等广告媒介单位主管社长、台长、广告信息部主任等；另一部分学员是广告行业组织和广告管理机关的领导同志。

通过集中培训和实地观摩、考察，学员普遍反映，赴境外特别是像美国这样的广告发达国家学习考察，收获很大。一是开阔了眼界，促进了观念的转变；二是增长了见识，促进了知识的更新；三是比较了差异，增强了奋发图强的信心。

中国广告协会通过收集反馈信息，调查培训成果，不断总结培训经验。今后将进一步加强培训项目的规范管理，加强培训内容的针对性，提高培训质量。在巩固美国培训成果的基础上，逐步开拓欧洲和澳大利亚等培训基地，以满足广告业不断开放和发展的需要。

中国广告人才第一批赴美培训团总结报告

（1995 年 10 月—1995 年 11 月）

一、概况

由国家工商行政管理局组团、国家外国专家局审批的中国高级广告人才赴美培训团，于10月14日启程，至11月10日回国，在美国进行了为期20余天的培训、学习和考察，较圆满地完成了预期的任务。现将大概情况总结汇报如下：

这次组团赴美，是我国广告界第一次大规模出国培训人才，综合考察了解美国的广告业。培训团的组成人员有广告公司的经理，广告理论研究人员，电视台广告部主任，报社广告部主任，行业组织的负责人及政府广告管理人员。集中培训地点在纽约商业艺术设计学院（简称FIT学院），该学院的广告专业在美国的广告界、信息传播界及商业设计方面颇有影响。校方根据培训团的要求，较系统地准备了教学课程，组织教授和专家们从美国广告业的行业结构、运作方式、最新理念、发展趋势及行业管理等方面进行授课，宏观地、系统地介绍了美国广告业的发展情况。授课专题分别是：《美国广告业和市场信息传播概论》、《从市场计划到创作策略的策划过程》、《市场研究与消费者状况细分》、《认识客户—对消费者调查研究》、《新技术为广告人提供创作上的选择》、《未来的广告公司通过整体的营销传播为客户提供全面服务》、《媒体策略与新的媒体计划》、《广告媒介新技术简介》、《广告创作策划》等等，还介绍了美国广告业的管理情况。授课方式生动活泼，学员们学习态度认真，踊跃地提出问题，积极地讨论研究，应该说授课培训基本上达到了预期的目的。培训结束时，全体学员均获得了FIT学院颁发的结业证书。结合培训专题，培训团赴访了BOZELL广告公司、M&F广告公司、大使广告公司及华纳传播公司、NBC电视台、NY电视一台、《每日新闻》报社，还参观了户外霓虹灯、路牌、灯箱广告的规划、设置和发布情况。

通过为期不长的培训学习和考察，大家获益非浅，受到很大启发，这对我国广告业的健康发展，将会起到潜移默化的推动作用。

二、美国广告业的现状和特点

美国是个市场经济十分发达的国家，在西方资本主义社会有典型的代表性。美国人口约2.6亿，占世界人口的5%，广告年营业额1600亿美元，占世界年广告营业额的50%（注：我国广告年营业额1994年折合为24亿美元左右）。其广告业有着70—80年的历史，在社会、经济、历史、文化的基础上，伴随着商品经济、市场经济的发展而发展。特点可以概括为：分工合理，手段科学，创意新颖、技术先进、媒介多样、行为规范。

（1）科学细致的专业分工

美国社会，是一个竞争十分激烈的社会。高度发达的市场经济水平和科学手段，决定了广告工作者所提供的服务必须是高质量、高水准、高品位的服务。广告人的服务宗旨，就是成功地打动消费者，塑造良好的企业形象和商品形象。美国的广告业同行把一切决策的出发点，都放在大量调查研究的基础之上，有的放矢。大型的广告公司以强大的实力，高素质的人员来完成诸如市场调研、媒介计划、设计制作等方面的工作。还有专门的市场调研公司、媒介购买公司和设计制作公司，利用各自在网络、设备、技术等方面的优势，进行方便、细致、优质的专业化服务。随着社会进步，高新技术运用不断普及，广告战略的策划要求更周密、更严谨、更科学。美国的广告人有句话，叫做“花多大精力也不会把进攻对象了解透，但一定要尽力地去了解(包括消费者的年龄、收入、家庭状况、受教育程度、住宅区域等)。”只有在大量充分的调查研究基础上做出的战略决策及广告定位，才更加实事求是。所以，美国的市场调研机构和收费的电脑信息网络重时效、信息灵、生意火。专门的设计制作公司都拥有电脑设计、摄影(像)设备、后期编辑系统及胶片转录磁带设备，随时向客户提供优质服务。

(2)广告行业完善的自律与竞争机制

美国的各种行业组织(社团法人)都根据本行业的特点制定了行业规章，会员自我约束、相互监督并接受全社会的监督。同行们在公平、公开、公正的环境里发展和竞争，十分看重信誉，对广告内容要求严格，符合法律标准和社会伦理道德标准是对广告内容最起码的要求，所以虚假广告极少出现。政府的联邦贸易委员会(F·T·C)、联邦广播委员会(F·C·C 主要负责无线电视广播广告内容)、联邦食品和药品管理局(F·D·A，主要负责食品、药品广告内容)、各司其职对广告内容进行管理。但严格地讲，就广告管理而言，在完善的行业自律机制与政府监督管理相结合的体制下，应该说是以行业自律为主、政府监督管理为辅的。行政手段很少介入经济行为，广告活动按照市场经济规律在法律与自律交织的环境里有序地运转。另外，商业改进局(B·B·B，社团法人，近似我国的消费者协会)也负责接受消费者对广告的投拆，并提出改进意见和建议，从另一个侧面对广告内容进行监督。需要提一句的是，美国广告市场的准入条件主要是银行担保。

(3)现代化科技手段的普遍应用

在美国，电脑技术的应用已普及到了社会工作、学习、生活的每一个环节。高新技术的普及和推广对广告业整体素质的改变起了关键的作用。熟练地使用和操作电脑，是对一名广告工作者基本的要求，从市场调查、创意构思、媒介分类到极一般的信息数据储存保管都已电脑化。这也应该是代表着广告业发展方向的美国广告的一大特点。

三、对中国广告业发展的几点启示

(1)广告行业直接服务于市场经济，在社会主义市场经济体制的建立和完善的大前提下，广告界同仁应该共同努力，创造一个宽松的发展环境。

(2)市场经济从某种意义上说是法制经济。加强和完善广告法制建设，根据中国国情，经过大量的调查研究，使广告行业的健康发展从法律上得到保障。

(3)加大国际间交流，学习国际上通行的、先进的、科学的、符合市场经济规律的做法，尽快提高我国广告业软件部分的水平。通过比较研究，鞭策自己进步。看到差距、承认差距，才可能缩小这个差距，尽早地使行业的发展步入良性循环的轨道。

四、对今后培训工作的建议

(一)广告行业专业性强，内部分工各司其职，各负其责。建议今后在组团时，尽可能按专业划分一下，使学习培训和考察计划针对性更强一些，这样可能会取得更佳的效果。

(二)建议培训方在正式培训前将学习材料译成中文，有利于学员学习掌握。

中国广告人才第二批赴美培训团总结报告要点

（1996年7月）

一、基本情况

这次培训内容，紧密结合广告行业特点，突出专业性，即有对美国政治、经济、文化背景、社会习俗、风土人情、法律制度等影响广告活动的基本外部要素的切身体会，又有对决定广告活动效果的内在规律要素的系统了解，理论实践相结合，课堂教学与实地考察相结合，通过比较分析，综合考察，了解美国广告业。

内容包括：广告的发布手段和表现形式，户外广告的设置和发布水平，电视、报纸广告的发布标准，创意、设计、制作以及发布时间、版面的安排，不同功能的城市及同一城市中不同功能地区广告发布状况，等等。

集中授课由芝加哥伊利诺大学美中管理开发中心组织，主要专题有：《市场营销一体化》——结合广告心理和市场调查理论，讲解发展中的市场营销环境以及如何在市场整合基础上进行市场定位；《创造性的广告战》——结合成功与失败的广告实例，讲解如何进行广告创意才能使广告达到预期目的；《创造性广告策略》——对比新旧广告策略的不同，说明广告策略的新理念，使广告更有创造性而不流于平庸；《广告法规》——介绍广告与社会经济的相互影响的作用，广告与社会责任的关系，广告的政府管理、行业自律和社会监督。

培训团考察并与之进行研讨的机构有：隶属于美国三大广播公司之一的美国哥伦比亚广播公司（CBS）的WBBM电视台，世界著名的《芝加哥论坛报》集团、国际广告界权威杂志《广告时代》（《ADVERTISING AGE》），访问了广告集团公司Foote Cone Belding（FCB）和纽约Trade Well广告公司，等等。

二、认识和体会

对美国现代广告的感触：一是“多”：数量多；形式多样化。二是“新”：方法新，广告突破传统的制作方法，普遍应用现代新技术、新材料、新设备，令人耳目一新；观念新，在广告活动中，接受并运用新的市场营销观念，推行整合时常策略，以人格化的广告创意占领市场。三是“好”，即效果好。

美国广告业的特点可以概括为：科技化、专业化、规范化。

（一）科技化。高新技术的普及与应用，使广告业知识密集、技术密集、人才密集的特点日益突出。从市场调查到广告的创意、制作和发布，电脑技术已渗透到广告活动的各个环节，改变着传统的广告运作方式和思维观念，使人们的想象成为现实，取得极佳的广告效果。

（二）专业化。美国广告业在为市场经济服务中，形成了科学的专业化分工。

（三）规范化。美国广告业基本形成了政府管理、行业自律、社会监督相结合的管理体制。

三、思考与启迪

（一）正确认识和客观评价中国广告业。比较中美两国广告业，不能脱离两国不同的政治、经济、社会、文化的大背景。改革开放以来，中国广告业从无到有，成长迅速，虽显幼稚但充满勃勃生机。我国广告业在很多方面与国际处在同一起跑线上，某些领域并不落后，我们一方面要承认差距，另一方面也不可妄自菲薄，要增强信心，革除弊端，推动中国广告业不断前进。

(二)广告业要为社会主义物质文明与精神文明服务。我国广告业的进一步振兴要建立在民族工业振兴的基础之上,广告业要立足为民族经济的发展服务。

(三)逐步构建科学的广告行业结构。骨干广告公司除了综合型公司外,还应包括专业型公司。

(四)加强对广告活动的监督管理。

(五)采取多种形式,加强国际广告文化交流,加强人才培养,使广告人的观念和知识不断更新,提高广告业整体素质和水平。

中国广告人才第三批赴美培训团总结报告要点

(1997年7月至8月)

一、培训团学习概况

这次培训团主要围绕四个主题开展学习、考察。

1、对美国户外广告整体发布状况的考察。

培训团先后对美国旧金山、纽约等地户外广告发布情况进行了考察。这几个城市及沿途户外广告情况基本反映了美国户外广告发布状况。美国户外广告以下几方面给培训团留下深刻印象:

(1)美国户外广告的设置及色彩非常注重与周围环境的协调,每一大型或中等户外广告均能与周围环境构成独特风景,有效地对城市起到美化效果;

(2)美国户外广告使用的材料并不优于我国户外广告发布所使用的材料,但其广告质量则远高于我国;

(3)美国户外广告发布数量及发布媒体远远多于我国,但我国广泛设置的楼顶广告牌在美国鲜见;

(4)美国户外烟草广告数量较多,且制作精美;

(5)美国利用建筑物一个整面发布户外广告的情况较多。

2、美国最新广告策划、创意理论的学习。

培训团在美国纽约州立大学进行了广告策划、创意理论方面的专题学习,校方选派了有几十年广告策划、创意研究的教授授课。美方教授的研究表明,美国广告公司极其注重广告策划与广告创意在广告公司经营中的作用,强调广告发展趋势是广告策划与广告创意必须紧密联结的,不了解广告客户及其产品的广告创意是无生命力的,广告创意不能脱离广告策划独立进行。

3、美国一流广告公司经营管理经验的学习。

培训团先后考察了美国纽约智威汤逊广告公司和麦肯广告公司。这2家广告公司在世界广告业中具有举足轻重的位置。这2家广告公司介绍了他们在世界各地的发展经营情况及对广告客户服务的经验和经营管理方法。2家广告公司的经营风格及对广告的认识水平给每一位培训团成员留下深刻印象。

4、对纽约时报广场户外广告发布的专题考察:

培训团多次从不同角度对纽约时报广场户外广告进行了研究。纽约时报广场户外广告是美国户外广告发布水平的具体表现,其色彩、造型、画面、分布均给人以极高的艺术享受。

二、美国广告公司的现状与特点

1、大的广告公司均拥有长期、稳定的客户。如麦肯广告公司,他们的客户中,有的与该公司已有70余年的合作历史;

2、广告公司在不同的经济发展时期总是寻求与市场经济发展相配套的广告服务模式。从五十年代至今,美国广告公司结合市场发展情况,在广告服务上先后经历了产品推销、企划、创意、整体营销组合阶段。

3、广告公司不断细分,更趋两极分化。综合性、大型广告公司继续发展,独立的市场调研公司、设计制作公司进一步自我完善。

4、媒介创意作为一种新颖的媒体选择使用观念和方法,已成为大型广告公司为客户提供优质服务的新标准和新追求。

5、对客户提供整套的品牌发展服务,把广告公司与客户的利益紧密结合在一起。

三、美国一流广告公司经营观念与我国广告公司经营观念的比较

1、广告公司考虑的重点从广告主转向消费者。

当前,美国广告公司制订广告策略的考虑顺序已由以前的广告主→产品→消费者改变为消费者→产品→广告主。广告公司所要做的不再仅仅是怎样使广告主满意,而是转向市场,怎样使消费者满意。广告发布后,广告公司要广泛听取消费者的反映,确定广告的效果。美国广告人认为:广告公司不只是把企业的产品推向消费者,把产品卖给用户,更重要的是要听取消费者对这种产品的反映意见,不断把信息反馈给企业,一是使企业不断完善产品,二是不断修正、改变广告策略,最终取得消费者的满意和信任;不只是完成销售的目的,而是要通过产品把企业(广告主)与消费者之间形成一种朋友间的默契。

国内广告公司现在的服务对象只是广告主(企业)。想的只是如何把广告主的产品更好、有新意地介绍给消费者。首先考虑如何使广告主满意。处在一种比较被动的地位。具体到产品销售得如何,以至消费者的反映,还顾及不到。

2、广告由创意转向策划。

广告不单纯只是创意,而是与策划紧密联系在一起。广告的策划首先通过大量的市场调查,对消费者有充分的了解,然后加以分析、研究,制定所要宣传产品的计划,创意只是整个策划的一部分。美国的大广告公司都是代理制,只有制定全面整体的策划,才能为广告主提供完善的服务。

国内的广告公司还大都局限在形象、影视片的创意方面。能为广告主(企业)提供全方位代理的公司还不多。这也与国内广告主的经济实力与企业决策人的广告意识有关,这需要广告公司与企业携手共同努力。

3、“媒体创意”。

这是我们这次来美学习所接受的一个全新的概念。就是在广告媒体的选择方面也要有所创意。经过对各种媒介的调查、研究。同一类媒体又各有什么优势,时间、版面、数量等怎样安排,各取所长,以最佳的选择,达到最佳的宣传效应。在怎样科学、经济地选择媒体方面,也存在创意,这也是整体策划的一部分,美国的大广告公司已做到了这一点。

而国内的广告公司,受媒体的制约较多,在选择媒体的方面余地较小、较单一,目前还谈不上在媒体上有所创意。

4、广告创意、注重情感。

在考察期间，观看了许多的电视广告片。其中许多片子的创意都以人的情感为基点展开以达到宣传产品的目的。我们所要宣传的产品，最终都是要卖给人的。一个广告要打动人，那么它的创意首先要打动人的个人利益，而个人利益中最重要的是人的情感(包括：母子、夫妻、兄妹等)。能感动人的广告应该是广告创意中的最高境界。美国广告创意中情感广告运用很多，而且很成功。目前，国内许多广告片的创意，比较注重产品的介绍，画面组合制作缺乏深层次、独特创新的广告。

四、美国广告公司经营观念对我国广告业的启迪

1、品牌管理极其重要，要使我国民族工业产品品牌成为世界名牌，国内广告公司要注重对已有合作关系客户品牌进行精心的企划，在不同发展时期，要赋予品牌新观念，以保持品牌的竞争力。要使品牌植根在消费者心目中，培养消费者对民族产品品牌的忠诚和喜爱度。

2、要切实注重广告的策划和创意，要将广告公司主要经营精力向提高广告策划和创意水平方向倾斜。

3、广告人要不断地加强与世界先进广告公司经营管理观念的交流，坚决克服固步自封，夜郎自大的思想，要强化危机感。

4、要培养树立我国企业家的广告意识，进一步强化广告在市场经济发展中的重要作用的宣传。

5、要发展培育广告业的专业市场，大力发展广告中介机构。

6、要扶持发展广告集团，形成中国广告业整体作战能力。

7、广告管理部门应进一步完善广告管理法规，为广告公司创造公平、宽松的竞争环境。

中国广告人才第四批赴美培训团总结报告要点

(1997年11月)

美国广告界同行找到了谈话的对手

此次培训团赴美的主要活动安排包括三个方面的内容：

一、在纽约州立大学进行广告策划与创意理论的专题学习，由该校资深的广告专业教授主讲。

二、考察纽约、旧金山等地的户外广告业，并参观美国最大的户外广告公司 Outdoor System。

三、了解美国广告业的管理情况，特别是与美国广告代理商协会直接对话。通过这一系列的培训和考察活动，培训团成员不仅比较系统地掌握了国际最新的广告策划与创意理论，而且对美国广告业的发展情况有了较为全面的认识。

在 Outdoor System 户外广告公司，培训团成员就中美户外广告业发展等各种问题进行了讨论；在美国4A总部，培训团成员就行业自律和服务提出了一些很有份量的问题，使他们感到是真正找到了谈话的对手。

与国际水平相比，我们究竟差在哪里？

一、理论上差距不大，关键是理论与实际的结合

尽管国内不少广告精英人士均对从西方引进的成熟理论有较为深入的掌握，但通过在美国与广告公司研讨广告创作的案例，认识到我们的差距往往存在于实际操作中。

二、美国的户外广告数量不多，比重不大，但创意精良，设置合理

美国户外广告使用的材料与技术并不比中国先进多少，但更强调创意，且设置合理，非常注重与环境的协调，给人以美的享受，不仅增强了接受效果，同时也美化了城市，使商业利益与公共利益相一致。

三、美国广告公司数量少，规模大，专业分工比较合理，发展势头仍很强劲

美国广告公司总数只有12000多家，其1996年的营业总收入为175.2亿美元，平均每家公司146万美元；而同期中国的广告公司数量却多达25726家，每家公司的平均营业收入只有61万元。

从提供服务的范围看，美国广告公司可分为三大类：一是提供全方位服务的综合广告公司，多为跨国公司，在世界各地设有分支机构，可以为客户提供全面的、全球性的广告代理服务；二是仅提供某一环节服务的专项广告代理公司，如：专营户外广告、专门从事影视制作、从事媒介购买及网络广告等；三是主要针对不同文化背景的市场提供服务的专业广告公司。

大型广告公司呈现强劲的增长势头，主要得益于对高新技术的应用和全球化的经营策略；但在地方业务中小公司仍占有不小的市场空间。

四、美国4A在广告界拥有强大的影响力

成立于1917年的美国4A是美国广告代理商的行业组织，由1200家广告公司会员组成，这些会员只占广告公司总数的10%，广告营业额占了全美广告业的80%，在美国前100位的广告公司中，4A协会成员占92位。4A的主要作用主要表现在以下几个方面：

1、对外代表行业利益游说政府、国会及各集团，争取有利于广告代理业发展的外部环境。

2、制定行业标准，规范行业行为，进行行业自律。

3、为会员提供有关政策、法律、业务等方面的信息服务。

4、组织开展公益广告宣传活动，树立广告代理业良好的社会形象。

关于中国广告业发展的一些思考

一、根据中国国情和中国广告业发展的特点，充分发挥政府在行业规划和管理中的作用，引导广告也形成合理的专业化分工与协作体系，在市场机制基础上合理配置广告资源，提高广告公司的服务质量，扩大广告公司的经营规模，扶持起一批真正具有国际竞争力的大型广告公司。

二、进一步强化行业组织的服务职能，增强行业组织的凝聚力和影响力。

三、本土广告公司和广告主应当携手开拓国际市场，让遍及世界各地的“中国制造”变成名副其实的“中国品牌”。

四、加快、加强我国广告人才的培养，在进一步做好广告专业的学历教育与职业教育的同时，大力做好广告专业师资的培养。

五、有必要成立专门机构统筹全国的公益广告活动，集中全国广告界的资源服务于社会公益事业。

中国广告协会外联部及IAA中国分会 1997年外事活动简要：

一、IAA认定中国分会为IAA证书考试在中国的唯一考试中心和管理部门

1997年4月1日，IAA理事长诺曼维尔致函IAA中国分会副会长吴德裕，确认"IAA中国分会是IAA证书考试在中国的唯一考试中心和考试管理部门，任何没有中国分会会长签名的考试报名是无效的。"信中还说："如果我们收到任何不是来自您办公室的报名，我们将直接让考试报名者与你们联系。"

二、国际广告协会(IAA)决定每年5月下旬举办一次《IAA国际广告证书》考试。凡通过此项考试的广告专业人员，将获得《IAA国际广告证书》。该"证书"在国际广告界和工商企业界享有很高的信誉，为全球广告界所公认。"证书"标志着其获得者已具有国际广告从业水准，是国际广告从业资格证明之一。

为了切实提高我国广告从业人员的业务素质和专业水平，造就现代广告人才，跻身于国际广告市场，促进我国广告事业的发展，IAA中国分会和中国广告协会接受国际广告协会的委托，决定组织我国广告从业人员参加《IAA国际广告证书》考试，并拟利用合适时间组织辅导(包括外语)。

鉴于今年时间过于紧迫，考生办理有关手续和备考均有具体困难，故先将考试的有关事宜和1996年考试试题及范围公布在《现代广告》杂志上，为基本具备条件的广告从业人员参加明年考试提供参考。凡欲参加考试的人员，请尽快与我会联系，我们将统一向IAA总部交涉，索取报名表，办理报名手续。根据IAA规定，报名表必须经IAA所在国家分会会长签批后，才能准予统一报名考试。

三、1997年6月，杨培青会长作为IAA理事，代表中国分会出席了IAA在荷兰首都阿姆斯特丹举行的理事会。会议审议并通过了IAA执委会自1997年10月以来的有关决议、1996年财务报告及97/98年度预算和IAA副主席兼地区总监的报告。本次会议的主要议题是选举2000年IAA世界广告大会的举办国，参加申办的国家有以色列、美国和英国3个国家。最后，全体理事投票确定英国首都伦敦为2000年IAA大会的举办地点。

会议期间，还再次就中华台北分会名称问题，作了进一步磋商和明确。

四、1997年6月，我会第二次组织了中国广告界人士赴法国参加戛纳国际广告节，并选送了19件广告作品参加比赛。代表们普遍认为，这种活动有助于扩展知识，开拓视野，提高水平。他们对我会为广告界提供这样的学习和参赛机会表示十分满意，并希望让更多的广告同仁参与此类活动。

五、7月，中国分会副会长何长林同志和中国分会原秘书长李鑫同志率中国广告谈判小组赴泰国、马来西亚以及菲律宾进行交涉与说明，争取中国台北广告同业公会在亚广联中的名称问题早日妥善解决。他们支持一个中国的原则，向亚广联的领导人分别陈述了我国广告界对这个问题的严正立场。

六、8月初，IAA中国分会副会长吴德裕同志，代表中国广告界出席了亚太广告节指导委员会成员国首次会议。会议决定1998年3月在泰国清迈市举行首届亚太广告节。会议还就其它有关问题交换了意见。中国是该广告节指导委员会成员国之一。

七、我们通过 IAA 会员通讯，每月定期向会员提供国内外广告界的动态和信息，宣传我国广告业的新政策、新动向，介绍国际广告界的一些重大活动。

八、无偿为会员单位在会员通讯上做宣传工作。从年初开始，我们定期专门介绍中外合资的广告公司，为树立良好的会员公司形象做了一定的努力。从明年起，将扩大这方面的宣传工作，希望 IAA 会员单位积极投稿，及时宣传自己公司的形象。

九、9 月，在北京举办了纽约国际广告节获奖作品展示会，特邀该广告节主席来京进行宣讲。该广告节是国际四大广告节之一，它设置八个奖项，展示了当今国际广告业的先进水准。明年争取组团参加该项活动。

十、今年，共发展新会员 20 名，其中媒介单位会员 5 名，公司会员 13 名，其它会员 2 名。现有会员总共 82 名。

IAA 中国分会 1997 年年会在北海市召开

1997 年 12 月 4 日至 5 日，IAA 中国分会在广西北海市召开年会。48 名分会会员和 15 名当地广告界代表参加了会议。广西自治区工商行政管理局副局长黄绍熙、北海市副市长周广能出席了会议。

会议听取了 IAA 中国分会 1997 年工作汇报，讨论了 1998 年工作要点。

与会代表充分肯定了 IAA 中国分会一年来所做的工作，并对今后工作提出了一些积极的意见和建议，主要有：

1. 应当有选择地参加一些国际会议和活动，目标要明确；组团参加国际会议和活动要根据活动性质分别组织有关人员参加，对于戛纳节或其它以评选作品为主的广告节，应主要组织创作和设计人员参加，并要重视派遣年轻人；

2. 参加国际活动之后，应注意成果的挖掘和研讨，以更好地吸收利用国际上的先进经验和技术，提高自己的水平。

3. 中广协和 IAA 中国分会要重视加强外语人才的培养，改变目前团员出国后大部分听不懂、看不懂的现状。

杨培青会长主持会议并作总结发言。她说，IAA 中国分会作为对外开放与交流的窗口，要积极探索中国产品进入国际市场并创名牌的有效办法，在提高我国产品国际竞争力方面作出贡献。

广告学术论文选登

中国广告人才需求与广告教育状况调查报告

“中国广告人才需求与培养”课题组

前　言

中国广告业蓬勃发展急需广告专业人才。

中国广告教育近几年迅速发展,广告专业成为各院校竞相开办的专业。

中国广告教育发展该有多大规模才能与中国广告业相适应?

广告人才培养供需双方要求怎样?

宏观上中国广告教育发展战略应是什么?

……

为进一步从理论上研究中国广告业发展,应先从广告业的发展与广告教育发展状况入手。

为此,中国广告协会学术委员会受国家工商局广告司委托、立项,组成“中国广告人才需求与培养”课题组,通过调查研究,理论分析,以求对中国广告业人才需求与培养有一个基本战略框架。

课题组由下列人员构成。

组　长:赵晨好　中国广告协会副会长、学术委员会主任、中宣部新闻局副局长。

副组长:张冬兴　中国广告协会学术委员会常务副主任。

组　员:潘大钧　中国广告协会学术委员会副主任、北京商学院教授。

姜　弘　中国广告协会学术委员会副主任、大诚广告公司董事长。

陈　梁　中国广告协会学术委员会常务委员、《中国广告》杂志主编。

黄升民　中国广告协会学术委员会委员、北京广播学院广告系主任、教授。

程庄庄　中国广告协会学术委员会秘书长、中国广告协会学术培训部副主任。

丁俊杰　北京广播学院新闻传播学院副院长、副教授。

课题研究目的

随着改革开放的深入,市场经济的发展,商品竞争呼唤广告业,广告业高速发展与竞争呼唤着广告专业人才。社会急切的广告人才需求促进了中国院校广告教育的发展。

院校的广告教育是广告业的重要组成部分,它对广告业发展起着推动作用,广告人才的素质直接影响着中国广告业的水准和健康发展。从 1984 年厦门大学创办了中国第一个广告专业以来,目前,据不完全统计,中国先后有 80 多所院校开办了广告专业或广告系。然而作为教育"观念超前,效益滞后"的特征,只有对广告业人才需求与广告教育进行综合研究,以便有一个翔实的定性与定量的分析,才能为宏观与微观提供决策依据,以期全面提高我国院校广告教育水平,从而使广告人才培养与广告业人才需求对位,广告教育与广告业都能得以健康发展。

课题研究内容与方法

本次研究以广告教育为重点,主要针对已设置广告专业(系)的全国院校作为研究对象,旨在了解我国广告教育现状、目前存在问题与今后发展方向,以求从实际调查中得到数据支持和实证依据。此次调查以普查方式进行,根据 1996 年招生简章显示的全国 49 所开办广告专业(系)的院校,全数发出问卷进行调查。调查内容包括:广告专业的基本情况;广告专业师资情况;广告专业学生基本情况;课程设置与教材情况;对院校广告教育的了解与建议等。

为了使"供"与"需"的情况能有个全面了解,本次调查中,同时对中国广告经营单位用人情况进行调查,旨在了解广告经营单位用人情况与现状,对广告人才需求以及对广告教育的态度与看法,力求对广告人才需求动向、广告教育发展方向提供实证依据。此次调查采用典型问卷调查方式,以中国广告活动及广告业发展具有代表性和最具集中与成熟的京、沪、穗各选取 50 个样本,在三个城市中 1995 年广告营业额相对较大并具稳定发展的广告公司中,各抽取国有性质广告公司 20 家、集体性质广告公司 20 家、私营广告公司 5 家、中外合资广告公司 5 家为调查对象。调查内容包括:广告经营单位基本情况;广告经营单位员工基本情况;广告经营单位用人情况;对广告教育的态度等。

"中国院校广告教育状况调查"发出问卷 49 份,共收回问卷 33 份,除 3 份统计缺陷过多无法列入统计,实际有效问卷为 30 份。"中国广告经营单位用人情况调查"发出问卷 150 份,共收回有效问卷 119 份。采用统计分析软件 SPSS FOR WINDOWS 6.1 进行数据分析处理,分别写出《全国 30 所高等院校广告教育状况调查分析报告》和《北京、上海、广州三市广告公司人才需求调查分析报告》。本报告则以这两个报告中有关数据、事实为依据,结合中国广告业现状与发展态势的有关资料进行综合分析。

课题组从 1995 年 8 月开始进入基础工作运作,到 1996 年 9 月进入调查实施阶段,1997 年 1 月由北京广播学院广告学系国际广告研究所进行数据分析处理,完成调查分析报告,而后中广协学术委员会的部分专家、学者利用此次调查统计分析资料,分别进行了研究,并写出论文。

1997年5月中广协学术委员会在北京举行了课题论证会。整个课题研究历时二年。现将课题研究结果报告于后。

课题研究结果与分析

第一部分 中国广告教育初具规模 适应中国市场经济发展需要

一、填补了高等教育广告专业的学科设置的空白

长期以来,我国高等教育中没有广告专业。1984年厦门大学在中国第一个设置广告专业,实现了我国高等教育中广告专业零的突破,填补了高等教育的学科的空白,结束了我国高等院校无广告专业的历史。调查表明,至1992年院校设置广告的有6所(占样本数的20%)1993—1994年随着广告业发展新增广告专业的院校占调查总数的53.4%。十几年来在广告专业设置发展过程中逐渐形成了专科生、本科生、研究生的多层次专业结构和导师专门指导、面授、函授、双学位的多样办学模式,广告专业设置的体系在不断完善。我国的广告教育呈现如下特点:起步晚、发展快、由少到多、由低到高,既反映社会经济发展客观要求,又体现出符合发展的强烈的时代感与必然性,中国的广告专业教育有了坚实可靠的阵地。

二、广告教育在布局与结构上初具规模

目前设置广告专业的院校,从地域看,主要分布在京、沪等直辖市和经济发达的东部、中部省会城市及沿海城市。从院校类型看,几乎所有类型院校(包括综合性大学、财经学校、商学院、广播电视类院校、新闻学院、美术艺术学院、师范院校、民族学院等等)都先后设置了广告专业。调查表明,广告专业集中在综合性大学为多,占有效样本60%,商业财经院校、广播电视类院校及师范院校各约占10%左右。从归属来看,调查表明,我国院校的广告专业几乎设遍与之相关的所有的文科院系之中。其中,以设在新闻院系所占的比例最高,占44.8%。

上述情况表明,我国广告专业设置布局结构呈现"三多"特点,即设置在经济发达的城市居多;综合性大学居多;归属在新闻院系的居多。这有利于依托经济发达地区优势和发挥院校的优势,推动广告教育快上,短期内形成规模。

三、广告专业教师队伍初步形成

调查表明,50%院校广告专业的专职教师有6—10人,21.4%的院校有专职教师11人以上,其中15人以上的院校占10.7%。由于广告专业是新兴学科,设立广告专业之初缺乏师资的院校,目前已有77.8%的院校缓解了师资困难。从教师年龄看,31—50岁居多,占62.4%,体现出年富力强,生机勃勃。从专业、专长看,基本可涵盖广告专业课程的教学需要。教师学术论著、科研成果也较丰硕。而且,已有一定数量的硕士生导师及少量参与指导、培养博士生的导师。调查表明,各院校领导对本校广告专业的教师评价比较高,"很能胜任"与"比较能胜任"的占93.1%,反映一般的仅占6.9%,而且无不好评价。可见,我国广告教育的师资队伍在短短十几年时间较快形成。

四、初步适应中国广告业对广告人才的需求

中国广告业处于快速发展过程中,短时间内缺少精力与财力自己进行符合本公司所需人才的培养。30个样本统计表明,我国院校广告专业向中国广告业已输送了1858名毕业生,其中本科毕业生850名,大专毕业生967名。广告界对广告专业和毕业生评价较高,普遍欢迎。68.45%的广告公司赞扬广告专业毕业生在工作中比非广告专业毕业生表现好。广告界招聘人员时,往往优先考虑录用广告专业毕业生。究其原因:与广告专业学生入学时素质较高(录取分数较高的占总体60.7%,广告专业是高分生源的专业),和广告专业教师尽心尽责教学,学生在校时重视参与实践(学生参与社会实践"很积极"和"比较积极"的为96%)等因素有密切关系。广告专业的毕业生就业去向主要有四个:广告公司38%,媒介27%,企业广告部门22%和留校任教13%。毕业生对就业状况总体比较满意,认为"很好"和"较好"的达72.2%,尚无觉得"不好"的反映。这些毕业生进入广告界有利于我国广告业的整体水准的提升。

第二部分 中国广告教育的发展得益于广告业的发展和教育改革的深入

一、中国广告业的发展给广告教育提供了空间与支持

十一届三中全会后,改革开放政策的实施,使中国广告业得以恢复。1979年中国各大众传媒开始恢复商业广告,电视也开始首播商业广告。随着改革深入与市场经济发展,中国广告业进入持续高速发展。1981年全国广告的营业额仅1.13亿元,广告经营单位仅1160家,广告从业人员仅16160人。到1996年底全国广告营业额达3666371万元,广告经营单位达52871家,从业人员达512087人。广告竞争激烈与现代广告意识深化,使许多广告经营单位着眼增强自身实力。调查显示,制作型广告公司,经营额在500万元以下较多,而全面服务型,经营额在1000—1999万元及5000万元以上的相对较多;规模在20人以下,经营额多在1000万元以下,而人数在51人以上,经营额在5000万元上,占绝对多数。规模化经营成为广告公司的发展目标。为此,急需各种广告人才。社会对广告专业人才的需求总体呈上升趋势。

随着广告业发展,国家对广告业的重视,1993年国务院在"发展第三产业的规划"中,将广告定位为"知识密集、技术密集、人才密集"的高新技术产业,这是中国广告业发展史上划时代的里程碑。这一重大决策,促进了广告业的知识结构构成和广告业运作的改变。国家工商管理局和中国广告协会也从行业管理上多次呼吁广告业应重视人才结构并及时调整适应,从而使中国广告公司对广告业定位的认识深化,对高素质的广告专业人才的需求,更显突出。

社会需求直接刺激和推动中国院校广告教育的发展。80年代中国仅有几所院校有广告专业,而1993年和1994年是成立广告专业最多的年份,各占总体的26.7%,两年相加超过总体半数。而广告公司由1992年3037家发展到1994年18375家,发展达五倍。足见中国院校广告教育与社会广告业发展是相呼应的。另外,从广告专业自身来看,调查中73.7%的院校认为"社会对该专业的需求量大"是自己设立广告专业最重要理由。而认为该理由重要的百分比高达92.8%。足见广告业发展带动了院校广告教育的发展。

院校广告教育发展的实际,说明了其属于中国广告业的一个部分,是广告业人才培养基地。调查表明,广告专业毕业生在广告公司不同来源的员工素质与能力评价中其专业基础评价最高,达4.08%(1分为最差、5分为很好)。而专业水平、专业能力、创造力也相对高于其他

来源的员工。历年毕业生去广告公司最多达38%，足见中国广告业对院校广告教育认可与重视。广告业对院校的广告教育，在资金、设备的支持也是多方面，这些支持，解决了部分教育经费不足，使广告教育得以继续。

二、广告教育得益于教育制度改革的支持

教育改革使高等教育适当扩大了院校办学的自主权，加强了教育与社会经济发展的协调性。1984年厦门大学从传播概念出发，第一个把广告专业设置在大众传播范畴的新闻系里，使中国广告教育突破了商业、经济类院校而走向多种类型院校办广告专业的格局。调查表明，广告专业设置在综合性大学占60%，商业经济院校占10%，广播电视院校占13.3%，师范院校占6.7%，其他10%，而广告专业所属院校，新闻类44.8%，管理经济类13.8%，艺术类10.3%，中文类6.9%，社会学17.2%，其他6.9%。新闻类中，北京广播学院、吉林大学、武汉大学分别设立广告系。在专业发展过程中，已形成了从硕士研究生、双学位、本科生到专科生、函授生的多层次人才培养模式和多样化办学方式，教学体系在不断完善。

三、广告教育得益于院校的自身努力与适应

调查表明，在各广告专业成立之初，几乎都是经费不足（而带来设备与资料也不足）和师资不足。经各院校办学人员的努力，使77.8%的院校认为已解决“缺乏师资”之困难，“缺乏教材与图书设备”已获解决也达44.4%。“教育经费不足”是广告专业成立之初最大困难，经各院校办学人员努力，在上级支持和通过办经济实体、争取社会支持、赞助等方式，经费情况有所改善，目前在经费上认为“尚可”占30%，而“十分紧张”也仅占33.3%。这给广告教学的进展提供了一定基础。

中国院校广告教育工作在短短十余年时间，在不断探索中获得了自身的发展，取得一定的成绩。这些成绩是值得肯定的，它有利于广告业进一步发展和广告教育工作的深入。

第三部分　中国广告教育发展面临的问题

综合分析两个调查报告，明显反映出中国广告教育面临着一定的困难，存在着发展障碍。

一、专业设置无序，培养目标模糊

广告业的迅猛发展，带动了高校争办广告专业的热潮。1992年以前全国仅有6家院校设立广告专业，30个样本中80%院校均在1993年以后成立，以1993年与1994年为最高峰，为53.4%，多数院校均是在经费不足（75%）、缺乏师资（75%）、缺乏教材（75%）、教学设备不足（92.2%）情况下匆匆上马。成立广告专业的最重要理由均为“社会对该专业人才需求量大”占73.7%，同时“原有专业结构老化，无法适应社会需求”也达10.5%。可见成立专业时，对广告专业需要什么人才、培养目标、师资力量、优势定位等均未作认真调查研究与论证，更缺乏一个完整的广告业人才需求前瞻调查，作为广告教育是一项投入大、周期长、见效慢的事业，高校争办广告专业也反映出观念与认识、人财物准备上的不足。讲实惠、急功近利使得一些院校在经费、师资、教学设备等条件并不成熟的情况下，仓促成立专业，先天的不足必然带来发展后劲不足。

广告专业成立时，多数院校均未对自己的专业，根据市场需求与自己优势进行定位，申报时多为“广告学专业”，培养目标也比较含糊。特别是培养目标确定后，需要什么基础与专业课程支持和相对应资历的教师支撑，多少有点“抓到篮子里就是菜”的味道。随着社会需求进一步明确，不少院校开始调整培养目标，在培养目标中多数确定在“广告策划”这个类别中

(79.3%)。广告业内人士都熟悉,“广告策划”是一种运作形态,它是多类型人才汇聚,采用群体运作的方式,同时从事广告策划的各类人才都深具市场经验与广告经验。而四年本科学生毕业后能否胜任,仍是需要研究,况且学生在校期间大量的时间是学习广告专业知识,实践经验甚少。把广告策划定为培养目标似乎欠妥。同时不少院校填写的调查样本中均把广告策划列为优势,26 个样本中有 12 个占 47%。视其院校性质与相关学科情况,很难相信其具有此优势。可见广告专业成立时缺乏优势定位,导致培养目标不明,广告人才多元培养将会导致名存而实亡。

二、师资堪忧,课程设置随意

广告业的竞争是人才竞争。高素质的人才支持着广告行业的发展。广告教育要发展也需要高素质的师资。作为专职教师是学校教学主力,但从人数看,调查表明:50%院校的师资目前仍以 6—10 人为主,另有 28.6%的院校专职教师人数不足 5 人。同时调查表明,目前有效样本教师总数 238 名,学生在校数为 2216 人,教师与学生比为 1:9.8。这么少的人员来主持广告专业的正常教学与日常工作,其专业水准和教学质量不免令人担忧。从教师资质情况看,教授仅占 6%,讲师最多达 39.7%,广告教龄 47.2%在三年以下,而五年以上仅 16%。教师的学历多为大学本科毕业占总体 68.5%,而教师中来自广告专业毕业仅占 14.47%。多数教师是设专业时由本系的教师转为广告专业的,而这部分教师经过培训的占 41.38%,未经培训的 31.08%。在培训中,多为一年以内,一年以上仅占27.3%。这些培训多数是到兄弟院校随班听课,也就是与普通学生一样学些广告知识。至于去广告公司培训,也多是随公司业务做些活,并未能深层次把握总体的运作及经验真谛。调查表明,教师的培训仍属于低层次培训。再从专职教师专业情况看,多数是出自中文类,占 25.9%,其次是美术设计类占 23.2%,经济类仅占 4.9%,从此可见,专职教师专业情况与广告专业要求相距甚远。因此因人设课的情况的发生也就不奇怪了。在教师人数不足情况下,自然也无力对教师资质进行筛选,这就很难保证教学质量的提高。

广告教育发展 13 个年头,广告专业基础理论体系还迟迟未能成型,就院校而言,许多教学仅有自编教材而未有全国统一教材。教学工作随意性比较大,课程设置合理性与科学性也无从监控,调查中竟出现 27 所院校共填写出了 507 门课程,有些课程明显与广告专业无关。

三、经费不足,设备匮乏

教育经费紧张是各院校各专业普遍存在的问题,而作为新兴专业,创办伊始,设备、图书、资料等所需启动资金较大。多数院校广告专业是白手起家,资金很难到位,因此教学设备严重不足,无法适应广告业不断发展变化的需求。经费不足成为广告专业的最大问题。调查结果显示,在回答问题的 30 个样本中没有一个院校对自己教育经费感到“十分充足”和“比较充足”。在专业成立之初,经费列为最大困难的占总体 39.3%,在目前最大困难中,仍占总体 27.3%。目前经费十分紧张占 33.3%,比较紧张占 36.7%。在统计中,广告专业目前最大困难中,以教学设备不足占总体 31.8%,居于榜首,其实质也仍是经费不足的问题。作为广告专业是一个二级学科中一个分支,国家教育管理部门不可能有太多的投入,因此有 50%的院校通过办实体来解决经费来源。但广告专业根本的目的还是教学,从一些院校实践看,如不妥善处理好教学与经营关系,势必分散专业教师精力、影响教学质量。作为社会资助,这是一种不稳定的形态,同时资助单位还常附有种种附加条件,也会影响教学的科学性。因此经费不足将继续困扰广告专业的教学,成为广告专业发展的障碍。

第四部分　中国广告教育发展的思考与建议

一、开展广告教育发展战略研究

中国广告业发展潜力很大,为中国广告教育提供了广阔的空间。中国广告教育的机会与困难并存,如何珍惜十分有利的发展环境与广阔空间,避免盲目性,寻求21世纪中国广告教育发展道路,当务之急的是必须重视广告教育的发展战略研究。争办广告专业热的出现,正是发展战略研究滞后的结果。因此,当前应就本次广告业与广告教育的调查入手,进一步开展发展战略研究,确认中国广告教育的规范,开展广告人才教育工作的评估,确立广告专业的资质标准,确保培养高素质的广告专业人才,以支持中国广告业发展需求。

广告教育发展战略的研究,应是开放式的研究,不能仅是几个院校与有关教育领导部门的研究,应注意吸收广告业的管理部门、广告业的行业组织以及在广告业从业的专家学者一起共同探讨研究。突破教育"条"的概念,以广告业"块"的概念来进行研究,并且放在世界广告业发展的大背景下来进行研究,以保证"供"与"需"平衡,广告教育与广告业共同发展。

二、政策倾斜,保护重点

广告教育不能以量取胜,广告教学质的提高是广告专业高分生源的呼唤,也是广告教学得以发展的根本。当前各院校纷纷开办的广告专业,水准参差不齐,应建立教育水准审核鉴定制度进行检测。对于专业基础好、办学实力强、定位准确、学生在社会上受欢迎、专业发展潜力大的院校,给予重点扶持,在政策上给予一定倾斜,包括教育经费、师资调配、设备的拨给、招生范围与规模等,均以优先,使之办出特色,促其尽快发展,形成规模。而对于那些不够专业水准的"广告专业",实施关、停、并、转,这样就能使有限的教育经费、有限的资源、有限的人力发挥在重点院校上,保证人才培养的高素质、高水准,避免盲目性,避免有限资源的浪费和"误人子弟"。在保护重点中,应改善广告专业教师的待遇。调查中,有83.4%教师对现状不满意,究其原因主要是"学校的待遇太低"。解决教师待遇问题,有利于稳定教师队伍和集中教师教学精力(调查表明目前广告专业教师兼职达81.8%,利与弊当进一步讨论),从而推动教育水平稳步提升。

三、确立培养优势与社会整合观念

各院校有各自优势,而广告业的现代广告观念使广告活动呈现多元化。充分发挥有关院校的优势、培养专门人才,以适应广告业人才多元需求。调查表明,广告公司更看重人才的"人品"与"创造力",同时"广告经验"和"独立工作能力"也是比较注重的因素。在不同城市比较中,北京与广州看重人品与创造力,上海则看重人品与独立工作水平。广告公司对院校广告专业毕业生的评价较高的是:有扎实的专业基础与外语水平。相对较差的是创造性、应变能力和语言表达能力。广告经营单位比较同意"广告专业的学生到社会仍需接受培训"和"实际操作能力的培养更重要"的说法,普遍认为目前国内的广告教育还不算成功,尚有待改进,与此同时,对大力发展高等院校广告教育以解决广告专业人才缺乏抱有很大希望。可见,简单的共性教育不利于人才优化与专业化水准提升。因此,在完成广告专业基础教育的同时,广告教育应根据院校自己优势,培养与广告专业需求相吻合的专业人才,以求社会整合动作。如艺术类院校则侧重于创意、创作人才的培养,综合性大学则侧重于广告管理或广告综合型人才,商经类院校则侧重于广告营销、市场调查,新闻类院校则侧重于传播与媒体研究等等。这种观念的确立,有利学生到社会上形成优势互补和本专业深度优势的进一步发掘,同时也有利于在教师中培养与确立学科带头人与门类专家，达到教学互长，学校与社会和谐组合。培养优势与社会整合观念的确立，也有利于调动本院校相关学科对广告专业的支持，使师资不足得以缓解，教学质量得以提高。

四、专兼结合，既夯实专业基础，又强化实践

广告专业师资不足是广告教育质量提高的障碍，在当前有限的时间与人力情况下，除调动专业教师的主观能动性与积极性外，采用兼职教师（客座教师）是缓解师资不足的办法之一。特别是社会实践性与实际经验上，专职教师尚有欠缺。应尽量聘请社会上广告实践经验丰富的广告专业人士为兼职教师，以补充专业教师知识不足。广告业是一个实践性非常强的行业，它面对着多变的市场，多变的消费者，日新月异的商品和复杂的市场竞争，学校是一个相对稳定的专业知识的教育基地，调查表明，学生实践普遍不足。一方面要走出去，另一方面也要请进来。不断引进在社会上摸、爬、滚、打的广告专业人士到学校讲学，将有利于学生的全面发展，不断充实学生实践知识与社会观念。客座或兼职教师，也应优胜劣汰，不搞终身制，实行定期聘任制。专兼结合既有利于学校教学与社会相结合，也有利于促进广告业专业人士从经验转向理论提升。

五、开展多种形式的广告人才培养

广告公司是广告业主体，对人才需求最迫切。广告专业单位除需要高素质的院校广告专业毕业生外，对于广告业现有队伍也急需提高其专业水准。目前广告专业单位教育程度普遍偏低，国有广告公司大专以下占 83.6%（高中以下 13.8%，高中 32.3%，大专 37.5%），集体性质广告公司大专以下占 80.6%，中外合资广告公司大专以下占 72.5%，私营广告公司大专以下占 75.1%。教育程度偏低，无法适应企业对市场策略与发展战略的需求。目前，广告业操作仍是经验型操作，缺乏一定理论来支撑其广告活动的策划与水准。中国的广告公司自我培训体系尚不完善，需要院校广告教育支持。因此，院校除培养高素质专业人才外，还应为广告业承担一定的广告专业单位的广告教育程度提升的职责，开办不同学制单科班、函授班等包括学历与非学历的广告教育，以满足社会需要。在培训广告专业单位的人员中，由于学员在广告业有一定实践经验，教学难度相对高一些，反过来也促进院校广告教学水准的提高。与此同时，也能从经济上对教学经费不足给予一定弥补。

六、完善教与学的评估体系

要使广告专业健康发展，必须有一个完善的教与学的评估体系。中国广告教学的评估体系滞后，无法从宏观与微观控制广告教育的规模，发展布局、专业优势发挥、教与学的结果把握。1990 年以前开办的广告专业由于审查、论证工作较严，学校的前期准备也较充分，因此这些早期审批的广告专业在社会上均有美誉度，评价较好，基本上呈健康发展状态。至于在 1992、1993 年办广告专业热中审批的广告专业，调查情况表明，资质尚有待讨论，开办以后的师资力量、教材、课程设置、实力、效果，均未能进行有效的检测。甚至目前在中国到底有多少个院校开办广告专业，仍未有一个精确的统计数字。就本次调查而言，发出 49 份问卷回收仅 30 份。对于未交的院校，经了解，回答说，“学校教育情况是学校的机密，不能泄露”；也有的则怕暴露了学校办学的不足，影响学校声誉等等，广告教育处在“占山为王”的状态，这怎么能有利于广告教育发展？足见广告教育评估系统滞后已开始影响广告专业的健康发展。

综上所述，这次调查初步摸清了中国院校广告教育的现状和中国广告业人才需求情况。为进一步开展研究奠定了一个良好开端。通过这次调查分析，也使我们更清醒地看到广告教育存在之必要和广告教育在发展过程中所存在的困难与发展障碍。在结束报告时，参加讨论

的专家学者还建议国家教委与国家工商局联手设立广告教育基金,从资金上保证广告教育的健康发展。

几点说明:

1.本次调查是根据1996年招生简章显示有广告专业的院校所进行的。有些院校鉴于师资及种种原因,实行隔年招生。因此,有部分院校在1996年招生简章中未有显示。故此中国设有广告专业的院校数不止49个。同时在院校返回样本中,在院校构成比例中艺术类院校比重略高,使得有些数据有所偏重(如教师、课程设置中设计方面比重相对提升)。

2.本次调查由于经费与精力不足,未曾对广告专业在校或毕业的学生进行抽样调查,因此尚缺乏学生对教与学问题的调查数据,相对也影响了判断质量的深度。

3.本报告侧重于广告教学的状况及分析,对于广告业调查中呈现的广告业发展的诸多问题及分析,不列入本报告,学术委员会的其他专家、学者将另行对广告业情况进行分析报告。

1997年5月

(本文执笔人:陈梁)

30所高等院校广告教育现状分析及建议

黄升民　丁俊杰　张树庭　吴　琪

第一部分　中国广告教育的产生与发展

1984年厦门大学开始正式招收广告专业本科生,是中国大陆最早招收广告专业本科生的高等院校(注:调查中显示,吉林艺术学院广告专业1958年开始招生,但实际上是以美术设计为主的专业。长春广播电视大学1985年开始招生,但属于函授教育)。此后,较早成立广告专业的院校有北京广播学院和深圳大学。1993年,北京广播学院广告专业正式招收广告学方向的硕士研究生,标志中国广告教育开始向高层次迈进。在这短短十几年间,中国的院校广告教育经历了产生的艰难与发展的艰辛,在不断地探索中获得了自身的发展,取得了一定的成绩。

一是开设广告专业的院校数量激增。根据1996年全国高考招生目录,该年度招收广告专业(在招生目录上出现广告二字即入选)的院校49所。而根据我们对北京、上海、广州三市的广告公司的调查发现,这些广告公司知道的开设有广告专业的院校达90所之多。总之,广告专业越来越多,这是一个不争的事实。这些广告专业主要分布于直辖市、经济发达的东部沿海地区及部分省会城市。

二是在专业的发展过程中,逐渐形成了从研究生、双学位、本科生到专科生、函授生的多层次的人才培养模式和多样化的办学模式。教学体系不断地完善,教育层次不断提高。调查结果表明,已经有13所院校有广告学方向的硕士导师。

三是广告基础理论研究逐渐得以开展,取得了一定的学术研究成果;在不断的摸索中逐渐有了广告教学理论体系的雏形,课程设置趋向系统化;广告教学正逐渐向正规化迈进。

四是广告教师队伍日益壮大,教师素质不断提高。

五是广告专业的教学条件有所改善。

总的说来,中国院校广告教育的产生与发展主要受到两方面的影响:

1.中国广告业的发展对中国广告教育的影响

广告业对广告教育的发展起了相当重要的作用,中国的广告业对院校广告教育的影响主要表现在三方面:

(1)广告业对广告专业人才的急切需求,直接刺激和推动了中国院校广告教育的发展。中国广告业的恢复始于1979年,随着中国改革开放步伐的加快特别是在大力发展第三产业的形势下,中国的广告业进入了高速发展的时期,广告营业额大幅度增长,广告公司数量迅速增加。从调查结果发现,1992年是中国广告教育的一个分水岭,在这之前,只有6家院校成立了广告专业,其他绝大部分广告专业都成立于1992年之后。这与中国广告业的发展是一致的。1992年小平南巡讲话之后,中国经济得以迅速发展,广告业也迅速发展起来,由此产生了社会对广告专业人才的极大需求,刺激了中国广告教育的发展。1993年,广告公司的数量是1992年的近三倍,而从调查结果来看,1993年和1994年正是中国院校广告专业成立最多的年份。另外,从广告专业自身来看,调查中有92.8%的院校认为"社会对该专业的需求量大"是自己设立广告业的重要理由。可以说,广告业自身的高速发展带来了对广告人才的大量需求,从而带动了院校广告教育的发展。

(2)广告业对院校广告教育在资金、设备上的支持是其对广告教育最直接、最突出的贡献。院校广告教育的发展是基于广告业的发展,但它同时会对广告业的发展起推动作用,有助于提高广告从业人员的素质,提高广告业整体运作水平。因此,院校广告教育实际上属于中国广告业的一部分,是广告业的人才储备基地。而广告业也意识到这一点,毕竟随着竞争的加剧,最终的竞争必将落到对高层次的广告人才的竞争。因此广告业以较大的热情来支持院校的广告教育:捐赠设备、教学用具;资助重点项目;设立教育基金、奖学金;进行合作项目等等,如厦门天朗广告公司和北京同人广告公司先后在北京广播学院设立广告奖学金,北京市广告协会和北京联合大学应用文理学院联合办学。这些支持对创办之初经费和教学设备都比较紧张的广告专业来说,无疑是一场及时雨。

(3)对广告教育的认可和尊重,是来自广告业的另一重要支持。有资料表明中国的广告业普遍欢迎广告专业的毕业生:68.4%的人认为广告专业的毕业生在工作中比非广告专业毕业生表现好,因此在招聘基层人员时愿意优先考虑广告专业的毕业生;小公司则更可能优先招聘广告专业的毕业生(参见哈筱盈):《中美广告教育之比较》)。《北京、上海、广州三市广告公司人才需求调查分析报告》也证实了这一点。

2.教育改革对广告教育的促进作用

教育制度改革对广告教育的支持也是具有决定性意义的。改革开放以来,教育也同样面临改革。高等教育适当扩大了院校办学的自主权,加强了教育同社会经济发展的协调性。高校办学方式相应发生变化,一批符合世界教育发展趋势,适应实践需要的新学科、新专业应运而生,广告专业即是其中之一。所以说广告专业的产生既是广告业发展的产物,也是教育改革的产物。

当然,中国院校广告教育的发展还得到了来自广告协会、企业等社会多方面的支持,得到了来自国外的支持:例如"中日广告教育交流"活动。可以说,中国的院校广告教育虽处于萌芽阶段,但拥有良好的外部发展环境。

第二部分 中国广告教育的现状与问题

一、社会对广告人才的需求是高校争办广告专业的主要理由

广告业的迅猛发展,带动了高校争办广告专业的热潮。目前中国设有广告专业的院校超过49家(有部分以设计为主,或者是与广告相关的专业,但也称自己有广告专业),而从广告专业设立的时间看,只有6家是在1992年及以前设立广告专业的。很显然,1992年正是中国广告发展的一个跳跃点,广告的发展带来了对广告专业人才的大量需求,正因为此,“社会对该专业人才的需求量大”成为绝大多数院校(73.7%)设立广告专业的最重要理由,远远高于“有与广告专业比较接近的专业”和“原有专业结构老化,无法适应社会需求”这一理由(10.5%)。

但是,广告教育的成就不是单靠院校数量这一指标来衡量的。中国院校广告教育向广告业输送人才也不是一朝一夕就可以完成的。“十年树木,百年树人”,教育不是一蹴而就的事情,而是一项投入大、周期长、见效慢的事业。因此,“高校广告专业”的现象就不免有些急功近利的味道。

相当一部分广告专业的设立,或者是出于对社会热潮的追随,或者是出于原有专业的危机(37.5%的院校认为“原有专业结构老化,无法适应社会需求”是该校创办广告专业的理由之一),或是对其他院校的模仿,或者最初出发点是为解决生源或学生分配问题(有15%的院校认为“扩大招生生源”是该校创办广告专业的理由之一),或者是根据上级主管部门的要求(31.3%的院校认为这是该校创办广告专业的理由之一),没有经过必要的论证就匆匆忙忙办起广告专业。因此,在蜂拥而上的众多广告专业中,正规化的广告专业并不是很多。一些院校在师资力量、教学设备等条件并不成熟的情况下,就仓促成立广告专业。在这种情况下,既缺少事前的周密准备,也缺少将来的远景规划,广告专业和教育的发展就难免举步维艰。

不过,话说回来,由于中国的广告业发展潜力很大,为中国的院校广告教育提供了广阔的空间,因此,中国的院校广告教育具有十分有利的发展环境和良好的前景,机会与困难并存。

二、对广告专业的学科归属问题的认识存在分歧

广告专业横跨了传播、艺术设计、市场、经济管理、社会学、心理学等若干学科,是由这些学科综合交叉而形成的边缘学科。广告本身综合了科学与艺术,因此,广告教育存在着学科归属的问题也就在情理之中了。对于广告专业的学科归属问题,各国的看法并不相同,最主要的有三种模式:

(1)美国模式:在美国多数的大学里,广告专业设在商学院或者新闻学院,基本上遵循科学化的路线。

(2)法国模式:以艺术院校为主,基本上属于艺术化的培养路线。

(3)日本模式:日本没有设立正式的广告专业,只是在大学里开广告讲座,因为日本的广告公司对自己公司人员内部的培训比大学中的广告教育更为重视。

目前我国的广告专业不仅设在综合性大学、商学院、新闻学院、广播电视类学院,而且艺术学院、师范学院、印刷学院、民族学院也有,几乎所有类型的院校都对广告这一新兴的专业产生了极大的兴趣。从调查结果来看,综合性大学设立广告专业的最多,占总体的60%(当然这与综合性大学数量本身就多有很大关系)。

对广告专业所属院系的调查结果表明,广告专业几乎设在了与之有关的所有的文科院系之下,其中,设在新闻院系所占的比例最高(44.8%)。但是,有些以商学为主的院校却认为自己的专业优势在平面设计,这多少有些出人意料。这种情况的出现,除了我们上面所说的许多高校创办广告专业带有很大的随机盲目性外,对广告专业的学科归属认识有分歧也是一个重要的原因。有些院校在设立广告专业时并没有结合自己院校的专业优势,只是出于一种模仿。可以说,中国高校广告专业在专业归属上是比较模糊的,相比之下,有调查表明,中国广告业中80%左右的人认为广告专业应当从属于广告学系,即把广告看作是独立的学科。

广告专业具有多层面的专业知识结构,领域延伸度大。因此,各院校依自己的学科优势成立广告专业,有方向性地、有重点地培养人才,发挥各自所长,效果应是不错的。但由于目前尚未有严格正式的学院专业水准鉴定制度,各院校的水平参差不齐,且一些院校相关学科对广告专业的支持并不明显,特色不突出。

三、经费的不足制约着广告专业的发展

调查表明,在各广告专业成立之初,几乎都遇到经费不足(由此导致缺乏图书资料和教学设备的不足)和师资不足的困难。这与我们在上面的分析是一致的,仓促上马的广告专业,碰到这些困难不足为奇。到目前为止,虽然师资不足问题有了一定的缓解,但总体上这些困难并没有得到完全的解决,反而又出现了新的问题,如教师不安心教学等。师资问题我们将独立出来详细分析,这里主要分析广告教育经费的困难。

教育经费紧张是各个院校、各个专业普遍存在的问题。而作为一个新兴的专业,广告专业的教育经费紧张问题就更为突出了。

首先,作为新成立的专业,购置设备、图书资料等启动经费数额大,在白手起家的阶段,资金不可能一步到位,所以将在相当长的一段时间内存在着教育经费紧张的问题。另外,作为一门发展极快的新专业,要想跟上广告业不断发展变化的潮流,设备要求不断更新。而面对许多新型的设备,广告教育者往往深感囊中羞涩。甚至对一些基础性的设备,有些条件较差的院校也只有望而兴叹。经费问题成为广告专业的最大的问题。

调查结果显示,在回答问题的30个有效样本中,没有一所院校对自己的经费感到"十分充足"或"比较充足";而在专业成立之初经费问题是最大的困难,占总体的39.3%;在目前的最大困难中,经费问题仍占27.3%;且其他困难,例如缺乏教材图书资料、缺乏教学设备,根本的原因还是教育经费的困难。

综合各高校当前解决教育经费问题的途径,主要有以下几方面。

(1)国家拨款:目前,国家拨款仍是教育经费来源的主渠道。

(2)社会赞助:主要是教育基金和奖学金。目前开始试行的社会办学,实行董事会制度,对解决教育经费问题有一定成效。

(3)扩大办学领域,设立函授班,既从某种意义上解决了社会需求的燃眉之急,也给学校带来一定的经济效益,缓解教育经费紧张问题。

(4)广告专业办实体,开展广告业务。在本次调查的院校中,广告专业下设实体的与无实体的各占50%。实体固然有缓解教育经费紧张,教学和实践相结合等种种优点,但是广告专业的根本目的还是教学,从一些院校已有的创办实体的经验来看,如果没有处理好教学和经营之间的关系,创办实体有可能成为广告专业发展的隐患。

在以上这些解决办法中,国家的拨款(主要是国家教育管理部门和学校)毕竟有限,况且广

告只是一个二级学科中的一个分支而已，因此，很难指望国家教育管理部门对广告教育会有更多的投入；社会的赞助往往得不到保障，而且十分不平衡，赞助单位有可能附加给受赞助单位种种条件，这往往会成为广告教学中的一种负担；利用办学或实体也只能是杯水车薪，而且还有可能分散专业教师的精力。显然只依靠一条途径是行不通的，只依靠以上方法解决经费问题也是不够的。

四、专业师资队伍素质有待于进一步提高

随着成立广告专业的院校数量激增，对广告专业教师的需求也迅速膨胀，特别是在广告专业成立之初，有75%的院校认为“缺乏师资”是当时的一大困难(有效样本数为28)。随着广告专业自身的发展，师资问题相应得到缓解，其中有77.8%的院校认为已基本触决了师资问题(有效样本数为18)。但就目前来看，仍有39.1%的院校存在着“缺乏师资”的困难(有效样本数为23)。

广告业是属于知识密集、技术密集、人才密集的高新技术产业。这是我国政府有关部门为广告业所作的定位，也是今后相当长的一段时期内广告业自身的发展方向。这一发展方向既为广告业的发展指明了道路，同时也给广告教育提出了一个严峻的问题：如何适应广告业高新技术产业化的发展趋势，切实有效地为提高我国广告业的整体水平而培养更多高素质的人才。这要求广告教育要首先做到知识密集、技术密集、人才密集，有与之相适应的师资力量。广告教育要发展，同样也需要有高素质的师资。优秀的广告专业教师是广台专业最大的资本和财富，是专业水平和专业实力的重要决定因素，是带动专业发展的重要力量。因此，广告专业师资队伍的建设关系到中国广告教育的未来。

目前中国广告专业师资主要存在如下问题：

1.师资整体素质还不理想

广告专业教师由专职教师和兼职教师组成。专职教师是院校广告教育的主力，但从人数来看，目前仍以6—10人为主(50%)；另外还有28.6%的院校专职教师人数不足5人，据我们了解，有些学校甚至只有1位专职教师来主持广告专业。以这么少的人员来主持广告专业的正常教学和日常工作，其专业的水准和教学质量不免令人担忧。此外，在本次调查的院校中还有13所院校拥有研究生导师。总的来看，各院校广告专业的教师情况相差很大。

广告专业教师基本情况可以用一组最大值来表示：教师以男性为主(69.8%)；31—40岁的最多(39.8%)，221名专职教师的平均年龄为37.3岁。而广告教龄则集中在3年以下(47.2%)，212名教师的平均教龄为4.2年；多数的教师学历为大学本科(68.5%)；讲师职称的最多(39.7%)”

从这组结果来看，广告专业教师的中坚力量是那些中青年教师。以男性居多，从大学教师的要求来看，学历并不高，从事广告教学时间不长。应该说他们年轻而富有创造力，还是很有发展前途的，他们中间的一些人将成为带动广告教育发展的主力，所以应注重对中青年广告专业教师的培养。

2.专业教师的专业及专长体现出广告教学中过分注重技能教育的倾向

有资料表明，美国的广告专业教师都有营销或大众传播学位，而中国的广告专业教师多数是工艺美术或文学学位，此次调查结果也证实了这一点。本次调查共获得224名专职教师的专业情况，中文类专业的教师人数最多(58人)，占总体的25.9%；其次是美术设计类专业教师的人数(52人)，占总体的23.2%。值得一提的是，原来是广告专业的教师占了总体的10.3%，

他们都是广告专业成立以来的早期毕业生，他们既受过专业的教育又有作为广告专业学生的体会，为院校广告教育注入了新鲜的血液，是很有发展潜力的广告专业教师。

非广告专业和非营销、传播（新闻）专业的教师有助于广告学科建设内涵的丰富，因为广告本身就是一门边缘学科。但是，在长期计划经济体制下受教育的这些教师，有些本身就缺乏市场营销的根底，更缺乏这方面的实践经验。这样，以他们自己专业来套广告，再把这种知识传授给学生，其后果是令人担忧的。

如果把专业的教师的专长粗略归类统计，我们发现广告专业教师的专长最多的为广告设计（34 人），占回答此题的 179 名有效样本的 19%；其次是广告策划（14 人），占总体的 7.8%。

在对广告专业教师的主讲课程的调查中，一共划分了 20 门主讲课程。这些课程多数是广告专业的必修课，结果是按每位教师的一门主讲课程来统计的，即每人只选择一门课程作代表。在 233 名专职教师的主讲课程中，最多的为广告设计（67 人），占总体的 28.8%；其比例明显高于其他课程。第二位的主讲课程为广告文案（23 人），占总体的 9.9%。

从广告专业教师的专业、专长及主讲课程来看，目前我国广告教育中存在着偏重技能教育的倾向。由于广告专业的教师多为中文类或美术设计类专业，所以一些院校偏重设计、文案的教学，而对营销学、市场学的教学相对弱一些。这也许与中国广告从业者对广告的认识有关。有一项调查的结果表明，在回答问题的广告从业者中，有 80% 的人认为广告应有自己独立的学系，但他们多把广告看作一种技能而非种营销职能。

广告业对广告教育的看法极大程度地影响了广告教育界对广告教育的看法。多数就广告专业谈广告，往往本来就不带前瞻性的操作层面上再细化专业领域，最后的结果只能是“技能的传授”。而事实上，中国的广告业处于一个极为复杂的环境，因此真正短缺的是具有综合能力的人才，是熟悉广告活动的整体作业流程，能够对营销活动进行整体把握的管理人才。所以广告教育应走出偏重技能教育的误区，一方面，要加强基础学科，特别是市场学、营销学的教学力量，向其他基础理论延伸和发展；另一方面，要建立一个可以介入高科技领域的操作体系。

3.专业教师的培训不成系统，层次比较低

调查结果表明广告专职教师的来源主要是广告专业所属系的教师，其中经过培训的有 41.38%；未经过培训的有 31.08%。随着广告专业的发展，对专业教师的需求量集中在 1—3 人之间（56.4%），有效样本对教师的需求总量为 79 人。在对解决教师短缺问题的方法选择上，以“骨干教师送去培训”和“聘请广告业知名人士当兼职教师”两种方法居多，均占有效样本数的 71.4%；而其中，“骨干教师送去培训”被认为是解决教师短缺最重要的方法（40.7%）；另外“招聘广告专业的毕业生”被认为是仅次于“骨干教师送去培训”的另一重要解决方法（29.6%）。

广告专业教师的专业培训情况是迅速提高广告教育水平的重要途径之一。调查结果表明，29.2%的院校有 51—80%的教师受过培训；25%的院校有 21—50%教师受过培训；而还有 4.2%的院校没有培训过教师。广告专业教师的培训以去兄弟院校和去广告公司为主，其中去兄弟院校的比例稍高一些（49.22%）。关于未来的培训计划，有 14 所院校回答了此题，计划培训总人数为 27 人。在培训单位的选择中，派往国外接受培训的比例有较大提高，升至 15%。这与广告专业的发展、实力的增强有关，也与业内和中外广告教育的交流日益广泛有关。

但是，从培训的时间看，多数在一年以内。考虑到许多教师原专业与广告关系不大，这样的培训时间显然是显得过于短促。据我们了解，到兄弟院校的培训多数是随班听课，也就是与普通学生一样学些广告的知识而已，并没有深入到教学的层面上，这样培训的效果令人怀疑。

至于去广告公司,往往也只是跟随广告公司做些活。可见,目前关于教师的培训还属于低层次的培训。

4.学术研究热情很高,但水平有待于提高

从调查结果来看,广告专业教师对学术研究比较有热情或热情很高占了绝大多数,已发表了不少学术论文,出版了不少学术论著,完成了相当一部分科研成果。共有86.7%的院校的广告专业教师对学术研究的态度是“热情很高”和“比较有热情”。从实际情况来看,也取得了一定的学术成就。有18所院校共发表学术论文244篇,其中最多的一个专业发表论文63篇。有14所院校共出版学术论著46本,其中最多达8本。有15所院校出版教材47种,最多为13种。有7所院校共完成科研成果15项,最多为5项。

从已发表的一些学术成果上看,目前广告学术界普遍存在一种浮躁的、急功近利的心态,引进的、表层的经验描述居多,有创见性的自我补充和自我完善的少,广告专业基础理论体系还迟迟未能成型。由此我们认为,调查中发现部分教师对专业的前途不太乐观是可以理解的。

5.待遇过低使得不少教师对现状不太满意

调查表明广告专业教师队伍基本稳定,在27个有效样本中,没有教师流失的院校占了绝大多数(85.2%)。而且专业负责人对广告专业教师的评价较高,集中在“比较能胜任教学上”(86.2%),且无不好的评价。

但是,广告专业教师对现状的评价则呈两极分化。在30个有效样本中,对现状比较满意的为60%;不太满意的为36.7%;相对而言,满意的多一些。广告专业教师对现状不太满意,究其原因主要还是“学校的待遇太低”(83.4%);而“对自己的知识结构不太满意”(77.7%)也是一个十分重要的原因。

五、逐渐从低层次教育向高层次教育转移

在本次调查中设计了一张表格,用来了解广告专业的招生和教育层次情况。由于数据在填答时有一些出入,故累加总人数与相应数据间并不完全吻合。在此不对数据进行过多描述,而将从数据中发现一些信息进行归纳。从调查结果来看:

1.目前我国的广告教育已初步建立起多层次的办学结构。研究生教育和双学位教育起步较晚,刚开始发展;而函授教育、专科教育、本科教育已经发展了一段时期,积累了一些宝贵的经验。

2.由于广告专业成立时间不长,有相当一部分院校还没有毕业生;在校生总数(2216人)明显高于毕业生总人数(1858人)。

3.学生中的男女人数有一定差别。总的来看男生的人数多于女生的人数,在校学生中男生为925人,女生为800人;毕业生中男生为841人,女生为532人。不过,由于广告专业多招收文科考生,造成部分院校本科生中女生数量明显多于男生数量。

4.目前的广告教育层次相对较低,本科层次以下占有绝对明显的优势,但从招生计划来看,已在渐渐调整专业的办学结构,相应减少对大专的投入,投入重心转向较高学历:本科、双学位、研究生。

六、生源素质、实践与分配

1.生源素质相对较高

广告专业虽存在着学科归属问题,但从大的概念划分上,主要归于文科,调查结果显示:广

告专业的生源主要来自文科考生(60.7%);其次是艺术类考生(21.4%);在混合招生中,文理艺的平均比例为50:48.8:1.3。招收艺术类的考生本身有助于提高广告设计、制作水平;招收理科考生,从某种意义上讲,有助于提高广告教育的科学性。

广告专业的招生地域范围以全国范围招生的为主(58.6%),总体来看,广告专业的招生范围较广,很少局限于本市范围(仅3.4%)。招生范围也是衡量专业实力的一个标志,是专业影响力的一种表现形式。招生范围越广,表明该专业的实力越强。

广告专业的录取分数水平属于中等偏高,“分数水平较高”的占总体的60.7%;样本中没有“分数水平低”或“分数水平偏低”的。

高校广告专业热也同样波及到考生,影响到他们的选择。当哲学历史等专业陷入生源剧减的尴尬境地之时,营销、市场学、公关、广告等新兴专业却一跃成为热门专业。一些考生及家长,带有一定的盲目性,许多人是冲着“广告”这个名字来的,在他们眼中,广告或许就是好职业和高薪的代名词。广告专业形成了卖方市场,于是录取分数线就像价格一样被抬了上去,高居不下。比如北大第一年招收广告专业学生,其入学分数线居全校第三名。高素质的学生固然有利于提高广告专业的水平,但高素质的学生与相对低素质的师资之间的反差,有可能会使广告专业的声誉受到损害。

2.学生积极参与实践

广告专业实践性强,从调查结果来看广告专业的学生参与实践十分积极,“很积极”和“比较积极”的比例合计为96%,其中“比较积极”稍多一些(52%)。学生实践占学习时间的比例最多集中在11—20%(45.5%),其次为10%以下的(36.4%),有效样本的均值为18.64。作为学生积极参加实践的原因,“理论联系实际,消化课堂所学”认为其重要的院校比例高达100%;另一个重要的原因是“寻找机会,为毕业作准备”,百分比为90.5%。

3.毕业后主要有四种去向

广告专业毕业生的分配形式目前还比较乐观,“分配较好”的有55.6%;“分配很好”的为16.7%。广告专业毕业生的分配方向主要有四个:广告公司(38%)、媒介(27%)、企业广告部门(22%)、留校任教(13%)。在这其中分配去广告公司的最多;其次为媒介。综合来看,今后一段时间内,广告业的人才需求量不会减少,广告专业毕业生的分配形式还是较好的。广告公司仍是今后广告专业生的主要分配方向。

七、从课程设置来看,不少广告专业是“新瓶装旧酒”

1.部分院校专业课程量严重不足

目前高校的课程设置一般包括公共基础课(如哲学、英语等)、专业基础课和专业课。专业基础课指与该专业相关的课程,就广告专业来说,主要指市场营销学、大众传播学等,专业课是指具体涉及该专业的某个方面的理论或操作面的课程,如广告策划、广告写作等。由于各院校对专业基础课和专业课的理解不同,因此,本次调查把二者合而为一,共有23所院校填答了这道题。调查结果表明,约60%的院校专业课程占了50%以上,有些院校高达80%左右。而有40%左右的院校专业课程占了不到50%,甚至有部分院校(8.7%)专业课程不到20%。这反映了一个很严重的问题,在仓促上马的一些广告专业中,有不少连基本的课程都开设不起来,只好以公共课或原有院系的课程来弥补在专业课程上的不足。课程的不足将影响学生专业知识结构的完整,其结果不言而喻。

广告是实践性很强的学科,学生在学习了基本的理论知识之后,必须通过一定的实践活动才能深刻体会课堂所学。因此,学生实习时间的合理安排有助于提高广告教学的效果。从调查结果来看,多数院校学生实习的时间占总课时的10—20%,还有三分之一左右的院校实习课时不到总课时的10%。从各院校对广告教育的建议来看,不少院校呼吁建立实习基地,可见,目前学生实习量的不足已经引起各院校的重视。

2.课程设置过分注重技能教育,后劲明显不足

课程的设置反映了一个院校广告专业的水平,而所有院校总体上误程的设置则反映了广告教育的总体水平。调查表明,目前我国广告专业设置最多的课程为设计基础和广告设计这两大类(由于有些学校在这两大类课程中开设了不只一门课,所以总计分别为69和50,超出了调查的样本)。从数据来看,每个学校平均开设了两门左右广告设计类的课,这再次说明了我国的广告教育以技能教育为主,而且,在技能教育中,还偏重广告设计。像广告摄影、印刷广告、影视广告、广告策划、广告文案和广告制作等等也多属技能教育范围的课程,较多的学校开设了这几门课程,而且平均课时均在70课时以上。

而涉及广告基础理论和知识的课程则相对较少,除市场营销学外,其他如心理学、传播学、社会学等课程的开设很少。究其原因,一方面可能是师资力量的不足,另一方面则可能与广告教育界对广告专业的认识有关。此外,像只有不到4家的院校广告专业开设广告史、广告英语这类的专业课程,主要原因可能是师资问题。

3.缺乏全国统一的有权威性的教材

由于全国没有统一的有权威性的教材,因此,各校或者使用已经出版的同类著作作为教材,或者是教师自编教材。考虑到多数教师是从其他专业转行过来,自编教材的质量不一定能得到保证。在教师自身广告专业素质不能得到保证的情况下,学生没有教材,必然会影响到教学效果,另一方面,也使得部分教师在备课时无所适从。因此,许多广告专业负责人呼吁编写全国统一教材。调查发现,一些技能类的课程和广告中的新兴课程(如广告美学等)大多数由教师自编教材。

从教学方式来看,绝大多数广告专业的课程以授课为主,包括一些技能类课程。只有部分专业的部分技能类的课程把实践也作为教学的方式之一。这与广告专业本身实践性很强的特点不相符,我们推测最大的原因是教学设备的不足或是缺少实践的机会。

各院校的广告专业对必修或选修课程的规定不一样。其中全部为必修课的课程有广告概论、广告文案、广告心理学、设计基础、广告制作、户外广告。仍以偏重技能的课程为主。

第三部分 对中国院校广告教育的建议

一、成立广告教育管理机构

目前广告教育的情况可以说是群龙无首,各做各的,由此分散了精力,阻碍了广告教育的发展,因此迫切需要有一个广告教育管理机构。尽管广告专业目前的学科定位比较模糊,但比较明确的是,广告学科本身的力量很弱,国家教育管理机关可以说是无暇顾及广告教育,其对广告教育的管理投入和资金投入也就不可能有较大的力度。而当前一个重要的事实是广告业的发展急需大量的专业人才。在这种情况下,广告教育必须走"自救"的道路。具体来说,就是由广告管理机关或行业协会承当起广告教育管理的机能。

建议由国家工商局或中国广告协会成立一个类似这样的机构,它应当在筹集广告教育基金、引导和资助广告学术研究、组织广告专业之间的经验交流、统编教材和国家教委联合进行教学评估、教师培训等方面起重要作用。

二、筹措广告教育基金

在第二部分我们分析了目前广告教育中资金短缺的情况。我们认为，在教育管理机关不能有较大的投入，其他各种方法只能是杯水车薪的情况下，由国家广告管理机关从每年的广告经营额中抽取一定比例的费用作为广告教育基金，其主要用途有：各院校改善教学条件、提高教师待遇、进行教师培训、组织广告学术研讨和教育研讨。这将会有力地促进我国广告教育事业的发展，为广告业培养大量合格人才，从而推动广告业的发展。

以1996年为例，假如从当年广告经营额中(366亿)抽取0.2%，就有7320万元广告教育基金，将大大缓解目前广告教育资金短缺的状况。

此外，还可以以优惠政策鼓励实力雄厚的大广告公司资助广告教育。

三、加强广告教育交流

加强广告教育交流有两个方面的含义：

一是指广告教育界之间的交流。目前广告教育界之间交流很少，除极少数老牌的院校外，多数院校之间可谓是老死不相往来，与广告业强调沟通的情况造成极大反差。造成这种情况的并不是这些院校真的不想往来，相反，调查表明，绝大多数院校迫切希望能够加强广告教育交流。他们希望改变各自封闭独进的局面，增进横向交流。显然，造成这种局面的原因是缺乏一个组织的机构，因此，成立相应的机构迫在眉睫(有的建议中广协学术委员会应在广告教育问题上起召集作用，成立中广协教育学会；有的建议成立全国高校广告教育学会)，其主要任务有二：定期召开全国广告教学经验交流会和学术研讨会，加强广告教育理论研讨；出版高校广告教育的专门刊物。

二是指广告教育界和广告业界之间的交流。通过相互之间的交流，广告教育界可以检验自己的教学效果，了解广告业对人才的需求情况，相应地调整本专业的教学目的和课程。同时，还可以创立实习基地，增加学生接触实际的机会；及时了解行业动态，获取最新教学案例；聘请一些有真才实学的业内人士为兼职教师等。广告业内也可以通过这种交流及时获得自己所需的人才。

四、完善学科体系

理论结合实践，但不应迁就低层的广告实践，在理论层有科学的理论体系，而非操作面的技能描述、经验总结，广告教育中技能教育固然重要，尤其关于最新的广告技术手段更重要一些，但尤应注意加强基础理论教学。目前多数院校的广告教育偏向技能教育，主要是对广告的学科体系没有完整的认识。因此，组织专家学者进行研讨，精心设计，设立一套适合我国国情的广告教育方案，在科学的基础上建立一个比较正规而系统的教学体系是当前的头等大事。

为此，加强教材建设也势在必行。组织有广告专业的院校的专题会，交流教学经验、体会，组织人员针对广告专业的特点编出较高质量的全国各广告专业使用的教材。

五、建设师资队伍

1.鼓励高层次的广告教育，如硕士教育，作为师资储备。

2.提高教师待遇。广告业的诱惑比较大,投身广告教育事业本身即意味着要做一定的牺牲,因此,提高教师待遇十分重要。一是用部分广告教育基金提高教师的收入水平,二是提高教师的专业地位,如专业职称评审、奖励优秀专业教师等。

3.加强师资培训。应当设立教师培训基地,非广告专业毕业的新教师均要进行一定的培训,可以鼓励那些广告专业办得好的学校为其他高校广告专业培训师资。也可以有计划地派遣部分优秀教师到国外接受专业培训。

六、鼓励学术研究,提高研究层次

广告教育除了为广告业培养专业人才外,还应当在专业上起领先作用,能够引导行业的发展。要达到这个目的,必须建立适应中国广告业现状的专业基础理论体系,这就要求中国广告业除了引进海外的广告理论以外,还要根据中国的现实进行自我补充完善和自我发展,这就需要中国广告业进行大量的、持久的、多元的、系统的和深层次的学术研究。因此,广告教育管理机构鼓励广告专业教师进行学术研究,尤其是深层次的学术研究是很有必要的。例如,根据广告业发展中出现的各种问题,提出各种类型的研究课题(可以偏向理论,也可以偏重实际),请各专业对此进行研究。一方面可以解决实际问题;另一方面,通过学术研究可以对广告有更深的认识,以丰富教学内容。更重要的是可以借此建立比较完善的专业理论体系,从更高的角度引导中国广告业的发展。

(本文作者:黄升民系北京广播学院广告学系主任、教授,丁俊杰系北京广播学院新闻传播学院副院长、副教授,张树庭系北京广播学院国际广告研究所所长助理,吴琪系北京广播学院国际广告研究所助理研究员)

中国广告业呼唤广告专业人才

姜 弘 许俊基 程 春

中国广告业自1979年恢复以后,一直保持着高速发展的势头,然而,发展的同时也表现出一些明显的不足,其中十分突出的问题,是目前我国广告从业人员的整体素质与现代广告"人才密集、知识密集、技术密集"的行业要求很不相称。

当前我国各类广告公司的人才状况如何?他们对各类广告专业人才的需求如何?

受国家工商局广告司的委托,中国广告协会学术委员会组成了课题组,在地方广告协会的协助下,对我国广告业最发达的北京、上海、广州三个城市不同类型的广告公司进行了问卷调查。共发放问卷150份,回收有效问卷119份。经过统计分析,对上述三城市广告公司的基本情况、人员结构以及对广告专业人才的需求,获得了实证依据。这对了解我国广告公司的人才现状、人才需求和他们对我国广告教育的看法,提供了颇有参考价值的数据和情况。

一、广告公司的基本情况

在被调查的广告公司中,从经济性质上分,有国有、集体、中外合资、私营、集体性质个人承包和股份制有限公司等六种。调查显示,国有和集体性质的广告公司最多,两者合占样本总数的72.3%。这与国家工商局1995年全国广告经营单位按经济性质分类,国有和集体性质的广告公司合计72.4%的统计结果,非常接近。说明三个城市被调查的119家广告公司,基本上能反映出目前我国广告公司的现状。

广告公司的类型,则有全面服务型、广告制作型、媒体广告公司、有限服务型、专业广告代理和其他类型的。从总体上看,全面服务型的广告公司最多,占样本总数的67.2%;其次是媒体广告公司,占10.9%。这种情况,一方面反映出全面服务型的广告公司在广告公司乃至整个广告行业中的主体地位,表明我国为数众多的广告公司,正在朝着为客户提供全面服务的方向发展,为提高我国广告业的整体经营水平做出自己的努力;另一方面,调查中也发现,不少声称全面服务型的广告公司,实际上并不具备全面服务的能力,不能实现真正意义上的综合广告代理。比如,市场调查应当成为全面服务型广告公司的重要标志之一,然而在被调查的全面服务型广告公司中,仅有16.8%的公司设有市场部,这说明仅从部门设置的角度来验证,多数全面服务型的广告公司,实际上远没有达到提供全面服务的能力;第三,媒体广告公司的数量在各种类型的广告公司中位居第二,应属中国特色。这类公司凭借独有的、垄断性的媒体,如公交、地铁、路牌等优势参与竞争,虽服务比较单一,但效益颇佳。因此这类广告公司发展很快。在中国广告市场尚不成熟的条件下,这种情况的出现实属必然;第四,调查中其他各类广告公司,比如专业的市场调查公司、影视制作公司等虽然比例不大,但却表明一部分广告公司正在朝着专业化、细分化方向发展的趋势,从中国广告业长远发展的角度看,这不能不说是一个好的兆头。

目前广告公司的规模,可以从以下两个主要方面显示。

第一,广告公司的人数规模。调查表明,一般广告公司在成立时,人数多在20人以下,占样本总数的84.2%,50人以上的广告公司很少,仅占4.4%。而现在11—30人的广告公司最多,占51.4%,50人以上的广告公司也增加到17.5%。这说明,广告公司的人数规模正在不断扩大,同时也说明现有广告公司的规模还不够大。

第二,广告公司的经营规模。在被调查的广告公司中,1995年经营额在500万元以下的为29%,占了将近三分之一,而经营额在5000万元以上,具有一定规模的广告公司,才有11.2%。

按照1995年全国22691家广告公司的经营总额1071245万元平均计算,每个广告公司的经营额只有47.2万元。

由此可见,目前广告公司不论是在人员和经营规模上,其规模化程度都比较低。这与广告业发达国家的情况相比、与广告行业本身需要规模化经营的要求相比,确实是一个让人乐不起来的现实。这说明我国广告业的发展速度虽然很快,但是其整体经营水平并不高。

与上述情况形成明显反差的是合资的广告公司。本次调查,百人以上的广告公司中,合资公司所占的比例最高;另外1995年经营额上亿元的广告公司共有7家,其中4家为合资广告公司。这4家公司的经营额,占了上亿元广告公司经营总额的76%;排序中的前三位,也都是合资的广告公司。这充分说明外资广告公司规模化经营的实力,已在中国的广告市场上显示出强大的威力,而且将会越来越明显。

二、广告公司员工构成情况

调查表明,目前广告公司的员工构成,大体有如下几个方面的特征。

1.男女性别比例差别不大,男性略多。这一结果对广告行业来说,有其合理性。因为广告活动和广告的商品,所涉及的领域十分广泛,且广告活动又是以脑力劳动为主的活动,因此在男女性别上有很大的兼容性,甚至在某些方面,不同性别更能表现出独具的优势。

2.从业人员普遍比较年轻。在被调查的广告公司中,22岁到29岁之间的从业从员占40%以上,30岁到39岁的中青年占30%。这一结果,证实了广告是年轻人的行业的说法。但由于年龄偏轻,也造成了专业经历和经验的不足,影响专业化水平的提高。

3.从业人员的教育程度偏低。高中、中专以下学历的人员占调查总数的46%;大专和本科学历的占53%,硕士和博士研究生在广告行业中则属罕见。这与广告是“三密集”高新产业的要求不相适应,也是我国广告业整体水平上不去的重要原因。

4.广告从业时间不长。调查中65%的广告从业人员,从事广告专业的时间多在5年以下,而从业10年以上的仅占10%。这与中国广告业从1992年开始跳跃式发展不无关系。多数从业者是从那时以后加入广告业的,因为从一开始就缺乏专业训练,综合知识又不足,因此在专业上表现出明显的弱点。

5.接受广告专业教育的比例较低。由于中国广告教育起步较晚,且尚未形成规模,因此广告从业人员从其他行业转过来的较多,占广告公司员工来源的30.5%。已有高等学历和具有技术职称的人员中,相当人数所学专业与广告专业不相近或完全不同。这一部分人基本上没有受过广告专业教育。广告专业毕业生在广告公司的员工中所占比例仅为6.3%。

6.员工收入多在2000元以下。调查显示,广告公司员工收入在2000元以下的,占75%;而3000元以上的仅占10%,而且大部分是公司的管理人员。看来,广告业是高收入行业的说法很令人怀疑。

当然不同经济性质的广告公司其员工构成的综合情况,也呈现出不同程度的差别:

1.公有制性质的广告公司(国有和集体性质的广告公司,各方面情况都很类似,故将其归为公有制一类):男性居多,年龄偏大,以30岁以上为主;学历相对比较低,多为大学专科或大专以下,本科以上的很少;月收入偏低,999元以下的比例较高,月收入3000元以上的高收入员工比例较低;员工从事广告工作的时间较长;员工来源以从其他行业转行的和非广告专业的大学毕业生较多,有相当一部分员工是从上级分配的,在人力资源的选择上,显然受到其他性质广告公司很少碰见的限制。公司成立时间一般较早,由于受体制、国家规定等限制较多,包袱重。因此,对广告人才的吸引力比合资公司小得多。由于不能大量补充新鲜血液,尤其是具有现代广告意识的广告新人,公司发展后劲不足。

2.中外合资广告公司:女性多于男性:员工普遍比较年轻,30岁以下的员工超过半数;学历相对较高,多为大学专科及大专以上;员工的收入也相对较高,月收入在2000元以上的占了56%以上,3000元以上的也有30%左右,这是其他性质的广告公司所无法相比的,员工从事广告工作的时间较短,85%以上为1992年左右才加入广告行业;招聘员工时十分重视专业经验,以从其他公司转聘的较多。中外合资广告公司由于在收入上明显高于其他性质的广告经营单位,加上本身具有较为规范的管理和作业方式,对广告人才很有吸引力,特别在吸引年轻广告人方面的绝对优势,也容易从国有广告公司挖走人才。一些教育程度较高的广告人才,尤其是新毕业的大学生更愿意加入合资公司。

3.私营广告公司:男性略多于女性;员工相对更年轻,30岁以下员工的比例在这类广告公司中最高;员工受教育程度多为高中或中专;月收入大多在1000—1999元之间,比国有广告经营单位要好,从事广告的时间一般为1—5年;员工来源以公开招聘居多。这类公司中的广告专业毕业生略高于其他性质的公司。私营公司的最大特点是经营上比较灵活,没有很多的限制。尤其是在工资待遇方面比较灵活,更容易吸引人才,很有发展潜力。

三、广告公司的部门经理状况

在广告公司的日常运作中，部门经理发挥着十分重要的作用，成为支持广告公司的灵魂人物。可以说部门经理素质的高低，直接关系到一个广告公司的经营管理水平及其发展前途。因此，对广告公司部门经理的基本情况进行分析，可以从另一个角度反映出目前广告公司的基本状况。

这次调查结果显示出，目前广告公司的部门经理的情况大致有以下几个特征：

1.广告公司的部门经理男女比例2:1，与员工的情况相比，男女之间的性别比例差异更大。

2.年龄上两个年龄段占了绝大多数。其一可称为新生代经理，年龄在26—35岁之间，占38.8%，如果包括25岁以下的“超新生代”部门经理，总数将近一半(47.4%)，其二可以称为中生代部门经理，年龄多为35—45岁，如果加上由老一代广告人担任的部门经理，总数超过一半(52.6%)。新生代知识结构新，现代广告意识强，实践中也积累了一定的广告经验。因此，具有较强的能力和专业基础；中生代和老一代广告人，虽然经验更丰富，但由于时代所限，他们在现代广告知识结构、广告观念上，有滞后的倾向。因此，如何培养新生代部门经理，使其更加成熟，将关系到广告业未来的发展。

3.部门经理的教育程度比员工高。其中大学专科和大学本科毕业的部门经理占了绝大多数(72.2%)。同时，约四分之一的部门经理教育程度为高中、中专或以下；高层次学历的部门经理比例极低，硕士和博士仅占1.6%。部门经理整体素质的一般化，是中国广告业整体水平停留在一个较低层次上的重要原因。因此，对部门经理进行系统的广告理论、广告意识和广告技能的培训，也是带动中国广告业发展的一个重要方面。

4.部门经理的从业时间以3—5年居多，占了将近总数的一半，有四分之一在6年以上，另有四分之一从事广告工作时间不到3年。部门经理“专业年龄”的年轻化，对年轻的中国广告业来说，确有“蜀中无大将，廖化当先锋”的可能。

5.从总体水平看，部门经理的收入略高于员工。大多数部门经理的月收入在2000以下。员工与部门经理之间收入差别较小。这或许也从一个侧面反映了目前部门经理与员工之间的专业水平上的差距不大。

6.部门经理来自各种专业，归纳起来所学专业为艺术类的占了将近四分之一，其次为文科和理工科。而营销广告类和管理类的分别只占了10%多一点。部门经理所学专业多为美术、设计等艺术类，再次证实中国现代广告是从广告制作起家的说法。专业为文科和理工科的部门经理，他们虽然在思维上有独到之处，但毕竟缺乏系统的广告营销理论与知识。因此，如何在发挥他们特长的基础上，使他们系统地接受现代广告理论与知识的培训，是一个重要的课题。

以上六个方面，是各种性质广告公司的一般情况。调查中，不同性质的广告公司其部门经理的状况也有明显差别。其中，合资广告公司的部门经理与其他性质广告公司部门经理的差别尤为明显。

首先，合资广告公司的部门经理中，虽新生代同样占了绝大部分，但也有不少中生代和老广告人担当了这一职务。究其原因，可能是中外各方根据合资协议或为了开展业务的需要而派出的人员，占据了一定比例。这些人虽然年龄偏大，但专业经验丰富，担任部门经理游刃有余。第二，受教育程度比其他性质的广告公司都高，大学专科以上学历的占了93.8%，且有部分硕士和博士，其中大学本科学历的部门经理的比例，比其他性质的广告公司高20—30%。第三，月收入相对最高。80%以上的部门经理月收入在2000元以上，其中3000元以上的占了将近一半。这是合资广告公司能够吸引大批优秀的本土广告专业人才的重要原因之一。第四。22.2%的部门经理是从事广告工作10年以上的专业人才，且在各个专业年龄段的分布相对比较平均。这些人是合资广告公司的重要财富，也是合资广告公司近几年来得以稳定快速发展的重要因素。

综合上述，广告公司的部门经理在广告公司的经营管理乃至发展中，起着至关重要的作用。然而，在教育程度、从业时间、专业结构等方面的现状，却并不让人乐观。我们从合资广告公司部门经理的状况，或许可以得到某些启迪：着重培训广告公司部门经理的综合素质，应当成为提高中国广告业整体水平的一个重要环节。

四、广告公司对专业人才的需求

调查中，广告公司对专业人才的需求，呈现出如下三个方面的特点。

1.专业人才匮乏是目前广告公司的最大困难

本次调查问卷，为广告公司目前的困难设定了专业人才、设备、资金、客户、人才跳槽带走客户、其他等六个方面的选择。在“目前困难”的排行中，居首位的是缺乏广告专业人才，占77.9%，其次是资金不足，占33.6%。而且在“最大困难”的调查中，缺乏专业人才仍居榜首，占51.4%。可见缺乏广告专业人才已经成为目前广告公司发展中的最大困难。这种困难，已经成为制约中国广告业整体发展水平的“瓶颈”。因此，尽快培养出适合中国广告业发展所需要的各方面专业人才，已是中国广告业进一步发展的当务之急。

调查显示，在对各种广告专业人才的需求中，整体策划人才和广告创意人才的需求居于首位，分别占有效样本数的76%和74%。而对财务人员和影视创作人员的需求相对最少。这种情况一方面反映了策划人才和创意人才是广告公司中的支柱性人才，另一方面也反映出在目前广告市场的激烈竞争中，广告公司迫于经营压力，而对上述两种能给公司带来立竿见影效益的人才有一种如饥似渴的追求。

2.最看重专业人才的人品和创造力

在广告公司招聘专业人才诸多因素的评价中，“人品”的评价均值最高，为4.66，其次是“创造力”，评价均值为4.44。此外，广告经验和独立工作能力，也是比较注重的因素。相对而言，外语水平和是否能够带来客户，则不是考察的主要因素。

人品和创造力之所以成为考察广告专业人才最重要的因素，是与广告公司的经营特点密不可分的。广告是一种创造性的活动。什么是广告公司的产品？客户找广告公司所寻求的是什么？我们可否归结为：策略！诸如市场营销策略、整体广告策略、广告表现策略、广告媒体策略等等。而策略来源于创造力。所以，具有创造力的人，就成了广告公司最重要的资源和财富。拥有创造力的人越多，广告公司越能展现出自己的服务水平和实力，越能给公司带来良好的经济效益。然而正是这一点，人品又成了广告公司考察专业人员最重要因素。试想，有创造力的人不出力，或者只为个人出力，不为以团队作业为特征的广告集体出力、不为企业出力、不为行业出力，其创造力又从何而来呢？特别是在广告行业人员跳槽频繁、不辞而别，甚至带走客户、带走资金扬长而去的现象屡屡出现的今天，广告公司怎能不把人品作为考察专业人才最重要的因素呢？

至于“外语水平”未能在本次调查中，成为考察专业人才的主要因素，能否认为是目前广告竞争激烈,多数公司苦于生存,因而急功近利的一种心态所致?因为从长远发展来看,从中国广告业与国际广告业接轨的角度来看,外语水平肯定是现代广告专业人才的重要条件!

3.广告公司对广告教育寄予很大希望

对大学广告教育的看法,调查表明:"广告专业的学生到社会仍需要接受培训"和"实际操作能力的培养更重要",这两种看法在有效样本中的评价均值最高。特别是在北京、上海、广州三城市的均值比较中,几乎完全一致。尤其在上海,"对大学能培养广告业的精英人才"的说法,评价均值最低。另外,中外合资广告公司也不同意大学能培养出广告精英的说法。而在对"解决广告专业人才缺乏的方法"的评价中,对"大力发展高等院校的广告教育"的评价均值最高。

这种情况看似十分矛盾,但却反映出:一、目前国内大学的广告教育并不成功,特别是在广告实践的培养方面,亟待改进。二、对大学广告教育寄予很大期望,甚至期望值过高,从而导致对目前大学广告教育的不满足。归结起来,广告公司认为目前大学广告教育的最大缺陷,就是广告实践不充分。

与此同时,调查中96%的广告公司都表示对员工进行过培训。培训的方式主要有两种:一是本单位的内部经验交流。这种方式能够结合实际操作,且节省时间和费用,培训效果一般较好;二是国家和各地方工商管理部门的技术岗位培训。这种培训具有一定的强制性,因而对普遍提高广告从业人员的专业水平,具有较明显的效果。调查中我们还惊喜地发现,有21%的广告公司能够选派员工到国外学习、培训。可见有眼光的广告公司对人才培训的重视程度。

国务院《关于加快发展第三产业的决定》和《全国第三产业发展规划基本思路》中,明确地将广告列为第三产业中加快发展的重点之一,规定了对广告教育要加强投入,加快各类广告人才培养的步伐。有关方面还规划,到2000年要初步形成以高级人才为骨干,以中级人才为主体,技术等级构成合理的广告专业技术队伍。全国广告从业人员要有70%以上达到中、高级技术水平,10%的人员要成为具有跨世纪、跨国际经营和技术服务水平的高级专门人才,同时建立广告专业技术资格认证制度和认证机构,为广告业开拓国际市场打好基础。现在已经是1997年,距离2000年不过三年光景,这一宏伟目标能不能实现?如何实现?广告专业的高等教育和各种专业技术培训,理所当然地成了众目所视的焦点。

(本文作者:姜弘系中国广告协会学术委员会副主任、北京大诚广告有限公司董事长,许俊基系北京广播学院教授,程春系中国广告协会学术委员会常委、北京燕兴广告公司常务副总经理)

我国高校广告教育调查的思考

潘大钧

中国广告协会学术委员会受国家工商局广告司的委托,组成中国广告人才需求与广告教育状况调查课题组,对我国院校广告教育状况与广告经营单位用人情况,进行了一年多的调查研究。本文以该调查提供的报告为基础,就我国高等院校广告教育的现状、成绩和问题,谈几点思考的意见。

一、崭新专业，初具规模

我国改革开放和社会主义市场经济的发展，为广告业的复兴赋予新的强大的生机和活力，获得举世瞩目的发展。

中华大地广告业的崛起、兴旺发达，导致对广告专业人才的急切需求，勃发着、推动着高校广告教育的发展。广告专业作为新兴的、令人神往的专业，在神圣的高等学府占有一席之地。调查表明，目前全国开设广告专业的高等院校已超过 80 所，并已初具规模，为广告业培养高级广告专门人才奠定了良好的基础。

(一)广告专业在高校实现零的突破

长期以来，我国高等教育中没有广告专业。在国家教委和国家工商局的关怀、支持下，1984 年厦门大学率先正式招收广告专业的大学本科生，实现零的突破，填补了高等教育中一个专业学科的空白。

我国高校创办广告这个新专业，不可谓不艰难。调查表明，可以说是在“一穷二白”的基础上创建发展的。“一穷”，缺钱，经费极为紧张；“二白”缺人、缺物，师资匮乏，教材、图书、设备均匮乏。在调查的有效样本中，说广告专业成立之初所遇到的困难中，经费不足占 75%，缺乏师资也占 75%，缺乏教材和图书资料的也是 75%，而教学设备不足的高达 92.2%。尽管如此，短短的十几年，几乎所有类型的、相当多的高等院校都对创办广告专业抱有极大的兴趣和信心。其缘由，从调查结果可以得到明晰的答案：一是社会需要，有 73.7% 的院校认为“社会对该专业人才的需求量大”，因此想方设法创办此专业；二是教育改革的需要，有 10.5% 的院校认为“原有专业结构老化，无法适应社会需求”，要从改革中寻觅新专业，办广告专业是个新出路；三是发挥本院校优势的要求，有 10.5% 的院校认为“有与广告专业比较接近的专业”，稍作调整便可设立广告这个新专业。可见，在我国，高校争办广告专业，纷纷实现零的突破，有着强烈的时代感、必然性，社会需要是原动力。这点应当明晰地肯定。

(二)我国高校广告专业设置已初具规模

我国高等院校办广告专业，时间不长，虽然发展迅速，只能说初具规模。主要表现在：

1. 专业方向稳定，为社会所承认

专业方向是否稳定、培养的学生是否确为社会所需要，这是设置新专业最起码的一个条件，也是能否形成规模的基本条件之一。

国务院在“发展第三产业的规划”中，将广告业定位为“知识密集、技术密集、人才密集”的高新技术产业。可是，调查表明，我国广告经营者教育构成程度却比较低，具有大学本科学历的人数为 27.8%，与其他各类企业总体指标相比，低 14 个百分点①，更明显低于同期发展的其他高新技术产业。人们认识到，我国广告业是否有发展后劲，能否自立于世界广告业之林，取决于广告专业教育能否得到相应的发展。正是社会需要，促使高校开设广告专业数量激增。1996 年在全国公开招收广告专业学生的高等院校达 49 所。广告这个专业，在我国已形成一定规模，专业方向趋于稳定，而不再是朝令夕改、飘忽不定的专业。

调查还表明，我国广告专业布局结构也渐次展开、呈现雏形。从地域看，由主要分布在京、沪等直辖市和经济发达的东、中部省会城市及沿海城市，向各地铺开。从院校类型看，几乎所有类型的院校包括综合性大学、财经商业类院校、广播电视新闻类院校、美术艺术院校、师范院

① 据 1996 年中国企业经营者调查资料显示：企业经营者本科以上学历占 41.9%。

校以及民族学院等等，都先后设置了广告专业。其中，综合性大学居多，占有效样本数的60%，商业财经院校、广播电视类院校及师范院校，各约占10%左右。从广告专业归属系别看，几乎设遍与之相关的所有的文科院系之中，管理、经济、美术、艺术、新闻、中文、社会学、文化与传播学、广告等等。其中，以设在新闻院系所占的比例最高，达44.8%。可见，我国广告专业设置的布局结构，呈现着"三多"的格局，即设置在经济发达的地区的城市居多、综合性大学开设的居多、归属在新闻系列的居多。这有利于发挥现有优势，推动广告教育快上，短期内形成规模，稳定专业方向。

2.专业教师队伍初步形成，有了学术带头人

教师是教育的主导，是设置专业诸要素中的关键因素。我国开设广告专业的高校，都在建设师资队伍上狠下功夫。调查表明，各高校采取相近专业教师转靠、培训和兼职相结合，留优秀毕业生、吸纳相近专业毕业研究生任教等办法，逐渐增加广告专职教师，初步形成师资队伍，活跃在广告教学讲台上。

从调查的数据看，50%的院校，广告专业的专职教师有6—10人；21.4%的院校有11人以上，其中15人以上的院校占10.7%；只有28.8%的院校，专职教师尚在5人以下。设立广告专业之初，缺乏师资的院校，目前已有77.8%，缓解了师资困难。

这支专职教师队伍，从职称看，教授、副教授已占40%，讲师也达40%；从学历看，博士、研究生占28.8%，大学本科约占68.5%；从广告教龄看，5年以上占16%，3—5年占36.8%；从年龄看，31—50岁居多，占62.4%；从性别看，男教师占69.8%，比女教师多一倍；从专业、专长看，基本可涵盖广告专业课程的教学需要；从学术论著、科研成果看，也较丰硕，写作学术论文16篇以上占61.1%，出版学术论著5本以上占28.6%，出版教材5种以上占13.3%，取得3项以上科研成果的占28.6%。

调查结果还表明，我国广告专业教师队伍，是一支能胜任广告专业教学的队伍。各院校领导对本校广告专业的教师评价比较高。其中，"很能胜任教学"和"比较能胜任教学"的占93.1%，只有6.9%反映一般，而没有不好的评价。这支队伍是年富力强、生机勃勃的队伍。50岁以下的中、青年教师占88.6%，有能长期从事广告教学的时间优势。这支队伍又是安心于广告教学岗位的队伍。对现状感到满意的占60%，而占36.7%不太满意的，主要是认为"学校的待遇太低"。85.2%的专业教师没有流失，只有不到15%的教师流向他岗。广告教师队伍还有一大特点，就是与广告实践活动联系密切。调查发现，广告专业教师从事兼职的比例高达81.8%。主要兼职单位是广告公司，占兼职教师数的63.1%，此外是企业广告部门和兄弟院校广告专业，各占11.4%左右，到媒介广告部门兼职占6.6%。

特别应当指出的是，作为新兴的广告专业，从调查结果看，已经有13所院校有广告学方向的硕士导师，还有能参与指导、培养博士生的导师教授。这批学术带头人，人数虽不多，但说明广告专业的层次越来越高。

3.培养一批受社会欢迎的广告专业人才

学生及毕业生就业状况，是设置专业成功与否的重要标志。

调查表明，我国高校广告专业被社会传颂为新兴的热门专业，考生竞相报名，素质较高。从地域看，广告专业的招生地域以全国范围招生为主，占调查样本总数的58.6%，而局限于本地本市范围的仅3.4%。从录取分数水平看，几年来，广告专业的录取分数水平在全国各专业中居于中等偏高的位置。调查发现，分数水平较高的占总体60.7%，而低或偏低水平的则没有。广告专业被称为高分生源的专业。从入校生知识结构看，广告专业的学生主要是文科，占

调查有效样本数的60.7%；其次是艺术类，占21.4%，还有少量理科，占3.6%，而占总数14.3%的招生中，文、理、艺的平均比例为50:1.3:48.8。这种知识结构有利于广告业的发展对人才的需要。从各校招生计划看，未来几年较为平稳，保持着一定的规模，但渐渐把重心转向高学历层次。可见，广告专业的学生是来自全国各地的优秀生，这是办好这个专业的基础。

资料表明，我国高等院校广告专业这些年已为广告业输送1858名毕业生，其中本科毕业生850名，大专毕业生967名。从调查结果看，广告专业的毕业生专业对口就业，比例非常高。就业去向主要有：广告公司占38%，其次是媒介部门，占27%，还有企业广告部门占22%，留校任教占13%。由于就业对口，毕业生总的反映是比较满意的。调查有效样本显示，认为"很好"和"较好"的达72.2%，尚无觉得"不好"的反映。

调查还显示，广告界对广告专业的毕业生评价较高、普遍欢迎，认为广告专业毕业生的专业水平、专业能力、创造力都高于其他来源的员工。调查中，有68.4%的人赞扬广告专业的毕业生在工作中比非广告专业毕业生表现好。因此，在广告界招聘人员时，往往优先考虑录用广告专业的毕业生。其原因，除了上述广告专业学生入学时素质较高和广告专业已有一支教师队伍且能尽心尽责安心任教外，与广告专业学生在校时院校重视学生参与实践密切相关。在院校的科学安排下，学生参与社会实践"很积极"和"比较积极"的占96%，而且态度端正，主要是出于"理论联系实际，消化课堂所学"的动机而积极去实践。

可见，广告教育滞后成为影响中国广告业发展一大症结的问题，将随着高校广告专业形成规模而逐步得以化解。

4.多层次专业结构、多样化办学模式已见雏形

十几年来，在广告专业设置发展过程中，在各高校的努力下，逐渐形成了从专科生到本科生到研究生的多层次专业结构和导师专门指导、课堂面授、函授、双学位、长短期培训等多样化的办学模式。广告专业设置的体系和广告教学体系、广告教学理论体系，在不断完善之中。调查表明，我国各高校广告专业的培养目标，具体虽不尽相同，但基本均是按照国家教委专业目录规定的培养目标进行的。在专业课程设置方面，有60.9%的院校都能开出占总课时50%以上的专业课，课程设置正趋于系统化。广告专业的教学设备、图书资料、教材日趋改善。广告教育的层次也不断提高。如今在中国，广告专业不仅有硕士学位研究生毕业，而且已有博士学位的研究生毕业了。

二、初见成效，任重道远

高校是培养高级专门人才的摇篮。我国高等院校敢于冲破世俗的偏见，以其敏锐的战略眼光，克服种种困难，创办起广告专业。调查表明，既有成绩，又任重道远。

(一)初见成效，取得了一定的成绩

从调查的资料显示，成绩主要表现在：

1.为社会培养、培训一批素质较高的广告专业人才。调查数字表明，这些年已有近2000名大专以上的广告专门人才从高校毕业，融入急需高级人才的广告业。同时，因设置广告专业而具有日益壮大的专职广告专业教师队伍，为广告界培训了远比高校毕业生多得多的在岗广告人员。仅据30所有广告专业的高校统计，在校广告专业的学生仍有2216人，而且每年还要招收近1500人，这些还将源源不断地输送到广告界。有了大量智能人才，发展才有后劲，可以预见，这对我国社会主义市场经济的建设，对我国现代广告业继续腾飞，跻身于世界广告业之林，将起到不可忽视的作用。

2.结束了高校无广告专业的历史。广告专业的创办并初具规模,这本身就说明一个成绩。不仅填补了我国高等教育的专业空白,而且新学科、新专业能应运而生就是社会的进步、教育改革的成就。

3.进一步提高了广告业的地位。80多所高等院校相继开办广告专业,使广告教育堂堂正正的登上最高学府神圣的讲台,不仅使立志广告业的广告人和学子有了受高等教育的可靠阵地和依托,而且高校广告专业强化了广告业作为“三密集”高新技术产业的应有地位。这将对全社会的市场观念、广告意识的增强和旧观念的更新起着应有的促进作用。

4.广告教育走上“三个面向”,有了新起点。我国高校广告专业教育,经过十年多的艰苦努力,初具了规模,教学体系日渐形成,广告理论研究逐渐展开,涌现一批学术研究成果、教材和论著,学术交流活动日益活跃。这可为广告教育面向现代化、面向世界、面向未来,提供新鲜经验。有了这个新起点,便可为我国广告教育的整体发展奠定必要的理论基础。其影响是深远的。

(二)任重道远,加强广告专业自身建设

我国高校广告教育起步晚、发展快,由少到多、由低而高,成效无可置疑。然而,调查中也发现,目前高校开设的广告专业,要切实成为培养高级广告专门人才的基地,尚需作不懈的努力,确实是任重而道远。

1.理顺广告专业归属。调查表明,当前我国高校开设的广告专业,在专业归属上相当模糊,几乎设遍与之相关的所有院系。有在管理系内、有在经济系内、有在新闻系内、有在美术系内、有在传播学系内、还有在艺术系内、文化学系内、社会学系内、甚至中文系内、电影系内、印刷系内,等等。当然,也有专设在广告系内,似乎谁都能办广告专业。专业归属的模糊、混乱,导致诸多问题,水平参差不齐,影响教学管理、教学质量和人才的培养。甚至出现同一个院校的不同系、室也竞相上马办广告专业,出现既无师资、又无教材设备的院系也挂起广告专业的招牌。但要理顺归属关系,并非易事,需从认识观念上、体制制度标准上、利益分配机制上,多方面整理。否则,广告“专业”将成“杂业”,后果堪忧。

2.正确定位培养目标。调查显示,我国各高校,同是设置广告专业,但各校培养目标则不尽相同,各有各的定位。其中,以培养广告策划为目标的居多,有79.3%①;依次为广告设计(占41.4%);广告管理(占37.9%);广告文案(占31%);广告制作(占17.2%)。这个比例是否适应广告人才培养的需要,尚可探讨研究。一些院校在培养目标定位上,是否作过充分科学的论证,是不是存在着主观随意的盲目性?恐怕要通过高校系统和广告管理部门联合进行教学评估,才能达到培养目标的科学定位。

3.改善课程设置体系。我国高校设置广告专业时间很短,各校条件不一,反映在课程开设上,差异相当大,总的说还很不成熟。从调查资料看,仅27所院校就列出507门专业课程(含专业基础课和专业课),而各校都开设的课程只有7门,真是五花八门。这对广告专业学生的知识结构和专业水平影响很大。加上迄今全国尚无有权威性的统编教材,各校自编教材比例相当高,有什么教师、能编什么,就出什么教材、就开什么课,使问题更为突出。

调查表明,专业课占总课时50%以上的院校有60.9%;而近40%的院校专业课占了不到50%,甚有8.7%的院校,专业课程开设不足20%。这说明,有相当数量院校的广告专业,基本的专业课都开设不出来,所谓“广告专业”,只是挂名而已。反之,调查也发现,有些院校的广告

---

① 调查培养目标为多选题,故合计百分比超过100%。

专业，专业课开设比例高达80%左右，课程设置太专了，知识面太窄，也未必妥贴。

调查还发现，在专业课程设置中，必修课与选修课的比例为88.5:11.5。对于大学生来说，选修课的比例似乎低了些。

更值得指出的是，目前我国广告专业在课程设置上普遍存在一种被称为“专科操作”的模式体系。从调查结果看，技能性很强的广告设计、设计基础和印刷设计技术三门专业课占总课时的比例很高，平均课时也很多，其他属技能教育范围的课程，课时量亦很大，每门多在70课时以上，而涉及基础理论的课程则相对较少，课时也明显不足。这种过于偏重操作、偏重技能、偏重设计，忽视宽口径、厚基础的公共基础理论课和广告专业理论功底课的课程设置体系，可能会导致培养的学生“后劲不足”。

此外，调查也表明，50%的院校，学生实习的时间占总课时10—20%；而34.6%的院校则达不到10%。不少院校呼吁建立实习基地。看来，各院校对学生实习问题已经引起重视。

凡此种种说明，高校的广告专业虽是新兴专业，但在课程设置体系上，改革也是势在必行。在改革中改善，使之日臻完善。

从调查中发现以上各点，给高校开办广告专业提供一个明晰的信息：要为属于高新技术产业的广告业培养高级专门人才，需要正视教育本身诸多新问题，强化自身建设，任重道远。

三、解困挖潜，创新生代

调查资料表明，我国高校广告专业教育，历经创办的艰难后，发展的艰辛仍不可忽视。面对即将来临的21世纪，高校广告专业要为跨世纪准备、造就广告人才新生代，做出新贡献。为此，要通过深化改革、扩大开放，在强化高校自身建设的同时，还要切实解决高校广告专业发展中的困难和障碍，充分挖掘潜力，发挥潜能，使之走上健康发展轨道。

（一）把重视教育的战略地位落到实处

我国高校广告教育，虽然从始创至今有十几年，但调查显示，主要是近几年兴办起来。1993—1996年四年间，院校办广告专业骤然升温，占总数的80%。上述已表明，符合社会需要的新兴专业，有生命力，但稚嫩。一定程度上还存在着追热潮、蜂拥而上的盲目性、随机性的弊端。因此，需要宏观调控、需要培育、需要扶植。

建议由国家广告管理部门会同教委，尽快拟定该专业发展的战略部署。确认广告教育在发展我国广告业中的战略地位，规划我国广告教育的规模，确定专业水平鉴定标准，开展广告教学评估，规范广告专业教学的正确行为，并作政策倾斜的科学安排，扶持重点，带动一般，淘汰无力开办或不够专业水准的。既要加强宏观调控，也要通过竞争实现优存劣汰。

（二）把解决经费困难问题置于战略高度

调查表明，各院校广告专业开办之初，几乎都遇到经费匮乏的困难，并由此导致教学设备不足、图书资料缺乏和教师队伍难配备的问题。经过几年的不懈努力，加上广告业中有识之士对院校发展高等广告专业教育在资金、设备、资料和实习基地上的支持帮助，目前虽有所缓解，但仍有65.2%院校的广告专业，经费不足问题仍是困扰专业发展的最大问题。包括73.9%的院校教学设备缺乏，39.1%图书资料不足，其根由也是经费短缺。这对广告专业的建设和发展，无疑是极大的障碍。

建议把经费问题置于是否真要发展教育的战略高度作统筹安排，予以有效的解决。除了要求国家适当增加拨款外，一是开设有广告专业的院校领导要认识该专业的特殊性，在院校内统筹，增加广告专业的投入；二是国家广告管理机关积极会同有关部门，从广告业的收入中，提取一定比例的广告教育经费；三是争取多元开源、多渠道筹措，如走院校与企业合作搞项目获得企业支持，为社会服务，争取社会援助，联合办学，对外办班，增加收益等等。

（三）把专职教师队伍的建设作为关键

如上所述，调查显示出一个令人深思的危险信号：当前，广告专业招收有较高素质的学生，这固然是个好兆头，有利于提高广告专业的水平。但如果办学的人（师资）、财（经费）、物（设备、图书资料）投入不足而陷入困境无法解脱的话，将因此而产生巨大"反差"，导致该专业败走麦城。

财、物问题不再赘述，仅就师资问题潜伏的"反差"危险，看看调查资料：

1.在已创办广告专业的院校，有的还根本没有广告专职教师。靠东请西邀外来教师来维持。

2.时至今日，仍感师资不足的院校尚占39.1%，虽有教师，但办个专业只有5人以下专职教师的院校仍有28.6%。

3.现有广告教师队伍中，还存在着：教师本身学历偏低，70.6%的教师是大学本科、大专学历，形成"大学毕业教大学"的局面；相当数量的广告专职教师是从相关专业转、靠过来，且广告教龄偏短，3年以下高达47.2%；教师的专业结构偏重于中文和美术设计，前者占25.9%，后者占23.2%；教师的专长也以广告设计和社会学居多，设计占19%，社会学占12.8%，远远高于广告专业其他专长的比例，因而专业教师的主讲课程就出现过多地集中于技能教育的现象，比例高达28.8%。

4.限于院校经费等条件，广告教师参与国内学术交流活动偏少，尤其是国际学术交流，对教师来说更是无缘，"三个面向"的视野难以开拓。教师学术研究热情固然很高，但囿于环境条件，广告专业基础理论不深厚。

凡此种种，若不能有效地解决，教师队伍素质、水平难于尽快提高的话，对新兴的广告专业的建设将是致命的。

建议，要把广告专职教师队伍的建设，作为进一步发展中国广告专业的关键来抓，不仅要抓数量，解决短缺的问题，更要抓素质，解决广告教育水平提高的问题。因此，除了继续尽力吸收优秀毕业生、尤其是广告专业和相关专业的优秀研究生，充实教师队伍外，要大力搞好在职教师、特别是青年教师的进修、培训；要努力创造条件，鼓励学术研究，国家工商局要如同设公益广告政府奖一样，设置广告学术研究成果奖；特别要重视、加强教师在校际与国际的学术交流活动，每年广告业出国组团、国外广告专家来华作学术交流，要给广告教师一席之地（包括指标和经费支持）；同时，从长远计，要力争扩大广告专业招收研究生的范围和数量，以便用高素质的人才优先补充教师队伍。

此外，建议由国家教委和国家工商局牵头，委托中国广告协会学术委员会组织高水平专家教授，着手研究编写全国性统编广告专业系列教材并推荐给设置有广告专业的院校系使用。这既可解决教材问题，也是全面提高广告教师的一个有力措施。

（本文作者系中国广告协会学术委员会副主任、北京商学院教授）

实现两个转变，提高广告经营者的素质

卢 勇 杨 焰

一、我国广告经营者的现状分析

改革开放以来，中国的广告业随着市场经济的高速推进而发展壮大，截止到1996年全国各类广告经营单位已达4万多家，广告从业者约48万人。

中国广告业伴随着经济体制改革的进程，较之其他行业具有更明显的市场化特征，广告公司经营者的基本现状带有我国市场经济初始化阶段政治与经济转轨时期的特点。

(一)广告经营者整体教育程度构成与工商企业经营者及高技术产业人才标准的差距

调查表明，广告经营者教育构成程度比较低，具有大学本科学历的人数为27.8%，与其他各类企业总体指标相比，低16个百分点(据1996年中国企业经营者调查资料显示：企业经营者本科以上学历结构为44%)，更明显低于同期发展的其他高技术产业，如信息、咨询业。根据广告的定位——"知识密集、技术密集、人才密集"的高技术产业，广告经营人才的现状堪忧。

从不同类型的广告公司经营者教育程度构成看，中外合资企业经营者整体文化素质最高，具有大学本科以上学历的人比例为49.5%，而国有企业经营者仅为17.2%。

从广告公司员工学历构成看，大专以上学历者人数约50%，明显高于一般企业员工文化程度。其中，中外合资员工的整体文化素质最高，具有大专以上学历的人比例为60.8%；国有和集体企业员工学历相对较低，大专以下学历的人数分别为46.1%和49.7%；在民营企业和中外合资企业的员工中，具有研究生以上高学历的人比例分别为4.9%和2%。

(二)以年轻人为主体的行业

我国经济体制的改革是广告业振兴的催化剂。进入90年代后，由于经济体制向市场全面转轨，企业被推向市场，广播、电视、报刊等媒介出现商业化的趋势，广告业迅速膨胀起来。同时，我国尚处于初级化的市场竞争阶段，广告业还不可能形成社会公认的行业规范、人才需求标准，人们对广告的认识大多是"拉客户+制作"，只要有关系似乎谁都能干。市场经济发展的需求造成广告公司、广告从业人员数量剧增，涌入的人员良莠不齐。

在广告经营者中，以年轻人为主体，35岁以下比例为47.4%。与国有企业相比，民营和中外合资的广告公司中，比例分别占66.7%和56.8%，这一年龄构成与伴随着市场经济大潮重新崛起的广告业趋于一致，它表明中国的广告业是一个正处于起步阶段的具有发展潜力的行业，广告经营者的年龄优势使之具有突出的创新意识，谋求事业的发展，并且得以不断积累经验，走向成熟。

调查发现，我国广告经营者的从业时间多在5年以下，人数比例约为71.8%，而具有10年以上广告经历的人员不足10%。由此可见，广告经营者缺乏必要的市场实践与感受，特别是搞广告所必然涉及的企业经营管理、市场营销运作方面的经验比较薄弱，不具备对市场进行系统规划与市场资源综合协调能力，他们还比较幼稚。广告经营者管理能力的高下不论对于广告客户的市场开拓还是对广告业自身的发展，都是至关重要的。

（三）广告经营者专业构成、从业者来源及其不适应性

我国广告从业人员绝大多数是来自于其他行业的非专业人员，约为60%，广告专业毕业生所占比例仅为6.3%，即使是广告专业毕业人数比例最高的民营广告公司也仅为7.9%。这是由于我国广告业迅速崛起不过十年，广告专业教育刚刚起步，还没有形成一定规模。

调查表明，我国广告经营者的专业构成与广告的职业功能具有相当差异。其中，广告经营者原来所学专业为艺术类与文科的占42.4%，这主要是由于广告借助于视觉形象和广告语展示企业和产品的形象这一特点，而美术设计人员和记者靠设计图案或撰写文案起家，其分工侧重于表象设计，以至造成相当一部分人对广告职能理解的误区。广告经营者所学营销广告专业、企业经营管理类的分别占12.2%和23.2%，两项总计占35.4%。

广告属于市场营销组合的范畴，是实现企业经营发展战略及产品市场推进计划的市场手段之一。对于这一点，无论是作为广告主的工商企业，还是广告公司本身、广告媒介载体都缺乏足够的认识。因此，我国广告经营者中相当一部分来源于美术设计人员与记者，这与国外广告经营者多是工商管理专业或推销员出身有很大不同。

近几年，由于广告代理制的实行，一些工商企业纷纷组建广告公司，安置内部职工，以便"肥水不流外人田"，使广告代理费依然留在企业的大盘子里，减轻人头负担。而媒介单位特别是广播、电视、报刊带有一定的新闻垄断性。媒介单位，从广播、电视甚至一个频道，一个"栏目"都组建形形色色的广告公司，靠买断媒介"垄断"代理权，做过手生意。这就加剧了广告市场竞争的无序，与真正意义上的广告代理制是两码事。

（四）广告经营规模与经营者

我国的广告业是小生产的汪洋大海，据1996年广告经营单位抽样调查，广告公司年度利润额在10万元以下的占25.7%，11—50万元占34.5%，两项合计为60.2%，而利润额在200万元以上的仅占15.8%。以国家工商局规定的广告代理费为15%作为标准，多数广告公司的营业额约在350—500万元之间，即使在北京、上海、广州广告业最发达的三市最大的50家广告公司中，经营规模在500万元以下的占29%，而"秦池古酒"1996年仅中央电视台5秒标牌广告费就是6666.88万元，由此可见，大多数广告公司的营业额只是一个小企业广告费，也就是说一个不大的企业其广告投入足以养活一个广告公司。

应当说，企业的经营规模基本上可以反映出经营者的实力与管理水平。目前，市场竞争往往是靠"回扣"等非正当手段"拉客户"，可见，目前有机会进入广告业从事经营活动的人往往并非广告经营的人才。仅此而言，广告经营者的整体素质远远低于其他行业。同时，从广告的市场调查、总体策划、创意设计制作以及媒介发布、效果监测等各项服务上势必造成重复投入。中国广告的整体水平的提高与中国广告经营人才的脱颖而出，必须依仗于中国广告业集约化经营。

二、建立广告业市场化体系和市场化职能规范，是提高广告经营者素质与广告整体水平的基本条件

（一）全面推进广告业的市场化，以适应广告的产业定位

我国广告业的现状与世界同行业存在相当大的差距，这固然是由于我国广告业起步时间不长，无论是广告经营人才、专业知识水平与技能、现代化装备与管理手段，还是市场征战的体验都是十分欠缺的。但同时，由于我国正处于计划经济向社会主义市场经济的体制转型时期，这对于中国广告业的发展必然产生一定的影响，其中，既有积极的推进作用，但在原有体制的通病未最终解决前也不乏一些负面效应。形成这种负面效应的主要原因是广告经营单位、广

告主、媒介的经营者观念的滞后，以及中国广告业的行业规则还缺乏市场化机制与市场化的行业约束力。

1993年，国务院在“发展第三产业的规划”中，将广告定位为“知识密集、技术密集、人才密集”的高新技术产业，并于翌年颁布第一部《中华人民共和国广告法》，这是中国广告业发展史上划时代的里程碑，它对于推进中国广告的现代化发展并与世界广告业的接轨具有十分重要的历史意义。它使本来并不十分清晰的广告业定位非常引人注目，广告高新技术的产业定位为中国广告业赢得了广阔的发展空间的同时，对适应这种产业定位的广告经营人才提出十分明确标准。

事实上，这一定位，在广告业及与之相关的领域里的广告经营运作行为中的确有一定的“超前性”，换言之，相当一部分广告经营者、作为广告主的工商企业或媒介单位在观念上、经营行为上表现出“滞后性”。广告的产业定位与市场行为存在相当差距，如4万多家广告公司中不乏“夫妻店”、“父子店”或与广告主、媒介特殊“联姻者”；媒介的垄断行为仍在继续，而且随着企业的市场化转变与产品的市场拓展这一垄断形势更趋明显；广告公司靠种种非市场化手段“拉客户”，不正当竞争十分普遍。经调查，消费者普遍对广告采取不信任态度，中国广告业在大众心目中的形象不佳。如果我们不能在广告及与之相关的行业管理体制上实现市场化的转变，那么，广告的专业化市场遥遥无期，中国的广告业只能无奈地与世界广告业保持距离。因此，全面建立起适合于社会主义市场经济的行业规则，按照市场化要求对广告经营单位、广告主和媒介行为进行行业规范，是提高广告经营者素质的基本条件，也是中国广告整体水平提高的关键因素。

（二）中国广告业的发展关键在于经理人才

一切竞争归根结底是人才的竞争，中国广告业的发展重在经理人力资源。

中国的广告业是年轻的产业，现代广告业是一门形象塑造的艺术与科学，富于新颖创意的企业或产品形象往往与年轻的广告专业人才一脉相承，但是，广告经营者的经营观念、知识结构、从业经验等方面均存在一定的局限性。这一特点决定了他们缺乏对宏观经济把握分析的基本能力，不能有效地从中国经济与世界经济的基本格局与走势上认清中国广告业发展的空间，从而抓住机遇迅速壮大起来。并且，对全球经济一体化大趋势下中国广告业面临的危机也缺乏警示。

当中国4万多家广告经营者还在搞作坊式经营时，世界跨国广告公司开始了它在中国的市场战略，1986年美国扬罗比凯与日本电通合资的第一家外资广告公司进入中国。我们的本意是与世界广告业的强手合资，站在“巨人”的肩膀上，尽快跃上当代广告业至高点。在本次调查中，经营额上亿的广告公司中位居前三名的分别是，Sattchi&Sattchi、Grey、Dentsu这三大跨国广告公司在中国的合资公司。另据国家工商局统计，1995年，中外合资广告公司的数量比上年减少6家，而其广告营业额增长了172.2%，这表明国外的广告公司远征扎寨已陆续到位，针对中国市场的广告“本土化”改造已完成，正显示出越来越强大的实力。这又是一个外资抢滩中国市场战略上的胜利。

合资广告公司的客户原来全部是入主中国市场的跨国公司，充当其全球战略中国市场的广告代理商。而近两年来，中国一些具有优秀市场业绩的企业正在成为其客户。这说明，中国广告市场份额正在减少，这一事实已经有违合资的初衷。由于广告经营者在市场运作经验不足、知识结构单一，对现代广告业认识上的误区，以至观念、体制、行为上某些“打不破的壁垒”，使之难以对外资广告及市场战略有清醒的认识，如果一个指挥员根本就看不懂战局，何以克敌制胜呢？跨国公司的产品广告与市场战略构成完整的体系，随着中国市场战略的推进而进入中国，占领消费者头脑。而我们的广告经营者做的只是广告。

从企业微观管理上看，广告经营者面对的是在某一专业领域深度运作的企业经营者，那么，对企业经营管理的渗透能力是能否把广告做好的重要条件。据“1997 年中国企业经营者成长与发展调查”显示，我国企业经营者多数是精通本行业的专门人才，学历在大学以上比例为 44%，从业时间为 23.1 年。从总体上看，除在艺术设计领域外，广告经营者个人综合素质均明显低于为之提供服务的企业经营者。首先，在从业时间上，广告经营者多数从业时间在 3—5 年内，在此之前，基本没有涉足过企业经营与市场营销领域，缺乏社会生活与经营管理的体验。其次，从经营管理能力看，企业经营者多数经历了从国家乃至企业向市场经济转换的过程，一般对企业生产管理具有系统规划、指挥、控制能力，是企业里成百上千人中的佼佼者（即使在计划经济下企业也有一套系统的管理体系，以确保生产计划的运行，而缺乏观念、管理、体制上的“创新”是旧体制的通病，并非个人能力）。沟通并与之达成共识需要广告经营者具有同等的智力、能力，精于企业经营管理、市场营销，除此之外，还应具备超越某一个企业的创新意识、市场信息优势以及专业知识技能等，否则就难以获得企业经营者们的认同。再者，面对市场，企业的市场环境如何，竞争产品及对手厂家的情况，产品的需求与市场前景，价格、分销渠道和系统服务政策，以及企业经营者的困惑与潜在的危机……如果不懂销售、不懂市场、不懂经营，是没有能力为企业的市场拓展和产品销售提供有效的广告服务的。这也就是为什么相当一部分广告公司不得不“看厂长的脸色”，靠高额“回扣”拉广告的原因所在。我们的广告经营者必须尽快使自己成为企业经营和市场运作的行家。

另一方面，由于我国正处于经济体制转型期，行业法规还不健全，广告市场在一定程度上处于一种无序竞争状态，经营单位与经营者良莠不齐，某些经营者的短期行为已经严重损害了广告公司的声誉。随着我国经济体制全面走向市场化，国有和民营企业管理体制的市场化推进，工商企业者对于广告代理商的选择将越来越明智。据调查，社会公众对于中国广告公司已形成不良印象，与此相反，跨国广告公司一贯恪守行业规则和承诺，在社会公众中拥有良好的信誉。在市场经济的条件下，面对跨国广告公司在中国的成功登陆，失去信任不能不说是中国广告业面临的最大危机。因此，建立和健全国家对广告经营者及企业广告决策者的职业管理体系，其中包括监督约束机制，以规范和引导广告经营者的职业行为，是有效实现广告行业规范从而使中国广告业走上健康发展之路的一项紧迫而重要的任务。中国的广告业在市场竞争中必须重视树立自己应有的形象。

三、关于广告专业教育的几点建议

（一）思路决定出路

广告教育是一个造就专业人才的系统工程，这个工程的设计，需要一个基本思想和三个基本了解。一个基本思想就是要充分明确，是社会与企业的发展需求决定教育，而不是教育的内容与形式的本身决定教育，三个基本了解是：1.对我国与世界宏观经济发展态势与市场的深入了解，这个决定着“人才”的社会适应性；2.对我国各类性质企业经营管理的了解，这个决定着“人才”的企业适应性；3.对教育科学本身的准确了解。

“人才”大致有四个基本特性，就是品德、眼光、思想和能力。广告专业人才也具有这样的特性。品德培育是以价值观为核心人类灵魂塑造，它决定人才的处世立场、态度与发展方向。眼光可能就是认识方法的教育，它决定着人才审时度势发现真理的基本能力，是为一切能力聚焦的关键因素。思想教育的核心应该是思想方法的教育，思想是连接眼光与能力的创造性因素，是人才成就于社会的基础。能力教育是专业教学的核心，专业知识是发挥专业能力的基础，但不是专业能力的全部，发挥人才的能动性与创造力的基础，不仅仅是专业知识，而是用一定的眼光与头脑来经营的能力结构。那么具体到每个受教育者的能力结构设计与培育，就是目前广告专业教育的根本问题了。是造就"广告人"还是"广告人才"其根本区别，可能也就在这里了。

(二)需求决定方向

三个基本了解决定了是造就社会需要的人才还是造人才的区别。调查中已经说明了广告专业人才的流动方向，对这个方向资源的深入挖掘，将决定广告人才教育的质量。

广告人才毕业后会分流到社会各个层面，但无论是到了媒介还是广告公司，甚至是企业，但最终服务与发挥能力的基本天地是企业，这是广告专业人才的最终价值舞台，这是毫无问题的。那么深入地了解与研究企业，特别是处在中国特色社会主义市场经济条件下的各类企业，就是促成广告专业人才能力结构教育的源头。

缺乏企业经营的经历是中国广告经营者的后天不足，而广告专业教育偏重于艺术而忽视经营管理这一认识上的误区，造成广告经营者的先天不足。调查显示，所有的广告经营单位包括国有、中外合资、民营，对"目前国内大学广告教育比较成功"都持否认态度，普遍感到"国内大学广告教育落后于广告实践"，由此看来，广告教育的滞后是影响中国广告业发展的症结之一，按照市场经济发展的需求对大学广告教育进行改革已成为当前十分紧迫的任务。

第一，按照广告经营者的能力结构需求，对广告专业教育进行重新规划设计，对课程设置、教学方法、授课方式等进行调整，除广告专业教师外，聘请工商企业家、资深广告人为客座教授，注重于能力的培养和训练。

第二，广告业必须面对企业，广告从业者应当适应企业的竞争环境并且超越一般企业经营者的思维与行为定势，充分获得一种职业的主动性与自觉性。广告专业教育应给予受教育者知识与能力储备的方式方法，使广告经营者走出目前"听命"企业老板的困境，使"知识密集、技术密集、人才密集"成为社会公认的行业共识。

(三)对象决定方式

从"人"到人才，不仅需要受教育者的不懈努力，同样更需要教育者的发掘与规划，广告教育同样也是一个"人资源"的识别与规划的过程。仅仅广告公司就有不同的专业分工，那么广告教育就必然有一个面对人资源的创造性开发过程。广告公司中市场调查人员需要具有对产品与市场的专业敏感；客户人员需要与企业联系的能力与天才；策划人员需要能够发现企业的机会与问题，并能够对此进行系统的设计以帮助企业的发展；创意人员需要深厚的艺术功底，通过表现与创造沟通产品与对象之间的联系，等等角色的合作，才能构成广告专业的存在。广告专业教育的创造性，需要一个对需求识别清晰，而又对受教育的"人"有准确认识的基础，由此，才可能使受教育者，从"人"走向"角色"，最后成为"人才"。

（本文作者：卢勇系中国广告协会学术委员会委员、中国国际广告公司策划总监，杨焰系中国国际广告公司企业与市场研究部副主任）

中美广告教育之比较

哈筱盈 丁俊杰

大学的广告教育自始以来一直存在着认同问题。其中的一个问题是:它是应该属于商学院还是新闻学院(曼戴尔,1975)? 在美国多数大学里,广告专业设在商学院或者新闻学院,但也有一些大学在两个学院都开设了此专业。虽然这种双轨制显示了广告专业对于两个学院的重要性,但哪个学院都没有给予它全力的支持。在商学院或新闻学院的管理者中,是广告教师的寥寥无几(鲍依德,1984)。

广告教育者面临的另一个认同问题是:对于广告教育,广告界虽非不鼓励,却也是持漠然态度(沃尔特,1985)。对广告专业毕业生的工作表现的调查显示他们成功的比例并不比非广告专业毕业生大。许多关于广告教育的研究发现:广告公司更喜欢雇佣其他专业的毕业生,如商业管理,广告公司认为他们比广告专业的毕业生眼界更开阔、思维更敏捷(阿普乐格特,1995;鲍依德,1984;基福 § 梅格,1975;摩尔 § 雷肯白,1973;理查兹 § 斯图特,1992)。杜可菲(1990)在一项对密西根的广告从业人员的调查中发现:他们中有 45% 的人是艺术专业出身,34% 的人专业是营销,只有 15% 的人曾读广告专业。为了适应广告业对广泛知识基础的偏好,新闻及大众传播教育鉴定委员会(ACEJMC)规定:学生除学新闻外,还必须修满 65 个学时的艺术和自然科学的课程。

在美国近 20 年以来,广告专业的激增推出了大量的广告毕业生,但他们很难找到对口的工作。据最近的调查,美国 191 所大专院校都设立了广告或公共关系专业,其中有 116 个广告专业,34 个广告和公共关系相结合的专业(罗斯 § 约翰逊,1995)。最近的入学统计数字表明:不算商学院,仅新闻学院每年就培养出 4600 多名广告专业毕业生(贝克 § 高斯奇,1995),这显然是供过于求。美国的广告业已相当发达、成熟,很难再扩大,所以越来越少的新人能跻身此列,1995 年美国广告公司的广告支出和雇员人数只增长了 7%(《广告时代》,1995,1996)。纽约一家顶尖广告公司的艺术总监向本作者承认道,虽然大学毕业生的质量越来越好,但因广告公司精简人员,也就不可能雇佣他们了。

在地球另一侧的中国,80 年代的经济改革及政府对作为刺激经济发展工具的广告业的支持,使之以前所未有的步伐蓬勃发展。例如,1993 年的广告公司数是 1992 年的近三倍。1996 年中国的广告支出达到历史最高纪录 366 亿元,约 44.1 亿美无。广告从业人员供不应求,而中国的广告教育仍处于萌芽期。在这种迥异的背景下,人们可能想知道中国的广告教育会不会重蹈美国这一大学广告教育先驱的覆辙,遇到同样的学科归属问题及行业的漠不关心,抑或找到一条道路,使中国的广告教育成为广告业支持的一片沃土。

研究目的

本研究是对处于广告发展不同阶段的中美之间的比较,本研究将就几十年来广告教育者面临的两个认同难题,比较与两国广告教育都有关的两个问题:1.广告应属什么学科? 2.广告从业者对广告教育的期望和评价是什么?

美国广告教育方式

大学应提供广告教育背后的理由可追溯到认为对学徒进行教室培训是最佳之途的观念。正如浦沃斯(1987)认为,教室提供了实习和客观学习的机会。另外,大学也可能通过教师的研究把广告变为一门科学知识。从实际的观点看,大学的广告教育可为广告业培养出受过正规教育的新雇员,他们可以马上为公司工作,并使培训费用降至最低。

美国的广告教育有四种方式:一种可称之为"技校"方式,广告专业的人在教室里学习所有的专业技术,并通过提供广告服务使之学以致用。这个专业旨在尽量模拟广告业的运作过程。教师都是从广告业中退伍的老兵,多数没有更高的学位,他们不必作研究,专业的主要目的是帮助学生毕业后马上就职于广告业。这种方式的典型范例就是弗吉尼亚州立大学的广告专业。

第二种被称为"理论与实践"方式,广告专业的学生必须先学大众传播或营销理论,然后再选几门广告课。同时他们也要学习艺术和很多其他类的课程。有些广告课程比较理论化,如广告与社会、广告管理,有些是技能课,学生学习广告活动中的基本环节,如文案、设计及媒介策划等。新闻及大众传播教育鉴定委员会认可的广告专业都采用此种方式。

第三种是多数商学院都采用的"管理"方式,即设立广告重点专业,这种管理模式强调把广告作为一种营销工具使用或属于管理功能的一部分。课程设置是从广告主的角度而非广告公司的角度。把广告讯息传递过程和消费者行为的理论作为教材,很少或根本不重视广告的基础知识。

最新出现的是"专业化"方式,把广告课程分成两轨:一轨是制作,一轨是管理。制作类学生将以广告制作为职,管理类学生可以做客户服务、媒介策划等工作。这种方式的理论基础是广告制作和广告其他功能所要求从业者的特殊技能截然不同(巴尼斯 § 罗依德,1996;奥特尼斯,欧维阿特 § 特怀斯,1995;罗布斯,1996)。为了增强竞争力,对制作感兴趣的学生必须花更多的时间接受专业培训,而无力再选"万金油"的课程。像雪城大学等几所学校已在他们的新课表里使用了这种方式。

中国的广告教育

广告教育在中国是个新生事物,但中美广告教育的相似之处是两国的广告专业都不是最先设在最好的大学里。美国的广告专业最初设在像密西根州立大学、德州—奥斯汀州立大学这种公立学校,而不是耶鲁或哈佛这样的常春藤名牌大学。1994 年,中国的第一个广告系成立于北京广播学院,而非北京大学。在这之前,位于中国南方广告繁荣之地的福建的厦门大学和广州的暨南大学是中国广告教育的先驱。现在,即使在培养教师的师范大学里,广告也是最受学生欢迎的专业之一。

根据最新的《全国 30 所高等院校广告教育状况调查分析报告》,在目前全国公开招收广告专业的 49 所(1996 年统计数字)院校中,从综合性大学到商学院到艺术到新闻到师范院校,几乎所有类型院校都对这一新兴的专业产生了极大兴趣,并开设了广告专业,这表明中国的广告专业也同美国一样有着身分混乱的问题。

然而两国最大的区别在于教师和院系的定位。美国的广告教师都有营销或大众传播学位,而中国的广告教师多数拿的是工艺美术或文学学位,广告专业不仅开在综合大学,艺术院校和师范大学的艺术系也有。

由于中国的高等教育没有学院水准鉴定制度，所以大学可以选择他们认为适合学生的教学方法。起初，中国的广告教育似乎更像"学徒"方式，强调技能课程，特别是制作或平面设计。不过，中国的广告教育和美国的命运一样，商学院也对广告专业感兴趣，许多商学院都开广告课，如天津的南开商学院甚至设了广告系列讲座。

由于广告教育在中国出现不久，所以对于它的研究十分缺乏。刘云峰对于北京广播学院广告专业毕业生的研究报告是这一领域的开山之作(《国际广告》1995.4)。他的调查发现：干广告的毕业生认为电脑技能和商业英语是北京广播学院广告专业需要加强的两个领域。

广告业的支持对于广告教育的成功与否至关重要。在中国，广告教育的发展可以说是离不开广告业的支持，这种支持表现在很多方面，在《全国30所高等院校广告教育状况调查分析报告》有详细的论述。

1996年5月我们进行了一次有针对性的调查，以便了解中国广告从业者眼中大学广告专业的归属，并弄清广告业对广告教育支持情况。他们的支持表现在招聘基层人员时，会最先考虑刚离校的广告毕业生。虽然申请人的教育背景可能在招聘者决定时是个考虑因素，但招聘者本身的特点也会影响他或她的决定，如：1.公司的规模；2.招聘者所受广告教育的背景；3.广告专业出身的雇员的工作表现；4.公司内部培训的规定；5.广告观念。这些假定因素有助于推测招聘者是否会优先雇佣广告毕业生。

小公司由于培训新雇员的资金有限，可能更喜欢雇佣广告毕业生。学广告专业的招聘者可能更同情广告毕业生，因为他们同病相怜。广告专业毕业生的工作表现也非常重要，如果他们表现不尽人意，或不比没受过训练的雇员好，招聘时就不值得给予他们优先权。对于提供内部培训的公司，他们认为可以自给自足，不需要大学为他们培养雇员。如果从业者把广告看成一门十分独特的独立学科，不能划到新闻或商学等其他现有的学科里，他们就应该会尊重广告教育，优先聘用广告毕业生。

方　　法

美国对广告教育进行了多次抽样调查，有一大堆经验式数据。关于美国从业者对广告教育的观点的调查报告已发表的就不下十几份。为避免重复进行类似的调查得出和以前一样的结果，本研究使用了美国现已发表的国家数据，与从中国收集的数据相比较。主要使用的是"高迪诺"(1988)和"美国新闻和世界报道"(1996)提供的数据，因为它们是可找到的与本研究有关的最新资料。为保证美国的调查结果仍适用于当今的广告业，作者采访了纽约一家著名广告公司的招聘负责人和一个美国大公司的广告培训中心主任。他们都认为这些调查结果反映了广告业的一般看法。虽然由于数据收集的时间和所问的问题不同，它们不能直接相比较，但它们的核心是相同的。

中国的数据是通过自主的调查收集的。问卷被分发到以下三个场所：第一个场所是在中国首都北京本文作者之一所举行的讨论会上，所有与会者都是高级广告经理，他们在会议间歇按要求填写问卷。第二个场所是在同一作者于中国直辖市之一的天津举行的讨论会上，在讨论会开始前，所有与会者应邀回答了问卷。由于天津讨论会与会者人数大大高于北京的人数，作者认为有必要增加北京的抽样人数与之平衡，于是把另外的45份卷，寄给了北京的一些主要广告公司的制作部、媒介部或客户服务部的经理们，其中有26份问卷寄回，即回答率是58%。

问卷包括三面，答卷人被告知调查的目的是获取他们对广告教育的意见。开始先询问关于答卷人公司的情况和他们本人有无受过广告教育，然后请他们比较广告毕业生和非广告毕业生的工作表现。为核实公司内部培训是否影响对正式的广告教育的需求，还问了他们有没有内部培训。

调查结果

共回收了114份问卷，其中76份用于分析，其余的38份因是学生回答的（全来自天津的讨论会）算为无效。表一是答卷人的情况，几乎有一半的人搞广告管理，不负责制作。他们多数（65.3%）在中小广告公司或媒介的广告部工作，出乎作者意料的是虽然广告在中国还是个新学科，但他们中的55%都接受过某种广告教育。一半稍多（56.3%）的答卷人是男性。65%的人有不到三年的广告工作经验，许多人是从别的部门调到广告部的。

表一：中国被调查者基本情况

一、部门	百分比	三、答卷人受教育情况	百分比
广告管理部	48.7	有广告教育背景	55.3
客户服务部	6.6	没有广告教育背景	36.8
创意部	10.5	缺失信息	7.9
制作部	11.8		
媒介部	13.2	四、性别	
市场调查部	2.6	男性	56.6
缺失信息	6.6	女性	43.4
二、公司规模			
10名雇员以下	22.7		
10—15名雇员	65.3		
15名雇员以上	22.0		

广告属于哪个学科？

与对广告应属哪个学科争论不已的美国同仁不同的是，中国答卷人中的80%都一致认为广告应有自己的学系，不该放在新闻或商学类下（见表二）。他们所选择的三个最好的广告专业反映出对"技校"方式的偏爱。答卷人提到最多的是北京广播学院、中央工艺美院和厦门大学，它们的广告专业被认为是最好的。不过，有些答卷人对目前的广告专业表示不满或不感兴趣，他们说没有好的广告专业或不知道广告专业的情况。美国的数据是从《美国新闻和世界报道》调查中选取的，虽然它的抽样量太小，不具有普遍性，但有意思的是，在从业者选出的有美国最好的广告专业的大学有西北大学、雪城大学、俄巴纳依利诺斯大学、密苏里大学和卡诺山北卡罗莱纳大学。其中，西北大学，本科却没有设广告专业。它们的硕士专业是综合营销传播，广告只是其中一个重点选修方向。

表二：中国被调查者认为广告专业的归属

新闻系	9.2%	商学系	7.9%
广告系	80.3%	无所谓	2.6%

中国的答卷人被要求设计“理想”的广告课程表，给了他们13个课程，要他们选出自己认为广告专业必修的课程，并按重要性进行排序。把这些课程与美国过去调查的结果相比较，反映出两国的差异（见表三）。美国的从业者把广告看作是营销的一种功能，所以把营销课程排在前面，中国从业者却把广告看作独立学科，认为像广告管理等广告的专门课程应优先，营销课程中他们唯一选了市场调查，因为中国是个新市场，对市场信息的需求强烈。

表三：广告课程重要性排序

	美国	中国	
	序号	%（序号）	“必修”%（序号）
广告管理	2	42.1(1)	88.4(1)
营销调查	5	40.8(2)	86.3(2)
媒介策划	7	36.8(3)	84.5(3)
广告法	8	36.8(3)	82.6(5)
消费者行为研究	6	36.8(3)	81.7(7)
平面设计	3	31.6(6)	84.2(4)
文案写作	3	30.3(7)	82.6(5)
广告与社会	8	28.9(8)	73.5(10)
电脑技能	—	25.0(9)	75.0(9)
国际广告	—	23.7(10)	78.9(8)
营销管理	1	19.7(11)	54.1(12)
商业英语	—	17.1(12)	68.3(11)
其他（如：艺术）	—	5.3(13)	15.2(13)

优先雇佣广告毕业生

与美国广告从业人员对广告教育的冷淡态度相对照，中国的答卷人普遍欢迎广告毕业生。68.4%的答卷人认为广告毕业生在工作中比非广告毕业生表现好，同样多的答卷人说他们在雇佣基层人员时愿意优先考虑广告毕业生。不出所料，这次调查结果显示广告毕业生的工作表现是是否优先雇佣广告专业毕业生的预报器。小公司更可能优先雇佣广告专业毕业生，有广告教育背景的答卷人也更可能优先考虑广告毕业生。使我们惊讶的是，提供内部培训的公司并不比不提供者少考虑广告专业生，实际上，录用和培训之间的回归系数正显示肯定的迹象（见表四）。而从业者是否把广告看作是门独立学科与是否优先雇佣广告毕业生根本无关。

表四:中国优先聘用广告专业学生的回归系数

	标准系数	t	p
公司规模	.22	—2.02	.03
有内部培训	.17	1.39	.08
广告作为独立学科	.03	.292	.38
广告毕业生工作表现	.44	3.67	.0003
招聘人广告教育背景	.19	1.76	.04

探讨与结论

美国是世界最大的广告市场,有最多的广告专业,但这些广告专业面临的认同问题有待解决。虽然中国的广告教育在广告业急速发展的情况下仍处于新生期,但广告的学术身分却比美国强得多,虽然中国的广告专业寄居在艺术、电影、商学、新闻四个篱下,但从业者并不认为这是合适的做法。多数人认为广告是门独立学科,应有自己的家。

本调查中的中国广告从业者表示他们普遍尊重广告教育,在作聘用决定时会先取广告毕业生。这与美国调查的从业者看法大相径庭,后者认为广告毕业生的工作表现并不比其他专业的好。中国的从业者似乎看出了差别:即广告毕业生一般都比非广告毕业生工作出色。这显示出中国广告教育的发展具有一个有利的环境。既然广告从业者认识到广告毕生是广告界的新鲜血液这一价值,中国的广告教育者就应从广告界争取更多的支持,如提供设备、教师聘用和学生实习的资金。

本研究发现的中美之间另一重大区别在于:中国的答卷人把广告看成一种技能而非一种营销职能,他们中的许多人不把营销管理看得很重要或必不可少,他们认为广告管理足以涵盖广告的管理方面内容。这种对营销的不重视可能预示着未来中国广告教育的一个问题,因为往往是营销部门决定一个公司的广告预算。缺乏营销眼光的广告毕业生很容易引起误解或冲突。广告毕业生可能会受到批评说其思路狭窄。

此次关于课程期望的调查结果与刘云峰的调查稍有出入。他的调查发现北京广播学院的广告毕业生认为商业英语和电脑技能十分重要,本调查却发现这两方面不是那么重要。这一差异可解释为:北京广播学院的毕业生可能受雇于大的跨国广告公司或搞出口广告的国内广告公司,在这种环境下,这些技能就被十分看重。我们的调查对象多数来自中等大小的国内公司,没有很多海外合同或客户,也无力实行全电脑化管理。

在广告界的支持下,中国的广告教育有着巨大的潜力。此次调查显示的行业支持,学院与广告界间就可能发展为一种健康的关系,而且,中国的广告协会的委员中,往往都有学术界人士。广告教育者面临的问题是如何充分利用这一友好气氛,确保有足够的合格教师教授学生。

相反,美国的广告教育从广告界得到的是不利的态度,他们需要通过增加与业界的沟通,加强对广告毕业生工作表现的监测来解决这一问题。美国广告学院的行业关系委员会正在进行这方面的努力。广告行业协会中,只有美国广告基金会同学院保持紧密的关系,在董事会中有名学术界人士。美国广告公司协会(4A)或全美广告主协会这两个最大的广告行业协会,与新闻和大众传播教育协会的广告分部及美国广告学院这类主要的广告学术协会之间没有正式的关系。个别学校可能有职业委员会为广告界和大学提供联系服务,但这些委员会通常因地理原因局限于大学附近的地区，很难有全国性的影响。

要改变一种不利的态度并非易事。美国广告教育者要想在十字路口找到正确的路，就必须加强与广告专业校友的关系，为学生设立更高的水准使他们在广告业中表现出色，展示出大学广告教育的优越性。广告教育者也应利用媒介技术成果，通过提供研究和培训，在广告业中起到领导作用。广告界可通过教师进行的调查研究获益，了解广告环境中新媒介的性质和影响，吸收那些通过系统课程学习精通新媒介和国际互联网络广告的新鲜血液（拉普浦特，1996）。

除课程之外，学生的性格特征是作聘用决定时的重要因素（德金格，1989；杜可菲 § 杜可菲，1990；斯科特和佛特扎克，1996）。学生的主动性是预示他们能否成功获得工作的最好指标（唐纳利，1994）。应强调学生的质量而不是增加招收人数。应通过面试筛掉不太可能在广告界成功的学生。提高广告毕业生在广告界中的成功率将有助于推动从业者对广告教育的尊重与信心。

（本文作者：哈筱盈系美国俄克拉荷马大学助理教授，丁俊杰系北京广播学院副教授）

亚洲年轻一代与品牌策略

很多人对亚洲年轻的一代都有偏见，认为随着社会的不断进步，他们会越来越倾向于西方化。诚然，亚洲的年轻一代追崇西方时尚，乐于尝试西方生活方式。但是，所有这一切，都不足以说明他们有所谓“西化”的趋势。恰恰相反，在他们内心深处，亚洲传统文化仍旧占重要位置。

奥美广告公司最近所作一个长达9个月的大型调查报告证明了这种观点：亚洲的年轻一代绝不是一般大众所描述的全盘接受西方价值观念的青年或所谓的西方“X一代”的亚洲版本。

1.一般偏见：亚洲的年轻一代只在意物质享受，不关心社会。

事实：一些亚洲传统观念，例如勤奋、谦虚、节俭、家庭，比人们认识得要深厚得多。亚洲年轻一代采用西方文化的精华，而不是简单的全部西化。他们向往美好的生活，但并不意味着他们道德观念的下降或一味追求物质享受。

2.一般偏见：亚洲的年轻一代感到不快乐，他们希望远离社会团体。

事实：亚洲年轻一代对社会采取积极态度，不存在亚洲的“X一代”。由于社会的发展，他们确实感到工作的压力，但并不因此而感觉社会的压抑。恰恰相反，他们认为现存的社会给他们提供了越来越多的机会去工作、去享受，并因此对社会心存感激。

3.一般偏见：不存在所谓的“亚洲”青年，因为亚洲有太多的文化差异。

事实：尽管在不同国家有文化差异，亚洲年轻一代在更多的价值观念上存在很深的同质性。这预示着在下个世纪，亚洲将在地理、政治、经济、文化上以一个整体在世界出现。

奥美的调查报告表明，有六个因素影响了亚洲年轻一代在社会中的表现：

1.制度：既定的社会制度规定了人们从学校到退休的固定的模式。正如他们的父辈，亚洲年轻一代愿意在这个制度下工作，但希望有个人的看法。

2.面具：由于必需适应社会制度，亚洲年轻一代认为在办公室和家中隐藏自己真实的感情是必要的。但是当他们和朋友们在一起时，他们渴望将平日的面具卸下，恢复真实的面目。

3.婚姻:这是在社会制度中决定他们位置的非常重要的事情。很清楚,亚洲年轻一代不赞同年轻人不结婚就生活在一起。在这点上,他们有别于西方年轻人,而与他们的父辈相同。

4.钱财:亚洲年轻一代不再耻于谈钱,他们更加实际。亚洲年轻一代认为必要的钱能帮助他们得到理想的社会地位。然而,他们的价值观念并不为纯粹的物质主义所左右。

5.伦理:这是实现他们自己的愿望和他们回报家庭之间的一种平衡。他们渴望做自己的事,同时又保留他们的传统伦理观念。他们意识到与父辈之间有差异,例如尊敬他们的家长。奥美的大量调查明显表示,尽管社会变迁造成了所谓的代沟,但事实上两代之间有更多的交流和理解。

6.相互性:社会承认亚洲年轻一代强烈的事业心和他们自我判断的能力。亚洲年轻一代也承认社会为他们的成功创造了有利的环境。如果从广告业的角度来看,有一个最基本的事实,那就是(这个事实对亚洲年轻一代来说更明显)广告能产生两种截然不同的反应:

一方面,人们能理性地看待广告,他们理解广告是一种提供信息的手段,他们会把它看成一种纯文字的表达方式,而不会带有感情色彩评判它。这反应了亚洲人特有的处事态度和价值观念。了解这点很重要,因为这种态度对品牌的建立常常起到非常消极的作用。

另一方面,人们带有感情色彩地看待广告。亚洲的年轻一代乐于接收广告的娱乐作用,比如感人或风趣的广告,这使得他们能在感情这一方面认同一个品牌。奥美认为,亚洲的年轻一代存在两面性:“外在我”和“内在我”。“外在我”表现亚洲的年轻一代在社会中具体的言行,比如朋友聚会、去西式酒吧、吃快餐、喝啤酒、听音乐等;“内在我”是反应亚洲的年轻一代个人价值观念。

在亚洲,广告并没有像它在西方那样是一个社会纽带,它只是亚洲社会信息交流的一部分。亚洲的年轻一代更倾向于用“外在我”看待理性的信息,用“内在我”去看待具有感情味的信息。

从广告的角度来看,奥美认为这些基本的理解对研究品牌是至关重要的。因为亚洲的年轻一代平时的行为在品牌的选择中有重要的影响力。一位新加坡青年女性在调查时说:“如果是家里用的东西,比如牙膏,我会选大家都用的品牌,而不会选其他牌子。如果是我自己用,我肯定会选我自己喜爱的品牌。”其实,亚洲的年轻一代对品牌的内在反应会更加复杂。奥美认为在亚洲的年轻一代的生活中,品牌在五方面扮演角色:

1.品质:在这里,品牌是能带来一定功效的体现者,它满足了消费者关于“我想了解更多的产品信息”的愿望。品质跟“外在我”联系在一起,同时它也具体表现了亚洲的年轻一代精神独立的一面。

2.地位:在这里,品牌表现为一种自我成就感,因为品牌满足了“我的面子和社会尊重感”的需要。

3.嘉奖:这是一个人对品牌带来的满足感之后的自我评估。这些满足感可以是物质的、精神的、情感的或前面三种的组合。这里,嘉奖是“外在我”和“内在我”之间的桥梁,换句话,这是找到一种平衡。

4.自我表现:这里,品牌鼓励人们迎接生活的挑战,例如百事可乐一直崇尚自我表现。

5.感受:品牌在生活中表现为一种精神上的东西,是无形的。因为自我表现的存在,我们进入感受阶段:“我很高兴地看到品牌了解我的价值,让我感到与众不同的特别。”

表现“外在我”的品牌将使得人们对广告产生非常理性的反应,其结果是对品牌的价值会有非常消极的反应,这种只能在消费者对品牌形成一种情感的态度或情绪之后才会改变。爱立信在台湾的成功就是一个很好的例子。产品广告除了传达重要的产品信息之外，同时还使得产品富有个人情趣。

“品质”和“地位”都反映了亚洲的年轻一代对自己品味的欣赏、认同，同时也反映了别人对自己的看法。Martell Cordon Bleu 可以说明这一点。这家西班牙的酒厂通过传达一种非常微妙的情感“优雅和出众”，来确立它想反映的“品质”和“地位”。

“嘉奖”和“自我表现”则是另一层的关系。厂商需要去理解亚洲的年轻一代生活的环境，但却不用试图对其解释。对厂商来说，从更先进的西方社会中借用现成的广告是件容易的事，亚太地区的国家都有不少这样的例子。然而，亚洲的年轻一代能够区别出这些广告是完全西方式的广告，他们认为这些西方来的广告在亚洲投放使得品牌显得信心不够。

在进入“感受”阶段后，对亚洲的年轻一代来说，这个阶段已经不是真实世界，而是一种内在的精神感觉。正确理解这点很重要，因为发展到这阶段的品牌必须认识到，一个很小的失误将有可能破坏所要表达的全部企图。

中国与亚洲年轻一代的价值观比较

态　度	中　国				亚　洲			
	20 - 29 岁		45 - 54 岁		20 - 29 岁		45 - 54 岁	
	赞同	不赞同	赞同	不赞同	赞同	不赞同	赞同	不赞同
我认为良好的教育是成功的首要条件。	83	9	91	6	77	17	84	12
在现实社会中，没有理想主义存在的空间。	41	3	43	30	32	45	30	39
在年轻时享乐，比为将来积累财富更为重要。	20	67	17	72	28	57	22	68
我喜欢出人头地。	71	11	51	31	41	34	50	50
当我寻开心时，偶尔玩过头是不要紧的。	49	37	35	55	58	26	48	37
如果有一个薪水更高的工作，我就会放弃现在的工作，尽管我对它没有什么抱怨。	45	31	45	40	53	27	45	34
我认为想要成功，就必须注重物质利益。	40	44	36	51	30	54	32	55
我同意我父母的大部分观点。	49	24	51	23	47	27	60	21
年轻人不应该害怕向我们父母的权威挑战。	59	22	47	30	52	29	59	26
在生活中，我有充分的自由去做我自己的事。	63	20	65	22	77	17	66	22
如果有机会，我愿意去西方生活一段时间。	80	9	68	20	61	24	41	45
我相信西方和东方的价值观能够同时并存于一个人身上。	45	34	29	43	54	26	42	40

中国的广告亟需来一场哲学革命

洪建宁

探讨广告,却扯起了哲学,拟乎太远,太玄。然而,这真真切切、确确实实又是个极重要的关乎根本的问题。

对于广告,人们津津乐道的往往是创意、艺术表现手法等等,然而,又有多少人关注过广告观念上的问题呢?1978年,关于“真理标准”的讨论,极大地解放了人们的思想,为改革开放扫清了观念上的障碍。1992年春,邓小平南巡讲话发表,“东方风来满眼春”,人们在“发展才是硬道理”这个问题上统一了认识,结束了“姓资还是姓社”的纷争。这是两桩哲学服务于社会实践,转化为巨大生产力的生动实例。现在我国广告业的发展,实际上也到了这样一个关口,即如果不在观念上来一场深刻变革,给其以正确的导向,广告业的健康发展将受到严重的制约。

改革开放以来,我国的广告业得到了迅速发展,但是比起欧美国家,比起港台地区,我们的广告水平依然很低。这种低,主要是低在观念上。

误区之一:不能正确地确定一个衡量成功广告的标准。什么是好广告?衡量的标准是什么?笔者曾就此请教过一位广告公司经理,未曾想,他竟愣了半天,答不上来。而相当多的人认为,客户认可的广告就是好的。至于非专业人士,对此的看法则五花八门,各式各样。但其中最具代表性的是:“好的广告应是能给人留下深刻印象的,要给人一种美感!”这种看法不能说一点道理也没有,但从根本上说,是一种错误的认识。衡量广告成功与否的标准只有一个,这就是,给消费者带来利益为企业带来市场。不错,成功的广告往往能给人留下深刻印象,但是,绝不等于说给人留下深刻印象的便是成功的广告。成功的广告,着眼点是促销。“它应该把广告诉求对象的注意力引向产品。诉求对象说的不是‘多妙的广告啊!’而是‘我从来没有听说过这种产品,我一定要买它来试试。’”为此,创作人员必须了解市场,了解竞争对手,了解营销的各个环节,了解消费者心态,了解一切与其有关的信息。在此基础上提炼出广告主题,产生策略性创意,再落实到具体制作的各个环节上。而刻意追求广告要“给人留下深刻印象,给人以美感”的人士,做广告时往往脱离对产品的研究,市场的研究,消费者的研究,从主观感受出发,按照艺术创作的原则,采取美工制作的思路,仿照诗人的风格,制作出“画面感人,格调浪漫,词藻华丽”的广告作品来。至于它能不能有效地传达商品的讯息,激起消费者的购买欲望,倒是无关紧要的了。遗憾的是,许多广告主感兴趣的恰是后一种倾向。他们似乎忘了出钱做广告的本意。他们所关注的大都是版位好不好,画面漂亮不漂亮,排版顺眼不顺眼,产品的功能是不是介绍全了,经销商的地址、电话有无遗漏,等等。

广告代理商和广告主应共同这样认识:广告的实质是信息传播,即通过有效的途径、方式将商品信息送达到消费者那里,激起他们的消费欲望,促使他们产生购买行为;广告不是艺术,不能从美学角度去创意、制作、欣赏。如果不是这样而恰恰相反,那么试问,我们的广告业如何能够有长足的进步?

误区之二:创意是“广告精英们”在工作室里憋出来的。在某些人看来,创意是件很轻松的事,只要精英们在一起“侃一侃”便会产生。他们不知道,真正意义上的创意是非常艰苦的工作。必须深入进行调查，掌握大量第一手材料，必须善于分析研究，去粗取精，去伪存真，必须善于分析归纳和提炼，必须调动创意者本人所有的生活体验和人生经历。其实创意不在创意者的脑子里，而是存在于商品本身。真正意义上的创意不是创意者想出来的，而是在做了大量深入细致的调查研究工作后，从商品本身中发掘出来的。

误区之三：广告就是通过电波、报纸等媒体将信息传递给社会的一种传播术。广告是一种传播，但它不仅仅是传播。它的理论基础至少由三大部分（市场营销、传播学、社会心理学）组成。不去揣度消费者的心理，不懂市场营销的基本理论、原则，就不能成为一个真正的广告人。完整意义上的广告，应当为客户提供全方位的整体服务，包括市场研究及推广，广告策略，媒体计划，创意制作，公共关系等等。广告只有与营销的各个环节紧密衔接，才可能产生好的促销业绩。

误区之四：广告的诉求应尽可能全面。恰恰相反，广告千万不能面面俱到。它不是说给全体消费者听的，而是说给那些最有可能成为它所宣传的产品的用户们听的。以报纸广告为例，每天约有85%的广告是无人留意的，只有15%的广告有可能给读者留下一些印象。因此，必须与众不同，必须能与其他的广告区别开来。这就需要突出本产品与其他同类产品不同的特点，突出一个“独特的销售主题”。如此，方有可能抓住消费者，让他们一气看下去，进而打动他们，说服他们，促使他们采取购买行动。

误区之五：不能摆正广告代理商与广告主的关系，把二者看作是“施舍”与“被施舍”的关系。广告业务合作中的甲方和乙方与其他行业不一样，是一种独特的合作关系。百货零售等服务行业提出的口号是：“顾客就是上帝”。其他行业也大体类似。比如装璜业，作为乙方，他们一切按甲方的意愿办事，即使把房屋装饰得像个地狱，但只要甲方满意，乙方是不必有任何顾虑的，照样可以从甲方那儿获取报酬。但唯独广告业不是这样，广告公司不应把客户看作是自己的上帝（充其量也只能是间接上帝），真正的上帝，最终的上帝，是社会上的广大消费者，是广告所要面对的芸芸受众。许多广告公司对自己的客户唯唯诺诺，生怕得罪了客户，跑了生意，或者索不回广告费，因而，一味迁就客户，一切看客户的脸色行事，不是研究市场，研究消费者，而是研究客户，琢磨客户的心理，甚至完全按客户的旨意进行广告创意、制作。而一些广告主也以“施舍者”自居，对广告的创意、制作指手划脚，把自己自认为“高明”的意见硬强加于人。如此，怎能保证广告的质量？应当认识到，广告代理商与广告主实际上是一个利益共同体，是坐在同一条板凳上的，广告公司要为客户着想，但也必须获得客户的尊重。只有双方密切合作，按经济规律办事，共同面对社会，面对消费者，双方的利益才能得到保证，双方的合作才能持久。想一想，当广告主从社会得到丰硕回报的时候，他还会克扣那仅占利润中极小部分的十分有限的广告费吗？作为广告公司，不应把眼盯着广告主腰间的钱包（这是靠不住的），而应与广告主一起面向社会，面向广大的消费者，并一切围绕服务于这个“真正的上帝”，如此，双方才会有满意的回报。

误区之六、误区之七……，需要澄清的观念，还可列上许多。正是这些误区的存在，使得我国广告业的飞速发展更多地体现在广告营业额这个量的增长上，而不是质的增长上。为此，我们大声呼吁，是到了广泛开展一次广告观念大讨论的时候了。我们还呼吁是否可创立一门新学科——广告哲学。这门学科应当涵盖广告的经营理念、广告的价值观、创作观、审“美”观等等。一切从事广告专业的人士，应当先从此学起。

中国广告观念变革与运作形态

孟 建

中国实施市场经济改革,使中国广告业观念发生裂变。
深层的观念裂变,给中国广告业巨大驱动力。
中国广告体制的深刻变革,给中国广告的运作上勃发了生命力。
重视中国广告业的现状及走势分析、研究,使中国广告业在市场经济中发挥更大作用。

当世界把目光投注于东方,特别是投注于崛起之中国时,惊讶的似乎是一切:中国,正默默地创造出那么多的世界第一。中国的广告业,也已成为世界上发展速度最快的。海外的诸多报刊,特别是一些经济类报刊,纷纷对此加以分析、评说,将中国飞速发展的广告业称之为非常值得注意的"特殊经济文化现象"。海外一些研究机构,甚至投入相当的研究力量和研究资金,对中国广告业进行专题研究。海外尚且如此,我们更有理由对中国广告业的现状及其走势进行分析、研究,以使中国的广告业在中国现代化事业中发挥更大作用。

广告观念裂变:
中国广告业发展的内驱力

中国广告业的发展,深刻的思考应当来自观念形态的考察。对于观念形态的考察,其逻辑起点是,要将中国广告业的发展植被在中国改革开放的基础上。更确切些,就是要看到,没有中国实施市场经济改革方略,就不可能有中国广告业的今天。这也就是说,在计划经济的体制中,中国不但不重视广告,甚至排斥广告。只有中国建构市场经济体制,才有中国广告业的春天。对于中国广告业观念裂变的分析,将集中在学科观念的视野中论说。

一、经济学观念的确立,是中国广告业发展中观念形态的重大突破。

从传统学科观念来看,与中国广告业渊源最深的是艺术学。走到极至,视广告等同于艺术创作。在体制上,广告公司几乎都隶属于文化系统,称之为"广告艺术设计公司"。我们并不是无视广告与艺术的深厚渊源,问题在于,把广告等同于艺术,就在质的规定性上,排斥了广告与经济更为密切的伴生性,中国市场经济改革的大潮,引发了经济学观念在中国广告业中的萌动,"广告提供商品信息","广告促进市场销售"等一般意义上的经济学思考,已为广告人所认识。但随着中国市场经济的大踏步迈进,随着中国市场经济逐步与世界接轨,对中国广告业的经济学思考已大大深入了。这突出地体现在三个层面上:首先,人们开始充分感受到,中国广告业在中国经济发展中,不但有着积极的催化作用,而且有着强烈的扩张作用。"扩张"一词并不见诸于英文翻译,而是台湾经济学界在分析台湾经济发展与台湾广告业互动关系时精心选择的一个特殊词汇。纵观世界诸多走向现代化的国家,其广告业的蓬勃发展都是与经济起飞,经济快速增长相伴的。某种程度上说,广告费的支出额已成为衡量一个国家和地区商品经济发展力度和经济实力的一种参照。1980年,世界广告费总额约为1100亿美元,美国就占了一半,1992年世界广告费总额2800亿美元,美国仍占了45%。在世界经济强国排名榜中,人均广告费的排名榜与之十分接近。以九十年代初为例,人均广告费支出:美国480.2美元、瑞士301.5美元、日本281.6美元、加拿大232.2美元、英国211.8美元(中国1995年人均广告费2.82美元,比1994年上升99.4%)……。广告在市场经济中的强烈扩张,就其经济效果分析看,主要是在刺激经济增长、投资增长等方面,显露着十分突出的功用。就此言,中国的广告业正在充任着中国市场经济排头兵的重要角色。其次,中国的广告业已成为中国经济发展的重要产业。对于中国广告业产业形态的认识,构成了对中国广告业经济学思考的主要方面。国家在产业发展的规划中,已十分明确地规定"广告业是知识密集、技术密集、人才密集的高新技术产业。"在中国经济增长过程中,产业结构正处在剧烈的变动中,国家将广告业作为高新技术产业予以重点支持和发展,就其实质看,是实现中国经济发展的一次重要整合。一方面,它将大大"扩张"中国的市场经济;另一方面,也要据此优化中国经济的产业结构,并使之成为中国经济发展的新增长点。1995年中国广告营业额达到的273亿人民币这一数字,可说明的问题是很多的。再者,中国广告业的发展将为构筑中国新的经济形态——信息经济,起十分重要的促进和合成作用。从经济形态的发展看,世界经济强国已完成了从传统的物流经济形态向资金流经济形态的转换,正在向更高一级的经济形态——信息经济发展。处在这一经济形态的重大整合期,信息已成为一种真实的经济存在,信息正成为至高无上的财富。当今信息经济的构成是极其复杂的,但无论这种信息经济形态有多复杂,其信息本身的产业特征必须是十分明显的,而广告业恰恰具备了这些。因此,我们今天从经济学观念来认识广告业,其深刻性已大大超过了一般经济学的范畴,而进入了更为深刻的层面:对经济形态结构进行分析、研究。这也许就是为什么不能小看中国广告业的更为深刻之缘由所在。

二、文化学观念的确立,是中国广告业发展观念形态的重大提升。

当我们不再拘泥于广告与艺术关系的束缚,而是从文化学这一更广阔而深刻的视角来关注广告时。我们将获得一次解放。这"解放"的含义应当是广告作为社会发展的产物,特别是作为现代商品经济的伴生物,其在社会发展中的地位和影响就不只能停留于经济行为的物化形态,而应当将其视为一种独特的文化现象来予以考察。这种文化学的考察,实质上就是广告文化学观念的一次确立。这突出地表现在这样几个方面。首先,流行(时尚)观念成为广告业文化学思考的突出课题。严格的文化社会分析是将流行(时尚)定位在"一个时期内在社会上流行颇广,甚至盛行一时的大众心理现象和社会行为"。但是,随着现代社会的发展,特别是现代学科的交叉与融合,流行(时尚)已与广告学、经济学、传播学等诸多学科的视野交叉、重叠,形成了对流行(时尚)新的分析、阐释。作为广告业中引入流行(时尚)观念,突出地表现在,流行(时尚)的基础性变更。具体地说,我们可以看到,正是社会演进到一定阶段(就目前来说则是市场经济阶段),有了一定的经济条件,方能去追随流行(时尚),去表现自我。作为流行(时尚)过程的分析,流行(时尚)必定是传播的结果,那么,广告借助于各种传媒,特别是大众传媒,为人们进入流行(时尚)的行列,提供了可能,这也就是说,中国广告业在今天的发展,已经有理由,或者说本该就应当充任起"制造流行、引导时尚"的社会角色。而这一角色一但厘定,对广告的文化学观念的思考就会溢出一般广告学的范畴,而进入文化学更广阔的视野。其次,形象观念成为广告业文化学思考的新兴课题。传统广告学的误区之一就在于,往往忽视广告在形象上的意义和作用,仅仅将广告传播作为商品品质、价格的简单信息传播。这样的认识,就使得广告很少或者是很难进入文化观念的层次。就世界范围看,对产品形态的认识已走过了三个阶段:

A:产品的低度开发阶段——生产导向时期——注重“商品力”

B:产品的中度开发阶段——行销导向时期——注重“销售力”

C:产品的高度开发阶段——形象导向时期——注重“形象力”

处在第一阶段,企业注重的往往是产品本身的要素,诸如材料、工艺、品质等,颇有“酒香不怕巷子深”的优越;处在第二阶段,似乎已是“酒香亦怕巷子深”了,企业开始注重经济学中的营销,以求产品在市场中的占有;而处在第三阶段,企业前所未有的将目光投注于“形象”,欲将“形象”作为产品不可见但极其重要的软要素予以开发,作用于市场,处于这样一个阶段,其对广告的认识已开始寻求文化学观念的支撑,并获得文化学的更新内涵。西方在广告业中经常使用的“软消费”概念,实质正是看重产品的“文化含量”。但欲使产品达到这种“软消费”的“文化含量”,就必须对传统广告观念进行一次变更。“可口可乐”固然其实际使用价值也要重视,但其间情感的,特别是文化的含量才使这世界“顶尖”产品呈现出极其“软化”的消费特征。正因如此,人们才常说,喝可口可乐,与其说是喝一种碳酸饮料,不如说是吮吸美国文化。实际上,对“可口可乐”的这样分析,毕竟还是对一种产品的剖析,如我们将视点升高,形象观念入驻广告业,甚至会对我们原本不易撼动的“消费信念”有所动摇。如我们颇为熟悉的“消费者是上帝”的“信念”之重大误区在于把消费者看成是静态的不变的,而在形象观念作用下,则会让广告去承担“引导消费者”的新使命。这诚如马克思在谈到艺术消费时精辟指出的“艺术生产也要产生懂得艺术的大众。”消费者不仅仅是“适应”,有时还需要“引导”,甚至还可以去“塑造”。广告不能忽视形象观念——文化学意义上的更深思考,再者,社会效益观念成为广告业文化学思考时代课题。中共中央六中全会通过的“关于加强社会主义精神文明建设若干重要问题的决议”指出,建设有中国特色的社会主义伟大事业,是一场新的伟大革命。在这场革命中,中国共产党人和中国人民有信心、有能力在改造客观世界的同时改造主观世界,在建设高度物质文明的同时建设高度的社会主义精神文明。中国广告业发展中十分值得注重的大事之一是,中国终于有了中国广告业的根本大法——《中华人民共和国广告法》。虽然广告法制的建设某种程度上奠定了广告文化建设的基础,但法律的约束和文化自律、文化道德、文化品格有着相当的分野,如何在中国广告业中注入浓郁的文化气息并保持相当的文化品格,对精神文明建设有所贡献,亦是确立中国广告业文化学观念的十分重要方面。就此而言,中国广告业的发展要在这一方面倾注气力,探索出一条自己的独特道路。

三、传播学观念的确立,是中国广告业发展观念形态的重大整合。

从时间推移的角度看,中国广告业接受传播观念的影响,均在经济学、文化学之后。产生这样情况的原因,一则是经济学、文化学影响的中国广告业某种程度上是带有拨乱反正的意蕴,因为这两种学科观念作用于广告业,这在海外,尤其是西方,已是很普遍的现实。二则是传播学兴起本身就是这个世纪四十年代的事,这种学科观念进入广告业,更是六十年代之后。如果我们将广告学作为一门独立的学科来分析,支撑这一学科的更高学科层主要是哪几门学科呢?答案是非常清楚的,就是经济学、文化学(含艺术)、传播学。而在这三门学科中,最新的学科就是传播学。值得提及的是,就国际范围看,广告学的人才培养原先都以艺术类学科为主,后来转向经济类学科,而目前,更大的转向则是传播学学科。这其间透发出思考:何以传播学会异军突起影响广告业?某种意义上说,这一问题也就涉及了传播学观念如何在广告业中得以确立。就这些问题言,有这样几点是值得注意的。首先,广告作为传播行为处在传播学的研究视野中。在传播学真正发展为一门独立学科以前,人们把广告研究往往作为一种泛学科的对象,大凡是广告涉及的领域,即用相关的学科去进行一些分析,缺乏将广告学作为一个系统性很强的学科对象进行科学地定位。而传播学则把广告现象作为一种特有的传播现象进行系统分析。并据广告传播的不同角度和层面,进行传播学的分支学科研究,如经济传播视野中的广告;文化传播中的广告等等。其次,广告作为传播行为处在传播学的科学视野中。当广告还与艺术学渊源极其密切而忽视经济学,更不了解传播学时,很难说广告的研究与动作是一种科学行为。艺术中强烈的主体意识、感情色彩、非理性活动,都往往与现代广告的科学精神相悖。就目前国际广告界已达成的基本共识看,"广告是艺术"的命题已经很难成立(尽管不排斥广告的艺术性),而代之的却是"广告首先是科学"。传播学的发展,基本上透发着严格科学精神的气息。无论是控制者研究,还是传播过程研究;无论是受传者研究,还是传播效果研究,都体现着实证哲学的思辩,用定性定量结合的方法参与实践。再者,广告作为传播行为处在传播学的操作视野中。传播学是一门理论性强,但操作性亦强的学科。这门学科一旦与广告学"结缘",其可操作性的特点就十分突出。可以这样说,广告业的实践运用问题,基本上都可以在传播学中找到相应的对位。诸如像受众分析、效果测定、反馈调适、有效传播这样频频出现于广告业中的专业术语,几乎全来自传播学。因此,有一些学者提出"能不能将广告学称之为广告传播学",此种建议虽可讨论,但却有一定的道理。就美国等一些发达国家情况看,广告学人才培养转向传播学的趋势似成潮流。在我国,这种趋势也已较为明显。

广告运作形态:中国广告业发展的操作力

中国广告观念的深层裂变,给中国广告业的运作注入了深刻而巨大的驱动力;中国广告体制的深刻变革,给中国广告的运作提供了体制上勃发的生命力。由此,中国的广告运作呈现出丰富多采的良好态势。这种良好态势体现在操作层面上,主要在这样几方面。

一、从迷恋广告的自我表现到注重广告的有效传播。

正如论及广告观念形态时提及,中国广告业的一大进步,在于走出了以往将广告等同于艺术的误区。这一方面是广告观念的拓展:以单一的广告艺术观念,向文化观念、经济观念、传播观念极度拓展;另一方面,则是将广告重新纳入科学运作的轨道,使之体现出科学的精神。迷恋广告的自我表现,就其本质来认识,是只重视广告传播的主体性而忽视甚至是无视传播的有效性(亦是对传播客体,即受传者的忽视或无视)。其表现形态,几乎可以在广告运作的各个阶段,各个环节上表现出来,如忽视市场分析,忽视受众研究,忽视定位理论,忽视效果测定。应当说,迷恋广告的自我表现,实际上也是对现代广告理论缺乏了解和研究的一种浅薄。六十年代中后期形成的 DAGMAR 理论,已从广告学的角度对广告目标针对不同阶段的问题,提出了颇有建树的理论。DAGMAR 理论(亦称广告阶层理论)将广告出现到消费者购买视为一个过程,认为广告要针对消费者的"未知→认知→理解→确认→行动"采取不同的广告策略。假如我们不拘泥于广告理论,而将视野拓展至传播学,很快就会发现 DAGMAR 理论的精要之处,正是依据了现代传播的基本原理。依据传播学的基本模式来分析广告传播,从传播控制→传播内容→传播渠道→传播受众→传播效果这五大方面,就构成了广告有效传播的五个相承的阶段。如果再加上反馈要素,便构成了广告有效传播的完整回路系统。我们讲广告要进行"有效传播"。正是指要将传播学的基本理论与广告学原理结合起来,作用于广告的实际操作,以期获得广告操作效益的"最大化"。为了达到广告有效传播的目标,无论是广告的整体企划运作还是广告的单元企划运作,均采取了实施有效传播的多种操作方法。这些方法的运用,为广告科学的运作,提供了众多成功的范例。许多海外的广告公司在进入中国后,也不无感慨道"中国广告界已开始步入与海外广告科学运作接轨的时代"。

二、从注重广告单元操作到注重广告的整体运动。

注重广告单元操作,是中国广告业在操作形态上成功起步的基础。但随着中国广告业的飞速发展,仅仅注重广告单元操作,已远不能跟上广告业发展的形势。于是,广告界将广告的整体运动提到了议事日程。广告整体运动在中国广告业中的兴起,有这样三点值得注重。首先,这是中国广告业发展到一定阶段的必然。当中国刚开始市场经济建设时,对广告的渴求主要是解决"有、无"的问题。但随着市场经济建设的不断深入,对广告业提出了新的更高的要求,只重广告单元操作,以某一类、某一种广告"单打"天下的局面,很快受到了挑战,陷于窘境。在这种情况下,广告运动以其整体企划、整体运作的优势,显露出独具的魅力,引起企业界的重视。其次,广告理论研究的深入,大大推动了广告整体运动的发展。我们对中国广告业发展的分析、思考,不能忽视广告理论作为广告发展一翼的独到地位。广告理论研究对广告整体运动的推动,一方面可以视之为对丰富多采广告实践的经验概括和理论提升;另一方面,广告理论对海外广告理论的介绍、引进,也是十分重要的。当然,这儿论及的广告整体运动决不意味排斥广告的单元操作,恰恰相反,广告整体运动正是在注重广告单元操作基础上形成的。广告整体运动在中国广告业中的运用,集中体现在两大系列中:一是广告整体运动的企划策略,这主要包括:目标市场运动策略、产品周期运动策略、时间区间运动策略等;二是广告整体运动的方法运作:这主要包括:持续方法、脉动方法、闪动方法、互动方法。广告整体运动以其对广告传播集约化、系统化、最优化的兼容并蓄,在中国广告的实践中显现出不同凡响的作用。

三、从注重广告的整体运动到注重以广告为主导的复合运动。

如果说,广告"有效传播"得益于传播学支撑;那么"以广告为主导的复合运动"则得益于经济学的支撑。前面论及的广告整体运动,特指只运用广告单一要素传播所形成的运动状态,而这儿论及的以广告为主导的复合运动,则特指运用广告、公关、促销三要素组合形成的运动状态。在经济学看来,构成市场营销的基本理论框架,是以"4P's"为基础的。这一由美国哈佛大学教授鲍敦 1964 年首先提出的,经由麦克卡瑟 1976 年提升为"市场经营组合策略"的"4P's"理论(尔后又产生了"6P's"乃至于"12P's"理论,但这些,均在"4P's"理论基础上形成),将产品决策、价格决策、促销决策、分销决策进行最佳优化,实现经营目标。在这一理论中,促销决策包含了广告。但非常值得注意的是,在促销决策中,除包含广告外,还包括了公共关系,销售推广(含人员推销)。注重广告为主导的复合运动与广告整体运动最大不同就在于:广告整体运动尽管已呈现前面所论及的集约化、系统化、最优化的复杂形态,但广告整体运动的组合要素还基本是单一的广告。而广告为主导的复合运动则形成了以广告、公共关系、销售推广三要素的有机组合。因此,这种运作呈现出更为复杂的形态,提升着这一形态的品位。当然,这三要素的组合中,仍将以广告为主导,由广告运动形成着主运动的脉络。在以广告为主导的复合运动中,其操作方式分为两种:一种称之为"两维复合";一种称之为"三维复合"。两维复合,主要是指在复合运动中以广告为主导,或带公共关系、或带促销形成整体运作;三维复合,主要是指在复合运动中以广告为主导,携带公共关系、促销形成整体运作。以广告为主导的复合运动虽然呈现出广告运动的高一级形态,但在操作中非常值得注意的是,由于变量的增加,其运作的繁复程度会大大增强,如何梳理这一运动形态的脉络,特别是如何使这些变量有机构成,形成组合,十分关键。否则,这样的运动形态反而会招致"花俏"而丧失其在市场中独具有作用和魅力。

四、从注重以广告为主导的复合运动到注重"CIS"形象战略。

"CIS"形象战略在中国的兴起,的确是一个值得研究的现象。有人认为,"CIS"形象战略是广告发展过程中的一个阶段；也有人认为“CIS”形象战略是在自身发展中与广告的一次结合。对于这样的问题，实际上就涉及了广告学与“CIS”的学科分野和从属关系问题。就目前所掌握的海外资料看，将“CIS”放在广告学中进行研究，还是多数。“CIS”在世界范围内的兴起，自然是在广告出现许多年之后，就目前看，大家都比较倾向于 1956 年美国 IBM 公司请设计师诺伊斯规范企业的整体形象为“CIS”之开端。“CIS”在世界范围内兴起的背景尽管会因为国家、地区的政治、经济、文化不同而显示出差别。如美国二战后的独特政治、经济地位，汽车、公路文化；又如日本的东方文化色彩等。但有几点却是共同的，这便是：信息时代的来临，大众传播已成为现代社会的重要装置；成熟消费倾向，消费者注重产品文化含量和形象基准；企业文化提升，文化成为明天的经济（依罗斯托语）。正是由于这三点，“CIS”以其形象战略的独特，介入了市场经济。“CIS”就其学科归属来说目前尚在广告学中，但本身涉猎的范围，已溢出广告学许多。在“CIS”整个系统中，MI（理念识别系统）更多地与企业文化相关联；BI（行为识别系统）更多地与企业公共关系相关联；VI（视觉识别系统）更多地与企业广告相关联。当然，介于这些之上的，可以视之为一种特殊的管理科学。总起来看，是对企业形象实施统一管理；分类看 MI 是对企业理念形象实施统一管理；BI 是对企业行为形象实施统一管理；VI 是对企业视、听形象实施统一管理。就此分析言，广告与“CIS”最高的关联，还在于 VI 子系统，尽管 VI 子系统的操作需要 MI、BI 两子系统的支持，但就其主导性来看，VI 子系统乃是为主的。我们进行这样的分析，一方面是想对“CIS”本身进行一些阐释；而另一方面，在这儿也许是更主要的方面，则是让中国的广告业界比较清醒地看到，“CIS”并不是可以随意“拿”到广告中来用的，需要予以创造性转换。当然，“CIS”在中国土地上的方兴未艾，实在是一件好事，对于蓬勃发展中的中国广告业，亦是极大的丰富。

五、从注重“CIS”形象战略到注重“IMC”整合营销传播。

“IMC”（Integrated Marketing Communication）对我国广告界来说，还是较为陌生的。目前，关于这词汇的翻译还很不一致，有译为“混合营（行）销沟通”的，也有译为“整合营（行）销传播”的。我们现在用“整合营销传播”。“IMC”的中心思想是：“在实现与消费者的沟通中，以统一的传播目标来运用和协调各种不同的传播手段，使不同的传播工具在每一阶段发挥出最佳的、统一的、集中的作用。‘IMC’追求的是与消费者建立起长期的、双向的、维系不散的关系。”这样的诠解，还是比较精辟的。“IMC”理论非常值得重视的是两点，一是“IMC”理论的形成，也是在西方经济学理论，特别是营销学理论基础上发展起来的。进入九十年代，营销学日益看重美国劳特朋提出的“4C’s”理论。所谓的“4C’s”理论是将“4P’s”理论作为传统理论来予以扬弃的。“4C’s”理论最核心的一点是将营销中心从规划者（如企业）转向了消费者，这就是海外称之为变“4P’s”的“由内而外”“为“4C’s”的“由外而内”的历史性转变。在“4C’s”理论中，研究消费者的需要和欲求（Consumer wants and needs）、研究消费者满足需求所付出的成本（Cost）、研究消费者的方便（Convenience）、研究与消费者的沟通（Communication）成为核心。二是“IMC”理论主张将一切的传播活动进行一元化的整合，即把广告、促销、公关、新闻、直销、CI、包装、新媒体等皆归于视野之内。让消费者获取同一规划者（如企业）不同方式的信息传递，以增强对企业特别是产品诉求的一致性和完整性。这种对信息资源实行统一配置、统一使用，提高资源利用率的新理论，在当今信息化社会中是十分值得关注的。“IMC”理论不仅以其理论的新颖受到社会，特别是广告界的高度重视，“I MC”理论也以其成功的实践，向人们展示了其独特的魅力，如美国的 SPE 防晒油的成功运用，堪称经典案例。当然“IMC”理论也存有一些理论上的薄弱点，如对“4C’s”理论的取代，就有明显的理论支撑缺乏等问题。

全国30所高等院校广告教育状况调查分析报告(节录)

"中国广告人才需求与培养"课题组

调查报告说明

一、调查目的

本次调查以设置广告专业的院校为研究对象,旨在了解目前我国院校广告教育的现状,试析我国广告教育中的一些问题和今后的发展方向,为全面提高我国院校广告教育水平,从而为我国广告业培养输送更多合格人才提供数据支持和实证依据。

二、调查对象

本次调查样本选择标准:以1996年招收广告专业学生的49所院校为调查样本〔资料来源:根据1996年全国30个省市(不含台湾省)的高考招生目录,凡是在招生目录上标明招收广告专业学生的院校即被确定为本次调查的样本〕,共发放49份问卷,回收问卷33份,其中3份无法进行统计分析,因此共得有效问卷30份。用于统计分析的样本名单如下:

编号	校名	学校所在地	所属院系
01	北京商学院	北京	管理系
02	上海出版印刷高等专科学校	上海	美术系
03	同济大学	上海	商学院经贸系
04	上海师范大学	上海	中文系
05	南开大学	天津	法政学院社会学系
06	天津师范大学	天津	中文系
07	河北大学	河北保定	新闻系
08	吉林大学	吉林长春	文学院广告系
09	吉林大学	吉林长春	装潢艺术设计系
10	长春广播电视大学	吉林长春	大专部
11	吉林艺术学院	吉林长春	美术设计系
12	兰州大学	甘肃兰州	新闻系
13	兰州商学院	甘肃兰州	商业文化系
14	武汉大学	湖北武汉	新闻学院广告系
15	湖南商学院	湖南长沙	
16	浙江广播电视专科学校	浙江杭州	新闻系
17	杭州大学	浙江杭州	新闻与传播学院新闻系
18	宁波大学	浙江宁波	中国文化与传播
19	南京大学	江苏南京	文学院新闻传播学系

编号	校　　名	学校所在地	所属院系
20	河海大学	江苏南京	国际工商学院企业管理系
21	苏州大学	江苏苏州	文学院新闻传播系
22	暨南大学	广东广州	文学院新闻系
23	厦门大学	福建厦门	新闻传播系
24	广西大学	广西南宁	文化与传播学院新闻系
25	贵州广播电视大学	贵州贵阳	成人大学文科教学部
26	中南民族学院	湖北武汉	文化与传播系
27	西北大学	陕西西安	文学艺术传播学院新闻学系
28	北京广播学院	北京	新闻传播学院广告学系
29	北京联合大学	北京	应用文理学院管理系
30	青岛大学	山东青岛	文学院社会学系

三、调查内容

本次调查的主要内容有:

·广告专业的基本情况

广告专业的设立情况(成立广告专业的院校分类:广告专业的所属院系;广告专业的成立时间;成立广告专业的理由;广告专业的培养目标);目前的经费情况;缺乏的设备及图书资料;广告专业的困难;有无实体等情况。

·广告专业的师资情况

专职教师的人数,专职教师的基本情况(性别、年龄、广告教龄、职称、学历、专业、专长、主讲课程等);

教师来源;教师的需求;教师的学术研究情况;

教师的培训情况;教师的兼职情况;兼职教师的情况等。

·学生的基本情况

学生的来源;招生地域;录取分数水平;

学生人数(每年招收的学生人数);学制;在校学生人数;毕业学生人数;招生计划;

学生实践情况;学生分配情况;学生分配去向等。

·课程教材设置情况

专业课程的课时;实习情况。

·对院校广告教育的了解及建议

广告专业的知名度;广告专业的美誉度;对广告专业的建议。

四、分析方法

本报告运用统计分析软件 SPSS FOR WINDOWS 6.1 进行数据分析处理。因为调查回收的样本比较少,所以以描述性统计为主要分析方法,同时结合文献资料互相印证,以期能客观地分析我国目前广告教育的实际情况。

第一部分 广告专业的基本情况

广告专业的成立情况:

1—1 成立广告专业的院校类型:(有效样本数为30)

类型	个数	百分比
综合性大学	18	60.0
商学院	3	10.0
广播电视类院校	4	13.3
师范院校	2	6.7
其他	3	10.0

【说明】此次调查中的其他类院校包括美术院校、印刷学校、民族学院。

1—2 广告专业的所属院系:(有效样本数为29)

所属院系	个数	百分比
新闻广告类	13	44.8
管理经济类	4	13.8
美术艺术类	3	10.3
中文类	2	6.9
社会学类	5	17.2
其他	2	6.9

(注:管理经济类——管理、经贸、企业管理;美术艺术类——美术设计、装潢艺术设计、美术;社会学类——社会学、商业文化、(中国)文化与传播;其他——大专部、文科教学部。)

1—3 广告专业的成立时间:(有效样本数为30)

成立时间	个数	百分比
1992年及以前	6	20.0
1993年	8	26.7
1994年	8	26.7
1995年	4	13.3
1996年	4	13.3

1—4—2 设立广告专业最重要的理由:(有效样本数为19)

最重的理由	个数	百分比
社会对该专业人才的需求量大	14	73.7
有与广告专业比较接近的专业	2	10.5
原有专业结构老化,无法适应社会需求	2	10.5
扩大招生生源	1	5.3

1—5 广告专业的培养目标:(有效样本数为 29)

培养目标	个　　数	百　分　比
广告管理	11	37.9
广告策划	23	79.3
广告文案	9	31.0
广告设计	12	41.4
广告制作	5	17.2

注:此题为多选题,故合计百分比超过 100%。

1—11—2 广告专业成立之初最大的困难:(有效样本数为 28)

最大的困难	个　　数	百　分　比
经费不足	11	39.3
缺乏师资	8	28.6
缺乏教材和图书资料	4	14.3
教学设备不足	5	17.9

1—11—3 目前已解决的困难:(有效样本数为 18)

已解决的困难	个　　数	百　分　比
经费不足	1	5.6
缺乏师资	14	77.8
缺乏教材和图书设备	8	44.4
教学设备不足	4	22.2
办学目的不明确	2	11.1

注:此题为多选题,故合计超过 100%

1—11—4 广告专业目前的困难:(有效样本数为 23)

目前的困难	个　　数	百　分　比
经费不足	15	65.2
缺乏师资	9	39.1
缺乏教材和图书设备	9	39.1
教学设备不足	17	73.9
学生素质较低	1	4.3
教师不安心教学	2	8.7
办学目的不明确	1	4.3

注:此题为多选题,故合计超过 100%。

1—12—1 广告专业有无实体:(有效样本数为 26)

有无实体的情况	个　　数	百　分　比
有实体	13	50.0
没有实体	13	50.0

第二部分　教师的基本情况

2—1 专职教师的总人数:(有效样本数为 28)

总　人　数	个　　数	百　分　比
5 人以下	8	28.6
6—10 人	14	50.0
11—15 人	3	10.7
15 人以上	3	10.7

【说明】有效样本合计共有 235 名专职教师。

2—2 专职硕士导师的人数:(有效样本数人为 13)

人　　数	个　　数	百　分　比
1 人	6	46.2
2 人	3	23.1
3 人	2	15.4
4 人	1	7.7
6 人	1	7.7

【说明】有 13 个院校的广告专业有硕士导师;此次调查中专职硕士生导师的总人数为 28 名。

2—3 专职教师的基本情况

2—3—1 专职教师的性别构成:(有效样本数为 235)

性　　别	人　　数	百　分　比
男	164	69.8
女	71	30.2

2—3—2 专职教师的年龄构成:(有效样本数为 221)

年　龄　段	人　　数	百　分　比
30 岁以下	58	26.2
31—40 岁	88	39.8
41—50 岁	50	22.6
51 岁以上	25	11.3

【说明】221 名专职教师的平均年龄为 37.3 岁。

2—3—3 专职教师的广告教龄:(有效样本数为212)

广 告 教 龄	人 数	百 分 比
3年以下	100	47.2
3—5年	78	36.8
5年以上	34	16.0

【说明】212名教师的平均教龄为4.2年。

2—3—4 专职教师的职称构成:(有效样本数为234)

职 称 级 别	人 数	百 分 比
助 教	48	20.5
讲 师	93	39.7
副教授	79	33.8
教 授	14	6.0

2—3—5 专职教师的学历构成:(有效样本数为235)

学 历	人 数	百 分 比
大学专科	5	2.1
大学本科	161	68.5
研 究 生	63	26.8
博 士	6	2.6

2—3—6 专职教师的专业情况:(有效样本数为224)

专 业 情 况	人 数	百 分 比
中文类	58	25.9
管理类	15	6.7
新闻类	31	13.8
广告类	23	10.3
美术设计类	52	23.2
经济类	11	4.9
其他文科类	24	10.7
理科类	10	4.5

注:中文类=中文;文学;语言学

管理类=企业管理;工商管理;企业文化

新闻类=新闻;传播;外国广告与新闻;公关

美术设计类=美术;装潢;油画;国画;工业设计;摄影;雕塑;版画;舞美设计;广播电视

经济类=经济学;商学;营销

理科类=自动化;计算机;化工;物理;数学

其他文科类=心理学;哲学;社会学;历史;民族学;美国当代文化;文化策划;法律;社交礼仪

2—3—7 专职教师的专长情况:(有效样本数为179)

专　　长	人　　数	百　分　比
广告文案	8	4.5
广告经营管理	11	6.1
广告心理学	6	3.4
广告设计	34	19.0
广告调查	6	3.4
市场营销	8	4.5
广告策划	14	7.8
广告史	3	1.7
广告学	10	5.6
传播	10	5.6
摄影	9	5.0
公关	7	3.9
美术设计	16	8.9
中文	11	6.1
社会学	23	12.8
企业管理	4	2.2
其他	3	1.7

注:

广告经营管理=广告经营管理;广告法;企业管理;企业信息

广告设计=广告设计;广告创意;CAD;影视广告;影视编导

广告调查=广告调查;实证研究

市场营销=市场营销;市场消费;企业行为

广告学=广告学;涉外广告;户外广告

传播=广告传播;新闻;媒体

美术设计=装潢与印艺;绘画

中文=文字学;修辞学;写作;影视文学;文学;语言学;红学研究;编辑

社会学=美学;哲学;法律;逻辑;社会统计;文化学;资料整理

其他=电教;社交礼仪

2—4 广告专职教师的来源:(有效样本数为24)

教　师　来　源	百　分　比
广告专业毕业	14.47
本系部分教师(未经过培训)	31.03
本系部分教师(经过培训)	41.33
外校请来的教师	6.04
广告界知名人士	3.79
其他	3.33

2—5 专业教师的需求

2—5—1 专业教师的需求量:(有效样本数为23)

需求人数	个数	百分比
1—3人	13	56.4
3—5人	8	34.8
5人以上	2	8.7

【说明】在回答问题的23所院校中,对教师的需求总量为79人。

2—5—2 解决教师短缺的方法:(有效样本数为28)

解决方法	人数	百分比
骨干教师送去培训	20	71.4
招聘广告专业的毕业生	17	60.7
聘请广告知名人士当兼职教师	20	71.4
与兄弟院校进行师资交流	9	32.1
其他	3	10.7

注:此题为多选题,故合计超过100%

2—6 广告专业教师的学术研究情况

2—6—2 广告专业教师的学术成就:

2—6—2—1 学术论文的数量:(有效样本数为18)

学术论文	个数	百分比
5篇以下	5	22.2
6—15篇	3	16.7
16篇以上	11	61.1

【说明】合计为244篇,最多为63篇。

2—6—2—2 学术论著的数量:(有效样本数为14)

学术论著	个数	百分比
3本以下	7	50.0
3—5本	3	21.4
5本以上	4	28.6

【说明】合计为46本,最多为8本。

2—6—2—3 出版教材的数量:(有效样本数为15)

出版教材	个数	百分比
3种以下	11	73.3
3—5种	2	13.3
5种以上	2	13.3

【说明】合计为47种,最多为13种。

2—7 广告专业教师的培训情况:

2—7—1 受培训教师的比例:(有效样本数为24)

比 例	个 数	百 分 比
0%	1	4.2
1—20%	5	20.8
21—50%	6	25.0
51—80%	7	29.2
81%以上	5	20.8

2—7—5 计划培训人数:(有效样本数为14)

计划培训人数	个 数	百 分 比
1人	4	28.6
2人	8	57.1
3人	1	7.1
4人	1	7.1

【说明】此题为计划送去培训的人数,计划培训总人数为27人。

2—8 广告专业教师的兼职情况:

2—8—1 教师是否兼职的情况:(有效样本数为22)

是 否 兼 职	个 数	百 分 比
兼职	18	81.8
没有兼职	4	18.2

2—8—2 教师的兼职比例:(有效样本数为18)

比 例	个 数	百 分 比
30%以下	8	44.4
31—50%	5	27.8
51%以上	5	27.8

2—8—3 兼职来源:(有效样本数为16)

兼 职 来 源	学校计划派出	自己找兼职
百分比	28.94	71.06

2—8—4　主要兼职单位:(有效样本数为15)

主要兼职单位	百　分　比	主要兼职单位	百　分　比
广告公司	63.13	兄弟院校广告专业	11.14
媒介广告部门	6.56	其他	8.32
企业广告部门	11.45		

2—8—5　广告专业教师寻找兼职的理由:(有效样本数为17)

理　　　由	个　　数	百分比
可以多挣些钱	13	76.5
可以增加些实践经验,利于今后教学	17	100.0
寻找机会,趁机下海	2	11.8

注:此题为多选题,故合计超过100%

2—8—7　广告专业教师的流失:

2—8—7—1　广告专业教师是否有流失:(有效样本数为27)

是否有流失	样　本　数	百　分　比
有	4	14.8
没有	23	85.2

2—9　广告专业教师的总体评价

2—9—1　对广告专业教师的评价:(有效样本数为29)

评　　价	个　　数	百　分　比
很能胜任教学	2	6.9
比较能胜任教学	25	86.2
一般	2	6.9

【说明】院校领导对自己专业的广告专业教师无不好的评价。

2—9—2　广告专业教师对现状的评价:(有效样本数为30)

评　　价	个　　数	百　分　比
比较满意	18	60.0
无所谓	1	3.3
不太满意	11	36.7

2—9—3　对不满意原因的评价:

原　　因	样本数	均值	觉得重要的百分比
学校的待遇太低	12	4.42	83.4
对专业的前途不太乐观	7	2.57	14.3
对自己的知识结构不太满意	9	4.00	77.7
人际关系紧张	6	2.33	0

第三部分 学生的基本情况

3—1 广告专业的生源:(有效样本数为 28)

生 源	个 数	百 分 比
文科考生	17	60.7
理科考生	1	3.6
艺术类考生	6	21.4
混合招生	4	14.3

【说明】在混合招生中,文理艺的平均比例为 50:48.8:1.3。

3—2 广告专业的招生地域范围:(有效样本数为 29)

招生地域范围	个 数	百 分 比
全国范围	17	58.6
本省范围	9	31.0
本市范围	1	3.4
附近省市	2	6.9

3—3 广告专业的录取分数水平:(有效样本数为 28)

录取分数水平	个 数	百 分 比
较高	17	60.7
中等	11	39.3

【说明】广告专业的录取分数水平属于中等偏高,没有低或偏低。

3—4 广告专业的招生情况:

3—4—1 每年招生的总人数

学生层次	总 人 数	样本个数
硕士研究生	3	2
本科生	415	13
大专生	512	16
中专生	120	2
函授生	375	6

【说明】在本次调查中设计了一张表格来了解广告专业的招生情况,通过对数据的累加来了解总人数。由于数据填答有一些出入,故累加总人数与相应数据间并不完全吻合。

此表为每年招生的情况统计,样本个数为填答此题的院校个数,如研究生的情况:有 2 所院校合计招收 3 人;本科生:有 13 所院校合计招收 415 人。每年招收的总人数总计为 1425 人。

3—4—2 学制：

学生层次	学　　制	样本个数
硕士研究生	3年	2
本科生	4年	12
大专生	3年 / 2年	7 / 8
函授生	3年 / 2年	3 / 2

【说明】研究生和本科生的学制较为统一，分别为3年和4年；大专生的学制有3年和2年两种，在15个样本中各占7个和8个；函授生的学制有3年和2年两种，在5个样本中各占3个和2个。

3—5 在校学生情况：

3—5—1 在校学生的人数：

学生层次	总　人　数	样本个数
硕士研究生	9	2
本科生	1074	15
大专生	936	15
函授生	170	4

【说明】在校学生的人数为2216人。

3—5—2 在校男生的人数：

学生层次	总　人　数	样本个数
硕士研究生	6	2
本科生	559	14
大专生	323	9
中专生	16	1
函授生	21	1
总计	925	

3—5—3 在校女生的人数：

学生层次	总　人　数	样本个数
硕士研究生	3	1
本科生	520	14
大专生	253	9
中专生	9	1
函授生	15	1
总计	800	

3—6　毕业生的情况：

3—6—1　毕业学生的人数：

学生层次	总　人　数	样本个数
双学位	5	1
本科生	850	3
大专生	967	12
函授生	36	1

【说明】毕业生总人数为 1858 人。

3—6—2　毕业男生的人数：

学生层次	总　人　数	样本个数
双学位	4	1
本科生	550	3
大专生	266	9
中专生	211	1
总计	841	

3—6—3　毕业女生的人数：

学生层次	总　人　数	样本个数
双学位	1	1
本科生	227	2
大专生	279	8
函授生	25	2
总计	532	

3—7　广告专业的招生计划：

3—7—1　1996 年的招生计划：

学生层次	总　人　数	样本个数
硕士研究生	1	1
本科生	246	9
大专生	175	6
函授生	80	2
总计	502	

3—7—2 1997 年的招生计划：

学生层次	总 人 数	样本个数
硕士研究生	4	3
本科生	390	12
大专生	452	12
中专生	50	1
函授生	125	3
总计	1021	

3—7—3 1998 年的招生计划：

学生层次	总 人 数	样本个数
硕士研究生	8	3
本科生	350	12
大专生	230	6
中专生	50	1
函授生	25	3
总计	763	

3—7—4 1999 年的招生计划：

学生层次	总 人 数	样本个数
硕士研究生	11	3
双学位	3	1
本科生	370	13
大专生	195	5
中专生	50	1
函授生	50	1
总计	679	

3—7—5 2000 年的招生计划：

学生层次	总 人 数	样本个数
硕士研究生	17	5
双学位	3	1
本科生	350	12
大专生	235	4
中专生	100	1
函授生	50	1
总计	755	

3—8 广告专业的学生实践情况：

3—8—1 学生的实践占学习时间的比例：(有效样本数为22)：

比　　例	个　　数	百　分　比
10%以下	8	36.4
11—20%	10	45.5
21%以上	4	18.2

3—8—2 对学生积极参加实践的原因的评价：

原　　因	评价均值	有效样本数	觉得重要的百分比
理论联系实际，消化课堂所学	4.58	24	100.0
勤工俭学，赚些钱	3.50	22	50.0
寻找机会，为毕业作准备	4.38	21	90.5

注：此题为多选题，故合计超过100%。

3—8—3 学生积极参加实践的最主要原因：(有效样本数为21)

原　　因	个　　数	百　分　比
理论联系实际，消化课堂所学	15	71.4
勤工俭学，赚些钱	2	9.5
寻找机会，为毕业作准备	4	19.0

3—9—1 学生的毕业分配情况：(有效样本数为18)

分配情况	个　　数	百　分　比
很好	3	16.7
较好	10	55.6
一般	5	27.8

3—9—2 学生的毕业分配去向：(有效样本数为15)

毕业分配去向	百　分　比
广告公司	38.0
企业	22.0
媒介	27.0
留校任教	13.0

第四部分　课程设置

4—1　广告专业的专业课时占总学时的比例:(有效样本数为23)

课时比例	个　　数	百　分　比
20%以下	2	8.7
20—50%	7	30.4
50%以上	14	60.9

【说明】广告专业课包括专业基础和专业课程。

4—2　实习期占总学时的比例:(有效样本数为26)

实习期的比例	个　　数	百　分　比
10%以下	9	34.6
10—20%	13	50.0
20%以上	4	15.4

4—3 课程设置:

在回答此题的27所院校中,共填写了507门课程。为方便统计,在此将其粗略分类:经济管理=管理概论;经济学概论;经济法概论;会计学;管理运筹学;国际贸易;技术经济学;企业管理。市场调查=市场调查;广告调查;广告效果评估;统计学;社会统计;社会调查方法。市场营销=市场营销;商品学。广告概论=广告概论;广告学原理。广告文案=广告文案;广告写作。广告设计=广告设计;橱窗设计;POP设计;标志设计;商标设计;装潢设计;广告美术;编排设计;装帧设计;包装设计;展示设计;图案设计;装饰画;室内设计;应用美术;形象设计。广告心理学=应用社会心理学;广告心理学;传播心理学。广告美学=广告美学;广告文化学。广告传播=广告传播;大众传播;传播学;广告信息;广告媒体研究。广告管理=广告经营管理;广告法规管理;广告法;广告经济管理;广告公司运作;设计基础=素描;设计素描;静物色彩;三大构成;人物头像;解剖;透视;写生水粉;中国画;动物变化;花卉变化;民间美术;人物变化;写实画法。广告摄影=广告摄影;摄影;摄影基础;摄影技法;摄影技术。印刷广告=印刷出版知识;装潢与印艺;印刷广告;平面广告;报纸广告;杂志广告;招贴广告;说明书广告设计。公关、CI活动=公关;公关写作;公关与广告;公关务实;公关活动;企业识别系统;新闻=新闻学概论;新闻写作;新闻史;新闻传播学;新闻编辑;广告制作=广告制作;摄像技术节目制作。广告研究=广告创意;广告专题研究;广告个案分析;广告组织理论和行为;国际广告;广告论文。影视广告=影视编导;影视学概论;影视广告;电视广告。其他=美术史;艺术史;书法;计算机基础;社交礼仪;应用文写作;编辑学;中国传统文化研究;美学概论。

4—3—1 课程设置基本情况:(有效样本数为507)

课程名称	个 数	百 分 比	平均课时
管理经济	10	2.0	43
市场调查	23	4.5	57
市场营销	26	5.1	53
广告概论	23	4.5	53
广告文案	18	3.6	53
广告设计	50	9.9	79
广告策划	20	3.9	57
广告美学	13	2.6	41
广告传播	22	4.3	51
广告管理	22	4.3	48
广告作品赏析	12	2.4	44
设计基础	69	13.6	74
广告摄影	27	5.3	54
印刷广告	17	3.4	85
广告英语	3	0.6	42
公关、CI活动	36	7.1	52
其他	16	3.2	54
新闻	15	3.0	51
广告制作	10	2.0	50
广告研究	9	1.8	73
影视广告	15	3.0	55
广播广告	7	1.4	43
户外广告	2	0.4	48
广告史	4	0.8	52

【说明】在上表中,个数一列表示设立该课程的个数,由于有的院校可能同类型的课程设立了两门,而有的院校根本没有设立该课程,所以并不能完全用个数来说明设立该课程的院校个数;百分比一列是该课程占课程总数的百分比;最后一列为该课程的平均课时。

4—3—2 课程使用教材情况:(有效样本数为396)

课程名称	样 本 数	已出版教材	自编教材
管理经济	4	75.0	25.0
市场调查	19	42.1	57.9
市场营销	15	46.7	53.3
广告概论	18	77.8	22.2
广告文案	14	57.1	42.9

课程名称	样　本　数	已出版教材	自编教材
广告设计	43	48.8	51.2
广告心理学	16	43.8	56.3
广告策划	18	72.2	27.8
广告美学	10	20.0	80.0
广告传播	16	56.3	43.8
广告管理	19	52.6	47.4
广告作品赏析	9	44.4	55.6
设计基础	59	30.5	69.5
广告摄影	23	39.1	60.9
印刷广告	13	61.5	38.5
计算机图文设计	12	41.7	58.3
广告英语	2	100.0	0.0
公关、CI 活动	28	35.7	64.3
其他	13	38.5	61.5
新闻	9	66.7	33.3
广告制作	7	14.3	85.7
广告研究	8	12.5	87.5
影视广告	12	33.3	66.7
广播广告	6	33.3	66.7
户外广告	1	100.0	0.0
广告史	2	50.0	50.0

4—3—3　课程的必修、选修情况:(有效样本数为 507)

课程名称	样　本　数	必　　修	选　　修
管理经济	10	80.0	20.0
市场调查	23	91.3	8.7
市场营销	26	88.5	11.5
广告概论	23	100.0	0.0
广告文案	18	100.0	0.0
广告设计	50	98.0	2.0
广告心理学	20	100.0	0.0
广告策划	22	95.5	4.5
广告美学	13	69.2	30.8
广告传播	22	86.4	13.6
广告管理	22	95.5	4.5
广告作品赏析	12	50.0	50.0
设计基础	69	100.0	0.0

课程名称	样　本　数	必　　修	选　　修
广告摄影	27	92.6	7.4
印刷广告	17	88.2	11.8
计算机图文设计	16	87.5	12.5
广告英语	3	0.0	100.0
公关、CI 活动	36	86.1	13.9
其他	16	75.0	25.0
新闻	15	86.7	13.3
广告制作	10	100.0	0.0
广告研究	9	88.9	11.1
影视广告	15	86.7	13.3
广播广告	7	85.7	14.3
户外广告	2	100.0	0.0
广告史	4	75.0	25.0

4—3—4　课程的教学方式:(有效样本数为 423)

课程名称	样本数	授　课	研　讨	实　践
管理经济	5	100.0	0.0	0.0
市场调查	19	94.7	0.0	36.8
市场营销	19	100.0	10.5	5.3
广告概论	10	100.0	5.5	5.6
广告文案	15	100.0	13.3	26.7
广告设计	47	97.9	0.0	14.9
广告心理学	16	100.0	12.5	25.0
广告策划	18	100.0	5.6	5.6
广告美学	10	100.0	10.0	0.0
广告传播	19	100.0	5.3	10.5
广告管理	18	100.0	5.6	33.3
广告作品赏析	10	100.0	10.0	20.0
设计基础	65	98.5	0.0	15.4
广告摄影	24	100.0	4.2	41.7
印刷广告	15	100.0.	6.7	33.3
计算机图文设计	14	92.9	7.1	35.7
广告英语	1	100.6	0.0	0.0
公关、CI 活动	30	100.0	3.3	16.7
其他	14	100.0	0.0	0.0
新闻	11	100.0	0.0	0.0
广告制作	8	100.0	0.0	25.0

课程名称	样本数	授　课	研　讨	实　践
广告研究	8	100.0	0.0	25.0
影视广告	11	100.0	18.2	27.3
广播广告	5	100.0	0.0	20.0
户外广告	2	100.0	0.0	0.0
广告史	1	100.0	0.0	0.0

(本文调查问卷设计:黄升民、张树庭;数据统计:吴琪;数据分析:黄升民、丁俊杰、张树庭、吴琪、杜蕾)

北京、上海、广州三市广告公司人才需求调查分析报告(节录)

"中国广告人才需求与培养"课题组

调查报告说明

一、调查目的

本次调查旨在通过对京沪穗三地大广告公司用人情况的现状的了解,来推测中国广告业对广告人才的需求以及他们对中国广告教育的态度、看法,为更好地研究中国广告业的现状、广告人才的需求动向、广告教育的发展方向提供实证依据。

二、调查对象

京、沪、穗有一定经营规模广告公司的负责人。

三、样本选择标准

在这三个城市中各选取国有性质广告公司20家,集体性质广告公司20家,私营性质广告公司5家,中外合资广告公司5家,共50家广告公司作为调查样本。在选取样本时,尽量选择广告经营额居前列的广告公司,且所选取的样本没有明显的不稳定情况。广告营业额数字来自各城市的广告管理单位。调查的执行单位是各地的广告协会。共发放150份问卷,回收有效问卷119份,其中各城市的有效样本量分别为:北京,26份;上海50份;广州,43份。

调查结果仅适用于样本所代表的总体。

四、调查内容

·广告公司的基本情况

广告公司的性质、类型、营业额、利润额、兼营情况、员工数量等情况。

·广告公司员工的基本情况

员工的性别构成、年龄构成、收入水平构成、从事广告行业的时间、员工来源等情况。

·广告公司的用人情况

广告公司的培训情况、广告公司的员工流动情况、广告专业员工的流动情况。对不同来源的员工的能力评价、未来人才需求情况、人才招聘情况以及目前面临的困难等。

·对广告教育的态度

对大学广告教育的看法、对解决目前我国广告专业人才缺乏问题的各种方法的评价。对目前国内广告教育的印象及评价。

五、分析方法

本报告运用统计分析软件 SPSS FOR WINDOWS 6.1 进行数据分析处理。

第一部分 广告经营单位的基本情况

一、广告公司的性质

1—1 总体:(有效样本数为 119)

广告公司的性质	个数	百分比
国有	38	31.9
中外合资	20	16.8
私营	10	8.4
集体	48	40.3
集体性质个人承包	2	1.7
股份制有限公司	1	0.8

1—2 三地纵向比较:

	样本数	国有	集体	中外合资	私营	集体性质个人承包	股份制有限公司
总体	119	31.9	40.3	16.8	8.4	1.7	0.8
北京	26	23.1	50.0	11.5	11.5	0.0	3.8
上海	50	42.0	38.0	10.0	10.0	0.0	0.0
广州	43	25.6	37.2	27.9	4.7	4.7	0.0

二、广告公司的类型

2—1 总体:(有效样本数为 118)

广告公司的类型	个数	百分比
全面服务型广告公司	80	67.2
广告制作型公司	7	5.9
媒体广告公司	13	10.9
有限服务型广告公司	7	5.9
专业广告代理公司	9	7.6
其他	2	1.7

2—2　三地纵向比较

	样本数	全面服务型	广告制作型	媒体广告公司	有限服务型	专业代理型	其他
总体	118	67.2	5.9	10.9	5.9	7.6	1.7
北京	26	73.1	3.8	11.5	3.8	3.8	3.8
上海	50	68.0	2.0	10.0	4.0	14.0	2.0
广州	42	64.3	11.9	11.9	9.5	2.4	0.0

三、广告公司的员工数量

3—1　成立时的员工数量:(有效样本数为 114)

员工数量	个　　数	百　分　比
5 人以下	15	13.2
5—10 人	52	45.6
11—20 人	29	25.4
21—50 人	13	11.4
51 人以上	5	4.4

3—2　现有员工数量:(有效样本数为 119)

员工数量	个　　数	百　分　比
10 人以下	10	8.4
11—20 人	31	26.1
21—30 人	30	25.2
31—50 人	25	21.0
51—100 人	15	12.6
101 人以上	8	6.7

3—4　三地纵向比较:

	样本数	10 人以下	11—20 人	21—30 人	31—50 人	51—100 人	101 人以上
总体	119	8.4	26.1	25.2	21.0	12.6	5.8
北京	26	15.4	50.0	7.7	15.4	7.7	3.8
上海	50	4.0	18.0	36.0	26.0	10.0	6.0
广州	43	9.3	20.9	23.3	18.6	18.6	9.3

3—5 员工数量变化情况:(有效样本数为 114)

数量变化	个 数	百 分 比
减少或不变	16	14.0
增加 10 人以下	26	22.8
增加 11—20 人	30	26.3
增加 21—30 人	16	14.0
增加 31—50 人	16	14.0
增加 51 人以上	10	8.8

3—6 不同性质广告经营单位的纵向比较:(有效样本数为 119)

性质	样本数	10 人以下	11—20 人	21—30 人	31—50 人	51—100 人	100 人以上
国有	38	5.3	18.4	34.2	21.1	10.5	10.5
中外合资	20	0.0	10.0	20.0	30.0	20.0	20.0
私营	10	0.0	30.0	30.0	30.0	10.0	0.0
集体	48	14.6	37.5	18.8	16.7	12.5	0.0
集体性质个人承包	2	50.0	0.0	50.0	0.0	0.0	0.0
股份制	1	0.0	100.0	0.0	0.0	0.0	0.0

3—7 不同类型广告经营单位的纵向比较:(有效样本数为 118)

类型	样本数	10 人以下	11—20 人	21—30 人	31—50 人	51—100 人	100 人以上
全面服务型	80	8.8	23.8	23.8	22.5	12.5	8.8
广告制作型	7	0.0	14.3	42.9	14.3	28.6	0.0
媒体广告公司	13	7.7	46.2	15.4	23.1	7.7	0.0
有限服务型	7	14.3	14.3	42.9	0.0	14.3	14.3
专业代理型	9	11.1	33.3	33.3	22.2	0.0	0.0
其他	2	0.0	50.0	0.0	50.0	0.0	0.0

四、1995 年的广告营业额

4—1 广告经营单位的营业额:(有效样本数为 107)

营业额(单位:万元)	个 数	百 分 比
500 以下	31	29.0
500—999	15	14.0
1000—1999	28	26.2
2000—4999	21	19.6
5000—9999	5	4.7
10000 以上	7	6.5

注:有效样本的均值为 2921.4 万元。

4—2　三地纵向比较：　　　　　　　　　　　　　　　　（单位：万元）

	样本数	500以下	500—999	1000—1999	2000—4999	5000—9999	10000以上	均值
总体	107	29.0	14.0	26.2	19.6	4.7	6.5	2921.4
北京	20	45.0	20.0	15.0	5.0	0.0	15.0	3527.4
上海	49	12.2	16.3	38.8	26.5	2.0	4.1	2226.6
广州	38	42.1	7.9	15.8	18.4	10.5	5.3	3498.4

4—3　不同性质广告经营单位间的纵向比较：

4—3—1　总体：

	样本数	500万元以下	500—999万元	1000—1999万元	2000—4999万元	5000—9999万元	10000万元以上
总体	107	29.0	14.0	26.2	19.6	4.7	6.5
国有	33	15.2	9.1	33.3	30.3	3.0	9.1
中外合资	19	5.3	15.8	21.1	21.1	15.8	21.1
私营	9	22.2	22.2	22.2	22.2	11.1	0.0
集体	44	50.0	15.9	25.0	9.1	0.0	0.0
集体性质个人承包	2	50.0	0.0	0.0	50.0	0.0	0.0

4—4　不同类型广告经营单位的纵向比较：

类　　型	样本数	500万元以下	500—999万元	1000—1999万元	2000—4999万元	5000—9999万元	10000万元以上
总体	106	28.3	14.2	26.4	19.8	4.7	6.6
全面服务型	72	23.6	12.5	30.6	19.4	5.6	8.3
广告制作型	6	66.7	16.7	0.0	0.0	0.0	16.7
媒体广告公司	12	50.0	8.3	16.7	25.0	0.0	0.0
有限服务型	6	0.0	16.7	50.0	16.7	16.7	0.0
专业广告代理	8	25.0	37.5	0.0	37.5	0.0	0.0
其他	2	50.0	0.0	50.0	0.0	0.0	0.0

4—5　不同规模广告经营单位的纵向比较：

	样本数	500万元以下	500—999万元	1000—1999万元	2000—4999万元	5000—9999万元	10000万元以上
总体	107	29.4	14.0	26.2	19.6	4.7	6.5
10人以下	9	77.8	22.2	0.0	0.0	0.0	0.0
11—20人	22	54.5	18.2	18.2	9.1	0.0	0.0

	样本数	500 万元以下	500—999 万元	1000—1999 万元	2000—4999 万元	5000—9999 万元	10000 万元以上
21—30 人	29	17.2	13.8	41.4	27.6	0.0	0.0
31—50 人	25	16.0	16.0	32.0	36.0	0.0	0.0
51—100 人	15	20.0	6.7	26.7	13.3	6.7	26.7
101 人以上	7	0.0	0.0	0.0	0.0	57.1	42.9

4—6 1996 年广告营业额排序(1 亿元以上)

排名	营业额(单位:万元)	广告公司名称
1	63600	盛世长城国际广告有限公司
2	31030	精信广告有限公司
3	19300	北京电通广告有限公司
4	16906	上海广告公司
5	11700	上海市广告装潢公司
6	10691	中国对外贸易广州广告公司
7	10000	上海奥美广告有限公司北京分公司

五、1996 年广告经营单位的广告利润额

(盛世长城等 18 家广告公司未填答利润额这一项)

5—1 广告经营单位的利润额(有效样本数为 101)

利润额(单位:万元)	个 数	百 分 比
0 以下	8	7.9
1—10	18	17.8
11—50	35	34.7
51—100	13	12.9
101—200	11	10.9
201 以上	16	15.8

注:有效样本的均值为 102.7 万元

5—2 三地纵向比较: (单位:万元)

	样本数	0 以下	1—10	11—50	51—100	101—200	201 以上	均值
总体	101	7.9	17.8	34.7	12.9	10.9	15.8	102.7
北京	19	5.3	26.3	36.8	10.5	5.3	15.8	86.4
上海	49	6.1	16.3	34.7	18.4	12.2	12.2	102.1
广州	33	12.1	15.2	33.3	6.1	12.1	21.2	112.8

5—3　不同性质广告经营单位的纵向比较：

5—3—1　总体：　（单位：万元）

	样本数	0以下	1—10	11—50	51—100	101—200	201以上
总体	101	7.9	17.8	34.7	12.9	10.9	15.8
国有	33	0.0	15.2	30.3	9.1	15.2	30.3
中外合资	15	46.7	0.0	6.7	20.0	6.7	20.0
私营	8	0.0	25.0	62.5	0.0	12.5	0.0
集体	43	2.3	25.6	41.9	16.3	7.0	7.0
集体性质个人承包	2	0.0	0.0	50.0	0.0	50.0	0.0

5—4　不同类型广告经营单位的纵向比较：

类型	样本数	0万元以下	1—10万元	11—50万元	51—100万元	101—200万元	201万元以上
总体	100	8.0	18.0	34.0	13.0	11.0	16.0
全面服务型	68	11.8	16.2	29.4	14.7	11.8	16.2
广告制作型	6	0.0	50.0	33.3	0.0	0.0	16.7
媒体广告公司	11	0.0	9.1	54.5	9.1	9.1	18.2
有限服务型	6	0.0	16.7	33.3	16.7	16.7	16.7
专业广告代理	7	0.0	28.6	42.9	14.3	0.0	14.3
其他	2	0.0	0.0	50.0	0.0	50.0	0.0

5—5　不同规模广告经营单位的纵向比较：

规模	样本数	0万元以下	1—10万元	11—50万元	51—100万元	101—200万元	201万元以上
总体	101	7.9	17.8	34.7	12.9	10.9	15.8
10人以下	9	0.0	33.3	55.6	11.1	0.0	0.0
11—20人	20	5.0	35.00	40.0	10.0	0.0	0.0
21—30人	29	6.9	13.8	31.0	20.7	17.2	10.3
31—50人	23	17.4	13.0	30.4	0.0	17.4	21.7
51—100人	13	0.0	0.0	46.2	23.1	7.7	23.1
101人以上	7	14.3	14.3	0.0	14.3	14.3	42.9

5—6 1996年广告经营单位的广告利润额排序(400万元以上)

排 名	利润额(单位:万元)	广告公司名称
1	1500	上海虹桥国际机场广告公司
2	867	中国对外贸易广州广告公司
3	550	北京地下铁道广告公司
4	457	上海广告公司
5	421	北京电通广告有限公司
6	400	广州市广告公司

六、广告经营单位的兼营情况

6—1 总体:(有效样本数为112)

兼营情况	个 数	百 分 比
有	22	19.6
没有	90	80.4

6—2 三地纵向比较

	样 本 数	兼 营	不 兼 营
总体	112	19.6	80.4
北京	26	11.5	88.5
上海	48	27.1	72.9
广州	38	15.8	84.2

6—3 不同性质广告经营单位的纵向比较:(有效样本数为112)

广告公司的性质	样 本 数	有	没有
国有	37	24.3	75.7
中外合资	19	5.3	94.7
私营	10	10.0	90.0
集体	43	25.6	74.4
集体性质个人承包	2	0.0	100.0
股份制有限公司	1	0.0	100.0

6—4 不同类型广告经营单位的纵向比较:(有效样本数为 112)

广告公司的类型	样 本 数	有	没有
全面服务型广告公司	77	18.2	81.8
广告制作型公司	6	33.3	66.7
媒体广告公司	13	15.4	84.6
有限服务型广告公司	7	42.9	57.1
专业广告代理公司	8	12.5	87.5
其他	1	0	100.0

6—5 不同营业额广告经营单位的纵向比较:(有效样本数为 100)

营 业 额	样 本 数	有	没有
500 万元以下	28	28.6	71.4
500—999 万元	14	28.6	71.4
1000—1999 万元	25	20.0	80.0
2000—4999 万元	21	14.3	85.7
5000—9999 万元	5	20.0	80.0
10000 万元以上	7	14.3	85.7

6—6 不同利润额广告经营单位的纵向比较:(有效样本数为 95)

利 润 额	样 本 数	有	没有
0 万元以下	8	0	100.0
1—10 万元	16	37.5	62.5
11—50 万元	33	24.2	75.8
51—100 万元	12	25.0	75.0
101—200 万元	10	30.0	70.0
201 万元以上	16	12.5	87.5

6—7 不同规模的广告经营单位的纵向比较:(有效样本数为 112)

规 模	样 本 数	有	没有
10 人以下	10	30.0	70.0
11—20 人	30	10.0	90.0
21—30 人	28	28.6	71.4
31—50 人	23	21.7	78.3
51—100 人	13	7.7	92.3
101 人以上	8	25.0	75.0

第二部分 广告公司员工及部门经理的构成情况

员工

一、总体的构成情况

1—1 性别构成:(有效样本数为115)

性别	百分比
男	58.9
女	41.1

1—2 年龄构成(有效样本数为113)

年龄段	22岁以下	22—24	25—29	30—34	35—39	40—45	45—49	50以上
百分比	4.7	16.3	24.6	15.9	15.4	12.3	6.0	5.0

1—3 教育程度构成(有效样本数为114)

教育程度	高中以下	高中/中专	大学专科	大学本科	硕士	博士
百分比	11.8	33.8	34.0	19.0	1.3	0.2

1—4 收入水平构成(有效样本数为109)

收入水平	500元以下	500—999元	1000—1999元	2000—2999元	3000—3999元	4000元以上
百分比	5.3	26.6	42.9	14.9	5.9	4.2

1—5 从事广告工作的时间(有效样本数为99)

从事广告工作的时间	1年以下	1—2年	3—5年	6—10年	10年以上
百分比	11.3	28.9	35.9	14.5	9.6

1—6 广告公司的员工来源情况(有效样本数为97)

员工来源	百分比
其他行业转行过来	30.5
从其他广告公司转聘过来	13.8
大学毕业生(非广告专业)	18.8
广告专业毕业生	6.3
社会公开招聘	17.8
上级部门分配过来	10.5
其他	2.2

二、不同性质的广告公司的员工构成情况

2—1 性别构成:

性　　质	样　本　数	男	女
国有	38	63.7	36.9
集体	46	61.8	38.2
中外合资	20	46.6	53.4
私营	9	54.6	45.4

2—2 年龄构成:

	22 岁以下	22—24 岁	25—29 岁	30—34 岁	35—39 岁	40—44 岁	45—49 岁	50 岁以上
国有	2.9	10.2	20.8	17.1	16.3	18.4	8.0	6.4
集体	5.5	17.0	20.9	16.6	17.7	10.3	6.5	5.6
中外合资	4.9	22.1	35.0	13.0	11.9	7.4	2.5	3.2
私营	6.9	22.7	35.9	15.4	8.3	6.7	2.9	1.3

2—3 教育程度构成:

	样本数	高中以下	高中/中专	大学专科	大学本科	硕士	博士
国有	36	13.8	32.3	37.5	15.7	0.6	0.0
集体	46	13.9	35.8	31.9	17.5	0.9	0.0
中外合资	20	7.8	31.4	33.3	25.5	1.9	0.1
私营	10	5.4	37.6	32.1	19.9	3.3	1.6

2—4 收入构成

	500 元以下	500—999 元	1000—1999 元	2000—2999 元	3000—3999 元	4000 元以上
国有	3.2	35.9	44.7	11.5	3.7	0.8
集体	8.9	29.4	41.3	13.8	5.2	1.4
中外合资	3.0	5.7	35.0	27.4	12.8	16.1
私营	1.9	12.2	64.3	11.5	2.3	7.7

2—5 从事广告工作的时间:

	1 年以下	1—2 年	3—5 年	6—10 年	10 年以上
国有	7.5	23.2	35.6	22.1	11.6
集体	11.6	29.2	35.2	13.1	10.8
中外合资	18.2	34.3	31.4	8.0	8.1
私营	11.0	34.2	45.6	6.4	0.5

2—6 广告公司的员工来源：

	1	2	3	4	5	6	7
国有	34.6	10.9	19.0	5.4	11.3	15.9	2.8
集体	25.7	12.6	19.7	6.9	21.8	11.5	1.8
中外合资	32.7	18.8	18.4	6.1	18.5	3.9	1.6
私营	34.4	13.9	13.3	7.9	27.9	0.0	2.5

注：表中数字分别代表：

1＝其他行业转行过来 2＝从其他广告公司转聘过来 3＝大学毕业生(非广告专业)

4＝广告专业毕业生 5＝社会公开招聘 6＝上级部门分配过来

7＝其他

部门经理

一、总体的基本情况

1—1 所属部门情况：

1—1—1 部门设置的基本情况(有效样本数为113个广告经营单位)

部 门	个 数	百 分 比	部 门	个 数	百 分 比
行政管理	49	43.4	展览部	10	8.8
设计部	50	44.2	印刷部	17	15.0
客户部	77	68.1	创作部	34	30.1
制作部	54	47.8	管理层	33	29.2
媒介部	71	62.8	公关部	18	15.9
财务部	59	52.2	市场部	19	16.8
策划部	29	25.7	户外广告部	12	10.6
业务部	43	38.1			

注：此题为多选题，故合计超过100%。

1—1—2 所在部门情况(有效样本数为575名部门经理)

部 门	人 数	百 分 比	部 门	人 数	百 分 比
行政管理	49	8.5	展览部	10	1.7
设计部	50	8.7	印刷部	17	3.0
客户部	77	13.4	创作部	34	5.9
制作部	54	9.4	管理层	33	5.7
媒介部	71	12.3	公关部	18	3.1
财务部	59	10.3	市场部	19	3.3
策划部	29	5.0	户外广告部	12	2.1
业务部	43	7.5			

注：在问卷分析时，我们把一些性质相同的部门进行了合并，以利于分析，具体情况如下：

行政管理＝办公室、后勤部、行政部；总经理助理、统筹部和人事部

设计部＝设计部、摄影部、电脑部、电脑中心等

客户部＝客户部、合资企业部

制作部 = 制作部、动画部、影视部
媒介部 = 媒介部、监播部、审查部
财务部 = 财务部、会计
策划部 = 策划部、创意策划部
业务部 = 业务部、经营部、项目部、门市部
展览部 = 展览部、展示部、巡展部、实物广告部
印刷部 = 印刷部、工程部、装潢部、工艺部
创作部 = 创作部、创意部、文案指导
管理层 = 总经理、副总经理、总监、分公司
公关部 = 销售部、公关部、经销部、广告部、外联部
市场部 = 市场部、信息部

1—2 性别构成(有效样本数为 575)

	男	女
人数	386	187
百分比	67.4	32.6

1—3 年龄构成(有效样本数为 569)

	25 岁以下	26—35 岁	36—45 岁	46 岁以上
人数	49	221	220	79
百分比	8.6	38.8	38.7	13.9

1—4 教育程度构成(有效样本数为 202)

	高中/中专以下	大学专科	大学本科	硕士	博士
人数	144	267	149	8	1
百分比	25.3	46.9	26.2	1.4	0.2

1—5 所学专业情况(有效样本数为 450)

	理工科	艺术	营销广告	管理	财会	文科	其他
人数	81	108	55	51	58	83	14
百分比	18.0	24.0	12.2	11.3	12.9	18.4	3.1

注:
理工科 = 理工科、医学、计算机等
艺术 = 美术、设计、摄影、电影、绘画等
营销广告 = 营销、广告、市场、商业、经济、贸易等
管理 = 企业管理、行政管理、经济管理、法律

财会＝会计、财务、统计
文科＝中文、新闻、语言
其他＝旅游等

1—6 月收入构成(有效样本数为489)

	1000元以下	1001—2000元	2001—3000元	3001—5000元	5001元以上
人数	114	211	102	46	16
百分比	23.3	43.1	20.9	9.4	2.3

1—7 从事广告工作的时间(有效样本数为569)

	2年以下	3—5年	6—8年	8年以上
人数	49	96	39	18
百分比	24.3	47.5	19.3	8.9

1—8 广告专业培训情况(有效样本数为263,占所有部门经理总数的45.7%)

	1	2	3	4	5
人数	46	10	138	13	56
百分比	17.5	3.8	52.5	4.9	21.3

注:
1＝国家工商局技术岗位培训
2＝国外、香港地区等培训
3＝地方工商局、广告协会培训、全国统考＋地方培训
4＝公司内部培训
5＝电视讲座、学校等专业培训

三、不同性质广告公司的部门经理情况

3—1 性别构成

	样 本 数	男	女
国有	199	67.8	32.2
中外合资	98	57.1	42.9
私营	54	68.5	31.5
集体	222	71.2	28.8

3—2 年龄构成

	样本数	25岁以下	26—35岁	36—45岁	46岁以上
国有	198	5.1	32.8	47.0	17.2
中外合资	95	8.4	48.4	32.6	10.5
私营	54	14.8	51.9	31.5	1.9
集体	222	10.4	38.7	35.6	15.3

3—3 教育程度构成

	样本数	高中/中专以下	大学专科	大学本科	硕士	博士
国有	198	28.3	54.5	16.7	0.5	0.0
中外合资	97	6.2	44.3	45.4	3.1	1.0
私营	54	29.6	44.4	22.2	3.7	0.0
集体	220	30.0	41.8	27.3	0.9	0.0

3—4 月收入构成

	样本数	1000元以下	1001—2000元	2001—3000元	3001—5000元	5000以上
国有	167	32.9	41.3	22.2	3.6	0.0
中外合资	68	2.9	16.2	27.9	29.4	23.50
私营	40	15.9	63.6	13.6	6.8	0.0
集体	210	23.8	49.0	19.0	8.1	0.0

3—5 广告专业培训情况

3—5—1 是否接受专业培训

	部门经理总样本数	受培训部门经理数	百 分 比
国有	199	81	40.7
中外合资	97	49	50.5
私营	55	25	45.5
集体	223	108	48.4

3—5—2 广告专业培训方法构成

	样本数	1	2	3	4	5
国有	81	19.8	3.7	56.8	0.0	19.8
中外合资	49	22.4	12.2	18.4	18.4	28.6
私营	25	36.0	0.0	48.0	12.0	4.0
集体	108	9.3	0.9	65.7	0.9	23.1

1 = 国家工商局技术岗位培训

2 = 国外、香港地区等培训

3 = 地方工商局、广告协会培训、全国统考 + 地方培训

4 = 公司内部培训

5 = 电视讲座、学校等专业培训

3—6 从事广告工作的时间

	样本数	2年以下	3—5年	6—8年	10年以上
国有	33	18.2	66.7	3.0	12.1
中外合资	36	30.6	30.6	16.7	22.2
私营	37	13.5	54.1	27.0	5.4
集体	96	28.1	44.8	22.9	4.2

四、不同类型广告公司的部门经理情况

（由于样本量的关系，以下的数据分析仅供参考）

4—1 年龄构成

	样本数	25岁以下	26—35岁	36—45岁	46岁以上
全面服务型	389	7.5	36.2	41.6	14.7
广告制作公司	28	3.6	39.2	35.7	21.4
媒体广告公司	46	6.5	41.3	39.1	13.0
有限服务型	52	15.4	36.5	30.8	17.3
专业广告代理	50	16.0	62.0	22.0	0.0

4—2 教育程度构成

	样本数	高中/中专以下	大学专科	大学本科	硕士	博士
全面服务型	389	20.8	49.2	27.5	2.1	0.0
广告制作公司	27	55.6	18.5	25.9	0.0	0.0
媒体广告公司	47	31.9	42.6	25.0	0.0	0.0
有限服务型	52	30.8	53.8	15.4	0.0	0.0
专业广告代理	50	26.0	44.0	30.0	0.0	0.0

4—3 月收入构成

	样本数	1000元以下	1001—2000元	2001—3000元	3001—5000元	5001元以上
全面服务型	325	25.5	42.5	18.2	8.9	4.9
广告制作公司	28	14.3	14.3	57.1	14.3	0.0
媒体广告公司	40	12.5	75.0	7.5	5.0	0.0
有限服务型	48	18.8	35.4	29.2	16.7	0.0
专业广告代理	44	25.0	45.5	22.7	6.8	0.0

4—4 广告专业培训情况

	样本数	1	2	3	4	5
全面服务型	178	18.0	5.9	47.8	7.3	21.9
广告制作公司	6	83.3	0.0	16.7	0.0	0.0
媒体广告公司	20	15.0	0.0	40.0	0.0	45.0
有限服务型	24	0.0	4.2	75.0	0.0	29.8
专业广告代理	31	19.4	0.0	71.0	0.0	9.7

注：

1＝国家工商局技术岗位培训

2＝国外、香港地区等培训

3＝地方工商局、广告协会培训、全国统考＋地方培训

4＝公司内部培训

5＝电视讲座、学校等专业培训

第三部分 广告经营单位的用人情况

一、广告经营单位的培训情况(略)

二、员工流动

2—1 是否有员工的流动

2—1—1 总体：(有效样本数为102)

	样本数	百分比
没有	19	18.6
有	83	81.4

2—1—2 不同城市的员工流动：

	样本数	没有	有
总体	102	18.6	81.4
北京	19	15.8	84.2
上海	48	27.1	72.9
广州	35	8.6	91.4

2—1—3 不同性质广告公司的员工流动：

	样本数	没有	有
总体	102	18.6	81.4
国有	30	30.0	70.0
中外合资	18	0.0	100.0
私营	9	22.2	77.8
集体	43	18.6	81.4
集体性质个人承包	2	0.0	100.0

2—1—4 不同类型的广告公司员工流动：

	样本数	没有	有
总体	101	18.8	81.2
全面服务型广告公司	71	15.5	84.5
广告制作公司	6	33.3	66.7
媒体广告公司	9	44.4	55.6
有限服务型广告公司	5	0.0	100.0
专业广告代理公司	8	12.5	87.5
其他	2	50.0	50.0

2—1—5 不同规模的广告公司的员工流动：

公司规模	样本数	没有	有
10 人以下	6	50.0	50.0
11—20 人	26	15.4	84.6
21—30 人	26	15.4	84.6
31—50 人	23	26.1	73.9
51—100 人	14	14.3	85.7
100 人以上	7	0.0	100.0

2—2 员工流动的比例

2—2—1 总体：(有效样本数为 87)

流动比例	样本数	百分比
10%以下	45	51.7
11%—20%	13	14.9
20%—50%	10	11.5
未注明	19	21.8

2—2—3 不同性质的广告公司的比较：

	样本数	10%以下	11%—20%	21%—50%	未注明
国有	22	54.5	9.1	13.6	22.7
中外合资	19	36.8	10.5	26.3	26.3
私营	7	42.9	0.0	14.3	42.9
集体	36	63.9	16.7	2.8	16.7

2—2—4 不同类型的广告公司的比较：

公司类型	样本数	10%以下	11%—20%	21%—50%	未注明
总体	85	51.2	15.1	11.6	22.1
全面服务型广告公司	63	57.1	12.7	14.3	15.9
广告制作公司	4	36.8	10.5	26.3	75.0
媒体广告公司	6	50.0	33.3	0.0	16.7
有限服务型广告公司	5	20.0	20.0	20.0	40.0
专业广告代理公司	7	42.9	14.3	0.0	42.9

2—2—5 不同规模的广告公司的比较：

公司规模	样本数	10%以下	11%—20%	21%—50%	未注明
10 人以下	4	25.0	25.0	0.0	50.0
11—20 人	25	60.0	16.0	8.0	16.0
21—30 人	22	45.5	13.6	22.7	18.2
31—50 人	17	47.1	11.8	11.8	29.4
51—100 人	12	58.3	16.7	0.0	25.0
100 以上	7	57.1	14.3	14.3	14.3
总体	87	51.7	14.9	11.5	21.8

2—3 对员工离开原因的评价：

离开原因	样本数	认为重要的频数
不适应本公司的管理	61	62.3
其他公司以高薪相诱	68	73.5
带走客户另立门户	65	44.6
人际关系紧张	59	37.3
公司间的正常人才交流	66	39.4
对本公司的待遇不满意	64	45.3
认为自己的能力在本单位无法发挥	59	49.2

2—4 员工最重要的离开原因:(有效样本数为42)

离开原因	样本数	百分比
不适应本公司的管理	10	23.8
其他公司以高薪相诱	10	23.8
带走客户另立门户	3	7.1
公司间正常人才交流	5	11.9
对本公司的待遇不满意	4	9.5
认为自己的能力在本单位无法发挥	6	14.3
其他	4	9.5

三、广告专业员工的流动

3—1 广告专业员工是否流动:(有效样本数为61)

	样本数	百分比
有	21	34.4
没有	40	65.6

3—2 对广告专业员工离开原因的评价:

离开原因	样本数	认为重要的频数
不适应本公司的管理	19	53.2
其他公司以高薪相诱	20	75.0
带走客户另立门户	17	47.1
人际关系紧张	17	35.3
公司间的正常人才交流	17	29.4
对本公司的待遇不满意	18	38.9
认为自己的能力在本单位无法发挥	16	50.0

3—3 广告专业员工离开最重要的原因:(有效样本数为11)

	样本数	百分比
不适应本单位的管理	3	27.3
其他单位以高薪相诱	3	27.3
单位间正常的人才交流	1	9.1
对本单位的待遇不满	2	18.2
其他	2	18.2

3—4 对广告专业员工的评价:

3—4—1 对广告专业的员工的总体感觉:(有效样本数为56)

总体感觉	个数	百分比
不太满意	2	3.6
一般	16	28.6
比较满意	37	66.1
很满意	1	1.8

3—4—2 对广告专业的员工的事业心的评价:(有效样本数为57)

对事业心的评价	人数	百分比
很差	2	3.5
比较差	2	3.5
一般	16	28.1
比较强	33	57.9
很强	4	7.0

四、对不同来源员工的能力评价的比较分析

(本题为对各类员工的能力进行评价,1分为很差,5分为很好,得分越高,能力越强)

4—1 横向比较:

员工来源	其他行业转行过来	其他广告公司转聘过来	非广告专业大学毕业生	广告专业毕业生	社会公开招聘	上级部门分配过来
专业基础	2.63	3.72	2.99	4.08	3.03	3.00
专业能力	2.64	3.79	2.81	3.40	3.03	3.17
动手能力	3.33	3.68	3.35	3.49	3.48	3.44
应变能力	3.52	3.69	3.52	3.27	3.56	3.60
创造力	3.10	3.51	3.60	3.30	3.38	3.42
独立工作能力	3.64	3.88	3.51	3.45	3.56	3.77
组织管理能力	3.36	3.47	3.31	3.45	3.22	3.73
适应环境能力	3.77	3.74	3.52	3.34	3.68	3.77
外语水平	2.68	3.00	3.58	3.65	2.85	2.63
微机操作能力	2.69	3.23	4.08	3.60	3.05	2.76
语言表达能力	3.66	3.74	3.40	3.20	3.51	3.69
人际沟通能力	3.85	3.68	3.49	3.41	3.67	3.62
公关能力	3.74	3.75	3.27	3.31	3.58	3.70
有效样本数	97	77	94	65	78	48

4—2 纵向比较：

员工来源	其他行业转行过来	其他广告公司转聘过来	非广告专业大学毕业生	广告专业毕业生	社会公开招聘	上级部门分配过来
专业基础	2.63	3.72	2.99	4.08	3.03	3.00
专业能力	2.64	3.79	2.81	3.40	3.03	3.17
动手能力	3.33	3.68	3.35	3.49	3.48	3.44
应变能力	3.52	3.69	3.52	3.27	3.56	3.60
创造力	3.10	3.51	3.60	3.30	3.38	3.42
独立工作能力	3.64	3.88	3.51	3.45	3.56	3.77
组织管理能力	3.36	3.47	3.31	3.45	3.22	3.73
适应环境能力	3.77	3.74	3.52	3.34	3.68	3.77
外语水平	2.68	3.00	3.58	3.65	2.85	2.63
微机操作能力	2.69	3.23	4.08	3.60	3.05	2.76
语言表达能力	3.66	3.74	3.40	3.20	3.51	3.69
人际沟通能力	3.85	3.68	3.49	3.41	3.67	3.62
公关能力	3.74	3.75	3.27	3.31	3.58	3.70
有效样本数	97	77	94	65	78	48

[分析]：

以上是由广告经营单位负责人对该公司及其所接触过的不同来源的员工的素质及能力的评价。我们可以得出以下结果：

员工来源	强项	弱项	备注
其他行业转行过来	人际沟通能力 适应环境能力	专业基础 专业能力	
其他广告公司转聘过来	独立工作能力 专业能力	外语水平 微机操作能力	总体素质比较均衡，相对比较高
非广告专业大学毕业生	微机操作能力 创造力	专业基础 专业能力	
广告专业毕业生	专业基础 外语水平	应变能力 语言表达能力	总体素质明显高于其他来源的员工
社会公开招聘	适应环境能力 人际沟通能力	专业基础、专业能力、外语水平	
上级部门分配过来	独立工作能力、适应环境能力、组织管理能力	外语水平 微机操作能力	

总体而言，有过一定广告工作经验和广告专业的毕业生总体素质最高。

五、广告公司目前的困难

5—1 目前的困难:

5—1—1 总体:(有效样本数为113)

困难	个数	百分比
缺乏专业人才	88	77.9
缺乏必要的设备	18	15.9
缺乏客户	37	32.7
资金不足	38	33.6
专业人才跳槽并带走客户	14	12.4
其他	14	12.4

注:此题为多选题,故合计百分比超过100%

5—2 最大的困难:

5—2—1 总体:(有效样本数为109)

困难	个数	百分比
缺乏专业人才	56	51.4
缺乏必要的设备	2	1.8
缺乏客户	17	15.6
资金不足	18	16.5
专业人才跳槽并带走客户	6	5.5
其他	10	9.2

六、广告公司的人才需求

6—1 广告公司对各种人才是否有需求:(有效样本数为104)

人才类型	没有	有
市场调查人才	46.2	53.8
整体策划人才	24.0	76.0
广告创意人才	26.0	74.0
平面设计人才	49.0	51.0
影视创作人才	69.2	30.8
客户主管	52.9	47.1
财务人员	87.5	12.5
媒介计划人才	68.3	31.7
公司管理人才	64.4	35.6

6—2 广告公司最需要的人才:(有效样本数为 56)

人才类型	个数	百分比
市场调查人才	3	5.4
整体策划人才	21	37.5
广告创意人才	11	19.6
平面设计人才	4	7.1
影视创作人才	1	1.8
客户主管	8	14.3
媒介计划人才	3	5.9
公司管理人才	4	7.1
其他	1	1.8

6—3 对各种人才需求量

6—3—1 调查人才(有效样本数为 56)

	个数	百分比
1 人	32	57.1
2 人	17	30.4
3 人	3	5.4
3 人以上	1	1.8
未注明	3	5.4

注:总需求量为 80 人。

6—3—2 策划人才(有效样本数为 79)

	个数	百分比
1 人	41	51.9
2 人	22	27.8
3 人	5	6.3
3 人以上	2	2.6
未注明	9	11.4

注:需求总量为 114 人。

6—3—3 创意人才(有效样本数为 77)

	个数	百分比
1 人	38	49.4
2 人	18	23.4
3 人	7	9.1
3 人以上	5	6.5
未注明	9	11.7

注:需求总量为 156 人

6—3—4 设计人才(有效样本数为53)

	个数	百分比
1人	29	54.7
2人	16	30.2
3人	2	3.8
3人以上	1	1.9
未注明	5	9.4

注:需求总量为77人

6—3—5 创作人才(有效样本数为32)

	个数	百分比
1人	19	59.4
2人	7	21.9
3人	2	6.3
未注明	4	12.5

注:需求总量为39人

6—3—6 客户主管(有效样本数为49)

	个数	百分比
1人	25	51.0
2人	13	26.5
3人	3	6.1
3人以上	4	8.2
未注明	4	8.2

注:需求总量为99人

6—3—7 财务人才 (有效样本数为13)

	个数	百分比
1人	7	53.8
2人	6	46.2

注:需求总量19人。

6—3—8 媒介计划人才(有效样本数为33)

	个数	百分比
1人	21	63.6
2人	6	18.2
3人	2	6.1
3人以上	1	3.0
未注明	3	9.1

注:需求总量为43人。

6—3—9 公司管理人才(有效样本数为37)

	个数	百分比
1人	20	54.1
2人	6	16.2
3人	2	5.4
3人以上	4	10.8
未注明	5	13.5

注:需求总量为68人。

[小结:]

(1)总的看来,目前广告业对创意人才、策划人才、客户主管的需求量较大,而对财务人才、创作人才、媒介计划人才的需求量较小。

(2)各公司一年内对各类人才的需求量以一个为主,也有20—30%的公司对各种人才的需求量为2个,3个以上的就很少。

七、广告公司的人才招聘情况

7—1 对吸引人才的因素的评价:

7—1—1 总体:

吸引人才的因素	有效样本数	评价均值
单位的良好声誉	101	4.51
高薪	99	3.99
较好的福利待遇	98	4.00
良好的工作环境	100	4.17
较多的升迁机会	95	3.71
稳定、无风险	94	3.52
出国培训的机会	92	3.11
单位所在地	94	2.94
能学到专业知识	97	3.90
单位发展前景好	99	4.37
单位有业内知名人士	93	3.33

7—2　对招聘人才重视因素的评价：

7—2—1　总体：有效样本数为 98

考察内容	评价均值	有效样本数
学历	3.66	112
所学专业	3.75	111
有广告经验	4.24	117
创造力	4.44	109
能带来客户	3.58	113
外语水平	3.60	110
微机操作水平	3.80	107
独立工作水平	4.38	114
适应环境能力	4.16	110
语言表达能力	4.18	113
仪表	3.85	112
人际沟通能力	4.02	113
组织管理能力	3.83	111
应变能力	4.13	111
人品	4.66	113
公关	4.03	113
受过专业培训	3.92	109

[小结]：

总的看来，广告公司招聘人才最看重人品和创造力；此外，是否有广告经验和独立工作能力也是广告公司招聘人才时比较注重的因素；相对而言外语的水平和是否能带来客户则不是考察的主要因素。

第四部分　对广告教育的看法

一、对大学广告教育的看法

1—1　总体：(有效样本数为 94)

对大学广告教育的看法	有效样本数	评价均值
专业基础理论知识的传授更重要	105	3.77
实际操作能力的培养更重要	108	4.44
学生应该学更多专业以外的知识	102	4.22
应培养能适应专业内各种工作的通才	104	3.95
应培养能适应专业内特定工作的专才	103	3.74
在实践中才能学到广告知识	106	3.77

对大学广告教育的看法	有效样本数	评价均值
学习成绩与工作能力关系不大	104	3.12
目前国内大学广告教育比较成功	102	2.54
国内大学广告教育落后于广告实践	103	4.03
毕业生太少,杯水车薪,作用不大	103	3.56
广告专业的学生太缺乏实践	103	3.94
大学能培养广告业的精英人才	103	3.17
广告专业的学生到社会仍需接受培训	107	4.48

[小结]:

广告经营单位比较同意对“广告专业的学生到社会仍需接受培训”和“实际操作能力的培养更重要”的说法,但普遍认为目前国内的广告教育还不算成功,尚有待改进。

二、对解决广告专业人才缺乏的方法的评价

2—1 总体:(有效样本数为96)

解决方式	有效样本数	评价均值
利用大众媒介进行广告普及教育	107	2.53
由国家机关举办各种培训班	107	2.81
大力发展高等院校的广告教育	110	3.61
大力发展函授教育	106	2.74
广告业内互相交流	111	3.54
举办各种广告研讨会	112	3.40

广告优秀作品获奖名单

第五届全国优秀广告作品展
各地获奖情况统计表

	送展总数	全场大奖	金奖	银奖	铜奖	入围奖	最佳公益广告奖	最佳广告语奖	评委推荐奖	最低成本制作奖	获奖总数
北　京	150 + 29		3	4	9	35	5		3		59
天　津	41 + 2				2	7			1		10
河　北	48					4					4
山　西	5					1					1
辽　宁	1					1					1
吉　林	13 + 2				2	1		1			4
黑龙江	48				2	6					8
上　海	178 + 14		4	8	9	45		2	2		70
江　苏	96			1	1	17					19
浙　江	92 + 1		1	1		13					15
安　徽	23					4	1				5
福　建	25					7			1		8
江　西	22					2					2
山　东	56 + 1				1	4	1				6
河　南	15										
湖　北	47 + 1					2					2
湖　南	32					4					4

	送展总数	全场大奖	金奖	银奖	铜奖	入围奖	最佳公益广告奖	最佳广告语奖	评委推荐奖	最低成本制作奖	获奖总数
广　东	84 + 7			1	6	22	2		1		32
广　西	59			1	5	9	1	1			16
四　川	27 + 3					3					3
贵　州	24	1	2	1	1						5
云　南	32					2					2
陕　西	11			1		1					2
甘　肃	13					2					2
宁　夏	5					1					1
新　疆	54 + 2				1	7					8
重　庆	31					2					2
青　岛	20 + 2					2					2
宁　波	30					2					2
厦　门	35			2		8					10
深　圳	94 + 1			1	3	17	1				22
哈尔滨	28					2					2
沈　阳	20					2					2
长　春	15					2					2
西　安	32			1	1	2	1				5
武　汉	39					2					2
广　州	217 + 26		4	6	9	53		1	6		79
成　都	30				1	2					3
南　京	49 + 4				3	10					13
济　南	10					2					2
杭　州	27					4					4
合　计	1973	1	14	28	56	312	12	4	14	空缺	441

第五届全国优秀广告评选获奖名单

全场大奖(1)

广告题名	送展单位
不用吞服的安眠药	贵州万千设计策划有限公司

电视广告金奖(3)

广告题名	送展单位
乐百氏纯净水	盛世长城国际广告公司
美加净牙膏	中乔智威汤逊广告有限公司
奥妮 100 年洗发水——舞台篇	广州市恒威广告有限公司

电视广告银奖(6)

广告题名	送展单位
猩猩和孩子的故事	北京捷先广告公司
隆迪曲奇	北京同辉广告公司
松下“爱妻号”洗衣机——“农村篇”	杭州阳光创意广告有限公司
康佳彩电“表情篇”	广州柏信广告有限公司
冰洁洗洁精(老公洗碗篇)	广州市东珠影视广告制作有限公司
惠尔康花生牛奶	厦门太戊广告有限公司

电视广告铜奖(2)

广告题名	送展单位
BJ2020T 陆地 E	北京同辉广告公司
“圆明新园”形象广告	珠海市春秋广告有限公司
浪奇奥丽莎香皂	广州思源广告有限公司
东阿阿胶水乡篇	南京市广告公司

广告题名	送展单位
哈利发巴旦木贡果	乌鲁木齐福成企划广告公司
《雷诺 XO 白兰地》	广东金长城国际广告有限公司
嘟嘟豆	上海开麦拉影视传播公司
美媛春—女工篇	广州旭日广告有限公司
喜顿鸡饼(活鸡篇)普通话	麦肯·光明(广州分公司)
冠北三文治火腿《愤怒的大师傅》	北京捷先广告公司
爱立信手提电话(相遇篇)	广州市恒威广告有限公司
怡宝饮用蒸馏水—(士多店)	深圳众人广告传播有限公司

平面广告金奖(9)

广告题名	送展单位
不用吞服的安眠药	贵州万千设计策划有限公司
桑塔纳维修站系列(1-2)	上海奥美广告有限公司
大脑非迷宫理应路路通	中国广告联合总公司
丽江花园“扶手篇”	上海奥美广告有限公司广州分公司
用手剪;用心剪	贵州日报社
桑塔纳旅行车系列	上海奥美广告有限公司
胜风除湿机“…彻底拧干”	广州蓝色创意广告公司
请品一品龙井茶	浙江省广告策划中心
乐百氏纯净水海报	盛世长城国际广告公司(广州)

平面广告银奖(18)

广告题名	送展单位
IBMPC 零配件系列篇“不能凑和”(2、3、4、5、6、7)	北京奥美广告公司
吉列海报系列(1—3)	麦肯·光明上海分公司
蓝星全麦芽	中国广告联合总公司

广告题名	送展单位
上海万科城市花园 2	深圳国际企业服务公司上海分公司
中国万家乐(热水器)	广州市天艺广告有限公司
《贵州都市报》系列(1)	贵州都市报社
《慰问电报》之一	广东金长城国际广告有限公司
万和电器系列(1—3)	广州市旭日广告有限公司
不点不亮	上海青年传播广告公司
丽江花园“金鱼篇”	上海奥美广告有限公司广州分公司
实用于中国的万能财务软件	广西桂林市华顿广告公司
139 全球通	无锡市广告事务所
纸鹤系列(父亲篇)	麦肯·光明广州分公司
夏瑞矿泉水招贴	西安国际广告公司
生力啤酒 3	中乔智威汤逊广告有限公司
美地那果菜营养液肥	陕西创世纪广告公司
奥林巴斯—小、巧、多、好	上海中洋广告有限公司
上海万科城市花园 1	深圳国际企业服务公司上海分公司

平面广告铜奖(36)

广告题名	送展单位
苹果服装、缤纷登场(1—2)	潍坊广播电视报
广东移动通讯之一“9 = 8”	上海奥美广告有限公司广州分公司
威尔逊古典名车珍藏展	上海青年传播广告公司
《贵州都市报》系列(2)—(5)	贵州都市报社
上海万科城市花园 3、4	深圳国际企业服务公司上海分公司
“茫茫人海,呼之即出”—126、127、128、129	四川大方广告有限公司 成都市电信局宣传中心
儿童百服宁(找人篇)系列	上海奥美广告有限公司
纸鹤系列(母亲篇)	麦肯·光明广州分公司
立邦漆彩蝶篇	广东省广告公司

广告题名	送展单位
中国奇算	陕西创世纪广告公司
我们老百姓——东正系列之(一、二、三)	广州市旭日广告公司
照亮世界的历程,我们已走过百余个春秋	上海广告有限公司
IBMRS/600"月饼"篇	北京奥美广告公司
IBM 多媒体电脑"语言"篇	北京奥美广告公司
现代广告杂志封面	北京展视会社
一蹴而就,全面开花	南方广告有限公司
退烧哪里找医生?	广西桂林市华顿广告公司
太太口服液	深圳蛇口安达广告装璜公司
哈啤形象海报(4)	黑龙江天问广告有限公司
英雄本色(李小双版)	刘是广告公司
其实有第二种办法(飞利普多媒体)	长城国际广告(广州)分公司
97 深圳国际网络通讯展	深圳商报社广告部
生力啤酒(1—2)	中乔智威汤逊广告有限公司
穿街走巷,行驶自如	广西桂林市华顿广告公司
肯德基(关怀篇)	上海奥美广告有限公司
IBM 形象系列之一"解决之道"	北京奥美广告公司
今夏不做"蒸笼人"	广西桂林市华顿广告公司
《慰问电报》之三	广东金长城国际广告有限公司
女人健康就是美——女工篇	广州市旭日广告公司
东环广场简介(封套页)	长城国际广告有限公司
社会百态,跃然纸上	南方广告有限公司
联想 motorola modem 手套	北京开元国际广告有限公司
小……自有小的好处	广西桂林市华顿广告公司
奥迪的世界,世界的奥迪	广西桂林市华顿广告公司
汉莎创可贴(1)	上海中乔智威汤逊广告有限公司
摩托罗拉形象——招聘广告 3	天津海德广告有限公司

广播广告金奖(1)

广告题名	送展单位
三枪自行车	中央人民广播电台

广播广告银奖(2)

广告题名	送展单位
舒尔麦克风	深圳广播电台广告信息部
首届厦门对台出口商品交易会电台广告	厦门人民广播电台广告部

广播广告铜奖(4)

广告题名	送展单位
天津牌助听器	吉林市人民广播电台
三星照相机教学篇	天津市广告公司
恒丰香醋	南京人民广播电台
黑劲风牌电吹风	吉林市人民广播电台

户外立体广告金奖(空缺)

户外立体广告银奖(1)

广告题名	送展单位
开利空调机	上海闵行百货商店

户外立体广告铜奖(2)

广告题名	送展单位
冰雪雕系列(3)	齐齐哈尔冰雪办广告组
无锡衣都在大厦	无锡商业大厦集团公司

霓虹灯广告金奖(1)

广告题名	送展单位
柯达胶卷	上海福赐广告公司

霓虹灯广告银奖(1)

广告题名	送展单位
奥林巴斯照相机	上海飞帆广告装璜公司

霓虹灯广告铜奖(2)

广告题名	送展单位
可口可乐	南京市广告公司
朝日啤酒	上海市广告装璜公司

电视广告入围奖(74)

广告题名	送展单位
富狮王女鞋	厦门太戊广告有限公司
华高丝袜(音乐篇)	上海神兵天将传播机构
华伦天奴	广东平成广告公司
奇安特、吉尔特运动鞋	山东太阳国际广告有限公司
海嘉面粉	深圳众人广告传播有限公司
阿婆清凉粉	深圳众人广告传播有限公司
日冷鸳鸯烧卖(婚嫁篇)	上海共同传播公司
花阳伞	上海开麦拉影视传播公司
脆瓜	上海电影制片厂
全家福汤圆静物广告	长春天伦影视服务有限责任公司
嘉美乐生抽王	广州思源广告有限公司

广告题名	送展单位
阿香婆“香辣酱”	长城国际广告(广州)分公司
美登高冰淇淋	中国广告联合总公司
金谷晶大米	中国广告联合总公司
“薄饼完美篇”	麦肯·光明(广州分公司)
费列罗(管家篇)普通话	麦肯·光明(广州分公司)
奇巧巧克力“刺股悬梁篇”	麦肯·光明(北京)
家家禧焖烧锅	深圳众人广告传播有限公司
强力衣领净	中国石化金陵公司南京烷基苯厂
地板上的故事(三星木地板)	安徽省金鹏国际广告有限公司
金象杀虫剂	厦门天丞广告有限公司
松下燃气灶	杭州博采广告制作有限公司
格林杀虫剂(杀手篇)	上海共同传播公司
北欧风情(形象篇)	上海神兵天将传播机构
GE 灯泡(囊萤照读、光明成功)系列	麦肯·光明广告有限公司
松下系列“及时语寻呼机”	北京燕兴广告公司
爱德电饭煲	广东金阳光广告有限公司
乐华经典彩电——乡村放映员篇	广州市天艺广告有限公司
西门子交换系统(钢球篇)	麦肯·光明广告有限公司
爱立信手提电话(天秤篇)	广州市恒威广告有限公司
张裕 VSOP(金奖白兰地)	深圳众人广告传播有限公司
法国仙奴红酒	温州巨龙广告公司
灵芝补酒	乌鲁木齐移人广告有限公司
生力啤酒“黄金岁月篇”	中乔智威汤逊广告有限公司广东分公司
千岛湖纯净水(湖、源、雾篇)	杭州阳光创意广告有限公司
农夫山泉(形象篇)	上海神兵天将传播机构
核桃乳汁	山西省广告协会
桑椹果汁	乌鲁木齐福成企划广告公司
达能酸乳酪	精信广告公司广州分公司

广告题名	送展单位
皇城老妈(绝活篇)	深圳市天缘坊广告有限公司
百服宁(火车篇)	上海奥美广告有限公司
阿胶钙口服液形象片	乌鲁木齐三郎影视广告公司
江中草珊瑚含片(鸟鸣篇)	中国广告联合总公司
必理通	北京奥美广告公司
汉莎创可贴“螃蟹篇”	中乔智威汤逊广告有限公司广东分公司
中美史克,必理通——雨	精信广告公司广州分公司
斯柔纸品	上海开麦拉影视传播公司
斯密丝化妆品	上海开麦拉影视传播公司
冷酸灵(柠檬篇、相声篇)系列	上海奥美广告有限公司
皇宝香皂(雕刻篇)	中国广告联合总公司
好奇纸尿裤	北京奥美广告公司
光明洗涤膏	北京同辉广告公司
《东洋之花护手霜》	广东金长城国际广告有限公司
黑人牙膏(清新篇)	麦肯·光明(广州分公司)
GE 光明(成功篇)	麦肯·光明(上海分公司)
丽江花园之“太极篇”	上海奥美广告有限公司广州分公司
白天鹅宾馆	广州市天艺广告有限公司
敬业精神	深圳有线广播电视台广告部
保护动物	武汉电视台
石头记	安徽省金鹏国际广告有限公司
踢皮球	安徽省金鹏国际广告有限公司
“君子爱财,取之有道”(公益广告)	浙江亚视传播有限责任公司
人人都这样,多好(公益广告)	嘉兴电视台
希望工程爱心储蓄	四川电视台
让外来员工有个温暖的家	无锡市现代广告装饰公司
爱人为本,助人为善	北京桑夏广告公司
老爷我爱你	北京桑夏广告公司

广告题名	送展单位
毒品——罪恶之源	汕头电视台广告部
春运保安全、幸福连万家	广东电视台总编室
爸爸不要再赌了	广东电视台总编室
秉公执法,服务社会	广东电视台总编室
生命不息,缔造辉煌	北京电视台
平等、发展、和平	北京电视台
检查团来了	温州电视台

平面广告入围奖(186)

广告题名	送展单位
人地衬衫	杭州光智广告制作有限公司
兽王皮衣	杭州经典广告设计艺术公司
冠荣童鞋任您选择	福建福安市华一设计公司
派丽蒙光学镜架	厦门信天广告有限公司
凯喜雅丝绸招贴	浙江省国际广告公司
卡丹尔西服店,助你走向成功	唐山劳动时报社广告公司
恒源祥绒线	廊坊市画院
阿迪达斯系列3	上海天联广告有限公司
金利来,男人的世界	广西桂林市华顿广告公司
“其乐”皮鞋	北京地铁广告公司
李宁牌运动鞋	刘是广告公司
凯托衬衣	北京地铁广告公司
太和样本(单页)	北京广告艺术集团
天一居调味品系列	深圳国际企业服务公司
吃,未必大鱼大肉	南京禾风广告公司
多力芝麻糊系列	上海奥美广告有限公司
统一开口暑气消	上海广告有限公司
爱菊面粉招贴	西安国际广告公司

广告题名	送展单位
信誉牌方便粥	吉林哥特装饰装璜有限公司
白兰氏健康献家庭一	麦肯·光明广告有限公司广州分公司
“金味”我要读书系列之二“为了希望”、之三“为了孩子”	金马广告有限公司广州分公司
海天酱油招贴	广东省广告公司
燕窝系列(伯乐相马)、(卖柑者言)	麦肯·光明广州分公司
捐血海报系列	麦肯·光明上海分公司
雪蛤系列(天地男儿)、(阳光灿烂的日子)、(我和青春有个约会)	麦肯·光明上海分公司
为什么美国白宫选用开利空调	天津麦柯普伦传播有限公司
荣事达—荣登榜首,独领风骚	安徽省国际信息广告公司
蓝天牙膏	廊坊市画院
彩虹电器	成都华南广告公司
一套金环、满室生辉	上海方圆广告设计公司
“新鲜”	常熟华实广告公司
天虹台灯,能屈能伸	广西桂林市华顿广告公司
自由的鸟儿叫得最好听	广西桂林市敦煌广告公司
感动每个人—卡西欧电子公司	中国广告联合总公司
整体运作带动世界脚步	辽宁时报社辽宁北方广告公司
挚爱永固力锁真情(耶鲁固力门锁)	广州市天艺广告有限公司
美的空调“绿色概念空调机拒绝污染”	广州市蓝色创意广告公司
胜风除温机(搬上太阳去)、(彻底晾个够)、(撒满干燥剂)、(两大烦恼一起解决)	广州市蓝色创意广告公司
哪个更圆?哪个更真?哪个更长?	广州市旭日广告公司
不看电视的爷爷	广州市旭日广告公司
KAMI 肯麦音箱系列广告	广东百川广告有限公司
春兰空调冬季系列	广东省广告公司
南京市对外贸易公司样本	南京国际广告公司
上海大众(皇历篇)	上海奥美广告有限公司
冠军火花塞	广州市广告公司

广告题名	送展单位
现代红娘,开门大吉系列	深圳国际企业服务公司
地球变小了,人与人更近了	湖南博创广告有限公司
拿起电话三星服务在手中	上海广告有限公司
惠泉啤酒	福建省广告公司
侬家酿酒	福安市华一设计公司
酒鬼酒	菲林广告制作有限公司
李华葡萄酒	上海佳得行销传播有限公司
“今世缘”酒广告招贴	苏州绿野广告公司
齐民思系列广告(1)、(2)	烟台天马广告公司
哈啤系列《数字》篇之一	黑龙江天问广告有限公司
镜泊湖啤酒《风光》篇(4)	黑龙江天问广告有限公司
融州竹酒	广西桂林市华顿广告公司
贵州醇——“举杯天地醉”之1	广东平成广告公司
赊店老酒	北京广告艺术集团
澳宝系列	南京嘉远广告有限公司
乐百氏纯牛奶甜牛奶	南京公交广告公司
金嗓泉纯净水系列	湖南博创广告有限公司
三得利饮品系列新上市5	北京电通广告公司上海分公司
可口可乐	南京市广告公司
肯德基长沙分店开业之一	长沙晚报
宝贝	哈尔滨日月广告公司
痔痛宁	哈尔滨晓升广告公司
好人一生平安(三株口服液)	南京金苹果广告有限公司
孕宝口服液——“孕”	杭州澳医保灵药业有限公司
“三株口服液”产品形象广告	苏州市福马设计制作公司
金嗓子喉宝	重庆正点广告公司
御苁蓉补肾口服液系列(男人篇)、(女人篇)	上海奥美广告有限公司广州分公司
金典上市系列之——100万元寻答案	金马广告有限公司广州分公司

广告题名	送展单位
女人健康就是美——白领篇、少女篇	广州市旭日广告公司
快雪胶囊悬念广告	广东省广告公司
舒适达系列(咖啡篇)、(甘桔篇)、(蛋卷篇)	麦肯·光明广州分公司
扶他林手册封面	天联广告有限公司
万基洋参丸平面系列	麦肯·光明上海分公司
默沙东保列治	麦肯·光明上海分公司
旁氏隔离霜	上海奥美广告有限公司
送你一刀	上海准星广告公司
“增白,不做表面文章”	无锡市德阳广告设计有限公司
开门关门(系列主导广告)	北京观唐广告公司
遗憾总是美中不足(两面针)	广州市天艺广告有限公司
黑人牙膏 + - × ÷	麦肯·光明广告有限公司广州分公司
舒柔用水舒——女人每天的功课	广东省广告公司
维肤康清凉系列	广州市广告公司
银湖旅游中心	深圳特区报广告部
东方民俗文化节	深圳海王广告有限公司
为生命加“叹”——全国第四届广告设计大赛	深圳海王广告有限公司
“平稳过渡”——深圳香港平面设计交流展	深圳海王广告有限公司
孩子的第二课堂	南京卓越形象创意公司
苏州乐园导示系统	苏州太湖广告有限公司
“圆明新园”(海报)	珠海市春秋广告有限公司
摩托罗拉形象(招聘广告 1)、(招聘广告 2)	天津海德广告有限公司
家居形象广告	天津海德广告有限公司
光联灯饰系列(四期)	深圳市旅游广告有限公司
真实的谎言	杭州阳光创意广告有限公司
用友系列	南京嘉远广告有限公司
拥有文化　拥有明天	湖南博创广告有限公司
自身宣传	杭州阳光创意广告有限公司

广告题名	送展单位
上海大众97企业形象	上海三维应用摄影技术研究所
劲牛闯九七	新华日报广告处
“顺艺形象宣传”	常州顺艺广告装璜公司
哈啤形象(灯箱)	黑龙江天问广告有限公司
新疆航空公司与您同行莫斯科	新疆航空广告公司
“食”	广西桂林市华顿广告公司
壳牌润滑油	北京市房地产广告公司
大众形象	北京大众经伟广告中心
东都儿童大世界眼光系列(商家)、(母亲)	广州市启华广告有限公司
既是宝刀在握就当笑傲江湖、既是天生好手就当操桨争胜、既是猛龙就当过江纵横	麦肯·光明广告有限公司广州分公司
曲登嘎布精制酥油	广东英扬广告公司
借东风送春风	广州市旭日广告有限公司
青岛广告公司自身形象服务篇	青岛广告公司
当然出色	北京广告公司
意外保险	陕西创世纪广告公司
让我们看海去	深圳海王广告有限公司
上海绿洲城市花园1	上海名扬广告有限公司
世纪之门系列(3)、(4)	上海荣联广告有限公司
16个这样大的面积一天才2.80元	上海荣联广告有限公司
这是田？这不是田！	广西桂林市华顿广告公司
丽江花园“牙膏篇”	上海奥美广告有限公司广州分公司
洛溪新城(别把心丢在洛溪一静物篇)、(选择鸟笼还是……一静物篇)、(在洛溪,学位与生具来)	广州黑马广告公司
唤醒布达拉宫	深圳海王广告有限公司
声音是有表情的	福建日报广告总公司
《慰问电报》之二	广东金长城国际广告有限公司
羽仙茶食馆开业广告	无锡市广告事务所
万水千山总是情	西南航空广告公司

广告题名	送展单位
IBMPC 零配件系列篇“不能凑和”之一(1)	北京奥美广告公司
IBMAS/400“楼上雅座”篇	北京奥美广告公司
联想诚正代理信心	北京开元国际广告有限公司
联想企业形象老虎	北京开元国际广告有限公司
韩国三星企业形象篇	长城国际影视广告公司
IPC 万智能——家庭篇	中国国际广告公司
IPC 奔腾微机系列	中国国际广告公司
易卜生打印机	中国国际广告公司
奥美广告	上海奥美广告有限公司
丽人广告公司	上海丽人广告公司
粤港信息日报公章篇之四	粤港信息日报社
白口罩——生存离不开清新空气	天津市金秋广告公司
我不认识你、但是我谢谢你	深圳特区报广告部
中华好风尚(A)、(B)	福建日报广告总公司
注意一点,干净一片	长江日报社
人!	中乔智威汤逊广告有限公司
除了……	上海隆图广告创意策划公司
大鲸鱼怎么能在小鱼缸里成长　莫让小树压弯了腰	上海中洋广告有限公司
多读书、读好书	无锡市广告事务所
相助何必曾相识	苏州日报社广告部
“训”	常熟华实广告公司
亡羊补牢、未为晚也	潍坊广播电视报
今年中秋月更圆	乌鲁木齐三郎影视广告公司
珍惜森林资源,造福子孙后代	广西桂林市华顿广告公司
保护鸟类,人人有责	广西桂林市华顿广告公司
有国才有家	中国广告联合总公司
药品须放妥　慎防闯大祸	广州市医药海马广告装修公司
公益之交通“酒后驾车”	上海奥美广告有限公司广州分公司

广告题名	送展单位
公益报纸“三人篇”	麦肯·光明广告有限公司广州分公司
公益—老师	广州黑马广告公司
公益—国税	广州黑马广告公司
睁一眼闭只眼	广州市佳美广告公司
其实我们的腿并不比它多	羊城晚报
“贫”与计划生育	广东省广告公司
把公款吃喝的钱省下来用于教育	广东省广告公司
《抗拒毒品·从早做起》(之一)、(之二)、(之三)	广东金长城国际广告有限公司
环保系列(水源篇)	广州市广告公司
窃盖 = 害命	广州市广告公司
尊老爱幼	广州市广告公司
尊老爱幼篇	南京市广告公司
保护耕地系列(之一)、(之二)、(之三)	广州市广告公司
禁烟稿系列(+ - × ÷)	麦肯·光明上海分公司
人间真情系列礼仪贺卡	上海方圆广告设计公司
“神笔”	常熟华实广告公司
永丰饲料	广西桂林市敦煌广告公司
三个诸葛亮	广州黑马广告公司
绿凉苦瓜酒	赣州地区天马广告实业公司
庐山门票	庐山东方艺术广告公司
我的情你的梦	湖北荆州市大诚广告摄影设计中心
奥妙洗衣粉	昆明恒通广告公司
顺美服装	昆明恒通广告公司
汉斯桶鲜啤	陕西创世纪广告公司
有缘千里来相会	甘肃日报社
父母的满足	甘肃省众望广告代理公司
生活中人人需要雷锋,那就得人人学雷锋	宁波日报社广告部
《检讨书》	新华广告公司罡夫企划工作室

广告题名	送展单位
不仅教写，更要教做	济南日报社
得其利是透明皂	山东国际广告公司

广播广告入围奖(29)

广告题名	送展单位
洛兹衬衫	浙江文艺广播电台
雅诺士羽绒被——温情篇	佛山人民广播电台(广东)
甜趣心形饼干	上海杰恩斯广告有限公司
百花酱油醋	牡丹江人民广播电台
《好利莱蛋糕》	吉林人民广播电台广告中心
大尖山绿茶	广州人民广播电台
三星照相机“情歌对唱篇”	天津市广告公司
阿凡提洗衣粉	新疆人民广播电台
飞利浦产品——情趣篇	佛山人民广播电台
万家乐	广州人民广播电台
古纤道黄酒	绍兴县人民广播电台
宁沈啤酒	宁夏人民广播电台广告部
易特啤酒系列之“身价篇”、“男人篇”、“超脱篇”	上海奥美广告有限公司广州分公司
雪浪太空水“健康感觉篇”	天津市广告公司
冷狗菠萝喳喳	重庆商业广播电台
蝙蝠电扇	南京雷迪欧广告公司
一封家书(延生护心液)	杭州经济广播电台
不育不孕症(名医楼)	鞍山人民广播电台
兰州民百集团	中央人民广播电台
中国人民保险公司	上海人民广播电台
新漕河泾大厦	上海人民广播电台
丽江花园系列之独住篇、偷闲篇	上海奥美广告有限公司广州分公司

广告题名	送展单位
百龄园公墓	青岛人民广播电台
买冰箱(中南商业大楼)	湖北人民广播电台
稻香村粽子	北京人民广播电台
120 急救中心	滨州广播电台
情愫	黑龙江广播电台
《吉林正大 808 饲料》	吉林人民广播电台广告中心
塑料大棚膜	新疆人民广播电台

霓虹灯广告入围奖(8)

广告题名	送展单位
先锋	广州市广告公司
欢乐园霓虹灯	厦门国贸广告企划有限公司
蓝带 KTV	厦门长茂广告有限公司
“红叶保龄球馆”霓虹灯广告	厦门市广告公司
新中国影都	温州新太阳广告公司
中元大酒店	温州新太阳广告公司
太阳城娱乐广场	广州市广告公司
LG 电子	常熟市霓虹电器厂

户外立体广告入围奖(15)

广告题名	送展单位
春风	上海市第一百货股份有限公司广告装潢分公司
秋的交响	上海市第一百货商店
“白猫”洁万家	无锡商业大厦集团公司
菊花电器	无锡商业大厦集团公司

广告题名	送展单位
厦杏摩托车	厦门联发(集团)广告有限公司
“马爹利”主体广告展示台	深圳机场候机楼广告公司
古井贡酒	福建铁路广告公司
怡新蒸馏水	泉州市模特广告公司
可口可乐	宁波友谊广告发展公司
可口可乐	天津市广告公司
伊思丽洗发护发用品	闵行百货商店
美加净防晒化妆品	闵行百货商店
建设银行“万事达卡”公交候车亭广告	厦门博美广告有限公司
栉风沐雨续经纬	西南航空广告公司
万水千山总是情	西南航空广告公司

最佳公益广告奖(12)

广告题名	送展单位
见义勇为	安徽省金鹏国际广告有限公司
春运平安	北京桑夏广告公司
节日系列《新年利是》《人际关系》《节日防火》	广东金长城国际广告有限公司 广东电视台广告部
民办教师	刘是广告公司
保护动物	北京桑夏广告公司
木头条行码	广西桂林市华顿广告公司
切勿超速	广东省广告公司
交通安全(蜥蜴篇)	深圳市陈绍华设计工作室
别乱闯	潍坊市开发区力杰广告公司
地球资源是有限的(公益)	陕西好邦广告创意有限公司
公益广告　盲童篇	中央人民广播电台
禁毒公益广告(四)青少年篇	中央人民广播电台

最佳广告语奖(4)

广告题名	送展单位
斯密丝化妆品:纯到无香就是真	上海开麦拉影视传播公司
女人健康就是美——女工篇	广州市旭日广告公司
好利莱蛋糕:真心送关怀,岁岁好利来	吉林人民广播电台广告中心
美加净防晒化妆品:阳光下的绿荫	上海闵行百货商店

评委推荐奖(14)

广告题名	送展单位
古井贡酒	福建铁路广告公司
新漕河泾大厦	上海人民广播电台
贵州醇“举杯天地醉”之一	广东平成广告公司
当然出色	北京广告公司
太阳城娱乐广场	广州市广告公司
美登高冰淇淋	中国广告联合总公司
美的空调间“绿色概念拒绝污染”	广州市蓝色创意广告公司
壳牌润滑油	北京市房地产广告公司
花阳伞	上海开麦拉影视传播公司
白兰氏燕窝系列“伯乐相马”	麦肯·光明广州分公司
白口罩——生存离不开清新空气	天津市金秋广告公司
舒适达系列	麦肯·光明广州分公司
爱立信手提电话“天秤篇”	广州市恒威广告有限公司
公益报纸“三人篇”	麦肯·光明广州分公司

最佳低成本制作奖(空缺)

* 国际奖

桂林梅高广告策划公司《天和骨通》荣获'96AME(广告/营销效果)国际大奖赛银奖

桂林梅高广告策划公司为桂林天和制药厂所作的《天和骨通》广告营销企划案，获得了美国"纽约节"组织主办的96年度AME国际大奖赛医药保健类的银奖。获得此项目金奖的是英国伦敦的PTK保健广告公司(PTK Hec.lthcare Agency)，其广告主为斯达福特—米勒有限公司(Ssaflord—Miller Ltd)；获得铜奖的是美国芝加哥恒美公司(DDB Needham)，其广告主为联合利华公司海伦库蒂斯美国分公司(Helene Curtis USA/Division fo Umilever)。

1997年1月31日，梅高广告策划公司总经理高峻及天和制药厂代表参加了在纽约举行的AME国际大奖赛颁奖仪式，在来自世界各国的600多名广告、营销专家、企业名流、国际著名营销公司总裁的注目下，登上领奖台，并受到了AME国际大奖赛主席约翰·杜纳(Mr. John J. Dooner, Jr.)的接见和高度评价。他说："你们的参赛作品同时代表着中华人民共和国在营销方面的卓越成就，在世界范围内承认了贵公司在广告营销策划上的效果和创意。希望今后能更多看到你们以及中国国内广告企业在世界广告界交流与发展中取得的更大成就。"

附件1:

"纽约节"组织概况

"纽约节"组织具有39年的显赫历史和成就。39年来，它在世界范围内通过传播媒体与读者、听众和观众在心灵及思想上进行交流，以其卓越的追求闻名于世。

1.始创于1957年，组织非广播媒体传播的国际大赛，奖励突出成就。

2.在前20年的历程中，"纽约节"在工业和教育、影视领域取得了极其显赫的成果。

3.70年代中，它加入了另外两项国际大赛：电视(TV)及影院广告、电视节目制作及促进。这两项赛事无论在赢得尊敬还是在重要性方面，都取得了无可比拟的进步。

4.1982年，开始举办国际电台广告、节目制作和促进的大赛。

5.1984年，开始举办印刷、广告、设计、摄影及展示国际大赛。

6.与时代潮流和技术保持同步，1992年，它引入了国际交互媒体国际大赛。

7.1994年，始办全球保健传播大赛。

8.1995年，引入了AME国际奖——广告与营销效果大奖赛。

"纽约节"发展速度惊人，1979年仅有1000件参赛作品，而在1995年，所有媒体的参赛作品数量超过14000件，充分体现了行业的认可与参与。"纽约节"尊贵的评委会(由遍布世界各地的各类著名企业杰出人士组成)、实力雄厚的广告主，以及各界商家名流对其活动的积极参与,不断加强和扩大着它在国际上的巨大影响力。

其主要赛事分为:

1. 印刷与电台广告;
2. 电视与影院广告;
3. 电视节目制作与促进;
4. 电台节目制作与促进;
5. 非广播产品;
6. 交互媒体;
7. 全球保健传播;
8. 广告与营销效果 AME 国际奖。

附件 2:

AME 国际奖简介

1. 由"纽约节"组织始办于 1995 年,到目前为止,这是全球唯一的一项评比广告/营销效果和创意的国际评奖。

2. 由于 AME 国际奖的评比,让世人了解了世界最有效、最具创意力的广告和营销活动,它得到了迅速和广泛地承认和参与。

3. AME 国际奖的评选过程由一些有威望的评委和顾问指导,由两位著名的国际营销专家任评委主席,代表了广告主和代理商的原则和立场,他们是联合利华公司(鹿特丹)的 Tony Burgmans(托尼·博格曼)和 McCann—Erickson Worldwide 广告公司的首席执行官 John J. Dooner, Jr.(约翰·杜纳)。

4. 1996 年度的第二届 AME 国际奖,评选主席团成员由来自全球各国的近 100 名高级营销专家、知名人士组成。

5. 为了在国际背景下评比一个当地、区域和国家的营销活动的效果,AME 国际奖将首先确定一个营销活动在它的产品和服务范围内,在它的营销区域内达到它的目标的情况如何,然后再和其它来自世界各地的同类参赛者进行比较。

6. AME 国际奖评选获奖营销活动的核心特点在于:能利用有效创意力和影响力达到国际影响。

公益广告专栏

开展“自强创辉煌”主题公益广告月活动情况

为了给迎接香港回归和党的十五大召开创造良好的舆论氛围，以及在学习十五大、宣传十五大、贯彻十五大精神中，充分发挥广告的社会教育、文化传播等作用，国家工商行政管理局于1997年9月，在全国范围内组织开展了“自强创辉煌”主题公益广告月活动。据统计，在主题公益广告月活动期间，全国共制作发布各类公益广告24155件，比上年增长了43%。其中影视公益广告6548条，播放158544次；广播广告3921条，播放117630次；报刊广告5961条；户外广告7725条。另外，还印制了100多万张招贴公益广告。全国各地共推荐441件公益广告作品，上报国家工商行政管理局。为了鼓励创作高质量、高水平的公益广告，表彰在活动中突出的单位和个人，国家工商行政管理局广告监督管理司组织专家和政府有关部门进行评审，从各地选送的441件公益广告作品中，评出123件优秀公益广告作品获公益广告政府奖。其中金奖3件，银奖7件，铜奖10件。有94家单位、72名个人被评为活动先进单位和个人。12月22日，国家工商行政管理局在北京召开总结表彰大会，向获奖者颁发了公益广告政府奖，并对活动先进单位和个人给予表彰。这次全国性的公益广告月活动，对社会主义精神文明建设起到了积极的推动作用。

在这次活动中，全国各级工商行政管理机关认真组织、大力倡导，广大广告主、广告经营者和广告发布者积极参与，保证了公益广告月活动的顺利开展。这次活动有以下几个特点：

一、领导重视，组织得力

国家工商行政管理局关于开展“自强创辉煌”主题公益广告月活动的通知发出后，各省、自治区、直辖市及计划单列市工商行政管理局十分重视，将组织开展主题公益广告月活动作为精神文明建设和工商形象建设的一项重要内容，统一部署。一是加强对此项活动的领导，如北京、上海、河北、内蒙、吉林、湖北、云南、福建、四川、安徽、浙江、山东、江西、新疆、深圳、宁波等省（市、区）均成立了以主管副局长挂帅的领导小组，加强对公益广告活动的宣传、协调和指导工作。二是做好动员工作。全国大部分省（市、区）都召开了由广告主、广告经营者和广告发布者参加的动员大会，号召广大广告主、广告经营者、广告发布者积极投入到这次活动中去，为弘扬民族精神、树立广告界良好形象做出自己的贡献。三是明确布置任务。各地及时转发了《国家工商行政管理局关于开展“自强创辉煌”主题公益广告月活动的通知及实施方案》，并根据本地实际情况对广告经营单位提出了公益广告发布数量和质量标准等具体要求。四是认真总结评选，表彰先进。为了巩固公益广告月活动的成果，调动广大广告主、广告经营者、广告发布者的积极性，使公益广告活动长期坚持下去，全国大部分地区对本省（市、区）的公益广告作品及活动情况进行了评比表彰。在评比活动中，北京、辽宁、吉林、山东、江苏、江西、河南、贵州、陕西、甘肃、宁夏、青海、新疆等省（市、区），注重对广告主、广告经营者和广告发布者进行表彰，有效地鼓舞了广告界的士气，取得了良好的效果。

二、广告界参与公益广告的意识普遍增强

在这次公益广告月活动中，广大广告主、广告经营者和广告发布者，对公益广告活动表现出很高的热情，许多广告主在资金较为紧张的情况下，积极出资制作公益广告，支持此项活动。如北京丽源公司日化三厂出资协助北京市委宣传部和市工商局举办了"'奥琪'杯'自强创辉煌'主题公益广告作品大奖赛"；山东省滨州化工厂办公室主任于江被国家工商行政管理局评为公益广告月活动先进个人。媒介单位按照要求将公益广告发布在黄金时段或显著版面上。中央电视台、人民日报、经济日报、北京日报、北京电视台、北京人民广播电台、山东电视台、大众日报、浙江电视台、广西电视台、湖南卫视、陕西日报、新疆电视台、深圳电视台等还结合本地情况，从时间和内容上制定了公益广告播出计划。很多广告经营单位不仅选用优秀创意人员投入"自强创辉煌"公益广告的创作，而且充分利用主要街道及繁华地段的户外广告牌、灯箱、电子显示屏、公交车身、公共汽车站等制作发布大批公益广告。如苏州亚太广告公司不仅在苏州火车站发布90平方米大型公益广告，还把该公司在市区的一块180平方米的大型"555"烟草广告撤除，换上公益广告。据统计，在公益广告月期间，全国电视台公益广告平均每天播出5000余次，广播公益广告近4000条次，报刊公益广告近200条，户外公益广告7000余条次。

三、公益广告作品主题鲜明，形式多样，水平较高

1、作品主题鲜明，有地域特点。在这次公益广告月活动中，广告经营单位紧紧围绕"自强创辉煌"这一主题，结合本地实际，认真研究，深入挖掘，制作发布了一大批内涵深刻、水平较高的公益广告作品，充分展现了我国经济建设和社会发展的辉煌成就和我国人民励精图治的精神风貌。如，宁夏日报"靠天不如靠自己"的公益广告反映了南部山区群众向大自然宣战的创业精神。新疆是国家的重点棉花和石油基地，新疆电视台围绕自治区政府把"一黑一白"产业作为脱贫致富、发展新疆经济的政策，创意制作了"种好棉花，脱贫致富利国家"的公益广告。

2、作品数量增加，水平进一步提高。与上年相比，这次公益广告数量比上年增长43%，其中湖北省较上年增长3.6倍，四川省较上年增长近1倍。从总体上看，这次公益广告创作水平较上年有所提高，不仅内容深刻，而且很有创意。无论是各地推荐的优秀作品还是评出的获奖作品，均比上年有所增加。

3、形式多样。一是活动形式多样。有拍卖、竞标形式，有冠名、冠杯大奖赛形式。二是作品形式多种多样。除电视、报刊、广播等主要媒介外，还有各种各样的户外公益广告及其他广告，如气势非凡的大型公益广告塔，不断闪烁的霓虹灯，耀眼夺目的大型电子显示屏，挂满街道的彩幅等等，为城市乡镇增添了一道亮丽的风景线。

四、宣传面广，效果明显

各地在认真组织落实公益广告月活动的同时，充分利用报刊、广播、电视及其他形式向社会进行深入广泛的宣传活动。仅北京市有十几家国家级新闻单位对公益广告活动及获奖情况进行了报道，其中中央电视台分别在"新闻联播"和"新闻30分"栏目，分别对本次活动的开展和获奖情况进行了报道。9月1日，全国各地的主要媒介同时刊播了"自强创辉煌"主题公益广告。其中，北京60余家重点报纸在显著位置刊登了双通栏版面，中央电视台、北京电视台等

4家电视台播出80余次。公益广告活动加上公益广告本身的宣传,造成了一定的声势,在社会上引起了较大的反响。一方面,是广告人自身受到了教育,提高了社会公益意识,认为公益广告活动对人对己都是非常有益的事情,应该坚持下去。另一方面,公益广告活动受到广大群众和社会各界的关注,他们来函来电在报刊上发表文章,称赞公益广告活动。

实践证明,公益广告活动不仅是促进公益广告发展的好形式,也是促进社会主义精神文明建设的有效方式之一。为把公益广告活动长期坚持下去,并逐步形成制度和规范,还需要重点解决好以下几个问题:

一、立法立规。为保证公益广告事业健康发展,1997年,国家工商行政管理局已联合中宣部、广电部、新闻出版署发出了《关于做好公益广告宣传的通知》,对媒介单位刊播公益广告的时间、版面做出了规定。在此基础上,要制定公益广告管理规定,全面规范公益广告活动,进一步将公益广告的发展纳入法制轨道。

二、采取措施,解决公益广告的资金问题。鉴于公益广告需要相当数量的资金投入,长期免费设计、制作、发布,必然会影响公益广告的数量和质量。就此问题要专题调查研究,提出方案,建立起公益广告资金良性循环机制。

三、采取多种形式,加强对公益广告活动的指导。要组织开展公益广告基础理论研讨活动,组织开展国际间公益广告交流活动,组织探讨公益广告活动的有效方式,等等。

"自强创辉煌"主题公益广告月活动
获奖作品名单

(一)影视广告

政府奖金奖

序号	作品名称	创作单位
1	报得三春晖	福建省广视创意制作公司

政府奖银奖

序号	作品名称	创作单位
1	四海飘泊,根在中国	中央电视台广告部
2	自尊、自立、自强	北京开元国际广告公司

政府奖铜奖

序号	作品名称	创作单位
1	男儿当自强	安徽金鹏国际广告公司
2	鼓篇	乌鲁木齐三郎影视广告 发展有限公司
3	生命本平凡，自强创辉煌	湖北天向广告公司 湖北经济电视台

政府奖

序号	作品名称	创作单位
1.	祖国统一，民族自立	天津电视台广告部
2.	鸟—是人类的朋友	天津电视台广告部
3.	正逢盛世，当自强不息	海南电视台
4.	一个生命的诞生	贵州电视台广告部
5.	弥久而新	湖南广播电视广告总公司
6.	木偶篇(命运应掌握在自己手中)	湖南经济电视台
7.	自觉纳税	株洲有线电视台
8.	大气污染	宁夏电视台广告部
9.	中华辉煌—自强不息	昆明恒通广告公司
10.	等不是办法—干才有希望	云南文山州电视台
11.	金温铁路，圆了百年梦想	浙江普发广告有限责任公司 浙江电视台
12.	自强创辉煌	绍兴电视台
13.	残疾人自强篇	湖北电视台
14.	不，我是中国人	湖北电视台
15.	请自觉遵守交通秩序	厦门天丞广告有限公司
16.	心湖篇—为了城市的美丽	厦门电视台
17.	不乱摆摊点	福州有线电视台
18.	围棋篇	中乔智威汤逊广告有限 公司上海分公司
19.	同筑长城，共建伟业	济南电视台广告信息中心

序号	作品名称	创作单位
20.	尊严来自于实力	山东电视台广告信息部 北京桑夏广告公司
21.	文明从这里开始	辽宁朝阳电视台
22.	共建家园，幸福共享	辽宁电视台
23.	生活多彩	北京桑厦广告公司 北京电视台
24.	美、无需回避	北京桑夏广告公司 北京电视台
25.	自强不息中华魂	吉林金大影视公司 吉林电视台
26.	谁不说俺家乡好	太原有线电视台
27.	多种经济形式并存， 繁荣社会主义市场经济	河南亚太电视制作有限公司 郑州电视台
28.	创跨世纪辉煌	濮阳中原电视台
29.	种好棉花利国家	新疆电视方大传播
30.	长大后共同建设我们的家园	伊梨电视台广告部
31.	足球篇	乌鲁木齐三郎影视 广告发展有限公司
32.	府南河，母亲河	四川电视台
33.	正确对待下岗…路就在脚下	南昌电视台
34.	用我们石油人的双手 （这片土地曾经是…）	克拉玛依广电局广告公司
35.	“管大妈”下岗记——共创文明篇	江苏有线电视台
36.	做一个有用的人	上海影视广告公司

（二）广播广告

政府奖金奖

序号	作品名称	创作单位
1	身残志坚	中央人民广播电台

政府奖银奖

序号	作品名称	创作单位
1	一分钱	中央人民广播电台
2	香港回归	中央人民广播电台

政府奖铜奖

序号	作品名称	创作单位
1	祖国统一	北京人民广播电台
2	改革的中国看农村	河南人民广播电台
3	西部人自强创辉煌	宁夏经济广播电台广告部

政府奖

序号	作品名称	创作单位
1.	励志篇	湖南经济广播电台
2.	我们的骄傲内蒙古	内蒙古包头广播电台
3.	知耻而后进，自强创辉煌	西湖之声广播电台
4.	龙	湖北楚天广播电台
5.	关心残疾人	山东东营人民广播电台
6.	砥柱篇	中国广告联合总公司
7.	中国的明天更辉煌	吉林人民广播电台
8.	禁毒广告——亲情篇	广东卫星广播电台
9.	无偿献血	广东卫星广播电台
10.	自强创辉煌	河南安阳人民广播电台
11.	菜篮子工程	新疆人民广播电台
12.	以书为友	四川人民广播电台
13.	骄傲	石家庄经济广播电台
14.	一国两制	南京人民广播电台
15.	三峡工程	重庆商业广播电台广告部

(三)平面广告

政府奖金奖

序号	作品名称	创作单位
1	今天我们自强不息	云南日报广告处

政府奖银奖

序号	作品名称	创作单位
1	从小自立,长大自强	北京广告艺术集团
2	翻启新的篇章	浙江广播电视广告中心 浙江广播电视报
3	没有弱者	长江日报社

政府奖铜奖

序号	作品名称	创作单位
1	魂	江苏华实广告有限公司
2	奉献不分你我他	湖北日报社广告部
3	此时无声胜有声	南京卓越形象创意公司
4	我的未来不是梦	常德日报社广告部

政府奖

序号	作品名称	创作单位
1.	民族当自立,国货勿弯腰	无锡柏圣广告传播有限公司
2.	境由人造	北京电通广告有限公司上海分公司
3.	脊梁	泰安日报社广告部
4.	退一步,受尊敬	北京广告艺术集团
5.	团结就是力量	深圳市美术广告公司
6.	让孩子记住爷爷奶奶的故事	北京力杰广告公司
7.	中国的血脉也是你的命脉	常州市格美广告设计制作有限公司
8.	中国,中国	新华日报社广告处
9.	处方篇	中乔智威汤逊广告公司上海分公司

序号	作品名称	创作单位
10.	一业兴而知百业兴	太原市从容企划设计有限公司
11.	让中国的名牌“亮”起来	无锡美嘉广告有限公司
12.	残缺也能造就完美	南京卓越形象创意公司
13.	大件,小键,见证生活巨变	江苏国际广告公司
14.	关键的一点	江苏国际广告公司
15.	民族的腾飞	广东省广告公司
16.	保护森林资源	桂林华顿广告策划公司
17.	四大发明	广州旭日广告公司
18.	同样挥洒大写人生	湖北日报社广告部
19.	万丈高楼平地起	武汉晚报社广告发展公司
20.	支持国货	深圳特区报
21.	勿忘国耻,兴我中华	沈阳华高国际企业发展 企划有限公司
22.	这不仅仅是一个古老的寓言	焦作日报社广告部
23.	站着也优雅	湖南拓通广告有限责任公司 湖南日报社广告部
24.	木头条码	桂林华顿广告策划公司
25.	小心,别碰着孩子	安徽日报社广告部
26.	靠天不如靠自己	宁夏日报广告部
27.	真真正正中国货	无锡柏圣广告传播有限公司
28.	天真的眼睛	中化国际广告展览公司
29.	中国人靠自己	北京广告公司
30.	想一想大安全	北京力杰广告公司
31.	仅有物质的富有是不够的	黑龙江日报广告处
32.	一业稳定百业盛	太原市从容企划设计有限公司
33.	让世界感受我们的脉搏	江苏国际广告公司
34.	硕果累累	陕西日报广告处
35.	共擎	江西日报广告部
36.	鹰的自白	贵阳晚报社广告部

序号	作品名称	创作单位
37.	创造机会就在自己手上	重庆晚报广告部
38.	别泄气,就一定能踢出去	广州旭日广告公司
39.	众人拾柴火焰高	江西日报社广告部
40.	脊梁	黑龙江天问文化实业有限公司
41.	历史展开了…	珠海特区报社广告部
42.	巨龙腾飞	湖南日报社广告部
43.	继往开来,再创辉煌	人民日报广告部
44.	清晨从梦乡回到这勤劳的国度	昆明恒通广告公司
45.	饮水思源	乌鲁木齐广播电视报
46.	自强拥有未来	巴音郭楞报广告部
47.	世上无难事,只要肯登攀	天津天元广告公司
48.	中国解决了 12 亿人口吃饭问题	天津日报广告处
49.	用科学武装头脑	呼和浩特市艺术广告公司
50.	中国加油	兰州广播电视传播中心
51.	我们没有辜负他们	苏州亚太广告有限公司
52.	维护祖国统一,共创美好家园	西藏工商广告有限公司

“自强创辉煌”主题公益广告月活动先进单位和先进个人名单

一、先进单位

北　京　1、中国广告联合总公司
2、北京电视台
3、北京桑夏广告公司

上　海　4、上海市虹口区工商局商标广告科
5、人民日报社华东分社广告处
6、中乔智威汤逊广告公司上海分公司

天　津　7、天津市和平区工商局
8、天津市南开区工商局
9、天津电视台广告部

河　北　10、河北省工商局商广处
11、河北省沧州市工商局
12、河北省唐山市工商局

山　西　13、山西省运城市工商局

	14、山西省晋中地区工商局
内蒙古	15、赤峰市工商局
	16、包头市工商局商标广告科
	17、内蒙古日报社
	18、呼和浩特市工商局
辽 宁	19、锦州电视台广告部
	20、丹东市广告公司
	21、鞍山千华广告有限公司
	22、阜新日报广告部
吉 林	23、吉林市电视台广告部
	24、辽源市广播电视广告节目制作中心
	25、吉林电视台
黑龙江	26、黑龙江省工商局广告处
	27、哈尔滨市晓升广告有限公司
	28、大庆市阁泰广告有限公司
山 东	29、淄博电视台经济信息部
	30、山东省国际广告公司
	31、青岛天诚广告公司
	32、山东电视台广告信息部
江 苏	33、江苏有线电视台经济信息部
	34、常州日报社广告部
	35、江苏省射阳报社
	36、无锡敦煌广告公司
安 徽	37、淮北市工商局
	38、安徽黑白广告公司
	39、安徽日报社广告部
广 西	40、广西自治区工商局广告处
	41、广西电视台
	42、北海市广告美术公司
浙 江	43、杭州市工商局
	44、浙江省广告策划中心
	45、宁波市广告协会
	46、金华市工商局
江 西	47、江西电视台广告部
	48、鹰潭市南方列车广告有限公司
	49、江西梦达电脑创意分色制作有限公司
福 建	50、福建省周宁县人民政府
	51、福州有线电视台
	52、厦门日报社广告部
	53、漳州市天马广告公司
河 南	54、河南日报社广告部
	55、信阳日报社广告部
	56、三门峡日报社广告部
湖 北	57、长江日报社广告信息部
	58、湖北电视台广告部
	59、湖北日报社广告部
湖 南	60、长沙晚报社广告部
	61、常德市工商局
	62、湖南经济电视台
	63、湖南日报
广 东	64、深圳市工商局广告处
	65、珠海市工商局广告科

66、广东省东莞电视台
67、广东省韶关电视台
68、广东省广告公司
69、深圳特区报广告部
70、湛江日报、湛江晚报广告科
海　南　71、海南电视台广告部
重　庆　72、西南工商报
73、重庆电视台
74、重庆晚报广告部
75、重庆商业广播电台
四　川　76、四川电视台广告部
77、四川日报社广告处
78、四川射洪电视台
云　南　79、云南省工商局广告处
80、昆明市工商局商标广告处
81、云南省文山州工商局
贵　州　82、贵州日报广告发行部
83、贵州电视台广告部
陕　西　84、西安日报广告部
85、西安元中广告公司
甘　肃　86、兰州广播电视报
87、兰州晨报广告部
宁　夏　88、宁夏日报广告部
89、宁夏经济电台
90、银川晚报广告部
91、银川市指南针广告制作策划部
青　海　92、青海广播电视报
新　疆　93、乌鲁木齐广播电视报
94、巴音郭楞报社广告部

二、先进个人

北　京　1、陈启刚　北京市委宣传部宣传处处长
2、谭希松　中央电视台广告部主任
3、朱维理　北京广告艺术集团创意总监
上　海　4、王　端　上海静安区广告协会秘书长
5、郑秀兰　上海市长宁区工商局商标广告科
6、朱德明　上海都市广告发展公司总经理
天　津　7、李　侠　天津市天元广告公司经理
8、高福雄　天津日报广告处高级顾问
9、贾光岩　天津青年报广告部主任
河　北　10、杨成元　邢台日报社广告公司副经理
11、李胜志　石家庄市商标广告处处长
12、孟令文　秦皇岛晚报广告部主任
山　西　13、马世俊　山西省工商局商标广告处
内蒙古　14、王云溪　原《鄂尔多斯》编辑部主任
15、贺晓华　乌海市金狮广告公司总经理
16、鞠汀清　开鲁日报社总编
辽　宁　17、邓桂兰　阜新日报广告部主任
18、王晓阳　本溪日报广告部
吉　林　19、刘　平　吉林电视台广告部经理
20、宋义泽　辽源日报社广告信息部主任
21、刘其昌　四平日报广告部主任

黑龙江	22、陈一虹	哈尔滨市工商局广告处
	23、刘明霞	大庆市工商局广告科
	24、孙立明	齐齐哈尔市工商局广告科
山　东	25、刘金堂	青岛欢笑艺术公司
	26、于　江	滨州化工厂办公室主任
	27、文风纯	大众日报社广告处处长
江　苏	28、刘航军	南京市公交广告公司总经理
	29、王　怡	常熟华实广告公司总经理
	30、贾丽军	南京卓越形象设计公司总经理
安　徽	31、张广法	淮南市工商局商标广告科副科长
	32、陈建华	铜陵市工商局商标广告科科长
	33、吴　涛	安徽省金鹏国际广告公司总经理
广　西	34、黄　岩	广西南方广告公司总经理助理
	35、吴　玫	南宁电视台广告部编辑
	36、郘永柳	桂林华顿广告策划公司总经理
浙　江	37、傅学军	宁波市鄞县工商局商标广告科科长
	38、谭海慧	台州市指南针广告有限公司总经理
	39、张国建	衢州日报新闻发展总公司总经理
江　西	40、郭顺安	景德镇电视台经济信息部
	41、徐洪伟	南昌电视台广告部主任
福　建	42、林耀生	周宁县工商局局长
	43、欧阳文法	漳州市工商局芗城分局商广股股长
	44、胡裕大	厦门广告发展中心总经理
河　南	45、胡建新	信阳电视台台长
	46、孙垠民	濮阳中原电视台广告部
	47、刘　晓	平顶山日报社广告部
湖　北	48、邓从锐	湖北省工商局广告处干部
	49、肖　斌	武汉晚报广告发展公司经理
	50、罗双德	襄樊市工商局商标广告科副科长
湖　南	51、陶练先	湖南省电视制作中心
	52、薛开美	常德市工商局商标广告科科长
	53、黄　曼	湖南声屏广告有限公司
广　东	54、张传恺	深圳商报广告部主任
海　南	55、蒲维壮	儋州市工商局
	56、罗继志	海南电视台广告部
重　庆	57、全玉玺	重庆电视台广告部科长
	58、毛锡雄	西南工商报
	59、李丕强	重庆晚报广告部经理
四　川	60、李治国	四川日报社广告处主任
	61、魏久康	四川电视台广告部科长
	62、张　勇	广汉市工商局商标广告科
云　南	63、胡　杰	云南省工商局广告处
	64、张　彤	昆明市工商局商标广告处
	65、付建荣	文山州广告协会秘书长
贵　州	66、杨克林	贵州晚报社广告部
	67、蒋永强	遵义晚报社广告部
	68、熊国云	铜仁市金人广告有限公司总经理
甘　肃	69、员　涛	天水电视台经济部
宁　夏	70、刘　淳	宁夏日报社广告部
	71、辛育红	宁夏经济广播电台
新　疆	72、王建国	巴音郭楞日报社广告部

中外广告学术交流

向国际优秀广告水准迈进

——戛纳广告节优秀作品赏析

罗　杰　戛纳广告节主席
莫康孙　中国麦肯·光明广告有限公司执行创意总监、亚太区副总裁
林俊明　上海慕菲影视公司总经理(龙吟榜主持人)
招嘉宁　中国上海奥美广告有限公司广州分公司创意总监

罗:很荣幸今天又来到广州。记得两年前曾应邀来过这里,并通过那次机会,把法国戛纳广告节介绍给中国。没想到经过短短的几个月,在1996年6月中国代表团的150人参加了戛纳广告节。今年,三个月前,在广告节中国代表团的人数增加到250名。刚才播放的录像短片是戛纳广告节的一个简介。全世界的广告人都希望能够参与戛纳广告节。当然,广告节的金、银、铜狮奖均代表着很高的荣耀,评委们也都很严谨。今天我们看到的影视与平面广告,都是获奖作品。所有的获奖作品都是从超过11,000个广告(包括6000多个平面与5000多个影视广告)中挑选出来的,都是世界一流的作品。今天大家看到的获奖广告只是其中一小部分,同时也可看到其它参选作品。这有助于我们分析为什么有些作品没有获奖。在处理同样产品的时候,看看别人是如何做的,以提高自己的创意水平。

所以,来到戛纳广告节并不只是来看获奖作品,同时也是在带给广告人更多更有用的学习机会。现在就把这些作品带来与大家一起分享,并欢迎随时提问。

(完,掌声。)

(播放铜奖作品,泰国黑猫威士忌广告)

莫:关于这个广告,我很喜欢,它很有创意。它运用电影中的戏剧性表现手法,动用了直升飞机和100多名演员。对观众来说,是个娱乐性很强的广告。广告中的幽默故事是有侧重点的。这个产品叫黑猫威士忌,而在泰国最有名的威士忌是价格昂贵的进口酒——黑牌威士忌。故事的情节是这样的:一个黑帮头目认为只有他才可以享用黑牌威士忌。当他听说一名男子在喝黑色的威士忌,便认为他喝的是黑牌。他认为这个普通农民没资格与自己同样享有这种美味,于是产生了一系列戏剧性情节。这么做不仅仅娱乐了观众,还清楚地把社会现实沟通给消费者,这是很难得的。

林:其实这里面还有一些很微妙的问题。黑社会经常会放一些高利贷给农民,而这则广告

取笑了他们一下，令人觉得很有趣。

莫：大家看了以后会觉得这则广告很简单，很有趣味，很容易拍摄。但是做创意的条件就在于把一个产品从定位、竞争，从目前市场上很多的背景中找到一条很清晰的制作策略。

林：比如说，有一天你的客户来找你，说："我有一种产品与某个名牌产品很类似，名称也很相像。所不同的是我的产品价格便宜很多。"但在中国，我们不能做比较性广告，所以要多花一些工夫去做创意。在这则广告中，黑社会的头目得知一个欠他债的人在喝黑色的威士忌，便带领手下去找此人，最后发现他喝的只是本地产的廉价的黑猫威士忌，而广告中所有的人便顿时全跑过去打算品尝黑猫威士忌。其实它的诉求点是很普通和常见的，关键是用什么故事把它表现出来。这则广告类似香港电影中的黑社会等题材，看起来很有娱乐性。在评审时，20多个外国评委都不懂泰国文字，但这个广告之所以获奖，在于其故事情节很简单，只要配以简单的英文字幕，便可得知广告的意图。这也是今天我们三人要谈的一个重点问题：中国广告如何在国际水准上获奖。对其中的"游戏规则"一定要了解，即创意一定要很简单。今天我们多介绍一些广告片的背景，便于在座各位了解今后参加戛纳评奖重点要选择哪些中文广告。

（播放一则啤酒广告）

莫：这同样是个很有名的广告，大家每看完一个广告，要立即思考这是一个什么类型的创意，这则广告中的故事就是用戏剧性处理的。现在再让林俊明先生谈谈精彩之处。

林：这是个在欧洲很著名的系列广告。该系列中每一个广告的重点都一样，很简单，就是啤酒的味道很好喝，每个人都会为这种啤酒付出自己仅有的钱。如果一名创意人，做一个"好喝的啤酒"的广告叫消费者来买，这样创意往往很平凡。而反过来看这个广告中的故事：一个很贫穷的农民同母亲一同路过一家商店，鞋子已经破烂的母亲看到一双很漂亮的鞋子，非常喜欢。于是这个农民开始工作，为别人干零工，千辛万苦地挣到了一枚钱币去买下那双鞋准备送给母亲，途中休息时发现了这种啤酒，便把这双鞋送给了一名很丑的女服务员换来了一杯，母亲来了，他告诉母亲他有办法补鞋：把啤酒的杯垫撕下来，贴在鞋底的漏洞上。

当然，从道德观念去看这个儿子，他用给母亲买的鞋换了一杯啤酒，是很不对的，但从广告角度讲，它已经把这杯啤酒提升到"非喝不可"的高度：当你见到这杯啤酒，你便一定要喝，不惜任何代价。这个农民为喝啤酒虽然欺骗了母亲，但从创意来讲，广告中娱乐性十分丰富，演员表演水平很高，背景选择也很好，令人看来相当过瘾。该广告在戛纳广告节获得了不错的评价，因为评委也都是创意人。这则广告创意新颖，不落"夸啤酒好喝"的俗套，导演、娱乐性均很出色，始终围绕要买啤酒这个最终目的，并通过这个独特的故事提升了产品的地位。

莫：第一个广告比较幽默，第二个则较感性一些。我们要充分了解消费者的心理，去设计一个很感性的故事或有趣的故事，比如下面这则广告。

（播放国外食品广告）

莫：这是一个食品广告。同样是运用趣味性的广告，利用一个美国新闻报道性的体育栏目，报道一名运动员的情况。其趣味性在于观众对这个故事有一个期待：运动员如何把球投入篮筐？我认为它是一个趣味性兼幽默的广告。

林：有时客户对你讲，他的产品吃了后会很健康，非常有效。我认为这不可能：饼干就是饼干。但广告人把这点夸张了一点：利用体育栏目报道了美国篮球明星被禁赛的消息，原因是某些机构怀疑他是因为吃了这种饼干才有如此神奇的球技。于是，这位明星开始培养孩子们打篮球。这个广告好像是说，吃了这种饼干后球艺就会很厉害，但是它反过来叙述，使人们认为这只不过是广告人对自己开了一个玩笑，而并不把这当作是一种过分夸张的欺诈行为。观众不但不会相信，反而会觉得娱乐性很强，很开心，从而吸引观众，记住产品名称，进而去购买。广告的力量也就在于此：广告不可能让观众去买他不喜欢的商品，它只能把某种商品的感觉表现得好一点，尽可能给消费者留下好印象。要把商品夸张，那么夸张的程度是让观众看得过瘾，只觉得是广告人与他开了一个玩笑。

（播放3则国外广告）

莫：这是一个糖业协会的广告，关于糖的摄入是个热门话题。两名律师在法庭上就吃糖是否会损害健康展开了辩论：一个极力反对吃糖；另一个则说有在同一杯饮料中，顾客加糖比例的多少，将决定是否损害健康。这说明把事物夸张不能到达一个不成比例的程度。很多时候我们也面临这种情况，如：有的女孩担心发胖，什么糖都不吃，其实适当的糖分对人体是有益的。

（播放国外番茄酱广告）

林：全世界这种番茄酱有85%的时候都是和牛排一起吃的。这就是说，这种品牌的番茄酱很畅销，全世界很多人都用它来吃牛排。如果用一般的创意来做就会很滥，而这个广告中当一头牛看到一名男人在做烧烤拿出这种番茄酱时，立即就逃跑了，因为它知道全世界有85%的番茄酱将与牛排一同食用。该广告创意不是找一个人来婆婆妈妈他讲述或用三维动画来体现这85%，因而是极富娱乐性，把事情反过来表达。这对创意人是个启发：每一件事情都可以用不同的手法，从不同的侧面来讲，比如，从牛的角度去看番茄酱。

（播放三则广告）

林：广告内容是讲一个老人在临终前正在讲遗产的分配问题，而当讲到关键的时候，用来拍摄老人讲话的录像机没电了。这则电池广告同样告诉我们要多寻找一些不同的角度来讲一个故事。

莫：这是则西班牙文的广告。用录像机去拍一名临终的老人，中间必须是有连贯性的。这个电池广告称该产品可以增加50%的使用寿命，这里把老人的寿命与电池的寿命联系在一起更增添了精彩。

（播放吸尘器广告）

莫：我刚才与林先生在讨论这个广告，是关于一个品牌的吸尘器。大家看过后一定觉得很有趣，很精彩。但事实上我们知道一个吸尘器并没有能力把人从地面吸到天花板上。现在让林先生和招先生发表一些看法，觉得这则广告是否有效。

林：相信大家一定看过其它品牌吸尘器的广告，可能是一名主妇用吸尘器把家里收拾得很整洁，然后等可爱的孩子和丈夫回家后，一起快乐地吃晚饭。这种广告片拍得太多了，令人烦闷。如果你是消费者，同时看两个广告片，一个很夸张，另一个是刚才我讲的，我想你会记住前者。我要说的问题是消费者是很聪明的，他也知道这个广告片是广告创意人用夸张的手法来表现的。如果你能有机会同时示范三个不同品牌的吸尘器，它们之间的功能差别是不大的，区别是在品牌里面，关键在你是否喜欢这个品牌，当你看了刚才的这则广告是不是觉得过瘾，觉得有些娱乐性，所以你会记住这个品牌。当然，如果这个品牌很昂贵或是你周围的人尝试过，感觉不佳，你可能不会购买，反之若条件不错，那么当时购买的可能性就会很大。所以，广告中有丰富的娱乐性，给人的感觉是很好的。

招：关于什么是好的广告我有不同的意见。如果作为一个广告来说，它表达“超级吸力”是一个很好的广告，但在市场上它是否是一个好的广告就难说了。我们只能看到它在单点表达上有无表达出色，但我们无法得知整个市场的竞争状况如何。这则广告在“超级吸力”这个点上诉求得很好，原因是消费者清楚这是在与他们开玩笑，并不觉得受骗。

（播放一则洗发水广告）

莫：这是一个什么都吸不着的吸尘器。

招：这是我三、五年内看到的最好的去头屑洗发水的广告。的确，夸张是一种方法：一种洗发水可以完全消除皮屑，即使疯狂地乱跳，地板上还是不会留下头皮屑。它所采用的是一个反常规的方法，用比较夸张的故事表达这种洗发水可以彻底去掉头屑。

莫：第一次看到这个广告时，我不知道这是卖洗发水的广告，而以为是卖吸尘器的广告。每次看时我都会仔细欣赏，这些演员中演技最好的就是在清洁地板的年老的女佣。

（播放吉普车等三则广告）

莫：飞盘的游戏很多人都曾玩过。这个广告中在高山顶端的一个男人没有接中一只掷来的飞盘，他和他的同伴立即奔向吉普车，争着说"我去拿"。对这一品牌的吉普车，里面的演员说"That's? getsonlyone"意思是说只有一辆，他们三人中只有一个人能拣得到这只飞盘。

（播放二则 NISSAN 汽车广告）

林：广告有它的功能，但是广告不是什么都能做的。产品本身质量好坏很重要，广告只是把产品的品牌不同的感觉带给电视观众。刚才的两则广告，我不明白为何第一个在美国那么受欢迎，大概因为美国人对广告中的两个卡通人物——芭比娃娃的感情，很多老太太年轻时已经在玩芭比娃娃这种多年来深受美国人喜爱的玩具。我个人就没有太多感觉，可能因为我不是美国人。第二则广告我认为不错，在美国有种笑话，汽车上空很怕有鸽子飞，因为鸽子的粪便会落到擦得很干净的车上，很难清洗。广告中的故事是一群鸽子像机群一样出洞寻找汽车来排泄，但它们永远都追不到那辆日产车，因为车的性能很好，转弯灵活，并且速度很快，其实这些都是卖点，它们通过这个故事表现，有很强的娱乐性。

（播放汽车、牛仔裤、运动鞋等二十一则广告）

林："你是不是要买新的家具？"这是瑞典著名的 IKEA 家具公司的广告语。广告中全都是用最糟糕的事来开玩笑。当然，看别人的痛苦来当玩笑不好，但这是广告中常利用的比较多的娱乐性来表现商品的功能。刚才与莫先生讨论国外获奖作品，有很多广告使我们感觉很远，商品与我们的距离也很远。下面与大家分享一些平面的广告，看一些在戛纳获奖的中文广告，分析一下为什么会获奖，莫先生与我都曾在戛纳广告节当评委，也有作品在戛纳获奖，这次有机会与大家一起多了解中文广告进入国际评奖时，创意表现有哪些事情可以注意。

（一名女听众提问）

（播放平面广告）

莫：现在我们看到的是 97 戛纳广告节中获奖的平面广告作品。因为作品很多，有许多作品也无法用普通话去解释清楚它的创意。现选择 1/4 的作品，希望大家从中了解其创意，之后再播放一些用中文制作的创意在国外获奖的广告。希望能通过我们的沟通使在座明白在国外评奖中得到肯定的一些门道。

（播放二则发用品广告）

莫：这是一则杂志广告，版面的左右页打开后，发型就变化成与原来不同的样式。产品在折叠页的左边，表示用该产品可以作形象的改变。这其中有几个创意点：广告的版面是完整的，通过一个品牌特别的产品对你的形象作一个改变，作一个消费者态度的改变。它在媒体上增加一个层面，杂志打开后，一些变化就呈现在你面前，好像观众自己动手把这个创意打开一样，很与众不同。

（播放一则辣椒酱广告）

莫：这不是一个版面，它平面的创意印在卫生纸上。当你每一次去洗手间时，你都会看到这个标题。这是国外一种著名的辣椒酱的广告。它从媒体上下功夫，试想若这个标题印在一个平面广告上，那么就不会得到高的评价，也不会获奖。

（热情地邀请招嘉宁讲）

招：这是一个让人一看就无话可说的广告，从媒介的运用到整体感觉都非常精彩。

莫：今年戛纳广告节中有特别多的媒体运用的广告获奖。我深有同感：在国内，影视广告可以说越来越精彩，但平面广告还需要下很大的努力，包括媒体、广告公司、广告主。特别是一些非常规媒体的创意，这些与我们目前常用媒体没有太大关系的媒体，我们忽略了。你有没有想过，座位或电梯，也许洗手间都可以作广告。

（播放一则杂志媒体广告）

莫：这是一个杂志媒体的广告，是专门供男人看的。

林：标题是"我们知道每个男人脑袋里都在想什么？"这是用旧的元素作新的组合：把女性的裸体组成一个大脑的形状，很有创意。

（播放保险公司广告）

莫：画面左边是一根老年人常用的拐杖，右边是拐杖倒过来，变为了一根击球用的球杆。这是一则保险公司的广告，它的标题："你退休以后，要选择一种什么样的生活在乎于你。"一般人年纪大了退休以后，整日呆在家中，走路也要依靠拐杖，但若是买了保险，便可以买到一个保障，退休后的生活便会过得很惬意，很愉快，像孩子一样。这个广告就是利用拐杖这个物体去造成一个变化。

（播放口香糖广告）

莫：这个口香糖是令口气清新的。但如果太功能性地去把诉求点讲出来，并无太大意义。如这个创意，我们国内的广告人也可以想出来，它选用可以引发口腔异味的食物，这里是洋葱，下一个是香烟，把它们同口腔中的牙齿进行组合，这样不用看标题"把你的口腔变得口气清新"就可以明白它的创意。

（播放滴眼液广告）

莫：这是则眼药水的广告，它可以保持眼睛很明亮，所以在一只眼睛前加了一个汽车挡风玻璃上的刷水器。这也是用旧元素作新的组合：用刷水器来表现保持眼睛明亮。这种广告我认为大家都可以作出来，也可以有这样的原创想法，这样的创意没有文化上所谓的差异，因而也不会造成表现上有什么差异。

（放清香剂广告）

莫：这则广告很有趣。如果你把杂志打开，有一双鞋与生活中原大一样的鞋子在你面前，感觉一定不太好受。因为一般人很少把鞋放在自己面前这样近。但它是广告，而不是鞋子，鞋中间的红色方块中写着标题："如果是一般的鞋子你无法把距离拉得这样近，因为这双鞋是喷了干净的清香剂的"。这个创意，可以用普通话完整地表达出来，同样没有文化差异。

（播放日本本田机动车系列广告）

莫：这是日本本田机动车的招贴广告，它没有卖车的性能，也没有卖车的马力，也没有卖车的安全，它只是在卖一种感觉。因为在国外开机动车的人不多，这则广告的感觉好像坐在火车上把头伸出窗外的这种感觉——小时候乘火车都喜欢坐风座，喜爱乘风的感觉。这是一个系列广告，男女模特有不同的处理方法，它的标题是："现在是你的心情，想去买一台本田机动车”。

(放系列中的第二个本田机动车广告)

林:这个广告左边的文案是“当我决定买本田机动车的那一时候”,这种感觉很重要。

(播放广告)

莫:这是消除疲劳的浴缸,左边普通的浴缸水中有字,意思是表达很疲劳、紧张、不适、头痛等,而右边的浴缸上摆放着供人们洗澡时使用的化学产品,于是刚才的那些字全被打乱了。这个概念是表达该产品可以消除疲劳、头痛、肌肉酸痛,骨骼疼痛等意义。这也是没有受文化的影响,用普通话可以把创意表达出来。

(播放健身房广告)

莫:大家从图片上可以感觉到,广告把一位男性胸部的肌肉和吹气口作了一个结合。就好像参加了这个健身房,你的胸肌就会像吹气一样,变得很大。这也是很有创意的手法。我主张在这种情况下,可以没有文案,只是利用视觉的语言来把创意表达出来。就像这则广告,图片下面的英文仅仅是健身房的名字和电话。

(播放广告)

林:刚才已经谈过,外国人很讨厌鸽子把粪便排泄在他们漂亮的汽车上。广告中这家人很富有,他让花园中的鸽子都穿上了尿布。

莫:这样的创意没有文化上的差异,当然在中国内地表达的方式会有些不一样,但我们欣赏这个创意没有文化上的不同。我希望在座的如果是搞创意美术工作的,就要注意在平面广告上怎样多花一点脑力,来把作品做得更好。刚才看到的一个很简单的获奖作品,从模特的选择、拍摄到电脑修片直至印刷,一直都是一个金牌的作品。

(播放苹果电脑广告)

莫:这是苹果电脑的广告,它的创意来自于聪明的标题:“在这本杂志里,唯一不是用苹果电脑完成的只有装订的钉”,所以它用红圈把这个钉圈起来,来表达苹果电脑的能力:从头至尾可以完成杂志的排版、印刷、分色等。

(播放广告)

莫:这是个停车场的栏杆,把它与牙刷形状结合起来。方才谈过,今年国际广告有很多是做在过去无法做广告的媒体上的,非常精彩。这个广告是利用栏杆的个性与牙刷作一个结合,这支牙刷的角度可以改变,做普通牙刷做不到的动作,所以开车的人看到这支牙刷栏杆上下摇动,会觉得很有震撼力。

(播放新加坡发用品广告)

莫:这是比喻式广告,是用锁链去比喻女性健康而坚韧的头发。它是一个乌发品广告,这样的广告完全是从视觉上作文章。我认为国内广告人应该排除“因为有很多文化上的差异,国内广告就无法在国外获奖”的想法,这种想法是不正确的,这是一个新加坡的作品。

(播放广告)

莫:这也是利用视觉语言,右边部分很顺的梳子是因为用了乌发晶,左边即我们广告业称为问题点的部分——头发不顺,就好像打了结的梳子。

招:其实我们在国内做平面广告时,经常碰到的最大问题,是很多广告主都讲的一句话:因为是平面广告,有版面,有位置,就把多一些的内容放进去。”而刚才我们看到很多优秀的平面广告里都只有一个点,即只把最重要的一个点交待清楚就足够了,其余的东西根本不重要。

莫:这个作品在戛纳广告节上获了 4 个不同的奖项:个人用品类、摄影、海报、平面广告。

所以一个优秀的广告在国外很多时候都是连续参加好几个项目的评比，并可获得许多不同方面的肯定。

（播放奔驰汽车广告）

莫：这是今年的最大奖，是奔驰汽车的一则海报。它也获得了很多奖项，包括摄影、杂志、海报、汽车类等。

林：我也是今天刚刚同大家一起看到这个广告，我感到很感动。它的创意是很出色的。这个平面广告里既没有标题，也没有文案，只在下面有一个商标及车子的型号：Newsik 两座敞篷跑车。敞篷车很漂亮，很多人都很喜爱驾驶它。这辆车停在路边，旁边地上有很多汽车突然停下来留下的黑色痕迹，就好像很多汽车驶过时，开车人见到这辆跑车，都会按不住突然很急地把车停下来。这是表达许多人都喜欢看到这种车，而且非常羡慕，但它并没有把标题写出来，它是让懂得开车的人自己去看，就会知道为何所有驶过的车子会骤然停下，只是为了这辆车漂亮的外观。

莫：在争议哪一个广告是全场最大奖时，也有人指出这个广告应在某处有一句文案。因为有些创意人坚持有标题才是完整的创意，不然做文案的人可以下岗了。（全场笑）几乎争议了3个小时，每个人发言对自己喜好的作品讲述它的优缺点。正因为这则广告是精纯到一句话都不需多说，把全部注意力集中在汽车上。这种感觉就好像你每天开车经过一个巷子，如果你是位开车人，对这个广告的感觉是很奇特的。实际上，这则广告并不那么简单。我曾经问过这件作品的原创公司，据称不知拍了多少照片，作了多少电脑修片，才让人感觉好像真的是在英国寻常小巷的街头一样。实际上有一个在国际评奖时，很重要的技巧：我们应该知道，不要认为今天电脑可以帮助我们去呈现一个高科技的版面，高科技表现的最高境界是别人看不出是用电脑完成的。但现在有"很多国家不管是对影视广告，还是平面广告，都过分运用电脑表达新科技，如金属感、太空感、未来感等。这样做完全不讨好，实际现在的评委都不喜欢看这种类型的广告。而这个作品可谓经典，甚至到了三、五十年以后仍是一个经典作品。

莫：接下来我们看一些在国外获奖的中文广告。

（播放香港环保公益广告）

林：这是一个几年前的香港环保公益类型的海报——不要砍伐树木。这个广告不论是在香港，还是在国外的创意比赛都曾获奖。乍一看很可能不知它在讲什么，但如果你是一个外国人，你看到最下方一排代表死亡后的墓碑的十字架，你会觉得很好奇。在评奖时，仅用一番很简单的英文翻译，外国人就懂了，觉得很有趣。在戛纳，评委约 22 人至 24 人，他们来自不同地区，有日本人、西班牙人、印度人、英国人、美国人等等。但他们只能用一种语言去沟通——英文。所有的参赛作品，无论是中文、日文还是西班牙文，都要翻译成英文。大家知道，有的时候不论一个人英语有多好，很多中文的原意还是翻译不到。所以参赛时如果你的作品中文味道太重，若用中文来解释，人们都会看懂，但我们要想办法用很简单的英文讲给评委。这则广告很容易用英文解释：森林没有了，逐渐下去只有死亡。外国评委听得饶有趣味，认为中国的方块字很奇特，是一种图象字，英文字母则没有这么有趣。有时候我们用中文的确有好处，但是太复杂的需要很多解释，就没有机会。因为评审时没有人帮你长篇大论地解释，只能简单地翻译成英文。

莫：我在戛纳广告节评奖时，很多人问，是不是中文的广告由于文化的差异或许因为外国人不懂中文，评委们就不欣赏了。这很难一概而论。刚才林先生已讲过，事实上中文字有其独特的吸引力，但这吸引力若无法用简单的英文把创意一两句话表达出来，实际上则构成一个困扰,也就没有人懂得去欣赏。虽然吸引了人,但没有把创意沟通,这可能就是我们失败的原因。但也不能因为是中文字,就把它到国外去参加评奖的机会都抹煞了。

(播放广告片)

林:这也是香港的环保公益广告。这个作品在国外很多比赛都获过奖,在戛纳获的是铜狮奖。获奖原因不是由于中文写得如何好,文化背景是否重要,而是这张图片里有一个冲击力很强的视觉形象。因为很多时候人们根本没有机会看别人如此之大的鼻孔,就如同刚才那双与原大鞋子一样的平面广告。这个广告在编排上并没有把整个人的脸都放出来,标题的创意很聪明,翻成英文也不复杂,是把鼻孔说成是一个废气收集中心。

莫:如果我没记错,这则广告应该是五、六年前的吧?

林:好像是 93 年戛纳广告节的作品。

莫:我记得去年有一个公益的影视广告与这则广告创意很类似:开始一位女性在家中除尘,然后镜头慢慢带到吸尘器接到一个男人的口中。这个广告是告诉我们同样的道理:不要把空气污染,否则我们呼吸的都是污染过的不干净的空气。

(播放香港环保系列广告)

林:这是前年的香港环保公益海报广告。它的诉求很好,颜色处理也不错。它把人们讨厌的漂在水中的红色塑胶袋变形为香港特产的海鲜——红胶鱼一样。国外的评审们只要听标题简单的翻译,就可以明白,而不用长篇大论地去解释。

莫:广告中的“维港”就是香港维多利亚海港。红色塑胶袋,正是我强调的旧的元素作新的组合,利用塑胶袋变形为海港中常见的一种海鲜。如果单看标题:“这样的海产,如何允许它每天都生产!”这个创意是评不上奖的,但加上画面,就把广告讯息变得很完整。这个系列共有三个作品,现在我们看第二个。

(播放广告片)

莫:这是另一个海鲜——海蚌。把它塑造成一般人吃的汉堡或盒饭的包装塑料盒夹着一只汽水罐。这也是旧元素作新的组合,与上则广告是同样的标题,这是戛纳广告节中一个入围作品,国外的评委是很欣赏的。

(播放广告)

林:这是去年上海的一则“中华好风尚”公益广告的海报。今年它还没有参加戛纳,而参加了香港的 4A 创意奖评比。我是评审之一,今天之所以选这则广告讲,是因为我个人很喜欢它的创意简单、明了、很富有感情。该赛评审里有 4 至 8 位外国人,他们不懂中文,看到作品中的这句话,都很有兴趣地询问,当我简单地翻译后,他们都很感动;公益广告能用这么简单的方法表达出来,很不容易。他们所说的一句话很值得我们学习:“应该有的东西它有,不该有的东西一点没有”。它没用文案,也没有写很多罗嗦的内容,平面设计很简单,看上去很舒服。

莫:这个广告没有获金、银、铜奖,是入围作品。但我们不能说,在国外获奖的作品在国内也一定会获奖。同样,国内获奖也不意味着在国外一样获奖。因为在国外很多比赛评委组合不一样,观点也不一样。此外,欣赏的角度,评分的“游戏规则”不同,也会造成一些差异。也就是说,在本地获金奖的广告,不见得能在国外夺得大奖,反之亦然。比如今年的大奖奔驰汽车广告也未必在英国是最高荣誉的作品。

(播放猫粮广告)

林:这道门的上部、下部都有很多猫抓过的痕迹。因为猫爪子长的时候就会抓木头。它的文案是:以前……,以后……。这说明这种猫食罐头含很低的卡路里,可以让家猫更健康。

莫:家庭中超重的猫,几乎是吃饱就睡,体态肥胖。这种食物含低卡路里,专门给超重的家猫吃。

林:家猫吃了这种食物后,跳跃力增高,以前它在门的下部抓门,以后它跳高去上部抓门。

招:你觉得文案内容适用吗?

莫:(笑着说)我根本没看它的内容,我觉得只看到低卡路里及超重的猫就已经足够了。

林:这个广告是根本不用文案的。

莫:虽然这则广告创意很好,原创很好,但如果我是美术指导的话,我希望把这道门变得更像一道门,现在这道门太窄,过高,不太像我们平常出入的门。很多时候我很在意某一类型的广告需要很真实,很有带入感。这些作品你可以故意地给它一点风格、造型,让它的艺术感觉夸张一些。对于这则广告若我是评委,可能最高给入围奖。

林:在香港这则广告好像获了一个铜奖。

(播放电脑培训学校广告)

林:这是三张分开的作品,为了方便使用幻灯,所以把三个广告结合在一起。作评委时,我只喜欢最左边的那个广告。很多人都怕用电脑,尤其是年纪大的人,(笑)像我也很怕碰电脑。这是一个电脑培训学校的广告,标题:"来我们这里感受不一样"。对我来说,左边的仙人掌那种使人不敢触摸它的感觉很强,但中间的人骨过分远离原来的创意,右边的乌龟对原有创意表达不清。

(播放洗衣剂广告)

林:这个广告也是今年的香港4A创意奖评比中的参选作品。我很留意了一下外国评审,他们看不懂中文,但觉得很有趣,于是我向他们解释中国人到年二十八那天要把家里的衣物都清洗干净,这个产品就是洗衣用的清洁剂。它也没有文案和标题,外国人则认为可以把这种过年的习惯用文字写出来,很有意思。这则广告还有一点做得很好:真的是在年底年二十八那天的报刊里发布的。

莫:这则广告是把媒体和时间配合。在很多时候,很多季节或独特的日子里面,比如圣诞节、儿童节,甚至是万圣节,国外有很多获奖作品都在这些时候去做一些创意的文章。

(播放电池广告)

莫:这则广告我知道它获了很多奖,但这个创意不客气他说,这个美术指导……,(笑)

林:莫先生说得对,它的艺术指导做得的确不好,其实没有文案也是可以的。这样简单的平面广告戛纳的评审会分外留意其中的创意。福、禄、寿这三个人物是常听人说的,解释起来也不难。

(播放奇巧巧克力广告)

莫:"轻松一刻,奇巧时刻"这句广告语已经用了几十年了,这个创意在中文的表达上还是第一次出现。我们在送审时认为这则广告评奖的机会并不大,结果评委给我们的评语是"小和尚",很有趣味,画面处理很干净,幽默运用显而易见。虽然有些广告很复杂,创意难度很高,但实际在国外最简单的创意是最受欢迎的。这则广告也是没有文化差异的,外国人根本不会一看是中国人,就打分很低。

(播放药品广告)

林:这则广告外国人同样看不懂内容,但它把标题与原有的创意用得很好,很清楚地把这个产品的卖点写出来。这是一个系列广告。

莫:一系列的药品广告很不容易做。尤其是《广告法》中不允许在广告里有患者形象等。

所以要试图做一些比较突出的广告，也就是一些独特的，前所未见的广告。这个广告的内文也是很详细的，并不是说所有获奖广告都需要空白的版面，甚至没有标题等，这都没有一定之规。这则广告在去年的亚太区广告中获银奖，也是同类作品中一个最高的荣誉，这在普通话广告中是很值得鼓励的。

（播放食品广告之一）

莫：这是燕窝的广告海报。由于市场上燕窝众多，究竟哪种货真价实很难分辨。这是个比喻式广告，运用中国古代传统的“伯乐相马”的故事，用一位懂得识别千里马与普通马的专家，好比今天消费者要如何判断市场上真假优劣的燕窝。

（播放食品广告之二）

莫：另外一则用的中国古代故事是“卖柑者言”，把古代的教育用于现代的广告海报中，是一个优秀的入围作品，同时它在纽约广告节中获佳作奖。你看到这是一个很地道的中国广告，先不管它的文化背景、创意等，画面是由美术指导重新设计的，而不是从书刊中去拷贝下来的，它的原创性很高。好像一种石刻的风格印在海报上，很真实。所以在国外评委也懂得尽量去了解。我们还要拿一个很精美的餐具，把美味的食物放在里面，才可以参加美食节，所以这个动作我们也要小心一点，这样处理后很单纯的，让评委去细心欣赏这些广告。

（播放入围平面系列广告）

莫：接下来是一些连续的广告，是纽约广告节获得优秀奖的比喻式广告，是投资公司的广告，当你翻到这一篇，看到“无的放矢，无异于浪费资源”的文字时，它比喻没有目的地去投资，就等于白费你的金钱。另一个是用“孔明借箭”的故事来表达一个投资中的哲学。下两个广告是用下棋的棋子表现“散兵游勇……”和“韩信点兵”的中国传统哲学来表达投资哲学。

其实，不管是本土品牌，还是国外的品牌，华人的广告在国外评奖时只需要把广告讯息用最简单的创意表达、翻译出来，甚至你把创意弄成打样稿也好。评委都是很愿意去接受新的东西的，不要轻易放弃我国原有文化的特性。最重要的是：不要为获奖而作广告，还是要为广告目的去作广告。但作创意的时候，不要等到参赛的时候才去学，为了参加国外的比赛，把广告目的改变了。请招先生谈谈对参加比赛的看法。

招：我认为现在没有更好的办法让大家觉得哪些是好广告，哪些是坏广告。参赛只是其中一个办法，它也有它的短处。因为参赛只是在看创意，很多市场上的状况，如：竞争、策略、产品等状况都没有放在里面。

莫：接下来还有几个平面广告，这是一个入围奖，创意很简单，在撒哈拉沙漠中获得头三名的汽车都使用埃索润滑油，它共有三个平面广告，在参赛时候，系列广告很重要，我希望大家有机会在参赛中或作创意时，考虑到系列性广告的可能性。

招：这是一个杂志广告，这个杂志最大的卖点就是它常常把真相抓出来，尤其是名人和政治家的真实面目。所以广告中有两张不同的脸，一张是平常的脸，一张是真实的脸。

林：刚才是两则香港廉政公署的广告。

如何运用“整体品牌管理”来建立成功品牌

苏 雄

序言

·消费者,消费时代的王,花钱购买所谓的“消费者利益”。但他们心里记得的,眼中认识的是品牌,因为品牌是带给他们消费者利益的来源之一。这也是制造厂商为何耗尽心力要建立、经营许许多多的“名字”——品牌。

·品牌,就像孩子,需要细心培养才会长大,茁壮,而在培育过程中,也给予教学相长的回馈,然而要如何培育呢? 二十一世纪来临前,“整体品牌管理”提供行销人/传播人一个完备的考量和思索概念。

·作一个行销人/传播人,不断地观察、学习、修正是不二法门。再者对市场/消费者反应,有灵敏的回应,也是应具备的。以下的报告是笔者作为一个行销人/传播人的经验,与各位分享。

一、品牌与品牌的建立

·品牌的出现——社会规模的扩大

主要是适应人类群体这个社会的规模日渐扩大,为了要能配合各种社会生态的改变——人多了,商品和服务也相对增加,为了方便区别,指出特定的事物,品牌曰此产生。

·品牌,基本上是一个名字。

·品牌名称,尤其是商品或某种服务的命名愈简单易记,短而发音好听越好;如名字能传达产品或服务之于消费者的利益则更好。

·品牌广意来说不只是[名字]而已,还涵括了为传递品牌事先设定的精神或利益点。如NIKE的勾勾对许多消费者而言,十足具有JUST DO IT的桀傲不驯的态度与精神。

·就品牌的建立,厂商投入时间和金钱进行长期投资,期待的回馈是:

1.消费者心目中的强势品牌;

2.较高忠诚度的消费者,将可为该品牌长期并稳定的市场获利。

·建立一个强势品牌对投资者——厂商的好处有:

1.在商品配销制度里,对经销商的进价不须给予太大的让步;

2.市场如有价格战情况,强势品牌的忍耐限度较高,于是可享有较高的零售价格及获利;

3.在市场的“寿命”较长,亦有较强的品牌衍生力,利于进行品牌或产品延伸;

4.一群高忠诚度的使用者——厂商获利的保证。

·对消费者的利益:

1.帮助节省由林林总总众多品牌中选择的时间;

2.可靠的值得信赖的品牌;

3.帮助节省过滤资讯的脑力,精力;

4.定义出品牌使用者的族群特性;

5.可感受该品牌吸引人的品牌个性与功能性的不同属性(理性功能);

6.使用者形象的投射(感性功能)。

·厂商制造商品,广告公司则负责创造品牌,传播沟通是重要手段。

·传播之于品牌的建立主要是经由:1.注意:2.认知;3.关联/认可;4.偏好,依序渐进的四步骤来达成。而这些在现今这资讯泛滥的时代,有赖于全方位传播沟通的推波助澜。

全方位的传播。亦称“整合性传播行销”,包含产品研发,包装设计,卖场陈列,价格订定,媒体沟通,(广告,促销,公关,直效行销,事件)等等的经营。

二、品牌资产

·品牌建立的长期规划

一个品牌/名字要能在消费者脑海中‘注册’下来需大量的行销/传播投资,一旦有所收获时,理当乘胜追击,于是乎,完备的品牌管理规划是不可少的,它也是成功品牌背后那只看不见的手!

谈及规划,智威汤逊(J. Water Thompson)发展了一套思虑周密的逻辑思考系统——“品牌全行销规划”Total Branding(TTB)。在此简介 TTB 在品牌管理上的应用。

1.Top Down 由上而下——先决定行销组合再动手做传播沟通组合的决策;意即先决定品牌远景,拟妥品牌系统后再依决议进行品牌资产与品牌个性的规划。这也是传统上行销人员较常采用的决策方式。

2.Bottom Up 由下而上——现在处于顾客满意至上的时代,全力迎合消费者的制造厂商和辛苦培养的品牌才能继续生存。因此,消费者一有回应,不论是正面或负面,厂商都须有所表示。从关心消费者的利益出发,以消费者的回应为主要凭据来修改传播沟通组合(品牌资产与品牌个性),再回头检讨行销组合(品牌远景,品牌系统)。

·品牌资产的设定须参看下列三项:

1.商品/服务的品质与产品特质。这也将是传播沟通内容支持消费者购买该品牌的重要理由;

2.该品牌的产品/服务所提供的消费者利益与消费者需求的相关程度;

3.传播呈现在消费者面前的方式/形式。

三、整体品牌管理及有效的传播

·何谓有效的传播沟通?

从满足消费者需求出发,设计的传播应是与消费者相关的讯息,在经由适当的媒体传送给目标消费群,但重点在于临门一脚——传出的讯息是否能在消费者脑中‘注册’——在适当的位置被记忆,储存下来。

有效的传播沟通有助于品牌资产的建立,相应的,有了品牌资产的帮助,可使该品牌的传播在竞争环境里居处优势地位,并加强对传播的偏好。

·品牌传播的经营管理准则

一致性,不仅是商品/服务的延伸策略,传播沟通的一致性也应持续进行。唯有如此,才能进一步影响消费者对品牌的认知。

·品牌传播的一致性可分成两种层次:

1.传播主题——创意核心

例如,丽仕数十年来的传播焦点都放在明星身上,消费者脑海里对丽仕的品牌印象也多与明星相连,另如 NIKE 行销传播的主题一直环绕着追求运动极致表现,近年更聘任各项运动类别里最 top 的杰出运动员作代言人,一举将 NIKE 推上领导品牌的地位,也在消费者心中将

NIKE 与运动划上一个等号。

2.传播呈现的方式——创意表现与执行

创意在视觉上的表演方式,如动画,代言人或证言式的演出等,在一定时间以后的累积,都能因为'一致性'的缘故有效果累积。

现在这'一致性'的概念亦应用在媒体企划/使用上,如在固定频道、节目、时段播放广告,将可达到累积效果。

·规划内容的四大要素。

行销组合 Marketing Mix

1.品牌远景 Brand Vision——品牌发展时最长期的目标。订定目标方能尽全力向前迈进;

2.品牌概念系统 Brand Systerm——指品牌发展时的产品发展方向。如品牌延伸往垂直或水平哪个方向发展更为适合;

3.品牌资产 Brand Equity—简义来说是指品牌在消费者脑中的'意义'。品牌资产是累积而得,非一蹴可就。最生活化的例子——品牌就像银行的'户头',有正面的消费者回应时,户头里就会有'存款';反之,亦有'提款'的可能。利息的产生也是一项给予行销/传播人的正面讯号,指出未来品牌发展的走向和趋势,整体而言,品牌资产是品牌与消费者之间很重要的联系;

4.品牌个性 Brand Personality——像人一般,品牌在消费者的心中也是活生生具有不同特性的个体。它可以是独立自主的时代新女性,也可以被塑造成注重价格的家庭主妇,而这完全取决于行销/传播的决策。

·四大要素间的关系:Top Down 由上而下;与 Bottom Up 由下而上。"相互依存"是一个贴切的说法,笔者以为没有绝对先后的次序,重要的是这些要素不是固定的,它们是可以经由修正而变得更能呼应消费者的需求。

四、案例一:Ford Liata 你爱他　持续创新的传播沟通

上市前的市场状况

1.市场竞争激烈

2.功能性诉求主导汽车类别的传播沟通

3.消费者对福特与'计程车'的联想很强

Ford 寄望借这部 Liata 的上市赢回市场领导地位,提升品牌的价值感并为 Ford 注入新的活力。于是决定以全面性的行销资源来包装,促销 Liata。

感性诉求策略的整体规划包括:

1.车名:你爱她,与 Liata 发音相近

2.车子色调以调入荧光色的较年轻色系为主,如琉璃绿

3.目标消费群:设定较年轻的一辈,约二十五至三十出头。对新鲜事物的尝试和接受度都高,对情感的表达亦不迟疑的一代

4.传播方案:以整合性概念作切入

①针对消费者购车的整个流程来设计

②希望达到最大的传播频率;上市初期以[广度]Reach 为主要考量,之后再加强[接触深度]Frequency

④品牌远景:以'爱'为出发点

消费者购买系统:在智威汤逊(J.Walter Thompson)的[品牌全行销规划]Total Branding 里我

们归纳出消费者的购买行为可能会经过下列六个阶段—诱因，考虑，寻找，选择，购买以及使用经验。当然消费者不会像这个系统所陈述的一步一步来作，这个归纳实际上对在分析消费者行为时，去仔细、深入地了解可能判别出那些行销/传播机会点有莫大的助力。

举出 Liata 案例的应用作说明：

阶段	消费者可能采取的行动	Liata 的传播接触点
1.诱因	第一次购车或要由现用车换 更好的中型房车	
2.考虑	多注意路上来往的车型	展示中心 广告 直效邮件 口耳相传/口碑
3.寻找	找懂车的人聊聊 多阅读相关的报导 注意最近的各种广告 去展示中心看车 拿新车资料 试车	广告 直效邮件 编辑式的报导 新车介绍手册 经销商
4.选择	锁定品牌、车种及经销商 设定预算	经销商的业务人员 广告 经销点的陈列 在经销点举办的各式小型活动
5.购买	订车	经销商的业务人员 (对业务人员的训练) 业务人员使用的业务手册
6.使用经验	开新车出门 注意开同牌子的车主 广告…等等	广告 所有 Ford 的经销点 编辑式的报导 和其他车主的经验分享

创新的传播手法：与唱片业作紧密结合，利用易受普通大众欢迎的流行乐来迅速加深对 Liata 的广告的印象。于是，在聘请澳洲作曲家 Danny 谱成乐曲后，又请来流行乐天王张学友深情演唱广告主题曲[真爱]。专辑发行并且配合 Liata 上市的宣传期，在媒体造势配合公关作业，营造惊人的宣传声势。

Liata 上市成果

·1995 年 4 月上市后至 1996 年底，每月销售均为该月同级车的冠军。

·广告知名度、回忆度在汽车类别里名列前茅，至今仍是每月消费者印象最深及消费者最喜爱广告的前二十名名单里的常客。

·品牌名称‘你爱她’亦广为人知。

Liata1996、1997 的传播案

1996 延续“情感”主题：

1.广告影片创意的设计，并配合征文活动的造势。征文的首奖作品亦成为 1996 Liata 最新广告创意的故事素材。其他入选作品不仅出现在平面及短秒数电视广告中，最终并与皇冠出版社合作将征文集结成书，让参加此活动的消费者有高度的参与感，进而加深对 Liata 的印象，偏好。这样大型整合性活动的策划在汽车类的传播个案中实属创新的手法。

2.广告影片主题歌请张学友、林忆莲、杜德伟、刘德华等在台湾流行乐坛的天王、天后出声助长声势。

1997 传播案“情感”主题

配合 Liata 第二代的上市，并维持 Liata 的感性诉求（情感）

1.广告传播的焦点将由男女之间的爱扩大到对新生代的大爱（关爱）

2.广告创意表现则是 1995 上市广告影片的 PART Ⅱ（续集）在辛苦经营了三年之后，Liata 建立的品牌资产有：

ˇLiata = 爱

ˇLiata = 分享

ˇLiata = 现代的

这背后最大的功臣是整个传播方案的设计—传播主题和手法，由始至终都保有一致性。

五、案例二：木→林→森

丽仕 LUX 在台湾的品牌延伸

品牌延伸

1.消费者有比较多元化或更多样的选择来满足不同的需要。

2.对厂商和行销人员而言，其目的不外：

①推出新产品或副品牌时不需太大的投资，并可带入新的客层，增加市场占有率

②持续提供消费者新鲜的品牌经验

③防止竞争对手入侵

3.品牌延伸有两种：纵向，同类产品的延伸，如洗发精、润发乳、美发/护发用品；横向，相关产品的延伸，如洗发精、沐浴乳等清洁用品。

丽仕在台湾的品牌延伸始于 1989 年，一直是纵向与横向同时进行：

1.由香皂开始，推出洗发精和润发乳，香皂也改为以不同肤质适用的不同类品

2.其后沐浴乳问市

3.洗面乳加入丽仕家族。头发用品方面也多了美发用品如慕丝

4.洗发精的新产品线——亮丽呈型洗发精/润发乳

丽仕的品牌传播管理

1.传播中心是明星证言，在台湾早期有林青霞、欧阳菲菲，后有陈冲、夏文汐、李美凤，日本的名取裕子，美国的布鲁克雪德丝等等，最近五年最常出现在丽仕广告影片的有张曼玉，乃至于新星吴倩莲，刘若英……谁说大明星只能在大银幕现身？

2.传播策略——单一代言人抑或是多位代言人？

☆ 1992 年由张曼玉担纲演出丽仕洗发精的广告颇获好评。1993 年市场调查资料指出，消费者心里有一个很强的，对丽仕很正面的关联：“张曼玉 = 丽仕 = 巨星般柔亮美丽的头发”。

☆ 1993 - 1994 于是决定以张曼玉为唯一代言人，如此亦可达到所谓的经济规模。

☆ 1995 后再选定由吴倩莲为丽仕 Skincare 沐浴乳代言，再次回复多位代言人的传播模式。

丽仕的品牌资产

在多年的经营后，丽仕在消费者心里有其特定的意义：

ˇ丽仕 = 明星

ˇ丽仕 = 华丽　有魅力的

ˇ丽仕 = beauty

传播的一致性建立在

1.广告表现有整体性（很丽仕！）

2.选择代言人时要先设定好必须具备的“资格”。丽仕找对代言人，张曼玉的专业形象，公认的演技派演员，扬名国际影坛，对本地观众有亲和力。此对加强偏好度有推波助澜的效力

3.大型促销及事件活动的设计全都环绕着‘明星”。如1994的‘与张曼玉共宴’抽奖活动

六、案例三　澳洲家乐氏 Nutri – Grain 玉米片的‘铁人’

澳洲早餐玉米片市场概况

·玉米片市场的三种诉求：健康、全家食用、口味。

·以健康为主要诉求的早餐玉米片中，与运动/精力相关的被消费者认为是较不教条化，感觉也较积极的。

品牌优势

家乐氏 Nutri – Grain 玉米片含丰富维他命和铁质，符合妈妈想提供家人最好营养的要求，再加上它味美，适合全家食用，多年来以‘铁人’为核心的广告传播，更让妈妈们深信家乐氏 Nutri – Grain 玉米片是一个很健康的早餐玉米片。

家乐氏 Nutri – Grain 玉米片是给希望像铁人一般健康，精力充沛的人的最好早餐（食物），所谓 Iron Man Food。

品牌传播远景的核心（Vision Focus）。

取胜的动能（Power to win）。这也是整体品牌管理的指导原则。

整体品牌与传播的管理

·以能与‘铁人’（lron man）加强关联性着手

·取胜的动能（Power to win）是所有执行细节的焦点

·传播活动的整体规划

1.广告片以展现年轻健壮，体力过人者吃家乐氏 Nutri – Grain 玉米片来提供身体所需的营养和动力

2.户外看板的焦点放在“（家乐氏 Nutri – Grain 玉米片是铁人）精力的补给”

3.公关与事件促销活动，赞助澳洲海滩铁人三项竞赛：

①在纸盒包装上告活动细节

②在超市内卖场作特殊陈列以吸引更多注意和参与品牌资产

③家乐氏 Nutri – Grain 玉米片 = Iron Man Food

④家乐氏 Nutri – Grain 玉米片 = 活力/动能的代名词

自上市‘铁人’传播案以来，家乐氏 Nutri Grain 玉米片的领导地位屹立不摇。

七.结　论

·整体品牌管理和行销传播都必要：1）将眼光放远；2）作整体性的思考策划；3）有连续的一致性。

·在传播沟通的管理上：1）讯息应当单纯、专注（single – minded）；2）要以可规范所有传播媒体的品牌远景和品牌创意作准则；3）改变不一定是好事，要能勇敢地有所坚持，不要轻易放弃

辛苦建立既有的品牌资产和个性。

·有系统的品牌管理和经营，厂商/传播人员将可预期下列的回馈：1）建筑足以同竞争对手抗衡，不易被取代的品牌；2）一群忠诚度较高，不随便四处游移的使用者：3）较高的投资报酬率。

作好整体品牌管理，客户（厂商）和广告公司从此过着快乐的日子。

从行销传播谈广告创意真谛

台湾清华广告事业股份有限公司首席顾问
中国文化大学广告学系副教授　罗文坤

今天，我从行销传播谈广告创意真谛。先从行销传播谈起。

一.传播是什么？

“传播”是个非常重要的概念。传播让我们的距离缩短了，谁不认识克林顿？同栋公寓中你认识了几位芳邻？所以有人说，科技让“天涯若比邻”；由于传播的疏离感，又让“比邻若天涯”。叶利钦可能没有芳邻来得亲，在这样的社会当中，传播是相当重要的，传播科技在不断发展。

人与人的传播相当重要，我们每天生活在传播中。比如一名司机在看地图，一声警笛划破夜空，一座交通号志闪烁，一位艺人主持节目，一对情侣含情脉脉，一家之主在看报纸……他们都在进行传播。

我们每天都生活在传播的气氛当中，那么“传播”到底是什么？“传播”源自拉丁文 Communicare 指“促使相同”（Communis - to make common）。使人与人之间在观念、理念、态度、行为上形成共享、共同、共识、共鸣、认同，建立一种共同的认知。广告也是一种传播。广告是一种行销传播，这种行销传播让我们跟生产者、厂商之间能够建立认知的共识。这种认知方面的共识包括知名度、理解度和记忆度的建立；也包括态度，广告就是提高兴趣度、好感度、信赖度和欲求度；广告也可以促使行为的改变，包括购买意愿的形成和实际购买行为的发生。这些都是传播。传播就是希望传播者（生产者）跟购货者之间能够进行有讯息的交换，而得到共鸣、共识。

那么，传播到底是什么？就是传送者，将一种讯息，透过通径，传送给接受者，而共享一种消息、意见或观念的过程。今天早晨，我们也在这里进行传播。我将我的理念，透过声音、图像、我的表达（这个声音、图像就是一个渠道），将我的一些讯息传递给各位，让各位来分享我个人的一些看法，这就是一个传播。传播基本是一种共享的过程，它有来源（sender）、讯息（mesage）、渠道（channel）、目的地、终端（receiver）。

二、意义/消息如何共享？

传播者是要共享什么呢？要共享一种意义、一种观点、一种消息。生产者把他的行销讯息经由渠道来让消费者共享。譬如，我说“明天我要带一只动物来”。如果各位头脑中有影相能影印下来，很可能出现各种各样的动物。有人可能会想，明天“你要带你太太来”，因为“太太”也是一个“动物”。我说：“不，明天我要带一只狗来。”这样大家又会想到各式各样的狗。我其实是要带一只北京狗来。每个人想到的北京狗有大有小、各不一样。如果我说“明天我要带一只扎红辫子、缺颗门牙、一岁半的小北京狗来”,这样,我们就能共享了。所以在做行销传播、做广告创意时就是要把你的理念、意义,明确、精确地告知大众你具有什么独特的特点,与人不一样的地方,必须非常明确地表达。

心智讯号可以随身携带。谈虎不必带虎,谈狗不必带狗。同样,我们和消费者沟通,也没有办法将产品通过广告媒体带给消费者,而要通过讯号。心智讯号系统可以随身携带,我们可以贮存大量“心智符号”在我们的脑子里,随时随地取出运用,而不必携带成千上万的物体。讯号间可依需要连结,表达更广泛的思考,物体本身则办不到。广告可以串联产品使用当中的各式各样的场合、地点、时间,让产品扮演很多的意义出来。所以,广告基本上是给产品赋予意义,而让消费者能够共享的一个过程。

传播需要重叠经验范围。传播者(生产者)的知觉范围和受传播者(消费者)的知觉范围重叠有一个共同的经验范围。这个重叠的经验范围越广,消费者和生产者之间能分享的层次也就越高。所以共同经验范围是我们要掌握的。行销传播就是要去掌握消费者认知当中的经验范围到底是什么。

共享需要共同经验范围。“经验范围”又称“知觉范围”,是指一生中所有经验的累积总合。经验范围重叠部分愈广,传播者所用讯号被还原的可能性就愈大。所以要针对消费者的需求进行广告传播。如果对非洲人讲“心冷如冰”,他就不懂,因为非洲人没见过冰。爱斯基摩人整天看到冰,对他讲“骆驼”,他不懂,他们看驼骆以为马肿背。这些都是不能够沟通的,所以沟通必须要讲对方的语言。广告沟通、广告传播要讲消费者的语言,消费者的语言也就要针对消费者的需求,否则就会鸡同鸭讲,隔行如隔山。

“意义”的意义是什么?“意义”是指人们对于外在刺激所特有之内在反应。当谈到“VCD”三个字,很多人脑中浮现一个可以通过磁盘将影相播出来的机器,我刚到台北时,有一次走进一个牛肉面摊,老板问“客官,要不要辣?我说“牛肉面,辣一点!”结果他端上来时,整碗牛肉面上浮着红红的油。原来,他把我的话解读成“尽量辣一点儿,”让我难以下咽。其实我是说“辣,一点儿就够了。”有一则笑话中讲“下雨天,留客天,天留我不?留!”却被另一个人解读成“下雨天,留客天,天留,我不留!”这就是意义没有沟通。讯号本身没有意义,无法传递意义。传播者与受传播者透过彼此互通的讯号来共享意义,所以要因材施教,根据对象的语言、能力来制定传播语言,否则就会鸡同鸭讲。

“意义”的意义到底是什么?“意义”是指“人们在接受讯号或刺激物时,在其脑中所产生的内在反应与预存立场之共鸣”(Beilo,D.K.1960)。意义基本上是要经由传播,而让传播者与被传播者之间分享对某一事物的看法和观念。所以行销传播,如广告,就必须要让消费者真正了解你在说什么,消费者才能对你产生回应,站在行销传播的角度看,“意义”不只包括广告,还包括产品的包装设计、颜色、品牌名称等,都会引起一组内在反应,而对产品本身的“意义”产生联结。譬如说,在台湾以前有一种杀虫剂,杀蟑螂、蝇虫的,它取名叫“拜贡”,要花很多广告预算和广告力量才让消费者明白这个品牌是杀虫剂。与其这样花很多钱,倒不如取名“壁虎”或“青蛙”,台湾还有些杀虫剂品牌取名叫“鳄鱼”,“黑猫”、“大象”等。大家了解“猫可以抓老鼠”这一意义,要了解到“‘黑猫’可以杀蚊子,杀蟑螂”,则要花很多广告费用才可产生这一意义。针对这些,在行销传播当中,名称本身也可产生“意义”。“意义”存在于认知领域,可经由社会化过程被学习。所以经由广告这样一个社会化过程大家学习到而产生意义:原来“拜贡”是杀虫剂,“鳄鱼”,“黑猫”、“大象”等都可以杀蚊子。这就是经过认知而被学习了。

“意义”如何被学习呢?消费心理学家哈尔(Hall)提出一个学习模式:E = D.K.H.V(均不

得为O)。因为如果有一个为O,则反应不能形成。如果要让你的消费者产生潜在反应或行为(E),比如说要购买A品牌饮料,这时,必须要具备几种情况消费者才能产生行为,第一点,消费者要有个人内在驱动力(D),即口渴程度。没有口渴,则D为零,其次,是目标物的诱因(K),就是A品牌的吸引力;如若K为零,则购买A品牌的可能性是零。H是指习惯程度,即对A品牌的偏好。若没有偏好,购买也不会形成。V是指线索强度,即广告印象。我们可看出,广告在行销传播中也会形成学习的效果。所以广告印象也很重要,因为它意味着线索的强度,意义存在于脑中而非存在讯息中,意义的学习经过一种非常复杂过程。由于经验范围互异,相同讯息绝对无法让任何两人产生完全一致的意义。所以我们常讲要因材施教,尤其是在这个“尊重”的时代。当个人经验范围有所变化时,个人对讯号所代表的意义也会随之而变化。

三、传播效果三层次。

传播效果有三个层次。第一是认知(思考阶段),包括知名度、理解度、记忆度。第二层次是态度(情感阶段),包括兴趣度,好感度、信赖度、欲求度。第三层次是行动(动机阶段),包括购买意愿和行为。

四、常见之传播效果模式

从认知、态度、行为几方面谈到传播效果模式有几种。

首先,是1925年某人(不可考)提出的AIDA模式。Attention→Interest→Desire→Action。

后来,有人在AIDA中加入Memory,即Attention→Interest→Desire→Memory→Action。注意→兴趣→购买欲望→记住品牌→购买行动,这便是后来修正的AIDMA模式。

柯里教授(Russel H. Colley)1961年在文章中提出了DAGMAR模式。首先是认知,柯里教授认为消费者对商品的认知是由未知到知晓,然后是理解商品特性。经过三阶段认知品牌了,形成购买的确信,最后采取行动,共有认知(思考阶段),态度(情感阶段),行动(动机阶段)三个阶段。

拉维奇和史丹纳(R. Y. Lavidge and G. A. Steiner)1961年提出效果结构模式:(认知)本知→知晓→认识→(态度)喜爱→偏好→确信→(行动)购买。

我个人从佛经里悟出一个“五蕴传播模式”。佛里有所谓的色、受、想、行、识五个阶段。我想广告大概也透过这五个阶段来让消费者产生注意、接受、态度、行为、满意。首先“色”代表消费者对产品信息的注意,广告要引起注意;广告让消费者对产品信息接受;广告让消费者态度改变;广告让消费者行为改变。“识”是什么呢?识就是自1991年从美国开始到日本的CS,即顾客满意。所以色、受、想、行、识,我把它解读为注意、接受、态度、行为、满意。广告也是要经由这五阶段让消费者产生行销传播的认同。

电通公司也曾提出传播阶段模式,知名→理解→兴趣→确信欲求→行动。

前面提到的广告跟行销传播,甚本上经由了三个阶段让消费者产生认同,即认知、态度、行动。

五.天旋地转,需求互动

谈完传播,谈行销。何谓行销?我将之解释为“天旋地转,需求互动”。行销是一种社会与管理的过程,个人及群体可经由它创造及交换产品或价值,以满足其需求或欲望。关键词就是“需求”和“欲望”。行销提供能满足消费者需求的产品或服务的交易活动。这里关键词是“需求”。

什么叫需求?

销售与行销最大的不同就在“需求”二字。因为销售是贩卖产品,行销是满足需求,举例说二战后美国许多广播电台帮助政府推行国债,受到政府保护,业务十分鼎盛。许多广播经营者不将电视视为竞争者,终遭淘汰,被称为 Marketing, Myopia,即行销近视眼,也就是短视者。他们认为广播是卖广播节目,电视是卖电视节目,河水不犯井水,对电视不要理会。但是当时美国有三个广播电台经营者,ABC、NBC、CBD,他们认为这不对。广播在满足大众的娱乐需求,电视也在满足大众娱乐需求,都是卖节目和满足需求。那三家认为电视满足娱乐需求的途径有视觉、听觉,而广播则只有听觉,所以要有对策。因而想到听觉加味觉,办不成;听觉加触觉,摸,办不成;听觉加嗅觉,边听边闻气味,这也肯定办不成;后来想到也来听觉加视觉。后来这三个广播电台经营者就跨行经营电视,他们没有被淘汰。其它被淘汰的就称作"行销短视者"。

这个理论提到一个很重要的概念就是"需求"。销售(selling)以生产者开发一个产品卖给消费者。行销(mardeting)不然。在还未生产产品之前先要去评估消费者的需求点在哪,根据消费者的需求来开发产品。整合行销的力量包括产品、价格、渠道及推广。整合行销各力量后满足消费者需求,唯有消费者被满足了,行销的目的才能达到。只要生产、销售、消费者购买就完成销售了。行销先要了解消费者需求在哪,然后掌握消费者需求,满足消费者需求,达成行销目标然后反馈(Fec dback)给这个生产者,这才是完整的行销,销售哲学与行销哲学最大的不同在需求。到底什么叫需求呢?销售观念(Selling Concept)的重心是产品,方式是销售与推广,结果是经由销售创造利润,达到企业目标。行销观念(Maiketing Concept)的重心是消费者需求,方式是整合行销,结果是经满足需求创造利润。二者最大的不同就是从需求开始。

需求是行销的本质。生产者有生产者的需求,任何一个企业都有很多的理念、目标,预期情境等,但是评估一个企业基本上都会用投资报酬率(ROI)。消费者的需求很肯定是要解决他生活中的问题和困扰,而生产者的需求最重要的是创造利润,各自有其需求,二者的需求如何产生互动呢?互动有两种,一种叫行销组合,包适最适当的产品、最合理的价格、最周严的通路(销售渠道)以及最有效的推广。经由这个行销组合的力量来满足消费者。当消费者的需求完全获得满足后,这个消费者才很愿意地把钱付给生产者,生产者有这种利润收入才能达到需求互动。这便是行销的本质,所以从本质上讲,行销是一种需求的互动。

消费者购买使用过程第一阶段(step 1)要产生需求,即问题觉知,小孩子的零食喜欢玩系列的方式。如康师傅方便面要附旋风卡,旋风卡有16种。它在广告中就向小朋友创造这种需求。广告说:小朋友,旋风卡有16种,你有几种?小朋友产生一个认知的缺口,就收集情报来满足缺口。产生问题(step1)、情报收集研判(step2)、购买行为(step3)、使用评价(step4)、最后产生使用后行为(step5),这便是一个购买过程。任何一个过程中广告都可发挥力量。如广告讲"小朋友:漫画册有八册,你有几册?""人到四十就有心脏病的烦恼"——结果没有心脏病都吓出心脏病,因为广告音效"嘣嘣、嘣嘣"所致。"你有没有三十公分的烦恼?"——啥事?口臭啦!靠近别人三十公分,本来没烦恼都有了烦恼。所以广告可以在这个阶段发挥力量,可以让人产生问题。产生问题后就收集解决问题的情报,广告又在这个地方提供产品的利益点、产品的好处。广告又可在第三阶段消费者购买时来坚定其信念。广告在购买使用评价时来坚定、坚持其购买行为。所以广告在每一阶段都可化为力量。

购买之后的行为有两种,满意和不满意。满意的人会继续购买,口传、推广、扩散,增加购买量,本身形成品牌忠诚度(Brand Loyalty)。不满意者会拒绝、停用、停购,认知失调(Lognitine Dissonance),产生品牌转移(Brand & Witch)。不满意者停购会产生两个动作。一是"嗯,你告诉我会治疗口臭,可仍未治好,仍有'三十公分的烦恼',怎么办?好吧,自我安慰吧,哎,男孩子带点口臭自也蛮有个性的,"因而就把问题消失掉了。这个是认知失调,把问题淡化。这种情况比较少,较多的人会形成第二种动作"这个品牌无法满足我,我选择另一个品牌",就形成了品牌转移。今天在行销变化时代,品牌转移是非常严重的,因为这个消费者本来是你的顾客,他跑到别人的品牌去了,这个来回间的差距至少是两倍,所以品牌转移是非常严重的。消费者注意广告动机,第一是获得有利的情报。产品的利益点在哪。第二是娱乐的情报,追求一种赏心悦目的情境。其三是支持情报,追求支持本人意见的情报,很多研究发现,尤其在购买耐久产品时,消费者未买前会看所有品牌的广告,但当决定买 A 品牌时,会回避 A 品牌以外的广告,埋头于 A 品牌的广告,只看 A 品牌的广告,这就叫支持性,也是认知失调的一种。刺激性是从广告当中提出潜在需求的搅乱,就如刚才讲到"漫画有八册,你有几册?",就是刺激潜在需求。杨朝阳博士简称之为"搅乱",广告往往可以搅乱我们生活的步调。消费者看广告往往是基于这四种动机。将这四种动机套入购买过程可看出:第一阶段,广告扮演刺激性、有利性,刺激消费者有此种需求,然后提供产品满足这个需求;第二阶段,这时消费者收集情报,广告则提供有利性情报;第三阶段,消费者产生购买行为了,要坚定它,所以要提供有利性的情报;第四、五阶段要提供支持性情报。所以每一阶段广告会发挥不同的作用、力量,这就是广告的过程。不同阶段有不同需求,因而每一阶段,广告都必须发挥作用。第一阶段,我们要掌握广告的刺激性和有利性;第二阶段,是掌握广告有利性;第三阶段,也要掌握广告有利性;第四、五阶段掌握广告的支持性。娱乐性是必须的,广告除了提供刺激性,有利性、支持性外,从第一到第五每一阶段娱乐性都必须使人引起兴趣而乐意接触。因而娱乐性是必须的,赏心悦目是广告的必要条件。一到五每一阶段有不同阶段性需求,娱乐性是每一阶段的共同需求。

六、行销的目的:满足需求,创造价值。

行销要满足需求,创造价值。行销的基本功能包括:环境分析与行销研究、消费者分析、产品/服务策略计划、价格策略计划、通路策略计划、推广策略计划、社会责任、行销管理。

行销的目的是界定需求、创造需求、满足需求、提高价值。跟需求不可割分。

那么,什么叫需求(Needs)?需求可以说是一种问题(Problems)。广告可以引发问题。有时需求是自发的,如热、冷你会解衣或添衣,吃饭、喝水等这是自发性的。有些需求是被引发的,广告往往扮演这种引发效果。引发什么呢,让人对现实产生不满,引发现实与预期间的差距。这种差距大概有三种:一种例如有人没吃早饭,这是没有即短缺(Shortage);一种是吃过,有,但量不足,这是不足(Insufficiency);一种是吃过,有,但质不佳即不满(Dissatisfactary)。这三种情况是动机的三个基本现象,这便是需求。

Edward N. Mayer 认为购买商品有 26 个理由。商品可满足:赚钱、省钱、省时、省力、舒适、更清洁、减轻身体疼痛、得到赞美,更受欢迎,吸引异性、保护财产、增加欢愉、满足好奇、保护家庭、有格调、拥有美丽事物、满足腹欲、超越他人、避免麻烦、免受批评、展现个人风格、保护名誉、掌握机会,安全保障……。你在制作广告前是否掌握到底消费者为什么买你的产品,你的理由是否找到,这就是行销传播要努力的方向。

七、行销组合

什么叫行销组合?我吃早餐时将番茄汁、凤梨汁、西柚汁混合起来,这叫 Mia。行销组合也在做这种工作,它是 Mix,但不只是加起来而已,它是相乘的。

行销策略工具首先是最适合的产品(Optimal Prod uct):品牌、命名,产品特性、特征,功能、利益,规格、大小、容量、包装、保证、售后服务,形象格调。

其次是最适合的价格(Optimal Price):价格体系与利润分配,RSP(零售价、批发价、分期付款,折扣、优惠办法,付款条件、授信。)

其三是最适合的渠道(Optimal Place):贩卖地点选择,存货(安全库存),涵盖范围与区域,运输配送与物流政策,中间商、零售商政策。

其四是最适合的推广(Optimal Promotion):广告(advertisciry),公共关系(public relations),人员销售(Personal selling),促销活动(sales promotion)公众报导、直效行销,等等。

行销组合关系是什么?行销组合(Marketing Mix)≠产品策略+价格策略+通路策略+推广策略。行销组合=产品策略×价格策略×通路策略×推广策略。任何一个都不能失败,任何一个失败,行销组合就无效。换言之,以上任何策略效绩为零时,行销组合的总效绩必然为零。

行销组合关系具有一致性:高价格配合高水准通路;产品力强配合高价位;高价值产品配合高水准广告表现。

行销组合关系具有互补性:加强广告补强通路之弱;提高价格与广告支出创造形象;强化促销补强产品力之弱势。

行销组合关系具有杠杆作用:广告量不够销售低;增加后明显提升;再增加不再提升。三者有一定支力、支点,形成杠杆作用。行销组合关系基本上就是一致性、互补性和杠杆作用三种。

八、客来斯乐,行销传播。

行销和传播二者组合是行销传播,广告就是一种行销传播。有一种车台湾译名为"克莱斯勒",我稍改之为"客来斯乐"——顾客来,我们才会快乐。我前不久写了一本书叫《刺客列传》,就是刺激顾客的成功个案,其中我提到顾客来,我们才会快乐。行销传播目的就是要"客来,斯乐"。广告传播非常传播,是一种行销传播。广告创意非常创意,是配合行销而进行的创意,必须创而有意,独创而有意义。

什么是创而有意,文艺创作一般是由作家本身尽其自我、挥洒自如,可以唯我独尊。但广告创意不行,必须把顾客需求摆在心中,即民之所欲,常在我心,才能达到客来斯乐。广告是行销传播,必须把顾客需求摆在心中。

九、创而有意,无往不利。

什么叫创意?创是指你的表现要独创、出奇、不寻常(表现手法);怎样表现即(Inexpected how to say)要引人注意。表现方法第一种是意外、例外、不寻常。如一则辣椒酱广告,一个人在吃比萨饼时抹了很多辣椒酱在饼上,让人不解,这时一只蚊子飞来停在他腿上,他却显得很得意,任由蚊子咬其大腿,而不是本能地去拍蚊子。原来他知道自己吃了很多辣椒酱,等蚊子飞走后,已吸了很多含有辣椒酱的血液,结果"呼"地爆炸了,这便出乎人的意料之外。另外一类是扭曲,包括语文扭曲和视觉扭曲。语文扭曲往往用双关产生扭曲。视觉扭曲往往用画面产生扭曲,所以扭曲也可引人注意。第三类是夸张(emotional impact)。夸张是最常被用的,即夸张人的情绪,张大人类情绪,在情绪上来突显,造成冲击。所以情绪上的冲击,我称之为夸张。这三种都令人引起注意,这是讲表现的手法。

另外,创意的世界中什么叫有意呢?意指广告内容有意义,与消费者息息攸关、重要,这便是Relevant(says cohat)要产生共鸣。比如讲洗衣机,要讲它马达强劲,犯不着去讲洗衣盖有图案,有安宝奈美惠的图案。消费者不会去关心洗衣机有周华健的图案还是安宝奈美惠的图案,这不重要。认为重要的是洗衣机能否洗干净,能否不打结。所以要讲消费者所重视的才能产生共鸣。必须产生共鸣,引起注意;引起注意而产生共鸣,要产生共鸣必须所说内容满足消费者需求、符合产品特性,符合竞争优势。广告所说内容满足这三点才能让消费者产生共鸣。

广告创意从行销传播的手法来看不只是创意，而要有创造力、创而有意，Benfit，让消费者了解你的产品利益点在哪。光有创益（Benefit）不够，还必须有创异点，（Vnigne），在这么多品牌中，消费者为什么购买你的品牌，因而必须创造差异点。另外要有创议（Proposition）。这“议”就是生活提案。你的产品在消费者生活当中（时间、地点）扮演什么角色。这三个是表现内容。在表现手法上，广告必须创艺（character），即有个性，有艺术性，娱乐性。这些兼具之后，广告才能有创忆（Image），产生回忆，创造回忆。这几个创意音都一样，我将创意解读为：创益、创异、创议、创艺和创忆。

进一步谈行销要引发需求。这里有三种消费者需求的来源，可以说明行销作用力。行销作用力可以让没有使用产品的人（non－users）变成使用者（users），让没有使用过的人产生需求。第二种让使用别人品牌的人（Their－user）变成使用我们品牌的人（our－user）这时要创造差异点。还有一种是，已经是我们品牌的使用者，要让他用的更多买的更频繁，由 high－users 变成 heary users。行销不外乎让没有使用的人使用我们的产品，让使用别的品牌的人使用我们的产品，让使用我们产品的人继续使用我们的产品这三种需求来源。下面来分别说明。在 Non－user 变成 user 时，要创造基本需求（Primary demand），强调类别的利益点（categasy benefits），创益在这里发生较大力量。创益点多了，在诸多品牌中，创异点在哪？要有 selective demand（即选择性需求）和 branded merit（即所有品牌中，我是最好的）。举例说，台湾以前没有电磁炉时，只需讲其好处，可以做料理火锅、是桌上厨房，讲明利益点就可以。后来竞争增加，有好多品牌后，如较早出现的品牌“尚朋堂”就不是要讲电磁炉有何好处，而是讲“尚朋堂”在所有品牌中有何差异点，有何好处。由 light－user 变为 heary－user 则先要创造新的消费者，创造新的消费地点（place），新的使用时间（time）新的使用场合（ocation），即 Nen.P.T.O。然后能否创造通路的诱因（Jrade lncentine）、价值组合即超值行销（rava lue pack），这很重要。另外还要创造顾客满意度，这样创议才能使 Light user 变成 Heary user。因而广告中有三个重点：创益、创异、创议。

十、捻花微笑、共鸣为要。

综析以上可以作一个结论。行销、传播就是要产生共鸣。如何产生共鸣呢？佛家有个故事：禅宗缘起一段非常美丽而特别的传奇。许多人都认为：禅，创始于释迦牟尼在灵鹫山上的一场说法。至尊于那场会上手持一朵金波罗蜜花，默默地睇视着大家，众弟子面面相觑，不知至尊所指为何？唯有大弟——摩诃迦叶回至尊以微笑。至尊大悦，当即说：“灵有正法眼藏，涅磐妙心，实相无相，微妙法门，不立文字，教外别传，付嘱摩诃迦叶”。在这拈花微笑之间，禅宗诞生了，迦叶成为印度禅的初祖，至 28 祖达摩才于西元 527 年传入中国。我个人将这一过程浓缩为十六字：随心识物、随缘见性、不立文字、直指人心。广告也是如此。随心识物，广告必须根据消费者内心需求去分析商品（物），并进而将商品特性转化为消费者利益。随缘见性，广告要配合当前社会议题与流行趋势（缘），去发展传播话题，拟订广告策略。不立文字，广告创意不必堆积美丽词藻，不必呼口号；要多用隐喻、妙比方式，“化不识为相识”。直指人心，如果广告能遵照上述原则去发想拟订，必然能够应人心产生共鸣。

广告是由心到心的过程，要随性识物，直指人心。举例说，广场上小孩在放筝，风筝飞得很高只剩下一个小黑点，小孩手中透明的风筝线也看不见。一个老人问他“小朋友！你在作什么？”小孩回答“老伯！我在放风筝啊！”老伯讲“风筝！我怎么看不到呀？”小孩将线递给老人，让他拉一拉，说“你虽看不见，可是，你可以感受得到啊！”广告有时不一定让人看得到，而是要让人感受得到。如有饮料广告要塑造产品特性和品味，于是一男子坐到石头上饮此饮料，然后说:"品味卓然"。如果这样也可"品味卓然",那么我请刺青师在我额上刺一个"帅"、一个"美",那么我就成了"帅哥"、"美女"吗?广告不能喊口号让人产生认同,而必须让人由衷地感受到。智威·汤逊公司老板讲过一个故事,两个小丑上台希望观众给他掌声,说他很幽默。第一个小丑全身衣服上印有很多字:幽默、幽默、幽默……额头上也印着字:幽默,且口中念念有词"女士们!先生们!我很幽默!请给我掌声!"没人给他掌声。第二位小丑也没有讲幽默,也没有披挂幽默,只是做了很多动作逗得大家哈哈大笑,给他很多掌声,说这个小丑很幽默。假如这是两则广告,你会选择哪个而认同他很幽默呢?显然,不讲幽默的人们认为他更幽默。这两例可说明广告的真谛。

下面有一些今年新的广告作品的录相带请大家观赏。第一组的广告谈到创造利益点,只讲本身的好处不攻击别人。第二组的广告是创造利异点,有作比较式的。第三组的广告都做一种生活提案,如麦当劳不景气时,如何创造组合全餐。告诉消费者:你不景气时,如何度过压力,换地毯不用一整张,只需脚底大小的一小片贴在脚下,24 小时都可舒适。像这种广告可以让人买麦当劳全餐,同时又带来超值感觉。

(以下为广告录相资料)

谢谢观赏!谨祝会议成功!万事亨通!

有关电视广告创意的几点意见

电通扬雅广告有限公司中国及香港区行政创作总监　杨北金

大家知道广告有很多类型:平面海报、广播广告、电视广告等,电视广告在各类型广告中占有很重要的地位,因为它能够接触很广泛的群众,而且由于声画俱备,两方面配合,所以感染力非常强烈。

电视广告的播映长度,理论上可以长达三分钟甚至更长,亦可以短至五秒钟。但一般的电视广告,由于媒介预算及制作费的限制,大多以三十秒钟为主。所以很多时候,广告创意人便好像接受考试一样,要苦苦思量如何在这短短三十秒之内,既挤进广告信息,又能在众多广告中脱颖而出,不流于俗套。

以下三点,是我个人认为,在构思电视广告的创意时所必须考虑的:一、主题要简洁;二、表现手法要有戏剧性;三、力求新鲜感。

一、主题要简洁

我非常认同电扬广告公司的创意原则:"Inspired Simplicity"。在伟大的广告作品中,所包含的主题讯息往往很单一,绝不复杂,道理也很浅显。因为现今社会资讯发达,消费者每天面对很多不同资讯的冲击,广告只是其中一部分,所以要有效地传递和突现广告信息,主题"简洁"是非常重要的一点。

很多时候,广告商要求广告公司替其宣传产品时,往往希望将商品所有优点都一古脑儿向消费者传递,这是与"主题要简洁"这个原则相抵触的。他们忽略了一点:消费者都是人,人的头脑接受信息时,不可能装载过量信息。试想一般电视广告的播放时间只有三十秒,即使你数出十大优点,他们亦只可能记得其中一二,甚至因为你对他讲太多的东西,到头来反而令他们混淆了,不知道你究竟表达什么。所以要重申一点,"主题简洁"是非常重要的。

“简洁”不等于“简单”。“简单”很容易流于平铺直述;很容易流于单调;很容易令消费者忘记你的广告,“简洁”的广告讯息是单一的,就好像武侠世界里,花巧虚幌的武功招式,只能眩人耳目于一时,到真正决定胜负时,内力浑厚,炉火纯青的一招才是最奏效的。

二、表现手法要有戏剧性

电视广告创意除了要主题简洁之外,同样重要的第二点,是表现手法要有戏剧性。

电视广告的表现手法,基本上可以划分为下列十三项:

(一)故事式(srory tine)——用故事形式来表达商品和目标对象的关系,让他们感受或在故事完结时给消费者一个美满的结论,使观众产生共鸣。例如AT&T电讯公司的一则电视广告表现了家人间互相祝福(爷爷生日快乐篇)的一个故事。AT&T是一家著名的电讯企业,因而广告需强调其高科技的特性,创意的目标是如何将这一高科技形象转化为生活中普通的形象,所以适宜采用故事式的表现方式。

(二)解决难题式(prob1em solution)——将一个难题夸张,然后将商品介绍出来,并提供解决难题的答案。如去头屑洗发水等商品广告。

(三)时间式(chronalogy)——用纪录片或叙事手法,将时代进展与商品的关系交代出来。例如奔驰汽车的一则广告片正是利用这种手法强调出了该车的高档次形象。

(四)印证式(Testimonial)——用知名人士或普通人来印证商品的用途和好处,营造有口皆碑的效果。例如奔驰汽车曾选用一位著名的欧洲赛车手作为一则印证类广告的主角。

(五)名人推荐式(Celebrity endorsment)——用知名人士介绍或推荐商品,利用他们的号召力和形象,令目标对象(消费者)产生好感,进而模仿效法。如1995年卡西欧公司的广告片就采用了当时十分走红的偶像歌星郭富城的形象来演绎。

(六)发言人式(Spokesman)——用一个发言人代表广告商向观众介绍商品,由于手法比较直接,故这种方式最好能辅助以幽默或亲切的对白,令人信服并产生好感。如中美施贵宝制药公司的一则普拉图片的广告。

(七)示范式(Demonstration)——用比较和示范方式,表现商品独特优点及过人之处。有两条不同的灭蟑药广告片:第一条较直接地示范了该产品对害虫的杀伤力,第二条则采用了不同的手法,表现了一只蟑螂食药后回至巢穴,致使其同类也遭厄运的趣味场面,令人耳目一新。由此可以看出,示范式广告中也可以有创意。

(八)悬疑式(srspense)——首先提高观众的注意力和好奇心,然后才带出商品。利用这种表达形式可以将较普通的商品通过比较有创新意念的形式带出来。

(九)生活片断(stice - of - life)——利用日常发生的生活写照,很自然地带出商品的应用或需要,让消费者感到亲切,引起共鸣。例如兰金洗发露的一则广告片,借助了一位名模的形象,由于模特的职业特点,她们在生活中很注重保养仪容,整洁的仪容对她们来说很重要,因而用模特的生活片断带出商品会很令人感觉自然。

(十)比喻式(Analogy)——利用浅易而人所共知的比喻,引出广告的主题。例如车夫奇妙奶的一条广告,比喻的方式很简单一用奶牛的叫声比喻纸包装的奶制品与直接从奶牛身上挤出的牛奶新鲜程度是一样的。

(十一)幽默式(Humour)——相对于直接的推销手法,幽默可令观众解除抗拒的心理,易于接受你的广告宣传。例如1995年播出的四条义力多饮品广告。义力多是一种健康饮品,四条广告均是围绕家庭趣事展开的,有四个人物形象:父亲、母亲及姐弟二人。广告并没有强调义力多的健康及益处到底有多少,而是用间接的手法表达了全家人对义力多的喜爱程度。其中一条是父亲利用诡计骗取义力多饮用，让观众感到一种轻松与幽默，同时也强调了产品的健康性，获得了不错的广告效果。

(十二)特殊效果式(Special effeets)——在视觉方面产生刺激或营造高科技感觉，使观众留下难忘的印象。如松下电动剃须刀的一则广告，电动剃须刀本身是一种高科技产品，并且松下的产品可以干湿两用，因此适合特殊效果的表现方式。

(十三)广告歌(Jingle)——借助音乐容易引起共鸣及产生好感的特性，令消费者在不知不觉间接受商品。针对儿童的广告歌近年来较为常见。

以上各种表现形式均可独立使用，也可组合使用。只要创意人懂得活学活用，从以上各种基本表现形式便可衍生出千变万化的电视广告片。

基本形式掌握了，便要懂得如何发扬当中的戏剧性。好的电视广告是具有触动心灵的魔力，要令观者认同、感受、领悟广告的信息。这种戏剧性营造的魔力可能是一句话；可能是一个眼神；可能是一种气氛；也可能是一个故事。

如何掌握这种魔力呢？我认为毕竟广告创作除了调查消费者习性，了解当地文化等等，进行科学分析外，还有一半是创作人对“人性”的理解及掌握。广告的最终对象是“人，”广告的最终目的是“推销”(无论所推销的是商品，是服务，还是一种形象)。要让你的对象喜欢你的广告，你便要了解他们的生活，了解他们在想什么，了解他们的反应。

作为一个广告创意人，如何掌握这种魔力呢？就是要多接触真真实实的生活，多留意身边发生的任何事物，多观察每个人的行为举止及谈吐方式。这样，不但给你提供创意点子，还可以使你慢慢掌握到什么时候说什么话，该作何反应，才能触动目标对象的心灵。

三、力求新鲜感

真实，广告创意人有一半是艺术家，另一半才是推销员。正如所有艺术家一样，创作人就是要积极追求崭新的和另辟蹊径的艺术表现方式，这是创作人不可缺少的条件。因此，我个人觉得，优秀电视广告作品，都一定有新鲜感。

有新鲜感才会令你的电视广告与别人不同，有新鲜感观众才会有兴趣知道你想说什么。就如同你天天接触一个人，他每天都穿同样的服装，有一天他突然穿上一件新衣，穿戴得很醒目，你自然会留意他，想知道他究竟今天有什么喜事，或是要见什么样的大人物。

要创造新鲜感，可以有以下三种方法：

(一)追赶新科技的潮流——例如当电脑科技兴起，而你的电视广告立即采用电脑动画等科技制作，令观众前所未见，自然觉得新鲜有趣，留下深刻印象。

(二)反其道而行——记得有位广告大师曾说：创意便是将旧元素重新组合。所以当别人一窝蜂在电视广告内使用电脑动画时，你不必盲目追随，否则就会像人们常说的一句话：“第一个是天才，第二个还可以、第三个便是蠢才！”因此，最好是反其道而行，向旧有的东西发掘新意，这种情形有如时装潮流的复古现象。

(三)找一个新观点——同一句话，表达方式自然不止一种，同样是歌颂爱情，中外都有不少著名的诗歌戏曲。同样道理：推销一种商品，断不会只有一个观点可以帮助你找出新创意。打个比方，假如要推销某品牌的饮料，你可以用什么作为卖点——解渴？味道？纯天然？或将这种新产品与运动扯上关系？或告诉他们专为年轻人制造？或者它可以带来欢乐气氛？又或你有没有想过它可以作为情侣之间的信物？还或者是对逝去日子的怀缅？因此，新观点可以不断去挖掘，是无穷无尽的。

浅略谈过有关电视广告创意后，不容忽视的是我们构思了创意之后，工作其实还未完成，下一个要注意的步骤便是制作。就算你有绝世创意,但假如制作方面未能达到水平,便枉费心血。所以找一家有信誉的制作公司和一位好的导演,然后从制作立场考虑,创意便可发挥得淋漓尽致。

最后,希望中国广告业日日进步,早日傲视国际。

日本 CI 案例分析

日本平面设计会理事　日本通产省 G 标志审查委员
上智大学经济学部讲师　日本 CI 会议所代表
中西元男

INAX 公司设在日本继东京、大阪的第三大城市——名古屋。公司的产品结构中,以建筑外贴墙砖而著称,在同类产品市场中占有率为 50%。在民用建筑中,除了室外贴墙砖、室内的瓷砖以外,卫生间设备、系列化厨房设备也是 INAX 的产品。

该公司由于导入了 CI 系统,产品结构发生了重大的变化。在我们 PAOS 公司为其导入的 CI 提案中最重要的组成部分是有关厕所卫生洁具的开发。在 CI 导入之前,INAX 公司有关卫生洁具方面的产品的市场占有率还不足 16%,导入 CI 以后,把"INA"变为"INAX",产品的市场份额已上升至 28%之上。

伊奈制陶(计划开始时的公司名称)是以老板伊奈的姓名来命名的。最初发展较好,产品行销全日本。但企业的品牌"INA"(伊奈)却在企业的疏忽之下率先被一家外国企业注册。根据法律的规定,伊奈公司很难推动本公司品牌——INA 的商标权,从此在经营上处于极其不利的境况。

在注册商标时,日本商标局认为"INA"这三个英文字母视觉效果不好,且字母"A"不易识别,加上企业的疏忽,导致了商标登记的迟滞,因此必须更名。伊奈公司希望商标改动时能够依然保持"INA"的发音,这就要在既保持"INA"自己的特性,又使字母便于识别这两个冲突点上产生新的设计方案。鉴于此情况,工作开始着手时,最初的方案比较侧重于视觉表现内容的开发,花费了很大的精力。首先是对公司的现状进行调查分析;然后初定一个方针,再对公司的名称进行开发;最后进入最佳的视觉系统的提案——这是当时我们 PAOS 公司的工作程序。

我个人认为,对现状的调查分析和方针的设定是非常重要的。为什么?因为方案一旦确定,不单是使用一段时间,而是要使用相当长的时间,也许是几十年,所以 PAOS 在此阶段花费了近一年的时间非常慎重地予以确定。根据调查分析后得出的结论,PAOS 认为伊奈制陶公司的 CI 开发的中心任务主要包括以下七个方面:更改公司名称(开发国际通用的品牌);导入 VIS(视觉设计综合系统);开发企业理念;改革观念、改善体制、改善环境(工厂、办公楼等);开发新产品;制定文化政策。起初我们认为只可能实施其中一部分,实际上,最终对这 7 个方面全部予以了实施,在以后的近 10 年中,这 7 个方面都达到了相当高的水平。直至今日,仍在开展 CI 活动,并在经营上产生着巨大的影响。

PAOS 较为重视的是第四部分——体制改善活动。所谓体制改善,就是在企业的观念、方针确立之后,使之渗透到每个员工中间,让他们理解 CI 开发的重要性。在这方面,PAOS 做了非常重要的工作,也可以说是伊奈制陶公司 CI 开发过程中最重要的一个环节。

第五部分,所谓环境设计开发,其中包括两个方面,一方面是对职工本身的工作环境的设计开发;另一方面是对适合环境的产品进行开发。

在制定了基本方针以后,接下来PAOS在CI设计中比较重要的内容便是企业形象的问题。PAOS提出要以“三美”——生活美、企业美、都市美的标准和伊奈公司的经营战略相联系。所谓的“生活美”的内容主要包括住宅等与人们直接相关的生活环境;“企业美”则是指员工的工作环境,包括办公室、工厂生产车间等等;“都市美”是指大众空间的美。这三美的要求成为伊奈公司未来经营战略的基本方针。

基本战略确定以后,PAOS规定了以下四大任务:如何进行市场调查;如何进行人与人之间,企业与社会之间的交流;如何实施设计战略;如何对企业员工进行内部教育,让新的企业观念渗透到每个人之间。PAOS认为这四个任务是实现基本战略的首要问题。

下面对CI开发中七项主要内容作一下详细的解释:

一、更改公司名称。当时,第一个方案是花高价从外国公司手中把”INA”名称购回,后经反复研讨.认为对方提出的要求过于苛刻。如何保住“INA”这个品牌的特性而又与国外的INA区分开来?PAOS做了以下几项工作:首先征集几百个企业名称,从中选择与原先的INA有相近之处的名称进行归类分析,然后经过企业与PAOS间的反复讨论,最终确定了6个与伊奈形象较为近似的方案,最后,伊奈先生选中了“INAX”。

由于伊奈公司已经考虑到把自身的产品打入国际市场,因而,在名称方面,首先考虑用英文字母。在这个前提下,PAOS认为这四个字母变为罗马字母较好。

INAX的含义如下:“lNA”是该企业伊奈社长的名字,尾部加上字母“X”。“X”与“Z”这两个英文字母都含义很丰富,特别对“X”来讲,它是个未知数,表达“可能性”,是“未知”与“可能”两个含义的有趣结合。所以“INAX”这个公司名称可以理解为“伊奈制陶公司的未来与可能性”。该名称登记时,“INAX”在日本的名称并未使用日本汉字,这种不用传统汉字进行注册登记的企业,在日本是有史以来的第三个例子,因而引起了人们的话题。此名称设计看上去很普通,这是由于当时PAOS考虑到一般人最易接受的文字字体的表现方式,即通俗、易懂、一目了然,这样可以避免引起不易识别的问题。

经过周密计划,由伊奈社长本人非常重视的计划正式实施于1985年,伊奈社长十分慎重地用口头、书面两种形式向全体员工公布了“伊奈Cl宣言”。

二、导人VIS(视觉设计综合系统)。人们所理解的CI主要集中在这个部分。“INAX”这个名称确定之后,PAOS完成了600个以上的商标设计方案。当时还没有电脑辅助,工作非常辛苦。PAOS公司与其他设计公司不同之处在于所有设计过程都是公开的。比如,PAOS不是只将成熟的标志拿给客户看,而是把所有方案都发表出来全部给客户的决策层人士看,由他们确定。在众多方案中,我们首先确定了10个方案,再进行筛选,最终选择了现在在印刷品及包装上使用的商标。这个筛选过程,与中国很相似,即向客户展示用手工绘制的基本设计方案以及开展后实际使用的效果图。

INAX标志的设计被称作是空间展开型。这是因为其产品都与人类生活空间有关,所以这个仿佛从平面跃出的标志,让人感觉其中有一个空间的存在,给观者留下“INAX与空间环境紧密相关”的印象。

(放录像展示INAX1924—1985年改名60年过程中标志所走过的路程及INAX企业广告和产品广告)

公司名称及商标确定后,PAOS把这个系统称作是“视觉表现系统树”——就像树可分出的枝、叶一样,基本商标可以适用于所有的视觉表现的范围。

（放录像展示 CI 具体使用实例）

不单单是视觉表现内容方面，PAOS 对公司的名称、公司的意义、公司的理念、观念的要求、规章制度等，都要进行认真讨论后编成一本象宪法一样的手册固定流传下去，以便让每位员工对 CI 进行了解。以往的作法是上述象规章制度要求等都是在 CI 计划实施前就已经完成了。但我认为，应该在 CI 计划实施的过程之中，通过实践来检验标志、观念等是否成功，在总结经验的基础上再把它们进行总结，再编成一本手册。

PAOS 制作 CI 手册的目的并不是只给设计和管理人员看，而是要非常通俗易懂地说明 CI。即使是一个新加入公司的职员，当他看到这本说明书时，也可以完全了解整个公司有哪些要求，有什么规章制度等。

对有的公司来说，CI 开发后，CI 说明书并未被加以重视，他们认为印刷费很昂贵。但我认为这是相辅相成的：印刷精美的说明书可以长久保存，长期使用，并且会被一般人所接受，这样 CI 观念渗透到每位员工身上，结果还会对企业节省人力、物力、开支起到直接的作用。

三、开发企业理念。对任何企业来讲，一个企业的基本观念至关重要。也就是说，企业发展的口号选择是企业求得生存发展的关键，必须予以重视。

INAX 公司最初的口号是“良品、共荣、至诚、服务”，这口号本身并无问题，但关键在于它不论是放在 INAX，还是其他企业，甚至用于 INAX 的竞争对手身上，也可通用。因而，这个口号是只有普遍性，完全没有体现出 INAX 所具有的个性，并不是独特的口号。

PAOS 与 INAX 决策层人士对企业的观念进行了认真讨论，共同认为 INAX 应设立以下 5 个企业基本观念：

（一）INAX 是我们通过工作向社会作贡献，实现我们人生价值的舞台；

（二）INAX 创造并提供美的环境；

（三）INAX 给顾客以真正的满足；

（四）INAX 将不断变化，不断挑战；

（五）INAX 将成为世界所必需的存在。

如何把这 5 个基本口号渗透到企业之中，这就涉及到体制改革问题。

四、改善体制。我认为对 INAX 公司来讲，所面临的最大课题就在 CI 导入前，公司所做的所有努力仅是把产品生产好而已，而没有做出其它的努力。PAOS 要求新的 INAX 公司不仅仅是生产优质的产品，而是应将生产变为一种服务，即服务性的生产。还有一点就是如何站在消费者的立场上来理解产品的消费。

上述的内容，观念的理解，认识的渗透并不是可以通过一两句话或全体员工会议就能达到的。INAX 的决策者在 2 年零 3 个月内多次创造与员工直接见面的机会，通过面对面的会谈把自己的想法及新的 INAX 的经营战略告诉每一位员工，哪怕是最普通的员工。对于一个繁忙的大企业的经营者来说，能够做出这样的努力，可能在其它企业中是很少见的。

五、开发新产品。CI 导入前，INAX 只是重视将自己的产品生产出来，然后对市场进行了解，去做广告，这都只限于产品的范围。而当新的 CI 导入后，PAOS 建议 INAX 要以整个公司的经营战略作为一个基本方针，所谓个业化——个性专业化的战略方针。这样就不仅仅限于对产品完成以后的调查，而是对消费者及有关消费的精神、文化方面等内容进行综合的调查分析。

当然，上述经营战略要与其他方面相联系，则要包括很多的内容，在这里为大家介绍一个战略手段中比较典型的具体战术。

把产品展示给普通顾客时，较多见的展览方式是选择交通便利，面向路口的地点，但往往规模不大，又缺乏新意。PAOS提出了一种新的方式：利用东京市中心的摩天大楼的顶层开设了颇具娱乐性的大展厅。不仅因为这里空间大，而且给人以耳目一新的感觉。该展示大厅面积约1500平方米，处在37层，PAOS认为这个高度将是一个特别有利的展望厅：可以从西、南、北三个方向向外观望，风景优美，并且很能体现现代都市的风貌。

为什么利用如此大的展厅对所有产品进行展示呢？是为了吸引更多的人前来观看：37层的展览大厅外面景观非常优美，一般人可以利用观看展览的机会同时领略一下现代都市的风貌。

展厅地点确定后，又通过3年的努力，将世界上10个国家30多家公司最有名气的卫生洁具类产品全部集中到这里展出，意义在于提高企业形象及知名度。

具有跨时代意义的是：一般来说，企业不会展示竞争对手的同类产品，而INAX却恰恰相反，不仅展示自己的产品，同时也展示与自己同类的产品，甚至是比自己更优秀的产品。这是向人们揭示INAX公司勇于向最新的产品挑战，而且让更多的人可以通过INAX进口国外的同类产品，为此INAX成立了一个专门负责进口的部门。

展览中心开幕时在记者招待会上散发封面印有象征安全感的"母亲腹中的孩子"形象的说明宣传品，同时还有以同样思考方式设计的广告。该展览中心的主题是："不要把产品单纯搞成是一种罗列，而是让大家不仅仅看到商品的排列，并且感觉是一个享受。因而这里是一种完全出乎于人们意料之外的一种空间安排和商品展示方式。"以瓷制便品为例，这里有来自世界各地的300多种以上，还有最优秀设计水平的配件，花样多得无法统计，而这些所有的配件，都可以通过INAX进口。特别要提的，这里还有奥地利设计师完成的人类最早的现代化便器。除了展览所有的商品和作品，还将展览中心本身的厕所装修得非常现代化，以便让参观者亲身享受一下"现代厕所"与众不同的感觉，这被称作是"直接体验的厕所"。

这个卫生洁具展览中心完成以后的一年之中，在整个日本引起很大的反响，很多电视台对它进行介绍，各种新闻媒介对中心进行了300多次的报道，当时，日本有些电视、电影还把它作为拍摄场景表现。最令人骄傲的是竟然有很多外地游客来到东京后，专门提出要参观这个引起关注的中心，因此，日本很多旅行社特地安排了参观洁具展示中心的节目，在全日本十分轰动。

在进行展示之后，PAOS认为不单要展览，还要直接介绍给更多的消费者，也就是说要从展览走向实用。PAOS专门介绍自己的客户——著名的银座Matsu Ya（松屋）百货公司的总裁与INAX总裁会面，由maTsuYa在百货公司内部提供专门的厕所场地，由INAX公司提供全部洁具和费用来制作日本最先进的厕所，这就是在日本极受欢迎的matiuge的原则。一般来说，女性与男性去厕所的目的不同，往往把厕所作为化妆间或更衣室来使用。考虑到这方面，INAX设计的厕所完全是根据女性、生理特点完成的，推出以后，又引起了全国的轰动。很多人为了去看Matsuya的厕所而专程到银座去。在此基础上，INAX又在一些专卖名牌商品的商店设置了豪华男用厕所。

那么，INAX在设计方面是如何改变以往的方针呢？在CI导入之前，INAX产品的设计观念主要以产品为中心，PAOS提出的基本方针是不仅仅着眼于产品的开发设计，而应把范围全面扩大，包括新素材的利用，不仅是生活环境，还包括整个社会公共环境和生活方式以及对整个社会产生的影响，也就是价值问题。

我们把制订的设计战略方针定为"X系列"进行全面推广，该设计计划不仅限于日本，许多世界各地最知名的工业设计、平面设计专家也参与了这项计划。他们根据男女不同的生理特点设计的厕所,好评如潮。INAX 自身最大的优势是贴面陶瓷的生产和开发,在产品设计过程中 PAOS 不忘这一点,充分发挥了 INAX 与众不同的贴面瓷砖的特点。

在取得了经营战略的成功后,接下来 INAX 开始考虑对社会的贡献,其中最重要的组成部分就是关于"厕所公园"的建立问题。众所周知,公共场所最大的问题就是公园内厕所的不卫生,留给人们的印象很不佳。因而 INAX 首先对公司和工厂附近的公共厕所进行改造,实施厕所公园的计划。该公园完全是由 INAX 自己出资来建造的,由于 INAX 无私地为公共事业作出努力,得到了日本全国的重视,有些地方政府官员特地来公园参观。有许多地方政府提出希望 INAX 能够到他们那里建造这样的厕所公园或改造城市内已有的公用厕所,这样就同时为 INAX 带来了很大的经济效益。

厕所公园的建造工作还在进行,至今为止 INAX 所作的贡献性工作一直没有中断。由于这样的努力,INAX 公司所生产的卫生洁具总销售额直线上升:1983 年市场占有率仅为 16%,现在已超过 28%,总销售额已达 761 亿美元,并且每年都在递增。总之,我们的基本战略就是以"三美"为基本原则,但作为一种经营战略,就要在此基础上提出更高的精神文化要求。所以 INAX 创造出一种具有社会价值的文化,把三美变成三个与文化密切相关的创造。

由 INAX 在日本全国引起的这起"厕所革命",使得两三年后,整个社会对厕所文化的研究成为一个非常热门的话题。在此之前,一本有关厕所的书也没有,而现在很多人在研究厕所文化,并有许多此方面的出版物。所以,我认为作一名设计师不单单要考虑表面的设计,而且要从一种文化的高度来理解,认识设计开发,这很重要。由于 PAOS 的努力,使得本是厕所中小小的卫生洁具成为一个为大家所认知、认可的具有社会价值的东西。CI 的成功导入,加上伊奈社长的努力,在此后的 6 年内,INAX 每年都要增加一个大型工厂,年产值增长率以双倍数增长,即使在日本最困难的"泡沫经济"时期,INAX 也可以维持较好的经营状态。在"泡沫经济"的冲击下,许多企业急速衰退,但 INAX 除了表面瓷砖生产受了较大冲击外,其它产品还是上升趋势,从整个经营数字上看,对 INAX 的影响微乎其微。进入 1995 年,当其他企业还陷在"泡沫经济"中时,INAX 已经重新进入新的经济发展阶段。从一个在地方上几乎没有知名度的公司,通过十多年的努力,现在已得到了地方政府和社会的承认,并获得很多以前只有东京的大企业才能获得的日本很有影响的大奖。

一般来说,现代企业思考方式主要以经营资源为中心内容。所谓经营资源对决策者来说主要理解为人力、物力、资金和情报信息。如果以一个人来比喻,这就是人的体力部分。当然,没有充足的体力也就谈不上健康的身体,体力很重要。其次我认为较为重要的是创造力和洞察力,创造力需要人们的学习和吸收。同样以人比喻,则相当于人的智力。但对现代企业来说,单有体力和智力是不够的,还需要有魅力。这点尤为重要,所谓魅力就是企业对自身才能的一种表现,自我推荐、推销的能力。还可有一种比喻,就是一种表演才能,它可以增加自己的魅力。

到 90 年代为止,CI 设计重点也放在这样的开发过程上,即从开发人力、物力、资金、情报信息为出发点,再扩大为创造力、洞察力,最后再来增加魅力这样一个形象确立的过程。但对 PAOS 公司来说,与其他企业所不同的是,我们从相反的方向入手,即首先从企业的魅力着手,树立企业形象,然后再丰富它的创造力和洞察力,最后从这两个方面来看从哪几个要素方面来充实人力、物力、资金和所需要的情报信息来源。PAOS 认为旧有的所谓工业化发展的过程,对现代社会而言,这个开发程序应反过来,因为现代社会高度情报化、信息化,在这种社会现实下，第一要重视企业形象的魅力，然后再补足不够的智力，最终再来充实体力。

上面所讲的INAX公司的实例从侧面说明了PAOS公司的CI设计的基本设计观念，希望能对大家有所帮助。

跨世纪广告公司的经营和管理

中国精信与香港精英广告公司董事长、行政总裁 陈一楠

今天，我很荣幸能和大家一起分享一些广告经验；但更觉荣幸的是，今天，这个时间，我可以站在这里。因为现在是一个跨世纪的大时代，市场那么大，转变也很大，这是一个环境非常好的机会。今天的中国比全球其它国家更有机会去创造全国第一的品牌，因为还有很多类别没有品牌，更好的机会是，我们可以成为全球最大的市场。

有人已在中国建立了第一市场，以前在香港没有这个机会，因为市场太小。更有意思的是我们有黄金机会去创造真正中国人的第一个世界级的品牌。如能做到以下三点就是具有领导性的广告公司，这便是真正成功的跨世纪的广告公司。

如果要成为成功的跨世纪的广告公司应该是能建立领导地位的广告公司。今天讲演主题是：一、跨世纪的广告公司一定要建立领先的品牌。在管理方面，一个跨世纪的广告公司要不断创新不断进步。世界在进步，中国在发展，不创新就无法站立起来。今天的内容包括跨世纪广告公司的机会、觉识、管理，怎样去保证客户满意，最后是一个总结。

我对广告最感兴趣、最有热情的地方就是机会。我们的确有机会去创造第一个中国人的属于世界级的品牌。1992年，中国开始有精信广告公司（Breey China）。随后五年内创造了不少领先品牌，包括PawG的潘婷、雅芳、中美史克的康泰克、芬必达、箭牌口香糖等等。最近几年，也有一些可以领先的品牌，包括LG电子、3M、康师傅、假日酒店、达能公司等。但我们不满足，因为这些都是跨国客户，我们需要更多属于中国人的品牌。如香港淘大公司（食品、酱料）、贵阳的黄果树香烟、广州的柳树香烟、西安的太阳食品集团，北京的豪门啤酒等。这些我们都非常有兴趣做，因为这是中国人的品牌。

中国货品，质量会越来越好，越来越稳定，当然我们相信如没有好产品不会有成功的广告。中国产品每到一个阶段是可以做出一个好品牌。中国已经有不少有实力的企业，可惜的是还没有一个全球知名度的品牌。

看1995年一个调研公司的国家品牌代表一览表，问不同的人（亚洲人、非洲人、美洲人）如你想起不同国家时，会想到什么品牌。表中可见德国有奔驰，香港有汇丰，日本有新力、丰田，马来西亚有Psoton saga马航，新加坡有新航，韩国有现代，台湾有宏基，泰国有泰航，英国有英航、劳斯莱斯，美国有IBM、通用。可惜的是，对中国却想不起什么品牌，这是不合理的，中国是全球大国，却没有一个全球认知的品牌。从这些品牌中可发现，它们跟这些国家形象各自都有关系。如想到德国会觉其汽车产品质量特别好，有奔驰。想到日本是电子产品好，如索尼。新加坡服务好，如航空公司。很多时候，品牌与国家形象关系紧密。

广告公司所担当的最重要的永远不变的角色是：建立品牌。要建立强大，持久、独特的品牌。如只是在一年中人人皆知，过后销声匿迹，这根本不是一个品牌，只是“一窝蜂”。只有建立强大、持久、独特的品牌，才是建立一个成功的品牌。

从世界最有价值品牌表(包括万宝路、可口可乐、麦当劳等)看出,品牌是具有价值的,一个名称可值千金,是一项有形资产,保证投资回报。

建立品牌是广告公司永远不变的角色。时处二十世纪,其角色也有所改变,包括广告公司的焦点,与客户的关系及服务。

焦点指什么呢?现在中国市场有不同阶段,中国市场刚开放时,第一个卖广告者肯定会成功,因为当时没有品牌,谁第一个出广告,提高知名度,就有人购买,所以在这个阶段客户需求是我要提高知名度,让每个人都知道我的名字。当时,广告公司重点是购买媒介,令更多人去试用这个产品。很快进入第二阶段。已经很多人卖广告,每个电视台都卖广告,市场上,同类型产品很多。第二阶段就是要在众多广告中突显自己的产品,不让人认错,此时客户需求是要有与众不同的独特形象。他们对广告公司的要求是要特别突出我的广告,创意的确与众不同,让消费者购买我的产品。现在已进入第三阶段,单有知名度和独特形象还不够,因为竞争越来越激烈。真正能站住的产品,光有知名度还不够,如三九胃泰知名度都很高。为什么销量下跌?仅有广告是不够的,要抓住产品特点,特别是与其它竞争对手相比特点在哪,这个特点应永远抓住永远不变。但有一点是常变的,即产品的改良。包括产品质量,包装改良。同时广告也要变,但广告变不代表卖点变。然后需要有计划地全面综合性推广计划,让消费者选购、增购。这才是一个强大、持久的品牌。

广告公司的角色不单要建立知名度,还要建立品牌资产。名字是有价值的。如潘婷从第一广告开始已有特点:健康、亮泽的头发。多年来,不断改良产品,加维它命等,有产品包装的改良,产品伸展有护发素,摩丝等,但其特点永远不变。

第二个演变是广告公司与客户的关系:以前是单一的供应商关系,现在变为合作伙伴。因为客户知道如想在市场获得成功,他需要的广告公司是一个真正的合作伙伴。真正伙伴意味着首先必是长期合约性关系。因为只可以通过长期合作,是唯一伙伴才会互相信任。广告公司不会做其它有竞争性的同类产品广告,客户也会忠心公司,不会找其它很多公司。这个服务才全面,广告公司才会真正了解客户需要,给他提出策略性建议并进行客观的分析。因为这个关系是长期的,我们跟客户大部分都是签长期合约。同宝洁公司有 40 年关系,和箭牌有 10 年,和史克有 30 年关系。都是通过长期合作,互相了解运作方式。只有广告公司非常了解客户的市场需求,为它提供真正的合作,才能达到彼此互相信任。

客户的配合也相当重要。当广告公司是其真正伙伴时,客户会乐意提供很多资料。这些资料包括市场、销售、行销、竞争等情况,公司目标与计划等,没有这些资料则很难着手广告,客户是很放心地提供资料的,因为长期合作的广告公司是不会去做其它有冲突的客户,二者间不存在隔阂。有了那么多资料,有了长期合作关系,才可以真正提供综合式的服务。以前拍广告片,只是一个供应商,这个服务很单一。而全面的广告公司则需要提供全面服务。这个全面服务是以策略为主导。包括市场分析,其它国家的国情咨询,然后制订策略。从这个策略中知道定位、媒介计划、创意、制作、其它配合服务,包括公关、促销、直销。

以下提供雅芳个案,综合推广怎样创造出一个品牌。雅芳化妆品是一个成功个案,在国外也很有名气。外国很多杂志都报道过雅芳成功的历史。

雅芳化妆品的推广有何特点呢?第一就是超越传统化妆品广告,其二是发掘崭新市场渠道。广告公司有两方面主要工作:建立雅芳品牌和创造品牌性格。广告变,产品变,这个性格不会变。

雅芳在中国扩展至今已设有 80 家分行,拥有超过 220,000 营业代表的行销队伍,每年营业总额平均60%增长,顾客理想品牌前五位,中国销量第一(根据中国政府统计局调查),“雅芳稀有黄金小姐选举”被中国国际公关协会选用为个案参考。

建立品牌程序第一步是鉴定传讯问题路向。中国化妆品市场竞争激烈,如何令雅芳在拥挤市场中鹤立鸡群?另外广告公司要改变顾客购买习惯,顾客习惯在百货公司化妆柜购买,如何改正女性消费者对直销的抗拒?

第二步是鉴定策略大纲。品牌元素不仅指产品,它包括企业、雅芳小姐和产品三方面。如何定位呢?企业是定位为国际性公司,了解中国女性对美的追求;雅芳小姐不是普通销售人员,而是很专业的,了解化妆品,有内涵的人;而产品则是高质量、物有所值的。综合品牌性格就是:国际性、外表漂亮、有内涵。

决定品牌性格后,接下去就是综合性推广。对于内部培训雅芳小姐,雅芳先生,有奖励计划、内部活动,行销印刷品。对外则有广告促销、公关、慈善公益赞助。

第三步是贯彻实行品牌策略。在不同层面,企业、雅芳小姐和产品都有广告和公关活动。如 Anva Color Ⅱ广告,不仅可看到整体企业形象,也可看到雅芳小姐形象。

要建立跨世纪广告公司,一定要从管理领先品牌创出领导地位。客户方面要预期市场转变。先知先觉,比竞争对手快一步。

第二个主题是:管理未来广告公司要从创新及自强不息开始,建立领导地位。世界变化太快,不进则退。不但要赶上,还要领先,因而要不断自我创新。

如若评估一职员,试问一问自己就行:我的知识比一年前增加了多少?广告公司什么地方比去年做得更好?我可以告诉客户有什么他们不知道的。如若答不出,那就不能加薪,没有好前途。那就要不断进步,不进则退。

未来广告公司的主要元素有3个:知识管理,职能(技术)管理,人才管理,最重要是人才管理。

知识就是力量。成功的广告公司要打好知识基础,对市场和消费者要认识。要丰富认识有很多方面:实践经验最重要;其二有洞察力的理解;第三辅助资料:参考书籍,上网或国际电脑网络;第四还要客观,不要坐井观天,夜郎自大,要有统计调查。包括大范围的消费者调查,市场报告,特别对象(孩童、年轻人、环球妇女)调查。

举一个精信消费者调查实例。10个种类的品牌调查了解:谁是领先品牌、成为领先品牌的原因、不同区域的消费异同、品类分别及生活习惯和心态。共进行了800个访问。1996年在四大城市:北京、上海、广州、成都,1997年在四个二线城市:沈阳、重庆、武汉、杭州。问消费者拥有什么,最想得到什么,能做到什么。想做又能达到的就是比较有意思的项目。

单有资料是没用的,还要很好地运用资料。这便是成功广告公司最为重要的一点:知识的管理。包括三方面:设立资料来源搜集中心、资料分类,资料过滤发布(所有、特别组别队伍、客户、和其他人分别应该知道什么资料)。知识管理的好就能转化为企业资产。节省人力、物力、金钱,环保。可以在系统、硬件、软件科技等方面进行专门培训。我们公司就利用工具去培训。

另一方面就是技能管理。建立品牌工具如品牌性格、品牌信号,品牌忠诚和品牌未来。同时利用媒介工具筹划购买。

成功广告必需有好的品牌信号。一个例子是箭牌口香糖,广告中有“叮咚”一声,立刻让人想起口香糖,且又有薄荷叶形象,让人想起清凉,这已和卖点有关系。另一例子是康泰克广告。它是中国第一感冒药,六年都是领先品牌。它的独特卖点:早一粒、晚一粒,十二小时都给人舒服。因而创造一个广告信号:时钟,代表十二小时,五秒广告中也用了时钟,有品牌信号和知名度,在电视,户外(医院、火车站)等都可运用。

我们公司还有另一工具就是品牌未来。这也是每一公司都注重的,要建立品牌,在中国,就是要讲未来而非现在。我们在美国有很多工具,学习外国工具后,特别为中国市场创立了这个工具。因为西方市场比较饱和,中国市场增长快,因而主要看未来有什么机会,而不是看现在。有五个步骤的程序。最重要看什么持久、什么会变。

品牌工具之外还有不同的媒介工具去突出媒介好处,如媒介的筹划、购买、监察、评估。

也就是说在广告公司的管理方面应该有自己的工具、技术。

举例说,淘大是香港制作点心等食品的公司。通过品牌未来这一工具,它宣传的永远不变的是中国食品,特点是用真材实料,广告不变,这个主题不变,在全球可通用,在香港、国内及外国都有播出。

另外是中美史克的芬必得例子。它是全国第一止痛药,六年里在很多品牌竞争中仍是领先。其特点是史克产品,在中国很成功,广告使用了治痛专家,告诉人止痛的道理。模特儿有庄泳和一名棋手。广告讲明产品好处,也讲明了产品性格:关怀。

技能管理是要在技能方面不断改进、演变,预期和领导,另外要培训员工,让他们可以自由运用。

第三方面是人才管理。这最重要。每个公司都各有方案。我们公司不注重找外来人才,而是注重内部人才提升。一般找没有经验的,加以培训,可以变为广告人才。人才管理最大难题是上层流转率高,我们公司的管理人员都在公司五到七年以上。公司一定要有自己的价值观,有共同目标,团结一致。我们公司的价值观是:现代,对广告热情及培养下一代。如果某人不是每年有进步则他不适合这份工作。合作精神很重要。这样才可互相信任。同时要求廉洁。

因而跨世纪的广告公司要有领导地位,不断创新,好的知识,技能和人才的管理。

最后一点就是保证客户满意。抓住新客户勿忘记老客户,其实抓新客户需花6倍的时间。我们要常提醒自己,客户是否了解他的品牌,他的竞争对手,要常给他很有意思的建议。不断增加自己在客户方面的经验。我们有没有不断地想出创意,可不可以提供综合服务,是否主动去发掘新媒介,例如联网电视媒体。跟客户要互相信任,很好沟通。

要做跨世纪广告公司要不断增加知识,客户方面是广告资产;公司方面是人才资产。同时不断改良,改善自己的技能。

竞争激烈的情况下,只有专业广告公司是真正能立住脚的。这要求学位、专业技能,有专业造诣,才可在公司中有领导地位、长久竞争实力和收益。

总而言之,今天有个大机会去创立传奇,如像长城一样强大、持久、独特地创立一个品牌。希望我们能创立一个同样强大、持久、独特的跨世纪的广告公司。

第50届电通广告奖赏析

日本电通广告公司北京事务所　栗田辉夫

大家好!昨天,我在饭店附近的中国出口商品交易会场参观了1997年广告节和优秀广告作品展。有很多与广告有关的企业参加了展出。在二楼的广告优秀作品展陈列着许多充满活力的作品。看到有很多年轻的观众在热心的观看，这些使我感到中国广告界正在蓬勃发展。

今天，我将通过幻灯和录像带向各位介绍代表日本的广告奖——广告电通奖的获奖作品。如果我的介绍对各位有所帮助的话，我将感到非常高兴。

广告电通奖是在50年前设立的具有悠久历史的广告奖。当时日本的广告，还没有被社会正式地承认，广告的表现手法和技术还处在初级阶段。在这样的情况下，以提高和发展日本的广告活动和广告表现手法（技术）为目的，设立了广告电通奖。1947年，第一届广告电通奖，只以报纸广告为对象，获奖作品也只有3部。其后，随着社会经济的复兴以及媒体等方面的迅速发展，广告奖对象的种类也逐渐增多。现在，已发展成按媒体分为六大种类、36个部门。六大种类是；报纸、杂志、电视、广播、招贴画、促销。目前，在世界以及在日本有很多的广告奖，但包含了这么多媒体的广告奖是少见的，因此广告电通奖作为代表日本广告界的综合性广告奖，其存在意义得到很高的评价。由于广告电通奖从名称来看，似乎容易被认为是以电通制作的广告作品为唯一对象的。事实上，电通奖是广开门户，只要是在日本国内实施的广告均有资格应征参加评选。同时应征是免费的。每年7月都举行颁奖仪式。今年，广告电通奖迎来了她值得纪念的50周年。今年7月，举行了颁奖仪式。在颁奖仪式上，刚作为序幕放映了一部名为"广告电通奖获奖作品50周年回顾"的作品。在这部作品中播出了以这50年来社会发展趋势和社会气息为背景的各个时期的广告作品。对外国朋友来讲，也许有难以理解的地方，但是我想大家能感觉到这50年来广告电通奖的获奖作品的一个发展趋势。现在，请大家先看一下，时间为5分钟。　（上映片头）

怎么样？当然大家看到的只不过是获奖作品的一小部分，对我们日本人来说，都是记忆犹新，倍感亲切的广告作品。我想这些说明广告始终是与时代联系在一起的。

本年度，即第50届广告电通奖，日本全国共有3418部作品应征，其中有78部作品入选。今天我将向各位介绍其中的一些作品。我想各位从中可以了解一些目前日本的广告及其表现手法。这届的特点是，无论是什么样的媒体，一言以敝之是多种多样，范围极广，用"让人看"、"让人读"、"让人愉快"、"让人想"等手法来表现各种各样的主题并作为突破口。

当然；以普遍受社会关心的环境问题、老年化问题为题材的作品虽然很多，但与真实地从正面直接表现的作品相比较，更多作品是绞尽脑汁采用大众商品温柔地加以表现，作为诉求的方法。

广告电通奖，每个大种类又分几个部门，例如报纸分13个部门，杂志分4个部门。然后在每个部门选出第1名和第2名的作品，最后从第1名的作品中选大种类的最高奖，也就是各大种类的广告电通奖。

那么，首先看一下报纸、杂志、招贴画这样的印刷媒体，也就是平面广告。首先是报纸。报纸的广告电通奖是"松下电器产业"的锂电池的彩色广告。这是一个安装在小孩子穿的鞋子上的发光的小电池的广告。"回来也，萤火虫的孩子们"，这个温馨的广告语和开发商品的想法都十分明确，从而受到极高的评价。之所以出现这样的商品，则说明日本小孩子的交通事故是很多的。

在报纸种类的13个部门中，松下电器产业公司共获得3个部门的第一名。在住宅关连产业部门，坐着就可以淋浴的"座式淋浴器"是为老人及残疾人设计的商品。广告语是"通向不老长寿之国"，日语中，不老长寿的"不老"与"洗澡"是谐音，因此.把"不老"写成"洗澡"，即"通向洗澡长寿之国"。画面中，将老人画成日本地图，最上端也就是北海道部位最上面即头部放上一只手中，日本人洗澡时，经常把手巾放在头上。这种视觉处理也非常好。

在机械器具部门是松下电器产业公司的金属资源再利用技术的广告。在日本外来语用片假名来表示。所以英文的马达用日文的回转(周转)来表示。从视觉效果来看是十分出色的。

在系列广告部门,松下电器产业公司通过广告说明,从小孩到老人在广泛的生活领域都能提供给他们方便、舒适的商品。它用温馨的广告语和强有力的视觉效果暗示企业今后技术和商品发展的方向。

下面介绍除松下公司以外的获奖作品。饮料部门是“全国牛奶普及协会”的广告。内容只是有一个被榨干了的柠檬。解说词旁白是“如果不多喝牛奶的话,你的骨头也将成为柠檬这样疏疏松松的”。虽说是朴实的广告,但是很有说服力。

获得同一部门第2名的作品是“三得利”的“皇室威士忌”广告。这个广告很有趣,它是将汉字的一部分用商品的照片来表现。我想各位一看就懂了。

购物部门获奖的是“伊势丹百货”。伊势丹为了迎合孩子们长得快的脚,提供的孩子穿的鞋是以5毫米为一个递增间隔的。向人们诉求了该百货店细致的服务及齐全的商品。

同样是百货店,“松屋”的报纸广告是”午睡用的床”,这就是百货店特有的广告,说明百货店可以提供任何商品。这个作品获得了第二名。

领导时代潮流的新产品的广告也获了奖。“索尼”的数码摄像机强调了其“护照”尺寸,即尺寸大小与护照大小相同,过去却不是这样。再如“日立制作所”的“终端”是一个通讯系统。为了诉求其能边看边交谈的功能,采用领带陈列的视觉效果来表现。虽然说都是圆点图案但还是有各种式样,如果不用眼睛确认单靠电话是决定不了的。

“沃尔沃”汽车的广告获得了2个部门奖。首先是这则,一张在汽车座位的颈部裹着一条紧身套的照片。仅仅看一下这照片,就能感觉到沃尔沃良好的安全性能。

另一则作品是一只安全别针,除此之外只有一个沃尔沃的商标图形。虽然只有这两个信息,但我们却能感觉到这是一个表现汽车制造企业形象的优秀作品。这是没有语言文字,仅仅是通过视觉来传达的好例子。

与此不同的是“三得利音乐厅”的广告,是以文案为中心,获得服务文化部门奖。这是音乐厅的广告。文案格调高雅,它的主要内容是讲“如果没有音乐,人类将会尽做些毫无意义的事。”它选用了对人类来说最无意义的事莫过于战争的记实照片,传达了每个人的内心中音乐是必不可少的这样一个概念。同一主题的作品还获得了杂志广告最高奖。

在小空间部门是指出现在报道里的广告。它的关键是取决于是否采用新的广告空间手段。这是“奥林巴斯光学”的照相机广告,左右和正中是广告,其余部分是报道。三得利的“矿泉水”广告,是一只矿泉水瓶子,它登在阿尔卑斯山底层过滤的天然水的报道中,使报道与广告有机的组合,很好地活用了矿泉水的瓶子。

接下来是杂志。杂志广告的文案和视觉效果的水平均在提高。无论是商品广告还是企业广告,其表现口味无穷且还带有善意的玩笑。对于这些作品有的评委称是“广告的进化”。

和前面说过的报纸的部门奖是同一个题目的“三得利音乐厅”的广告,被称之为充满智慧的成人作品,而获得杂志广告的最高奖。

与该作品竞争的是“松下电器”的“援助之手”,是一个除菌洗洁机的广告。日本现在正受到食品感染,0—157病原菌大肆威胁,从这个意义上来讲,除菌洗洁机是一个适时的商品开发。广告语的平假名的“手”用汉字表示,用手相连,笔划出“SOS”的图案,其广告为“SOS”的视觉处理非常好,带有松下的特色。

被称之为美术(艺术)作品的是三得利公司威士忌的广告。为了加深对商品黑商标的印象,用作底色的浓黑色十分美丽,给人留下了深刻的印象。同样的视觉性作品还获得招贴画的最高奖。

接下来是招帖画,今年的招帖画的作品水平极高,竞争极为激烈。大尺寸招贴画一般在车站站台和车站内,特别是获最高奖的"三得利""威士忌"招帖画尺寸大,(高 1.03 长 2.90 米)两张连在一起很有魅力,作品非常美丽。

松下电器的携带用洗净器是一个十分幽默的作品,图案中向臂部供温水的部分的水进行了立体处理,十分有趣,受到很高评价。

三得利的"CC 柠檬"是清凉饮料水的广告,这是张帖在电车里的广告。停在罐上的蝴蝶的翅膀稍有风就能张开。广告语表示不让蝴蝶飞走要人们安静的"嘘嘘"声。

索尼公司的小型录像机的广告,通过看招帖画的角度,有时变成护照,有时变成录像机,看得出是下了功夫的。特别是为如何吸引人下了功夫,这是今年招帖画、报纸等平面广告的一个特点。

接下来是电视广告的获奖作品,开始我讲述获奖作品的内容是多种多样丰富多采的。其中有刺激消费者购买欲望的比较正规的商品广告,有广为人们熟悉的系列广告,有具有外国风情的广告,有具有日本风情的比较广告,有为适应高信息化社会的技术诉求的广告,还有迎合了市场及消费者价值观的广告,在这些众多的获奖广告作品的背景中,有很多表现了人们生活在不稳定的社会,追求温馨的愿望。因此采用悬念的表现手法或通过表现人们内心世界,力图来赢得共鸣。

(今天播放的电视广告片,本来是日文,为了今天的讲座,经过电通很多人的努力,已配了中文。)

首先请大家看电视广告的最高奖"日立制作所"的作品。(目录 1)随着电脑联网技术的发展,如何确保隐私权的问题越来越成为一个重要的问题。这部广告作品以成为热门话题的,信息安全技术为题材。用电影的手法刻画了一个很普通的上班族所面临的无法保护个人隐私的恐怖。这个广告片是在香港拍摄的。

下一个是食品部门公司"比萨"饼的广告。(目录 2)它虽然不是一个很新的广告,但它把食品表现得十分逼真。正因为如此,在为数不多的直接诉求型广告中十分显眼。与此同时,广告避免了用电脑来制作图像而是拍摄实物。因此在众多的电脑制作中使人松了一口气。

下一个是饮料部门.是三得利公司的"京香荣"(目录 3)。是在日本大家都很熟悉的罐装茶的系列广告。这个广告给邻居家的女儿提亲,说媒所带来的悲喜交集为题材,它以独特地春、夏、秋、冬四季的景色通过夫妻、姐妹及与其有关的人物含义极深的对话,幽默地表现出来。这部广告长达 120 秒,是一个成功的作品。唠叨不停能说会道的大妈,原来是教如何穿和服的老师,因为性格特殊,现在已成为圈内著名人士,两位男人是日本象棋的职业棋手。

获得第 2 名的是三得利的方瓶威士忌。是一则非常有情感的广告作品。它以将记忆写成信的表现方法,触及日本人的感情。过去这类广告比较多,现在越来越少了。

"协和发酵"公司的广告是一个持续很多年的系列广告。这个广告制作得很细腻。(目录 13)

下面是家用电器的广告。请大家注意看截然不同的两个广告片。先请看一部(目录 5),胜利公司的数码摄像机进行策划的基本思想,就是可把广告拍成在世界任何地方均能被人们接受的广告。我想大家一看就明白了。

再看一部(目录 14),索尼公司形象是逻辑性强,富有创意公司的广告片。象这样大家很容易接受的视觉构思很强的作品，今后将会增加。

这个部门的第2名是资生堂的广告片“跃动的心”(目录9)，是暗示企业新产品开发的广告片。广告语“如果50岁的美丽女性越来越多，日本就会变化。”诉说了广告想要表达的一切。这个带有资生堂特色的成功作品，不仅宣传了商品本身，广告片还表现了50多岁的女性，以求得同龄人的共鸣。它告诉人们，化妆品的新时代已经来临，化妆品的对象已不完全是年轻人了。

下面是运输机械部门新干线“JR东日本”公司的广告(目录7)，是与日立公司最后竞争大奖的作品。广告片宣传新干线的线路已通到以前只有坐飞机才能到达的日本东北的秋日地区。这是一个宣传通车的广告片。广告启用作为新干线的竞争对手的飞机驾驶员(机长)来表现。换句话说这是一部运用日本式的比较广告进行表现的构思成功的广告片。

汽车广告获奖的是美国“克莱斯勒”公司切诺基吉普车的广告。(目录16)广告是在美国制作的作品的日本版。这是部在嘎纳广告讲评会上也获奖的有名的作品。可以说象这样在国外制作的广告片今后会越来越多。

信息通信部门获头奖的是日立公司的广告。第2名是松下电器产业公司的笔记本式个人电脑的广告(目录17)。广告的剧情是在学生时代一起伴奏演出的成员中有一个人要结婚，她希望在结婚典礼上与其它成员再演奏一次。请大家看看这个故事情节是怎样与商品联系起来的。这个广告说明了电脑网络的普及能使不可能实现的得以实现。这是一部典型的松下风格的广告。这次评选中，其它公司的电脑广告也有构思是与松下极其类似的。

目录公司的“邮购生活”这样一个商品目录的广告(目录18)。广告策划者构思的意图是想用不那么幸福的生活来反补“邮购”生活所带来的“幸福生活”，以此来打动观众。但由于内容表现的有些过份，如“部长，我的电话号码……”等，由于各方面的问题，听说，不得不中途停止了播放。后面的部分是反映婆媳之间的关系。

下面是企业公共部门，首先是资生堂的广告片。(目录15)内容是资生堂的一个社会贡献活动，即向医院及敬老院里的老人们提供化妆服务，纪实性的描写了化妆品所具有的多方面的功效。

广告片将一个拍不好就会适得其反的主题刻划得温馨感人。

接下来是三菱材料公司的易拉罐的回收利用的广告片。(目录19)突出了以确立建筑资源循环利用的社会为目标的三菱材料公司的企业形象。它以乡愁的音乐和将易拉罐人物化，缓和了画面呆板的感觉。音乐是著名的多鲁扎克的《新世界交响曲》的一部分，在日本称为“归途”。广告表现了一个上班族工作一天后回到家时的情节。气氛是十分合适的。

最后是15秒的插播广告。(目录20)内容是处在激烈竞争中的国际电信公司KDD，将国际长途电话费降价的信息通过音乐表现出来。

前面已经提到，本届电视广告的种类丰富多彩，并没有出现某种特别的倾向。这也可以说是当今日本电视广告的现状。

在广告电通奖中，设有“综合广告电通奖”这样一个大奖。今年这个大奖又被松下电器产业公司获得。这是松下公司连续4届，第24次获大奖。这个大奖是从第6届开始设立的，也就是说在45次的综合广告电通奖中，松下公司共获24次大奖。

我的第50届广告电通奖部分获奖作品介绍到此结束。谢谢大家！

二十一世纪广告的行走趋势

奥美中国广告公司副董事长　汪少杰

前言

“二十一世纪广告的行走趋势”是个范围很广的主题。很多人在预测未来时，通常都会通过自己的观察和归纳总结出一些放之四海而皆准的原则。但无论怎样，我们总会对预测的“未来”中一些禁忌十分注意，同时希望知道有没有什么方式可以让未来更美好。

因此，本文试图帮助大家避免犯一些错误，深深地思考一下这个问题，以便大家在致力于二十一世纪中国广告发展事业时，能受到一些启发。

第一部分　大环境日益复杂

以提供创意、服务、传播为宗旨的广告代理业，在二十一世纪将会面临许多的机会与挑战，随着有线电视的发展和新兴市场的兴起，整个传播市场更区域化、公众化。媒介越来越细分，广告效率下降，大环境日益复杂。加上政府对烟、酒、药品等影响健康的产品的广告限制，广告代理业将面临一个截然不同的时代，迈向一个新纪元。

但是，从客户角度出发这一基础是永远不会变的。目前，不论是媒体或市场都在急速变化，客户所追求的东西与十年前已大不相同。过去，广告代理有足够的资源和能力去应付各种市场问题，但在今日大环境过分复杂的情况下，只能针对客户的需求着手。从客户的角度出发，给客户所想要的，就成为一个非常重要的概念。也只有这样才能有效地对销售商品作出贡献，给客户解决问题。

从发展趋势来看，将来的广告行业将面对以下几种现象：

一、直效行销新趋势

在全球化和资讯化的发展潮流下，过去市场的竞争是全面性、整体性的，而未来将转变成区域性的直接市场竞争。竞争力主要来自于品牌的忠实顾客。忠实顾客数量越多，竞争力就越强。所以必须注重长期性及高价值的消费对象，并集中火力争取之，这样才能使销售量有所突破。因此直效行销的观念，不论在管理上或全球发展上都是一个新趋势，非常适合二十一世纪的竞争环境，成长速度也会比广告发展快速许多。

二、网络广告可能颠覆广告本质

电脑的乐观，Internet 作为新媒介的兴起，使广告原来存在的本质起了革命性的变化。消费者不再是被动的讯息接受者，相反地，他们是主动的。进入网络后，消费者会到他感兴趣的网络主页去；而不感兴趣的内容可以不看。所以对广告人来说，投放广告在电视等大众媒体，在一定意义上来说是强迫受众接受。但在 Internet 上，基本上就是观众选择广告，是消费者选择广告人，而不是广告人选择消费者。所以我们要积极地去挑选他们所需要的广告资讯。这样广告本质元素就可能彻底被改变。

三、品牌魅力无法阻挡

品牌的建立和全球市场行销的重要性，早在几年前 IBM 选择奥美做其广告代理商时，就是以行动来表示，品牌资产的魅力将会在二十一世纪展现。越来越多的企业开始注意品牌行销，品牌就是一种保证，能正面影响消费者认知。就以可口可乐为例，它强调的就是品牌的经营,并积极建立品牌产权。品牌代表着竞争力,代表销售,更代表着盈收。品牌资产日益受到世界关注,无论是区域化、全球化市场,品牌魅力无法阻挡未来是品牌的时代,品牌价值不容忽视。

四、媒体整合

广告公司从创意制作、市场调查到客户服务,以及媒体企划与购买都要求专业化。广告公司无法在各个领域中投资,而媒体环境也愈来愈复杂,于是媒体专业服务公司便在这种趋势下应运而生。奥美早已警觉媒体公众的趋势潮流,于是成立 Network,基本上是奥美专业媒介购买公司。采取以量制价的策略,从媒体广告部获得更优惠的折扣。并且也拥有了更多的谈判筹码。购买最佳媒体组合,为客户争取最大的媒体效益。

二十一世纪的广告代理业,在策略联盟上会变得非常有趣。广告代理商彼此同时在竞争,又在合作,兼具敌人和盟友的双重身份。大家在同一客户时是敌非友,执行媒体购买时又化敌为友,这种现象在二十一世纪将会愈来愈明显。不同的公司会把他们的媒体购买工作拼合在一起,但其它方面还是一样,仍会竞争得非常激烈。总之,媒体的整合将是未来广告业的趋势。

面对这四种现象,未来广告商要应付这强大冲击,不论在内部管理上,还是人力资源上,都必须有所改变。

就内部管理而言,要洞悉传播、市场、电脑新科技三方面的转变,如直效行销迅速发展,媒体的集中购买、电脑科技的变化等。像奥美目前每位员工拥有一台电脑,并计划年底实施 open office 制度,完全电脑化,并不断提升和加强每位员工的电脑专业知识。

在人力资源上,面对媒体市场科技含量日高,瞬息万变,广告从业人员除了广告基本知识外,还要兼顾市场、行销、传播、企划、沟通、电脑等各方面知识。知识的充足是关键点,不断地学习,不断地成长,不断地接受新知识,才足以应付新纪元的到来。

在广告收入方面,过去采取佣金的方式将渐渐在 Fee 潮流影响下消失。何谓 Fee,是指客户与广告公司共同讨论年度广告费,广告公司的收入不再是看佣金的 15%。不过目前 Fee 正处起飞期,在成本的考虑下,大型客户比较喜欢。以 Fee 的方式计算,小型客户则喜欢佣金的方式。但不可否认,Fee 是一股潮流,将来客户愈大,Fee 的制度会愈兴旺。

二十一世纪的产业将会继续朝着整合行销传播方式前进。产业行销的趋势将越来越复杂,光从广告观念来思考已经无法满足客户需求。唯有整合公关、广告、视觉管理、直效行销等项目结合在一起,将每一项传播工具的效果发挥到淋漓尽致,才能替客户创造销售佳绩。

第二部分 培养品牌和帮助品牌成长

为了更好地说明品牌管理的重要性,让我先阐明几个基本的区别。在每一个品牌中都有一个产品,但并非每一个产品都是品牌。这绝非文字游戏,因为它们的所指完全不同。

产品是具体的,你能够触摸、感觉和观察它。它具有物质的特性、风格、形式、特点和价格,是我们的客户所生产的。而品牌则是人们对一个产品的全部体验——它的个性、使用者对其品质的信任、对其象征的地位的信任度、使用的经验等等,那些并不明显的或抽象的东西。这就引出了我们所认为的至关重要的定义:“品牌”即是指消费者对一个产品的体验或感受。

品牌的概念并不是一个新的概念;但是,搜集和具体说明那些无形的体验并使其成为广告的要素,这种传播原则是前所未有的。也就是奥美所强调推行的这一套“品牌管家”的观念。品牌管家的主要精髓是品牌检验和品牌写真。

品牌检验是用来确定消费者与品牌的关系,探讨具体和抽象的资料,找出消费者对品牌的感受。品牌检验所提的问题包括使用经验的感受和情感,相关的记忆及联想以及品牌给人们何种感觉。基本上属于一个感情体验的问题。

品牌检验归纳整理出来的结果就可引导品牌写真的产出。所谓品牌写真,就是针对品牌与消费者的关系予以独特地描述——一般用文字,有时还可通过影像来表达。换言之,它即是品牌DNA(基因)的描述。这就是我们创造不仅仅是宣传,实际上也是发展品牌的传播规划的基础。

当然,这里说的仅仅是理论,是否行之有效,让我们先来看几个来自美国的实例。

一、捷豹汽车

当我们刚接手这个客户时,捷豹品牌境况十分不佳。在近年来,它被诸如凌志汽车等开始能够制造较高质量和具有较好价值的新牌子所超越。捷豹失去了理性优势,更严重的还失去了希望。此品牌原想制作与凌志类同的寻常广告,但是我们的品牌检验表明,捷豹的问题在于它不能扬其所长。实际上,它的独特性正是其优势所在。我们得出捷豹的品牌写真:

捷豹与其它汽车的不同不在于其外形和制造工艺,这种不同在于灵魂、情感和不步人后尘。捷豹不屑模仿正如其车主一样。

这则写真可以解释该品牌的吸引力何在,人们为什么要去购买,把购买的心愿形容出来。买奔驰是为了其科技性,因为它是德国制造的;买日本车可能是因为价值较高,玩艺较多;而买英国制造的捷豹,则基本上是一个感情的决定。因为觉得它带给人们的不是一个可以马上触摸的东西。我们的广告也是往这方面去拍。

(播放两则广告片)

以上捷豹汽车系列广告片中的两则广告,均是用非常形象的手段来处理的。

捷豹……像它的主人,独一无二,绝无翻版。迎合大众,从来就不是捷豹所崇尚的,它是为一群独特的买主所创。这群人真正用心回应汽车的召唤。他们不了解富豪汽车(volvo);他们认为凌志汽车(lexus)太温和没个性;他们对于奔驰(MercedesBerz)的精确无动于衷;他们更觉得凯迪拉克(Cadillac)俗不可耐。

这群人绝对不会因纯粹的实用效益去买任何东西,就算那些实用性打动了他们。

我们的广告正体现了这样一种精神。

自1992年开始引用品牌管家之后,捷豹的市场占有率已从5.4%升至12.5%。更令人欣慰的是,捷豹精神的再发现带来了制造技术上的更新。这种更新是建立在品牌所代表特性的基础上,而非企图和其它汽车在科技上的发展一样。

二、多芬肥皂

随着全球经济日益相互依赖,我们的客户也在寻求适用于各地的品牌创意。

举例说明,40年来,由于联合利华在美国有忠实的消费者群,多芬香皂一直十分成功,曾在美国同类产品中销量第一。1992年联合利华认为多芬的优势可以在全球加以利用,在短短四年中,联合利华使其成为一个全球的超级品牌,在全球76个国家推出,其中也包括中国。但最奇妙的是所有的营销都围绕一个以品牌为王的中心创意——即多芬是妇女每日通过清洗使自己焕然一新的可靠而纯朴的产品。全世界各地的妇女都注意自己的皮肤,而多芬正是利用这一点来获得消费者的认同。这种关注是真实的,这种真实性可以通过在各国使用的广告片之中实地采访妇女而看出。在广告中的这些妇女并非演员。她们在真实地谈论自己的皮肤以及她们对多芬的看法。消费者对多芬的感受是一种可依赖的感觉。

(播放多芬广告——英国、香港、韩国、中国)

大家可以看出这是很真实的一种广告,但是这种广告表达的形式是一定要从品牌检验,品牌写真这两个步骤出发，才可以达到广告效果。这类广告在全球都相当成功，主要是因为妇女对此类广告非常有共鸣。

三、IBM 电脑

一个更为突出的全球品牌管家例子是 IBM 客户。当我们在约两年前被指定为代理商时，IBM 品牌形象支离破碎，在走下坡路。人们以为 IBM 机构庞大，反应缓慢，在研究开发方面不如他人。虽然这些印象并非事实，但 IBM 确实在失去很多消费者。本来它是世界上最大的电脑公司，很多年来一直居于电脑业的榜首。但是由于它日趋庞大，便使它反应日趋缓慢，与消费者隔离得越来越远。正如我们的品牌检验所表明，“你无法和 IBM 一同欢笑”或“IBM 只会与你的主管谈论，除此以外，别人都不重要。”这是对 IBM 推销人员态度的反应。我们在几个主要市场，其中包括中国进行了广泛的调查和研究，做了品牌检验，并在此基础上提出品牌写真——使 IBM 的庞大规模与消费者利益相互关联，使其全球地位兼容一个普通人的面孔。而我们实际上要表达的是，IBM 细致入微的努力可以使任何地方的任何人变成电脑的热心使用者，并为这日益变小的地球提供四海一家的解决之道。

（播放 IBM 八则广告片）

这则广告在 47 个国家以 30 种以上的语言发布，为我们同时发布的大量的有关产品的广告提供了支持。当然，IBM 不可能全部依赖电视广告，这些电视广告的作用就是给人们感觉对公司、品牌及产品与消费者隔离不那么远，对科技没有那么大的恐惧感。最重要的就是把消费者与品牌的距离拉得很近。全球范围的跟踪调查对品牌的现状作了监测，我们发现人们对品牌的消极看法有了明显的减少，对品牌的情感有了重要的改善。IBM 现在被认为具有全球领先地位，在产品和服务质量以及在可依赖度方面名列第一，从《幸福》杂志所评论的“古老恐龙”形象转变到《连线》杂志的热门品牌。

我们已经从全球角度介绍了品牌管家的作用。那么对中国来说，它又如何能成功地帮助中国建立起品牌？

使中国品牌变得更具专业标准将是第一步。

这将带来未来 20 年中全球市场最重要的变化：即中国将成为一个品牌产出国，而非仅仅是商品的出口国。根据中国外经贸部政策法规司统计，中国约有一万家企业拥有外贸出口权。但是真正认识到培育品牌重要性的企业为数不多。这样，中国又会走类似韩国这样的亚洲国家走过的路；而他们的道路本可以更畅通。韩国的出口业并未将培育品牌在美国和欧洲放在很优先的地位。因此，其产品在这些市场的渗透度非如所愿。

建立品牌有两个关键步骤，第一是适当的品牌特征，第二是培育品牌。

注册商标名称往往被当作单纯的、与法律有关的形象，而实际上它们仍常常孕育着品牌最终要树立的所有象征意义。它乃是建立丰富的、具体和抽象品牌因素的必经之途。这样的例子比比皆是。宏基电脑（英文名 ACER）便是如此。多年前，这种电脑以 MSC 集团名称出售。奥美建议他们使用 ACER 这一名称。正是这一名称将这种台湾生产的电脑成功地推向了世界。另外一个例子是和忆通讯公司。这是一家在香港的中国人开办的公司。他们在英国销售手提电话，其产品品牌名称——橙（orange），表达了与众不同、新颖、活泼等特性，而其产品的形象以及服务也由这些特性所生。这个品牌在英国获得了成功。因而当品牌推向国际时，就一定要考虑到国际的环境。

至于培育品牌，便可以运用品牌管家的一整套方式。但首先需要的是根本的观念更新，即要深入地了解产品所销售市场上消费者对你的产品或服务的感觉，而并非你自己的感觉。我们往往在推销自己的产品及品牌的时候从我们自身的角度出发，自我感觉良好，优势在哪里，都是自己断定，对产品及品牌非常自豪。但是最终如果要成功地将品牌推荐给消费者，就一定要倾听消费者对你所说的话。

最近，我们为在新加坡的中国银行分行筹划了一个广告计划。由于新加坡政府放松了有关方面的规定，中国银行需要吸引年轻一代华侨成为其顾客。传统的品牌宣传会侧重银行的雄厚资本和服务种类。但我们在作品牌检验时发现，中行潜在顾客所希望得到的并非是这些具体的数字和服务项目，而是与这一品牌有关的中华特性的联系。它不仅是中行的业务能力，而且与祖国的联系有关。最后制定品牌写真时，我们将其形容为“精明”，以精明协助你理财，以智慧带来财富。下面是我们为此所作的广告片，我很想知道中国的观众对此有何感受。

（放片）

因此，有震撼力的形象和创意为树立品牌所作的贡献，远非一般寻常无味的广告用语所能比拟。而只有在了解消费者的真实感受后，才有可能创造出刚才这样的广告片。

在其它的中国品牌已开始致力于国际化之际，我想将我刚才所述归纳为五个奥美致胜要诀。这都是建立在诸多教训和错误之上的经验之谈。

一、在消费者作出评论之前，不要以为你的产品设计和制造都正确。要建立品牌，不能太主观。

二、从一开始就确定一个明确和强有力的形象。不能先告诉消费者你的产品能做些什么，一定要让消费者对你的产品产生一种感觉，这种感觉就是要从你的广告中建立起一个明确的形象。

三、在使用品牌检验时，尽可能广泛地向使用者作调查，包括现有、潜在和竞争产品的使用者。他们全都可能是你的顾客，他们对品牌及品类的感想的评语是至关重要的。

四、尽早确定品牌写真，以便能使其成为全球范围内品牌定位的基本标准。在作完品牌检验后，就要尽快完成品牌写真。一旦确定，也不要轻易更改。若该写真很容易使人看到后厌倦，那就不是一个好的品牌写真。好的品牌写真应达到即使公司管理人员更换，或卖给他人，后来者看到它就知道如何制作出广告。

五、全球品牌定位保持一致性的同时，在各地的执行应考虑各地的需要和文化背景的不同。内涵的一致比形式的一致重要。如不同国家的 IBM 广告，在每个国家、地区由于生活方式对他们具有不同的吸引力，其画面都有所不同。每个情景不同，但内涵都是一样的——IBM 平易近人，是对每一个普通人有帮助的科技品牌。

展望未来，我们面临着巨大的机遇，中国的广告业将进入一个全新的发展阶段，我认为这一新的发展阶段将以建立品牌为当务之急，而这对一个蓬勃发展、充满活力的市场而言至关重要。从这样一个基本点出发，广告事业必将通向更为广阔的世界。在这条道路的指路牌上，有一件事十分重要：“千万不要忘记品牌”！因为“二十一世纪是一个品牌相争的世纪”。

谢谢大家！

品牌忠诚营销——第四次营销浪潮

丁俊杰

第一部分:从产品消费向品牌消费的转变

品牌是消费者和品牌所有者之间进行消费交流的共有符号

在日常生活中,我们都会碰到这种现象,消费者到商店去,会不假思索他说:“买一包康师傅。”消费者要的当然不是一种‘康师傅”的什么东西,而是一种叫“康师傅”的方便面。那他为什么不说买方便面,而说买康师傅呢? 原来在它的意识里,康师傅就代表了他所想要的那一种方便面,而不是被称为其他名字的方便面。这也就是我们常说的:消费者购买的是产品,但选择的却常常是品牌。

在这里,康师傅及其所特有的标志和包装是一种符号,一种消费的符号,这种符号就是品牌,它是消费者和品牌所有者之间进行消费交流的共有符号。对消费者来说,他所选择的品牌代表了他所需要的那种产品,那种产品有他所认可的可靠的质量、合理的价格、较低的购物风险、某种象征、品牌所有者在他心中的地位、他对自己的评价、他的价值观念等等。在这里,品牌提供了消费者购买这种商品的理由。

这种现象代表了一种不同的消费方式,这就是所谓的品牌消费,它是产品消费的高级形式。

在中国,品牌消费是不是一种普遍的现象呢? 从理论上讲,进入九十年代以来,社会整体的经济形态已经从“供不应求”转入“供过于求”。在大城市,这种现象尤其明显。随着企业竞争激化,消费者选择余地增大,必然产生“品牌消费”的现象。在一些基本的需求得到满足的时候,消费者有意无意地集中购买和消费某几个品牌。这是品牌消费现象产生的社会经济背景。

北京广播学院广告学系 IMI 市场信息研究所对中国三大城市居民的消费行为的研究结果也证实了这一点:在一部分日常生活用品的消费中,在购买之前就已决定好所要购买的品牌的消费者占该种产品所有消费者的比例(我们称之为本类产品的品牌消费率)非常高,即品牌消费的现象相当明显。表 1 是 IMI 市场信息研究所对北京市 1000 名消费者的调查所得的结果,从中可以得出一个结论,消费者已基本上从对这些产品的选择转为对这些产品品牌的选择。消费者开始有了自己“理想的品牌”、“首选的品牌”,并会对品牌作一些评价(参见《人民日报》1998 年“3·15 让消费者说好”调查活动)。

从理论上讲,消费者完成了从产品消费向品牌消费的转换后,品牌成为消费交流的符号。对消费者来说,品牌成为他选择产品的主要依据,对企业来说,品牌之间的竞争代替了产品之间的竞争,品牌优势成为企业努力追求的竞争优势。

正如美国著名的广告研究专家莱利·莱特(Larry Light)在回答《广告研究月刊》关于未来三十年的营销前景时说:“营销战争将会是品牌之间的战争,是品牌优势的竞争。企业和投资者将会认识到品牌是公司最有价值的财产,这是一个关键的观念。它是一个关于如何发展、加强、保护和管理企业的看法……拥有市场将会比拥有工厂更重要。拥有市场的唯一方法是拥有占市场主导地位的品牌。”

表 1:不同产品的品牌消费(说明在中国品牌消费已经比较普遍)

产　品	品牌消费率	产　品	品牌消费率	产　品	品牌消费率	产　品	品牌消费率
方便面/米饭	78.6	酒(非啤酒)	89.5	牙膏	78.4	保养化妆品	83.7
即溶咖啡	86.5	啤　酒	84.7	洗衣粉/剂	81.9	洁面液/皂	81.0
食用油	79.9	润喉药	79.3	洗涤精	95.6	自行车	68.2
碳酸类饮料	78.1	保健药品	86.5	洗发水	71.4	香烟	90.5
奶　粉	75.7	肠胃药	81.0	卫生棉	86.4	胶卷	89.4

值得中国企业界重视的是,外国企业已经敏锐地意识到中国消费者的“品牌消费”现象。在中国市场上,他们已完成或正在实施从单纯的资金输入向以品牌输人为主的市场战略转换。一方面,他们以自己强大的品牌优势吸引了中国的消费者,这使得中国的一些品牌面临着巨大的竞争压力。另一方面,他们利用合资的机会,有意地削弱、排挤中国同类产品里的著名品牌,使自己的品牌减少竞争压力,最后达到独占中国市场的目的。相比之下,中国企业的品牌意识比较差,加上缺乏理论的指导和自信心,以及外国企业在资金等方面的优势,使得中国的一些著名品牌在与外国企业合资之后纷纷消失,这对中国来说是一种最大的损失。比较著名的例子是,上海家化的名牌美加净就因为合资方把其使用权购买下来,一度从市场上消失。这已成为最近比较热门的中国品牌大战的话题,不在本次讨论之内。

同时,一些企业在市场竞争中开始意识到品牌问题的重要性,开始把目光转向对品牌的投资和研究,成功地培育了一些著名的品牌,并开始产生较大的效益。象娃哈哈、三九胃泰、健力宝、青岛(啤酒)等已成为被中国消费者承认的品牌,与同类产品相比较,它们均有较高的市场占有率,较强的品牌影响力(参见《人民日报》1998 年“3·15 让消费者说好”调查活动。)企业界逐渐重视对品牌进行无形资产的评估,例如,长虹这个品牌经过评估后发现其价值已达 87.61 亿元(见《经济日报》1996 年 4 月 23 日)。同时,有一些品牌由于管理不善,逐渐萎缩直至消失,当年红透大江南北的“环宇”牌电视机被挤出市场是很典型的一个例子(见《人民日报》1996 年 4 月)。

因此,对品牌进行深入的研究,从理论的高度探讨品牌成功的原因和失败的教训,培育中国自己的成功品牌应当成为国内营销和广告学者面临的迫切课题。理论的引进十分重要,针对中国的特殊情况进行研究也是当务之急。

第二部分:品牌忠诚营销——第四次营销浪潮

一、几个基本概念的澄清

品牌忠诚营销是 90 年代中期西方营销学界提出的概念,要了解品牌忠诚营销理论,首先必须明确三个概念:品牌、品牌资产和品牌忠诚。

1.什么是品牌

要研究品牌,必须先对“品牌是什么”有明确的了解。对于“品牌是什么”这个问题,人们几乎可以脱口而出,松下是品牌,麦当劳是品牌……,或者说那个带有金色拱门标志的就是品牌。这是品牌在外在形式上的意义,它是一些专门设计的图案和名称,它随着广告、促销、宣传等不断地出现在消费者的面前,使他们熟悉该品牌所特有的图案和名称,其根本目的是为了使自身的产品或服务在外在形式上与竞争对手的产品或服务区别开来,使自己的特点突显在自己的外在表现上,最终使消费者能很快地在众多商品中找出该品牌的产品或服务。从这个意义上讲,品牌是一种识别的标志。

然而,更重要的是,作为一种选择的依据的品牌,它必须有实质的内容,而不光是一些标志和名称而已。显然松下不仅仅是彩电的名称而已,它代表的是松下所生产的彩电,而康佳代表的则是康佳所生产的彩电。同样是彩电,松下所生产的与康佳所生产的也许在某些功能上会有一些不同,这时,松下与康佳就代表着两种彩电在功能上的一些差别.比如,松下有画中画,而康佳则没有,这样消费者就可以依据品牌的不同选择不同的产品。同时,品牌就意味着产品在功能上的一些差异。不过,有时这两种产品在功能上也许没有什么不同,这时品牌仍然会成为消费者选择产品的依据。比如有些消费者会选择松下,而不会选择康佳,因为消费者感觉到松下在质量上会更有保证,或者是觉得用外国产品更有面子,甚至是因为松下电视广告的某位演员是他所喜欢的电影明星。一句话,买松下使他觉得比买康佳更有价值。这种价值并不是产品实际提供给他的利益,而是消费者的文化背景、松下长期的广告宣传、多年以来所树立起来的企业的信誉等因素的综合作用所产生的,消费者的这种价值感使得他觉得自己更有理由选择松下而不选择康佳。因此,可以说品牌是选择产品的依据。

事实上,任何一个品牌都包含着两个方面的选择依据:能提供某种功能性利益的产品或服务和某种超出这种功能性利益的价值感。John Philip Jones 说的更加通俗:"品牌包含一个提供功能性利益的产品,再加上一些足以让消费者掏钱购买的价值感。"(转引自参考文献 7,P57)消费者在进行品牌选择时,他的依据就是这两个方面的内容,不过有时可能侧重产品所能提供的功能性利益,有时则可能是这种品牌所具有的价值感。前者是客观存在的事实,也是品牌存在的基础,它是由品牌拥有者提供给消费者的,它提供了品牌满足消费者实际需要的能力,消费者可以通过估计品牌这种能力的大小来决定是否选择这个品牌;后者则含有主观性很浓的成分,更重要的它是一种消费者的心理感觉,这种感觉固然是由企业通过种种手段引发产生,但它毕竟是消费者的感觉,企业可引导它,但无法控制它。在产品高度同质化的今天,品牌区别功能性利益的能力逐渐弱化,因此,品牌所体现出的价值感日益成为消费者选择品牌的主要依据。即使有些品牌强调了其在功能上的不同之处,其实那也是一种有意宣传的结果。它仍然是一种感觉上的功能不同,而在事实上这种差别可能很小,不足成为消费者选择品牌的依据。

一般把品牌具有的价值感称为品牌的附加价值。附加价值有时是功能性的,它能满足消费者的额外需要,同时也会额外满足消费者某种情感上的需要;有时则完全是情感性的,它只是额外满足消费者某种情感上的需要。

总的来说,品牌包括以下内容:产品、特有的名称和图案以及品牌所具有的附加价值。

2.什么是品牌资产

品牌资产是八十年代才出现的概念。什么是品牌资产呢?首先看一个例子:80 年代末期,菲力浦·莫力斯(Phi1ip Morries)以六倍于帐面价值的价钱购买了克莱福特(Kraf t)这个品牌,他们认为公司购买了一个强势的品牌,这个品牌具有以下特征:1)它对忠诚的消费者有一种购买的动员力;2)它可以把自己对消费者的吸引力转化为菲力浦·莫力斯在食品行业的商业影响力;3)这个品牌可以被延伸;4)最重要的是它可以保证菲力浦·莫力斯在香烟生意之外进行成功的多样化经营。这些都被菲力浦·莫力斯认为是克莱福特这个品牌所具有的超出其帐面价值六倍的资产。

对于什么是品牌资产,观察问题的角度不同,看法也大不一样。消费者把品牌资产看作是,通过与品牌名称相联系而附加给功能性产品或服务的价值;公司可能会把它看成未来可以贴现的有获利趋势的价值,这种价值是由品牌名称而引起的商品溢价或产生提高了的品牌忠诚而引起的;从企业管理的角度看,品牌资产是一系列的财产,包括品牌认知、品牌忠诚、品牌体现的品质、品牌联想等,这些都是与品牌名称及其标志联系在一起的。简单地说,品牌资产是一种超越生产、商品等所有有形资产以外的价值。品牌资产的基础是品牌对消费者的特殊吸引力,包括激起消费者的忠诚度,和吸引消费者的人数。

品牌资产由哪些部分组成呢?1991年大卫·A·艾克在其《品牌资产管理:把品牌名称的价值资本化》一书中认为,品牌资产应该包括以下内容:

1)品牌忠诚。2)品牌认知。3)品牌所体现的品质。4)品牌联想。5)其他属品牌所有的资产——专利、商标、品牌的各种关系等。

3.什么是品牌忠诚

一个比较公认的定义是:品牌忠诚是一种行为过程,也是一种心理(决策、评估)过程,是一种在一个购买决策单位中,多次表现出来的对某个品牌的有偏向性的(而非随意的)行为反应(购买)。我们对品牌忠诚的定义是:品牌忠诚是消费者以其对品牌的满意的消费经验为基础的,对其所偏爱的品牌所表现出的重复购买或重复使用的消费行为。这个定义更加严谨一些。

品牌忠诚是品牌资产的重要组成部分。David A Aaker认为,品牌忠诚是一种战略资产,如果对其进行适当的管理和利用,它的价值表现在以下几个方面:

首先,品牌忠诚为本品牌提供了稳定的不易转移的消费者,从而保证了本品牌基本的市场占有率。由于这些消费者对本品牌有一种偏爱,促使他们购买原来的品牌要容易得多。研究表明,吸引一个新的消费者所花的钱是保持原有消费者的五倍。因此,品牌忠诚会降低企业花在营销上的费用。

其次,品牌忠诚会吸引新的消费者。由于品牌忠诚是以使用经验为基础的,没有品牌的使用就谈不上品牌忠诚。品牌忠诚的消费者会以自己的使用经验和对品牌的热爱有效地吸引新的消费者加入品牌消费的大潮之中。品牌忠诚的消费者是本品牌最有效的意见领袖。

第三,缓解竞争威胁。当竞争品牌采取一些新的促销手段或是新的产品策略时,品牌忠诚会提供给本品牌以应付竞争的时间。例如,竞争对手开发出产品的新功能时,品牌忠诚的消费者不愿立即更换自己的品牌,从而给予本品牌开发新产品的时间,化解了他们在采用新产品与冒一定风险改变品牌之间的矛盾。

第四,提供巨大的商业影响力。这主要是对零售商而言。具有较高品牌忠诚度的品牌会吸引顾客,他们宁可花更多的钱来购买本品牌,这使得商店不敢轻视这些品牌,他们往往会在货物的排列,提供的折扣,以及进货上提供优惠的政策。

从实际的例子中也可以看出品牌忠诚的重要价值。可口可乐的老板之所以敢说:“即使可口可乐在全世界的工厂一夜之间全部被烧光,我也可以马上恢复生产”,正是因为可口可乐拥有一大批品牌忠诚者。他们是如此的忠诚,以致1985年,当可口可乐宣布改变配方时,每天竟会接到1500个抗议的电话,最后不得不恢复旧配方。

品牌忠诚消费者是品牌最好的消费者,一个具有较高品牌忠诚的消费者倾向于一次又一次地购买所喜爱的品牌,而不论消费环境如何变化。强品牌忠诚度使得品牌受环境的影响更小,所以,每个公司都在为其产品和服务寻找稳定的、不会转移的消费者,国外的研究表明,市场占有率的提高与品牌忠诚度的提高有密切关系。因此,研究品牌忠诚行为,培育本品牌的忠诚者,对企业来说具有重大的战略利益。

二、二战后美国的四次营销浪潮

二战以后,美国共出现了四次营销浪潮,分别是:

大量营销(Mass marketing):即大量的产品和服务通过大量的媒体上的大量的广告,向大量的市场进行大量的推销和分配。这种营销与工业革命一样古老,并与战后人口的增长以及居民可自由支配的收入的不断增长有关,它受到经济规模增长的刺激。

目标营销(Target marketing):当大量营销者意识到所有的消费者并不都是同等的时候,目标营销理论产生了。它是特定的产品通过特定的分配渠道流向特定的市场,并且通过特定的媒介向特定的受众传递特定的信息。

全球营销(Global marketing):从本质上说,它是跨越地区的目标市场营销的混合体。为了达到大量营销的那种规模经济效益,营销者从世界范围内寻找共同的目标市场。比如,营销者发现,上海、东京、纽约、巴黎的青少年在很多地方有相似之处,这意味着像可口可乐、麦当劳、李维这些全球性的品牌就有了很多市场机会。

这三次营销浪潮在本质上是一样的,它们只不过是分别想在大量市场、目标市场和全球市场上使自己的销售量最大化。不过到了现在,营销者发现,销售的增长并不意味着利润的增长。因此,营销者开始把目光转向市场占有率的质量,而不仅仅是市场占有率的数量。我们知道,企业的根本目标是获得利润的持续增长。要达到这个目标,新的营销目标应该是同时提高销售和利润。要达到保持利润的持续增长这个目标,必须通过创立和巩固品牌忠诚来实现。这时,所谓的第四次营销浪潮——品牌忠诚营销(Brand Lo yalty Marketing)就产生了。

三、品牌忠诚营销理论

品牌忠诚营销理论认为,通常我们把品牌看作是资产,但实际上真正的资产是品牌忠诚。如果没有品牌的消费者的忠诚,品牌不过是一个几乎没有价值的商标或用于识别的符号。因此,品牌忠诚营销的目标是赢得并维护品牌忠诚消费者,必须同时提高销售和品牌的价值。从品牌忠诚营销的观点看,销售并不是营销的最终目标,它是与消费者之间建立持久的有益的品牌关系的开始,也是建立品牌忠诚,把品牌购买者转化为品牌忠诚者的机会。

促使品牌忠诚营销产生的直接原因是这种事实:某个品牌吸引一个新消费者的花费是保持一个已有的消费者的4—6倍。例如,Slater和Narver发现:消费者的忠诚极有价值,因为保持一个消费者的费用仅仅是吸引一个新的消费者的费用的四分之一。另有两个美国学者研究认为,与销售、市场占有率、单位费用以及其他许多与竞争优势有关的因素相比,品牌忠诚能够为公司增加的利润要多得多。当消费者与品牌之间的关系得到加强,利润就会增加,而且不会是一点点。只要保住消费者中的5%多一点,公司所能增加的利润会达到将近100%。Desatnick和Detzel在其《努力保持消费者》(Managing to Keep the Consumer)一书中谈到:“在汽车行业,一个终生忠诚的消费者可以平均为其所忠诚的品牌带来14000美元的收入;在应用制造业,一个终生忠诚的消费者价值超过2800美元;地方超级市场每年可以从忠诚的消费者那里获得4400美元左右。”

建立品牌忠诚是实现持续的利润增长的最有效的方法。企业必须把与消费者做交易的观念转化为与消费者建立关系的观念,从仅仅集中于消费者的争取和征服转为集中于消费者的忠诚与保持。品牌忠诚的消费者是最好的消费者。

品牌忠诚营销的目标是把品牌的购买者转变为品牌忠诚者,把品牌忠诚者转化为品牌热心者,下面我们提供一个所谓的品牌忠诚阶梯。它是品牌忠诚营销的中心部分。品牌忠诚营销者必须努力把消费者往梯子的上一层移动。

品牌忠诚营销的核心是品牌忠诚,然后是消费者的价值。品牌忠诚营销包括四个重要要素:识别、吸引、维护和加强品牌的忠诚。营销者必须通过一切办法来识别、吸引、维护和加强品牌的忠诚。他必须找出最有价值的消费者。因为许多的研究表明,相当大的一部分销售量来自一小部分忠诚的重复用户。还有证据表明,品牌忠诚度的一点点提高,都会导致品牌利润的大幅度增长。

四、广告在品牌忠诚营销中的作用

关于广告对品牌忠诚的影响,国外营销学者的研究很多,结论也基本上差不多,即广告不但能产生试用,而且会强化品牌忠诚。由美国信息资源公司所做的研究"广告如何发生作用"在历经八年时间分析了400个品牌之后得出结论:更高的广告预算在增加已存在的消费者的忠诚度方面比从新的消费者那里产生试用要多得多。对成功的品牌来说,因为较高的广告量而引起的销售量的增加只有30%是来自于新的消费者。剩下所增加的70%的销售量是来自于现有的消费者。这是由于增加的广告使他们对品牌变得更忠诚。因此,现在比较公认的一种看法是:广告的一个重要的而且是更有价值的目标是加强已经存在的消费者与品牌的联系并使他们变得更加忠诚。对已经存在的品牌来说,大部分广告的目的是使已存在的消费者更加忠诚,而不是说服非本品牌消费者从其他品牌转移过来。

广告对品牌忠诚的形成的作用过程模式如下:

认知……试用……态度……强化……信任……强化……忠诚这个模式的心理学基础是,最重要的态度改变往往是在行为改变之后,而不是在行为改变之前。态度用来解释行为比用来预测行为效果更好。也就是说,其一般过程是"我做(购买或试用),所以我是(对品牌的看法)。"消费心理学家认为,消费者的态度更多的是在试用之后形成,而不是在试用之前形成。广告中有一种现象是:旅游广告的最热心的读者是刚从所广告的目的地回来的旅游者。Giep Franzen 指出"广告肯定并强化了消费者自己的使用经验的感觉。"品牌的使用者是最容易被广告影响的一个群体。因为他们在寻找对他们的行为的智慧的强化。

就是说,由广告认知产生试用的期望,导致试用行为。试用的经验形成决定性的态度,这种态度被企业的营销手段所强化(包括广告),强化的态度如果总是肯定的,就会增加重复购买和重复使用的可能性。继续强化,重复购买和重复使用会转化为对品牌的信任和形成品牌忠诚。广告主在通过减少认知不协调、增加品牌满意和重新引起品牌认知来强化消费者的品牌忠诚行为。

关于广告对品牌忠诚的作用的进一步研究:

品牌忠诚也会受广告和品牌使用经验之间的相互影响的影响。品牌忠诚是以使用经验为基础的。在消费者使用品牌之后,广告的重要作用是帮助消费者如何理解其使用经验,解决消费者的一些不确定的问题,影响他在记忆里对本品牌的一些看法。在消费者使用品牌之前,广告可能把消费者的精力集中在品牌提供给消费者的利益点上,这样当消费者评估自己的使用经验时,会更加肯定自己的选择。这两者都会增加消费者重复购买或重复使用的可能性,从而促进品牌忠诚的形成,但是,如果消费者更加注重自己的使用经验,那么广告对品牌忠诚的影响力就相对地要弱一些。反之,则广告的影响力要大一些。

另外,如果我们再仔细探讨会发现,品牌忠诚包含着对品牌的偏好。只有在个人存在着对品牌的偏爱,广告才更有可能增加品牌的重复购买或重复使用。也就是说,如果消费者具有较高程度的品牌偏爱,广告才更有可能影响其对品牌的重复购买或重复使用,并提高品牌的忠诚度,否则,广告对品牌忠诚的影响不大。

五、品牌忠诚营销带来的营销新观念

1.营销是为强化消费者对品牌的态度

传统的类似 AIDA 模式[广告的作用是:引起认知——激发兴趣——刺激欲望——导致购买]和 DAGMA 观念[广告引起认知——沟通知识——改变态度——影响行为]都已经过时,容易误导营销行为。品牌忠诚营销观念把“强化”提高到一个新的高度。品牌使用和营销之间的相互影响有助于强化态度,并提高品牌忠诚。销售之后的营销行为与导致销售的营销行为一样重要。对品牌忠诚营销者来说,销售不是营销的最终目的,销售是建立品牌忠诚的开始,是把品牌购买者转化为品牌忠诚者的机会。

2.找出品牌忠诚者

仅仅注意大量使用者是不够的,在许多产品类别里,一个品牌的少量忠诚的大量使用者占有该品牌利润的很大比例。因此,要通过识别、吸引、培育、保护并开发本品牌“恰当的消费者”来建立忠诚的消费者的基础。对一个品牌来说,忠诚消费者的价值是非忠诚者的九倍。品牌忠诚的少量增长会引起品牌利润的大量增长。找出品牌忠诚者后,一切营销努力都要围绕着他们来开展。

3.摆正广告和促销之间的关系

广告与促销之间应该协调一致,而不要互相矛盾。广告和促销的目的都是为了利润的增长,如果把太多的营销努力放在价格促销上面虽然会获得销售的增长,但是会损害品牌忠诚。

广告在建立品牌忠诚中扮演重要角色。有研究表明,三分之二的成功广告的效果是增加品牌忠诚。也有研究表明,超过一半以上的广告的价值是强化品牌忠诚,广告的重要作用对营销成功来说至关重要。

4.避免惩罚忠诚者而奖赏非忠诚者

忠诚一个品牌并不意味着永远忠诚这个品牌。营销努力既要建立品牌忠诚,更要维护品牌忠诚。对品牌忠诚者不管不问的话最终将会失去他们。品牌忠诚很有价值,但也十分脆弱。赢得并保持品牌忠诚是一个持续不断的过程。只是想去吸引新的消费者而不去维护忠诚消费者不是品牌忠诚营销的观念。

5.销售品质而不是价格

无论是在促销中还是在广告中,过分强调价格都会破坏品牌忠诚。品牌信息的主要焦点应当是你的品牌是如何特别,而不是你的品牌是如何便宜。无论是广告还是促销,其目标应当是销售品牌与众不同的品质。

6.关心点仍是利润

不要以损害品牌忠诚为代价来获得销售量的增加。销售量的增加固然重要,但是销售量的增加并不意味着利润的增加,有时反而会伴随着利润的下降。品牌忠诚营销的目标是获得销售量和品牌价值的同时增长,这是保证持续的利润增长的唯一途径。

7.把品牌忠诚营销策略作为企业的策略

品牌忠诚营销适用于大公司和大品牌,也适用于小公司和小品牌,既适用于已存在的品牌,也适用于新品牌。任何营销计划都应该包括四个基本要素:即这个计划如何识别、吸引、维护和加强品牌忠诚。

8.把品牌忠诚当作资产

品牌不是资产,品牌忠诚才是资产。没有品牌忠诚者,品牌几乎没有什么价值,不过是一个标志而已。从这个观点看,只有品牌忠诚才能实现品牌资产在财政上的价值。

第三部分:品牌忠诚的形成及其影响因素(以护肤类化妆品为个案的研究)

一、品牌忠诚是如何形成的

品牌忠诚是一种特殊的消费行为，因此，可以从消费者的购买决策过程来探讨品牌忠诚的形成过程。一般来说，一次比较完整的购买决策过程是：

认识需求——信息收集——信息评估——购买决定——买后感觉

在这个过程中，信息的评估和买后感觉是比较重要的阶段。信息评估是消费者选择某个品牌的依据。买后感觉则是消费者根据自己的使用经验对自己的选择的评价，他将决定消费者对品牌的看法，并强烈地影响下一次的购买决策。在这次购买之后，消费者可能会再次产生类似的需求，这时他要再次做出购买决策。根据上一次的使用经验，如果他觉得不满意，将拒绝继续购买这个品牌，品牌忠诚就无从谈起了。如果他对上一次购买感到满意，觉得这个品牌不错，对这个品牌就产生了好感，于是这个品牌就会成为他这次购买决策的考虑重点。这时，还可能会有该品牌的一些广告、促销、宣传等增强了他再次购买该品牌的信心，于是他继续购买该品牌。在不断的购买，满意，再购买，继续感到满意的情况下，就会产生品牌忠诚。

品牌忠诚形成的重要条件是：消费者在每次购买和使用该品牌之后对该品牌产生满意，这种满意对下一次购买时的品牌选择起着决定性的影响。这种满意就是所谓的消费满意。在多次消费实践过程中，对品牌的满意感不断地积累，导致对品牌的偏好和重复购买行为，最终将导致品牌忠诚的形成，品牌使用后的满意是品牌忠诚形成的基础。

对品牌的满意是多种多样的，比如，对这个品牌的质量、价格、满足消费者需要的程度等比较满意，可以把它归纳为两大类：风险满意、习惯满意。

(1)风险满意促成品牌忠诚形成的过程

消费者任何一次购买决策都会面临这样一个问题：购买这种牌子的商品在满足自己的需求(主观的和客观的、物质的和精神的)的同时，也会带来一些损失或潜在的危险性，甚至是现实的危险性。例如，该品牌的产品不能发挥自己所期望的那种作用、产品价格与实际价值可能有差距、产品可能带来某些危害、产品不能实现消费者心理需要、产品可能得不到他人的认可等等。这就是消费者行为学上所说的消费风险。准确他说，消费风险是由于消费者对购买决策的结果(满意或不满意)所产生的不确定性的心理感觉。消费者在购买决策时只受存在于消费者的主观认识的风险的影响，客观上并不存在的风险，但只要消费者在主观上感觉到了它，就会影响购买决策。这些风险在消费者购买时就已经意识到了，因此，他必须对各种各样的商品进行比较，作出选择，以尽量减少或避免这些风险。

消费风险产生的根本原因是消费者对产品的不了解，缺乏对产品进行判断的信息和依据。消费者可以用几种办法来减少风险：积极收集有关商品的信息，如广告、促销、向他人打听，来加深对商品的了解，从而降低购买风险；购买知名度高，产品形象和企业形象都很好的品牌，或者到知名的购物场所购买；还可以亲自鉴别商品，甚至请有这种品牌消费经验的人一起来购买；他自己使用某种产品的经验。当消费者发现消费风险在他所能承受的范围之内，他对这种状况比较满意，本文称之为风险满意。

在一次购买之后，消费者有了对该品牌的使用经验，发现购买该品牌的风险在他所能承受的范围之内，也就是说对该品牌他产生了风险满意。这样，在下一次购买时，当他面临同样的购买风险时，他有了一种新的减低购买风险的直接、快捷而又可靠的方法，这就是继续购买上一次购买的品牌。他不用再耗费时间和精力去辨别各种品牌可能带来的风险。凭着自己的品牌使用经验，如果他觉得使用这个品牌的风险超出他的预估范围，他会产生风险不满意，将会拒绝继续购买该品牌；如果他觉得使用这个品牌的风险在他预估的范围之内，他对这个品牌产生风险满意，于是继续购买这个品牌。在以后的购买使用过程中，如果该品牌仍能使他感觉风险相对最小,他将会继续购买,并对品牌产生好感。如此反复,最后形成了品牌忠诚(品牌忠诚形成之后,反过来它又成了最有用的降低风险的策略)。

值得指出的是,在这个模式里,品牌忠诚的形成似乎只是消费者自身的一种消费行为,而与外界的因素没有什么关系,实际上不是这样的。消费者对风险的判断除了依赖本身的消费经验外,还深受其他因素的影响,如广告、促销、售后服务等,这些因素可能会促使消费者产生风险满意,也可能破坏消费者的风险满意。

(2)习惯满意促成品牌忠诚形成的过程

消费习惯是消费者在长期的消费行为中形成的对某类产品的一种习惯性消费,是一种非理性色彩比较浓厚的消费行为。对消费者而言,这类产品一般来说消费风险较低。对他来说,选择哪种品牌都无所谓。他只是由于个人的性格、爱好、文化背景等而形成某种习惯。比如爱好一种口味,一种包装,一种色彩,使他不断地购买使用这种产品。反映在品牌消费上,他可能是在偶然的机会里购买了一种品牌的产品,虽然他对这个品牌的态度也许很一般,但这个品牌刚好与他的某种习惯相吻合,产生了习惯性的满意。这种习惯性满意就象车轮,推动他不断地购买使用这个品牌,以后,他这种重复购买的行为会影响他对这个品牌的态度,"我想,我是喜欢这个品牌的",也就是说,他可能在多次的重复购买使用过程中,逐渐地喜欢上这个品牌,于是形成了品牌忠诚。

二、影响品牌忠诚形成的因素

品牌忠诚是消费者和品牌之间的关系,而一个品牌的形成与企业的营销手段密切相关。因此,我们从品牌、消费者和营销手段三方面来了解影响品牌忠诚的因素。根据我们对北京市1000位消费者以及北京广播学院女大学生护肤类化妆品消费行为的调查,我们发现,影响品牌忠诚的因素主要有以下几个方面:

1.品牌因素

(1)产品类别

产品不同,它的功能、特性、所能提供给消费者的利益就不一样。同样,消费者对其使用的要求也就不会一样,品牌忠诚度当然就不会相同。从表2可以很明显地看出这种差别来。

进一步分析表明,不同类别产品的品牌忠诚度还会因消费者对产品的卷入程度而有所差别,如果卷入程度高,消费者购买这类产品时要承担的风险更大,则消费者购买这种产品所需的信息就多,他需要一种有效的减低风险的办法,品牌忠诚显然是一种有效的办法。因此,对高度卷入性产品来说,他的品牌忠诚是因为风险满意而产生。低卷入性产品更多的是一种习惯性购买,也许会长期购买一种品牌。不过,一旦消费环境发生变化,消费者很有可能转向其他品牌。由于这两类产品形成品牌忠诚的原因不相一致,因此,其品牌忠诚度也就会有所差别。

另外有一个研究表明,买来用于家庭消费的产品的品牌忠诚度比月于个人消费的产品更高。这里有一个可能的解释是,集体使用的产品,忠诚于某个品牌可以避免家庭在购买这些产品时所发生的矛盾。

表2:产品不同,品牌忠诚度有显著的差别

产　品	忠诚度	产　品	忠诚度	产　品	忠诚度	产　品	忠诚度
香　烟	71	香　皂	53	软饮料	44	蓄电池	29
蛋黄酱	65	调味番茄酱	51	金枪鱼	44	运动鞋	27

产　品	忠诚度	产　品	忠诚度	产　品	忠诚度	产　品	忠诚度
牙　膏	61	洗涤剂	48	汽　油	39	罐装蔬菜	25
咖　啡	58	啤　酒	48	电　视	35	垃圾袋	23
头痛药	56	汽　车	47	轮　胎	33	宠物食品	45
胶卷	56	洗发水	44.1	蓝色牛仔裤	33	刮胡用香水	46

(资料来源:J. Paul Peter/Jerry C. Olson//《Consume r Behavior and Mardeting Strategy》,忠诚度是指该类产品中忠诚于一个品牌的消费者的百分比)

(2)品牌名称、包装、附加价值、品牌知名度和附加价值对品牌忠诚的影响不大,但存在着一种趋向,在选择品牌时,越看重这些因素,品牌忠诚度越低。因为,对一个品牌忠诚者来说,他在选择品牌时不会为其他牌子的名称、包装、附加价值、品牌知名度和附加价值所影响。所以,这些因素对他在选择护肤类化妆品时影响不大。因此,消费者在选择牌子时越是重视这些因素,品牌忠诚度越有可能降低。

具体分析如下:

品牌的名称、包装。如果消费者喜欢品牌的名称、包装,就会对其产生深刻的印象。这时就容易使消费者在众多的品牌中发现它,从而更有机会引起消费者的重复购买。

品牌的附加价值。在产品高度同质化的今天,一个品牌所具有的附加价值成为消费者选择品牌时的重要依据。在同等的条件下(质量、价格等),消费者一般会选择附加价值比较大的品牌。

品牌认知。品牌认知是指消费者认出或想起该品牌是某一类产品中的一种的心理反应。品牌认知是品牌忠诚的基础。A.没有品牌的认知,就不会产生购买该品牌的决定,自然就不会产生以品牌使用经验、重复消费和对品牌的偏爱为基础的品牌忠诚。B.对品牌的认知导致消费者对该品牌的熟悉感,而研究表明,熟悉与喜欢之间是成正比关系的。对品牌的偏爱(喜欢)正是品牌忠诚的一个重要条件。C.被记忆的品牌往往会成为消费者购买时的考虑对象,认知度高的品牌会多次更有机会成为购买时的考虑对象,这使得重复购买成为可能,加上由于对品牌的认知而产生的对品牌的偏爱,就有可能导致品牌忠诚的形成。

品牌联想,品牌联想是指记忆中同品牌相连的每一件事。通过品牌联想可以区别品牌。不同的品牌由于长期的宣传,会逐渐形成一种不同于其他品牌的形象。这个形象与品牌紧紧连在一起,以至消费者一想起这个品牌就会联想起这个形象,使得品牌忠诚的消费者会很快地找到自己的品牌。

2.消费者人口统计特征对品牌忠诚的影响

(1)人口统计特征

人口统计特征是指消费者的性别、年龄、教育程度、收入、婚姻状况等等。消费者人口统计特征变量并不全部与品牌忠诚有明显相关。这些变量之间还有可能互相影响。从统计结果看,女性品牌忠诚度高于男性;已婚者的品牌忠诚度高于未婚者;对女性来说,收入越高,品牌忠诚度越高(对男性来说,年龄越大,品牌忠诚度越高);工人的品牌忠诚度更低些,机关干部的品牌忠诚度更高些。

具体解释如下:

性别。从一般意义上讲,女性更倾向于形成一种有规律的生活习惯,因此,她们更容易产生品牌忠诚。

年龄。一方面,年龄越大,越不愿意去冒险;年龄越大,在行为上越容易形成一种习惯。从消费上讲,风险较低对他们来说很重要。另外,他们的消费习惯也逐渐形成。所以年龄大的消费者更有可能产生品牌忠诚。

收入。收入高的消费者,有可能产生通过固定消费某些品牌来显示自己的社会地位,他们可能因为品牌能够体现他们的地位和身份而产生品牌忠诚。

职业。品牌忠诚是一种有某种规律的重复消费行为,越是从事有规律工作的职业,越有可能产生重复性的消费行为,其对品牌的忠诚度也就越高;反之,从事工作规律性较小的职业,品牌忠诚度则较低。机关干部虽然从事的是有规律的工作,但她们接受信息的来源更多些,而这可能会使她们试用更多的化妆品品牌,从而降低她们对品牌的忠诚程度。

婚姻状况。已婚的消费者更有可能追求一种安定的,不会有太大变化的生活,因此,更容易产生品牌忠诚。

(2)社会化程度

这里所谓的社会化程度是指一个消费者接触社会的程度。一个人接触社会越多,其思想里所具有的现实性内容就越多,理想性的成分越少,他更加注重自己的经验。虽然他辨别风险的能力有可能更高,但他辨别风险的动力却可能更低了,他更愿意选择一种已经存在的风险更小的行为。在消费上也是这样,他更愿意通过品牌忠诚来减低自己在某个领域里消费的风险。

因此,社会化程度越高的消费者,品牌忠诚度越高。

(3)生活方式和生活态度

在这部分的论述里,本文的前提是消费心理学里比较公认的一个观点:消费者的生活方式和生活态度会在很大程度上影响他的消费行为。调查结果表明,越重视流行和时髦,这样的消费者其品牌忠诚度越低;生活没有规律,自控能力差的消费者品牌忠诚度比较低;勇于冒险积极向上的消费者品牌忠诚度也比较低。自信有主见,以及追求生活安定型的消费者似乎与品牌忠诚没有明显相关。但是存在一种倾向,越具有这种生活态度的消费者的品牌忠诚度越有可能比较高。有以下几个结论:

a:追求稳定生活的消费者品牌忠诚度高于喜欢冒险、对现状不满意的消费者。

b:生活比较有规律,自控能力比较强的消费者品牌忠诚度比较高。

c:充满信心,比较自信的消费者的品牌忠诚度比对自己不自信,易受别人影响的消费者的品牌忠诚度高。

d:重流行,追求时髦的消费者品牌忠诚度比较低。

(4)社会群体

消费者受社会群体的影响越大,他越容易随群体在某些方面的改变而改变自己的态度或行为。反映在品牌消费上,他的品牌忠诚度较低。我们的研究结果证实了这一点。

3.对营销因素的分析结果是

(1)广告

广告在品牌忠诚营销中的作用在上文已有论述,这里再简单总结一下:

一个品牌必须在众多品牌的广告中保持一定的广告量,以巩固自己的品牌忠诚消费者。否则,不忠诚的消费者会因其他品牌的广告多或喜欢其他品牌的广告而发生品牌转移。广告量的增加是否能够提高品牌忠诚度还与消费者是否对该品牌有偏好有关。如果消费者对该品牌有偏好,则能在一定程度上防止他因其他品牌的广告多而发生品牌转移。

(2)促销

一般认为,促销会增加短期的销售量,从长远来讲对该品牌的忠诚度会有所损害(Rajiv Grover and V. Srinivasan,1994)。然而,这种看法未免失之简单。事实上,促销有两种,一是优惠性促销,如降价销售、赠送优惠券、买一赠一等;一是非优惠性促销,如导购小姐的介绍、化妆品举办美容讲座、与消费者保持密切的联系等等。非优惠性促销的主要目的是通过这些促销手段给予消费者一些不带功利性的额外所得,加深消费者对品牌的好感。这两者对品牌忠诚的影响是不同的。

调查结果表明,优惠性促销会在一定程度上降低品牌忠诚度,但并不明显。非优惠性促销似乎与品牌忠诚关系不大,但也存在着提高品牌忠诚度的可能性。

具体分析如下:

优惠性促销有可能会损害品牌忠诚。有研究认为,价格促销会增加短期的销售,但导致品牌忠诚度的降低。以降价促销为例,对忠诚的消费者来说,降价促销会产生两种后果:一是部分消费者会产生对低价的期待,在价格促销之后,他因为这种期待的落空而产生不满,感觉被品牌愚弄了,导致他对品牌的肯定态度逐渐削弱,甚至走向相反的态度;如果这种品牌能体现消费者的价值,则降价促销会使他感觉品牌在价值上的背叛他,只好转向更能体现他的价值的品牌。

非优惠性促销则有可能提高品牌忠诚。非优惠性促销会使消费者感到品牌时时在关心着他,品牌在他心中产生深刻的印象,他与品牌之间的联系更加紧密,这使他觉得这个品牌提供给他超出品牌本身的价值,即这个品牌的附加价值更大。总之,消费者因非优惠性促销而对品牌更加满意,因此,在下次购买时,这个品牌就容易成为再次选择的对象,品牌忠诚由此得以加强。

(3)售后服务和渠道对品牌忠诚的影响

售后服务包括对消费者的跟踪服务和对消费者的抱怨的及时解决,这两者都有可能有效地防止品牌转移、并有可能增强品牌忠诚。如果消费者在购买后产生满意,则售后服务会使他觉得品牌在关心自己,从而加深了与品牌的关系,尤其是情感上的联系,强化了他对品牌的肯定态度。如果消费者在购买后对他原先所喜爱的品牌感到不满意时,他会产生一种认知上的不协调,这时他必须寻找化解这种不协调的办法。一种是改变态度。即认为该品牌不像他原先所认为的那样好,应该放弃它,最后他在行为上的表现是不再使用该品牌,品牌忠诚就因此而失去了。另一种是找到自我辩解的途径。比如,他会认为这不是品牌本身的原因,可能是企业的偶然失误,是自己运气不好碰巧买了这个产品,或者是商店的过错。这时,如果品牌所有者能通过适当的途径来消除消费者的不满意,消费者会更加肯定他的自我辩解,从而对该品牌更加具有好感,品牌忠诚由此得到加强,同时,化解消费者的不满意也是防止消费者发生态度改变的重要方法之一。这些在西方的有关研究中已多次得到证明。有一项研究认为,对消费者抱怨的有效处理可以使品牌忠诚度和重复购买意图提高 20%。

渠道作为减低消费风险的主要方法之一,消费者会产生对销售渠道的忠诚。消费者对其所喜欢的商店比较信赖,经常认为他们喜欢的品牌将会在他们喜爱的商店里得到,如果得不到时,他们面临着到其他地方去购买他们期望的品牌和接受替代品牌的矛盾,这时品牌替换很容易发生。因此,如果一个品牌的销售渠道不通畅,也会削弱消费者的忠诚度。

通向名牌之路

深圳大学博士、副教授 余明阳

二十一世纪是名牌世纪,作为广告人我们可以做些什么?它又可以为我们提供什么机会与挑战?

我想主要谈以下三个问题。一是为什么现今市场将会是名牌瓜分市场的格局?二是发展名牌战略对策划人来讲需要做哪些工作?三是广告人在发展名牌战略中应做些什么?

首先,谈为什么现今市场将会是名牌瓜分市场格局这个问题。

第一个原因是竞争。大家知道,中国市场的发展从这几年来说经历了四个阶段,这个对市场的认识对广告人来说是创意、策划的基点。从七十年代末粉粹四人帮开始,中国市场开始进入第一个竞争阶段——产品价格竞争。当时老百姓比较穷,所以购物时非常在乎价格。到八十年代中期以后,市场进入第二个阶段——质量竞争。那时百姓认为如果产品的价格很便宜,便是质量不好,那还不如多花些钱买好的东西,所以当时有一句话叫“一步到位”。至九十年代初,市场竞争进入第三个阶段——品牌竞争。当时我国许多商品质量越来越好,如我国举办的一次电视机质量评比中,一共评出二十一个第一名。原因何在?因为当时电视的显像管是进口的,组装线也是进口的,彼此没有什么质量区别,所以当时人们消费时很认品牌。由于追求名牌消费,中国的城市中充斥着精品屋、精品消费店等。当时的名牌价格贵得惊人。记得有次见到北京燕莎商城中有副镜架,标价竟为1,280元!我很怀疑它是否能卖出,便向售货小姐咨询,小姐很实在地回答:“卖得还行”。“为何这么贵”?“‘这是名牌!”又发现一条皮带卖到13,000元!问其原因,答曰是真皮,我不禁问:“一条老黄牛值多少钱,它全身都是真皮。”小姐答:“这是名牌!”…可以看出,当时名牌消费意识开始在中国老百姓心目中树立起来。

大家知道,我国有大量优秀的企业,生产的产品也很优秀,但他们的品牌却没有站住脚,而是在九十年代纷纷败下阵来。比如说中国曾有九个阿里斯顿冰箱,而今只有长岭——阿里斯顿等少数冰箱厂家站住了脚跟。中国也曾有很多利勃海尔,但像青岛海尔如此成功的企业寥寥无几。为何企业产品质量不差,却无法立足呢?就是因为品牌没有站住脚。

品牌竞争持续到1996年,中国市场竞争继价格战、质量战、品牌战以后进入最残酷的第四阶段——淘汰竞争。这种竞争是以挤垮同行,争夺市场份额作为竞争目标,其过程集整个市场发展过程中所有内容为一体,既表现为价格,又表现为质量,还表现为品牌。

挑起这场竞争的是长虹彩电。1996年长虹突然下调电视机价格,最高调幅高达18%(12%),调价后马上导致整个市场的连锁反应。当时长虹彩电的市场占有率为25%,企业希望能达到27%,这是国际公认的市场垄断点。到达该点后,企业的任何变化都会对市场产生巨大影响。长虹的举措马上引起在彩电市场占有率第二位的深圳康佳的响应。康佳最高调幅达20%。当时长虹的口号是:“太阳最红,长虹更新”。而康佳的口号则为:“谁能够升起,谁就是太阳。”这场风波马上牵连到所有的电视机生产厂家。当1997年底,长虹的销售已达200个亿,市场份额达32%左右,康佳的市场占有率也达16%左右。也就是说,这两家的市场分额已达中国电视机市场的48%左右。而中国有94家电视机厂家,我想到2005年左右,我国能生存下来的电视厂家不会超过10家,很有可能不会超过5家。所以,市场向大品牌靠拢,即名牌瓜分市场已经成为我国市场走势的一个必然趋势,要么你吞并别人,要么被别人吞并。

那么多的小厂家怎么办？他们的前景只有两条路：一、成为人家的加工车间；二、生产别的低科技含量的产品。

这个残酷的过程将发生在中国市场的所有领域，广告也在其内。我个人认为，未来在广州成规模的广告公司，将不会超过20家。那些小型广告公司怎么办？自生自灭，这是个必然。

我很欣赏江主席曾说市场竞争有三个阶段：第一阶段是大鱼吃小鱼；第二阶段是快鱼吃慢鱼；第三阶段则是鲨鱼吃鲨鱼。如1996年美国波音与麦道公司的合并，微软与苹果公司的合并？这些合并本身就是鲨鱼吃鲨鱼的过程。而竞争在我们中国，这几年实际上是快鱼吃慢鱼的过程。这个过程的完成需要广告人的参与，也需要企业家名牌意识的觉醒，我把这称为是中国“最后的晚餐”。如果这几年机会企业抓不住的话，今后名牌将与你无缘。

我国企业家上得很快，下得也快：“江山代有才人出，各领风骚两三年”。我们发现身边冒出很多企业家，过两年则不知去向，原因何在？是他们没有真正把品牌作成名牌。在国内市场竞争越来越激烈的同时，国际竞争国内化也已成为一个必然的趋势。1997年江主席与克林顿总统有一次会谈，将会大大促进中国加入世贸组织。如果中国真的加入世贸后，国际品牌进入中国的速度将更快，力度将更大，而对民族工业的保护将愈来愈少。这对中国的名牌来说又是一个严峻的挑战。

可口可乐与百事可乐在中国发展了二十年，到现在为止，他们已在中国有了三十多个罐装车间，年销售额达200多亿。可口可乐与百事可乐基本上把国内一些国产名牌饮料收拾得差不多了：北京的北冰洋，上海的正广和，沈阳的八王寺，广州的亚洲，重庆的天府可乐等，几乎都成了百事可乐与可口可乐在中国的罐装车间，真可谓是“水淹七军。那么中国在国际上小有名气的品牌怎么样呢？像“东方魔水”——健力宝。它每年二三十亿人民币的销售额对可口可乐等品牌来讲相去甚远，根本无法与之抗衡。

不仅是饮料市场，其它产业也是如此。象广州宝洁(P&G)公司，其产品与花王公司的几个产品把我国国产洗发水全部挤到了农村市场，飘柔、海飞丝、潘婷等品牌势头很猛。又如国外的几大洗衣粉品牌：奥妙、碧浪、宝莹、汰渍等进入中国市场后，国产洗衣粉市场同样被挤得乱七八糟，国内著名洗衣粉品牌处在每况愈下的状态。象活力28，几乎以每年30%的速度递减其销售。由于日渐承担不起巨额的广告费，因而其广告投入量越来越少，为了能够有第二生存点，挣些钱来支撑广告，活力28不得不搞了些附产品的开发，如活力28矿泉。再看看我国著名的三大咖啡：上海咖啡、云南小粒咖啡它们已大量成为美国麦斯威尔咖啡的在华加工基地。我们的咖啡出口到美国后，美国人加工后以10倍价格返销中国。从服装行业说，中国是个服装大国，可我们的服装因为没有名牌而倍受外国品牌的排挤，如皮尔·卡丹。北京大华衬衫厂加工一件皮尔·卡丹衬衣只挣4元钱，而皮尔·卡丹在外面却卖到400元。上海的开开衬衫厂加工的衬衣，同样的面料、款式、工艺，若上面的标志是“金利来”，可卖到180元，但若为“开开”标志，则只能卖到60元，为什么？是名牌。

那么科技含量更高的产业呢？若中国加入世贸组织，那么像中国的电视机、汽车等产业状态将会更糟。1996年我国汽车产量为145万台，而同年南韩某公司汽车产量为160万台。丰田公司则产量近600万台，丰田为中国进入世贸组织作准备：专门开发出适合中国的家庭型轿车。如果没有关税，该产品在中国市场的售价将为6万元人民币，但其整体性能又远远超过桑塔纳2000。可想而知，若让它们全部进入我国市场，我们该怎么办！中国现有汽车厂家124家，比世界上除中国以外的所有厂家还多。这说明中国的品牌小而散，一种新的品牌格局必须在未来几年完成。这个变动的过程是以市场竞争为前提的。

淘汰是靠竞争，竞争是成功者吞并失败者，所以，未来几年中国市场经济将会非常残酷，残酷过程是中国向大品牌靠拢的一个必然过程。我国有的品牌很小，还有地方保护等，在未来几年，这种格局必然被打破，名牌瓜分市场对广告人来说，是一个机会，也是一个严峻的挑战。

第二个原因，中国发展名牌战略，实际上是一个管理革命的需求。中国近年来一直在寻找新的管理思路，人们发现这个思路是一个多元体的复杂的思路。

在文革和文革以前我国是利用精神力量这种办法去管理人。有人比喻中国的这种传统管理方式为“毛驴拉磨”的结构，这种结构有两个弊端：第一，驴不知自己拉的是什么？第二，驴拉多少工作与驴能吃到多少草料没有联系，这使得驴的积极性很低。当时主要通过两种管理手段去刺激驴磨结构：第一种，揍它。“抓革命，促生产”，通过政治运动来刺激经济的发展。第二种，蒙住驴眼睛。当时传媒宣传“世界上还有三分之二的‘驴’生活在水深火热之中”。所以当时人们很满足“家家电灯亮，户户喇叭响”的生活，认为全世界只有中国人是过得最美好的。

粉碎四人帮后做的第一件事情叫做”打开国门，走进世界村”。这样一来，蒙着驴眼的罩子被拿掉了，麻烦也随之而来。驴们发现“世界上三分之二的驴原来活在空调、地毯之中，条件比自己强多了。”此时，再想揍它、骗它已不奏效了，所以改成了哄它：“谁拉磨多谁多吃草料”。但奖金越发越多，劳动生产率却没有提高这么快，导致老百姓在银行内存款额越来越大，可是市场货场上的商品丰富程度却与其不相称。几万个亿的存款，若老百姓从银行中取出 1/3 投放市场，那么它将很危险，会被抢购一空。幸好中国人消费意识较保守，有钱往往舍不得花，而是存起来以备后用。

有人在思索：“为什么钱发得越多也并不能留住人呢？”有这种现象：人才成材之日，便是他跳槽之时。那么，要靠什么才能留住人才？文化，要靠某种企业精神才能留住他。这恰恰是企业上规模、上档次的一个必由之路。松下有句话：“松下首先是生产人，然后是兼营电器，至于盈利，是松下为社会作出了贡献，社会给松下的自然回报。”国际上目前流行一种理论：一个企业就是一所学校，企业的领导就是校长，他的任务是不断培养人，只要这个队伍在，企业就永远不会失败。

名牌的管理，就是把品牌的精神内涵诉诸于企业，而这恰是最难做的，这需要有过细的工作及深入的研究。

从以上内外两个角度来讲，企业确实需要发展名牌。

第三方面原因，从信息高速公路和信息时代来临的角度来看，也需要发展名牌。我国过去宣传方式较简单，而今社会情况则大不一样。当年春都火腿肠通过 60 万元广告费就可以打遍全中国，而现在 6000 万也未必能启动市场。中国广告这几年的发展随着信息时代的步伐也在改进，从最初的那种“实行三包，价格合理，信守合同”千篇一律的广告变为追求冲击力的广告。现代广告已由冲击力向更高文化品味过渡，但我们的广告目前还处在追求冲击力的阶段。冲击力是否是广告的唯一或重要手段呢，未必。在信息时代，广告真正要达到效果，要考虑很多的环境，需要作大量深入细致的文章。

现在人们发现广告越来越难做，既便是最好的播映时段，人们也未必会收看，看了也未必会购买。所以，信息时代对全体广告人创名牌的要求越来越高。这绝不光是个创意奇特的问题，而要从市场竞争、内部管理和信息时代这三个角度想办法来协助企业创好名牌。否则，企业没有名牌，广告也无所依托。

以上三点构成了为什么要发展名牌战略的原因。

其次，发展名牌战略对策划人来说要做哪些工作？

我认为对策划人来说要做以下六个方面工作,这六个环节是发展名牌战略的必然环节,我把它们称作六大支柱。

一、整体形象定位。所有的名牌都有一个非常清晰的定位。整体形象包括五个要素,知名度、美誉度、定位度、指名度和忠诚度。这五个要素对一个名牌来说是必要要素,否则构不成名牌。

(一)知名度。知名度是名牌的基础。它可以是英名远扬,也可以是臭名昭著;可以是流芳百世,也可以是遗臭万年。就像云南白药知名度高,但福建晋江假药知名度也不低。我国因为知名度高,美誉度差而倍受困惑的区域和企业比比皆是。温州前几年假冒伪劣产品太多,弄得全国皆知,现今虽其皮鞋质量日趋好转,但仍难消人们的戒心,更何谈树立区域名牌,河南也获得了同样的教训。显然,由此可见知名度不光是件好事,它也可能是件坏事,所以才要谈美誉度。

(二)美誉度,这个概念较易理解;不再赘述。

(三)定位度。企业的品牌形象与其它企业的品牌形象有何区别,这个问题是整体形象发展当中最核心的一个环节,如享誉世界的日本五大电器企业:索尼、东芝、日立、松下和三洋,这五个品牌在全世界知名度很高,美誉度也不错,但各自定位却有所不同。索尼的定位是"高、精、尖",因而索尼生产的产品在技术上一直保持领先;东芝叫"扬、大、全"定位,所谓包罗万象,应有尽有,因而东芝的产品小到剃须刀,大到人造卫星;日立的定位是以"对国外技术吸收特别迅速"而闻名;而松下则以"家电之王"的定位而著称;三洋是"价廉物美,薄利多销"的大众化定位。又如国外香烟广告,"万宝路"广告中的森林、骏马、西部牛仔的形象已深入人心,"万宝路"所有的活动都与其整体形象相吻合:赞助一级方程式赛车,赞助中国甲A足球联赛;"555"香烟则是绅士消费的整体形象,其广告定位令人感觉高雅;美国"健"牌则侧重白领消费,其广告也多为"大海、美女"风范的白领格调;"沙龙"香烟的广告则令人感觉非常清新、清纯。而中国很多香烟品牌却无定位,唯一就是价格定位,而没有别的方面的定位,如口味定位等。

现今我国产品从定位角度来说搞得出色的企业并不多见。很多企业盲目追求一种"小而全,大而全"的发展,有的企业资产只有几千万,却有十几个甚至几十个下属企业,贪求虚荣,名片上的头衔越印越大。而实际上,国外企业发展的例子告诉我们,多元化发展的企业成功的并不多。凡是名牌,无不是单一形象非常丰满的企业。我国搞多元化发展的企业大多不成功,而有些品牌所作的多元化延伸实在是有待商榷。以"娃哈哈"为例,"娃哈哈"最初的两个产品定位小而明确,并且诉求点很好,一个是"喝了娃哈哈,吃饭就是香!",另一个是娃哈哈果奶的"妈妈我要喝!"这两个产品获得市场上的成功后已经树立起"娃哈哈"作为中国儿童市场第一品牌的形象,此时搞品牌延伸是个好机会,它完全有可能做成与迪斯尼抗衡的一个东方名牌。"娃哈哈"本可以开发儿童服装、儿童出版物、儿童电视剧、儿童游乐城等市场,但其第三个品牌延伸却令人不可思议:儿童感冒康宁。众所周知,儿童大都对吃药很反感,药与酸甜的果奶为同一品牌,不知儿童作何感想。第四个产品是八宝粥,第五个则是冰糖燕窝……,直至现在的"我的眼中只有你"宣传的"娃哈哈"纯净水,越来越走入成人市场,最终把这个品牌搞得不伦不类,令人可惜。

麦当劳在世界上有2万家分店,每过15小时一家新店即告诞生。麦当劳也搞多元化发展,但在搞多元化时决不去做任何冲淡麦当劳快餐的事情,如麦道飞机制造商的形象与其快餐业的形象是完全分离开的,以保持麦当劳形象的准确性。而我国大量的品牌在延伸过程中把原来的形象都冲淡了很多。如:成都恩威集团的"洁尔阴"产品,广告语为"难言之隐,一洗了之”,却推出一种口服液作为新产品,令人大倒胃口;荣昌制药继“肛泰”之后,又推出“甜梦口服液”,地位不断攀升,但老百姓心理上总感到有些别扭。由此可见,品牌在保持自身独特风格的整个过程中,企业家确实需要有很冷静的头脑。有很多企业家认为:“牌子用的越多越好,只要宣传就是好事”。而事实上,产品的形象在互相撕裂,甚至撕裂产品的整体形象。从这方面来看,定位是牵扯到整个名牌发展战略的核心环节。

不单是企业需要解决定位这个问题,整个社会、群体发展亦是如此。定位若确立不起来,决策将处在非常尴尬的境地。因此,这个问题很值得广告人深思,否则何谈创意点

(四)指名度。

(五)忠诚度。指要建立消费者对品牌的信任和忠诚。

以上五个内容是策划人应做的第一个策划,即把整体形象定位确定。

二、内部管理架构的建立。有什么样的结构便有什么样的功能。企业要想创名牌,必须把内部管理架构调理好,中国不是没有人才,而是人才大量用于内耗上。事实上,很多都用在了与人斗上,并且在此方面耗费很大。因而,怎样把体制理顺也是策划人份内的事情。

我国在内部关系理顺方面也做了很多工作,但收效不大。如厂长和书记的关系。一名外国人曾不解地问笔者:“你们中国到底是厂长大,还是书记大?”内部关系没理顺最关键是决策层没有理顺,厂长与书记谁都没有过错,关键是体制不顺。还有在我国董事长与总经理的关系也是一个难题,内部关系究竟如何理法,成为企业名牌战略策划中一个非常棘手的问题。

根据个人的经验,我认为,理顺内部关系有四个原则:第一,贤者居上;第二,能者居中;第三,工者居下;第四,智者居侧。

先谈贤者居上。即决策层的领导应是一位贤者。贤者不一定要十分能干,历史中的刘备便是一典例。有的领导像有三头六臂,但光靠一个人的力量是不行的。拿破仑有句话:“世界上没有无用的士兵,只有无用的将军”。意思是说失败与手下士兵无关,关键是将领自己不会带兵。贤者干什么?毛主席曾说当领导干两件事:“出主意,用干部”。我认为应为“采纳主意,用好能人”,第一件事是决定这件事情是否做,第二件事是决定让谁去做,只要做好这两件事就行了,不要什么事情都管。

其次谈能者居中。即中层干部一定要能干。中层干部的管理对中国所有企业来说都是最难做的事情,“放权怎么放到不乱,集权怎样集到不死”这个度在实际中很难把握。

再次谈工者居下。即专业人员要在第一线。工程师、会计师、广告设计师均是专业人才,这些人在第一线举足轻重,但让他们成为领导大可不必。我国有段时期总是把专业人才提拔为领导,这种作法十分不可取。如一位在学术方面成就卓著的学者,未必能够胜任校长之类的领导职务。因为每个人特点不同,没有必要让每个人都成为领导,尽管“居下”的专业人员的收入可以比领导还高。在这点上,我们要破除官本位的意识。有三句话对中国老百姓的一辈子影响深远:“万般皆下品,唯有读书高”—读了书干什么?“学而优则仕”—当了官干什么?“衣锦还乡,光宗耀祖”。这三句话成为无数国人的人生理想,官本位意识可谓根深蒂固。因而在这种意识之下导致内部关系很难理顺:“人人都想当官,但当官的通道又很少”。

最后谈智者居侧。让一群智囊成为你的决策参谋。我国智囊团体制越来越明显,发展名牌战略尤其需要智囊团。在国外有一种理论:企业资产在千万以上,但该企业未设智囊团,那么这个企业将非常危险,任何一个重大的决策失误都可以把这个企业栽进去。

所以内部管理方式的理顺是一项发展名牌必须要做的且极有技巧的工作。我国企业在这方面做得非常欠缺,特别是政府机关。例如衡阳机关干部中有官衔的人占所有机关干部的

74.8%,即四人当中有三个是当官的,这样一个倒三角结构,要想把关系理顺近乎天方夜谭。由此可见,在我国内部关系理顺是一个需要花大功夫的事情。

三、营销和推广网络的建立。我国在此方面所做工作还很少。哈佛商学院的一位教授这样评价中国的营销状况:中国目前的营销只运用到了国外营销手段的 30 一 35%,还处在一种较原始的促销水平之中。

营销网络建立过程主要做两件事:一要制定良好的营销战略。二是对营销人员进行培训。这是我们的薄弱环节,众所周知,对营销人员管理是最难的。“人之初性本惰”:人都有懒惰的天性,怎样改变呢? IBM 有句话:“IBM 就意味着服务”。何谓服务,就是努力为别人提供方便,努力给自己找麻烦的工作。但谁愿意给自己找麻烦呢? 所以要从心态上去调整。麦当劳也有句话:,“麦当劳不收坏孩子”。再懒的人在麦当劳都很勤快,麦当劳房间的地板总是被反复不停地拖,目的是培养一种“与其靠墙站着,不如打扫卫生”的氛围,这种氛围靠培训。我国现在有很多企业作出了培训规范,如小天鹅公司,其口号为“全心全意小天鹅”,他们在维修时做了很多工作:登门服务时必须带上拖鞋及放鞋的塑料袋,还准备了放置洗衣机的垫毯等。许多企业也在做这方面的尝试,这些工作是所有欲发展名牌的企业在进行营销人员培训时必须注意的问题。

营销网络建立过程还包括营销管理体系的严密性。我国大多数企业搞连锁专卖的过程只是店与店的相连,真正体会到连锁专卖精神的企业为数不多,所以要做好此方面的策划。策划得成功,那么未来给你带来财源的不一定是你的产品,没准是你的营销网络,通过网络,在营销自身产品的同时,还可以代理与自身没有构成直接竞争的那些产品。有些国外的企业家、策划家对中国市场方面还不太了解,尤其对营销网络方面,加上文化上的差异,有许多问题是外国人无论如何也想象不出的。因此,趁着外国人不了解中国国情,不了解中国企业,我们可以着手此方面的工作,这将使你获得巨大的回报。因为若拼实力,相差太悬殊了,许多人说:“我们敢于同国外企业正面碰撞,但成功的可能性极小”。我国工业企业前一百强的资产总额比美国通用汽车公司的资产总额还少 28 亿美元! 一个松下公司 1996 年销售额是 800 亿美元,相当 4 个上海的工业总产值,如何碰撞? 要以巧取胜,以小驳大。

四、搞好企业内部精神(理念)系统。人是需要一种精神的,人的行为是由精神支配的。比如你看见三个人正在敲击石头,你问他在干什么? 第一个回答在敲石头,第二人回答他在做地基,第三人则回答他在造宫殿,那么这三人干的境界便不一样,思维的支撑点也不同。所以理念的灌输对企业来讲非常重要。我国不是没有理念,而是理念的整个灌输方法和理念的内容存在很多弊端。我们有很多理念的口号是:“团结、奉献、求实、创新、开拓、攀登”等;这种理念跟没有一样。有人曾分析,发现中国企业的理念中有 37% 有“团结”两字,都提团结实在没有太大意思。

理念是要贯彻到行为中去的。青岛海尔的理念:“真诚到永远”是确实贯彻到实际行动中了:1995 年青岛一名 70 多岁的老人购买了一台海尔空调,托人运输过程中不慎丢失,海尔总裁得知此事后,认为这是海尔服务上的失误,免费为老人又安装了一台空调;1996—1997 年海尔又举办了“百场电影来下乡”活动,目的是要开拓农村市场,该活动影响很大。由于农村娱乐活动较少,农民们在看电影的同时又接受了广告宣传,收效不错。再看今日集团的理念:“一切美好从今日开始”该企业也曾捐助因贫困患病遭人遗弃的儿童,并通过新闻媒介呼吁其父母及社会关心爱护这些孩子,这种富有社会爱心和社会责任心的企业是会被人们认可的。

我们也有很多企业盲目花钱,数额巨大,却收效不佳。南京某房地产公司赠送中国头号富婆一幢价值20多万美金的别墅，招来骂声一片；1997年宁波一家珠宝店又给该富婆及随从赠送了价值16万人民币的珠宝，也没落得好名声。花了钱为何没有好效果呢？是因为指导思想有问题——理念不对，而理念对人们的行为和思维又构成如此大的影响。

希尔顿酒店的理念是"小事不小"，这使其成为世界上最大的酒店连锁集团。北京昆仑饭店的理念很有独特的味道，叫"严抓狠管，先痛后爱"，该饭店有种特别的管理制度——罚款制度：酒店专设两人，负责检查酒店中的毛病，每日规定必须罚出200元罚款，否则由两人补齐。该饭店经理说："我这个五星级酒店肯定存在毛病，找不出来有两种可能，第一种是没有仔细察看或眼睛有问题；第二种是找出毛病后因为面子不肯罚别人，所以只好罚你。"这种制度使得酒店的问题变得越来越少。圣田召福的理念是："只要有1%的可能，就投入100%的努力"，这是一种冒风险的理念，因而该企业一贯追求十个产品中开发成功一个就达到了目的。与其相反的是包玉刚信奉的"宁可少赚钱，不要冒风险"的经营理念，这种稳健的经营使环球航运在整个航运界一直是一个不倒翁。

上述这些经营理念对企业来说意义非常重大，实际上是它把人们的思想统一起来。企业的老总就像一个公共汽车的驾驶员，要明确告诉你的乘客，车要驶向何方，那些志同道合的人自然会上车，志向不同的自然下车。若志向不同，又不愿下车，你要让他下车，即必须保持某种奋斗的目标和方向一致。若无这个原则，企业将是乌合之众，人才流失。

五、规范系统。即让整个企业内部的行为规范化。我个人认为中国最好的理念是共产党的"为人民服务"，最好的规范是"三大纪律，八项注意"，它不仅非常简练，而且很有操作性。我国有很多企业在规范方面订立了很多规章制度，但没有执行，有的甚至也无法推行。

六、品牌和视觉系统。埃索石油公司当初从新泽西标准石油局改称埃索石油公司花了两年多的时间，投资达2个多亿，进行了大量调研才完成。现在已经不是天津狗不理起名时的时代了，时代不同了，一定要考虑品牌的意义和价值。如雅戈尔衬衫，原名叫青春服装，听起来很土气，在改名时根据"青春"的英文音译变为"雅戈尔"、很雅气，其中：'戈"字的识别性非常好，现在雅戈尔已经一下子成为中国衬衫的第一品牌。1994年石家庄园大集团下属的"洛山奇"连锁专卖店，原名是"美康"，改名后通过举办"我为老师领礼物"和"洛山奇的一天"摄影展这两个公关活动，使该品牌名声大噪，短期内20多个连锁专卖店在石家庄迅速崛起，销售额一个月之内增加8倍。这不仅是一个公关活动的成功，同时也是一个品牌策划的成功——把品牌塑造得非常完整和丰满。这里广告人要注意克服唯美主义化。前几年，(CI设计存在着一个很大的误区：只把CI理解为是一个标志，所以导致CI设计中出现了三个偏差：第一个，只把CI理解为VI，这种CI导入的作法将是设计界的暴利。设计一个标志花不了多少钱，这样做一套CI则可以节省很多资金，这种作法极不可取；第二个，整个过程倒置，即不做市场调查先做策划，策划后再看市场效果如何，这就好比池中炸鱼一样，全凭运气，是极不负责任的作法；第三个，策划人知识结构单一，策划人仅是进行美术方面的设计，这样的结果必然是品牌站不住脚跟。

综上所述，我认为发展品牌战略要有六大支柱，即整体形象定位、管理、营销、理念、规范及品牌的视觉性。

最后，谈谈广告人在名牌发展战略中应做些什么？

广告人在名牌发展战略中扮演何种角色最好？我国广告业近年来蓬勃发展，表现在：广告从业人员激增，广告公司数量庞大。以深圳大学为例，1997年广告专业招生录取分数是全校最高的，毕业生更是供不应求。行业蓬勃发展的同时，我们也发现了广告人在此过程中的尴尬。我个人认为广告人要解决一个问题:要学会团结。中国广告界该是呼吁团结的时候了,虽然广告本身是科学与艺术的结合,但中国广告人科学的成份比艺术成份似乎少一些。所谓“科学强调共性,艺术强调个性”所以搞艺术的人较喜欢发挥自己的个性,因而合作问题便一直是广告界比较麻烦的事情。比如我们看到了5个人一起下海共同创办一家广告公司,过了一段时间后,便发现这家公司变为了5家广告公司。这是因为彼此不服气,互相贬低,拒绝合作,有的甚至为了争抢业务,盲目砍价,而忽略成本,最终导致广告作品质量低劣,粗制滥造,从而把整个行业都毁掉了。

我常常讲一句话:“人生最可贵的一点是合适”,即是做合适的事情。在中国有很多人想当老板,但其中有些人未必适合这个位置,深圳10年前人们见面就问:“下海了没有?”而今已改为“上岸了没有?”为什么?原因在于“海不是那么好下的”,有些人本性决定他不适合下海。有句俗语:“男人最怕入错行,女人最怕嫁错郎”。为什么?——合适。所谓入错行就是做不适合自己做的工作。有的企业明明招聘中专或职业学校的学生更适合,却非要招大学生,最终留不住人才。我的用人原则有三个:第一人品好,否则能力越大,对企业破坏性越大;第二是敬业,肯干比能干重要百倍,只要认真干就会有成绩,否则本事再大也是潜在的;第三才是能干,怎样让员工敬业呢,就让他感到自己在企业里受到了重视。

广告人一定要明白一个道理:自己适合干什么?广告是个群体,创意是群体创意,若无群体,一人则孤掌难鸣。怎样与别人合作,广告人在这点上做得特别欠缺。因此我认为在未来5年,将是广告公司纷纷破产的5年,大公司实力逐步增大,并逐步瓜分市场。同时这5年也是广告人不断进行组合的5年。因此团结是广告人发展名牌战略所要做的头等大事。

第二件要做的事情是广告要努力地与别的学科进行联姻。我国广告业在发展过程当中创意制作等方面都很有造诣,但在市场调查方面欠缺很多。有的广告公司的调查报告为了使客户大胆投入广告费,对市场估计特别乐观,好像一旦投入一定数目的资金,市场就会启动。还有的广告公司抽样方法存在问题。在我国搞市场调查要比西方难度大,因为老百姓对调查的效果、可信度等方面顾虑很多,困难重重,有些问题人们甚至不愿回答。某年植树节团中央曾经要求各地把植树数目上报,结果报上来的数字大得惊人,竟然超过我国现有森林面积总和,可见其中掺有水分。用这样的数据来决策,后果不堪设想。

所以,广告界必须广泛地与市场调查、经济学、社会学、心理学等学科进行联姻。虽然很多广告专业的学生在校也开学了这方面的课程,但相对来说这方面对他们还是不够专业。

曾有某个专家调查团运用过很多独特的调查方法,如为今日集团的乐百氏奶做市场调查,便采用了“垃圾调查法”:在一个城市的东西南北中五个方向各找一个垃圾集中点,将麻袋中的果奶瓶逐个进行统计,计算各品牌各占多少,然后可得知乐百氏在这一地区的销售总额是多少,从而推算出该地区的市场容量有多大。这个专家调查团还曾做过一种“厕所调查”,他们研究出人在上厕所时最闲,往往会格外留意信息,从而认真动脑来填写问卷,这是一个良好的广告机会。因而他们在城市的收费厕所做文章,代为人们付费,并赠一支圆珠笔纪念,代价是让其填一张表格,结果问卷填写很详细,准确率也非常高。这些独特的调查方法,里面都很有技巧,需要用心去体察,而广告人在这方面若力量不足,则必须借助有关人士去完成。

所以,今后的广告是一个系统工程,不仅是创意的问题,人们看到的影视、平面等广告作品,就像冰山的一角,看到的仅是露出水面的顶端,这个顶端下面隐藏的是一个无法看到的巨大的冰山体,这就是由诸多广告人和其他行业的专家共同联手合作的杰作。

我曾到过美国的几家大型广告公司,其专业化之强,各种人才之丰,确实令人惊叹,所以我们的广告人在这方面一定想办法与别的行业的高手合作。

第三件工作便是广告人如何与企业沟通。广告业目前发展迅猛，导致广告业竞争日趋激烈，很多企业眼见如此多的广告人登门，不知如何是好，对广告人缺乏鉴别力。尽管说“不当总统，就当广告人”，但广告人目前处境的尴尬，是很多人心中很明白的。有些企业门口写着“乞丐与广告人不得入内”，在愤怒的同时，我们也在思索着如何同企业家合作。

我认为广告人与企业家的关系应为双重关系：一是企业家是主人，广告人是他的智囊，是他的服务者，即企业家办企业，广告人辅助企业，最后决策必须由企业家来决定；二是广告人应该成为企业家的老师，广告人是老师，企业家是学生。否则广告人一味去投企业家所好的话，其做的广告是经不起市场和时间的考验的。那么，如何理顺这两种关系呢？广告人必须懂企业，懂经济，必须补上这一课。由于广告界人员来源较为复杂，主要有三批：第一批是学美术或艺术的；第二批是广告新生代，即所谓科班出身的；还有一批人是从其他学科转行来的。三批人不论哪种，都需要对企业了如指掌。否则，作为企业的智囊，去指导企业，却对企业一无所知，何谈指导？因而有句玩笑：“中国恰恰是外行领导内行”，广告人应改变这一状态，真正了解企业的运行，能够与企业共容共发，这样的广告人才是持久的。

总的来讲，中国的名牌发展战略在未来5年中会成为我国一个非常重要的课题。新疆和宁夏等地都已成立了名牌战略促进会，许多区域已把名牌的发展作为对领导者政绩考核的一项标准，所以，名牌将是未来几年我国企业梦寐以求的一个向往点。广告人必须投身其中，找到自己的位置和角色，否则，这将是中国名牌发展战略的遗憾，也是我们广告人的失落。

广告人，你真的成功了吗？

——谈谈广告传播效果研究

香港中文大学新闻与传播学系助理教授
美国威斯康—迪逊大学大众传播学博士
陈怀林

我今天所要讲的主要分三个方面——一是从大众传播效果研究的历史来看广告传播研究；二是中国广告市场的发展与成熟；三是中国广告传播效果研究的现状以及面临的问题。

今天我们谈大众传播效果研究，从某种程度说有一点特殊的意义。因为现在几乎是大众传播学在西方发展整整一个世纪。大众传播学是从上世纪末和本世纪之交时产生的。其产生背景是由于大工业生产使产品进入到了更远的市场，因而广告和公共关系学应运而生。大众传播研究实际上也就是传播效果研究。传播效果研究在起步阶段从某种程度说是受到了广告和公共关系学的推动。因为当时要把产品推销出去成为厂商主要动力，因而拿出一部份钱来要求进行广告和广告效果的研究。从大众传播效果的研究看，近百年来大致分为三个时期，这三个时期也同广告传播是否有效果，如果有是什么效果，都有密切的关系。

第一个时期从上世纪末，本世纪初到第二次世界大战的前夕。这时期在历史上称为“魔弹时期”或“皮下注射时期”，“强力传播效果时期”。为什么称为魔弹和皮下注射呢？因为那时认为大众传播就象用子弹向别人射击一样，只要击中就会产生特别效果；就象给你进行皮下注射,几乎是无可避免这种效果。因而有了这样的称谓。这时期有一个比喻来形容:对于广大受众(读者、听众、观众)来说,受众就象一个16岁的女孩,而广告传播效果就象一个有魅力的小伙子,她说千万不能让他走近我,否则,肯定无法抵挡他的魅力。因而有了一个所谓"强力传播效果"时期的说法。在此时期,有过一些宣传和研究的例证显示大众传播(包括广告传播)有非常大的魔力的。1930年,美国曾播出广播剧《星球大战》。播出时,导演摆了一个小噱头,他以新闻实况播送的方式播送广播剧。在《星球大战》中火星人入侵地球,登陆的地点在美国的新泽西州。在广播剧播出前说明了广播剧是虚构的,但很多人未注意到,以为火星真的要入侵了。在新泽西州一带许多市民跑到马路上,公路都被离家出逃的汽车堵塞。当时传播研究者感叹,一个虚假的广播剧在成熟的市民中引起了如此大的恐慌,市民的常识似乎在这里并没发生太大作用。火星是否有生命存在,当时并没有证据,在传播的强力效果面前人们都可以不顾自己的常识。这就是当时强力传播效果一个非常明显的证据。对广告传播也有人作过试验,放电影每秒是24格胶片,每隔0.05秒的距离插入一幅可口可乐的形象胶片。0.05秒几乎感觉不到。如果电影加入胶片后,这一场电影后可口可乐的销量也会在统计意义上非常显著地增加。诸如此类的例证使广告或其它信息的传播者认为大众传播媒体具有强有力的效力,这是从上世纪末到1940年左右的情况。

1940年左右到60年代末是第二时期,称为"有限传播效果时期,"或者说传播效果微小,传播效果不显著时期。为什么会出现180度的转弯呢?以美国哥伦比亚大学教授拉扎斯菲尔为首的研究小组对1940年开始的美国总统选举进行了几次研究。多数是选择在中西部的二个小镇作为研究对象,研究结果一言以蔽之就是大众传播效果其实主要作用仅仅在于强化人们原有的立场和观念。在企图转化人们立场和观念方面的效果是非常薄弱的,远远不如一些人口统计学上的指标,比如,年龄、性别、宗教信仰等等因素。在他们所进行的主要以政治传播为主的调查当中,认为决定人们把他的选票投向哪个政党的主要决定因素。是这个家庭的传统的投票倾向,也是这个大家族的传统投票倾向,而不是看了多少电视、听了多少次辩论、看了多少选举宣传海报等。在第一时期大众传播具有即时、直接效果。到第二时期基本上被传播研究者否定了,他们认为实际上大众传播是很难独立地,发挥完整地转变人的意识、观念的作用。

从1970年开始至今被称为第三个时期,"传播效果扩大化时期"。这个时期既不是传播效果强大,也不是传播效果有限的时期,而是对传播效果的概念有了较大革新的一种转变。这时期传播效果往往是累计的、潜在的、间接的。大众传媒仅仅是配合其它因素起作用的一个因素。即认为传播有着能察觉到的效果,但这个效果是累积性的、间接的。同时需要有其它更多因素的配合,其它许多中介因素也会和大众传媒一起发生作用来影响受众的思想观念、意识和行为。在此时期,传播效果的研究方法最成熟,计算机、较成熟的统计软件如SPSS等都被运用上。在技术上,实验方法上也更成熟。这时出现了一些有名的模式,得到传播界广泛承认,比如程序设定模式。一言以蔽之,大众传播效果不是告诉你应该做什么,它不能转变你的立场和观念,它能告诉你什么是最重要的。如在美国,妇女堕胎是一个很敏感的事情。传媒广泛地讲妇女堕胎不对,有人认为自己有权选择是否要孩子。因而生命第一派和人生权力派反复进行辩论。对于受众来说,实际上并不能改变他们的观点。但因被传媒报道,被认为是社会上的一件重要事情,却并不一定能改变你原来对某事的态度,这就是1974年左右出现的理论。另有一理论是"涵化"理论,认为现代社会电视已成为一种从摇篮到墓地的特殊传媒。由于电视上大量出现暴力内容,看电视多的人会产生恐惧、消极、听天由命的心理。如资本主义国家电视总认为男人是处于权力的中心,而女人只是以其相貌和青春作为附庸的。社会上四、五十岁的男人是中坚，女人只有从 18 — 35 岁才有地位，而老人是社会弱者。这样会给受众带来长期日积月累的影响。如看电视多的人和看电视少的人问他们同样问题：你是否害怕半夜在离家一英里的地方行走，根据统计，看电视多的人比看电视少的人更倾向于回答“我感到害怕”，更倾向于高估实际犯罪率的百分比等等。这就是所说的长远的累积的效果。

简单回顾了大众传播效果发展的历史。“传播效果”是一个大问题。广告传播效果既可以是微观的，如是否产生了对某一品牌的好感；或维持了对某一品牌的好感或者是促成了某一次购买行为。广告传播效果也可能是宏观的，如提高了他对高品质的生活的向往。今天人们对现代化生活现代化家庭的认识很大程度是归功于改革开放以来大量出现在电视、报纸中的广告信息。同时广告传播效果可以是正面的，也可以是负面的。正面的如促销。但是也有越来越多的人认为广告传播有许多反面作用：如广告不真实、误导消费者，滥用成语，破坏中国文化的纯洁传统，提早地刺激了高消费等。广告传播的效用可以是即时的，也可以是累积的。如看完可乐广告后也许马上就有效果也许无效果；也许你认为有效的，几天以后就消失了。也许你认为没有效果的，经过反复记忆产生了效果。

什么是广告传播效果？其定义很宽泛。所以研究广告传播效果和什么被认为是广告传播效果有密切联系。一般客户关切及时、正面、微观的作用；大公司的总裁更关注累积宏观作用等。

二、中国广告市场的发展与成熟

中国广告与国外巨制比起来，显得稚嫩，与国外广告比制作的手法、创意上都存在很大差距。如把日历翻到 1979 年 1 月，文革后上海的《解放日报》和电视台播出第一次广告。那时的电视广告就是一张插片，极为简陋，显得很可笑。今天的广告已经成熟了很多，当然跟发展了上百年广告历史的国家相比较还是有很大差距。

一个广告市场成熟与否有三个标志：

1.广告额占人均 GDP 的百分比。从 1996 年数字看大致是 0.5%，这同发达国家 1.5 — 2%比有较大差距。同 80’s 百分之零点零几比有很大进步。尤其广州、上海基本上已达到 1.0%这种发达国家的中等程度。广告额从 80’s 的不到一亿元到现在的三百六十亿元这样一个天文数字相比有了巨大变化。中国的经济增长已经是在世界上数一数二。中国广告费增长扣除了通货膨胀率之后也是经济增长速度的一倍左右，可见发展速度很快。可以说从全国范围来讲，人均广告额占 GDP 率来说，中国还处于发展中地区。由于中国发展很不平衡，东部沿海地区已进入起飞的准备阶段，即 1.0%向 1.5%发展阶段。这是广告市场成熟的第一个标志。

第二个标志是广告份额的构成。广告分额按内容大致可分为生产资料广告、生活资料广告和其它广告。在 80’s 初期生产资料的广告曾占到广告总额的 35%左右，1996 年时只有 12%左右，下跌 2/3。生活资料广告和以房产为主的其它广告有了很大程度的提高。我认为这也是广告市场成熟的标志。因为美、日、香港等地生产资料广告只占到 8%、7%、5%左右。广告主要是以生活资料、旅游等等软服务为主的。从这一点上看，中国广告内容也越来越趋近于发达国家的比例。

第三是广告客户既广告主的行为方面。这里很难举出数字说明，但是根据 80’s 中期的调查，在上海广告主被问到为什么要做这个广告时，2/3 左右的广告主回答是因为“关系户、上级指定、情面难却”等。今天如作同样调查，在沿海发达地区，这个比例至少应倒过来。2/3 的企业真正看到了广告有促进市场发展的必要。“非市场因素，”对广告市场的影响正在下降。大家可能说这种影响还是很大的，如有些传媒办一些翻牌公司，所谓肥水不流他人田等等不规范的行为。但大家如往回看10年、15年就会看到进步是巨大的。实际上,非市场因素影响的下降和市场因素影响的上升这两点可说是无法逆转的趋势。香港报纸普遍在登企业的股份化一定会成为十五大主要议题。企业股份化与广告有非常密切的关系。企业股份化就是把企业的完全国有制或者部分,或者全部地转为工厂或公司的职工,或集体或个人拥有。总之一定会带来生产决策权的变化。一定会带来越来越抗拒上级领导的非市场化行为的干预,一定越来越倾向于更多的依赖广告市场的促销和依靠更好的广告效果。所以对广告业和媒介的要求会更高。从中国广告市场的发展到成熟三个标志来讲,虽然同发达国家完全市场化程度相比有很大差距,但同过去相比变化非常巨大,且这种变化是不可逆转的。

三、广告传播效果研究的现状和存在的问题

广告面对成熟的客户市场和激烈的市场竞争环境,从1992年邓小平“南巡”后进入了成长的关键时期。广告已成为一个巨资产业。对客户而言,广告费已不吝花出,他们相当深刻地感到确需广告的帮助。有一个极端的例子,“孔府家酒”、“秦池酒”,像神话一样借钱在中央电视台做广告,使一个名不见经传的小县走上了小康的道路。面对非常激烈的竞争,由于社会原来结构上存在的问题,评估一个广告效果原来要有的客观标准确实不为广告主或广告公司所获得。如在中国,报纸的发行量,电视台的收视率往往是媒体单位自称的发行量或收视率。这些数字不是建立在独立于这些传媒之上的公正机构的科学评估上,而是自报家门式的那种数字,或多或少有水分。广州有一份明星式的报纸,广告额在全国遥遥领先,但在同行当中传说其发行量的水分也是遥遥领先。只有印刷车间的值班长才会提供可靠证据。香港有一公开机构调查报纸发行量。有些报纸不参加,如《东方日报》、《大众报》、《文汇报》不参加。传媒在公布他们的发行量时,标有一个星号示意这个发行量是自称的。这样所有广告公司和广告客户很明白所依据发行量的准确度。除了发行量以外,更重要的是“阅读率”。如广州的三大报纸《南方日报》、《羊城晚报》、《广州日报》的发行量相差不大,《广州日报》列第一,应该有三、四十万份,另外两家有五、六十万份。《广州日报》和《羊城晚报》的阅读率势均力敌,每千个广州成年人有三百人左右声称读过。而有接近2%的人说看过《南方日报》。其发行量只差30%,阅读率却相差十倍以上。相对于发行量而言,阅读率成为一个更重要的因素。

电视收视率调查互相之间大相径庭。缺少一个独立的收视率调查公司为广告公司传播效果订下一个可以值得信赖的标准。如CCTV声称黄金时间有4亿观众。它认为中视覆盖率80%,黄金时间50%,简单算出来就是4亿。但实际上仅仅是在落后地区有50%的收视率。越是在发达地区,中央电视台的收视率就越低。如在广州,中央电视台黄金时间收视率低于10%,在上海差不多也这样。广告客户却是关注高消费地区和特定消费对象地区的收视情况。同时CCTV在全国的覆盖率并无80%,它达不到省、市地方台,有时相差20%,这样一来二去差距就比较多。真正的收视率是多少和目标对象的收视率是多少往往是未知的。有很多人呼吁成立这样的公司,来发布收视率、发行量,但阻力一定很大。特别是来自一些老报纸。但如没有这样一个机构则不会有一个对广告传播效果的客观监测。

传媒的选择和传媒组合的选择都是广告公司和广告主经常要考虑的因素。因为传媒的广告价格提升比物价提升高许多。现在通货膨胀控制了,但广告费的上涨尤其是传媒广告费的上涨是远远大于通货膨胀率的。这种时候,要把钱花在刀刃上,就存在传媒选择的问题。在珠江三角洲地区或广东整个地区收视率最高的是香港电视台。翡翠台占收视率的50%、本港台占25%,其它国内的七八个电视台分享剩余的25%,这是大致的情况。香港电视转播成为一块肥肉,原来广东是有两家转播,省台和市台划地为界。现在珠海等也加入了,一划为四后,广

告发布要覆盖整个广州市要交四家的钱，则交的钱必然越来越多。

但我们也注意到每一种传媒都有各自特点，并不是说晚报和电视台的广告效果就是最好的，这要看卖什么，是谁决定购买权。曾有一合资公司饮料花了大价钱想打入全国主要城市，在上海《新民晚报》等报纸上作广告，却无甚影响，因为报纸上的饮料广告是铺天盖地的。后来一位经验丰富的专家（记者、编辑）让他放弃价格高的晚报而投向一家政治性杂志，在《半月谈》上作了一个月广告后，销量显增。为什么会这样，这位记者说：在中国很多时候饮料是单位购买的，作为防暑降温发到职工或干部手中。往往是基层干部掌有购买饮料的决定权，且往往是在基层干部会议上决定的。基层干部会议往往是将《半月谈》作为时事政治材料经常学习。因而投其所好，达到出奇不意的效果。

传媒有不同的特性，每种媒体阅读人口指标的细分将成为估量某项广告效果的重要基础。国外的广告费投向何处是有固定公式的。第一，产品的知晓程度高还是低；第二，知晓后好感度如何；第三，好感后的购买欲望；第四，购买行为。在这四步之内如要调查广告效果，国外采取的办法一般是先作一个小规模调查，看在小人群当中的比率，知晓率和未知率比，知晓率和好感率比，好感率和有欲望率比，有欲望率和购买率比，哪个差距最大，就把广告费主要投向那一部门。如某饮料有55%的人知道，45%的人不知，30%的好感，28%的购买率，25%的人买过，这样好感不足成为广告主要改善点。

四、进行广告传播效果研究的方法

查看文件和有关记录。如最简单的看广告发布前和发布后销售率的变化，或是历史销售率的变化，市场占有率的变化，以此推断广告是否有效。但仅此不够。如果占有率并未发生变化，可对此进行了削价倾销等，如果仍保持原来的销量、占有率，则广告已有了效果。

实验方法。如涉及了报纸广告、户外广告、广播广告等等之后，你请一部份受众到一间房间来看这些广告，看完之后让他填表，看前也让他填一张表。也可以狡猾一点，把你所需要的广告信息安排在不显著的地位，使他不直接意识到你的意图，美国电影画面中就会有许多隐形广告。画面中一晃而过的产品品牌则无形中做了广告。看这种无意识的广告对增加知名度和好感度的作用。这就是实验。同文件记录相比，实验也有缺点，实验是在有控制，非真实的情况下，非社会、非自然的状态下来测试广告效果，实际上人们并非总是在这样的情况下看广告。看电视广告时和家人一起，不是全神贯注地看，不象在实验室里看那样专注。此情此景都不是实验室能仿制和真实反应的。所以实验室调查也有很大局限。

第三种是时间较长的参入性调查。如花一段时间跟一个家庭生活一段，在自然情况下，观察他对广告的反映和购买行为。在短时期内甚至于更长时间成为这个组织当中被接受的一员来观察。它的好处是比较深入，坏处是不可能全面实行这种方式，同时也会让被实验者感到很不自在。

用的最多的是市场调查，问卷调查，电话调查等形式。要求抽样科学性。根据销售品种来选择样品，真正达到关注目标群的目的。另外在问卷调查的设计上也要注意不要有误导的可能。正面陈述和反面陈述交替与混合使用很重要，另外在敏感的问题上也要认真对待，一个好的样本选取和好的问卷设计是广告传播效果能否被正确反应出来的相当重要的方面。

对于广告传播效果的研究，以前的广告客户可能只是把钱花出去，其它就不管了，现在比较多的注意到效果的重要性。但他们如何使用广告效果调查报告往往缺乏深度分析，并不是将其对市场有关的信息榨取出来，而仅仅是为我所用，拿出我比竞争对手有利的部分，断章取义，放在广告词和宣传材料中片面使用，做自我宣传。其实做了调查之后，也未必充分利用得了。大量数据、公式等也让企业老板不甚了了，或者没有时间去看。而设计一个评估公式也是很难的。

中国广告效果研究科学可以说还未建立一个基础或是一家可依赖的网络，现在正是做开拓性工作的重要时刻。广告成为市场中大产业，大的广告主也可出资检验广告的投向是否正确、有效。现在全国重要城市建立广告传播效果研究机构的时机已经成熟。目前已有业内人士开始着手于这方面的工作。这个巨大的工程迟早会有人把它建立起来。

名词注释

[**广告经营资格检查**]是指广告监督管理机关依法定期对广告经营者、广告发布者(以下合称广告经营单位)进行检查,确认其继续经营广告业务资格的管理制度。凡经广告经营登记领取《广告经营许可证》及营业执照的广告经营单位,均应接受广告经营资格检查。广告经营资格检查的主要内容包括:1、广告经营单位资质条件是否符合广告经营资质标准规定的要求;2、广告经营单位是否按照合法程序取得广告经营资格;3、是否按照审批登记的事项从事广告经营活动;4、广告业务承接登记、审核、档案、合同等基本管理制度建立和执行情况;5、执行广告审查员管理制度和广告专业技术岗位培训制度情况;6、执行广告服务收费标准规定和广告收费备案制度、广告财会制度的情况;7、户外广告、广告显示屏、印刷品广告、临时性广告等经营资格情况;8、设计、制作、代理、发布的广告是否符合国家法律、法规的规定;9、是否按照规定报送《广告经营单位基本情况统计表》;10、其他遵守国家法律、法规、政策的情况。

[**核销《广告经营许可证》**]是广告监督管理机关规范广告经营资格管理的一种措施。凡有以下问题的广告经营单位,广告监督管理机关将收回其《广告经营许可证》,核销其广告经营项目。1、被暂缓通过广告经营资格检查并责令限期整改,经复查仍不合格的;2、核准登记后一年以上未开展正常广告经营业务,并且拒不办理广告经营注销手续的;3、在广告经营资格检查公告发布之日起三十日内无正当理由仍未到广告监督管理机关接受检查的。被核销了广告经营项目的广告经营单位,应在规定的期限内,向其登记机关申请办理变更登记,不按规定办理变更登记的,登记机关将按登记管理的有关规定予以处理。

[**店堂广告管理暂行办法**]店堂广告从广义讲,泛指利用店堂空间或其建筑物及其控制地带发布的广告。针对店堂广告中存在的随意设置,影响环境及内容方面出现的虚假及不符合社会主义精神文明要求的问题,国家工商行政管理局于 1997 年 12 月 31 日发布《店堂广告管理暂行办法》,自 1998 年 3 月 1 日起施行。

《店堂广告管理暂行办法》调整范围包括两种情况。一是发布于店堂内的各类广告;二是发布于店堂建筑物控制地带的店堂牌匾广告。其中,上述范围中的"店堂"泛指能够用来发布广告的场所空间。主要有:1.商场(店)、药店、医疗服务机构;2.体育场(馆);3.各类等候室、休息室、阅览室、会议室、展览厅(室);4.影剧院、歌舞厅等娱乐场所;5.铁路、民航售票厅及营业场所;6.宾馆、饭店、酒吧等营业场所;7.地铁车站、地下停车场;8.邮电、金融、证券等营业厅;9.各类游乐场所;10.其它店堂,如允许发布广告的各类交通工具内。

《店堂广告管理暂行办法》规定了店堂管理者应当对店堂广告履行的义务。具体包括:1.指定专人管理店堂广告;2.负责店堂广告合理规划,督促广告主、广告经营者、广告发布者保证店堂广告的清洁、美观、安全;3.负责建立、管理本店堂广告档案;4.负责将广告样件送当地工商行政管理机关备案。

《店堂广告管理暂行办法》规定了店堂牌匾广告登记需提交的文件及办理程序。其中需要提交的证明文件包括:1.营业执照或者其它关于法定主体资格的证明文件;2.含有广告发布地点、形式的申请报告;3.广告样件;4.广告管理法规规定应当提交的其它证明文件。

工商行政管理机关应当在申请人提交的证明文件齐备后予以受理,并在10个工作日内做出批准或者不予批准的决定。对批准设立的店堂牌匾广告核发《店堂牌匾广告发布登记证》。

《店堂广告管理暂行办法》规定,县级以上工商行政管理机关及其派出机构,负责对店堂广告进行监督管理。对违反《店堂广告管理暂行办法》有关规定的,依照本办法进行处罚。

广告经营单位介绍

北　京　市

公　司　类

中国广告联合总公司

地　址：北京市海淀区羊坊店路3号

邮　编：100038

机构及电话：

国内客户一部：63074224　63954852

国内客户二部：63072159　63954895

国内客户三部：63072394　63956519

国内客户四部：63072162　63954893

国内客户五部：63071253　63954851

国内客户六部：63072160　63954849

国内客户七部：63954856　63954846

国内客户八部：63956517

国 际 客 户 部：63072248　63954891

市　场　部：63074231　63954894

创 意 制 作 部：63956520　63954855

媒 介 一 部：63074518　63954853

媒 介 二 部：63074218　63954889

社 会 活 动 部：63074669　63956521

编　辑　部：63954857　63074320

客 户 开 发 部：63074226　63954892

综 合 经 营 部：63073695

办　公　室：63074228　63074230

财　务　部：63072163　63073904

图文传真：(010)63074227

总经理：仇学忠

副总经理：冉文祥、王金狮、朱　刚

·新华通讯社的直属企业

·中国第一家集团性广告公司

·全国广告业重信誉创优质服务先进单位。

·1981年3月成立，现有成员公司75家，均为独立核算单位，遍布中国60个大中城市。

·北京市广告协会向海内外推荐的九大广告公司之一。

·1995年荣获由国家工商行政管理局和中国企业评价协会共同主办的中国广告公司综合实力排序第二名。

·1997年被评为全国广告行业文明单位。

·1997、1998年被评为首都广告业社会主义精神文明建设先进单位。

·经营范围：

主营：承办、代理国内外各类广告，承办广告公关活动和室内外装饰工程；广告印刷品的设计、制作和销售；展览展销会的设计、布置和劳务服务；广告业务的市场调查和咨询服务；广告礼品、纪念品的设计、制作；户外广告材料及其制品的生产、销售；广告时装模特表演；商业摄影。

兼营：文体用品、日用百货、家用电器的销售；室内外装饰工程材料的批发、零售；商标及包装装潢设计、印刷（国家有专项专营规定的除外）。

北京标正电脑图文有限公司

地　址：北京安定门内（北锣鼓巷）千福巷3号

邮　编:100009
电　话:64066806　64066807
传　真:64067290
总经理:吴　伟

北京标正电脑图文有限公司系中国黄金总公司与加拿大吴祖投资公司共同出资兴办的大型专业广告制作公司。自 1995 年率先引进美国威特公司 3200 型双面彩色喷绘机以来,以其精湛的技术,高品质的制作,完善的服务,赢得了国内外广大客户的信赖,在广告制作领域享有很高的声誉。作品遍及全国六十多个省市。1997 年又引进美国 LASER-MASTER 公司 DME 设备,实现了大型户外喷绘与高清晰度户外喷绘的完美结合。1998 年标正公司在此基础上又隆重推出美国威特公司最新研制的高清晰高超大型宽幅 5300 型喷绘机,使广告喷绘效果更加鲜艳、亮丽。

现在,无论您需要的是户外大型广告远观的整体效果还是近在咫尺逼真的图像;无论是户外灯箱、室内外装饰图,还是广告招贴及车身广告,标正公司都可为您提供高品质的产品。标正公司将与您携手并进,共创辉煌。

标正恪守:"客户的利益就是标正的利益"。我们深深懂得没有客户的信任和支持,就没有标正的一切。重守信誉永远是标正的生命之本。

北奥广告公司

地　址:北京市朝阳区雅宝路丙 12 号
邮　编:100020
电　话:65959893　65959892
传　真:65082990
负责人:班金鹏
联系人:康胜军

经营范围:

北奥广告公司是全国最大的 50 家广告公司之一,除了能为客户提供全面的广告代理和专业化的服务外,尤其在户外广告方面是有突出的优势。在众多广告媒介中,户外广告是生命力最持久、视觉冲击最强的一种。

我们将帮助您的企业树立牢固的大形象。

北京恒美广告有限公司

地　址:北京市朝阳区雅宝路丙 12 号
邮　编:100020
电　话:65913565 – 72
传　真:65911797
负责人:陈以聪
联系人:车硕知

经营范围:

凭借创意的引领,成就了客户,也成就了恒美广告的今日。

北京环宇广告公司

地　址:北京宣武门西大街 57 号
邮　编:100803
电　话:63073889
传　真:63071104

参考消息广告部

地　址:北京宣武门西大街 57 号
邮　编:100803
电　话:63071102
传　真:63071269

媒体影响大　信息传播广　广告效益好

北京环宇广告公司是新华通讯社参考新闻编辑部所属的综合性专业广告公司,是全国名牌日报《参考消息》的广告代理。

北京环宇广告公司除代理《参考消息》广告业务外,还拥有新华社编辑出版的报纸杂志的广告版面。公司还与中央各大报纸及电台电视台有业务往来;公司还在世界主要国家和地区以及国内主要城市设有广告代理机构,承办本公司业务。

北京环宇广告公司创立以后,在很短的时间内就以工作认真,作风严谨,服务周到,在广大客户中间享有很高的声誉。

北京环宇广告公司一向本着对广告主和用户负责的精神对待工作,几年来同广大客户建立了良好的业务关系。公司代理的各类广告得到主管部门的赞许和广大用户的信任,广告效益极好,慕名而来的广告客户络绎不绝。

北京环宇广告公司群体素质高,工作作风严谨,一向从客户利益出发考虑广告创意,力争每一条广告都收到最大效果。许多厂商通过在《参考消息》刊登广告,提高了知名度,打开了市场,扩大了产品销路,收到良好的经济效益。

北京环宇广告公司服务周到,一向全力满足广告客户的各种合理要求。对客户改稿、改图一向不厌其烦,并经常为客户提供参考建议,就广告文稿向客户进行认真磋商。公司严格执行三审三校制度,力争使每条广告从内容到形式都达到可能的完美。公司为此博得广大客户的充分信任,公司与客户的合作十分成功,十分愉快,取得良好效果。

北京环宇广告公司在广告市场激烈竞争的背景下,越办越好,影响越来越大,这是与广告客户密切合作息息相关的。

我们将不断提高为客户服务的水平。欢迎广大客户与我们合作,为每位客户事业的发达,为繁荣我国社会主义市场经济共同奋斗!

北京市华融广告公司

地　址:北京市西城区北露园小区 2 号楼 4 层北厅
邮　编:100037
电　话:68320207　68328818
传　真:68320030
总经理:孟宪岭
联系人:陈健梅
经营范围:

北京市华融广告公司是在社会主义市场经济蓬勃发展的 1993 年成立的,具有独立法人资格的全民所有制企业。

我们本着真诚为客户服务的宗旨,积极拓展业务,努力探索,使经营范围不断扩大,专业技能不断提高,现可经营代理国内外广告业务。

公司具备企业 CI 策划、电脑美术设计、印刷品设计制作、广告摄影、灯箱及霓虹灯制作、大型广告活动、展览展示制作、广告代理发布、美术品经销等项业务,多次承担全国性大型展览的策划、设计与制作。多次为中外企业承办、策划大型活动。

我公司目前拥有西单大街繁华地段户外广告媒体,1998 年又在北京市动物园管理处和通州区繁华地带开发了多块新媒体。欢迎广大客户与我们联系。

公司全体员工本着“团结、奋进、开拓、求实”的敬业精神,竭诚为国内外客户服务,共创广告业的美好未来。

北京中影蒙太奇广告公司

地　址:北京市新街口外大街 25 号
邮　编:100088
电　话:62259443　62254488～3703
传　真:62250584
负责人:关迎时
联系人:许勇岚　徐　东
经营范围:

北京中影蒙太奇广告公司系中国电影公司的子公司,经营广告制作、发布,并代理国内和外商来华广告业务,具有雄厚的经济实力、技术实力和良好的商业信誉。本公司下设公关媒介部、业务部、技术制作部、市场部和财务部,拥有通畅的遍及全国的媒体网络。本公司能为客户提供集市场调研、策划、创意、设计制作及发布等一条龙服务。真诚合作,讲求信誉,少花钱多办事是本公司对客户的承诺;全方位、高质量、快速度地满足客户的需求是本公司全体员工的追求目标。

除此之外,本公司在原有广告服务内容的基础上,增添了新的服务项目,即在属于我们自己的广告媒体——电影院做映前电影胶片广告,欢迎广大客户光临。

北京好心专递广告有限责任公司

地　址:北京市朝阳区工体东路 14 号
邮　编:100020
电　话:(010)65007966　65007996
　　　　(010)65855406　65855038
传　真:(010)65007996

北京好心专递广告有限责任公司,是经北京市工商行政管理局批准成立的一家专业广告公司。由数家具有市场运作经验的实体共同投资组成。为北京市广告协会会员单位之一,注册资本 120 万元。

公司不但拥有北京数十家寻呼台联建而成的北京"好心专递"中文寻呼广告网,而且得到了中央电视台、北京电视台、北京人民广播电台、法制日报、北京日报、北京晚报、北京广播电视报、北京青年报、精品购物指南报等首都各大新闻媒介的鼎力支持,并专项代理《中国经营报》通讯时空版广告。客户涉及房地产、金融、家电、汽车、机械服务、医药等各个行业,先后曾为国内及美澳等国的通讯、电子、食品及其他行业企业进行优质服务,并收到了很好的效果。

公司是由一批充满活力、思维活跃、富于开拓进取创新精神的广告专业人才组成,既具备扎实的理论基础,又有丰富的实践经验,可联合报纸、电视、广播及户外等各媒体为客户提供从市场调研、策划制作、到广告投放完全一条龙的专业化服务;使您的企业得到全面、广泛、有效的宣传,从而为您的产品全面占领市场提供坚实的基础。

北京京路广告公司

地　址:北京市西城区东太平街 36 号
邮　编:100031
电　话:66032820
总经理:刘铁军
经营范围:

设计、制作、代理和发布国内和外商来华广告业务。

总代理北京市公路局占地范围内公路、高速公路的各种广告业务。

北京歌华广告艺术公司

地　址:北京市西城区宣武门西大街甲 129 号金隅大厦 15 层
邮　编:100031
E – mail:gehua@gehua.com.cn
电　话:010 – 66079912
传　真:010 – 66079920
负责人:史国明
联系人:王佳颖

北京歌华广告艺术公司是北京歌华文化发展集团的全资子公司,成立于 1956 年,其前身为北京广告艺术集团。

歌华广告熟谙中国本土文化,了解本土市场,采用科学的操作方法,规范的作业流程,严谨的品质管理,致力于对中国本土消费者进行科学研究和广告传播,积累了丰富的经验。

歌华广告曾服务过海内外多家知名的工商企业,创造了许多成功案例,为众多企业,提供了包括企业识别系统导入、市场调查、营销策划、广告整体策划、广告媒介发布、公关实施在内的全方位的广告代理服务。

歌华广告曾被国家工商管理局等权威机构评估为"中国最大的五十家广告公司"之一,并屡获国家工商管理局、中国广告协会所颁发的"全国广告业重信誉,创优质服务先进单位"奖牌。信誉卓著,美名远播。

歌华广告全面代理运作了以消费大众为读者对象的新热点媒体《北京晨报》主要版面的广告。

歌华广告多年来一直跟踪海内外户外广告媒体在造形、体量、照明、材料、技术上的发展,并与之保持同步。

歌华广告与北京广播学院合作编辑出版了《1997 – 1998IMI 消费行为与生活形态年鉴》。

歌华广告在北京地区的黄金路段,拥有 21000 平方米的包括路牌、霓虹灯、三面翻转看板、灯箱、一柱看板在内的各式户外广告媒体。

歌华广告“以人为本”,汇集了一群具有不同专业背景的,或资深或新锐的广告人。这是歌华广告的宝贵财富。

歌华广告将以“真诚、创造、有效”为理念,发挥自有媒体和代理媒体的优势,为客户作全方位的有效沟通;充分利用公共关系的资源,为国内外大型活动提供多方面的整合服务,真正成为与时代同步的现代化专业广告公司。歌华广告人将以崭新的面貌和更辉煌的业绩,迎接新纪元的来临。

北京京视广告公司

地　址:北京市海淀区西三环北路甲 3 号
邮　编:100081
电　话:(010)68421431/32/33/35
传　真:(010)68421432
负责人:朱荣民

北京京视广告公司(以下简称京视广告公司)成立于 1993 年,隶属于北京电视台。作为北京电视台唯一的广告公司,已逐步发展成为一家功能齐全,能够为国内外大型客户提供全面服务的综合性全能型广告公司。尤其在电视媒体方面,将显示其鲜明的特点和较强的实力。这主要体现在为客户提供市场调查分析、广告策划、创意、媒体计划、监测、收视调查等全方位服务的能力。同时,电视节目交换也是公司业务的重要组成部分,并同全国各地电视媒体单位保持了良好的合作关系,这也为公司更广泛的服务客户、拓展业务打下了良好的基础。

公司人员专业从事电视台编辑工作或长期服务于大型外资广告公司,具有较强的专业知识及广告行业经验,保证了对于各类客户提供可靠的服务。在公司经营管理过程中,严格推行国际化广告公司的先进管理方式,服务水平赢得了众多国际国内品牌客户的认可。在电视媒体上的创意、摄制、编播及广告策划方面具有较强的专业水平。

1998 年,京视广告公司代理北京电视台新闻标版广告及独家代理《北京特快》、《北京您早》栏目广告。京视广告公司对于业务规模的不断扩展,始终坚持积极、严谨的态度,不断完善提高对于客户的服务质量水平,真诚希望和更广大的客户朋友共同合作。

中国精信广告有限公司

地　址:东城区朝阳门北大街 8 号富华大厦
　　　A 座 2 层
邮　编:100027
电　话:(010)65541363
总经理:陈志明
联系人:李建江　曹向红

中国精信广告有限公司是由美国 Grey 广告公司与中国国际信托投资公司旗下的国安集团合资组成的广告公司。凭籍着 Grey 在全球 87 个国家内的网络优势,我们为客户创造了众多的成功品牌,如:潘婷、达能、LG 电子、康泰克、芬必得、康师傅、箭牌口香糖等都是家喻户晓的中国市场第一品牌。

我们深信,没有知识的楼台,就不能摘星,而工欲善其事,必先利其器的道理,更让我们紧紧掌握运用科学的武器。且这一切,始终是依赖最具价值的人才所驱动。因此,精信人勇于创造打破常规的意念,为他人所不敢为,以领导性的思维建立伟大的品牌,领导潮流,精信的信念是:能专才能精,能精才能强。所以,精信旗下有不同的专业队伍汇聚专才:客户服务、MEDICOM 媒体专家、医疗保健、公共关系、策略发展、直销、创意等部门都互相巧妙配合,随市场的需求随时改变应对方针,为客户提供综合性的策略服务,协助客户在变化多端的神州大地,以变应变,将品牌发扬光大。

或许,您可以试试拨打下面的电话:(010)65541363 与我们北京总公司的总经理陈志明先生切磋战略,看如何将您的品牌砌成第一品牌。

北京电通广告有限公司

地　址:北京市东城区朝阳门北大街 8 号富华大厦 F 座 11 层
邮　编:100027
电　话:010-65542193　65542205
传　真:010-65542098　65545550
总经理:山村正一
常务副总:金子泓
副总结理:冈敬二
　　　　刘　哲

本公司由日本电通广告公司与中国国际广告公司、北京大成广告有限公司三方合资,于 1994 年 5 月在京成立,注册资金 200 万美元,目前已发展有上海、广州两个分公司,职员 183 人,1997 年营业额 3.7 亿元,以日本客户为主,同时拥有部分欧美客户和国内客户。

电通的企业宗旨是向全世界展开〔全方位信息传播服务〕以传播信息进行人与人之间沟通和交流为重任,电通的企业口号是〔Communications Excellence 提供最佳的信息传播服务〕。

全方位信息传播服务的四大领域:

①广告方面作业:广告计划、广告创意、媒介方案、媒介购买

②促销活动方面:促销手段、促销活动、展览会、大型会议

③市场营销方面:调查、分析、市场营销策划

④企业信息交流作业:公关、CI、体育、文化活动

北京电通广告有限公司上海分公司

地　址:上海市南京西路 128 号永新广场 21 号
邮　编:200003
电　话:021-63501660
传　真:021-63508556
总经理:桐山润

北京电通广告有限公司广州分公司

地　址:广州市东风路 836 号东峻广场 1906 室
邮　编:510080
电　话:020-87605601
传　真:020-87605418
总经理:冼志良

北京万隆广告公司

地　址:北京市海淀区增光路 45 号 7 号楼二层
邮　编:100037
电　话:68483214　68483215　68429850
传　真:68429850　68483214
总经理:郑　治

万隆广告公司是从事广告经营的专业性公司,自 1989 年成立以来得到了长足发展,与国内外客户代理和媒介建立了广泛的业务联系和合作关系。本公司实力雄厚、设备先进、在广东还设有分支机构——珠海华侨广告公司。

本公司拥有一批经验丰富、风格独特、富有创新意识的广告策划、设计、制作专业人员和媒介专职人员。本公司在国内媒介方面具有明显优势,能为客户提供和安排电视台、报纸、杂志、电台、橱窗、路牌、霓虹灯等各种媒介。本公司还拥有先进的印刷设备,包括激光照排、电子分色、照相制版设备及进口四色胶印机,与广告业务配合起来能为您提供全面、周到的一条龙服务。

主要服务项目:①国内外电视广告的策划、创意、制作、代理。②美术设计、广告摄影制片。③年历、目录、样本、画册的印刷。④国内外展览业务。⑤广告媒介咨询、广告礼品、市场调查。

"客户至上,服务第一"是我们的一贯宗旨,为了您的事业得到成功和发展,我们愿助您一臂之力。

北京杰威广告公司

地　址:北京市朝阳区亚运村安慧里四区 16

楼

邮　编：100723

电　话：(010)64949074　64915484

64914455－2264/2247/2463

传　真：(010)64949084

企业法人：贺玉强

企业性质：股份合作制

经营理念：荟萃杰出人才　创作优美广告

增注企业威力　流芳盛名百世

经营范围：

营销策划、CIS设计、电分制版、印刷发行、广告摄影、装饰装璜、展示展览、公关策划、礼品开发、媒体代理；

硬件设备：

印前系统：大网屏1030AI滚筒式电分机、苹果电脑、彩色打印机、胶片输出机；

摄影器材：仙娜、哈苏专业相机、宝荣灯；

印刷设备：海德堡胶印机；

经营哲学：以人为本，用人唯贤；

杰威不想说给您听，只想做给您看！

中国长城电子展览公司

地　址：北京市海淀区学院路丁37号

邮　编：100083

电　话：62013363　62057073

传　真：62013361

负责人：王树华

联系人：许晓江

中国长城电子展览公司是经中华人民共和国电子工业部批准具有法人资格的国营展览专业公司。业务以组办国内外展览为主，兼营广告、资料制作和展具租赁业务。公司宗旨是为电子与计算机行业服务，组织开发产品市场。推广应用、交流技术、传递信息，为产、供、销和广大用户架设金桥。

公司成立以来，组办了各种类型的国内外展览，取得了很好的经济效益和社会效益。从1980年开始每年一届的“全国计算机京交会”已连续成功地举办了十八届，规模大、影响深、效益高，为我国民族计算机工业的发展做出了贡献，在国内外享有盛名。为开拓国际市场还组办来华展览和出国展览，曾先后组团赴新加坡、印度尼西亚、匈牙利、前苏联、美国、澳大利亚等国家参加国际大展。通过开展业务，积累了丰富的办展经验，使公司在国内外电子与电脑界获得了很高的声誉。在展览行业里已跨入国际先进行列。

公司实行开放型管理模式，欢迎社会各界与我们共同合作，开创展览广告业的新局面。

中国机电广告公司

地　址：北京市西城区百万庄大街22号

邮　编：100037

电　话：010－68326282

传　真：010－68326295

法定代表人：陈根德

联系人：陆伍零

中国机电广告公司（CACME）是中华人民共和国机械工业部直属的全国性、综合型专业广告公司。

公司面向全国机械、汽车、电子行业企事业单位和国内外各类工商企业，开展广告策划、市场调查、设计制作和发布、代理业务，组织国内外经济技术展览与交流。

公司创办以来，积极承办、代理各种类型的广告业务，多次举办全国性和国际性大型展览会和促销活动，为国内外数千家工商企业提供了各种方式的促销服务。经营能力，经营手段和综合实力不断增强，已跻身于全国50家最具实力的广告公司之列。

公司拥有精通业务、经验丰富的广告、艺术、经济管理和工程技术等各类专业人员，建立起规范、科学、高效的经营管理机制，注重优化系统功能、发挥群体智慧和创造力。能够为客户提供系统化、全方位、多层面的广告促销服务。

公司全体员工遵奉“团结、创新、开拓、务实”的敬业精神，恪守公司利益、客户利益、社会利益三位一体的企业宗旨，竭诚为机电企业及各界客户提供完美、高效的服务,不断追求和实现事业发展的更新、更高的境界。

中国民航宣传广告公司

地 址:北京市东城区东四11条31号
邮 编:100007
传 真:64046592 64046496 84011721
负责人:邓有池
联系人:孙建民
电 话:
办公室:64027097
广告一部(综合广告):64046717
广告二部(期刊广告):64047094
展览策划部:64027095
《班期时刻表》编辑部:64046496
《中国民航》杂志编辑部:84011722
《中国航空旅游指南》编辑部:64046496
《中国航旅》编辑部:84011723

中国民航宣传广告公司是经国家经济委员会、中华人民共和国对外经济贸易部和国家工商行政管理局批准于1984年1月1日正式成立的全国性专业广告公司,其主要职责和经营范围是:

一、负责中国民航系统的对内、对外业务宣传和国际、国内广告业务。

二、设计、制作、代理国内外各类广告;中国民航出版物及所属公共场所的广告发布。

三、编辑出版、发行《中国民航》、《班期时刻表》、《中国航空旅游指南》、《中国航旅》等刊物及其他印刷品、宣传品。

四、制作中国民航各种纪念品、展览品、礼品;承办国内外的中国民航展览业务等。

五、承办国内外印刷业务和各种高质量的彩色印刷、设计、包装、装璜、书刊、商标印刷等业务。

凡经中国民航宣传广告公司承办的广告业务由本公司负责向客户免费提供咨询服务。

中丝广告有限公司

地 址:北京市北河沿大街105号
邮 编:100006
电 话:65137601 65120379
传 真:65137601
负责人:陶孝娴
联系人:俞剑平

中丝广告有限公司是中国丝绸进出口总公司、上海、江苏、逝江、广东省(市)丝绸进出口公司与香港百能广告有限公司合资兴办的中外合资企业。该公司是一个集市场调研、策划、创意、制作、传媒服务于一体的完整体系。公司的主要经营范围包括:设计、制作、发布、代理国内外各类广告。

中丝广告有限公司拥有自己的媒体——《中国丝绸》(ELEGANCE CHINA SILK)杂志,因此具有较强的整体运作能力,能为广告主提供全面的广告服务,并具有良好的信誉保证。欢迎各界朋友与我们携手努力,为我国经济贸易的发展开拓一条通向世界的新丝绸之路。

人民画报广告艺术公司

地 址:北京海淀区车公庄西路33号
邮 编:100044
电 话:(010)68412387
传 真:(010)68412387
负责人:徐 卫

人民画报社出版的《人民画报》(海外版称《中国》画报)是一本以图片为主、图文并茂的全国性的综合月刊,向国内外广大读者真实、客观、形象地介绍中国的基本情况及改革开放中的当代新貌,是世界各国读者了解中国的一个窗口,促进友谊的桥梁。

目前有汉、藏、俄、英、日、法、德、西班牙、意大利、阿拉伯、乌尔都、印地、泰等文版,其中繁体字中文版中泰文版都在香港印刷发行。各文版画报的发行覆盖面达世界五大洲180个国家和地区。

本公司经营国内外广告,代理外商来华广告,可承接拍摄、编辑、设计、印刷等全套业务。在《人民画报》中文版刊登,可发行到全国各个省、市、自治区;在各外文版《中国》画报上刊登,可发行到世界五大洲 180 多个国家和地区。

北京东方艺术广告公司

地　址:北京市西二环路金融街屯绢胡同 10 号恒生园物业
邮　编:100032
电　话:(010)66084215/16/17/18/19
传　真:(010)66084228

我公司为中华全国总工会直属的专业广告公司,是中国广告协会会员单位、全国企业形象策划设计委员会理事单位、全国省级电视台节目交流网理事单位和中央电视台指定广告代理公司。

可为您提供:国内外广告代理、整体市场推广策划、整体广告策划、企业形象设计、市场调研、展示展览工程、大型公益活动及影视、平面、户外媒体设计、印刷、制作和发布。

我们将竭诚提供专业、周密的解决方案全面致力于您的成功!

北京通成推广公交广告有限公司

地　址:北京市朝阳门外大街 18 号丰联广场 2001 - 4 室
邮　编:100020
电　话:65881066　65881071 - 1075
传　真:65881076

北京通成推广广告有限公司是香港通成推广集团在中国的合资机构,目前在国内近 20 个大中城市中投资经营双层公共汽车和空调车车身媒体网络,为中国公交和广告事业的发展做出了巨大努力和贡献。

中诚证券广告公司

地　址:北京海淀区西苑饭店 5423 房间
邮　编:100044
电　话:68312719　68341296
传　真:(010)68313128
负责人:陈立群
联系人:许　静

中诚证券广告公司是中国诚信证券评估有限公司的全资子公司。注册资金 200 万元,具有国内外广告设计、制作、代理、发布权。

本公司拥有一流的广告、策划、创意、制作人员。公司成员来自知名度很高的合资广告公司、中央新闻单位及西影、科影等电影制片厂。中诚证券广告公司成立以来,已有多项为企业策划的成功经历,并长期代理数家国内知名企业的广告业务。在企业界和广告界具有了良好的服务记录和一定的商誉,而与媒介的良好关系更是我们服务于企业的有力保证。

中诚证券广告公司与深圳证券登记公司合资建立了深圳亚星证券广告公司,在海南、湖南、湖北、广州、上海、宁波等地设立了业务代表处。

北京华艺广告公司

地　址:北京市海淀区紫竹院路 10 号
邮　编:100044
电　话:68456232　68456234　88495680
负责人:杨旭霞
联系人:浦　瑛

一滴水可以折射出太阳的光辉

北京市西京广告中心

地　址:北京市朝阳区工体东路 8 号
邮　编:100020
电　话:010 - 65093133　65074201
传　真:010 - 65074201
联系人:潘良明

北京市西京广告中心是国际和中国丝网印刷及制像协会会员,是一个代理、策划、发布国内外广告,及自行设计、制版、印刷的实体企业,先后在南京、成都、温州等国内十几个城市设立了分公司和办事处。

西京集十数年网印之经验,拥有日本、美

国、台湾等地生产一流的大型网印设备，最大印刷面积为3.7×2.1平方米，画面设计精美、色彩艳丽、层次丰富、分辨率高，能达到与原稿类同的效果，在网印界享有较高的声誉，作品曾多次获奖。

西京网印适用于灯箱、路牌、车体、看板、海报、挂历、彩旗、地面等户内外广告。

西京的服务宗旨是：质量第一、客户至上、价格合理、交货迅速。

以我为媒　传您美名　西京网印　款款真情

北京爱童广告公司

地　址：北京市朝阳区团结湖中路南一条5号小楼
邮　编：100026
电　话：65985404　65985938
传　真：65985938

北京爱童广告公司成立于1992年，系专业广告综合代理公司，由经验丰富的广告专业人才组成。几年来，我们以科学的市场调研为依据、重视分析消费者行为，充分发挥创意策划独特而新颖的优势，帮助企业实行品牌战略，为国内外客户赢得市场。

爱童广告在高档电器、电子、机械产品、房地产以及医药、保健品等产品的整体广告企划及代理、公关和促销活动、展览展示会的设计、制作方面有丰富的经验和实实在在的服务。

爱童广告企业精神：团结、自律、务实、创新。

爱童广告诚邀广告界的同仁为繁荣广告事业、提高业界的整体素质，为企业的蓬勃发展提供全面而高质量的服务共同努力。

北京汉仪科印信息技术有限公司

地　址：北京海淀区翠微路2号
邮　编：100036
电　话：68285008/5561/5996
负责人：方　猛
联系人：李　菁

汉仪公司是专业的造字公司，设有管理、业务、技术、造字、质量管制、字型开发等部门。其汉字字型的生产规模、生产效率及产品质量堪称同行之冠。遵照国家有关印刷字体字型的知识产权保护政策，公司开发汉仪字库的原字稿经合法授权使用。

汉仪字库采用开放性字体格式，适用于开放性工作平台，各层次产品具有互通性，使文件能依实际需求而作各种档次的输出。所有字形皆为曲线字，字体输出轮廓平滑，且繁、简体转换便利，每款字体均有其配套的英文符号，中英文混排效果更具专业性，方便于专业排版、办公室自动化等各层次应用。汉仪字库曾多次通过国家级鉴定会的审定，经新闻出版署正式推荐，作为规范字推广应用。

北京国佳广告公司

地　址：北京市西城区月坛北街25号（国家国内贸易局三号楼）
邮　编：100834
电　话：(010)68392795　68391590
电　报：1444
负责人：张莉莉
联系人：徐少青

北京国佳广告公司是国家国内贸易局主管的《中国物资报》社直属广告公司。《中国物资报》立足物资行业，服务生产企业，面向流通产业，渗透经济社会，在全国产业市场上具有广泛的影响力，被广大读者公认具有：权威性高、信息量大、报道面宽、专业性深、实用性强、服务性好六大特色。

北京国佳广告公司为《中国物资报》广告总代理，并与中央在京各报刊、电台、电视台均有业务往来。公司可代理中外广告、影视广告，并可为企业和产品宣传进行策划及广告制作。

北京金通达广告有限责任公司

地　址：北京北三环中路27号福尼特大厦

608室
邮 编:100029
电 话:(010)62073732
传 真:(010)62073756
负责人:田长江

北京金通达广告有限责任公司是一家在北京地区专业从事DM直递广告业务的公司。1998年度公司每月将几百万份彩色印刷广告通过夹报和其它方式分发到公司、机关、厂矿和居民手中。公司是1998年唯一签约代理北京青年报夹报投递广告业务的广告公司。

DM直递广告是一种在发达国家广泛采用的广告发布方式,该方式具有视觉冲击力强、投资少、见效快、传播迅速、到达率高等优势。北京地区的广告客户和广告受众已经接受和喜爱了这种方式。直递广告可以将大到2开的宣传画,小到一张展览会票用最稳妥快捷的方式送到广告受众手中,这无疑为想进入北京市场的各地厂商提供了一种有效有广告手段。热诚欢迎各地厂商来函来电联系业务。

中国广告商情网(WWW.CNAD.COM.CN)

地 址:北京台基厂大街18号
邮 编:100005
电 话:65125275
负责人:张 彬
联系人:赵 友

中国广告商情网是中国广告协会领导下的行业信息站点,将为业界同仁提供全面迅捷的增值信息服务,同时开展网络广告的策划代理业务。我们期待着您的浏览与合作,共同促进internet在全行业的应用,对网络与我国经济生活的结合过程,起到广告人的推动作用。

服务项目:

■广告行业信息增值服务,为您在cnad上发布信息,为您在internet上收集信息,并进行分析整理。
■Cnad Web Site上的网络广告发布,与相关单位合作,共建栏目;
■企业站点建设咨询及作用、推广宣传;
■网络广告的策划、创意及代理发布;
■建立开发其它行业网上站点;
■网页设计制作。

合作意向:

■期待与全国ISP、ICP建立联系,成为您的网上广告代理商;
■希望广告主、广告媒介、广告商及广告人浏览cnad站点,并在站点相关栏目发表自己的信息。(建站六个月内免费发布)
■欢迎来稿,征求各地代理,共建广告业自己的信息调整通道。诚征网络广告专业人才,详情请在Cnad站点上查询

栏目设置:

■了解广告行业新闻,透视网络广告发展--动态新闻
■选择适合自己的代理,寻找广告经营单位的行踪。欢迎登录--行业名录库
■展会资讯全面集中--展会信息库
■媒体推销自己的卖场,欢迎媒体单位免费登录--媒体报价库
■市场信息调研分析,征求市调公司合作主持--信息驿站
■好权威、好全面。中广协权威主持--法规数据库
■汇萃最新产品、技术、物料,欢迎自荐,查询--新产品、新技术
■书到用时方恨少,多多益善--网上书城
■通向世界的小窗口--国际交流
■流水不腐,户枢不蠹--招聘求职
■有心事就得一吐为快,有好事就要大家分享,有得意之作千万别藏着,这里是广告人的--公告板
■公开你的需要,把机会留给大家,在这

里我们期待－－交流与合作

■免费浏览《现代广告》－－同行媒体

■广告行业的组织，广告人的家－－网上广协

北京市旅游广告公司

地　址：北京饭店西楼9010室

邮　编：100004

电　话：65137766－9010、6821

负责人：孙广生

联系人：龚延惠

北京市旅游广告公司系北京市旅游局直属专业旅游广告服务机构。公司成立于我国各行各业经济正在腾飞的那一年，即：1991年。

公司成立以来，凭借旅游行业得天独厚的优势，开展了各种形式的广告业务，受到了国内外各界人士及各大中型企事业等单位的厚爱与信赖。为此，我们不胜荣幸和感激。

广告，在现代企业的经营中，发挥着越来越重要的作用，因此，广告质量的好与坏，直接关系到企业的经济效益和社会形象。基于这一点，我们始终把“信誉和服务的力求完美”做为我们企业发展的生命力。使他们在激烈的竞争中立于不败之地。

本公司实力雄厚、宣传力强、覆盖面广，完全能够胜任和满足国内外宾客的要求。

我们能够为您提供：诸多种类全面的广告策划、创意、设计和制作、代理和播发业务。大型霓虹灯、路牌更是我们的强项。另外，在高档印刷品的制作及广告宣传上也颇具优势，我们可直接参与每年的国际旅游博览会，使广告宣传走向世界。

本公司始终遵循既定的服务宗旨：

“你成功，我也成功了，鼎力相助，所有企业都成功”。

北京市旅游广告公司愿广交国内外各界朋友！竭诚为国内外各界朋友提供优质服务。

北京金海岸广告公司

地　址：北京市海淀区复兴路乙12号608室

邮　编：100814

电　话：63975588－6081/6082

传　真：63965383

总经理：张春甫

联系人：卢幸子　马永平

北京金海岸广告公司是中国有色金属报社直属的一家实力型的广告公司，具有高层次的策划、创意和制作人员，与众多媒体有密切联系，是企业通向市场的理想桥梁。

本公司现已接受中国有色金属报社委托代理其广告业务。有要在中国有色金属报上刊登广告的客户，请与我公司联系，本公司愿竭诚为您服务。

北京海德广告公司

地　址：北京东城区海运仓2号

邮　编：100702

电　话：64013619

传　真：64013619

负责人：李　军

北京海德广告公司是中国青年报创办的专业性广告公司。

经营范围：

承揽、代理国内和外商来华各类广告业务。

北京山顶广告有限责任公司

地　址：北京·海淀·中国人民大学·新图书楼一层

邮　编：100872

电　话：010－62513440　62513437

传　真：010－62513437　62513440

负责人：吴益他

联系人：孟　航

北京山顶广告有限责任公司成立于1994年12月，注册资金100万元人民币。企业性质为股份制民营企业。北京山顶广告公司是依附于中国人民大学新闻学院现代广告

研究中心成立的,员工大都毕业于新闻和经济管理专业,有着独特的社会资源背景和良好的员工队伍,最值得公司骄傲的是公司工作的效率和员工勤恳认真的作风。

公司主要侧重于市场品牌的策划、媒体投放的研究和执行、大型社会活动的组织宣传方面,新近还组建了制作部与特种媒介部,开发平面设计和户外媒介的业务,多年来公司与中央、地方媒介一直保持友好合作的关系,公司目前为3M(中国)有限公司、(P&G)宝洁(中国)公司……等国内外知名企业提供服务。

公司的目标是利用媒介的优势和全体员工的努力与智慧,将公司建设成为特色鲜明、富有效率、与客户同喜同忧的大中型广告公司,我们热忱欢迎国内外客商来函、来电或光临本公司洽谈业务,增进友谊。

营业范围:设计、制作、代理、发布国内和外商来华广告。

公司关联组织:

现代广告研究中心	合作关系
荣格国际广告有限公司	合资企业
中央电视台桥牌协会	赞助发起

京伦霓虹灯厂

地　址:北京海淀区西三环北路82号院5号楼一层
邮　编:100037
电　话:68472812　68412752
传　真:68472810
负责人:丁万立
联系人:郭杰青

京伦霓虹灯厂为中国霓虹协作会主任委员厂家。

本厂技术力量雄厚,产品质量可靠,是集设计、制作、安装为一体的专业实体。1992年曾荣获全国霓虹灯大奖赛优质奖。由本厂设计制作的大型霓虹灯广告有:

福特汽车广告牌、雪铁龙汽车、玫瑰天涯夜总会、和平"HOUSE"、长安大戏院、丰联广场、亚运花园、硬石餐厅以及华威大厦、北京演歌台等霓虹灯。

京伦霓虹灯厂愿与广告界朋友携手共进,推动霓虹灯广告更好、更快的发展。

中国国际广告公司

地　址:北京市建国门外大街12号(5层)
出　编:100022
电　话:65061171
传　真:65061167
负责人:许复兴
联系人:陈　尧

经营代理国内外广告业务

——为企业提供以营销目标为中心的广告总体策划,包括市场调查、广告策划、创意设计、媒介代理、广告监测及销售信息反馈;

——配合企业导入市场营销体系,包括确定发展目标、市场营销机构,建立营销网络,推进人员培训;

——企业CI策划及导入过程。

举办国内外展览,组织国际商贸洽谈、科技交流

——作为外贸企业,在海内外举办各类展览会;

——组织国内企业参加在世界各地的大型国际博览会及商贸洽谈;

——组织国际学术研讨及技术交流活动。

组织国际广告交流及文化、体育等大型活动,拥有一流的时装艺术表演团。

经营代理进出口贸易,形成从市场调查、展览促销及至外贸进出口的"一条龙"服务。

北京广告公司

地　址:北京市宣武区菜市口狮子店胡同11号
邮　编:100053
电　话:63043780　63043806
传　真:63042956　63043058
总经理:胡纪平

联系人：王松宏　孙　颖

经营范围：

行业领先

——1979年成立，首都广告界第一家，隶属北京市政府，北京市外经贸委直属企业；

——连续十八年列全国广告公司年营业额十强；

——中国广告协会广告公司委员会副主任单位、中国对外经济贸易广告协会副会长单位；

——世界广告协会、亚洲广告协会会员；

服务上乘

——最早代理外商来华广告，可口可乐、柯达、丰田、松下、罗素－优克福、标志、新航、大宇、乐天…现代众多世界知名企业叩响中国大门，我们为其架筑桥梁；

——支持民族工业，春兰、大宝、牡丹、联想、四通…开创名牌战略，我们出色策划、实施；

沟通广泛

——最直接国际间合作，与日本电通、大广、博报堂、美国奥美、扬罗必凯、法国灵智等一流公司联手，将国际先进广告运作方式与中国国情合璧，开创独特个性；

机制健全

——设立公司本部及石家庄、广州、深圳等地分公司，代理区域广泛，大范围综合运作能力出众；

十九年的历史，集市场调查、策划、创意制作、传播服务为一体的全职能、专业化的现代广告公司，**整体运作，当然会更出色。**

北京回之声企划管理（顾问）有限公司

地　址：北京1448信箱

邮　编：100013

电　话：64296060　64203636　64283636
　　　　64286060　64213636　64293636

传　真：64206060

董事长：尹延京

总经理：李文江

回之声企业公司以真诚待人，价格合理，优质服务为立业之本，秉承“在客户的成功中发展回之声”之企业宗旨，为社会各界服务。

主要业务：

平面设计、制作印刷：企业形象策划与实施；展览展示制作；大型户外广告制作；商贸代理、营销服务；技术推广及应用；信息咨询服务；设计、制作、代理、发布各类广告。

大桥国际广告传媒有限公司

地　址：北京市东城区朝阳门北大街8号富华大厦B座5层

邮　编：100027

电　话：65545068

负责人：伍穗平

市场瞬息万变，障碍重重，寻找突破，我们深谙此道。

市场、客户、策划、创意、公关、媒体等部门优秀的组合、规范的运作、丰富的经验，为您的商品在市场变化和激烈竞争中作出创造性的判断和定位，为推动每个商品走向市场提供了一个整体的、科学的运作体系。

如果您想进一步了解 Bozell China 如何协助客户找到品牌的“障碍点”与“突破点”，请和我们取得联络。

北京：(010)65541350　65541355

上海：(021)62475769　62475754

广州：(020)87750076　87609881

香港：(00852)28928678　28928797

北京佳易广告公司

地　址：北京市阜成路51－2号银谷湾大厦6层

邮　编：100037

电　话：68417260　68417262

传　真：68417228

负责人：刘贵增

联系人：刘渠金　魏小玲

北京佳易广告公司创立于1992年，是第二炮兵投资主办的全民所有制综合型专业广告公司。北京佳易广告公司拥有训练有素的市场营销、整体策划、影视创意、电脑制作和美术设计队伍。在短短几年中,佳易人经不懈努力,已逐步向市调、策划、创意、制作、传播的整体运作和综合服务体系发展,取得令人瞩目的成果。

分司下设的制作部——佳易电子艺术中心,拥有美国SGI高级图形工作站、Wavefront三维动画全套软件,并配备了广播级后期编辑和数码制作设备。经多年实践,已在计算机图像处理、三维动画、电视节目数字特技等方面积累了丰富的制作经验,成为北京地区较有影响的专业制作中心之一。

佳易将力求以作品高品味、服务高质量,与国内外客户和同行精诚全作、共创辉煌!

北京国风广告公司

地　址:北京海淀区花园东路8号
邮　编:100083
电　话:62010787　62047015
传　真:(010)62010788
负责人:欧阳旭
联系人:上官禾

国风广告鼎力助您与市场良好连接。

北京金达顺电子技术有限公司

地　址:北京市海淀区白石桥路3号友谊宾馆雅园64314室
邮　编:100873
电　话:(010)68498702　68498766
传　真:68498702
负责人:褚　琦
联系人:纪海彤

名牌信誉　行家推崇
全新美国奥莱IOLINE超级88型刻字机
雕刻能手　尽显天工
美国MultiCam专业雕刻机
欲索详细资料,敬请接洽。

北豪实业有限公司

地　址:北京市朝阳区麦子店街36号601室
邮　编:100026
电　话:010－65942302　021－62476388
　　　020－83586783
传　真:010－65942303　021－62894906
　　　020－83575523

本公司代理进口欧美广告材料,如威特电脑喷画机,福乐灯,欧特龙灯箱布。公司于1993年引进全国第一支路牌灯箱,1994年在深圳市引进全国第一支单柱式广告牌(6×18米),不断带动国内户外广告技术的提高。因而不少国内外知名大公司万宝路、爱立信、空中客车、中国建设银行……都选用公司产品制作户外广告。

代理销售产品:

欧特龙:户外广告专用灯箱布。幅宽1.10－5.00M,可适于丝网印刷,即时贴,电脑喷画。抗拉力强,耐候持久。

福乐灯:户外广告专用照明灯。广泛应用于路牌,标志照明。具有亮度高,耗电低,均匀性好的特点。

威特电脑喷画机:大型电脑喷画机,幅宽至5米,解析度6,9,12,18,24dpi,高效清晰输出逼真画面。另有5米新机型5300,解析度高达300dpi可同时制作小型写真画面。

本公司不仅仅是销售广告材料,而是向客户提供全套户外广告的资讯,协助您快速进入户外广告业。

中体广告公司

地　址:北京市西直门外上园村甲六号
邮　编:100044
电　话:62234402
传　真:62252934
负责人:苗淑宝
联系人:梅春晖

本公司为国家体委所属一类公司,是从事国内、国际体育和商业广告的经济实体,已在中华人民共和国二商行政管理局注册登记,具有独立企业法人资格。本公司代理、承办广告赞助性体育比赛、活动或表演,承办国内外体育展览;代理、承办、发布国内外体育和商业广告；代理国内外厂商提供服装器材业务；代理出售在中国举办的体育比赛、活动或表演的电视、电影、广播的专利权；代理转让体育科研成果专利及体育专家的国际业务；代理承办与体育有关的投资、合资、市场开发、贸易及租赁业务；提供体育及商业信息、咨询、翻译及体育技术指导等有偿服务业务；代理报纸、广播、电视、路牌等各类媒介的广告业务。

中化国际广告展览有限公司

地　址：北京复兴门外大街 A2 号
邮　编：100045
电　话：68569318
负责人：仪忠虎
联系人：王玉海

中化国际广告展览有限公司作为中国外经贸系统首家广告公司，面向市场，奋力开拓，历经 9 年的辛勤耕耘，已跻身于中国广告业的前列。公司以设计、制作、策划、代理国内外各类广告、组织、承办国内外展览为市场促销的主要手段，努力开拓国内、国外两大市场，先后与国内外数十家影响广泛的媒体建立了业务合作和代理关系，与国内外数百家生产企业和贸易公司建立了良好的客户关系，尤其在广告全权代理和营销策划业务方面有了新的突破。公司以真诚、热情、完善的服务，在广告业界树立起了良好的企业形象和企业信誉。

北京科利达广告有限责任公司

地　址：北京市海淀区苏州街 78 号
邮　编：100080
电　话：62551531 – 3052
传　真：62551531 – 3052
联系人：郭春景　张雅玲

北京科利达广告公司是一个年轻的富有朝气的广告传播公司。几年来，超速运作使我们积累了丰富的经验，同时，我们以高品位、多媒介、新创意、大文化的全新视角和姿态，跻身于强手如林的广告传播公司。

我们同中央电视台、北京电视台及各省市电视台有着良好的合作关系，并和体育界、文艺界、商界及中外各界人士有着广泛的联系。

广告主要承接内容：设计、制作、代理、发布国内和外商来华广告。

广告主要运作部门：财务部、媒介部、客户部、策划部、创作部、影视部、市场调研部。

广告传播的根本：我们与客户、消费者沟通，并让客户与消费者沟通。

由于改革开放，广告业发展很快，变化较大，我们愿以全新的姿态、真诚的与各界合作，用我们的先进技术、独特的创意、完善的制作，竭诚为您服务，为您的事业锦上添花、共同创造美好的未来。

竭诚希望广大客户与消费者与我们联系。

国人广告公司　国人印刷公司

地　址：北京市海淀区白石桥路 32 号
邮　编：100081
电　话：62179146　62185309
传　真：62185310
负责人：康瑞鑫

广告制品　印刷总汇

七年来，国人广告公司、国人印刷公司精心策划、设计制作了无数广告作品。大如中科大厦、中技贸易的灯箱广告，亦有三星公司、本田公司的中型广告箱，有精致的各种小礼品印刷，亦有大批量的海报、画册、纸袋、信封、信纸等印刷制作。

七年来，国人公司秉承服务至上、质量第一的一贯宗旨，不断地为我们的新老客户创造出一批又一批耀眼的广告制品。今天，我们的众多客户已经在不同的行业中脱颖而出，而我们也迈着稳健的步子，一步步地走到了今天，今天我们可以向朋友们提供从策划 – 创意 – 设计 – 印刷 – 制作的一条龙服务，尤其值得我们欣慰的是我们在美丽的香山脚下，建设了一个大规模的印刷工厂，这足以保证我们向客户提供质量一流，价格合理，交货期大为缩短的优质服务。

北京笔克展览服务有限公司

地　址：北京市朝阳区洼里南口甲 1 号笔克办公楼

邮　编：100012

电　话：64940999

传　真：64916591

董事长：郑心民

执行董事：吴起壬

总经理：朱世熙

经营范围：

该公司是由北京市朝阳区洼里乡政府下属的朝阳飞宇电器厂和笔克（香港）有限公司共同创办的合资企业，注册资本为 271 万美元。

笔克（香港）有限公司于 1988 年在京建立了驻京办事处，自 1981 年到 1992 年，在中国国际展览中心、国贸中心、北京展览馆、农展馆等处参与承办了近 150 多次各类展览会。作为主办单位指定的承建商，承建历届在中国国际展览中心举办的“国际汽车展”、“国际电子及通讯展”及“国际纺织机械展”等在国际上享有声誉的大型国际性展览会。

1992 年 9 月 2 日正式合资后，该公司成为目前在国内展览行业里一家具有现代化的加工技术设备及具有科学管理水平的大型合资企业。公司拥有近二万多平方米的仓库，所存放的展架可以承建 8000 平方米面积的展台。该公司能够独立作为主办单位指定的承建商，以优惠的价格、便捷的服务为参展商提供设计，搭建各种类型的展台，该公司也经营室内装修、广告牌制作，家具及电器租赁等业务。

该公司作为笔克集团大家庭的一分子，与笔克（香港）有限公司及世界各地的分支机构保持密切联系，并时刻关注世界展览业务发展的新思维、新技术、新潮流。

麦肯·光明广告有限公司

地　址：北京市朝阳区建国门外南郎家园 1 号楼

邮　编：100022

电　话：65930300

传　真：65077555

负责人：牛爱国

联系人：申红艺

广告的代理、设计、制作、印刷、发布及相关的咨询服务。产品的造型设计及包装设计。

凤凰国际广告有限公司

地　址：北京市西单北大街小酱坊胡同 36 号

邮　编：100032

电　话：66023695　66023694　66037750

传　真：66023695　66023694

总经理：王民生

凤凰国际广告有限公司，系经国家经贸部批准成立，国家工商局注册登记的中美合资企业。主要经营、代理国内外广告业务，提供广告咨询服务。几年来在全体员工脚踏实地、兢兢业业的不懈努力与追求下，公司迅速发展成为目前具有相当规模和较好声誉的专业广告实体，在国家工商局和企业评价协会举办的“中国首届广告公司综合实力评价排序”评比中名列前茅。

我公司不但具有过硬的综合实力，而且拥有一批素质较高的广告专业人才，配有一整套完善的经营管理制度，并始终如一地奉行自己的服务信条：以信为本，以质取胜。

未来的中国广告业，任重而道远，我们将一如既往的以饱满的热情、独创的精神、良好的信誉，诚挚地与广大客户合作。

金鹰国际广告企划有限公司

地　址：北京市朝阳区安苑北里（28A）

邮　编：100029

电　话：64922134　64922136

网　址:http://www.goldeagle - ad.com
E - mail:ge@goldeagle - ad.com
总经理:汪一林
联系人:段　勇

金鹰国际广告企划有限公司成立于1993年6月,由北京文化艺术音像出版社与香港合资经营。在广告、企划方面集制作、代理、策划、创意、调查、咨询为一体的专业广告公司。

金鹰公司制作、代理了近千家的广告客户。设计制作的广告片分别荣获了中国广告优秀奖、连续四届春燕杯优秀广告奖。1996年,应北京市委市政府委托在北京市主要道路策划、建立公益广告路牌。1996年金鹰策划、投资、推出无场次话剧《冰糖葫芦》,集中国一批国宝级话剧艺术家在北京、天津、上海等地演出,1997年再度复排公演共演出七十余场,并应邀参加了'96北京、香港、澳门、台湾戏剧交流和第三届BESETO北京、汉城、东京戏剧节的演出,荣获第八届上海白玉兰戏剧表演艺术奖集体荣誉奖。同时推出了《冰糖葫芦》音带和MTV,荣获中央电视台'96中国音乐电视(MTV)大赛金奖和"五个一工程"金奖。

1996年起与北京电视台体育部合作,独家代理96、97甲A足球联赛,国安队全部主客场及泰森拳击争霸赛电视现场直播的广告。1996年与北京电视台合作策划组织录制了首届电视体育辩论大赛。1997年与北京电视台体育部合作推出《周日体育热线》现场直播节目。并组织了中国健力宝青年足球队对八一足球队的足球对抗赛。

北京天哲国际旅游广告公司

地　址:北京市朝阳区定福庄南里一号
邮　编:100024
电　话:65767912　65778408
传　真:65778406
总经理:胡　斌
副总经理:李保家　殷　敏
联系人:姚　晖

北京天哲国际旅游广告公司是北京第二外国语学院校办企业,为全面代理型广告公司。市场调研,创意策划,设计制作,广告发布,为国内外企事业单位拓展国内外市场提供广泛服务。

得天独厚的人才优势,使公司的各类服务精良、周到、入微。文人下海,以诚为先。多年来北京天哲国际旅游广告公司真诚为广大客户服务,已得到满意的社会效益和经济效益。

朋友,北京天哲国际旅游广告公司真诚期待与你共创繁荣!

信龙国际广告公关公司

地　址:北京市朝阳区新源南路6号京城大厦13层
邮　编:100004
电　话:(010)64665032　64660088 - 1356、1319
传　真:(010)64662047
联系人:盖　凡

信龙国际广告公关公司隶属于中国国际信托投资公司(集团),是中国国际经济咨询公司的全资子公司,于1993年正式成立。

公司遵照中信奠基人荣毅仁先生亲自制定的"遵纪守法、作风正派、实事求是、开拓创新、谦虚谨慎、团结互助、勤勉奋发、雷厉风行"的中信风格,依托中信公司以及中国国际经济咨询公司在国内外的良好信誉和综合经营优势,以灵活多样的方式,为国内外客户开拓市场,树立企业形象,提供优质、完善的系统服务。

我们为您提供:

·策划、代理、发布国内外各类广告业务;

·平面、影视设计及制作服务;

·承办组织各类国际会议(研讨会、开业式、洽谈会等)和商务公关活动;

·承办外公司首脑或商务团体来华接待。

北京阳光广告展览艺术公司

地　址:中国·北京东长安街 12 号
邮　编:100742
电　话:65249557(办公室)
　　　63081149(业务)
传　真:63081753
负责人:左其友
联系人:郑谊军

北京阳光广告展览艺术公司是经国家工商行政管理局核准注册的专业从事经营、代理国内和外商来华广告业务的全民所有制企业。

公司实行总经理负责制,下设客户服务部、媒介工程部、创意设计部、市场情报部、计划财务部和行政事务部。部门间缜密配合,组织实施了许多大型有影响的社会活动。同时,公司拥有过硬的广告自有媒体,广告阅报栏构成的长安街沿线、各大购物中心、地铁沿线、主要交通干线四大网络,立柱式灯箱广告路牌贯穿首都著名商业街——西单大街东西两侧和朝内大街南北两侧,并拥有大型单柱式广告路牌,为中外客户提供了宣传企业形象及产品的沃土。

北京阳光广告展览艺术公司愿把"一样的阳光献给一样热爱阳光的人们!"

北京文心堂广告艺术有限公司

地　址:北京朝阳区惠新东街 6 号乡企大厦 1005 - 1009 室
邮　编:100101
电　话:64968341
负责人:杨小平
联系人:郝德萍

北京文心堂广告艺术有限公司是一家综合性专业广告公司。成立以来,文心堂与众多客户携手共进、共求辉煌,建立了亲密无间的合作关系。

如今,文心堂已聚集了一批专业广告人,在设计、全案企划、媒体实施等方面皆已积累了丰富的经验,并多次成功地策划、组织了产品促销公关活动和大型文体活动。文心堂人始终深信"诚信、坚定、踏实、奋进"是立业之本。相信文心堂人定能超越自我,向未来挑战。

北京市公交广告公司

地　址:北京市东城区交道口东大街
邮　编:100007
电　话:64030529
传　真:64049428
总经理:宋瑞波

我们的承诺:

整体策划:一步到位

设计发布:双管齐下

本公司下设机构:

综合办公室　电话:64030529
客户一部　电话:64030528
客户二部　电话:64017100
影视部　电话:64058505
设计制作部　电话:64049429
媒介部　电话:64017200
行政保卫部　电话:64058499
北京市天成出租汽车公司　电话:63400650
北京市天成商贸公司　电话:66155717
北京市天罡装饰装璜公司　电话:64276364
北京市天翔旅行社　电话:64073076
北京市公交广告公司图片社
　　电话:64035330
北京市天朝酒楼　电话:64060837
北京公交天成汽车客运有限公司
　　电话:62227210
北京公交图文设计制作中心
　　电话:64058499

北京地下铁道通成广告有限公司

地　址:北京市朝阳门外大街 18 号丰联广场 2001 室
邮　编:100020
电　话:(8610)65881066　65881071 - 1075
传　真:(8610)65881076

经营范围：

本公司独家发布北京地铁全线月台灯箱、车厢内广告牌、通道及梯旁海报等。

北京北辰广告公司

地　址：朝阳区安慧里一区一号楼(首层)
邮　编：100101
负责人：张玉福
联系人：赵宏章
办公室(媒介部)：64917765(传真)
客户一部：64917089(业务)
客户二部：64931786(业务)
创作设计部：64917123

北辰广告公司是北辰集团所属的专业广告公司，具有广告设计、制作、代理、发布权。是亚运村周边户外广告独家经营单位。

北辰广告公司在国家工商局和中国企业评价协会评选的全国最具实力的广告经营单位排行榜上名列前五十名，北京市广告协会向海内外推荐的九家广告公司之一。

北辰广告“优秀创意、优良效果、优质服务”。

北京华讯广告艺术公司

地　址：北京海淀区黄庄大泥湾乙9号
邮　编：100086
电　话：62563322－208
传　真：62540864
法人代表：王恩生

北京华讯广告艺术公司是北京华讯集团的全资子公司。北京华讯集团“致力于通信事业改革，服务于信息化社会”。它是北京市经济百强企业；中国高新技术百强企业，它的成就和影响受到政府、通信行业和新闻界的关注和肯定，被海内外誉为“中国无线通信民营第一家”。

北京华讯广告艺术公司，侧重通信行业的广告宣传、营销策划和市场调研服务。它以北京华讯集团在寻呼通信方面的独特优势，组织形成了全国第一家用户量最大的寻呼机广告媒体，并实现了广告信息管理网络化，促进了寻呼机广告事业的健康发展。

北京华讯广告艺术公司每年成功的完成报刊、电视、广播、印刷等广告代理业务10000多项。承担户外广告的方案设计、项目审批、结构架施工、版面代理制作100多项，并圆满通过各级部门的验收。

我们将帮您打开通向市场的大门，伴您在市场竞争中走向成功。

北京火车头广告有限责任公司

地　址：北京市丰台区丰台镇文体路5号
邮　编：100071
电　话：(010)63855510
传　真：(010)63855521
总经理：何培民
联系人：索风利

北京火车头广告有限责任公司，是由北京铁路局和铁路分局等13家股东出资600万元人民币组建的专业广告公司。她以北京铁路局的站车媒体影响力大、传播效果好、辐射能力强的优势，为国内外客户提供全方位的广告策划、设计、制作、代理和发布。

北京火车头广告有限责任公司作为以交通广告为主的专业广告公司，拥有一批充满活力的专业人员，谙熟国内交通广告的运作。曾成功地为JVC、富士胶卷、东方表、燕京啤酒等著名品牌进行了策划发布。1996年我公司又与日本株式会社旭通社合资成立了铁旭广告有限责任公司，两家公司优势互补，使火车头广告公司如虎添翼，将以精湛的技艺、新颖的创意、周全的策划为您的产品的崛起推波助澜。

火车跑的快，全凭车头带。“火车头”愿带您的品牌在广阔的市场中驰聘。

北京公交候车亭广告有限公司

地　址：北京市新街口外大街八号鹰冠庄园写字楼201－212室
邮　编：100088

电　话：(010)62011963
传　真：(010)62055035
负责人：张锦升
联系人：芳　冬
经营范围：

公司是亚洲公共设施广告有限公司和北京市公交广告公司共同组建的中外合作经营企业。

公司总部亚洲公共设施广告有限公司，在中国是系列化中外合作经营企业形式的广告公司。公司业务从投资、设计、生产、安装、照明，公交候车亭网络媒体和灯箱媒体，到定期清洁维护，从广告创意、制作、印刷、运输、广告发布到广告发布前后的广告效应市场抽样调查，实行“一条龙”综合服务。公司的宗旨是：国际水准中国特色，力求创新与众不同，使客户的广告投资获得最佳效益，同时向中国公众提供公交候车亭设施的公益性服务。

集团公司分布：
香港总部：
香港九龙尖沙咀宝勒巷二十一至二十三号宝利商业大厦1301－3室
电话：(852)23678163
传真：(852)23678126

天津分公司：
天津市河西区友谊路42号增1号友谊写字楼408－409室
邮编：300061
电话：(22)28367784
传真：(22)28369948

广州分公司：
广州市广州大道中东兴北路63号501室
邮编：510600
电话：(20)87374900
传真：(20)87374830

上海分公司：
上海市浦东新区丰和路1号港务大厦3209室
邮编：200120
电话：(21)58405281
传真：(21)58405383

深圳分公司：
深圳市深南中路华联大厦517室
邮编：518031
电话：(755)3351000－3517
传真：(755)3348122

北京市体育广告公司

地　址：北京工人体育馆南楼
邮　编：100027
电　话：65042111
总经理：王　桦
联系人：王品熙

北京市体育广告公司是北京市唯一体育专业广告公司。公司始终以弘扬中华体育精神，展示体育风采，扶持中国体育名牌产品为宗旨。借体育之魅力，助企业之腾飞，是本公司的最终追求。

公司坚持以精美的设计，上乘的制作，真实的信息，使企业得到最高的回报。靠体育搭台，为企业唱戏。特别是近几届奥运会、亚运会期间，为企业策划并实施的嘉奖体育健儿的系列宣传活动均得到企业的好评。我公司策划并参与的北京体育好新闻评选、北京三资企业足球赛、名人网球赛、记者桥牌赛、台球赛、保龄球赛等均已举办多届。其中北京市三资企业足球赛被列入北京市政府批准的长年赛事，现已形成一定规模。因参赛队队员国籍各异，被京城的三资企业员工戏称为“我们的世界杯赛”。这些赛事及活动均得到首都数十家新闻单位的及时报道。

我公司现有《体育博览》杂志、东单宣传橱窗等媒体可直接宣传体育健儿的精神风貌和企业界为体育事业做出的贡献。

北京市体育广告公司竭诚为企业服务，致力于为企业与体育的合作架起友谊的桥梁。

北京市房地产广告公司

地　址:北京市东城区北河沿大街甲141号
邮　编:100006
电　话:65233284　65129994
传　真:65233283
总经理:傅增杰
联系人:刘　毅

公司成立于1993年2月，是北京市房屋土地管理局直属国有企业。经过几年的努力，公司开发了众多的户外广告媒体，成为北京市拥有户外广告媒介最多的专业户外广告公司之一。

目前，公司开发的户外广告媒介有:建国门、永安里、前三门、三元桥等地居民住宅楼；蓝岛大厦；三元桥、四元桥、京通快速路、京石高速路、北三环路单柱式广告牌；东单、宣武门等59个汽车加油站；左家庄等26个消防队车库屋顶。

公司具有广告策划、媒介开发、广告设计、制作、大型展览展示的综合实力，拥有一批富有献身精神的广告人才。几年来，本着“竭诚为企业发展推波助澜”的企业宗旨，经过公司全体员工的共同努力，业务有了很大的发展，与国内外同行和客户建立了广泛密切的合作关系，以诚实的经营，周到的服务，一流的质量在同行和客户中建立了良好的信誉。

北京通产广告公司

地　址:北京市朝阳区安苑路11号
邮　编:100029
电　话:010－64962936　64962969
传　真:010－64963001
负责人:李学文
联系人:刘少华

北京通产广告公司隶属人民邮电报社，是人民邮电报社专门从事通信业广告业务的经济实体。

《人民邮电》报是中国通信业第一大报，发行遍布全国邮电系统内外，发行量达20万份。北京通产广告公司全权代理《人民邮电》报广告业务。

北京通产广告公司立足通信行业，依托人民邮电报社，除受理通信产品广告，企业形象广告外，还办理各种供求信息、牵线搭桥等各方面的分类广告，同时为社会其它报刊及全国二十多家省市邮电报代理各类广告业务。

北京通产广告公司追求的最高目标是让客户满意，公司真诚愿为通信产、供、销企业的发展助一臂之力。

北京意必达公关广告公司

地　址:北京市东城区安定门外胜古中路1号光大蓝宝大厦312室
邮　编:100029
电　话:64436445　64434411－3322
E－mail:cinc@public.bta.net.cn.
法人代表:吴晓冰
负责人:谢　文
联系人:纪红、柳松、余宁

服务范围:公共关系，广告代理、策划、制作，彩色印刷，展览展示工程设计、制作，商务咨询，目标市场开发，网络信息服务

意必达公关广告公司是一家在北京注册的专业性公关广告公司，以外国企业和合资企业为主要服务对象。公司拥有先进的苹果桌面设计排版系统、AGFA ARCUS Ⅱ扫描仪、NOVAJET喷绘仪、工作站等各种制作、输出设备，公司的专业人才不仅持有国内、外的专业学位，更拥有在公关广告这一领域的丰富实践经验。意必达的经营哲理是“言必信，行必臻，意必达”，为您提供高质量、高效率、富有创造性的服务是我们郑重的承诺。近年来意必达服务的客户有IBM、Oracle、ABB、Dupond、Bayer、Miller、HP、MOTOROLA等世界

知名公司。意必达的专业服务得到了客户的肯定和赞赏,企业形象和信誉也在为客户服务的过程中得到了充分体现和提高。我们愿与更多的客户建立长期、稳定、互信的伙伴关系,以公开合理的收费和认真负责的态度为客户服务。欢迎各界朋友与我们联系,让我们共同把握机遇,去开拓、创造全新的未来!

天和广告有限公司

地　址:北京朝阳区西坝河东里底商7号
邮　编:100028
电　话:64636832　64633505
传　真:64633503
E-mail:gsp @ cenpok.net
负责人:王建明
联系人:林汉文

系工人日报、日本产报合资,经外贸部、国家工商局、新闻出版署批准的面向国内外的综合性广告专业代理公司。

创造天时、地利、人和的基础环境;
凝聚天和人勤奋、智慧的心;
为广告主赢得市场和消费者的心。

·提供市场调查、营销企划、广告策划、创意、制作、组织促销公关活动。

·全国性媒体代理(报纸、电视、广播、杂志)。

·承接国内外展览制作,室内外装修,路牌、灯箱、POP制作。

协助企业进行CI系统工程,VI设计,电脑化作业,承制印刷品广告。

·公司下属实体可提供各种玻璃深加工服务及其系列钢玻家具产品。

几年来,先后为数十家国内外知名企业实施广告作业。由于策划到位、创意新颖、制作精美、服务周到、价格公道,受到国内外客户的好评。

北京捷先广告公司

地　址:北京市海淀区北三环中路67号中央新影
邮　编:100088
电　话:62040125　62366145
负责人:徐　建
联系人:王家平

创意是广告的灵魂,科学是广告的生命。捷先广告公司以努力学习,不断提升业务素质求生存;以不分国界的竞争求发展。

捷先广告公司不仅以精美的广告作品多次参加广告大赛,并屡次获奖。更以成功的策划为产品打开了市场,给企业带来明显的经济效益。

捷先广告公司的业务范围:设计、代理、发布国内和外商来华的影视、广播、报纸、平面、户外广告。

我们是广告的终身发烧友。

北京龙歌广告公司

地　址:北京东城区东顺城街22号
邮　编:100007
电　话:64069192　64069190
传　真:64070115
董事长:卢绍平
总经理:武　征

来自影视界、新闻界的朋友,一曲“龙歌”,聚焦在广告战地,意在积毕生经验,发挥群体智慧,为企业扬帆,共图民族大业。

●人才优势,使龙歌在策划、创意、制作、媒体诸多方面独具特色,尤以策划见长,引人瞩目。

●在北京有线电视台创办过周末黄金节目,在北京电视台合作过多个栏目,为弘扬民族文化,作出了贡献。

●多媒体全方位广告策划,CI导入,大型公关活动,以主办《共和国的儿女-老三届》大型综艺晚会为代表,将'94知青年,推向极至。

●以汽车为交通工具,以“社会、人类、自然,中国再发现”为主题的《汽车华夏行》,播出后反响强烈,被誉为“大手笔”、“大运作”。

●正在操作的以反映56个民族,特别是

55个少数民族风情为主题的百集电视长卷《中华风物奇观》,专家称为“世纪之作”。

●龙歌以“真诚·卓越·有效”的信条,结交了八方朋友。还将以“诚信加奋斗”的精神,与企业携手共创辉煌。

北京市三原色广告制作有限责任公司

地　址:北京市宣武区广安门内广义街黄楼106、107室
北京市宣武区广安门内大街337号
邮　编:100053
电　话:63184204　63043660
总经理:高群利
策划经理:陈　岗

本公司是从事企业形象策划,广告代理,广告发布,广告设计制作,大型雕塑、浮雕、绘画等装饰设计制作的专业性公司。

公司所属北京三原色画廊,努力沟通中外艺术家,收藏家,画廊及博物馆之间的艺术交流,架起弘扬我国和世界艺术的桥梁。

精心创意,精心设计,精心制作,热情周到,高质量地为各界客户服务是本公司的宗旨。

敬请光临　欢迎合作

北京中润广告艺术公司

地　址:东城区东二环大雅宝路一号
邮　编:100730
电　话:(010)65220415　65220640
传　真:(010)65220415
负责人:路　荣
经营范围:

设计、制作、代理、发布:国内和外商来华广告。设计制作广告礼品、彩色印刷、产品包装盒(袋)、工艺美术品等等。

中国电子技术应用公司

地　址:北京市海淀区花园路B3号迪蒙大厦10层
邮　编:100083
电　话:68474945　68474934　62388170
传　真:68474934　62388171
负责人:丁诗武
联系人:于晓初
经营范围:

中国电子技术应用公司(CEA)是电子工业部直属企业,是以拓展电子技术应用为己任,集技、工、贸为一体的新型高科技国有企业。

我公司可为广告、城建、印刷、服装、医疗及金融等行业提供先进实用、价廉物美的电子应用产品与系统,并提供良好的售前售后服务。

我公司现已开发出彩色喷绘系统、LED大屏幕显示屏、IC卡燃气表、服装CAD系统、电话银行系统、医院收费系统、医用收款机等产品。

我公司1994年国家火炬计划重点项目——天工CEA系列大幅彩色喷绘系统,是计算机图形图像处理技术与全彩色喷绘技术完美结合的产物。该产品达到了国际90年代水平,一次喷制幅面达2.5M×2.1M,可连续拼接,适用于在各种软硬介质上喷制户内外广告及灯箱广告、室内外装璜、舞台布景等。我公司还承接广告制作并经营喷绘用颜料等各种耗材。欢迎各界朋友前来洽购和洽谈合作。

北京飞梦电脑图片制作有限公司

地　址:北京建外大街1号国际贸易中心B102、103
邮　编:100004
电　话:65055256　67646718　90801289
1391077293
传　真:65055257　67646719
负责人:刘惠雁
联系人:马　龙
经营范围:

北京飞梦电脑图片制作有限公司是中外合资大型专业广告制作公司,拥有良好的设

计制作能力及创新的策划创意水平。国贸中心的展示厅,作为公司的窗口,向人们展示飞梦,让人们了解飞梦。设立于芳庄的制作部厂房为1200余平方米,拥有各种先进的进口设备,适应各种小型、中型及大型喷绘需求。

美国NOVOJET一米宽幅、无限长彩色灯箱、胶片电脑喷绘机;

日本米开朗基罗V_7三米宽幅、无限长彩色电脑喷绘机;

美国VUTEK威特五米宽幅、无限长彩色电脑喷绘机

目前,飞梦已成为中国广告联合总公司电脑喷绘制作的合作单位,在北京广告协会及同业支持下,经过四年的开拓,飞梦公司已逐步发展成为较具规模的综合性专业广告制作企业。

北京图形开发中心

地　址:北京市朝阳区惠新西街17号1207室
邮　编:100029
电　话:64915566转3207
传　真:64948823
负责人:刘兆平
联系人:马红艳

北京图形开发中心系一家高科技与设计艺术相结合的图形开发应用实体,中心集国际先进电脑设备、电脑专家及美术设计家于一体。自创办以来,已在国内陆续推出多项系列产品。中心经过几年来不断地改进与思考,定位于产品包装、书籍装帧、音像封面、商标标志设计等平面设计这一领域。我们深信,以我们的优质服务,可靠信誉,为您的产品在市场上树立更丰采的形象。

经营范围:

企业CI设计、VI设计、商标标志设计、产品包装设计、路牌广告设计、展示设计、建筑效果图、插图。此外,还承接展览、装璜、印刷、制作。

北京市奥飞达科技公司

地　址:北京市海淀区北四环西路21号(216房间)
邮　编:100083
电　话:69734504　69737224
手　机:1258呼13810087230
传　真:69737224
负责人:李化勤

本公司是海淀区科委直属企业,是北京地区最早从事广告彩球及充气模型制品的专业性公司;多年来凭着丰富的经验,先进的设备,精良的制作工艺,在同行业中独树一帜。

·广告彩球　在五彩缤纷的彩球上印刷商标、图案或宣传用语等。球体质量精良,图案清晰。其宣传效果新颖,直观感觉强烈,有力烘托气氛,使用于各种展览、展示、展销会、开业庆典、周年志庆、购物节及传统节日等宣传密度大的场所赠送派发来提高企业的知名度。

·立体充气广告模型　公司产品有彩虹门(单、双拱)、产品拱门;充气帐篷、贩卖屋;行走(落地式)烟盒、酒瓶、易拉罐、圣诞老人、吉祥物等产品造型及行走(落地式)卡通;跳跃城堡、迷宫及其他娱乐设施;可根据要求,设计特殊造型,安装发声、发光装置。

奥飞达公司愿与您真诚携手,共同拓展市场。

同祝顺安!

北京安吉利彩色输出中心

地　址:北京市东单西总布胡同43号
邮　编:100005
电　话:65273071　65276380
传　真:65276380
总经理:黄晓刚

经营范围:

北京安吉利彩色输出中心从事平面设计,印前系统,大型喷绘业务。配备数十台苹果机和PC机,美国Panther高精度激光照排机,日本Mimaki大型户外彩色喷绘机及相关

配套设备。

从苹果机上流行的桌面排版软件(Pagemaker, Quarkxpress, Freehand)到PC机上Windows3.1及Windows95下全部中英文软件均可以输出菲林片。同时Mimaki户外喷绘机的720dpi高精度及1.3米的幅宽更可以输出高品质的写真产品,因而适合户外广告、灯箱、展板等不同需要。

享受安吉利的服务,就是享受大安大吉和大利。本中心的企业精神是:人才——生存的基石,质量——发展的生命,服务——效益的源泉,管理——成功的保证。本中心同时为客户提供平面印前系统及大型喷绘系统的销售、服务及咨询。热忱欢迎广大客户的合作。

北京全景视拓图片有限公司

地　址:北京海淀区西苑饭店9楼5963室
邮　编:100044
电　话:010-68339323　68313388-5963
传　真:(010)68332544
负责人:吕　辰
联系人:褚　勇

全景正片库

全景视拓图片有限公司系专业从事国外正片租赁业务的中外合资公司,拥有德国、日本、西班牙、比利时、美国、英国、荷兰等数十家图片公司的在华独家代理权,是目前国内最大的商业图片库之一。

全景图片库拥有数十种题材的20万张正片,专为广告公司、出版社及大型企业的创意设计人员提供图片支持。

全景设计制作公司,以全影图片库为支持,提供最优秀的图片和最佳的设计。承接海报、画册,产品包装、广告挂历的设计印刷。

代理销售国外原版图片样册及光盘。

1994年起建立中国图片库,代理销售中国摄影师的图片,通过全景公司的销售网络推动中国图片进入商业市场。

上海:陕西南路345号斯必克商务楼202室
POST:100020
TEL:(021)64712305　FAX:(021)64712359
广州:广州大道359号东方花园A座6层C室
POST:510600
TEL:(020)87381595　FAX:(020)87381595

报 纸 类

人民日报

地　址:北京市朝阳区金台西路2号
邮　编:100733
电　话:65092216、1826、2516、5257

《人民日报》广告可信度高,广告效果显著。《人民日报》广告部拥有近30名从业人员,对广告的策划、编排、设计、制作具有丰富的经验,刊登的广告一向以真实、庄重、可信度高著称。特别适宜各行业中影响较大、实力雄厚的大中型企业进行广告宣传。

《人民日报》广告部承办《人民日报》国内外客户的广告发布;向客户提供报刊广告创意和设计、制作业务及信息咨询。

人民日报(海外版)

地　址:北京市朝阳区金台西路2号
邮　编:100733
电　话:(010)65092816　65091903
传　真:65092816
广告业务负责人:乔小宝

人民日报海外版1985年7月1日创刊,是具有权威性的综合性中文报纸,国内外发行。创刊十几年来,以内容翔实、栏目众多、图文并茂、雅俗共赏、印刷精美、注意时效等特色受到海内外各界人士的喜爱。

人民日报海外版国内编排,发行辐射全球。除北京地区印刷外,在香港地区、美国旧金山和纽约、日本东京、法国巴黎以及加拿大多伦多等地均采用当今先进的远程传版技术,当日印刷,向世界八十多个国家和地区发行。

人民日报海外版的广告,编排新颖、设计

庄重、制作精良、印刷精美。作为中国在海外发行量最大、具有权威性的中文报纸，是企业开拓国际、国内两个市场，把中国优质企业和名牌产品推向世界的极佳广告媒介。

中国证券报

地　址：北京市西城区宣武门西大街 97 号
邮　编：100031
发行部电话：(010)63072288－321 至 330
传　真：(010)63071293　63072288－325、328

《中国证券报》是新华通讯社主办的全国性证券专业报纸，也是中国证券监督管理委员会指定刊登上市公司信息披露的报纸。自1993 年 1 月 3 日创办以来，在各地读者的支持、厚爱下，取得了长足发展。在国家统计局中国经济景气监测中心与新生代市场调查公司所作的“1998 年中国城市居民消费形态”调查中，《中国证券报》经常阅读率位居全国性报纸第四位，居经济类报纸之首，表明了众多投资者对《中国证券报》的重视程度和《中国证券报》在证券市场的影响力。

《中国证券报》在报道证券市场、国际国内经济形势、宏观政策的同时，还系统报道期货、银行、保险、基金、房地产、产权、外汇、金融高科技等市场情况。在全国各地设立 26 个分印点，每日在各地同时印刷发行，是每天最早进入各地读者手中的报纸之一。

国家统计局中国经济景气监测中心与新生代市场调查公司所作的“1998 年中国城市居民消费形态”调查显示，本报读者呈现“两高一低”的特征，即受教育程度高、平均收入高、年龄低，大专以上学历的读者占 50.3%，月收入在 1,000 元以上的的读者占 32.8%，年龄在 25－34 岁的读者占 38.3%。可见，《中国证券报》的读者不仅消费能力强，而且消费潜力大，是消费市场上不可忽视的重要阶层。

根据央视调查咨询中心自 1998 年 6 月以来的逐月报纸广告动态监测报告，《中国证券报》在邮电通讯、房地产、计算机和金融服务四大类产品的投放次数、投放面积和投放费用上，一直稳居中央级报纸前五名之列。这表明众多的广告主与广告公司已经意识到了《中国证券报》的广告价值。

《中国证券报》——拥有中国消费中坚力量的媒体。

中国石化报社

地　址：北京朝阳区惠新东街甲 6 号
邮　编：100029
电　话：64999348　64999350
电　报：0029
负责人：何绍改
联系人：许维周

《中国石化报》、《中国石化》杂志是中国石油化工集团公司主办、面向石油和石化行业、全国公开发行的综合性报刊。她体现的是石油、石化的形象、风貌，反映的是石油、石化的实力、水平，报道的是中国石化集团公司贯彻中央路线、方针、政策的最新进展和大量典型、先进经验和先进人物，传递的是国内外石油、石化行业最新经济、技术信息。

《中国石化报》、《中国石化》杂志内容丰富、信息量大，可读性强、发行量大，服务性好、广告宣传效果佳。欢迎订阅，欢迎赐稿，欢迎刊登广告。

《中国石化报》为对开四版，每周二、三、五、六出版，周六为朝阳彩刊。全年定价 61.5 元，月价 5.13 元。邮发代号：1－136

《中国石化》杂志为大 16 开本，月刊。每期定价 3 元，全年 36 元。全国统一刊号：ISSN1005－457X/CN11－3425/F。本刊为自办发行，订阅请直接与中国石化报社广告发行部联系。

E－mail：xuwz@public.sinopec.com.cn

中国民航报

地　址：北京朝阳区十里河 2264 信箱《中国民航报》广告部
邮　编：100021

电　话:(010)67335210　67318866－6039
传　真:(010)67337302
广告负责人:任　娟
联系人:陈娟娟

《中国民航报》是由中国民航总局主办的综合性行业大报,也是中国民航总局唯一指定的机上必配报纸。目前,本报发行于世界五大洲39个国家、98条国际及地区航线、630条国内航线和国内各机场。中国民航每年近6000万乘客,每两人配发一份,全国16万民航员工每3人拥有一份。同时还向国务院各部委、新闻单位、旅游部门、航空航天企业、航空客货代理公司、外国驻华大使馆、商社、外国航空企业驻华办事机构及中国民航各航空公司驻外办事处发行,《中国民航报》对开八版,彩色印刷,每周一、三、五、日出版,每期发行量18万份。

《中国民航报》每日面对数万中外各界的权威人士及决策者,是一张内容丰富、影响深刻、覆盖面甚广的精美报纸。您如希望您的业务在中国及世界市场上得到迅速发展和扩大,《中国民航报》将带您步入一个高层次的读者群,使您如愿以偿。

中国青年报广告部

地　址:北京市东城区海运仓2号
邮　编:100702
电　话:64033961　64013619
传　真:64033961
负责人:李　军

《中国青年报》是当代中国具有重大影响的中央级大报,是具有鲜明青年特色的综合性日报。她创刊于1951年4月,现为对开八版,每期发行量近百万份,发行面遍及全国各省区市及海外40余个国家和地区。

《中国青年报》广告版具有较大吸引力,在日益激烈的市场竞争中,《中国青年报》是众多商家开拓消费者市场的理想媒体。据调查,每一份《中国青年报》的读者平均传阅率为1400%,有16.9%的读者对在本报刊登的广告几乎都看,80%的读者看一部分,58.5%的读者在购物时受过本报广告影响。

在《中国青年报》上刊登广告,就意味着走向中国最大的消费群体。

轻轻松松的投入

意想不到的收获

北京青年报社(广告处)

地　址:北京朝阳区东三环南路66号(潘家园立交桥东侧)
邮　编:100021
电　话:67333716
传　真:67333714
负责人:左其友
联系人:朱伟京

一、本社负责发布《北京青年报》、《中学时事报》、《星星火炬报》、《北京青年周刊》杂志国内广告和外商来华广告,承办各项分类广告。

二、尊重广告主和代理公司的意愿,精诚合作,继续发展广告代理制。

三、本社广告业务执行统一计划、统一价格、统一审核发稿的“三统一”广告管理模式。

四、《北京青年报》1997年(日报)期发行量50万份,在国内外公开发行,“白领化”是北京青年报读者群的主要特点,其稳定读者占目前《北京青年报》读者总数的94%。

五、《中学时事报》是一张四开八版、面向全国广大中学生的周报、1996年其发行量达100万份。

六、《星星火炬报》为四开八版,面向中、小学生的周报,1996年其发行量达60万份。

七、《北京青年周刊》是一份以新闻为主题的周刊杂志,每期公开发行。

《精品购物指南》报社

社　址:北京市海淀区阜成路79号
邮　编:100036
网　址:cbmcjsb@ht.yol.cn.net
电　话:010－88111310　88130488

88111318

传　真:010－88130567　88130549

广告负责人介绍:乔福刚,精品购物指南报社副社长兼广告部主任,采编出身,1994年至今一直负责精品购物指南的广告工作。

联系人:岳　炜、李勇鹤

《精品购物指南》创刊于1993年1月8日,主办单位为《中国经营报》。彩色印刷,每周二、周五出版,是一份迄今为止最成功的生活服务类报纸。发行范围为北京市及远近郊区、县。

《精品购物指南》每周二出版88版,每周五出版100版,及时传递市场信息,捕捉最新消费时尚,倡导科学消费观念,其广告范围几乎涵盖了包括文体、足球、休闲、家电、物业、汽车、家园、旅游等所有生活领域,读者群体主要为25～45岁(男性:43.2%;女性:56.8%),大专学历以上的读者占52.7%。

《精品购物指南》以广告量大而全、反馈效果明显、印刷精美、覆盖行业广而受到各类广告主、广告经营单位的青睐,同时为服务于读者,僻有分类信息、个人非商务广告,业已成为各类工商企业宣传自己产品的最佳媒体之一。

中国有色金属报

地　址:北京复兴路乙12号(6层)

邮　编:100814

电　话:63975588－6082/6081

传　真:(010)63965383

广告业务负责人:卢幸子、马永平

经营范围:

在《中国有色金属报》上,发布国内和外商来华广告,承办分类广告。

中国少年报社广告部

地　址:北京市东城区北新桥草园胡同76号

邮　编:100007

电　话:64053633　64073397

传　真:64053633

负责人:王国祺

在中国,大人有大人的报纸,孩子有孩子的报纸。大人的报纸随处可见。而面对一亿三千万少年儿童的权威综合性报刊只有:

中国少年报、中国儿童报、中国初中生报、中国儿童画报、中国少年文摘杂志。

中国少年报社所属的四报一刊,均开辟广告专栏,刊登各类与全国少年儿童有关的广告。

占领未来市场是企业家明智的选择。

科技日报社广告部

地　址:北京市复兴路15号

邮　编:100038

电　话:(010)68514042

　　　　(010)68515544－4740

传　真:(010)68514042

负责人:王建中

联系人:王志成

国际互联网域名:http://www.stdqily.com

《科技日报》是国家科委、国防科工委、中国科学院、中国科协于1986年共同创办,向国内外公开发行的综合性科技大报。周一、二、四为对开八版,周三、五为对开十二版,周六、日为对开四版,设有《实用技术与成果推广周刊》、《绿色周刊》、《计算机与通讯》、《高技术产业》、《消费广场》、《科普世界》、《经济特刊》。

《科技日报》国内主要读者是各级党政机关领导,企事业单位、大专院校、科研院所科技人员、经营管理人员及社会各界人士。国外主要读者为关心中国科技发展的各界人士。

1997年《科技日报》加入国际互联网,开设电子版,并设有电子广告栏目。

《科技日报》承揽国内外报纸、广播、电视、杂志、展览会等多种形式广告,是工商企业,高新技术企业,民办企业及名优产品进行广告宣传的最佳媒体。《科技日报》广告部热诚欢迎广大客户及广告公司来我报办理广告业务或代理广告，共同为中国科技事业的发展和经济腾飞贡献力量。

经济日报社广告部

地　址：北京市宣武区白纸坊东街二号
邮　编：100054
电　话：010－63539411　63510762
社　长：徐心华
总编辑：艾　丰
负责人：解廉廉
联系人：张苏生
经营范围：

在《经济日报》上发布各类广告（含外商来华广告），承办分类广告。

经济参考报社广告部

地　址：北京市西城区宣武门西大街57号
邮　编：100803
电　话：63072611
传　真：63071930
负责人：郑晓东

在《经济参考报》上发布国内外各类广告，承办分类广告。

检察日报

地　址：北京市石景山区京原路甲4号
邮　编：100043
电　话：68879307　68876061－521、524、528
广告业务负责人：匡燕怀
联系人：韩　红

检察日报（原《中国检察报》）创刊于1991年7月，由中华人民共和国最高人民检察院主办，是面向国内外公开发行的国家级法制类综合大报。

七年来，检察日报"立足检察、面向社会"，以生动活泼的案例报道，浓墨重彩地宣传党的反腐成果，弘扬正气，鞭挞犯罪，源源不断地给读者传递社会主义民主与法制建设的信息。今天检察日报已成为公民学法、用法的良师益友，成为广大读者爱看、传阅率极高的报纸之一。

检察日报的广告业务随着报纸的发展，也一年比一年兴旺发达。七年来，检察日报借助可信度高、读者爱看、报纸阅看传递频率高等优势，赢得了很多的广告客户。

检察日报社广告信条是："所有广告客户都是我们的朋友！热烈欢迎每一位朋友，真诚善待每一位客户。"

《计算机世界》报
《微电脑世界》周刊

地　址：北京万寿路翠微中里16号3号楼四层
邮　编：100036
电　话：(010)68259401
传　真：(010)68259409
总经理：汤宝兴

《计算机世界》报创办于1980年，是电子工业部科技情报所与美国国际数据集团(IDG)合资创办的我国第一份面向信息产业的综合性媒体，她以信息量丰富，报导迅捷、全面，广告效果明显而成为目前我国计算机及信息技术领域的权威媒体。

目前发行量在国内计算机类报刊中遥遥领先。

《微电脑世界》周刊1985年创刊，中美合作出版，原名《计算机世界月刊》，荣获首届全国优秀科技期刊评比一等奖。

1998年全新推出全彩色计算机周刊。

广播电视类

中央人民广播电台广告部

地　址：北京复兴门外大街2号
邮　编：100866
电　话：66092522　66092255
传　真：68045591
负责人：赵晓林
联系人：张　农

倾力开播七套精彩节目，每日向全国播

出128个小时。

中央人民广播电台——中国最大最权威的广播广告媒体，世界了解中国的窗口，全中国都在倾听的声音。

一流的广告制作专业设备，出色的专业人才，杰出的广告作品。中央人民广播电台广告部——中国广播广告的开拓者，十八年来，精心策划运作，为客户提供品质卓然的广告服务，为客户带来了丰厚的经济效益，同时推进广播广告事业的发展。得到业内同行和社会各界的积极肯定。

今天，中央人民广播电台广告部，追求不变，诚信依在、精彩纷呈的套播广告，选择灵活的插播广告，信息充足的专题广告，全面提升企业形象的协办和赞助广告，为客户提供一个广阔的选择空间。

好节目，好时段，低投入，高回报。

天涯咫尺，真情无限。我们愿与各界朋友携手合作，共创未来！

中央电视台广告部

地　址：北京复兴路11号彩电中心
邮　编：100859
电　话：68515530　68539648　68509309
负责人：郑加强
联系人：刘晓如

中央电视台是中国国家电视台，拥有9个频道。每天播出160小时左右的节目。她于1958年5月1日试播，同年9月2日正式播出，标志着中国电视事业的开始。

中央电视台广告部成立于1979年，下设三个部门：业务科、编导科、制作科。广告部在全国各地拥有900多个代理公司，承揽在中央电视台播出的国内外广告业务，广告部还担负着为国内外客商设计、拍摄、制作各类广告片。

广告部拥有世界上最先进的设备和一支精益求精的技术队伍，开办着一个惹人注目的小栏目《广而告之》。该栏目以提醒、批评、规劝为宗旨，以树立社会良好风尚为己任。栏目开办近十年来，受到社会各界观众的青睐。目前很多企业已加入到这个栏目中来，参与创意与制作。现又开办一个新栏目“商桥”主要是以广告为切入点的专题节目。

中央电视台播放的商业广告旨为提高企业形象和商品知名度。树立美好形象。“以我屏幕，传您美名”是广告部的宗旨，让企业和观众满意是广告部的追求。

欢迎国内外客户来我部洽谈业务。

北京电视台

地　址：中国北京海淀区西三环北路三号
邮　编：100081
电　话：68419922　68419587
传　真：68419824　68429120
联系人：赵智江

北京电视台地处中国的首都，在中国众多的地方电视台中享有政治、经济、文化中心之优势。

北京电视台始创于1979年，历经近20年的发展，现已开通包括有线频道在内的四套节目，日均传送75小时，每天自制节目能力达22小时。北京电视台以强大的播出功率覆盖整个北京并辐射周边地区，面积近5万平方公里，收视人口达2500万。

1998年1月1日，北京电视台一套节目，借助亚洲二号卫星传送节目，覆盖中国及周边20多个国家和地区。

北京是一个拥有强大购买力并对整个中国有示范作用的庞大市场。对于国内外工商企业而言，北京市场具有举足轻重的作用。北京电视台一直致力于创造其良好的经济环境，积极支持全中国乃至全世界工商企业界在北京的发展。其对北京地区经济生活广泛深入的影响力为广告商家所青睐。自1984年以来，已有上万家客户因为选择北京电视台而取得了可观的经济效益。北京电视台目前已跻身于中国最有实力的大台之列。

北京电视台目前已与世界上50多个国家和地区的电视台建立了联系，与数百个国外影视机构签订了业务交流协议,并多次派记者到国外采访。北京电视台的节目已在世界上许多国家和地区的电视台播放。

中国教育电视台

地　址:北京市复兴门内大街160号
邮　编:100031
电　话:66032233-1501
传　真:66084299

中国教育电视台是隶属于国家教育委员会的专业电视台,通过亚太一号卫星播出两套节目,各地有线电视台、教育电视台转播。北京地区通过35频道播出一套教育电视节目。

中国教育电视台现在每天播出54小时各类教育、教学节目,覆盖地区的观众人口超过两亿,为中国教育事业的发展起到了不可忽视的作用。通过卫星电视教育,数以百万计的中小学教师喜获学历达标证书;数以千万计的职工、工程技术人员和管理人员受到了岗位培训,获取到新技术和先进的管理知识。中国教育电视台播出的农村实用技术和信息,成为广大农民脱贫致富的好帮手;大量青少年喜闻乐见的各类节目,成为他们的伙伴和朋友,并使其受到有益的熏陶和生动的教育。

中国教育电视台广告部,经国家工商部门批准(京工商广字第0003号),合法开展广告经营业务,在中国教育电视台、《中国教育电视报》上发布国内广告及外商来华广告,承办分类广告。并实行了代理制,拥有制作、发布等基本技术设备和一定数量的广告管理人员。遵循“教育为本、服务社会”的宗旨,在积极承揽、发布广告业务的同时,还开办了《中国高校之窗》等二类广告栏目,为社会主义精神文明建设服务,为社会主义市场经济服务。

中国教育电视台广告部将以质量高,传播快,影响广,得到您的信赖和支持。

北京人民广播电台

地　址:中国北京建国门外大街14号
邮　编:100022
电　话:65159129
传　真:65159129
负责人:徐志宏

北京人民广播电台创建于1949年2月2日,是中国建立比较早的省级地方电台。

北京人民广播电台总播出功率171千瓦,现用7套频率播出。共办400个固定挂牌节目,每天播音125小时,是中国实力比较强的电台之一。

北京人民广播电台的覆盖范围除北京市以外,还可覆盖河北、天津、内蒙古、山西、山东、辽宁等省市的部分地区,服务人口达5000万左右。

为了适应改革新形势的需要,根据广播特点,1994年进行了以主持人直播为主要形式的系列台改革,目前已建成7个专业台。

广告从业人员从1979年的4人,发展到30人左右,还成立了一家合资广告公司。广告收入从1988年的250万元,增长到1996年的7800万元。

杂 志 类

《海外文摘》杂志社

地　址:北京西四北五条26号
邮　编:100034
电　话:66185814
主　编:介　挺
联系人:任晓敏

《海外文摘》杂志是一本贴近生活的综合性中文月刊。它专门介绍国外以及台湾、香港、澳门的社会万象和风土人情,以传播知识、开阔眼界、陶冶情操为宗旨。设有环球采风、经营之道、海外亲历、世界名人列传、海外影视、科技新知、台湾万象、西方社会掠影等20多个栏目和8页彩色插图。文字凝练,图片精美,具有知识性、可读性、趣味性。各行各业,各种年龄的人都能从中找到自己喜爱的天地。

《海外文摘》创刊十几年来，始终充满着时代的气息，以清新的异国情调、丰富的人生画卷，深刻地思想内容赢得读者的喜爱。曾荣获“全国青少年最喜爱的十佳杂志”、“中国优秀文摘期刊”、“全国百种重点社科期刊”等称号。

本刊辟有彩色广告版面，刊登国内外各类广告。

航空知识杂志社

地　址：北京学院路37号
邮　编：100083
电　话：62017322
电　报：0085
负责人：谢　础
联系人：袁曙红

本社出版《航空知识》月刊和《航空模型》季刊两种公开发行的科普杂志。《航空知识》全面报道国内外航空航天领域的新发展和新知识，目前发行量居国内航空航天报刊之首，曾连续两届荣获全国优秀科技期刊评比一等奖。《航空模型》为目前国内唯一普及航模、海模、车模制作的科技刊物。

建筑技术杂志社

地　址：北京市复兴门外南礼士路19号
邮　编：100045
电　话：68033966
传　真：68033576
负责人：许庆相
联系人：闻　睿

本社编辑出版《建筑技术》和《建筑工人》两本月刊。《建筑技术》以建筑业的中上层科技人员和管理人员为主要对象，本刊连续四届被评为北京市优秀期刊，连续二届评为华北地区十佳期刊和全国优秀科技期刊，发行量在科技期刊中名列前茅。《建筑工人》是以建筑业全员职工和建筑爱好者为读者对象，发行量连续17年居全国建筑类刊物之首。两本杂志以推动我国建筑业技术进步为办刊宗旨，受到建筑职工的普遍欢迎。

《建筑技术》和《建筑工人》杂志承办与建筑业有关的国内产品，发布外商广告，信誉可靠，效果显著。

中国花卉盆景杂志社

地　址：北京市地安门内大街41号
　　　　（北京市少年宫对面大院）
邮　编：100720
电　话：64059573
传　真：64017312
广告业务负责人：张世藩
经营范围：

承办《中国花卉盆景》杂志有关国内广告业务。

《中国花卉盆景》是中央级专门介绍花卉盆景知识的科普月刊，也是国内同类刊物中发行量最大的，集科学性、知识性、实用性、文学艺术性于一体，内容充实、图文并茂、风格新颖、印刷精美。16开本，内文48页，彩页12页。全国各地邮局均可订阅，每册4.80元，邮发代号2－573

中国水产杂志社广告部

地　址：北京西单民丰胡同31号
邮　编：100032
电话/传真：(010)66012857
负责人：马为军
联系人：欧京义

《中国水产》杂志是农业部唯一面向全国的水产综合性月刊，她已成为数十万读者的忠实朋友，多年来一直以宣传党和国家关于发展渔业的方针政策和渔政管理法规、介绍渔业的成就、传授渔业各方面的先进实用技术，传递市场信息、反映渔民和渔区新貌、推动渔业的发展为宗旨。主要读者对象是：水产战线各级干部、职工、渔（农）民、养鱼专业户、科技人员和大专院校的师生等。《中国水产》杂志是全国水产行业发行量最大、发行面最广的刊物，深受广大读者的欢迎。

《中国水产》热诚为国内外水产和与水产业有关的工商企业做好产品广告宣传，多年来，已有众多企业通过《中国水产》的广告宣传，打开了产品的销路，扩大了知名度。《中国水产》广告设计新颖、彩色广告采用进口铜版纸、印刷精美、服务周到、收费合理，在《中国水产》杂志上刊登广告是您的最佳选择！

商业周刊/中文版（月刊）

BusinessWeek/China

地　址：北京安定门外大街东后巷28号

邮　编：100710

电　话：64269733

传　真：64219392

负责人：严卫京

联系人：张　桦

《商业周刊/中文版》（月刊）创刊于1986年，由中国对外经济贸易出版社与美国麦格劳·希尔公司（McGraw－Hill Inc.）合作出版。

本刊内容全部选译自美国《BusinessWeek》杂志原版文章，旨在传播介绍世界经济贸易、金融、科技及先进管理经验等权威信息。它特别有助于决策者掌握世界经济动态和提高企业管理水平，是中国工商管理人员、经贸界人士及专家学者不可多得的参考读物。

本刊采用进口高级铜版纸彩色印刷，图文并茂，装帧精美。

本刊愿成为中国企业参与国际、国内市场竞争，走向世界的得力助手。

中国电子学会广告经营部

《电子世界》、《电子学报》、《电子科技导报》

地　址：北京市海淀区玉渊潭南路普惠南里13号楼

邮　编：100036

电话/传真：（010）68278572

广告负责人：蔡士根

联系人：张景燕　张　彬

经营范围：

承办中国电子学会主办的《电子世界》、《电子学报》和《电子科技导报》杂志国内广告，发布外商来华广告。

《电子世界》是电子类科普月刊，1979年创刊。以普及电子科技知识，培养电子科技人才，推广电子技术应用，为社会主义建设服务为宗旨，以知识性、实用性、资料性为特色。16开胶印，1998年扩版至64页，国内外公开发行，邮发代号2－892，定价3.00元。编辑部电话：（010）68278179。

《电子学报》是高级综合性学术月刊，1962年创刊。刊载电子学科范围内的论文、技术报告、综述评论，报道技术研究应用成果、科研通信和学术动态。1999年起改大16开144页，国内外公开发行，邮发代号2－891，定价20元。编辑部电话：（010）68285082。

《电子科技导报》是综合性科技月刊，1994年创刊。以先进性、导向性、综合性、信息性、知识性为特色，主要报道电子科学技术的最新进展，介绍电子新技术、新产品和新成果。另设市场分析预测等栏目。16开44页，国内外公开发行，邮发代号82－594，定价：3.00元。编辑部电话：（010）68284975。

有色金属广告部

地　址：北京西直门外文兴街1号

邮　编：100044

电　话：68333366－6408、6412

法　人：孙传尧

广告业务联系人：马秀卿

北京矿冶研究总院编辑出版《有色金属》（矿山、选矿、冶炼三个双月刊）和《有色金属》国外版中文季刊以及《国外金属矿选矿》、《中国无机分析化学文摘》。

《有色金属》涉及采、选、冶、加工等诸多专业，是全国中文核心期刊，本系统最主要的科技期刊之一，拥有众多国内外订户和读者，已跻身国际矿冶类核心期刊之列。

有色金属生产是技术含量、工艺流程十分复杂的工业部门,举凡采矿、选矿、运输、装卸、通风、破碎、研磨、筛分、过滤、冶金炉窑、收尘、浸出、净化、板管棒丝箔等加工设备,炸药、爆破器材、选矿药剂、抗蚀防腐材料、众多的无机及有机化工产品,测量、计量、分析化验,遥控、自控等仪器仪表及电子设备。有色金属工业需要的生产资料及工具可谓遍及电子、机械、交通运输、化工、轻工等领域。

以上各刊辟有广告专栏,欢迎各界广为利用!

中国制浆造纸工业研究所

《中国造纸》编辑部

地　址:北京市朝阳区光华路 12 号
邮　编:100020
电　话:(010)65060022－3105
传　真:(010)65005677
电　报:0061
广告业务负责人:李　萍

经营范围:

《中国造纸》双月刊,承办国内广告,发布外商来华广告。

机械工业部北京机电研究所

《金属热处理》、《锻压技术》杂志

地　址:北京市海淀区学清路 18 号
邮　编:100083
电　话:62922277－310 或 318(热)、253(锻)
传　真:62920623
电　报:2333
广告负责人:樊东黎　曹敏达
联系人:吴惠文(热)　刘辛荷(锻)

经营范围:

在《金属热处理》、《锻压技术》杂志上承办国内与本专业有关的广告,刊登上述范围的外商广告。广告许可证:京海工商广字 0091 号。

广告服务收费价目表(元/次·页)

	彩色(铜版纸)	单色(铜版纸)
《金属热处理》	5000－7500	2400－3300
《锻压技术》	2400－4000	1300－1900
	单色(胶版纸)	分类广告
《金属热处理》	1600－1800	350－450
《锻压技术》	800－1000	200－400

《大众电影》杂志社

地　址:北京市北三环东路 22 号
邮　编:100013
电　话:64217845
传　真:64216415
主　编:蔡师勇
联系人:侯立军

《大众电影》月刊由中国电影家协会主办,《大众电影》编辑部编辑,本杂志社出版,国内全国各地邮局发行,国外由中国国际图书贸易总公司发行。

《大众电影》是中国拥有最多读者的普及性电影刊物。

《大众电影》遵循“文艺为人民服务,为社会主义服务”的方向,贯彻“百花齐放、百家争鸣”的方针。

《大众电影》侧重普及电影知识,报道影视动态,为介绍中国电影和促进国际电影文化交流服务。设有银座、银海短波、影人行踪、银河之星、新片评介、新片橱窗、外景地、外面的世界、导演之页、台港娱乐圈、影迷天地、世界电影、读者点登等栏目。图文并茂,全部彩色铜版纸精印,每期 68 面。

本刊在中国中央电视台举办的 1994 年“青少年影视文化兴趣问卷调查”活动中被评为“青少年最喜欢的中国杂志”。

本刊每年举行一次《大众电影》百花奖的观众评选活动,评选上一年度最佳中国影片和最佳男、女演员,迄今已举办了二十一届。

本刊的读者对象,以关心中国电影事业和创作动态的电影爱好者与电影从业人员为主。

本刊国际标准 16 开本,每月 1 日出版,国内每册 6.80 元。

中国循环杂志

地　址:北京市西城区北礼士路 167 号
邮　编:100037
电　话:68331758
广告业务负责人:朱燕嫣
经营范围:

在《中国循环杂志》上,承办国内外与医疗卫生有关的产品广告,发布外商来华广告。

中医杂志社

地　址:北京市东城区北新仓 18 号
邮　编:100700
电　话:64035632　64014411-3036
传　真:64013971
负责人:黄宏昌
广告业务负责人:刘振海
经营范围:

在《中医杂志》上,承办国内与医学有关的广告及发布上述范围的外商广告。

《中医杂志》创刊于 1955 年,由中国中医药学会和中国中医研究院联合主办。《中医杂志》英文版、日文版、西班牙文版、意大利文版、比利时文版、德文版和韩文版的出版,促进了中医药学术的国际交流,扩大了中医药在国外的影响。

民主与法制社

地　址:北京西城区新街口航空胡同 32 号
邮　编:100035
电　话:66182025　66121209
负责人:王强华
联系人:刘　巍

民主与法制社出版发行《民主与法制》杂志(半月刊)和《民主与法制》画报(周报)。此一报一刊均为全国发行量最大的法制类报刊之一。愿与全国各地广告公司、新闻媒介机构建立密切的协作关系,并力争提供高质量的广告服务。热诚欢迎国内外广告客户在本社一报一刊刊登广告。

《无线电》、《高保真音响》杂志社

地　址:北京崇文区夕照寺街 14 号
邮　编:100061
电　话:67129317　67134094
负责人:王维民
联系人:郭莉莎

《无线电》是青少年的良师益友,无线电技术人才的摇篮。以普及无线电电子技术知识,培养电子科技人才为宗旨。每月 11 日出版,国内外公开发行,全国各地邮局均可订阅。

《高保真音响》科学地、正确地引导“发烧”,介绍国内外音响技术、音响知识,荟萃国内外音响、音乐精品,提高广大音响、音乐爱好者的音响技术水平和音乐欣赏水平。每月 8 日出版,全国各地邮局均可订阅。

《中国企业家》杂志

地　址:北京市王府井大街 277 号
邮　编:100746
电　话:010-65131207,65131206
传　真:010-65125046

创刊于 1985 年的《中国企业家》杂志,是由经济日报社主办、国内外公开发行的大型综合性月刊,主要读者是企业的经营管理者、决策者。多年来,《中国企业家》以培养、造就一批职业企业家为己任,成为经济界、企业界、新闻界公认的一本高品质杂志。

1997 年,《中国企业家》以崭新的面貌,精彩的内容赢得了广大读者的厚爱。特别是“封面故事”、“特别策划”、“本刊观察家”、“观点新闻”、“昨日星辰”、“名牌故事”、“案例分析”等权威性栏目几乎篇篇赢得读者喝彩。1998 年,《中国企业家》将再上一层楼,除保持一批精品栏目的风格和特色外,每期都将放出“重炮”轰掉企业家心中的块垒,每期都有各色佳肴供品尝。

本刊大 16 开本 96 页,月刊,每月 12 日出版。国内邮发代号 2－873,国外代号为 M800。欢迎订阅和刊登广告。

电子部六所编辑部

《电子技术应用》月刊 《微型机与应用》月刊
地 址:北京清华东路 25 号
邮 编:100038
电 话:(传真):(010)62311179
总 编:闫 兵

《电子技术应用》月刊

中文核心期刊,第二届全国优秀科技期刊一等奖,1975 年创刊。辟有专家论坛、计算机应用、自动化及仪器仪表、通讯与电视、集成电路应用、来稿摘登等专栏。订阅代号:2－889,每月 6 日出刊。

兼营电子及计算机行业广告,每期彩版、黑白插页广告 100 多页,社会效益良好。

《微型机与应用》月刊

历届电子部全国优秀科技期刊,1982 年创刊。辟有综述与评论、产品介绍、软件天地、硬件纵横、网络时空、JAVA 园地、应用奇葩、经验漫谈、来稿选摘、信息技术动态、问题解答等专栏。订阅代号 82－417,每月 7 日出刊。兼营电子及计算机行业广告。

中国农村杂志社

地 址:北京市海淀区复兴路 61 号
邮 编:100036
电 话:68271373
社 长:王文德
总编辑:周鸿飞
联系人:董祐明

中国农村杂志社(原名农村工作通讯杂志社)是全国性的新闻出版单位,目前编辑出版面向全国农村干部的政策性月刊《农村工作通讯》、面向全国农民的文摘性月刊《农民文摘》和外向型农村期刊(双月刊)《中国农村》三种刊物。目前,月发行量近 300 万份。

中国农村杂志社广告部承办《农村工作通讯》、《农民文摘》和《中国农村》杂志国内广告,发布外商来华广告。

《石油炼制与化工》

地 址:北京学院路 18 号
邮 编:100083
电 话:010－62311582
传 真:(010)62311290
电 报:5075
负责人:李孝斌
联系人:刘迎春

《石油炼制与化工》(原名《石油炼制》,创刊于 1957 年)是国家科委批准出版的全国综合性石油炼制和石油化工专业科技期刊。主要报道炼油、石油化工科学研究和工程技术开发的新成果及其应用;交流工业企业技术革新改造和提高经济效益的经验;介绍国外新技术和发展动态等。选用文稿注重实用性,兼顾学术性。刊物被国家科委定为“中国核心期刊”,被国外著名检索性刊物:Ei、CA 和 API 等收录,收录率达 80% 以上。在 CA1995 年“千名表”中列第 515 名,在进入该“千名表”的国内 71 种期刊中,排名第 16 位。1992 年获第一届全国优秀科技期刊二等奖,1997 年获第二届全国优秀科技期刊一等奖。

月刊,国内外公开发行,大 16 开本,72 页。每月 12 日出版,单价 7.00 元,全年订价 84.00 元。国内邮发代号 2－332,国外发行代号 M4133,全国各地邮局均可订阅。

北京广告人书店

地 址:西四北大街太平仓胡同甲 16 号
邮 编:100600
电 话:66164526
传 真:66164526
负责人:徐智明

广告专业书籍,工具书,理论专著,经验结晶,个案汇总等。

广告人智慧快餐车
广告学经典美食城

天 津 市

公 司 类

天津市广告公司

地　址:天津市河西区绍兴道 21 号
邮　编:300203
电　话:(022)23321545　23303393　23315444
传　真:(022)23317045
负责人:孙宝成
联系人:李　莉

天津市广告公司隶属天津市对外经济贸易委员会,成立于 1979 年,在国家工商行政管理局、中国企业评价协会 1994 年评价中国广告公司实力排序活动中名列第 26 位。

公司下设国际三个业务部、国内三个业务部和企划部、创作部、客户部、展览部、影视部,拥有一批具有创造活力的广告、外贸、外语、中文等专业人才。公司备有高级电脑、广告专业用照像器材和现代展览专用器材。由于公司专业人才济济,设备先进,经验丰富,服务上乘,已牢固形成了广告策划、创意雄厚实力,具备为企业 CI 整体策划、市场调查,设计制作、媒介代理、整体运作能力,并承办国内外多种类型展览会,与国内外许多著名企业及广告公司建立往来,代理了国内外一批著名企业广告业务。

天津津工广告公司

地　址:天津市和平区解放北路 74 号
邮　编:300041
经营地址:天津市河北区民族路 86 号
邮　编:300010
电　话:24464593
负责人:杨大纯
联系人:郭大成

我津工广告公司隶属天津市总工会,1991 年刚成立时原称奥艺广告公司。主要经营范围是:发布、制作、代理国内外各类广告。近几年,我们主要发展户外广告及样本广告,从普通的绘画广告发展到仿真电脑喷绘广告,深受广告用户的欢迎、信任。自 1995 年根据上级领导的要求,广告公司摄影部承担了全市劳动模范事迹宣传中心的工作。同时摄制劳模宣传专题片,承担 CI 企业形象策划、拍摄影视广告。在全总中央电视台的评选中获一、二、三等奖。受到上级领导的好评。随之广告公司根据总工会领导的指示精神更名,现称“天津津工广告公司”。

天津市金秋广告公司

地　址:天津红桥区西青道 47 号
邮　编:300122
电　话:(022)27327491
负责人:蒋振兴
联系人:陈　萍

天津市金秋广告公司是致力于社会主义市场经济现代化发展的综合型广告专业公司。设有策划部、制作部、业务部、公关部、装修部、打印部。

经营范围:策划、制作、发布、代理户外路牌、灯箱、旗帜、霓虹灯广告,报刊广告,影视广告,广播广告,样本画册、礼品广告,承办各种会议、室内外装修、喷绘、打字、植字、复印、电传等业务。

天津市金秋广告公司成立多年来,以优质服务、恪守信誉为宗旨,赢得社会好评,长期业务往来涉及食品、药品、化妆品、房地产、消费品、工业等十余类行业,百余家单位。公司连续两年荣获天津市广告行业“重信誉、创优质服务”先进单位。

欢迎各界朋友惠临合作。

天津市正方广告展饰制作公司

地　址:天津市河西区南京路 58 号
邮　编:300042
电　话:022－23314389
传　真:022－23191412
负责人:苑志英
联系人:郭海平

本公司隶属于中化天津进出口公司,设计、制作、发布广告,为公共事业、工厂企业进行 CI 设计。

我公司聚集着设计、广告摄影、广告制作方面的专业人才,参与设计了多个国内外大型展览会、博览会,具有承办大型专业及综合性展览会的能力。我公司承揽的海外广告,遍及亚洲、欧洲、美洲,为广告客户带来了极为可观的收益。

本公司愿与各界同仁精诚合作共创辉煌。

天津铁路分局天列广告公司

地　址:河北区民生路 19 号
邮　编:300010
电　话:24467287
负责人:王淑霞
联系人:王淑霞

天列广告公司是天津铁路专业广告公司,主要承办全国铁路各车次列车的广播广告、挂牌广告、灯厢广告、电子广告、闭路电视广告、车站霓虹灯广告、镜框广告、餐车广告、卧铺牌广告、旅客列车冠名权及广告载体使用权广告、信息快速印刷广告、馈赠广告等多种形式。同时办理全国铁路各大、中型车站各种广告业务。

我公司 1983 年成立,十多年来已形成具有一定策划能力、良好的办公条件,广阔的发布场地,现代化的录音设备、专业设计制作人员和开拓型的领导班子。我们愿竭尽全力为您服务。

报　纸　类

天津日报广告处

地　址:天津市河西区大沽南路 873 号
邮　编:300211
电　话:(022)28201158
传　真:(022)28201186
负责人:刘家林
联系人:朱　霖
经营范围:

设计、制作、发布国内外报纸广告。

《天津日报》是中共天津市委机关报,国内外公开发行,日发行六十万份,声誉高、影响大。

《天津日报》是综合性地方报纸。纵观时事,报道翔实。宣传党的政策,反映民众呼声。

《天津日报》信息载量大。除要闻、天津、国内、国际、经济、社会、文化、体育等新闻版外,还辟有经济、市场、跨世纪、万象、七色社会,德与法、艺海星河、科学与生活、海外纵横、海河之声、百科之窗、休闲、百姓家事等十几个专版,日理万“讯”。

《天津日报》每日对开八版,广告创意新奇,设计精美,是刊登广告的理想媒介。

《天津日报》可发布外商来华广告。

东南西北情,尽见《天津日报》中。

天津工商报

地　址:天津市河北区庆安街 38 号
邮　编:300010
电　话:(022)24451982　24469882
负责人:张真铎
联系人:陈　彤

《天津工商报》:传播政策法规、服务市场经济、关注经济热点、引导大众投资。

《天津工商报》是本市工商行政管理局主办的,在我市较有影响的一张经济类报纸,已连续两年荣获我市报界的最高荣誉——天津市一级报纸称号。

《天津工商报》主要版面有:要闻版、经济与法、市场经济学、神州工商、综合新闻、工商史话、财经纵横、消费专刊、企业家论坛。

周末版特有对开彩报奉献,辟有职业体育、放眼环球、大众投资、社会大观、演艺聚焦、广告世界等专版,图片精美,文章诱人。

《天津工商报》刊登中外企业公告、商品广告、公类广告、礼仪广告等,由天津卓越广告发展中心独家代理。

广播电视类

天津电视台

地　址:天津市和平区卫津路 143 号
邮　编:300070

天津电视台广告部

地　址:天津市河西区马场道 188 号(干部俱乐部院内)
邮　编:300074
电　话:23345034　23538086
传　真:23345034　23538066
负责人:刘红春
联系人:夏益民

充分利用电视媒体,承揽、发布国内外电视广告业务。同时,代理其他宣传媒体广告业务,以及礼品馈赠、车身广告、户外广告等。还为国内外企业和商家设计、制作电视广告宣传片,为客户进行各类广告策划宣传活动,举办大型文艺晚会及电视剧的发行和译制等。

杂志类

天津市医学科学技术信息研究所

地　址:天津市和平区成都道 131 号
邮　编:300050
电　话:23302570　23311705
负责人:刘宝祥
联系人:马海燕　陈秀英　郑金荣　李葆林
经营范围:

在《天津医药》、《国外医学妇产科学分册》、《国外医学计划生育分册》、《国外医学临床放射学分册》和《中国计划生育学杂志》五种国内外公开发行杂志上,发布国内、外药品、医疗器械及其它广告。

本所是天津市医学专业信息中心,负责医学信息的收集、整理、分析研究和报道。向卫生系统和社会各界提供文献资料、查验检索、信息研究,科技咨询、编辑出版、声像以及计算机信息网络等信息服务。

上　海　市

上海广告有限公司

地　址:上海市中山南路 600 号
邮　编:200010
电　话:021 - 63291423
传　真:021 - 63290068
负责人:孙麦奇
联系人:于素贤
电子邮件(E - mail):SACGROUP @ PUBLIC.STA.NET.CN

研究品牌的每一个元素
成功的品牌似红花
呵护红花是我们的责任
研究品牌的每一个元素是我们的追求
这样,我们才能塑造品牌
让美丽的红花更加迷人

上海美术设计公司

地　址:上海漕溪路 258 弄 23 号

邮　编:200233
电　话:(021)64836699　(021)64834155
传　真:(021)64849530
负责人:王海利
联系人:罗　霞

上海美术设计公司自 1956 年 5 月正式成立至今已有四十年历史。

上美的广告业务,是在党的十一届三中全会以后,顺应市场的需要逐步发展起来的。1979 年成立了广告部,对外承接国内外各类广告设计、制作、发布,这标志着上美初步确立了以广告为主的经营方向,成为全面服务型现代广告公司的开端。在广告创意方面投入了大量的人力、物力和财力,不断完善和提高自身的专业素质和服务水准,广告运作更趋规范化和专业化,为客户提供全面、周到的优质服务。

目前,拥有的户外广告媒体总面积 10000 平方米以上,分布在上海市中心商业集中地带及交通枢纽。公司拥有先进的广告制作设备及舞美灯光、音响器材等,公司汇集了广告、营销、设计、视听、公关、工程等各方面的中高级专业人才。

以霓虹灯制作、发布为主的户外广告是上美广告业务的传统强项,享有良好声誉。近年来,上美霓虹广告的国际客户发展很快,发布了一大批品质要求特别高的霓虹广告,其中三洋、金利来、朝日啤酒、奇胜电器等作品分别在各项评比中获奖和得到客户赞扬。

四十年来,经过几代上美人前仆后继的无私奉献和艰苦创业,上美的事业蒸蒸日上。上美将继续以自己的特色进一步对内优化管理,对外坚持诚信的服务态度,向客户提供优质、全面的专业广告服务。

上海市广告装潢公司

地　址:中国上海巨鹿路 417 号三楼
邮　编:200020
电　话:021－62720973
传　真:021－62713651
常务副总经理:王永林
联系人:许章荣

动态的市场,深具中国文化的受众,谁能驾驭?

积四十余年广告经验的上海市广告装潢公司,根植本土文化,熟知市场动向、受众的需求、传通的规律、多元、有效的广告活动。令产品在中国市场出色地舞动!

主要经营范围:代理、发布国内外各类广告业务,提供各类广告策划、创意、设计制作、印刷、摄影等服务;承办国内外展览、展销的发布及国内外市场信息服务。

上海市公共交通广告公司

地　址:上海市武胜路 109 号
邮　编:200003
电　话:业务部(021)53722680
总经理:朱小林
联系人:王永明

上海市公共交通广告公司成立于 1988 年 8 月 8 日,是上海市公共交通行业的专业广告公司,公司以集约化经营为优势,拥有媒体涵盖全市 400 余条公交线路,10000 余辆公交车,2000 多个公交站点,10 余种不同类型的发布样式,为各类不同需要的客户提供最佳传播效果。经国家工商局、中国企业评价协会评价确定为'95 中国 50 家最大广告公司之一,并连续五年被上海市工商行政管理局、上海市广告协会评为上海市广告业"重信誉创优质服务"先进单位。

公共交通广告以其出现率高,诉求对象宽广,定位适应性强、收费低等卓越的优点在诸多广告媒体中独树一帜,历来为广告界和工商界所重视,在人口密度的大都市作为具有影响力的流动户外广告,其作用尤为明显。

为不断提高服务质量,公司投资引进先进技术和设备,运用电脑设计和电脑写真制作,大大提高了车体广告的发布效果,尤其是全色车广告成为都市户外广告中的一枝独秀。

上海宝久广告有限公司

地　址:上海中山南路77号(良良大酒店)8F
邮　编:200010
电　话:63743969(总机)63263100
　　　(总经理室)63743969-875
传　真:63263035
董事长:袁志平

宝久广告有限公司于1993年6月18日创立,1994年加入中国广告协会,是国内一家私人广告代理企业,也是跻身全国广告行业50强的广告公司。如今,宝久已发展为拥有50余名员工的专业广告公司。

宝久广告具备全面代理、CI策划、平面创意、样本、POP、海报、包装设计、大型户外促销活动的组织等综合能力,其客户遍及电信、房产、食品、日用品、服装、影视、医药、电子、化工等行业,积累了丰富的市场和产品经验。

宝久在前进中成熟,在追求中壮大。1993年12月,又成立宝久贸易有限公司,从事商贸业务的开拓。1997年7月,宝久广告有限公司与日本宝广告株式会社签定项目合作协议。如今,在公司董事会的领导下,宝久广告正朝集团化、国际化方向发展,为客户提供更广泛,优质的服务。

上海复氏达市场咨询服务有限公司

地　址:安福路322号五楼
邮　编:200031
电　话:64746730
负责人:朱开元
联系人:李光明

复氏达市场咨询服务有限公司创建于1993年1月11日,在创办之初就确立了面向市场的定位。复氏达运筹主体由卓越的经济学专家教授、资深广告人与富于激情的优秀高校毕业生组成。复氏达的服务体系涵盖市场调查、广告策划、营销策划、市场咨询、CI设计、媒介服务等各方面,并在各个体系中贯彻了复氏达"以客户为中心"的"全员服务"概念。几年来,复氏达坚持"从市场中来,到市场中去"的以市场为中心的策划理念,坚持做负责的广告。代理范围已包括汽车制造、保险、电力、建材、纺织、制药、家电、化妆品和饮料等各个行业,并确立了以"热诚、有效、务实、迅速"为核心的独特的复氏达服务理念。

上海工合广告展览有限公司

地　址:中国上海市斜土路1175号22楼
邮　编:200032
电　话:64180607　64183321　64180609
传　真:64180609
负责人:裘东明
联系人:李　亮
主要经营:

设计、制作、代理国内外各类广告,专业发布各类户外广告。

上海西南广告有限公司
上海飞帆广告装潢公司

地　址:上海中山南二路777弄2号楼14层F室
邮　编:200032
总经理:应曙光
联系人:王伟成

上海西南广告有限公司、上海飞帆广告装潢公司是两家在沪上有一定实力的企业,是融策划、代理、设计、发布、制作为一体的现代广告经营公司。目前拥有户外广告媒体总量达5000万元以上,分布在市商业中心、机场、人民广场、外滩等。公司还配备了先进的"苹果9600"设计系统与大型喷绘写真设备并汇聚了广告、设计、营销、工程等方面的中高级专业人才。与国内外广告同行、媒介及有关部门建立保持着良好的合作关系。

以霓虹灯、大型灯箱、灯光招牌的制作、发布的户外广告是公司广告业务的传统强项,享有良好的声誉,近年来制作、发布了一批品质优秀的霓虹灯广告,其中奥林巴斯、人头马、日立等作品分别在各项评比中获殊荣。公司还参与了各区市政灯光工程的建设、设计、制作了一批造型独特,构思新颖的街头作品。公司设计的一批灯光造型,被各区广泛采纳并在各项评比中频频得奖。

上海中艺美术合作公司

地　址:江西北路15号
邮　编:200085
电　话:63254633
传　真:63573360
经　理:刘文荣
联系人:冯沪生

上海中艺美术公司创建于1959年,现有员工100人,拥有一批专业技术人才。具有承办国内外各类广告设计、制作、发布、代理资质;专业经营户外广告及专卖店、专柜的形象设计施工;尤为擅长承办各类展览会、交易会。

我们在所从事的领域中,全力投入并力求创新,顺应时代,走向世界,提供高品质服务及产品,以谋求社会的共进,并作为我们永无止境的追求。

上海邮政广告有限公司

地　址:淮海中路1337号
邮　编:200031
电　话:64747153　64336499　64334464
传　真:64311836
总经理:张伟林
联系人:窦丽萍

公司创建于1984年,是全国邮电系统第一家颇具实力的专业广告公司,为适应当前广告市场的竞争,建立现代企业制度,1996年1月正式转制,转制后的邮政广告有限公司严格按有限责任公司的要求进行运作,加强管理、理顺关系,贯彻以人为本的管理思想,充分发挥邮电网络优势,使公司走向稳定健康有序的发展道路,取得了理想的社会效益和经济效益。

公司主要业务有霓虹灯、灯箱、路牌、邮政专送广告。户外广告媒体遍及上海闹市,邮政专送广告实行国内联网全国派送。

上海新大陆传播有限公司

地　址:嵩山路77号(上海皇宫商务楼3F)
邮　编:200021
电　话:53060162
传　真:53065170
总经理:赵抗卫

上海新大陆传播有限公司是注册在浦东的著名广告公司之一,是由上海市外高桥保税区新发展有限公司、上海市陆家嘴金融贸易区开发公司和美国奥特公司合资组建,注册资金为145万美元,投资额达210万美元。1994年成立第一年就跻身'95中国一百家最大广告公司,名列第66位。

●在东方明珠塔下,在黄浦江边,在延安东路隧道内外,在陆家嘴金融贸易区,我们拥有最显著区域的户外霓虹灯广告阵地。

●我们曾先后与电视台合作开辟软广告节目如《市场明珠》等,也与各电视台联合制作了各类娱乐、宣传节目如《智力大冲浪》、《东方热土》等。

●我们曾策划、组织了一系列大型活动,如:'96上海旅游节整体广告宣传总策划及实施;

"东上海百幢名楼评选";

"浦东企业之星"多媒体联合大宣传;

中华人民共和国第八届运动会"体育爱好者之路"的总策划、总设计及承办。

上海希望广告公司

地　址:上海市自忠路455号
邮　编:200020
电　话:63864141　63872034－14
负责人:梁妙珍
联系人:吕　沪

上海希望广告公司直属上海中学生报社,是一家集设计、制作、发布、代理于一身的全方位的广告公司。

《上海中学生报》是由上海市教委主管的,上海唯一的一张面向中学生(包括中专、技校、职校)的教育新闻类报纸,具有广泛的影响,在上海中学生中的覆盖面达 80% 以上,成为上海中学生报纸发行之最。'98 世界中学生运动会快报即由上海中学生报社承办。

上海希望广告公司全面代理《上海中学生报》广告事宜,同时承办各类市级(或市级以上)大型学生活动。本公司愿成为社会各界特别是各大企业与广大中学生之间的桥梁,通过各种活动扩大企业品牌的社会影响。

上海强生广告有限公司

地　址:南京西路 934 号 101 室
邮　编:200041
电　话:62582866　62189928
传　真:62170027
总经理:谢振甫
广告部经理:柴　伟

上海强生广告有限公司是在改革开放的大潮流中于 1992 年 7 月诞生的首家以"的士"为主要媒体的广告经营单位,经过几年的努力已发展成具有雄厚实力的集策划、设计、制作为一体的全方位多媒体的专业广告公司,并代理国内外广告业务。目前已排行于上海百强广告公司之列。公司信奉"强生广告,伴您强盛"的宗旨,竭诚为广大客户服务。

上海飞鹰广告公司

地　址:上海市浦东新区三鲁路 28 号三林文化中心
邮　编:200124
电　话:58490088　58492288
总经理:王卫中
联系人:周惠源

上海飞鹰广告公司成立于 1988 年,是经上海市工商行政管理局审批合格的专业广告经营单位,是中国广告协会单位和上海经济开发区联合会成员。主营:承接各类广告设计制作(不含霓虹灯制作)及在本地区发布(含霓虹灯发布)。

上海飞鹰广告公司实力雄厚,拥有上海市浦东新区黄金地段——南浦大桥、杨浦大桥、徐浦大桥周围地区及浦东新区东方路商业中心、浦东南路等多处繁华地段发布路牌广告。

具有高水平广告创意、策划、设计、制作发布力量,被上海市工商行政管理局、市广告协会评为 1989 ~ 1992、1993 ~ 1995 年度上海市广告业"重信誉、创优质服务"先进单位。

上海市艺龙美术广告装潢公司

地　址:上海安庆路 410 号
邮　编:200071
电　话:63250753
电　报:80118
负责人:邱国隆
联系人:丁邱展
业务范围:

室内外装璜　建筑规划设计　样本设计印刷　宾馆艺术绘画　实物馈赠广告　灯箱霓虹制作　照明制冷装修　电子电器服务　美术工艺品　美术咨询培训　展览会布置　橱窗路牌绘制

电脑刻字照排　工业摄影彩扩　横幅锦旗雨篷　不锈钢铜字牌　电影摄影编辑

上海友谊广告装潢有限公司

地　址:上海市延安中路 1000 号 2144 室
邮　编:200040
电　话:62476698　62790279 × 62144
董事长(法人代表):郑均培
董事、总经理:张其侠

上海展览中心地处上海市中心,是市内唯一建于五十年代具有典型俄罗斯风格的标志性建筑,并被列为上海市十大景观和市重点保护建筑。上海展览中心不仅知名度高,人流量大,而且也是目前上海市内规模最大的展览场地以及政治、经济、旅游和科技文化交流活动的涉外窗口之一。本公司是展览中心控股的具有独立法人资格的广告经营单位，拥有上海市繁华地段的一流广告发布阵地，并利用中心综合优势专业承接国内外各类广告的设计制作和发布，愿与海内外各广告公司和有识之士建立广泛的业务联系。

经营范围：

各类国内外广告设计制作，在静安区和展览中心范围内发布国内外广告；兼营装潢材料。

上海东辉广告装潢公司

地　址：上海普雄路26弄17号111室

邮　编：200063

电　话：62042784　62051762

负责人：陈中平

联系人：张万清

经营范围：

公司承办各类广告设计、制作、代理、发布国内外广告业务。曾通过各大报、台新闻媒体发布黄金首饰、家用电器、助动自行车、化妆品、工业洗衣机、工业球阀、劳防用品、皮装、饮料、啤酒等产品的合格名录公告、汽车销售广告和计量加油机制造许可证、食品准产证以及厂商识别代码、商品代码、采用国际标准标志产品备案等公告。仅1994年至1997年四年期间为国内外名优、合格产品在上海《解放日报》上组织代理、发布的名录广告即达114篇，涉及厂商4409户，遍及北京、上海、天津、广东、江苏、四川等25个省市，广告营业额6,949,700元。同时还为江苏春兰集国代理上海地区的广告业务，为中国汽车贸易总公司华东公司的路牌，橱窗设计系列广告业务。并承办大型购物中心、商务楼等商场办公楼的装饰装潢及广告工程。

上海九洲集团长宁广告装潢有限公司

地　址：茅台路660号二楼

邮　编：200335

电　话：62334658　62748215　62418020

电　报：6377

传　真：52530049

电子信箱：change@publici.sta.net.cn

负责人：顾　军

联系人：包芸泽

经营范围：

承办各类广告业务（设计、制作、发布）、宾馆、商场内外装潢；经营建筑装饰材料、五金交电等业务。

上海原野广告有限公司
（原上海橄榄树电脑彩绘商务传播中心）

地　址：上海延平路128号A座

邮　编：200042

电　话：021－62670378

传　真：021－62670510

负责人：刘征平

联系人：蒋国强

公司投入1000多万巨资在国内率先引进了目前国际上最先进的喷画机－VUTEK 5300五米宽幅电脑喷画机（技术品质：300DPI图象解析度、1700种颜色变化渐层）和分辨率为400DPI的施乐公司8900电脑写真设备、数套功能完善、软件齐全的苹果G3桌面电脑设计系统。以及NOVAJET PRO6型1.5米门幅600DPI户内写真机（专为户内灯片、展板、招贴、POP制作）使大小画面都具备摄入心魄的视觉效果，将掀起户外广告画面的革新浪潮，更带来广告制作的全新理念。

上海大东企划有限公司
（原上海大东广告装潢公司）

地　址：上海浦东新区川沙临园路31号

邮　编：201200

电　话：（021）58909125　58926116

电　传：（021）58909125

负责人：徐文昶

联系人:储田福

经营范围:

本公司专业从事CI策划、标识设计、企业样本和产品包装的设计制作。经营各类广告的设计、制作和发布。

公司拥有经验与才华兼备的优良专业人才,以及先进的苹果电脑设备,使我们"宣传企业形象,美化产品包装"的服务更臻完善。

投资开发到浦东,

企划设计找大东。

上海运筹国际广告公司

地　址:上海市零陵路800号东亚大厦16楼

邮　编:200030

电　话:64390993

传　真:64397663

总经理:唐炳泉

联系人:周　奋

上海运筹国际广告公司系上海市计委东亚集团有限公司国有全资子公司,注册资金壹千万元,主要承接各类广告设计、制作,代理、发布国内外广告业务,承接大型文化、体育活动的广告及推广。1994年成立至今营业额连年递增,历年排行榜均列上海三十强。总经理唐炳泉因此获得上海浦东新区"十佳企业家"荣誉称号。

公司成立后组织策划实施了各类大型活动,如"郁金香电脑展示会"、"创新的澳大利亚"、"迎八运沙龙保龄球大赛"、"上海桥牌八强赛"等上海地区、全国乃至世界性的广告活动。更值得一提的是,继首届东亚运动会之后,又承担了第八届全国运动会的广告及推广活动,开辟了指定产品、项目冠名、场馆广告及印刷广告等多种广告集资渠道,连同东亚集团自己投资新建的上海体育场、上海国际网球中心等市政重点项目,为上海的体育产业化进行了有益的探索,并圆满完成了上级下达的广告集资指标,为本世纪最后一次规模最大的体育盛会——八运会的圆满成功举行作出了应有的贡献。

上海运筹国际广告公司设国内客户部、国际客户部、国内媒介部、国际媒介部、广告创作部、广告制作部、市场调查部及其他管理部门,现有人员95%以上为大专以上学历。高效率的运转,高质量的筹划,始终是运筹人创业的宗旨。

上海东湖广告装饰公司

地　址:新乐路167号5号楼

邮　编:200031

电　话:64737022

传　真:64156934

总经理:贾春林

负责人:宣　勤

联系人:陈迎曙

上海东湖广告装饰公司隶属上海市东湖集团,是一家全面型、综合型的专业广告公司,主要经营国内外各类广告业务,广告宣传印刷品,展览会的设计、制作,室内外装饰等业务。为增强活力,发展市场,公司相继成立了东安广告礼品公司,康纳—东湖广告有限公司等子公司。公司拥有先进的电脑设计系统和较强的设计能力,可为客户提供具有一流专业水准的服务。

公司拥有一批企业管理、广告策划、市场调查、创意设计、生产制作等方面的专业人才,与全国各地的广告公司,新闻媒介建立了长期业务关系。曾多次成功的地为客户举办高层次的公关活动;为企业设计CIS方案,尽心开发使广告主满意的多种媒体组合;近年在沪宁高速公路上制作了由两座跨街式广告和三十多座立柱高架式灯光广告组成规模最大的广告群,并被载入"大世界吉尼斯世界纪录",在行业内颇具影响。

公司成立以来恪守信誉,积极推进代理制,竭诚为新老客户贡献新的创意,新的思维和富于时代感的广告风格,赢得社会好评。1997年,在上海市广告行业综合排名第二十一位,并连续四次获市广告行业"重信誉、创优质服务先进单位"的荣誉称号。

上海大隆广告装潢公司

地　址：上海市泸闵路6358号(公司)
　　　漕东三路308号(业务部)
邮　编：201100(公司)　200233(部)
电　话：公司业务部64384795　64823866
负责人：范介山
联系人：徐安宜

大隆广告装潢公司成立迄今已有十多年历史，是上海市广告协会会员。本公司专门从事各类广告的设计，制作及路牌、灯箱、霓虹灯等广告的发布。公司现有数千平方的路牌、灯箱阵地，主要分布在闵行莘庄开发区，虹桥经济开发区和漕河泾经济开发区等地区。公司还设有专门的制作工场和霓虹灯厂，拥有经验丰富的设计人才，在广大客户中享有良好的信誉。十多年来，公司为促进经济繁荣、美化城市市容作出了贡献。

公司将以合理的价格、新颖的创意，真诚地为广大新老客户服务。

上海奥美广告有限公司

地　址：中国上海市南京西路1038号，梅龙镇商厦31楼
邮　编：200041
电　话：62183009×239
传　真：62184199　62184191
负责人：熊景华
联系人：屠玉华

广告若无大创意
就如黑夜里驶过的航船
无人知晓

上海旭通广告有限公司

地　址：中国上海市淮海中路887号永新大厦9楼
邮　编：200020
电　话：86-21-64674118
传　真：64747803

我们是跨世纪的创想者

金马广告有限公司

总公司地址：上海天钥桥路211号
邮　编：200030
电　话：64380260
传　真：(021)64384122

19世纪，是火车的时代；20世纪，是高速公路的时代；21世纪则是信息网络的时代。作为信息产业之一的广告代理业更是如此。大企业、大市场，需要拥有实力和全国、全球服务网络的广告代理。今天的金马广告有限公司由于被世界伙伴组织正式吸收为在中国的成员，从而在全中国和全世界，金马广告拥有了一个强大的广告代理服务网络。

上海创导广告有限公司

地　址：上海市复兴西路55号
邮　编：200031
电　话：64716299
传　真：64715127

我们采集任何一星稍纵即逝的智慧火花，不怕引发大脑火灾，只希望好的创意喷薄而出……客户的笑容是对我们最好的回报。

解放广告有限公司

地　址：上海汉口路300号新闻大楼18F
邮　编：200001
电　话：(021)63521111转
传　真：(021)63527610

瞄准市场把握产品，同国际接轨的整合营销思路，产生可信可行的策划

权威日报，传媒先锋，提供最佳AE服务

放纵头脑创意，追求完美设计，悉心创作广告精品

信息网上行，Internet国际互联网捕获瞬息最新商情，准确作出策略判断

■解放日报社的全资国有企业

■大型综合性广告公司，专业的全面代理型广告公司

■以中共上海市委机关报《解放日报》广告

代理为龙头支柱

■直接经营《解放日报》“消费广场”、“经济周刊”、“今日之星”专版广告，以及“房地产广场彩色版”(80克铜版纸印刷)

■客户服务、策划创意、工程制作、包装装潢、展示设计、CI形象以及市场调研、公关活动、促销活动和公益活动

■综合实力和广告营业额名列全国广告经营单位前茅

新民广告公司

地　址：上海市延安中路839号
邮　编：200040
电　话：62791234
传　真：62476916

新民晚报下属的新民广告公司系新民晚报社全额投资创办的全民所有制企业，新民广告公司拥有一支对广告宣传策划、设计、创作及市场营运有丰富经验的年轻队伍，依靠新民晚报在国内外的广泛影响和与各方面的良好关系，已形成广阔而稳固的社会根基。

多年来，公司在负责新民晚报的广告和拓展市场方面取得了可喜的业绩，成功代理了国脉集团、哈慈集团、国际豪都房产、一百集团、华联集团、东方商厦、联华超市及八佰伴集团等大型的企业集团在上海的广告业务，为客户赢得了良好的商业回报。通过公司全体员工的不断努力，新民广告公司取得了1996年上海广告业广告公司营业额排名第6位，营业额达1.2亿元的业绩。

上海丽人广告公司

地　址：上海市人民路864号B座4楼
邮　编：200021
电　话：63744689　63744235　63744236
　　　　63744263　63742806
传　真：63740697
总经理：唐可爱

深植本土　专业服务

成功来自专业，成果育于本土，丽人承诺：提供有助于客户产品销售的广告，提供国际化品质和本土价格的服务。

上海虹桥国际机场广告公司

地　址：上海虹桥路2550号
邮　编：200335
电　话：62689220
总经理：刘润祥

上海虹桥国际机场广告公司是集广告设计、制作、发布、代理于一体的专业性公司。成立于1988年，下设办公室、业务部、设计部、工程部、经销部、电脑影视部、财务部、市区办事处。

公司拥有广告灯箱、霓虹灯、路牌、龙门架、胶牌、实物、航班时刻表、闭路电视、迎宾旗、横幅、行李手推车等多种广告媒体。承办发布虹桥国际机场国际、国内候机厅，国际、国内到达行李提取大厅，免税店、商场及停车场道路两侧各类媒体的广告，承办全国民航机场及上海市内广告代理业务以及印刷品广告业务，对外销售工艺纪念品，设计制作各类灯片和不锈钢灯箱。上海虹桥国际机场是我国最大的航空运输基地之一，进出机场旅客的层次高，决策性强，在机场作广告宣传能收到事半功倍的效果。

在1995年全国50家最大广告公司评选中，虹桥国际机场广告公司综合实力列第31位，在全国民航机场广告公司中名列第一；公司创作的路牌广告——联接世界的桥梁(虹桥国际机场形象)荣获全国第三届广告作品展一等奖。

上海现代国际展览有限公司

地　址：中国上海市圆明园路97号
邮　编：200002
电子邮箱：mie@ mail.com
电　话：(021)63217522
图文传真：(021)63295774

上海现代国际展览有限公司集来华展、海外展、工程设计搭建、国内外广告设计发布

及展览器材销售为一身,以三十多年广告展览的丰富经验,为您提供全面完善的服务。

上海医药广告公司

地　址:中国上海市四川北路 841 号
邮　编:200085
电　话:63069602
传　真:63245491

面对众多广告媒体,
您曾难于做出抉择……
其实,
一把钥匙启一把锁
医药广告可以找到……

独具特色的全方位广告服务,
外商来华医药广告策划代理,
实施各种媒体广告全面策划代理,
CIS 企划设计,
公关营销活动策划组织,
国内外展览展示设计施工,
影视广告策划制作,
印刷品广告创意设计,
摄影广告创作拍摄,
上海地区各医院室内外广告发布,
户外霓虹灯路牌广告发布,

拥有一批热心广告创作及推广的专业人才,

一向以独特的创意策划见长,

设计项目在全国和地区的广告大赛中屡屡获奖。

只要是对客户有益的。
定将竭尽全力倾心投入,
这是我们最感骄傲的一贯传统。

上海福赐广告公司

地　址:上海市北苏州路 878 号
邮　编:200085
电　话:63575351
传　真:63246303
总经理:卢　威
联系人:孙允中

上海福赐广告公司在长期的广告经营活动中,恪守国家法律、法令和政府颁布的有关法规,讲究广告的商业性和艺术性的结合,连续两次获得 1991 - 1992 年度和 1993 - 1995 年度上海市广告业“重信誉、创优质服务”光荣称号,1996 年被列入上海市浦东新区广告业“十佳”行列。该公司设计制作发布的广告作品在全国评比中多次获奖,成为申城拥有全市广告发布权和国内外广告代理权的著名广告经营者之一。

上海福赐广告公司在经营生产活动中,经过长期磨练,福赐广告的品位,以其创意新颖、款式多样、品位高雅、质量上乘、气势恢宏而深受客户的青睐和社会各界的关注。1994 年在上海新外滩由该公司设计制作发布的 360 度旋转的电脑喷绘大型灯箱广告,以其构思新颖、风格独特而荣获“全国 95 年度‘古汉杯’中国广告大奖佳作奖。1997 年初,该公司为柯达胶卷设计发布的四面环绕的采用电脑控制画面变幻的延迟线路式大型霓虹灯广告,又被’97 中国(广州)广告节暨第五届全国优秀广告作品展评为“中国广告大奖红棉杯金奖”。

上海新亚霓虹广告公司

地　址:上海蒙自西路 72 弄 9 号
邮　编:200023
电　话:63010040
传　真:63010385
总经理:邵国平

上海新亚霓虹广告公司,是沪上专业制作发布各类霓虹灯、灯箱广告的大型企业之一。本公司重质量、重信誉、重服务,多年来,年业务量一直名列行业前茅。

本公司同时代理国内外各类广告策划、设计、制作、发布等业务,是具有相当规模和雄厚制作实力的专业公司。

近年来,新亚公司曾为上海许多著名大

厦及中外企业集团制作发布了一系列大型霓虹灯广告。如东方商厦、海伦宾馆、太平洋大酒店、国脉通迅、上海电视塔、新黄浦集团、台湾英业达集团、日本三菱电梯公司、日立电器公司、美国可口可乐公司,以及淮海路跨街霓虹灯等等,尤其是为日本的“健伍”、“JVC”、“奥林巴斯”、韩国的“三星电子”、新加坡的“立邦漆”等大型霓虹灯广告的成功制作,以及在市区24小时内维修的善后服务,深受中外客户的好评。

上海云岭霓虹灯厂

地　址:上海市枣阳路461号
邮　编:200062
电　话:(86－21)6285－4585
传　真:(86－21)6260－8990
厂　长:汤以依

上海云岭霓虹灯厂集设计、制作;发布霓虹灯、灯箱广告;承办外商来华广告及各类广告设计为一体的户外广告专业企业。

驰名中外的“上海烟草集团、紫江企业集团、上海面粉公司、万宝电器集团”,大连高塔的“西岗住宅”,高山上的“万达集团、中北集团”等企业;外商日本的“SHARP、AIWA、HITACHI、BRIDGESTONE、MILD SEVEN”,欧洲客商“KENT”,韩国的“LOTTE、鲜京集团”等巨型广告为我企业完成,业务遍及全国。

企业运用“苹果”系统设计,依靠雄厚的技术和人才,注重广告创意、广告质量、广告艺术及广告对社会的效益与企业形象。获全国金奖的作品有“NESCAFE”,获上海市二三等奖和优秀作品的有“蓝带”“万事发”“KENT”。尤为霓虹灯广告制作,采用国际新型涡轮真空设备,制作完成及发布的霓虹灯广告一直三年免费维修保养。

企业意在闯入国际市场,奔向世界。

施乐中国有限公司

上海办事处:上海延安中路1440号阿波罗大厦一楼
邮　编:200040
电　话:021－62496240
传　真:021－62484313

北京办事处:北京朝阳区左家庄1号国门大厦3层
邮　编:100028
电　话:010－64605620
传　真:010－64605600

广州办事处:广州环市东路369号A座广州友谊商业大厦7楼
邮　编:510095
电　话:020－83583959
传　真:020－83570956

成都办事处:成都玉龙西街210号外贸大厦13层1305－1310号
邮　编:610015
电　话:028－6784649
传　真:028－6626806

施乐8954宽幅高速彩色写真系统

出一张13米高的户外广告,当然不用13分钟。因为施乐8954超宽度高速彩色写真系统能以每秒4英寸的高速把图像打印于多种广告介质之上,效果传神出色,更无惧风吹、雨淋、日晒。

另外,为满足户外广告高精度、小批量、快交货的市场需求,施乐8954更提供灵活组合的配套硬件和软件,包括光栅图像处理软件、色度计、覆膜机等,诚然是阁下把握户外广告市场机会的高回报率装备。

报 纸 类

解放日报广告部

地　址:中国上海汉口路274号
邮　编:200001
电　话:63521111－4006
传　真:63225073　63519924

解放日报权威信息，重大典型报道，量大面广。重要言论，高屋建瓴，精辟透彻。群众性舆论监督，针砭时弊，立竿见影。国际时事报道，及时、准确、充分。

从1998年1月1日起，《解放日报》周一至周五，每天固定出版5大张20版，双休日每天固定出版3大张12版。

每天新闻版面增加到12个版，新闻容量和信息量密度，目前在全国省市委机关报中处于领先地位。

文汇报广告部

地　址：圆明园路149号
邮　编：200002
电　话：63211410

文汇广告公司

地　址：虎丘路50号5楼
邮　编：200002
电　话：63230662

文汇报创刊于1938年，是一份在国内外享有盛誉的大型综合性日报。创刊半个世纪以来，因其独特的风格和鲜明的特色，一纸风行，影响广泛。

文汇报坚持正确的舆论导向，高扬主旋律，坚持多样化，积极反映丰富多彩的经济，社会生活和人们的精神风貌，达到思想性与群众性、知识性、趣味性、服务性的和谐统一。在众多的报刊中独具一格，且以崭新的面貌，高雅的品位，独特的编排，全方位的服务，得到广大读者的好评。

文汇报实行全新的版面布局，九个新闻版，六张周报(特刊)，十几个专刊、副刊呈现崭新格局。一报在手，信息全有。

文汇报在美国、法国、日本、墨西哥、印度、菲律宾、尼泊尔、澳门、俄罗斯、乌克兰、联合国等派有常驻记者；在全国和各地遍布特约记者、特约通讯员。文汇报有现代化的印刷技术装备，在全国十一个城市设立卫星传版印点，北京、济南、长春、西安、广州、武汉、成都、合肥、苏州等大中城市及附近城镇，当天就可以看到文汇报。

新民晚报广告部

地　址：上海市延安中路839号
邮　编：200040

新民晚报有其独特优势，发行量大、覆盖面广、广告版面长期处于供不应求局面。扩版24版以来，其广告量除影视戏目广告外，各类广告日均200条左右，月均5000－6000条，年达5－6万条，任务特重。尽管广告形势好，工作特繁，广告部同志结合工作实际，把“重信誉、创优质服务”活动落到实处。一是加强学习、增强法制观念，认真学习《广告法》和有关政策法规，严格把关，发现问题及时纠正，以维护消费者权益和新民晚报广告的良好形象。二是更应注重信誉，讲究服务质量，克服“朝南坐”的思想，想客户所想，急客户所急，为客户提供理想的广告版面，为读者提供可信赖的信息。三是注重抓好内部管理，不断提高工作效益。四是我们坚持日清月结制度，抓好资金到款率。

中国仪电报(原中国仪器仪表报)

地　址：上海市漕宝路103号
邮　编：200233
电　话：64759039　64368180－275
传　真：64759039
负责人：阮伯如

由机械工业部主管的中央级仪电行业产业报纸，创刊于1985年7月，对开四版周报，以国家发展仪器仪表、电子电器、电脑电讯工业的方针政策及各类仪电产品的生产、经营、使用、科研、教学、管理、计量等多方面的国内外电子出版最新信息，为国民经济各行各业服务，融政策、信息、科技、实用于一体，并有《仪园》副刊，内容丰富，信息量大，可读性强，国内外公开发行，邮局订阅代号3—46，每份订价0.30元，全年订价15.60元。

中国仪电报将在继续办好《综合版》、《科技报》、《新品版》、《电脑版》、《市场版》、《用户版》、《副刊版》、《广告版》的基础上，逐步推出《家电版》、《国际版》、《测评版》、《专题版》、《学习版》等内容，并将随时增版增印，扩大发行，把国内外仪电技术、产品、科技成果、发展动向等及时向读者传播。

华东电力报

地　址：上海南京东路 201 号
邮　编：200002
电　话：63290729
电　报：2032
负责人：黄贤龄
联系人：李德福

《华东电力报》是华东电业管理局主办的综合性报纸，创刊于 1985 年 8 月，于 1989 年起面向社会公开发行。

本报根据电业系统基层单位和有关电器电工产品生产厂的要求，开设了广告业务，以沟通传递供需双方信息，向电力系统和社会介绍、推荐新产品和质量较高的产品。

《华东电力报》为对开四版，全国发行，重点发行华东六省一市各电厂，省、市、县各级供电局，电建单位及社会各行各业用电户，农村电管站。

上海《每周广播电视》报

地　址：上海北京东路 2 号
邮　编：200002
电　话：0086－021－63211199
传　真：0086－021－63299299
负责人：李尧胜　李建中　梁　军

创刊于 1995 年 1 月的上海《每周广播电视》报（原名《每周广播》）是全国创办和正式发行最早的广播电视专业报纸，每周一期，4 开 16 版，刊登中央电视台、上海电视台、东方电视台、上海教育电视台、上海人民广播电台、东方广播电台的一周节目预告与介绍，并刊载影视故事、人物专访，报道国内外文艺体育新闻。辟有“声屏世界”、“体育大观”、“读者屋”、“视听信息”等副刊和专版，内容丰富，信息量大，编排科学，可读性强，阅读频次高，使用周期长，是千家万户视听娱乐必不可少的良伴益友，深受广大读者的喜爱。

《每周广播电视》报每期发行量超过 200 万份，名列上海报刊及全国同类报纸的前茅，发行范围遍及上海市区、郊县及江、浙部分地区，由于具有发行量大、覆盖面广、深入家庭、可读性强、使用周期长等显著优势，成为海内外众多广告客户关注的重要媒体。目前，国内数百家工商企业及台港澳地区许多企业与《每周广播电视》报建立了良好的广告合作关系，并从中受益。此外，各项服务性的分类广告也受到广大客户与读者的欢迎。

广播电视类

上海电视台广告部

地　址：上海南京西路 651 号
邮　编：200041
电　话：0086－021－62556785
传　真：0086－021－62550937
负责人：沈永毅　金万钧　徐　益

鼎，古代青铜礼器，三足两耳，为立国之重器。上海电视台之广告，以其精彩纷呈之形式，一亿二千万之受众，七十余个国家和地区之客户，如鼎之三足，支撑起中国广告业之巨鼎。上海电视台广告业，革故鼎新，正进入空前繁荣的鼎盛春秋时期。

上海东方电视台广告部

主　任：沈明昌
副主任：张灿华

上海东视广告有限公司

地　址：中国上海南京东路 627 号
邮　编：200001
电　话：86－21－63223007
传　真：86－21－63517832

东视广告　您的投播指向　您的行销伙伴

东视广告特色：

收视范围覆盖上海、江苏、浙江、安徽等地区，信息传播能力强，涵盖面广。

受众对象广泛，其中18－49岁最具消费能力、最有广告推广价值的人群占总受众面的82.7%。

频道各广告时段设置科学、合理，针对性强，除常规广告形式外，开创先河推出的“黄金十秒”，“东视3秒广告”可满足广告客户不同层次的投播需求，丰富广告荧屏。

广告触及面广，到达率高，每千人成本卓有效益，充分达到广告客户的预期目标。

编排活性化，广告紧贴节目，广告效果凸现。

广告部随时为您提供专业数据的评估分析和规划，并以周报，月报的形式提供规范服务，加强同客户的联系。

尽心配合广告主的不同需求，精心规划媒体资源，广告效果加倍显现。东视广告播出均通过上海市广告协会审查，操作规范，令客户无后顾之忧。

上海有线电视台广告部

地　址：中国上海洛川东路487号
邮　编：200072
电　话：0086－021－56981684转各部
传　真：0086－021－56983865
广告部主任：朱升阳

在中国改革开放的“龙头”——上海，为世人瞩目的有线电视事业正以前所未有的气势蓬勃发展。自1992年12月上海有线电视台诞生以来，目前已拥有近250万用户终端而成为全球最大的有线电视独立网络之一，并正朝着世界一流目标迈进。

上海有线电视台广告部自成立以来，发挥了有线电视画面清晰、频道资源丰富和《有线电视》报发行量大(已达100万份)等优势，独立承揽国内外广告的创意、制作和发布，并全方位宣传和介绍各频道的主要节目。上海有视广告经营公司也是上海有线电视台下属广告经营单位，它拥有精良的设备和较高素质的编导、创意、策划人材，能独立承担和代理国内外各类广告的创意、策划和制作等业务。

上海有线电视台广告部和上海有视广告经营公司全体人员发扬艰苦创业、连续作战的精神，以节奏快、效率高、质量佳的服务特色深受广大客户青睐，经济创收也逐年大幅度上升。目前每年创收已达2亿多元人民币。上海有线电视台已成为全国经济实力最强的有线电视台之一。

上海人民广播电台

地　址：上海市虹桥路1376号
邮　编：200051转518信箱
电　话：(021)62788177转2041、2042、2043

与新上海同时诞生的上海人民广播电台，在众多的传媒中，充分发挥自己的优势，赢得了大批听众。它拥有13个频率，广播覆盖面包含上海及长江三角洲广大地区，经常收听上海电台广播节目的听众近5000万人。

上海人民广播电台自1979年恢复广告节目以来，广告创收年年上一个台阶，在全国广播行业中名列前茅。广播广告的节目质量不断提高，近年来在全国广告评比和广播广告评比中，数十件作品荣获一等奖。上海电台以节目创优带动广告创收，广告从业人员注重整体策划，构思新颖，管理人员运用电脑管理，使广告节目布局合理，节目制作精良，节目监听反馈迅速，在广大广告客户中树立良好声誉，1987年以来连续9年获得上海市“重信誉、创优质服务”先进单位荣誉。

上海东方广播电台广告部　东广广告总公司

地　址：虹桥路1376号
邮　编：200051转518信箱
电　话：(021)62082782
　　　　62788177转3088.3089.3090

主任兼总经理:王茹冲
副主任:黄尽能 吴整风

1992年10月28日,东方广播电台——一个崭新的媒体诞生在黄浦江畔。从此,上海这座国际大都市,有了两家并行运转的广播电台。

东方广播电台以充沛的活力与精良的节目,在众多传媒竞争激烈的势态下,吸引着上海以及华东地区近5000万固定受众。

东方广播电台十分注重培养一专多能的复合型广告人才,六年来,一支具有现代广告意识和敬业精神的广告人队伍,已成为撑起电台运转的经济支柱。东方广播电台广告部、东广广告总公司,利用自身频道资源优势和本媒体鲜活、精致的节目,带动广告创收。六年来,不断开拓、进取,广告创收连年取得骄人业绩,年创收总额名列全国广播行业前茅,人均创收数居全国广播行业第一。在全国广告评比中,东方广播电台的参评作品也屡屡获奖,并获得全国同行的好评。

松江电视台、松江人民广播电台

地　址:上海松江区乐都路43号
邮　编:201600
电　话:57813956
负责人:陈良雄
联系人:张建平

松江人民广播电台,松江电视台、松江有线电视总站位于上海西南松江新城,广播电视节目覆盖松江全境及沪、浙、苏部分地区。松江电视台,市郊建台最早,开通两个频道(10CH、17CH)。松江人民广播电台建台近40年,调频立体声广播100.9MHZ。松江有线电视建设方兴未艾,仅城区已开通近三万户终端。新建的广播电视塔集节目发射、旅游观光、高空广告等功能于一体。

松江电视台与多家地、市电视台开展节目交流协作,每晚播出的各类节目精彩纷呈,广播电台调频立体声和有线广播两套节目,每天播出16小时。有线电视14个频道全天候播出。除自办新闻外,两台名牌、特色栏目有:"党的生活"、"工商之声"、"云间彩虹"、"松视600"、"松视扫描"、"好歌由您点"等。

松江广播电视两台信息广告都配备先进的广告制作设备,拥有四套编辑机、三套特技机、十套摄像机,以其新颖独到的创意、精良的制作、优惠的价格,为客户提供策划、制作、播出一条龙服务。

两台广告业务范围:

各类广播电视广告设计与制作。

代办上海经济区50家广播电台广告联播。

各类专题片、资料片拍摄与制作。

杂 志 类

中国广告杂志

地　址:上海市延安东路274号
邮　编:200002
电　话:63230702
传　真:63612080
社　长:姚能珍
主　编:陈　樑
联系人:钟　毅

经营范围:

在本刊刊登广告,承接样本广告设计、制作、策划。

兼营代理印刷。

《中国广告》为双月刊,创办于1981年,是国内第一本广告专业刊物。辟有"广告研究"、"广告策划"、"市场观察"、"广告创作"、"海外广告"等栏目。杂志为大16开72页,其中彩图24页,内容翔实,印刷精良。单价:12.00元。

国内发行:全国各地邮电局,刊号4－408

国外发行:中国国际图书贸易总公司、中国国际书店,代号BM722。

中国港口杂志社

地　址:上海市中山东二路12号415室
邮　编:200002
电　话:63280010×8034
负责人:唐绍武
联系人:徐锡章

《中国港口》杂志是交通部主管、中国港口协会主办、沿海25家主要港口协办的国内外公开发行的港口经济专业性刊物。国内统一刊号CN31-1232。以“立足港口、纵横延伸、面向市场、走向世界”为办刊宗旨,以港口管理、生产、建设、经营,及港口协会的活动、国际港口信息为主要内容。读者对象是从事港口与港口城市工作者、交通运输部门企事业单位各级领导和管理人员,以及有关理论、科研、教育工作者。

《中国港口》杂志为大16开、48页、彩色封面,逢双月20日出版,全年6期30.00元(含邮资)。

上海《法苑》杂志社

地　址:上海凤阳路660号
邮　编:200041
电　话:62150702
总　编:徐庆镇
经　理:蒋汉光

《法苑》是发行国内外的法制月刊。

《法苑》采用大16开国际刊本。每期都有重大法制题材的报道以及公民普遍关心的热门话题,深受广大读者喜爱,发行量逐年上升。

《法苑》杂志讲究广告信誉,注重广告效益,具有众多广告客户。1987年以来连续三次被评为上海市优秀广告经营集体。

《法苑》发行面广,广告影响大,效果好。

华东计算技术研究所
《计算机工程》杂志

地　址:上海嘉定800—209信箱
邮　编:201800
电　话:59555522—258
电　报:8206
传　真:59555831
负责人:刁烈燊
联系人:樊镜光
经营范围:

本刊系计算机综合性刊物,创刊20多年,国内外发行。本刊承接各类计算机系统、软件产品、计算机网络、CAD/CAM开发工具、外部设备、元器件、各种电子产品、各类型计算机应用与服务等彩色或黑白广告业务。

《自动化仪表》编辑部

地　址:上海市漕宝路103号
邮　编:200233
电　话:(021)64368180(总机)　64368984(直线)
电　报:9065(上海)
传　真:(021)64333566
广告业务负责人:王德柱

《自动化仪表》是中国优务科技期刊,月刊,大16开,48页。

本刊承接仪器仪表制造厂家及元器件、材料、配件制造单位的产品广告。

本刊系我国自动化仪表行业的专业技术刊物,报道我国自动化仪表行业的科研成果,交流仪表生产、使用、维修技术经验,反映国外自动化仪表发展动态。

《自动化仪表》编辑部是上海市广告业“重信誉、创优质服务”先进单位。

《家具》杂志社

地　址:上海市南京东路石潭弄89号
邮　编:200001
电　话:63612634
传　真:63509665
负责人:杨　强
联系人:吴国耀

家具双月刊邮发代号:4-308 单价:12元

1980年创刊,中国第一本家具专业的全

国性期刊。大 16 开本、彩色精印。

设有科学技术、家具展厅、别有洞天、创意欣赏、设计新作、室内设计、讲座等栏目，具有科学性、实用性、知识性及收藏价值。

生产家具　买卖家具　请看家具

欢迎订阅

上海科学技术出版社（高精广告有限公司）

地　址：上海瑞金二路 450 号
邮　编：200020
电　话：64736055
传　真：64730679
电　报：5796
负责人：王伟海
联系人：章文琦

本社出版《科学画报》（月刊）、《大众医学》（月刊）、《上海服饰》（月刊）、《无线电与电视》（月刊）、《科学》（双月刊）。内容丰富多彩，具科学性、知识性及广泛性，深得广大读者好评，并分别荣获上海市及全国优秀期刊称号，刊登广告效应显著。五刊的广告均由上海高精广告有限公司代理，高精广告有限公司地址、邮编、电话均与本社相同。

电气自动化

地　址：上海市斜土路 414 号
邮　编：200023
电　话：63014492
电　报：1106
负责人：李序葆
联系人：姜雯兰

本刊是国家核心期刊和国家优秀期刊，双月刊，国内外公开发行，是本专业中发行量最大，有广泛影响的技术应用类刊物。凡属本专业的产品，诸如：成套机电设备、仪器仪表、计算机及外围设备、电机电器、电子元器件、电工材料、自动化元件、自动化装置等各类广告，均欢迎刊登。

少年儿童出版社

地　址：上海延安西路 1538 号
邮　编：200052
电　话：62823025 总机　62822138 直线
电　报：5801
负责人：周舜培
联系人：余大琮
经营范围：

本社出版的九刊一报《幼儿文学》报、《娃娃画报》、《小朋友》、《故事大王》、《少年文艺》、《少年科学》、《儿童文学选刊》、《故事大王画报》、《巨人》、《卡通先锋》等发行全国、面广量大。承接有关文教用品、娱乐、玩具用品、体育用品、服装鞋帽用品、食品、轻工业用品、仪表电器用品、书刊等有关广告业务。

重　庆　市

公　司　类

重庆亚光霓虹广告有限责任公司

地　址：中国重庆渝中区枇杷山正街 233 号
邮　编：400014
电　话：(023)63851588
传　真：(023)63868362
总经理：林永洁
联系人：潘嘉骐

重庆亚光霓虹广告有限责任公司，座落在重庆市两路口，成立于 1987 年，她是以设计、制作、发布大型霓虹灯广告、高品位电脑喷绘广告和各类媒介广告代理的实力性型广告公司。公司下设霓虹灯制作工厂，施工安装队；工厂拥有现代化的设备，一流的服务手段和丰富实践经验的广告专业队伍。采用美、日、韩等国家的高档次进口材料，确保广告的最佳效果，并为客户提供从设计、制作、安装、维护等完善的一条龙服务。

我们的宗旨：以更美的设计、更高的品质、更好的服务奉献给各界朋友，助您的事业辉煌。

重庆市市政广告总公司

地　址：重庆市渝中区中山二路99号华安大厦18楼
邮　编：400014
电　话：(023)63530008　63539928
传　真：63530006
总经理：周豫西
联系人：杨学仿

重庆市市政广告总公司是重庆市市政管理局直属的国有企业，是集各种媒介广告经营、设计制作、策划代理、装饰装修、建材商贸为一体的集团型企业。其下属实体有策划公司、视屏公司、影视公司、材料公司、装饰公司、电脑服务部、制作厂等。开拓性的经营，科学化的管理，使公司迅速发展成为重庆市A级广告公司，并被授予"重合同，守信用"称号。公司经济实力及广告经营额等连续几年在重庆市广告公司排序中名列前茅。

公司媒介种类齐全，技术力量雄厚，策划创意新颖，严守信誉合同，先后设计、制作、发布了一大批极具特色的各类广告，策划、组织、实施了若干具有轰动效应的各类大型活动，受到客户的普遍赞赏。我们将始终坚持把"优越的媒介，优秀的创意，优惠的价格，优质的服务"奉献给客户，使客户的产品和企业形象在重庆和全国都留下美好的、难以磨灭的印象，共同为发展社会主义广告事业和社会主义市场经济作出我们应有的贡献。

重庆百货大楼百佳艺术广告公司

地　址：重庆市渝中区民权路2号　重庆百货大楼11－12楼
邮　编：400010
电　话：(023)63713623　63817483　63833796
负责人：刘嗣民
联系人：罗昭兰

重庆百货大楼百佳艺术广告公司是上市公司重庆百货大楼股份有限公司所属全资子公司。

公司自1994年成立以来，先后投资引进国际上先进的电脑平面设计系统和摄影制作设备，逐渐发展成为以营销策划、商品展示、商场促销、POP、产口摄影为优势特长的广告代理和制作的重庆市A级广告公司，为重庆市综合实力较强的广告公司之一。

随着公司的发展和壮大，公司始终奉行"忠诚、敬业、创新、守信"的企业理念，不断加强专业队伍建设，提高专业技术水平，为广大客户提供更优质的专业化服务。

重庆容易广告有限公司

地　址：重庆市江北区建新西路1号6楼
邮　编：400020
电　话：(023)67720096　67710602
传　真：(023)67710602

重庆容易广告有限公司隶属于重庆容易(集团)有限公司，注册资金500万元，是集广告策划、设计、制作、发布于一体的综合性广告公司。本公司先后为容易集团内外部广大客户制定并实施了企业CI策划、商品促销活动、户外广告、报纸、电视广告等一系列策划方案。公司依托雄厚的经济实力，以"创一流企业，一流服务"为目标，遵循"敬业、智慧、守信、胆略"的企业精神，热忱为广大客户服务，欢迎广大客户来人来函洽谈业务。

容易广告让一切都变得容容易易！

重庆市美术广告公司

地　址：重庆市新华路447号
邮　编：400010

电　话:(023)63842277　(023)63841879
传　真:(023)63825856

重庆市美术广告公司,是具有四十年历史的重庆市最大的全民所有制的专业广告公司。公司拥有先进的计算机系统,成套的富士、柯达彩色摄影冲扩设备和大型彩色电视幕墙等多种现代化广告发布媒体。有职工380余人,其中具有高中级技术职称的专业人员50余人,是中国广告联合总公司的成员公司。公司的宗旨是以创意为中心,全面为客户服务。

四十年来,公司以它雄厚的技术、设备力量为各级党政机关、企事业单位提供了从策划到设计、制作、发布等"一条龙"服务,深受客户欢迎。1989年被中国广告协会评为全国广告业"重信誉、创优质服务"先进单位。重庆市首批国家A级专业广告公司。

经营范围:路牌、灯箱、霓虹灯、电视、广播、报刊、杂志、印刷、POP广告。

包装装潢、展览陈列、室内外装饰、各类沙盘模型、电动图表、有机玻璃制品等设计制作。

为顾客提供广告咨询及广告全面策划。

代办来华各类广告业务。

3M柔性广告材料。

重庆正点广告有限公司

地　址:重庆市渝中区中山三路155号5层
邮　编:400015
电　话:(023)63876399　63612556
传　真:(023)63607942

正点广告创立伊始,便抱定"我们的目的是销售,否则便不是作广告"这一宗旨,坚定推行现代化管理和运作,深谙业精于勤的真谛,孜孜以求,不断进取,为客户进行卓有成效的行销传播。从广告咨询、市场调研、行销策划、创意制作、代理发布、广告监测与评估等全过程,均能提供全面周到的服务。

创立至今,正点广告成功地代理了全国及本埠诸多著名品牌。公司客户部、市调部、策划部、设计部、媒体部、监测部等广告运作职能部门紧密协作,默契配合,凭借高素质的专业人员和现代化制作设备,全方位为客户提供真正有效的广告服务。以强大的广告推广策划能力、大型活动运作能力和媒体发布能力,被中国社会调查事务所认定为中国第一家公认名牌广告公司。

重庆空港广告有限公司

地　址:重庆市渝北区两路镇江北机场内
邮　编:401120
电　话:(023)67856138转52159　52539
传　真:(023)67712457
负责人:魏东前
联系人:孙先禄　凌　玲

我公司是隶属民航重庆市管理局自主经营的有限责任制企业,公司设有业务部、策划部、美工制作部、财务部、印刷厂等专业工作部门。承接电脑设计、广告策划、制作、发布各种字牌、路牌、灯箱、霓虹灯、登机牌、票袋、航班时刻表、电子显示屏等各类广告。兼营各类社会杂件印刷,代理各类报刊电视广告。

机场广告是世界上最先进、最具档次的广告媒体之一,也是被公认为吸引高品质客商和宣传公认名牌的最佳媒体。公司将充分利用此黄金口岸媒体优势,充分发动公司经验丰富、训练有素的专业广告人员队伍,为把您的产品推向市场,树立企业完美形象,我们愿为国内外厂家、商家和广告业同仁提供最完善、周详、优质的服务。

重庆华轻广告公司

地　址:重庆邹容路107号4楼
邮　编:400010
电　话:(023)63837302　63837364
传　真:(023)63837364

重庆华轻广告公司组建于1988年,是一家集广告、装饰于一体的综合性实体公司。

可全方位地为客户策划、代理、制作各类广告及主办大型公关活动。

公司独家拥有 TAXI 顶灯广告媒体发布权。

华轻人的宗旨：把握时代脉搏，创造崭新未来。

重庆铁路宏达广告有限责任公司

地　址：重庆市渝中区中山支路 5 号
邮　编：400014
电　话：023－63893666　63855465
传　真：023－63893666

本公司系重庆铁路分局直属的综合性广告公司。以重庆铁路分局管辖的 32 对旅客列车和 108 个车站的广告媒体为基础，拥有水平很高的广告创意、策划、设计、制作、经营、管理人才和现代化的电脑设计系统，在重庆火车站投资 500 多万元设立长 10m，高 6m 的大型户外 LED 电子显示屏，能为客户制作电脑三维电视动画广告；具有大型广告宣传活动整体策划和实施能力；对于重庆市场的情况相当熟悉，具有迅速打开重庆市场的营销策划实施能力，与重庆嘉陵集团公司、宜宾五粮液酒厂、杭州娃哈哈集团公司、贵州鸭溪窖酒厂等大型企业保持了良好的合作关系。

重庆索通广告传播有限公司

地　址：重庆市渝中区西来寺 4 号西南图书大厦 14 楼
邮　编：400010
电　话：(023)63834265　63837717
传　真：(023)63806922

重庆索通广告传播有限公司 1994 年初具雏形。

1996 年，索通广告传播有限公司正式成立。

从创业到现在，索通广告传播有限公司已发展为策划、设计、制作、印务、广告材料五个部门，拥有了百事可乐、美孚、壳牌、五粮液等品牌的客户。这种格局，使公司在完成广告传播行为的过程中，更加完善合理、质量优异。

我们的宗旨：诚实地帮助客户解决问题。

我们的精神：团结起来，为了您们和我们，决不闪劲。

我们的态度：您说的我们都同意，但我们不得不遗憾地指出——那不一定是对的。

索通广告在今后的日子里，将推崇品质至上的信念，抱定革新的决心，不断接受新工艺，改进革新制作技巧，完善服务，把握时代潮流，在艺术与商业的最佳谋合点上，与您携手共进！

重庆市影视广告中心

地　址：重庆市渝中区中兴路 5 号(穆斯林大厦 4 楼)
邮　编：400010
电　话：(023)63811783
传　真：(023)63830728

重庆市影视广告中心是集广告设计、制作、发布于一体的全民所有制广告专业单位。

我中心设备精良、人才荟萃、占有良好的口岸优势，拥有与电视新闻采录、电视广告内、外景制作相应的广播级技术设备和系统配备，能摄制高质量、高清晰度的磁带、电影胶片、电视广告、动画广告及各类专题片。并具有设计、制作大型路牌、霓虹灯、灯箱、幻灯广告之能力，同时能拍摄印制各类产品广告和包装广告。

重庆大方广告艺术公司

地　址：重庆市渝中区上清路寺 65 号(市政综合大厦)4 楼
邮　编：400015
电　话：(023)63618004　63618014　63618015
传　真：(023)63868358

重庆大方广告艺术公司是一家区域性综合广告公司，谙熟西南市场，与传媒公共关系良好，在成渝两地的广告策划、代理业务表现不俗，并在黄金路段拥有大型户外媒体。

重庆华汛广告有限责任公司

地　址:重庆市渝中区中华路 209 号五楼
邮　编:400010
电　话:(023)63816765、63716694
传　真:(023)63836425

重庆华汛广告有限责任公司经过三年多的努力先后投入广告媒体 450 万元,使城市广告有一个明显的档次。如解放碑中心电杆灯箱一条街、公用磁卡电话亭、市内公共汽、电车站站牌,以及火车站、上清寺等颇有影响的户外广告媒介,多次为市政府及大型企业承办国内外展览及广告印刷品业务,均深得中外广告用户好评。

为华汛广告配合的华汛装饰印刷设计工程有限公司为广告的安装、制作,提供可靠的保证。

重庆火车站华康广告公司

地　址:重庆市渝中区菜园坝火车站
邮　编:400014
电　话:(023)63865113　63851659
传　真:(023)63855261

重庆火车站华康广告公司系重庆火车站直属企业,是集营销策划、广告创意、设计、制作和发布为一体的综合性公司,拥有熟悉重庆市场的市场调研,营销策划、广告创意、设计制作的优秀人才,与各大客户建立良好的关系。重庆火车站华康广告公司广告媒体十分强大,拥有霓虹灯 1500 平方米,喷绘 2500 平方米,灯箱 5000 平方米,本公司机构完整,管理严格,从 1987 年建立以来,与 500 多家企业进行非常愉快的合作,为企业形象的宣传和产品进入市场,达到了预期目标,客户非常满意,因此,我公司热情诚邀在重庆发展的企业及各大广告公司与我们共同开发市场,占领市场,我们将和你们携手共进,互相配合,共创辉煌。

重庆华灵广告装潢有限责任公司

地　址:重庆市渝中区捍卫路 6 号
　　　　临华大厦 1 号楼 14 层
邮　编:400013
电　话:(023)63509342　63509037
传　真:(023)63509489

我们的工作就是筑一座桥,助您到达目的地……

重庆对外广告公司

地　址:重庆市江北区建新北路 65 号外贸大厦裙楼 5 楼
邮　编:400020
电　话:(023)67855154　67853147
传　真:(023)67853093

伴您搏击商海
与您共创辉煌

重庆大地广告公司

地　址:重庆市渝中区放牛巷 82 号
邮　编:400010
电　话:63837658　63706179
传　真:63703737

大地滋生无限创意
长江、长城、黄山、黄河……
大地之光重千斤

重庆天意广告有限公司

地　址:中国·重庆上清寺聚兴村 2 号四楼
邮　编:400015
电　话:(023)63871699

天意相助　商战无愁
●以心　铸就您的成功
●以意　展示您的风采
●以智　开拓您的市场
●以慧　铺成您的辉煌

重庆黑豹广告公司

地　址:重庆渝中区中一路 114 号
邮　编:400013
电　话:(023)63512609
传　真:63513756

经营范围：

中国供水行业的广告代理。

新世界广告装璜公司

地　址：重庆渝中区大坪正街 140－1 号

邮　编：400041

电　话：(023)68810072　68800016

重庆华彩广告公司

地　址：重庆市石桥铺渝州路 50 号孵化大楼 A3－8

邮　编：400039

电　话：(023)68606779

传　真：(023)68604157

重庆华彩广告公司是重庆高新技术开发区园内一家以市场营销技术咨询、企业形象策划，设计、制作、发布、开拓各类广告产品为主，兼及印刷、装潢设计、代理大众传媒广告为辅的综合性广告公司。

公司自 1994 年创办以来，本着以“诚、信”为本的服务宗旨和以“高、新”为求的企业精神，在广告市场日益激烈的竞争中不断得到磨砺和锤炼，并努力为推进广告事业的发展，繁荣经济建设作出应有的贡献。

重庆新创意广告有限公司

重庆市首家民营广告经营单位

地　址：重庆市渝州路 108 号昭华大厦 4 楼

邮　编：400041

电　话：(023)68616310　68613903

传　真：(023)68616310

部门设置：

市场部　媒介部　设计策划部　客户部　制作部　财务部　电脑工作室

经营范围：

市场调查、广告策划、设计制作、媒介发布、效果测定、CI 设计。

重庆市半岛广告公司

地　址：鹅岭正街 176 号

邮　编：400014

电　话：(023)63856678

铁路是我国国民经济大动脉，除西藏拉萨外，各省、自治区有 200 多个大中型铁路客运站台。每年全国铁路运载中外旅客达 12 亿多人次，重庆市半岛广告公司与铁道部合作拟向全路数百个大中型铁路客运站台提供万辆流动售货车，并发布企业广告。目前广告业务遍布河南、陕西、湖北、四川、云南、贵州、重庆等省市的 30 多个大中型铁路客运站台。

重庆长樱广告装璜有限公司

地　址：重庆渝中区解放西路 43 号金紫门大厦 8 楼

邮　编：400012

电　话：(023)63822759　63724307

传　真：(023)63822759

经营范围：

●电脑设计

●大型广告

●精美印务

●广告礼品

欢迎国内、外客商前来洽谈业务。

重庆日升国际广告装饰创意公司

地　址：重庆市渝中区凯旋路 19 号

邮　编：400012

电　话：(023)63809733　63726709

手　机：90875809

传　真：(023)63809733

本公司是集现代广告与装饰于一体的新型公司。本公司由一批年轻、富有朝气、锐意进取的专业广告策划、美术，建筑设计和形象策划人员组成的广告公司。此外，公司承办各类大型喷绘广告、霓虹灯、灯箱广告及开业庆典策划，时装表演，公司形象设计(CI)，标志设计，以及各类施工制作领域的技术权威的加盟，使我们敢于面对来自市场的各类挑战，并在竞争中立于不败。

我们真心渴望与每位客户心与心的交流和沟通，希望我们的创造，带来真、善、美，装点每个客户以更好的业绩，更广阔的事业发展机遇。

经营范围：

1. CI：运用 CI 法则塑造当代新的企业整体形象，协助客户在生存竞争中取得领先地位。

2. 户外广告：霓虹灯、喷绘灯箱、字牌、橱窗广告、路牌及其他形式的户外广告。

3. 印务：各种铜版纸，哑分纸印刷。

4. 报刊、电视、广播及其他载体的广告代理。

5. 广告制作，各种媒体开发。

重庆四海广告装潢公司

地　址：重庆市渝中区大同路 77 号
邮　编：400010
电　话：(023)63816371
传　真：(023)63845845
总经理：周　晋
手机：90800752

重庆四海广告装璜公司系重庆市名牌战略发展研究院直属综合类专业公司。

经营范围：

●市场调研：名牌研究院和客户委托的各类营销调查，受众分析，效果测评。

●创意策划：紧密依托研究院和公司自身人才优势和所聘国内资深专家优势，致力于：企业整体策划，形象包装，品牌开发，培育、推广，CI 导入及实施。

●媒体代理：与重庆主要传播媒介建立了广泛合作关系，代理策划，设计、发布、重庆电视、广播、报刊、杂志的各类广告。同时代理中央电视台、四川卫视、广东卫视等媒介广告。

●设计制作：各类电脑喷绘广告，VI 设计、商标、包装设计、印刷品、各类档次户外路牌，灯箱、灯柱、霓虹灯、充气升空广告物。

●综合实施：全国各地媒介广告，户外广告的发布、代理，为埠外同行代理重庆媒介，户外广告。策划实施各类开业庆典、礼仪，各类招商会、展示会、交易会、新闻发布会等。

公司综合实力较强，有良好的社区关系和信誉。欢迎阁下光临并携手合作，共创未来！

四海广告、市场先导

报 纸 类

重庆日报

地　址：中国重庆市渝中区解放西路 66 号
邮　编：400012
电　挂：6418
电　话：(023)63845089　(023)63827428
传　真：(023)63836473

●小平亲笔题写报名有 45 年历史的党报

●长江上游经济中心发行量最大的日报

●重庆经济协作区覆盖面最广的机关报

●西南最大工商业城市的综合性城市报

欢迎刊登广告

重庆晚报广告部

地　址：重庆渝中区解放西路 66 号
邮　编：400012
电　话：(023)63832531　63825304
传　真：(023)63812350

重庆晚报是中共重庆市委主办的一张党报。1985 年 5 月 1 日创刊以来，14 年风雨兼程，铸就了她独特的风格和特色，也磨砺出一支精明强干的采编队伍。

《重庆晚报》四开廿四版，是重庆地区发行量最大、版面最多的报纸。日发行量三十万份左右，在重庆地区的读者阅读率和喜爱率均居首位。同时重庆晚报发行量、广告收入均居全国晚报前列，已成为全国晚报界中极具影响力的报纸。

《重庆晚报》坚持正确舆论导向，力争把握时代脉博，充分满足读者对各类信息的需求，热情服务大众，努力搭起联系读者与报纸、消费者与商家、重庆与世界的桥梁。

《重庆晚报》愿为企业、商家在重庆地区宣传产品、拓展市场助一臂之力。

《重庆晚报》愿为企业、商家迈向市场搭起金色的桥梁。

重庆晨报

地　址：重庆市解放西路66号
邮　编：400012
电　话：023－63704684　63820165

《重庆晨报》是由中共重庆市委宣传部主管、重庆日报社主办的一张指导和服务市民生活的日报，四开十六版，天天套红，周末彩版。1995年4月28日创刊以来，《重庆晨报》以其贴近生活、贴近市民的特点受到读者的欢迎，1997年7月1日由八版扩为十六版，目前日发行量达15万份，是重庆地区影响力最大、读者面最宽的三大报之一。“早起看晨报，事事先知道”已成为重庆及其周边地区读者的口碑。

《重庆晨报》热诚为商家服务，在商家与读者之间架起一座连心桥，广告创意独特、设计新颖、刊登及时、服务周到，形成了读者爱看晨报广告、商家爱在晨报刊登广告的良性循环上升的可喜态势。“登广告、找晨报”是来渝发展的客商们的一致看法。

现代工人报

地　址：重庆市渝中区中山三路157号
邮　编：400015
电　话：(023)63873472　63850962

《现代工人报》是重庆市总工会机关报，原名《重庆工人报》，创刊于1950年。1956年后因故停刊，1984年7月复刊，仍定名《重庆工人报》，1988年5月始用现名。现为对开周五刊，全国公开发行。

《现代工人报》自创刊以来，就明确以广大职工和工会工作者作为主要读者对象，按照“把握时代、紧跟中心、反映生活、当好喉舌、服务工运、服务职工”的办报宗旨，从群众的角度宣传党的路线方针政策，宣传现代工人运动和工会工作；传播现代科学文化知识、管理知识及各种信息；反映现代工人的理想情操、精神风貌、生活方式、业余情趣；反映职工的愿望、呼声和要求，维护职工的合法权益。复刊十余年来，刊发了一大批有影响的新闻报道。

《现代工人报》现有重庆市协和广告公司和重庆市大地广告公司，分别从事报刊广告和户外广告，从业人员10余人，年广告营业额数百万元。

《电脑报》

地　址：重庆市人民路236号科协大厦8楼
邮　编：400015
电　话：(023)63876716
传　真：(023)63876716
负责人：李鹏仁
联系人：翁光萍

●为什么那么多人喜欢《电脑报》？因为它是大众化的计算机报。

●以“通俗、实用”为特色，适用于办公室、学校和家庭。

●联系厂商与用户的纽带，传播知识和信息的通道。

●《电脑报》广告，是商家的明智选择，用户的迫切需要。

重庆商报

地　址：渝州路126号
邮　编：400041
电　话：68716640
传　真：68890888

《重庆商报》是由国家新闻出版署批准，重庆市人民政府指导，重庆市新闻出版局，重庆市人民政府财贸办公室主管主办的一张综合性经济类日报。

《重庆商报》突出经济报纸的服务特点，融新闻性、权威性和可读性为一体，每天轮流刊出金融证券专刊;市场纵览专刊;商报视点专刊;消费大观专刊;商贸企划专刊;休闲时尚专刊,天天副刊等。

《重庆商报》四开16版,国内外公开发行,每周一至周六出版。

国内统一刊号CN51-0051

重庆广播电视报

本报通讯地址:重庆市渝中区中山三路159号
本报办公地址:重庆市渝中区上清寺聚兴村4号乙单元(三楼)
邮　编:400015
电　话:63852963、63875740
联系人:延永康

本报为重庆广播电视局下属单位,全国公开发行的报纸,每周四开十六版,每周星期二出版,阅读期在10天左右,发行量25万余份,覆盖重庆市及川东地区各区、县、市,主要刊登所有中央电视台、当地电视台、上星电视台及有线电视台的节目预告表和内容介绍,是千家万户必备的收视指南,是重庆市阅读率最高的报纸。

在本报上刊登各类广告,将会使您收到不少的收益,是各商家、厂家及广告主的首选媒体,欢迎来本报刊登各类广告,我们将热诚地为您服务,使您在重庆这竞争激烈的市场中占有一席之地。

广告价目表

节目表报眉	17厘米(长)×1.5厘米(高)	1500元
节日表版中逢	4厘米(宽)×8厘米(高)	2500元
中逢	整条5000元,半条2500元,不足半条每字4元(含标点符号)	

另:节日、加急、套红加收30%,外商广告按国内广告三倍收费。

广播电视类

重庆人民广播电台

地　址:重庆市渝中区中山三路159号
邮　编:400015
电　话:(023)63851246
传　真:(023)63851246
广告部主任:张荣贵

重庆人民广播电台系省级人民广播电台,一套中波,六套调频同步推出,节目不仅直接覆盖重庆直辖市所属43个区市县,而且还可直接覆盖四川、贵州、湖南、湖北部分地区。节目覆盖区域听众超过5000万人。

据重庆市统计局城调队、农调队抽样调查统计,收听率达84.6%。

重庆人民广播电台热情为社会各界服务,是中外厂商开拓西南地区,特别是三峡库区市场必不可少而可信赖的伙伴。

重庆电视二台

地　址:重庆市渝州路68号
邮　编:400041
电　话:68612013、68605541
联系人:雷　卫

重庆电视二台创建于1989年,发射频道-14,发射功率30千瓦,覆盖到全市城乡及川东、川南部分地区,收视观众可达1500多万。1992年12月,重庆市统计局对重庆地区电视收视情况进行抽样调查,结果表明,重庆电视二台的收视率达87.6%,雄居榜首。

重庆电视二台除办好自制的数十个节目外,还同时播出全国省级市级电视台及国内外影视进出口公司提供的国内外各类优秀影视节目,节目内容丰富,深受各界观众好评。

广告节目是重庆电视二台的重要组成部分,以讲求信誉、热情服务为宗旨,帮助客户实现“花钱少,效果好”的目的,是各厂家商界在重庆地区开拓市场、推销产品的好伙伴。

重庆经济电台

地　址:重庆市渝中区中山三路159号
邮　编:400015
电　话:(023)63616338　63852518　63851612

传　真:(023)63852518　63852128

重庆经济广播电台是全国广播系统第一家靠自收自支生存发展的国家事业单位,是一座大众型、信息型、服务型、娱乐型的数码微波立体声广播电台。建台八年来,以快捷迅速的新闻信息,经典时尚的音乐,轻松休闲的娱乐有奖竞猜,尽善尽美的广告服务受到了山城广大听众的喜爱。据市城调队调查,经济台收听率达到70%,在重庆市各电台中始终居于领先地位。

重庆设立直辖市以后,拥有3002万人口,市场前景广阔。重庆经济台在重庆市新闻界及广播界,广告界的优势地位尽显,成为各企业商家广告宣传首选媒体之一。重庆经济台广告部主要负责代理,发布全国广播广告,拥有强大的策划设计制作业务能力。1997年,重庆经济台荣获重庆市广告行业精神文明单位称号。近年来,广告收入以百万元为单位高速递增,并连续几年位于西南地区各电台广告收入榜首。

重庆商业广播电台

地　址:重庆市渝中区中山三路159号
邮　编:400015
电　话:(023)63883599　63859935
法人代表:詹　卡

重庆商业广播电台是一家坚持党和政府喉舌功能,侧重商业信息传递的专业性电台。开播三年来一年上一个台阶,1996年创收五佰余万元。并在广播行业中率先建立了计算机数字、音频共享系统。三年的努力培养了大批优秀的节目主持人和有社会责任感的记者。不断创造和沉淀了一批颇受欢迎的节目如:《九五五早、中、晚新闻》、《股市沙龙》、《投诉热线》、《红豆点点情》、《佳佳姐姐》、《家庭广场》、《体育大看台》、《商广流行网》以及《空中导向》等等。

重庆商业广播电台的职责任务和服务范围包括:制作、播出广播节目,面向大商业、大流通、大市场,开展咨询信息服务,传播商业经济信息等。

杂 志 类

科技与经济画报

地　址:重庆市渝中区中山三路182号
邮　编:400015
电　话:(023)63878274
传　真:(023)63877173
总　编:刘　见
联系人:王　静　陈　俊

《科技与经济画报》是由国家发展计划委员会主管的中英文、八开本大型综合性画报,国内外公开发行。国内统一刊号:CN51—1409/N,国际刊号:ISSN1005—1333,由发代号:78—96。画报采用进口铜版纸印刷,图文并茂、雅俗共赏。集权威性、学术性、可读性、实用性于一体。主要栏目有《LOOK世界》、《改革与发展》、《科技时代》、《世界经济要闻》、《时尚·消费》、《人物星座·社会经纬》、《写字楼》、《艺廊》、《神州》、《绿色视野》等。

本社诚征广告业务代理商,有意者请与本社联系、协商,共谋发展。

《中外交流》月刊

新闻中心:北京市府右街99号4楼
邮编:100031
电话:010·66053468
传真:010·63093628
地　址:重庆市渝中区捍卫路32号8楼
邮　编:400013
电　话:023·63509304、63508744
图文传真:023·63509364

《中外交流》广泛报道国际国内政治、经济、文化、科技、外交、军事等领域重大时事,促进中外经济、文化交流。

《中外交流》辟有“本刊特稿”、《世纪论坛》、“焦点透视”、“环球会客室”、“中国建设”、“科技与经济”、“国际商务”、“海外飞鸿”、“环球经纬”、“港澳台侨”、“东方艺术长廊"、"异域风情"等数十个栏目。

国内统一刊号:CN51-1441/G2

国际标准刊号:ISSN1005-2623

邮发代号:78-106

订价:国内15元/月 国外US $ 8/月

主办单位:中国国际文化交流中心
国家名誉主席宋庆龄基金会
重庆分会

主管单位:重庆市人民政府办公厅

河 北 省

公 司 类

石家庄市广告总公司

地 址:石家庄市平安北大街副17号

邮 编:050011

电 话:6033709 6033544

电 报:1391

负责人:刘振华

联系人:马宝珍

石家庄市广告总公司是河北省成立最早、规模较大、实力较强的广告专业公司。有广告整体策划及实施的能力,可承办国内外各类广告业务:路牌、灯箱、霓虹灯、电子显示屏、立杆、护栏、立体模型广告、样本印刷、展览、影视制作、室内外装修、电脑刻字、电脑喷绘、柔性灯箱和公关活动。

该公司是市确定的综合代理的广告公司,承办电视、广播、报纸、杂志、户外等广告的全面代理业务。

河北霓虹电脑图文有限公司

地 址:河北省石家庄市光华路167号

邮 编:050041

电 话:0311-6681208 6681308

传 真:0311-6681808

总经理:王 琨

联系人:江向东

河北霓虹电脑图文有限公司成立于1991年,是一家专业从事各种媒体广告代理、策划、设计、制作、安装的综合性广告公司。公司按照"高起点、高标准、高效率"的原则,培养造就了一支朝气蓬勃,训练有素,富有创新精神的专业队伍,其中高级经济师,工程师、技师、美术师7人,专业技术人员80多人。

1997年公司投资近千万元,引美国威特3200-1最新大型双面彩色喷绘机,可以高质量高速度的一次完成单面和双面喷绘,户外使用可以防晒,防雨,喷绘技术已达到当前国际先进水平。本公司的拳头产品—霓虹灯系列,采用国内最先进的优质材料,精工制作,具有光效高,光强均匀,色彩丰富,图样多变,装饰性强,抗震性好,寿命长等特点。

公司以"顾客满意为目标"的经营宗旨。几年来,通过导入CI战略和最新导入CS战略,经过不懈努力,不断提高经营管理水平,在市场业务范围不断拓展的同时,为客户提供以市场为导向的"全面服务"以及从媒体实施,市场研究,营销策略策划,广告创意,制作,安装和售后服务一条龙服务。在有限的时间里,用我们的智慧和双手,创造了佳绩。

承德广告总公司

地 址:承德市南营子大街承德剧场院内

邮 编:067000

电 话:0314-2021753

传 真:0314-2021753

总经理:王 琳

承德广告总公司地处毗邻北京的历史文化名城承德市中心,具有驰名中外的避暑山庄和外八庙的旅游优势及公司人才汇集的雄厚实力。公司始终以重信誉创优质服务为宗旨,广告创业,十年艰辛,执著追求,步入辉煌。成为与之长期合作的广告客户、媒介及广告公司可信赖的朋友和伙伴。

总公司以广告艺术公司、装饰装璜分公司、直销展销公司、商业广告分公司、编辑部及电脑工作室等机构结为一体。承办代理各类广告业务及图文设计、美术装璜、展览展销、举办活动等业务。在承德市东大街保险宾馆一楼开设了营业厅。诚恳希望与全国各地广告主、媒介和广告公司加强联系。欢迎光临指导。

唐山市美术广告公司

地　址:路南区复兴路107号
邮　编:063001
电　话:0315－2861623
负责人:张建国
联系人:张　弦

河北日报广告公司

地　址:石家庄市裕华东路210号
邮　编:050013
负责人:石银平
总经理室:(0311)6052990　8631118
副总经理室:8631119
客户部:6046753　8631188
财务部:8631126
传　真:(0311)6046753　6055237

发挥省报优势,服务社会大众——河北日报广告公司是您可信赖的朋友

河北日报广告公司是由河北日报社主办,在河北省工商行政管理局注册,以经办河北日报广告业务为主的广告经营公司。

河北日报广告公司以"党报人"的标准,坚守"信誉第一、客户第一"的宗旨,尽心竭力满足各界客户的广告业务需求。

河北日报广告公司可代办全国及国外众多新闻媒体的广告业务,诚望在广阔的广告业务领域与广大客户合作,并提供优质服务。

石家庄市公交广告公司

地　址:石家庄市建设北大街6号
邮　编:050011
电　话:6033203
总经理:王喜才

石家庄市公交广告公司自1988年创办以来,以至诚的服务、优美的创意、高速度的发展,创出了辉煌的业绩,被列为河北省十强广告单位之一,并连年被省市广协、工商管理部门评为"重信誉,创优质服务"先进单位。现为中国广告协会理事、全国公交委员会副主任、河北省及石家庄市广告协会常务理事单位。

该公司是石家庄市公共交通总公司直属的全民所有制专业广告公司。拥有40多条线路,1000多部营运车辆和市区数百座高档次的候车亭及月票卡的独特广告媒体发布权,并享有全面广告代理权,可为各界朋友提供全方位的专业广告服务。

石家庄市公交广告公司,现已拥有一支一流的设备、一流的创意设计和一流的调查策划、制作队伍。先进的"大图静电写真喷绘制作系统",可为您提供河北省独家服务。

愿您的企业,您的事业,伴随我们奔驰的车轮一并向前腾飞。

承德市希望广告公司

地　址:承德市西大衔路北64号
邮　编:067000
电　话:0314－2181844(办公室)
　　　　0314－2183743(业务室)
总经理:冯志忠
联系人:麦源真

承德市希望广告公司是隶属于承德市计划委员会的全民所有制企业,是承德市最具实力的专业广告公司,公司经济效益连续三年名列第一。

承德市希望广告公司在省广协"95全省广告公司综合实力排行榜"上名列第8名,是

承德市唯一一家进入排行榜的广告公司，被评为省市两级“95－96年度重信誉、创优质服务先进单位”。

承德市希望广告公司创意设计发布的广告作品多次入选国家、省、市广告作品展，并多次获奖。

承德市希望广告公司曾成功地为小天鹅洗衣机，TCL王牌彩电、雪花啤酒、长城酿酒公司、露露集团等全国知名度较高的产品和企业在承德搞广告促销活动。

承德市希望广告公司以“绿色的业务关系、执着的创意追求”为宗旨，愿与客户一荣俱荣、共创辉煌。

业务范围

提供市场调研、广告策划、营销战略、CI形象设计等全面服务。

户内广告：代理制作各类电视广告、报纸广告、广播广告、杂志广告等。

户外广告：设计制作各类广告牌、灯箱、霓虹灯、车身、民墙、路标、展台、橱窗、气模、磁翻转、电子屏幕、POP广告等。

印刷广告：承印各类企业和产品样本、说明书、招贴画、画册、年历、商标、装璜等。

公关活动：组织各类新闻发布会、产品促销会、厂商联谊会及各类公关促销活动等。

报 纸 类

河北日报社广告信息处

地　址：石家庄市裕华东路210号
邮　编：050013
电　话：0311－8631118　8631021　8631168
负责人：石银平

《河北日报》系中共河北省委机关报，是河北省最具权威性且日发行量最大、覆盖面最广的大型综合性报纸，平日对开八版，周二、周四十二版，周末彩色印刷。发行立足河北，面向全国，日发行量高居河北报业之首，其中省会石家庄达1/5。据权威的河北省新闻调查组统计，《河北日报》受众达230万人，读者涵盖党政机关、群众团体、企事业单位、学校、街道、个体经营者及千家万户。

《河北日报》发布广告以内容翔实、真实可信著称。广告信息处理拥有一流的广告从业人员和先进的设计系统，创意新颖，制作精美，视觉冲击力强，效果显著。《河北日报》除刊发工商广告外，还辟有“名牌纵横”、“消费指南”、“信息传真”、“燕赵楼市”和“旅游”、“电脑”、“汽车”等专栏、专版及分类广告。

《河北日报》广告价格按报纸发行量平均计算，在河北报界极为经济。

《河北日报》是您理想的媒介选择。

《河北日报》愿做您最忠实的朋友。

秦皇岛日报社广告部

地　址：河北省秦皇岛市海港区迎宾路139号
邮　编：066001
电　话：(0335)3064764　9024117
传　真：(0335)3064764
负责人：柳　柏
联系人：于迎冬

秦皇岛市是我国14个沿海对外开放城市之一，下辖四县五区，总人口300万。秦皇岛港是我国第二大港。北戴河区、山海关区是中外驰外的旅游避署胜地。每年署期接待国内外游客1000余万人次，秦皇岛正在向现代化、国际化的旅游港口城市迈进。

《秦皇岛日报》系中共秦皇岛市委机关报，每日对开四版周六刊，是一份读者范围广、时效性强、发行量大的综合性地方报纸，在广大读者中有较高的信誉。

秦皇岛日报社广告部

您的同志、谋士和朋友！

保定日报广告部
保定报业广告公司

地　址：河北保定新华路68号
邮　编：071000
电　话：0312－2025726　2025739　2024775

Fax:0312－2024775
经　理:展　宁
联系人:蒋志芬

保定日报广告部、保定报业广告公司全面负责《保定日报》、《保定晚报》广告。

保定日报广告部、保定报业广告公司现设有接待部、客户部、策划部、出版部,有专业水准的创意、策划和制作出版人员及一流电脑制作系统,可为客户提供图文精良,极具实效的广告方案,并能立足地方市场实际情况,为客户提供切合实际的广告媒体组合策划。

我公司与全国的重大媒体和大型广告公司有着稳定良好的合作关系,可为客户代理各种产品、企业广告的异地发布并能提供市场调研、专项产品促销计划。目前,公司又开设户外广告业务。遍布全市主要街道的80余块高级报栏灯和广告均立于黄金地段。

本公司愿与全国工商企业和广告界同仁交朋友。为您在人口上千万的保定市场发展业务助一臂之力。

广播电视类

河北人民广播电台广告部

地　址:石家庄市裕华东路203号
邮　编:050012
电　话:6044143
负责人:曹宏耀
联系人:何慧芳

在本台发布各类国内、外广播广告。

保定电视台广告经济信息中心

地　址:保定市东风中路41号
邮　编:071051
电　话:(0312)3032449　3025710
传　真:(0312)3032449
负责人:黄利强　卢小平

保定电视台一、二套节目,覆盖保定市25个县市区及沧州、廊坊、衡水、北京、石家庄、山西等毗邻地区,人口2000多万人。

保定电视台广告经济信息中心是从事经济宣传、传递经济信息的职能部门和合法的广告经营单位,拥有先进的电视采录和节目制作设备,有一支经验丰富,业务素质较高的从业人员队伍,保定电视台广告经济信息中心以“只有您的成功,才是我们的成功”为宗旨,连续六年荣获河北省“重合同守信誉先进单位”荣誉称号。我单位还是中广协电视委员会委员台、全国城市电视台广告联播成员台,北方五省城市电视台广告协作会理事长台,优惠代理全国近百家及北方50家电视广告业务。

山　西　省

公　司　类

山西省广告装潢公司

地　址:山西省太原市迎泽大街330号
邮　编:030001
电　话:总经理办公室　2026548
办公室　2023306
工程部　2026448　4074913
广告部　4036439　4042995
营业部　2029021
分公司　3270592
传　真:2026548　2023306
电　报:8585
负责人:张中青
联系人:郝启润　王瑞平　蔚存慧

经营范围:

经营广告路牌、灯箱、霓虹灯等各类广告设计制作、发布,大型展览设计制作、美术画类、城市雕塑、建筑壁画，代理策划国内广告业务。

室内外装饰装潢

批发、零售装潢材料。

公司下设广告一部、广告二部、工程一部、工程二部、工程三部、设计室、营业部、室内装饰配套分公司、办公室、财务部。

山西博翔广告公司

地　址：山西省太原市建设南路 168 号

邮　编：030012

电　话：(0351)4040712

负责人：博继春

联系人：李博钊

山西博翔广告公司创建于 1992 年，经过六年的开拓进取，现已成为山西省实力雄厚的大型综合性广告公司，连续三年被太原市政府授予“重合同，守信用”单位，1996 年山西省工商局认定“博翔”广告为“山西省著名商标”。山西博翔广告公司成为本省广告行业唯一名牌企业。

公司拥有一批酷爱广告事业的专业人才，具备全方位市场调研、营销企划、CI 导入、平面设计、影视制作、代理各类广告及策划和组织各种大型活动的能力。公司硬件设备除性能先进的微机外，还配置了广播档影视制作系统，美国 SGI 三维动画工作站，日本 TT——1 作曲系统，电脑平面设计系统等价值 400 余万元的先进设备及电视演播厅，基本上满足了现代广告的高技术要求。

博翔广告公司自创建以来，创作、发布了大量精品广告，成功策划和组织了多项大型活动，为中央电视台、山西电视台、黄河电视台、太原电视台的栏目和节目制作了大量三维动画片头，并分别与山西电视台、黄河电视台联办了综艺电视栏目。

博翔广告公司的广告媒体覆盖了户外、广播电视、报刊杂志等诸多领域，形成了从各省、市广播电台电视台到各地报刊杂志的互通媒体网络，具备了强大的价格优势，为各地广告主发布广告创造了良好的条件。

山西省国际贸易广告公司

地　址：山西省太原市新建路 15 号

邮　编：030002

电　话：4071520　4081458

电　报：1741

负责人：黄新智

联系人：杨　毅

经营范围：

设计、制作、发布、代理国内外各类广告。

大同市美术设计院

地　址：大同市迎宾东路 21 号

邮　编：037008

电　话：5100551　1393521148

广告负责人：张广札

联系人：许跃先

经营范围：

本院对外承揽雕塑、壁画、展览、室内设计、广告装潢等业务，大同市繁华区的路牌广告和巨型户外广告，本院参与经营。本院平面广告设计、室内装饰设计的专业人员较全面，配备了电脑设计工作室。

所属企业有大同市装饰建筑公司、大同市广告装饰公司、大同市新大地装饰公司。

报　纸　类

山西广播电视报

地　址：山西太原迎泽大街 318 号

邮　编：030001

电　话：0351－4036651

电　报：2330

负责人：李蓝翔

联系人：杜晓光

《山西广播电视报》是山西省发行量最大、读者面最广、阅读周期颇长的一张报纸。

本报预告、介绍山西人民广播电台、长城广播电台、山西文艺广播电台、山西电视台、黄河电视台、中央电视台、本省地市台、邻省电视台及上星台的节目内容,并辟有“声屏苑”副刊及文化生活等专版。

本报承办国内商品及服务广告、文化娱乐广告、节日、民俗活动广告、社会保护广告、社团活动广告等。本报彩色印刷,逢周二出版,在读者手中的阅读期长达十天以上,是传播信息的理想媒介。

山西工人报

地　址:太原市精营西边街 29 号

邮　编:030001

电　话:(0351)3043705

广告负责人:贺海毅

承办山西工人报广告业务,代理国内同行业广告业务。

市场信息报

地　址:太原市迎泽大街 229 号省贸易大楼市场信息报社

邮　编:030001

电　话:(0351)4042039　4040784

负责人:姜晖明

联系人:胡晓明

本报国内外公开发行,拥有遍及全国 31 个省、市、自治区的读者,以工商企业、中小企业、乡镇企业、私营企业和个体工商户为主要对象,以信息量大、实用性强、覆盖面广、咨询方便、在读者手中持续时间长为显著特色。

本报除专门辟广告版外,还设有独具特色的收费栏目,如《通有无》、《商情大世界》、《牵线搭桥》、《招商引资》、《专利柜台》、《合作机会》等,收费不高,效果很好,经济实惠,深受全国商界同仁的欢迎。

大同晚报社广告部

地　址:山西省大同市雁同东路甲 1 号

邮　编:037044

电　话:0352 - 623935

负责人:刘学峰

联系人:姜　敏

《大同晚报》是中共大同市委机关报,以宣传党的路线、方针、政策,促进社会主义物质文明和精神文明建设为己任。坚持时效性、指导性、可读性的统一,立足大同、宣传大同,面向山西,走向全国;富有历史文化名城晚报特色,是一张深受广大人民群众喜爱的综合性报纸。《大同晚报》前身是《雁北日报》,创刊于 1958 年。《大同晚报》为周七刊,四开八版,周二、四、六为四开十二版。它栏目众多,内容丰富,图文并茂,贴近时代,贴近社会,贴近生活,贴近群众,集思想性、知识性、趣味性、服务性于一体。本报刊登广告迅速、及时、准确,效果颇佳。热诚欢迎国内外朋友来大同投资、开发、旅游,欢迎您在《大同晚报》刊登广告。

山西日报社广告处

地　址:太原市双塔东街 124 号

邮　编:030012

电　话:4046561

负责人:吉明清

在《山西日报》上发布国内外各类广告,承办分类广告。

太原日报社(含太原晚报)

地　址:山西省太原市桃园之巷 113 号

邮　编:030002

电　话:(0351)4227001　4227033

电　传:(0351)4225990

负责人:兰大中

联系人:闫成荣

承办国内报纸广告业务,代理国内报纸广告业务。

三晋工商报

地　址:太原市新建南路 239 号

邮　编:030012

电　话:(0351)4063350　4062154

负责人:朱云忠

《三晋工商报》是山西省工商局主管、太原市工商局主办的一份具有国内统一刊号(CN14－0059)、面向全国发行的省级行业报纸,对开四版,每周二、五出版。

《三晋工商报》覆盖面广,发行量大,是传播信息的良好媒体。

《三晋工商报》的办报宗旨是:立足工商,面向市场和消费者,采百家之精华,走百家之捷径。宣传工商法规,为市场主体服务,为社会主义精神文明和物质文明鼓与呼。

欢迎广大客户来本报刊登广告,用我媒介,传你美名!

广播电视类

山西电视台广告经济部

地　址:太原市迎泽大街 318 号
邮　编:030001
电　话:0351－4041592
传　真:0351－4049644
负责人:王惠跃
联系人:任砚文

山西电视台是通过卫星覆盖全国的省级电视台,每日播出时间为 7:00 至次日 01:20。1998 年年底将在北京等 20 个省会城市落地。在山西省,可覆盖全省 85%以上的人口。节目内容丰富,其中“山西卫视新闻”、“记者观察”、“公民与法”、“经济广场”、“黄土地”等深受观众喜爱,是全国名牌栏目。

山西电视台广告经济部经营、发布国内外电视广告并拥有经验丰富的广告设计和制作人员,配备一流的数字特技设备,以重合同、守信誉、发布时间准确、效果好,受到客户赞誉。

大同电视台广告部

地　址:大同市新开南路七号
邮　编:037006
电　话:234105　2014566
传　真:0352－2034105
广告业务负责人:陈占明
联系人:赵武山

大同电视台拥有最先进的电视摄制设备和发送设备,发射塔高 150 米,发射功率 10 千瓦,电视覆盖大同全市及周边地区 300 万城乡居民。自办节目丰富多彩,富有地方特色,每周播出 7 次,日自办节目 12 小时,播转时间近 48 小时,拥有广泛的观众及稳定的收视率。

大同电视台广告制作重创意和摄制技术的完美结合,努力追求为客户塑造良好的企业形象和商品形象,在全国以及省、市广告节目评比中多次获奖。本台与全国 60 多家城市台有业务联系,可联播广告。

大同电视台广告部全体人员欢迎您的光临,愿用知识和技术为您提供完美、周到的服务,愿我们的服务能使您的企业和商品如虎添翼,展翅翱翔。

大同人民广播电台二台广告部

地　址:大同市雁同东路新闻大楼五层
邮　编:037044
电　话:6021245　6021203
负责人:耿建贵
联系人:田　林
经营范围:

承办大同人民广播电台二台国内广播广告业务,代理国内广播广告。大同人民广播电台二台由原来的中波节目改为调频立体声节目,同时,大同人民广播电台二台《健康之声》广播现已开播。调频立体声节目、健康之声广播两套节目全部采用直播、录播方式,所有设备均从合资厂家购进,这在全省地、市广播电台中设备是最先进的。大同人民广播电台二台地处市区东门外,覆盖范围包括大同市区、各县、朔州市、忻州北部地区以及邻省河北西部、内蒙丰镇、凉城、乌盟一带。大同市已形成一个包括煤炭、化工、电力、轻工、机械、电子、建材等多行业的工业体系。浑源县黄芪、大同县黄花、广灵县大理石也久负盛名;盛产马铃薯、家兔、羊肉等并大量出口。

内蒙古自治区

公 司 类

内蒙古商友广告公司

地　址:呼和浩特市新华大街 19 号
邮　编:010058
电　话:6968378
广告业务负责人:王　捷
联系人:雄　伟
经营范围:
　　设计、制作、承办、代理国内外各类广告业务。

内蒙古自治区国际广告展览公司

地　址:呼市中山西路 24 号国贸大厦 4 层
邮　编:010020
电　话:661954　661993

内蒙古自治区广告总公司

地　址:呼和浩特市中山西路 53 号
邮　编:010030
电　话:666601　666603　632850

呼和浩特市广告公司

地　址:呼和浩特市公园东路 4 号
邮　编:010020
电　话:24916

包头市广告公司

地　址:包头市昆区学府道南 10 号
邮　编:014026
电　话:22113　23409

呼和浩特路经济技术开发服务公司铁华广告部

地　址:呼和浩特车站东街铁路旅行服务大厦六楼
邮　编:010050
电　话:(0471)6910460
负责人:王忠仁

包头铁路广告装璜公司

地　址:内蒙古包头市昆区沼潭 1 号楼
邮　编:014014
电　话:(0472)5143624
负责人:周解芳

报 纸 类

呼和浩特日报　呼和浩特晚报

地　址:呼和浩特市地质局南街 8 号
邮　编:010020
电　话:(0471)6927735　6923774　6284957
传　真:6927735
法定代表人:潘建智
广告负责人:宋玉玲
联系人:李丽萍

　　呼和浩特市是内蒙古自治区的首府。现有人口二百万人,辖八个旗(县)区,是内蒙古的政治、经济和文化中心,也是一座发展中的新兴工业城市。

　　《呼和浩特日报》是中共呼和浩特市委机关报。对开四版,每周六刊,《呼和浩特晚报》由呼和浩特日报社三办。

　　《呼和浩特日报》、《呼和浩特晚报》是广大广告客户刊登广告的理想媒介。本报广告信息部全体人员以真诚赢得信赖,为广大客户创意策划、设计制作、文图并茂,准确迅速地提供全方位服务,竭诚欢迎全国各地刊户前来刊登广告。

经营范围:承办呼和浩特日、晚报国内广告业务。

鄂尔多斯日报社广告信息部

地 址:内蒙古伊盟东胜市鄂尔多斯东街北9号

邮 编:017004

电 话:(0477)8324896

负责人:刘新民

《鄂尔多斯日报》是中共伊克昭盟委员会机关报,每周七刊,蒙汉文两种版。该报以正确的舆论导向,鲜明的民族特点,地区特点,赢得广大用户喜爱。鄂尔多斯是内蒙古金三角开发区,准格尔煤田、东胜神府煤田、鄂尔多斯羊绒集团有限公司闻名国内外,还有著名的成吉思汗陵园、响沙旅游区。

鄂尔多斯日报社广告信息部以社会效益为重,坚持一流服务,一流信誉,创一流业绩,1993年获得自治区广协"重信誉创优质服务先进单位"称号。

诚交天下朋友,助您事业成功!

乌海日报广告信息部

地 址:乌海市海渤湾千里山大街5号

邮 编:016000

电 话:(0473)2028915

负责人:侯丽敏

联系人:穆鉴国

辽 宁 省

公 司 类

辽宁广播电视艺术中心

地 址:沈阳市和平区云集街18号

邮 编:110003

电 话:(024)23867583

负责人:张 欣

联系人:杨 明

辽宁广播电视艺术中心由辽宁广告策划中心、沈阳跨世纪(车载)广告公司、沈阳跨世纪(体育)广告公司、沈阳跨世纪(报业)广告公司、辽宁中北影视广告公司、辽宁白马影视广告公司以及中心各机构组成,隶属省广播电视厅有关部门,拥有200名员工,拥有近2000万专业设备及资产。

辽宁广播电视艺术中心独家买断或与兄弟单位合作承办以下媒体广告:1、辽宁卫视台特A段(天气预报前);2、辽宁卫视台电视金桥;3、辽宁卫视台克拉克斯舞剧场;4、辽宁北方台一档剧中插播广告;5、辽宁北方台电视专题节目;6、辽宁北方台军事天地节目;7、沈阳广播电视报;8、辽沈晚报、沈阳晚报;9、沈阳人民广播电台评书联播广告;10、沈阳文艺台广告;11、沈阳电视台电视商场节目;12、体育广告或其它广告,系辽宁地区主要媒体的A级代理公司,先后拍摄了《都市民谣》、《一介书生》、《点燃希望》等100多部集电视剧或电视连续剧,并多次获奖。

沈阳国际广告贸易有限公司

地 址:沈阳市沈河区北三经街55号

邮 编:110014

电 话:22844851 22844850 22846808

负责人:李 东

联系人:李克实

沈阳国际广告贸易有限公司集广告、信息、贸易、高新技术开发、国际交流于一体,系经营多元化、国际化的新型企业。1996年被工商局、广告协会评为"广告行业15强。"

主营:各类广告的策划、创意、设计、制作和发布,代理电视、广播、报刊广告、外商来华广告。

国内外商品展览、商务考察、信息咨询、中介服务。

经营国内一般贸易。

沈阳华高国际企业发展企划有限公司

地　址:沈阳市沈河区青年大街 215 号河畔花园内

邮　编:110015

电　话:(024)23892488　23843288 - 3406

传　真:(024)23893441

负责人:李业民

联系人:王　群　杨　红

沈阳广告行业 15 强之一**沈阳华高国际企业发展企划有限公司**由沈阳华新国际与桂林梅高企划合资组建并正式成立于 1995 年 5 月 10 日。

公司为客户提供企业发展策略顾问、市场调研、CIS/PR、广告企划实施、SP/DM、房产销售代理等各项专业服务。

优质的人才资源,现代化的办公设施,高起点高标准的作业要求,使其作品屡获国内外广告行业大赛殊荣。

华高公司现服务的客户有沈阳夏宫、河畔花园、凯莱酒店、凯撒皇宫、好利来实业、北方航空、成都锦绣花园、西南日月城、苏州农林大世界等。

假如您的企业于广告、行销传播方面有任何需求,请随时告诉我们,我们将全力配合您达成愿望。

沈阳沙诺国际广告有限公司

地　址:沈阳市沈河区小西路 79 号 4 门

邮　编:110014

电　话:22921001　22734948

负责人:王成城

联系人:刘　丹

沈阳沙诺国际广告有限公司是中国和以色列国合资的国际性广告公司,公司机构健全。上设董事会、总经理,下设八部一室。公司坚持合作精神,注重整体运作。

沙诺广告拥有一流的平面设计和三维动画制作系统,又新添高精度电脑喷绘机;沙诺员工平均年龄 28 岁,全部具有大学学历。充实的硬件、软件,使沙诺的发展健步如飞。

沙诺广告对客户实行全方位服务:市场调查、整体策划,广告创意、执行导入、监督评估等。新颖的创意、周密的策划,清晰明丽的喷绘赢得客户的普遍赞誉。

沙诺广告是辽沈地区颇具经验的大型户外广告代理公司,也是公益广告的热心支持者。1997 年在沈阳建造的 100 个公交车候车亭,既为群众提供了方便,又增添了发布公益广告的媒体,已成为沈城一道美丽的风景。

辽宁省辽广对外经贸集团公司

地　址:大连市中山广场 2 号省外贸营业楼二楼

邮　编:116001

电　话:(0411)2644619　2644611

传　真:2644606

负责人:于洪江

联系人:徐晓凤

辽宁省辽广对外经贸集团公司创建于 1980 年,是经国家对外经济贸易合作部批准,经营国内外广告、展览业务和进出口贸易的辽宁省专业性进出口公司。

公司拥有从事广告、展览、影视、设计、策划制作和进出口等业务经验丰富的各方面专门人才。他们积极活跃于广告代理、策划、设计、影视制作、商品展览以及国际贸易市场。

本集团公司经营机构设置为:

进出口贸易一部、二部、三部、四部、五部、六部、七部、八部、九部。

辽宁省对外贸易广告公司

辽宁省对外贸易展览公司

辽宁省国际广告公司

辽宁省外贸国际广告礼品公司

辽宁省华信贸易公司

宁广有限公司(香港)

大连经济技术开发区分公司

沈阳、营口、辽阳、东港分公司

本公司进出口业务范围为：

粮油食品、水产品、土畜产品、医药原料、中药材、中西药品、保健品、敷料及医疗器械、医药中间体、化工原料、服装纺织、五金矿产、轻工工艺、机电设备等多方位、多品种的产品，特别致力于新产品开发的出口和引进。

本公司愿竭诚欢迎海内外各界人士与我公司联手协作，共同开辟更广泛的合作领域，共同创造更加灿烂辉煌的未来。

辽宁广播广告公司

地　址：沈阳市和平区光荣街10号

邮　编：110003

电　话：23867986

负责人：孙立国

联系人：庞志健

主营：路牌，灯箱，霓虹灯广告，立体造型，高空建筑广告，代理广播、电视、报刊、外商来华广告。

兼营：信息咨询服务，产品样本，馈赠广告，美术装璜设计，室内装饰，广告策划。

大连交通广告公司

地　址：中山区解放路812号

邮　编：116013

电　话：2881116

总经理：于兴波

大连交通广告公司是大连市第一公共汽车公司下属的全民所有制企业，以承揽、设计、发布公交广告为主，设置了最新型苹果电脑和大型施乐静电图文写真机相结合的大图制作中心。公司拥有技术精湛的创意人员为客户提供设计服务。

我公司拥有大连繁华市区三十余条线路，千余辆运营车辆的广告发布权，具有宣传效果好、覆盖面强、客流量大、信息传播迅速的特点，是各企业厂商宣传产品知名度，提高企业经济效益和社会效应的良好媒体。

施乐静电图文写真机适应广告业高速发展的需要，可输出幅宽1.34米，长度无限，精度达300dpi的高品质图像，是制作海报、广告牌、灯箱广告、车体广告、室内外装饰壁画、人物肖像画、展板及精美的POP广告的理想工具。

大图制图中心：

精度高　输入精度为4200dpi，输出精度为300dpi

质量佳　室内外兼用、防水、防紫外线、三年不褪色

速度快　每小时为42平方米

沈阳影视霓广告策划制作中心

地　址：沈阳市皇姑区辽河街65号

邮　编：110032

电　话：86855844

负责人：尚德威

联系人：杨定文

我中心是沈阳市教委所属的大型广告公司，成立于1991年。中心现有先进的电影、电视广告制作设备；电影动画室，300多平方米现代化的演播厅。中心下设客户部、策划部、创作室及制作部等，能够为客户提供整体策划、创意制作、代理发布等全方位服务。中心拥有精干的广告队伍，对创作满怀热情，力争新颖独特；对制作精益求精、追求完美，创作的广告作品深受客户好评。被沈阳市工商行政部门命名为“沈阳市广告十五强企业”。

1994年，中心荣获省、市工商行政管理局，广告协会颁发的“重信誉创优质服务广告经营先进单位”光荣称号。

辽宁廿一世纪广告公司（辽宁教育电视台广告部）

地　址：沈阳市皇姑区黄河南大街85号

邮　编：110031

电　话：(024)86846613　(024)86860239

负责人：黄安石

辽宁廿一世纪广告公司是辽宁教育电视

台主办的对外广告经营实体，是融信息、调研、策划、制作、营销为一体的多功能广告公司。

主营：1、代理辽宁教育电视台及其他媒体广告业务。

2、营销策划、市场调研、媒介服务、媒体选择、宣传服务。

3. 创意、编导、摄制现代高档电视广告片、经济专题片、平面广告设计、CI 设计。

公司拥有一流市场调研、广告策划、创意、编导、摄制、美术设计、电脑制作人材，拥有全套 Ikegami HC－390 摄录机、Ailadin 特技系统（亚拉丁特技系统）、AVID MC1000 多媒体工作站、3DS 动画系统，300m^3 现代化拍摄演播大厅，胶片摄影设备等，技术先进、实力雄厚、一流服务。

沈阳路灯广告有限公司

地　址：辽宁省沈阳市铁西区滑翔路 28 号
邮　编：110021
电　话：25916853
负责人：郑　军
联系人：姜桂君

我公司承制的广告，以路灯电源为照明广告电源、能昼夜发挥广告的商业经济媒体作用。我公司配有电力、美工、设计、制作、安装等专业技术人员和专业设备。

主要承接照明广告、灯箱广告、户外广告、霓虹灯广告、立体照明广告的设计、制作、安装业务。

为保证广告媒体的效能，不间断地发挥作用，更好地为用户服务，施行全年维护业务。

丹东市美术广告公司

地　址：辽宁省丹东市振兴区十一纬路 3 号
　　　　丹铁大厦二楼写字间 205 室
邮　编：118000
电　话：(0415)2121218
经　理：艾　青
联系人：尹琳琳

丹东市美术广告公司位于我国与朝鲜毗邻的最大边境城市——辽宁省丹东市。

本公司专业技术人才荟萃，创意策划设计新颖，以策划创意制作发布国内各种广告的专业公司。

承揽三翻转广告，高空广告，彩色喷绘广告，霓虹灯广告，灯箱广告，气体充气广告，路牌广告，招贴广告，包装装璜产品样本广告，挂历台历工作历印刷及室内外装饰装修。

我们将以热情周到的服务，诚实信誉的品格奉献给我们尊敬的客户。

大连北洋广告公司

地　址：大连市西岗区长江路 588 号
邮　编：116012
电　话：(0411)3640928　3634159
传　真：(0411)3640948
负责人：郑永瑾
联系人：高春维

报　纸　类

丹东日报

地　址：辽宁省丹东市十纬路 23 号
邮　编：118000
电　话：2124489　2130177
广告负责人：姜宗方

丹东位于辽宁东南鸭绿江畔、黄海之滨，是中国最大的边境城市，人口 230 万。《丹东日报》已创刊半个多世纪，是一张对开四版、激光照排胶印，发行遍布市区及所辖东港市、凤城市和宽甸县的具有权威性的综合性日报。

收费标准（1998 年 1 月 1 日起实行）
整版 48000 元（48cm 高 × 35cm 宽）
半版 24000 元（24cm 高 × 35cm 宽）
通栏 12000（12cm 高 × 35cm 宽）

铁岭日报社

地　址:辽宁省铁岭市银州区银州路 22 号
邮　编:112000
电　话:2825614
传　真:2824804
负责人:徐秀菊
联系人:孙景志

欢迎您在铁岭日报刊登广告

《铁岭日报》是中共铁岭市委机关报。周七刊、四版,国内发行,4.7 万份。是本市唯一的一张综合性日报。

铁岭市地处辽宁省北部,南、西与沈阳市毗邻;北与吉林省四平市相连;东与吉林省辽源市、我省抚顺市接壤,全市面积近 1.7 万平方公里,所辖铁岭、昌图、西丰三县;开原、铁法二市;银州、清河二区,总人口 310 万,是以生产粮食、能源为主的新兴城市,素有"辽北粮仓"之称。交通方便,京哈铁路、京哈、哈大高速公路贯穿全市,旅游景点,名胜古迹颇多。

欢迎各界朋友光临并在《铁岭日报》刊登广告。

卫生与生活报广告部

地　址:沈阳市皇姑区嘉陵街 57 号
邮　编:110031
电　话:86858435
传　真:024－86241001
负责人:于国成
联系人:赵青魁

《卫生与生活》报由全国爱卫会主办,国内外公开发行,双色印刷。

《卫生与生活》报以卫生和生活常识为基本内容,以为人民的生活和健康服务为宗旨,向读者提供现代医学和现代生活的新信息。长期订户达 40 余万。主要栏目有《名医百家》、《本报专访》、《新药介绍》、《医生谈消费》、《家庭用药》、《妇科医生》、《长寿之道》等,曾三次获全国最佳卫生报刊称号。1994 年被评为全国百家优秀报刊之一。

《卫生与生活》报现为四开八版周报,每周三出版。

为传递经济信息,促进商品流通,满足人民群众生活需要,为社会主义市场经济服务,本报刊登各类广告,欢迎各方面客户惠顾。

广告内容:医药卫生、医疗器械、生活用品、家用电器,化妆用品、食品、轻工产品、机电、建筑机械、招生、招聘、通知、声明、征婚、寻人启事、外商广告等均可。

广播电视类

辽宁电视台广告传播中心

地　址:沈阳市和平区光荣街十号
邮　编:110003
电　话:024－23867736　23866523
电　报:1717
负责人:赵　颖
联系人:孔祥林

辽宁电视台 1959 年建台,是省内唯一可以覆盖辽宁全境的电视传播媒介。辽宁电视台开办两套节目,第一套是辽宁卫视台节目,1997 年 1 月 1 日起通过亚洲 2 号卫星向全国乃至亚太地区传送节目信号。现在辽宁卫视台的省内人口覆盖率已达 80% 以上。辽宁卫视台属综合性电视频道,每天从早 6:30 到次日凌晨 1:00 播出 18.5 个小时。第二套节目是辽宁北方电视台节目,以经济类和娱乐类节目为主。第二套节目可以直接覆盖沈阳地区,同时还进入全省有线网覆盖省内各市,每天从上午 9:00 到 13:00,下午从 17:30 到 24:00 播出近 11 个小时节目。

辽宁电视台广告传播中心(即辽宁电视台广告部),主营辽宁电视台的一、二套节目的广告业务,同时兼营与广告相关的产品经营、信息咨询服务等。法人代表刘凤岐(辽宁电视台副台长),现任负责人赵颖。辽宁电视台广告传播中心是代表辽宁电视台从事广告经营的唯一窗口。

辽宁电视台愿与国内外朋友密切合作,共同开创美好未来。

杂 志 类

沈阳化工研究院《农药》杂志广告部

地 址:沈阳市铁西区兴工街沈阳化工研究院内
邮 编:110021
电 话:(024)25617248
负责人:姜雅君
联系人:姜雅君

《农药》杂志是全国性农药专业科技刊物,1958年12月正式创刊,现为月刊,国内外公开发行,发行量逾万份,成为各级农药生产、销售、应用部门的知心朋友。《农药》杂志曾被评为化工部优秀刊物,1989年获化工部科技进步三等奖。

本刊承揽国内、外有关农药、中间体、化工原料、化工机械设备、防腐器材及分析仪器等广告业务。

《饲料工业》杂志社广告部

地 址:沈阳市岐山中路1号
邮 编:110032
电 话:(024)86219263 86864183
电 报:6857
负责人:荣立南
联系人:林 勇

饲料工业杂志社编辑出版的《饲料工业》创刊于1980年,出刊逾140期,1994年被沈阳市工商局评为"重信誉创优质服务"广告经营先进单位。

《饲料工业》特点优势:发行量大——国内各地、港澳台及国外30个国家和地区;可读性强——容行业指导性、发展预测性、技术先进性、信息即时性为一体;读者面广——饲料及机械、畜牧、水产、农林、粮食、医药、化工、轻工等行业;知名度高——国内独家授权海外出版,国内外饲料工业界瞩目。

《铸造》杂志社广告部

地 址:沈阳市铁西区云峰南街17号
邮 编:110021
电 话:(024)25852311-205
电 报:5060
负责人:高维纲
联系人:高维纲

《铸造》杂志是中国铸造学会会刊、1952年创刊,标准(大)16开本56页,月刊,刊登铸造领域及其相关的国内外广告。广告分为彩色、单色和文字广告几类;内容包括技术、设备、仪器、产品、材料、通知、招聘等,发行量每期二万份,被世界著名检索系统如美国的工程索引(EI)等收录,与世界16种主要铸造期刊有交换关系,在国内期刊评比中多次获奖。1992年,国家科委、中宣部、新闻出版署联合举办的全国优秀科技期刊评比,《铸造》获一等奖。

吉 林 省

公 司 类

吉林市广告公司

地 址:朝阳街1号楼
邮 编:132001
电 话:(0432)2432064
传 真:(0432)2432063 2453139 2491151
总经理:鲍长青
联系人:韩丽芬

吉林市广告公司是吉林地区专业性广告公司省级重信誉、创优质服务先进广告经营单位,吉林省广告行业文明单位,吉林省三十强广告公司,成立历史悠久,技术力量雄厚,主要经营彩喷广告、高空广告、印刷品广告,代理电视、广播、报刊等各类广告业务。

吉林省广告公司

地　址:吉林省长春市大经路 156 号
邮　编:130041
电　话:0431－8757598　8745182 转 332
传　真:0431－8717687
负责人:冯长春
联系人:郜　枫

本公司是一家具有全面现代管理能力的综合型专业性国有企业。

本公司以现代的广告意识和高水平的广告制作技能和高质量的人才素质、高质量的服务,竭力为工商企业提供全方位、多媒体的广告整体策划,提高企业形象的宣传力度和产(商)品信息广泛传播的效果,赢得社会信誉。

主营:各类广告的代理策划、创意、设计、制作;新闻发布会、展销定货会、交易会等的组织及广告的代理、会刊制作;塑造企业形象及产品宣传画册、产品说明书、商标的设计、印制;中外广告,包括路牌、路标、街头屋顶广告牌、灯箱及霓虹灯、大屏幕广告的策划、制作;影视制作;以及组织举办大型体育活动及时装表演等。

吉林省国际广告公司

地　址:长青市同志街 88 号
邮　编:130021
电　话:0431－5696157　5696045
负责人:李长法
联系人:高　明

吉林省国际广告公司成立于 1984 年,是中国对外经济贸易部批准经营代理外商来华广告和出口广告的专业公司。

公司从市场角度出发,以创意策划为中心,成功地为厂商开拓了目标市场。现与国内外 160 多家广告宣传媒介和广告客户建立长期合作的关系。

公司内设客户部、调研部、创意部、制作部、媒介部、文化发展部,汇集了优秀的营销、策划、撰写、设计、制作、摄影人才。员工 90%是本科毕业生,并聘请了广告界富有经验的人士为公司顾问,并投资近 100 万从国外引进先进的桌面设计系统、影视设备和印刷设备,从而使公司从经营到策划、设计、制作等方面形成了高水平的技术力量,可为客户提供全方位的广告服务。

公司在吉林省拥有良好的信誉,连续多年被省工商局和省广告协会评为"重信誉优质服务,先进广告经营单位。"

长春市美术广告公司

地　址:长春市长春大街 100 号
邮　编:130042
电　话:(0431)8744766
负责人:王宪臣
联系人:李新宝

长春市美术广告公司是长春市文化局创办的国营专业广告公司,是中国广告联合总公司的成员公司。

公司拥有全面的广告策划、美术设计、广告制作等专业人材和施工队伍。

公司主要经营:企业形象设计、策划,各类户外广告设计、制作。承办国内外广告业务。

吉林省华远广告发展有限责任公司

地　址:长春市同志街 72 号(大世界北门二楼)
邮　编:130021
电　话:0431－5666006
传　真:0431－5666066
负责人:纪小华
联系人:孙红梅

本公司是一家建立在科学的广告策划、广告定位基础上的,集广告策划、设计、制作、发布代理为一体的综合性广告公司，为电视台、电台、报刊代理广告业务。

本公司在影视和三维动画制作上独具特长，拥有一支实力较强的专兼职影视广告创意和制作队伍，并具有较强的CI设计、平面设计和环艺设计能力。同时，以组织、筹划大型活动和企业营销整体策划见长。

本公司1997年被评为吉林省“广告行业三十强”广告公司。

长春市公交广告公司

地　址：长春市红旗街德昌小区7号楼
邮　编：130021
电　话：5910999　5910666　5912999
总经理：吴凤翔
联系人：黄春艳
经营范围：

车身广告、户外外打灯广告牌、大型路牌灯箱广告、公路桥梁路牌、宣传广告牌、大型招贴画、户外灯箱片、展览会布置、户外广告牌、灯箱图。

专业图文设计：

由Xerox8954、Howtek4500滚筒扫描仪、Seal6000覆膜机、苹果电脑等组成的高档配置，将为您制作出一流的画面。

吉林铁路分局铁笛广告艺术公司

地　址：吉林市中康路5号
邮　编：132001
电　话：0432－2531945
传　呼：0432－1275629836
手　机：01394407896
负责人：王　太
经营范围：

路牌、霓虹灯广告，铁路分局管内各站区广告，装潢材料、电脑喷绘、美术装潢、牌匾，电视广告、图片广告制作。

延边广播电视报广告公司

地　址：吉林省延吉市局子街324号
邮　编：133000
电　话：0433－2620474　2561578
传　真：0433－2612667
负责人：于　雷
联系人：常运生

延边广播电视报广告公司是延边广播电视报社的下属机构，人员素质高，技术设备先进，电脑编版，激光照排，是延边地区实力较强的广告媒体。《延边广播电视报》是地区级专业性报纸，现在期发行量均在十万份左右，因提前一周出刊，电视报在读者手里阅读时间平均为10天。电视报是集娱乐、知识、信息为一体的媒介。以我媒介，传您美名。延边广播电视报广告公司以广播电视报为基础，为您承办电视、报纸、广播等媒介的广告代理业务，提供广告策划、CI战略等服务项目。本广告公司设有产品经营部，营销代理广告产品。

报 纸 类

吉林市江城日报社广告部

地　址：吉林市松江路69号
邮　编：132011
电　话：(0432)2011973
传　真：(0432)2011973
负责人：李延浩　关连芳
联系人：黄　群

《江城日报》是中共吉林市委机关报，对开四版周七刊综合性报纸，日发行量近10万份。

《江城日报》是吉林省主要新闻媒体之一，她以刊发报纸广告为主，同时制作分类广告。

江城晚报广告部

地　址：吉林市江南恒山西路58号
邮　编：132013
电　话：(0432)4679206　4679207
负责人：张亚燕

联系人:崔　晋
经营范围:

设计、制作、发布、代理国内各类广告业务及信息咨询。

广播电视类

吉林市电视台广告部

吉林市电视广告艺术传播有限公司
地　址:吉林省吉林市重庆路28号
邮　编:132001
电　话:0432－2454609　2458656
传　真:0432－2434921
负责人:刘晓柏
联系人:常一凡

山清水秀的吉林市,位于吉林省中部,是吉林省第二大城市,是国务院批准的全国历史文化名城、全国甲级开放城市和全国30个特大城市之一。全市辖昌邑、船营、龙潭、丰满四个区以及舒兰、磐石、蛟河、桦甸四个县级市和永吉县。面积2.7120万平方公里,市区1748平方公里,总人口达435.4万人,市区人口140.5万人。

吉林市电视台始建于1960年,现已发展成为功能齐全,拥有三个频道能制作各类电视节目,融新闻、娱乐、服务为一体的传播机构。发射功率为32千瓦,每天用一频道、八频道、十六频道播出,覆盖面达到市区人口百分之百及所辖外五县(市)大部分地区。电视台广告部拥有一流的先进设备和一流的设计制作手段及一流的专业人员。1997年广告营业额首次突破千万元,并被中国广告协会评为全国广告行业文明单位。

杂 志 类

《时代姐妹》杂志社

地　址:吉林省长春市人民大街61号《时代姐妹》
邮　编:130051
电　话:0431－8902316
总　编:王玉洁
联系人:刘　波

《时代姐妹》杂志系大型女性都市生活娱乐月刊,1998年的发烧栏目:世纪之交、男士免读、时尚BAZAAR、休闲别墅、家庭幽默录像、男人偏见、校园威风、MARY小屋、城市故事、女性话题、芳名卡门……休闲娱乐中不失真知灼见,典雅高深中不乏幽默轻松。
经营范围:

承接与发布本杂志的化妆、美容、服装、饰品、医疗、药品、保健、征婚、交友、妇女用品、家庭用品、函授的广告业务。

黑 龙 江 省

公 司 类

哈尔滨天和广告有限公司

地　址:哈尔滨市平房区建安街326楼45号
邮　编:150066
电　话:(0451)6503789　1394656210
6506888－9567(传呼)
负责人:宋国强
联系人:赵欣晶
经营范围:

设计、制作、发布、代理国内外各类广告业务。

哈尔滨装饰广告设计总公司

地　址:哈尔滨道里区石头道街84号
邮　编:150010

电　话:4614944　4670729
传　真:4670729
总经理:刘长荣
联系人:耿艳玲

哈尔滨装饰广告设计总公司是哈尔滨市商业委员会直属的国有企业。公司辖有装饰工程公司、环境艺术设计公司、商业广告公司、商业文化艺术交流公司、贸易公司及商业旅行社等分支机构,是集装饰施工、艺术设计、商业广告、商业文化艺术交流、装饰材料、贸易及商业旅游为一体,全方位一条龙服务的专业公司。在黑龙江省和哈尔滨市同行业名列前茅。被排入全国装饰广告企业100强行列。

公司注册资金538万元,流动资金480万元,年营业额平均2000万元,实现利税200万元,具有一定的经济实力。

公司现有职工220人。管理技术人员80%具有大专以上学历,50%具有专业技术职称,其中高中级职称专业技术人员占30%,具有很强的技术力量。

公司采用先进的现代化微机设计手段,创作出了许多新颖独特的广告创意,新潮精美的广告制作,高雅别致风格各异的室内外装饰工程作品。并以其自身的群体优势,优质、高效的经营运作及良好的信誉参与同行业的竞争,赢得了广大客户的信赖和各界同仁的赞誉。

公司的经营范围:承接各类大型环境设计、装饰美术展示设计和装饰工程施工;代理发布制作国内外各类广告,企业整体营销策划,"CI"策划,广告创意效果监测及信息反馈,市场信息联网交流,高空广告,印刷广告,礼品广告;商业文化艺术交流,旅游服务和产品展示、展销,文化艺术品的生产销售以及装饰材料贸易等。

公司本着"以信为本,以质取胜"的宗旨,发挥整体运作的优势,竭诚为社会各界及商业系统各单位提供最满意的服务。总经理刘长荣先生热诚欢迎国内外各界朋友与我公司广泛开展业务往来和经济技术交流与合作。

北亚国际广告策划有限公司

地　址:哈尔滨市南岗区红军街26号
邮　编:150001
电　话:3600736　3600777
总经理:高　驰

北亚国际广告策划有限公司是面向国际市场的专业性公司,以高质量的策划、创意,高效率、快节奏的服务,致力于东北地方产品的推介。

公司聚集了企业形象策划、广告学、管理学、市场行销、平面设计、电脑绘制、影视广告等专门人才,拥有先进的专业平面、三维设计系统和真彩色各种幅面的输出打印设备,为客户策划立体广告宣传攻势,为企业提供整体营销策划设计。

中日合资哈尔滨中联广告有限公司

地　址:黑龙江省哈尔滨市道里区经纬街214号
邮　编:150010
电　话:0451-4224290
传　真:0451-4213525
负责人:张金声
联系人:张丽霞

中联广告有限公司是由中国哈尔滨市及日本国东京都的两个多年从事广告经营的专业公司共同投资创办的合资企业。拥有一批文化素质较高,富有实践经验的广告专业技术队伍。重合同、守信誉、客户至上、优质服务是公司的宗旨,求实、创新、开拓、进取是公司的追求。

承制、发布、代理国内路牌、霓虹灯、冰灯、摄影、报刊、电视、产品样本、招贴、画册、三维动画等各类广告,承办国外来华广告业务。拥有一流的电脑设备及高质量的CI策划人员。

公司自有媒体——路牌2000余平方米,均设置在市区繁华地段及交通要道。尤其是位于霁虹桥广场东侧的600平方米翻转路牌,不仅地理位置优越,而且形式新颖醒目。

齐齐哈尔市阔达广告装潢公司

地　址:铁锋区平安南街龙华14号楼A座
邮　编:161000
电　话:(0452)2122690
电　报:0452
负责人:崔启民

我公司是集影美、创意、策划及以多种媒体发布各类经济广告的综合性广告公司。拥有全套采、录、编设备,并在市内最繁华的商业中心区——中心广场设有$80m^2$的电脑磁翻转大屏幕广告显示系统。

松原市新文广告有限公司

地　址:松原市郭尔罗斯大路32号
邮　编:131100
电　话:0438-2125740
负责人:李思华
联系人:李思华
经营范围:

路牌广告、灯柱广告、车身广告、灯箱广告、报纸广告、霓虹灯广告、电脑喷绘广告、企业形象策划。

报纸类

黑龙江新闻社广告信息部

地　址:哈尔滨市道里区经纬二道街97号
邮　编:150010
电　话:(0451)4227407、4214172
FAX:(0451)4223408
负责人:朴秀京
联系人:金丽顺　文金哲

《黑龙江新闻》是黑龙江新闻社编辑出版的综合性朝鲜文日报。对开四版,指导性、知识性、可读性、趣味性较强,深受海内外朝鲜族读者欢迎,是对韩国经贸交流的一大窗口。本报广告信息部承揽、设计、制作、发布国内外报纸广告业务,国内印刷品广告业务。

齐齐哈尔日报社广告部

地　址:黑龙江省齐齐哈尔市劳卫路一号
邮　编:161005
电　话:(0452)2472278
传　真:(0452)2472278
负责人:陈连科
联系人:陈连科
汉字传呼:0452126　2091735

负责经营《齐齐哈尔日报》《鹤城晚报》报纸媒介的国内各类广告业务。

黑龙江农村报广告部

地　址:哈尔滨市道里区地段街2号
邮　编:150010
电　话:4619996-247
直拨电话:4642392
电　报:1032
负责人:韩国丽
联系人:韩国丽

我报广告主要对象是黑龙江省及东北广大农村,发布本地域内农业生产、农村生活所需物资、信息供求广告。

牡丹江日报　镜泊晚报

地　址:黑龙江省牡丹江市七星街97号
邮　编:157000
电　话:(0453)6223704　6230572
负责人:李景山
联系人:张春志　李玉宝

《牡丹江日报》创刊于1958年5月1日,是中共牡丹江市委机关报,为对开四版周六刊;《镜泊晚报》创刊于1994年1月1日,由牡丹江日报社主办,为四开四版周六刊。两张报纸在搞好新闻报道的同时,都承担广告的承揽、设计、制作和发布任务。广告设计和印刷在黑龙江省内受到好评,有多幅广告作品获国家及省的优秀奖和二等奖。

双鸭山市日报社广告科

地　址:双鸭山市尖山区
邮　编:155109
电　话:0454－4226149
负责人:侯晓玲

承办代理双鸭山日报国内报纸广告,广告产品销售。

鹤城晚报广告部

地　址:黑龙江省齐齐哈尔市劳卫路一号
邮　编:161005
电　话:0452－2472278
传　真:2472278
负责人:陈连科
联系人:陈连科

以报纸媒介经营国内各类广告

广播电视类

哈尔滨电视台经济信息部

地　址:哈尔滨市南岗区满洲里街33号
邮　编:150006
电　话:3638085　3658959　3658964
传　真:3630068　3658959
负责人:张　纯　陈晓滨
联系人:何静华

哈尔滨电视台是黑龙江省最大的一家市级电视台。它覆盖哈尔滨市七区、十二县(市)。总面积为53166平方公里,人口为946.23万人。每百家拥有彩电85台,观众收视率达87%。

哈尔滨电视台经济信息部拥有现代化的摄录设备、制作力量雄厚,创办了深受广大观众喜爱的《文体广告大观》栏目,每天以十六个段位播出广告节目。因注重信誉,被评为全国广告媒体重信誉、创优质服务先进单位。

真诚欢迎各界朋友合作。

伊春人民广播电台经济信息部

地　址:伊春市区通河路
邮　编:153000
电　话:(0455)3604482－3029
负责人:陈　明
联系人:范千成

伊春,是一座新兴的林业城市,面积3.7万平方公里,人口137万。

伊春人民广播电台1958年12月1日正式播音,发射功率为10千瓦,可辐射伊春境内各个角落,包括周边的一些农村县城,乡村也都可以收听到伊春电台的广播节目。

伊春电台自办节目320分钟,所设置的广告类节目有30多分钟,包括"广告"、"经济窗口"、"为您服务"、"信息与服务"等,这些节目注重广播宣传内容的真实性和形式的多样性,节目安排在每天的黄金时间播出,影响力较强。

杂志类

中国医院管理杂志社

地　址:哈尔滨市香坊区香顺街41号
邮　编:150036
电　话:(0451)5663359　5663376
传　真:(0451)5663376
广告业务负责人:郝秀兰
联系人:郝秀兰
经营范围:

以《中国医院管理》杂志为媒介,经营国内广告业务;发布和代理涉外广告单位委托的外商广告。

《中国医院管理》杂志是卫生部主管的综合性国家级核心期刊,它面向全国各级各类医疗卫生机构和卫生行政部门、医学院校,是国内创刊最早、影响最大、发行面最广的卫生软科学期刊。

《中国医院管理》杂志为月刊,大16(A4)开本64页,国内外发行。

《林业机械与木工设备》编辑部广告部

地　址:哈尔滨市学府路 374 号
邮　编:150086
电　话:0451－6663021
负责人:李克尧
联系人:白　帆
经营范围:
　　利用本刊设计、制作、发布、林业与木工机械方面的广告。

江　苏　省

公　司　类

江苏沸点广告传播公司

地　址:南京市新街口羊皮巷 24 号 2 楼
邮　编:210002
电　话:4401930　4527648
传　真:4401930
负责人:孙宝旌
联系人:樊义华

　　沸点广告传播公司是江苏省广告协会理事单位,南京市广告协会广播电视专业委员会副主任委员单位,拥有中央电视台广告代理许可证,公司专事影视,报纸广告的设计、制作、代理;印刷品广告的设计、制作、发布,在上海、徐州设有分公司。

　　影视广告片的设计和制作是沸点的特长。沸点拥有资深影视创意、制作群及 $200m^2$ 专业影棚,并与香港、广州、上海、南京的后期电影冲印、电脑图像特技公司有着长期密切的业务合作。

　　沸点拥有多套高配置的 Macintosh 电脑平面设计系统,可高质高效地完成各类平面广告的印前设计。

　　沸点近年来共设计制作了 100 余部影视广告片,其中多部在省级以上广告评选中获奖。沸点拍摄的 MTV《爱在秋千架》,作为唯一广告公司参赛作品,获得了中央电视台’94 中国 MTV 大奖赛铜奖,《加佳新一代洗衣粉》电视广告获全国第四届优秀广告作品展优秀奖。

徐州市公共交通总公司广告部

地　址:江苏省徐州市淮海西路 255 号
邮　编:221006
电　话:0516－5755425　5757990 转 54
负责人:何彭城
联系人:何彭城

　　徐州市公共汽车公司广告装璜服务部,隶属于徐州市公共交通总公司。本部拥有资产 80 万元〈固定资产 30 万元、流动资产 50 万元〉,员工 18 人。

经营范围:
　　主营:公共汽车车身广告、招贴广告、站牌、路牌、站亭广告、月票广告、票花、语音广告、灯箱广告。
　　兼营:装饰工程。批发零售:装饰材料、工艺美术品。

　　徐州市是淮海经济区的中心城市,淮海经济区拥有人口近亿人,是苏、鲁、豫、皖四省结合部,人口密集、城乡众多、交通发达、市场繁荣。

　　徐州市位于淮海经济区中心位置,人口近千万,是我国较特大城市之一。徐州市商业网点众多,是淮海经济区的商品集散地和科技、文化、金融、商贸中心。同时还是古代汉文化的发祥地,文物景点众多。本部成立 10 年来,积极为全国各地厂、商宣传企业,介绍产品,努力做好各厂、商企业的宣传员、服务员,受到广大客户的一致好评。我们将用优质的服务,优良的媒体及创作来宣传全国各地厂、商的企业及产品形象,使我们的事业共同发展壮大,繁荣昌盛。

常熟广播广告服务公司

地　址:江苏省常熟市琴湖路 86 号
邮　编:215500
电　话:0520－2725129　9621461
法人代表:缪　缤
联系人:郑明晓

全国历史文化名城常熟地处长江三角洲上海经济区,毗邻上海、苏州、无锡。人口 104 万。1997 年国民生产总值 202 亿元,财政收入 13.8 亿元,为全国十大财神县市之一。

常熟广播广告服务公司隶属于常熟人民广播电台。拥有 1116 千赫、927 千赫、调频 100.8 兆赫,三套频率并有与中波广播 1116 千赫同步播音的全市有线广播喇叭 20 多万只,影响遍及长江三角洲。

公司是一家集创意、策划、广告代理、信息采编、热线直播、商务服务为一体的综合性广告公司,代理全国各级电台的广播广告。

全年广告额达 280 万元。

南通公交广告装潢公司

地　址:江苏省南通市人民东路 53 号
邮　编:226001
电　话:(0513)5584451
传　真:(0513)5516282
法人代表:程信汤
联系人:吴　艳

江苏南通市滨江临海,地处长江三角洲,物产丰富,人文荟萃,近代工业发达,辖区人口 780 万,交通便捷,拥有一级公路、机场、万吨级码头数座,是我国首批十四个沿海开放城市之一。

南通公交广告装潢公司成立于 1988 年初,10 年来,由小到大,由弱变强,集策划、设计制作发布于一身。成为市区一家较有实力及影响的广告公司。

经营范围:

设计制作、发布国内车身、站牌、亭牌、路牌灯箱,印刷品、条幅广告。

常州市东亚广告策划有限公司

地　址:市博爱路 72 号博爱大厦十楼
邮　编:213003
电　话:0519－8116533　8153240
传　真:0519－8103241
董事长　法人代表:邵伴鸿
总经理:张军华
副总经理:许志平

东亚广告策划有限公司是常(州)武(进)地区实力雄厚的专业性广告公司之一。有比较先进的技术设备和一批专业人才,是中央电视台代理单位,与全国各地传播媒介有着广泛而密切的合作。

公司是董事会领导下的总经理负责制,下设总经理办公室、客户部、市场调查部(含产品促销)、设计制作部、媒介部、计财部。下属单位有:东亚科技开发有限公司、北京亚东广告公司、东亚霓虹电器厂、瑞利有限责任贸易公司。

公司经营范围为:策划、设计、制作、代理影视、广播及报刊等全国各类广告业务,代理外商来华广告业务。承接霓虹灯、路牌、灯箱、建筑物、墙面、庭园等广告的设计和制作。

公司将以不断完善的创意,高水准的整体创优能力,并以您的目的为目标,成为企业家的直挚朋友,新产品销售的桥梁。您的成功就是我们辛勤劳作的收获。

苏州太湖广告有限公司

地　址:苏州人民南路吴中商城底座
邮　编:215128
电　话:0512－5281519　5281903
传　真:0512－5620181

苏州太湖广告有限公司始创于 1993 年初,拥有一批优秀的策划、设计、市调、媒介、制作人才,具备完整的软硬件先进设备。多年来,公司为国内外客户策划、设计、发布、实施了大批效果优良的各类广告,多件广告创意、设计作品在全国、省、市评比中获奖。公司目前拥有职员32名，综合实力、业务水准、业务量在江苏地区名列前茅，深受广大客户信赖。

公司设有客户、市调、策划、设计、媒介、制作等专业部门，实行先进的企业管理模式，形成了以“献身精神、团队意识和事业心”为主线、以人为中心的企业文化特点。公司本着使客户获得最大效益的宗旨，以“严谨、科学”的运作方式，遵循“创意、效果”的工作准则，竭诚为广大客户服务。

盐城市广告装璜总公司（盐城市广告公司）

地　址：江苏省盐城市解放北路7号
邮　编：224001
电　话：(0515)8327437　8323809
传　真：(0515)8311744
负责人：吕解生
联系人：王生华

盐城市广告装璜总公司专门从事广告创意、策划、制作、发布的专业公司，是盐城市唯一拥有代理、发布国内外各类广告权的全方位经营性公司。公司拥有较高水准的策划、创意及电脑制作专业人才。本公司愿与所有的企业和广告界同仁携手合作，为您的事业，也为我们的事业共创辉煌。

仪征市广告公司

地　址：仪征市亲河路73号
邮　编：211400
电　话：3452042
负责人：高志生
联系人：王卫红

我公司拥有一批从事广告、装饰专来的优秀人才。公司员工坚持以“优质、高效、真诚、守信”为宗旨，凭着自己的智慧和实力，与社会各界合作，得到了社会的公认，取得了较大的成功。目前，我公司已拥有百万元固定资产，具有国家颁发的乙级装饰工程设计资质证书的全民企业，形成了集广告、装饰设计、发布、施工为一体的具有一定规模的专业化公司。先后被江苏省扬州市评为广告业先进单位，并在全国广告业实力排序中作重点介绍。

我们的经营项目有：承接路牌广告设计、制作、发布代理业务，产品包装、样本设计、印刷业务；各类灯箱、霓虹灯制作安装业务。承接室内外装饰工程、环境艺术设计、施工业务。

南京港长江广告音像公司

地　址：南京市下关区江边路17号滨江大厦12楼
邮　编：210011
电　话：(025)8802803－2833　8823607
传　真：(025)8823607
负责人：姚　翔
联系人：张益波

隶属中国内河第一大港，国有大型企业——南京港。

地处津浦铁路线和长江黄金水道两大动脉交汇点，“万贾云集之地”的南京外滩。

拥有实力强劲的人才组合、功能齐配的摄录设备以及印刷、灯箱广告制作中心，配套服务。

从事市场调研、策划创意、设计制作、媒体发布、广告代理等全方位广告活动。

同时拥有一支实力雄厚的商品经销队伍，竭诚为您的产品在市场生辉，您的企业在长江经济走廊放彩而奉献所有。

南京市公共交通广告公司

地　址：南京市新模范马路2－1号
邮　编：210037
电　话：3431408
负责人：刘航军
联系人：李　玲

南京市公共交通广告公司（汉语拼音缩写NGG）是江苏地区最具实力的大型国有专业广告企业之一，1995年以来，共投资2000

多万元，开发新型，高档户外广告媒体，目前拥有车身广告牌、站亭灯箱、独柱灯箱、路牌等媒体，业已形成动静结合，点线结合，高中低档齐全的户外立体传播网络。

NGG 拥有国际一流的广告设计制作硬件设备和具有丰富营销经验的专门人才，可为中外企业提供创意、策划、平面设计、CIS 系统工程、发布、代理等全方位广告服务。在与国际国内企业及同行的交流合作中，NGG 以其独特的专业优势和完善的广告服务受到信赖，公司年营业额达 3000 多万元，设计制作的广告作品在国家和省市评比中屡获大奖。

NGG 固定资产达 2000 多万元，近年来，还以独资、合资方式开设和新建了广告材料经营公司和江南大酒店等企业，具备了集团化经营规模和实力。

吴县市广告公司

地　址：江苏省吴县市东苑路 54 号
邮　编：215128
电　话：0512－5279792　5625010
电　报：7008
负责人：任元孝
联系人：韩桂芳

我公司是集设计、制作、发布、加工、服务为一体的专业广告公司，承办和代理国内外各类广告业务，兼营摄影、摄像、冲扩、打字、复印及零售照相器材。

我公司专业技术力量雄厚，恪守信誉，竭诚为社会各界服务。

南京市广告公司

地　址：南京市洪武北路 116 号
邮　编：210018
电　话：025－4419488
传　真：025－6641741
负责人：潘祥生
联系人：蒋　明

代理国内外各类广告

CIS 企业形象方略

市场调查及产品销售策略

广告评估及信息反馈

平面广告创意

编导、摄制广告电视片、资料片，制作发布路牌、霓虹灯、立柱灯箱、橱窗等各类户外广告。

承办各类展销会、展览会及室内外装饰的设计施工。

江苏新闻发展公司

地　址：南京市中山东路 46 号
邮　编：210005
电　话：025－6642219
电　报：3300
负责人：胡宗钰
经营范围：

代理国内报刊、影视、印刷品广告，承接广告策划、设计、制版业务；

书刊编辑、出版、印刷（领取许可证后经营）；

复印、名片制作，电脑图文刻字、摄影、录像制作（领取许可证后经营），彩色扩印业务；

公关、信息咨询服务。

江苏省广告公司

地　址：南京中山路 402 号
邮　编：210002
电　话：4522495
负责人：尹开国

江苏苏荧广告公司

地　址：南京市北京东路 4 号
邮　编：210008
电　话：(025)7713203
传　真：(025)3610077
总经理：马嘉益
联系人：完　嫤

在江苏电视台各套节目中发布各类电视广告。

南京雷迪欧广告公司

地　址:南京白下区马府街18号
邮　编:210002
电　话:025－4457475　6645844
传　真:025－4540055
负责人:汤永坚
联系人:马　宁

南京雷迪欧广告公司是一家综合型广告公司,设有业务部、策划部、媒介部、办公室、产品经营部等机构。可承接市场调研、消费研究、广告设计、信息反馈、组织公关宣传活动等业务,广告策划和各类媒体代理能力较强。

经营范围:设计、制作、发布、代理国内各类广告。

公司隶属南京人民广播电台,拥有南京新闻台、经济台、交通台、音乐台等广播媒体,并在中山北路、中山东路、太平南路、洪武南路等地设有户外立杆式灯箱、大型柔性灯箱或路牌。公司拥有华东地区县级电台广播广告协作网,网内成员近百家。

江苏省电话号簿公司

地　址:南京市虎踞北路98号
邮　编:210003
电　话:3407788　3413355
负责人:田志仁
联系人:张永明
经营范围:

编辑发行电话号簿,省内电话磁卡的印制、发行,利用电话号簿、电话磁卡设计、制作、发布国内外广告,以及复印服务等项业务。

南通市广告美术公司

地　址:南通市姚港路九号
邮　编:226006
电　话:5518758　5517319
电　报:1639
传　真:5524010
负责人:蒋晋忠
联系人:韩彐玲
经营范围:

设计、制作、发布、代理国内各类广告业务;CI设计、举办公关活动。装饰装潢、包装设计、彩照扩放;装潢材料,文教用品、工艺品。

南通市广告美术公司初建于1957年,公司设有广告部、策划部、市场调研室、霓虹电器厂、装饰工程经营部、设计室等部门,公司的宗旨是“坚持以创意为中心,以策划为主导,为客户提供全面优质服务。”坚持以“团结、文明、开拓、进取”的企业精神,立足市场,诚挚欢迎各界人士光临!

徐州报业广告公司(徐州日报广告部)

地　址:徐州市中山南路142号
邮　编:221003
电　话:0516－5690469
负责人:王德义
联系人:夏国铨

徐州报业广告总公司是徐州及淮海经济区最具规模的专业广告公司之一。

公司信奉“客户就是朋友、朋友就是智慧、朋友就是力量、朋友就是财富”的经营理念。

目前,总公司除承揽“三报一刊”的广告业务外,还代办全国各地报纸广告及各类印刷业务,开展咨询服务。

连云港市太平洋广告公司

地　址:连云港市新浦解放西路219号
邮　编:222003
电　话:0518－5456586
负责人:杨书平
联系人:林雪峰

连云港市太平洋广告公司隶属于连云港市广播电视局,系全民所有制法人企业。主要代理连云港人民广播电台、连云港电视台、连云港有线电视台和《连云港广播电视报》的广告发布业务，经营苏、鲁、豫、皖四省淮海经济区城市电视台广告联播网电视广告发布业务，连云港彩电中心及市区其它路段的户外广告发布业务，提供大型公关礼仪活动的全套服务。

太平洋广告公司拥有出色的广告策划、创意、设计、制作人才和先进齐全的摄、录、编等专业设备，可为客户创意制作电视广告片和电视专题片。公司下属综合性商场——太平洋商场，拥有出色的市场营销队伍，可为客户提供从广告发布到市场信息反馈及产品销售的综合代理。

目前，太平洋广告公司已形成业务代理范围广，广告发布媒介全，综合代理实力强的独特经营优势。

博击商海，太平洋广告愿助一臂之力！

报 纸 类

《宜兴日报》广告部

地　址：江苏省宜兴市氿滨南路 10 号
邮　编：214205
电　话：(0510)7981160
传　真：7992289　7981540
负责人：徐如升
联系人：徐如升

《宜兴日报》是中共宜兴市委机关报。创刊于 1956 年，1980 年复刊，现为四开八版日报(周六刊)。目前日发行量近 5 万份。

宜兴人杰地灵，被誉为“陶的古都”、“洞的世界”、“教授之乡”。她地处长江三角洲，居苏浙皖三省枢纽地带，受沪、宁、杭等国际化大都市的经济辐射。全市人口 115 万，总面积 1758 平方公里。综合经济实力自 1993 年以来名列全国百强县(市)前茅。

近年来，《宜兴日报》广告经营额一年一个新台阶。1997 年达到 600 万元，是广大工商企业理想的广告媒介。

新华日报

地　址：南京市中山路 55 号
邮　编：210005
电　话：741644　647994

南京日报

地　址：南京市解放路 53 号
邮　编：210016
电　话：412148　412494

江苏工人报

地　址：江苏省南京市中山北路 202 号
邮　编：210003
电　话：6635238 转 35308 或 35309

广播电视类

无锡电视台广告部

地　址：无锡市湖滨路 4 号
邮　编：214061
电　话：(0510)5807818－3029　5802239
传　真：(0510)5887997
广告业务负责人：张　恺
联系人：任政伟
经营范围：

无锡电视台广告部负责本台所有电视广告业务的经营及本台栏目、影视节目特约播出和特别节目的经营管理，是无锡电视台唯一的广告及节目经营窗口。

淮阴电视台

地　址：淮阴市淮海西路 202 号四楼
邮　编：223001
电　话：0517－3942230　3922588
负责人：王达顺
联系人：徐　海

淮阴地处江苏北部，淮河下游，东濒黄海、西接安徽、南连扬州、北与连云港、徐州毗邻。京杭大运河贯穿全境，是举世敬仰的周恩来总理的故乡。下辖淮安市、清河、清浦两个区和淮阴、洪泽、涟水、盱眙、金湖五个县，全市人口近700万。

淮阴电视台是苏北地区的骨干台，拥有186米高电视调频塔。使用4、7、16、22四个频道，其中22频道淮阴电视台使用10千瓦发射机（各县市转播）并进入有线电视网，覆盖全市八个县市区，波及连云港、盐城、扬州等一些地区，收视范围的人口达一千多万。凡在我台播放的广告和经济信息，均能收到良好的经济效益。

本台广告服务宗旨。

信誉第一，客户至上

江苏电视台

地　址：南京市北京东路4号

邮　编：210008

电　话：647359

南京电视台

地　址：南京市中山东路28号

邮　编：210005

电　话：649078

江苏人民广播电台

地　址：南京市中山东路西祠堂巷8号

邮　编：210002

电　话：642464

南京人民广播电台

地　址：南京市延龄巷50号

邮　编：210002

电　话：643711

连云港电视台

地　址：连云港市新浦解放西路219号

邮　编：222003

电　话：5456586　5453886

经济信息部主任：杨书平

联系人：庄建玉

连云港电视台座落在江苏省东北部的海港城市，覆盖范围为21个县市。主要经营电视广告，电视资料片。代理同行业广告。

杂 志 类

中国水产学会《科学养鱼》杂志社

地　址：江苏省无锡市宝界桥中国水产科学研究院淡水渔业研究中心

邮　编：214081

电　话：(0510)5801424－2116

电　报：3225

传　真：(0510)5803304

主　编：戈贤平（广告业务负责人）

联系人：魏友海

经营范围：

承接与水产有关的各类广告刊登业务。

浙 江 省

公 司 类

浙江省国际广告公司

地　址：杭州市体育场路596号

邮　编：310007

电　话：5150464　5150559　5150937
5175709　5150592

传　真：5150444

公司总经理（法人代表）：韩明东

联系人：房启余

浙江省国际广告公司系集广告、印刷、展

览、装璜、内外贸易等于一体的大型广告公司,拥有 11 个部室、8 个下属公司、1 个境外机构。在'95 中国 50 家最大广告公司实力排序中,综合实力排行第十五位、广告营业额列第十六位。

主要经营设计、制作、代理、发布国内外各类广告;承接各类展览、广告(艺术)摄影、装璜业务;经营广告器材、广告礼品、展览用具、轻工业品、工艺品、纺织品进出口业务;广告印刷制作原辅材料、仪器仪表进口业务,及服装出口业务;承办内外销产品包装装璜、商品样本、画册、年月历的设计、印刷业务。兼营对外经济贸易相关的咨询、信息服务、资信调查业务。

杭州风巢企划广告公司

地　址:浙江省杭州市莫干山路 100 号耀江国际大厦 B 楼七层 C 座
邮　编:310005
电　话:(0571)8380501　8380521　8380522
传　真:(0571)8380502
负责人:周　青
联系人:宋　瑗

我们引以为豪的是我们能促销的广告
我们拿手的事:
产品促销全案策划
影视广告创意制作
CIS 企业形象设计
平面广告设计制作
广告代理发布

我们的优势:我们最了解浙江,而且,我们有许多成功的例子,到浙江做广告,请来找我们。

南方广告有限公司

地　址:浙江省舟山市定海区环城西路 98 #
邮　编:316000
电　话:2038149　2021260
负责人:朱　曦
联系人:林一梅

经营范围:

国内各类广告装饰业务及承接外商来华广告业务。

通达理·宁波广告公司

地　址:A:浙江省宁波市北郊路长安巷 20 号
邮　编:315010
电　话:0574 – 7363663　7273035
传　真:0574 – 7363663　7273035
地　址:B:浙江省宁波市西北街 1 号
电　话:7363610　7042481
负责人:乐明行
联系人:张吉祥

通达理·宁波广告公司是由 1992 年成立的通达理广告有限公司与 1979 年成立的宁波广告公司于 1994 年联合的专业广告公司,拥有股份企业 6 家,全资企业 5 家。本公司是中国广告联合总公司理事单位,中国联达广告有限公司股东单位,浙江省广告协会会员单位,华东广告协作创始发起和会员单位,宁波市广告协会常务理事单位,中国霓虹技术协作会委员单位,连续十年荣获"重信誉,创优质服务单位"称号。两家均为浙江省广告实力排序 50 强广告公司。

本公司拥有现代化专业设备,汇集了设计、公关、工程等广告专业人才,是宁波市级最大的两家专业广告 AAA 级企业。

宁海经纬广告图文有限公司
宁海县广告公司

地　址:中国·浙江省宁波市宁海县人民大道 128 号
邮　编:315600
电　话:(0574)5582892
传　真:(0574)5582892
手　机:(0)1396603392
总经理:仇海斌

我们善于破坏一个旧世界
我们更善于建立一个新世界

杭州阳光创意广告有限公司

地　址:杭州市中山北路西湖新城青松阁七层
邮　编:310014
电　话:(0571)5302337　5302338
传　真:(0571)5302339
负责人:卢　熙
联系人:程　冬

“阳光创意”是目前浙省最具专业水准的综合性广告公司之一。公司以“植根本土文化,服务中华企业,研究国人心态,创造健康需求”为经营理念,坚持“做事不做秀”的工作原则,坚持策略性创意导向,始终把“给消费者带来利益,为企业带来市场”作为自己的唯一责任。公司经营上的特色是全方位地为客户进行整体策划,制作并代理。公司下属影视制作及节目发行机构,可为国内外各影视机构的电视剧、电影、电视综艺节目提供代理发行及拍摄等方面的服务。

杭州市公交广告公司

地　址:中山北路481号
邮　编:310003
电　话:(0571)5171717　5107537
传　真:(0571)5171717

杭州市公交广告公司隶属杭州公交总公司,是浙江省50强广告公司之一,具有全方位发布资质,拥有在杭城公交车体独家经营广告之特势,集策划创意、客户服务、设计制作、媒体代理、发布监控于一体。所开发的车体、候车亭、灯箱、站牌、路牌等媒体,业务遍布国内外。

用我们庞大的媒体与实力,执行出令人惊喜的作品,为您渲染上不朽的色彩,让您的产品穿梭于杭城东南西北。

浙江红绿蓝电视艺术公司

地　址:杭州市下城区建德路9号
邮　编:310006
电　话:(0571)5178586
业务传呼:(0571)129－5004200
负责人:周　萍
联系人:卫　英　张　晨

浙江红绿蓝电视艺术公司以“社会效益第一,经济效益第二”为宗旨,实行“高品位广告,高质量服务”的经营方针。

公司在全国及本省较有影响的广告作品有:《爱妻号－金松洗衣机》(荣获93年杭州市电视广告片一等奖,又获94年浙江省广告片一等奖)、《金鱼洗衣机》(荣获94年浙江省广告片二等奖)、《玉兔空调器》(荣获94年浙江省广告片三等奖)、《男壮胶囊》(功效篇)、《青春宝》(宋宝罗篇)、《糜老大羊毛内衣》、《盾牌链条》等。

本公司是浙江省电视艺术家协会的直属企业,有编、导、摄、美、录、演共492名会员,这支队伍是出产高品位广告作品的基本保证。

此外,还承接印刷品广告,兼营昌化鸡血石雕刻件等工艺品。

宁波海王星装饰广告总公司

地　址:浙江省奉化市大桥镇岳林路东端
邮　编:315500
电　话:(0574)8924441　8924443
传　真:0574－8924441
负责人:童海啸
联系人:江孝定

本公司创办于1988年7月,是一家融广告、装饰、园林为一体的综合性配套服务的经济实体。企业占地20亩,建筑面积8000m^2,自有资产1200万元,年施工能力3000万元以上,拥有数名省内一流的广告、装饰设计师和美工、木工、泥工、油漆工、电工、钣金工、铝合金制品工、玻璃制品工等配套齐全的施工队伍。业务辐射宁波地区各县(市)、大榭岛开发区、杭州、上海等地,已在宁波市区设立分公司。企业是奉化市先进企业,奉化市文明单位,宁波市“重合同、守信用”单位,宁波市AAA级资信等级企业,浙江省“重信誉、创优质服务”先进单位，浙江省广告行业精神文明建设先进单位，1996 年列浙江省广告公司 50 强之一，1997 年 1 月被国家轻工总会评为宁波地区第一家室内装饰甲级施工企业，企业已在宁波地区享有较高的声誉和知名度。

宁波市奥达装饰广告有限公司

地　址：浙江省奉化市惠政西路 50 号
邮　编：315500
电　话：0574－8529034
负责人：敖德观
联系人：范大昌

浙江嘉兴市东南广告公司

地　址：嘉兴市中山西路 231 号，吉明路 6－12 号
邮　编：314001
电　话：2079144
负责人：李仁良

浙江日报社广告中心

地　址：杭州市体育场路 178 号
邮　编：310039
电　话：(0571)5310296　5199301　5310299
传　真：(0571)5151999　5199634
负责人：季　阳
联系人：徐　勇　钟玉林

设计、制作、报刊广告，全权负责在《浙江日报》、《经济生活报》、《钱塘周末》、《美术报》上发布及代理国内外报纸广告。

报 纸 类

浙江广播电视报社广告部

地　址：杭州市长生路 31 号
邮　编：310006
电　话：0571－7079079
传　真：0571－7080353
总编辑：王建人
联系人：李玲娟
经营范围：

设计、制作报刊广告，在《浙江广播电视报》上发布国内报纸广告。

宁波日报广告部

地　址：浙江省宁波市公园路 19 号
邮　编：315010
电　话：(0574)7244787　7274009　7274636
总　机：7367333
传　真：(0574)7274783
负责人：周定华

《宁波日报》是一张对开八版、隔天出 12 版的综合性日报，公开发行，面向社会各阶层读者，深入到城乡各个角落，反映社会生活的各个侧面，阅读对象广泛。

《宁波日报》现在发行量为 15 万份，主要覆盖浙东及舟山群岛地区，部分发往港台地区，是浙江省优秀报纸。

宁波日报广告部专门承揽、发布宁波日报广告，广告部拥有先进的广告创意制作设备及一批高素质的专业设计创意人才，优秀的广告作品多次在省内和全国获奖。广告营业收入呈持续高速增长的好势头。

台州日报

地　址：浙江省临海市石林路 6 号
邮　编：317000
电　话：0576－5111643
传　真：0576－5310322
总编辑：林晓鸣
广告部主任：钱飞鸿

台州市位于浙江沿海中部，北连宁波南接温州，辖椒江、黄岩、路桥、临海、温岭、玉环、天台、仙居及三门等 9 县(市、区)，总人口 530 多万。台州属浙江经济发达地区，经济总量位居全省第 3 位。《台州日报》是中共台州市委机关报，每天对开 4 版，周五出 8 版，发行量近 8 万份，是台州市唯一一份综合性日报。

广播电视类

舟山人民广播电台

地　址:浙江省舟山市昌国路 137 号
邮　编:316000
电　话:0580－2026462
传　真:0580－2026462
电　报:2330
负责人:傅禹淦
联系人:周国强
经营范围:

本台广告信息部承接各类广播广告,舟山人民广播电台使用调幅 684 千赫播出,节目内容丰富,收听率高,覆盖面广,广告收费合理,欢迎社会各界通过我台广播传媒发布广告。

温州人民广播电台广告信息部

地　址:浙江省温州市县学前 19 号
邮　编:325000
电　话:(0577)8223530
传　真:8223530
负责人:杜奇迅
联系人:邵天京　林小梅

温州人民广播电台建于 1950 年,是我国华东地区开播较早的一家地区电台。目前拥有三个频率,中波 1575.801 千赫,调频 94.9 兆赫,信号覆盖温州地区及浙南、闽北地区。全天播出 18 小时,其中 11 档节目近 11 小时为直播节目。

96 年 8 月开辟的系列台——温州经济广播电台,频率为 87.3 兆赫。节目内容以经济、交通信息为主干,以音乐节目为载体,以直播为主要形式,信号覆盖与人民台同样广大。

电台广告信息部主要负责经营温州人民台和经济台的广播广告业务,电台的广告价格按时间及节目分类为甲类、乙类、丙类,广告收费以 30 秒为单位,分别为 30 秒/300 元、30 秒/200 元,30 秒/100 元。同时还可为各地客户代理全国各地广播电台、电视台、报刊等新闻媒介的广告业务。

安　徽　省

公 司 类

合肥市公交广告公司

地　址:合肥市铜陵路 286 号
邮　编:230011
电　话:0551－4489953
传　真:0551－4466571

合肥市公交广告公司是中国广告协会会员单位,成立于八十年代中期,以承揽、制作、发布公交广告为主,同时代理其他广告业务。

合肥是安徽省会。改革开放以来城市建设日新月异,经济发展突飞猛进,现已形成现代化大都市的崭新风貌。合肥市公交广告公司以其优越的地理位置,并依靠公交总公司千余辆公交汽车百余个公交站亭,数百个公交站牌以及设在市内各交通枢纽的公交总站经营公交广告,成为合肥市具有相当实力和信誉可靠的广告公司。

本公司拥有效果独特的广告媒体及现代化的经营管理手段,利用先进的电脑写真设备,创新设计,精心制作,为广告主提供满意的服务。

安徽省广告公司

地　址:合肥市长江路人民巷 61 号
邮　编:230061

电　话:2655855
传　真:0551－2655855
总经理:张　磊
办公室主任:张昌瑜
经营范围:
来华广告代理,国内广告代理;
广告创意、策划,企业形象设计(CIS);
三维动画设计、制作;电脑设计;
包装、印刷、广告礼品;
展示,展览设计、制作、布展;
室内装饰、建筑装饰设计、施工。

安徽省国际广告公司

地　址:合肥市金寨路162号
邮　编:230022
电　话:0551－3635060　3631735　3634904
传　真:0551－3631186
总经理:胡振华
联系人:张红里

安徽省国际广告公司是国家外经贸部批准的省外经贸委的直属企业。创建于1982年。经营、代理国内外各类广告业务,拥有一流的广告发布市场以及专业创意策划和制作技术人才,承接的展览、装潢、印刷、设计、制作等,曾多次获奖;经营进出口业务,出口商品主要有轻工、机电、纺织、服装、粮油土畜产品等,出口市场为欧美、港澳等50多个国家(地区)。

蚌埠市美术广告公司

地　址:胜利中路51号科学文化宫一楼
邮　编:233000
电　话:0552－2042176
负责人:禹克强
联系人:余隆萱

铜陵市华云塑料薄膜制品厂

地　址:安徽省铜陵市华云塑料薄膜制品厂
邮　编:244100
电　话:(0562)8811320　8814511
传　真:8811471
联系人:丁赵平、唐小红

本厂为塑料薄膜制品专业厂家,专业生产各类升空广告气球及充气模型。

在多年的生产经营中已逐步掌握生产充气模型产品的全部技术、工艺。可为用户设计制作各类产品充气模型,生产技术、工艺水平在国内可以称得上首屈一指。

本厂在全国各大、中小城市均有广告业务代理点或合作点,均可充放各类广告气球及各类充气模型。

充气模型广告有着强大的生命力。

报纸类

安徽商报社

地　址:安徽省合肥市宁国路136号
邮　编:230001
电　话:4659424　4651569

安徽日报社广告科

地　址:合肥市金寨路206号
邮　编:230061
电　话:252356　274359

合肥晚报社

地　址:合肥市阜阳路100号
邮　编:230001
电　话:253818

广播电视类

安徽电视台广告部

地　址:合肥市桐城南路355号
邮　编:230066
电　话:(0551)2618855(直接客户)
　　　2621782(代理公司)
传　真:2628800
电　报:0669

主　任:吴　涛
联系人:游玉敏、朱先霞
经营范围:

承办代理国内外电视广告。

安徽地处中国大陆的长江中下游地区,中国著名的大河长江和淮河自西向东横贯全境,将安徽分为淮北、江淮和江南三个自然区域。全省总面积13.96万平方公里,总人口六千多万。

安徽电视台位于省城合肥,建于1960年。1997年10月6日,安徽电视节目正式上星播出,标志着安徽电视事业跨入历史的新纪元。从此,她以全新的版面通过卫星传输方式24小时全天播出,成为我国第二个不休息的电视台。此次上星租用的是亚洲2号卫星,功率大覆盖面广,可覆盖东欧、西亚、南太平洋包括澳大利亚在内的54个国家和地区。上星前安徽台节目只能覆盖本省约80%的面积;上星后,不仅可以完全覆盖本省,就全国而言,就有相当数量的有线电视台转播我台节目。安徽台第二套节目通过密布全省的微波网传送到全省近百个市县,并定位为城市娱乐频道,为安徽第二大电视媒体。

近十年来,安徽电视台收视率、覆盖范围、受观众喜爱程度和广告营业额等,一直名列本地域媒体之榜首,但广告千人成本却保持着最低的水平,深受广告客户的青睐。安徽电视台是十五个首批荣获“全国广告重信誉创优质服务先进单位”称号的电视媒体单位之一,并且多次受到中国广告协会、省、市广告协会的奖励。

合肥电视台

地　址:合肥市金寨路283号
邮　编:230061
电　话:272662

安徽人民广播电台

地　址:合肥长江路89号
邮　编:230001
电　话:257246

福　建　省

公　司　类

福建铁路广告公司

地　址:福州华林路408号
邮　编:350013
电　话:7579478　9019815
铁路电话:3210、3220
负责人:陈谟武
联系人:韩泽生　张　平
经营范围:

承办铁路站车广告:路牌、灯箱、霓虹灯广告、大型LED电子显示屏、民墙广告。室内外装潢装修、包装装潢印刷等业务。

本公司立足铁路和特区面向全国,以策划为主导,创意为中心,为客户提供有效服务的国营专业广告公司,并在厦门特区设立厦门分公司(电话:5153177　负责人:张平、陈佳祥)。

厦门国贸广告企划有限公司

地　址:厦门市湖滨南路国贸大厦八层C座
邮　编:361004
电　话:0592－5160198
传　真:0592－5160103
负责人:支　红
联系人:陈育玲

厦门国贸集团广告企划有限公司,是名列全国百强企业的厦门国贸集团股份有限公司的全资子公司。

公司以集团优势为依托,广泛发展海内外广告服务网络,现已在福州设立办事处,在北京、上海、广州、深圳、香港等地设立联络处。公司注重人才培育,唯才是举,汇聚各类广告精英,注重广告新技术的引进和新材料的应用,精心为客户提供优质高效、综合完美的广告代理和营销策划服务。公司成立三年多来,以卓越的成效,一跃为厦门广告公司十强,发展成一家全方位的行销顾问型广告公司,多次在福建省及全国广告评选中获奖。

公司以"客户成长优先"为经营宗旨,为客户提供全方位的媒体代理;策划承办大型公关活动和展览活动;策划执行产品整体行销、房地产促销;同时承接广告印刷品、广告礼品和影视广告制作项目。为客户提供高质量的广告创意、广告设计、广告摄制和制作以及企业的市场调研及信息咨询服务、企业整体 CI 策划。

厦门航空广告公司

地　址:厦门湖里南山路 337 号
邮　编:361009
电　话:0592－5631857
传　真:0592－5631737
法人代表:陈方青
联系人:陈海容
经营范围:设计、制作、代理、发布国内广告业务。

厦门航空广告公司是厦门航空有限公司(厦航)属下的全资子公司。厦航是我国第一家地方航空运输企业,现有 20 架波音系列飞机,经营厦门、福州、晋江始发至北京、上海、广州、深圳、香港、澳门等航线共 80 多条。全年旅客运输量超 300 万人次,是厦门经济特区和福建省对外联络的桥梁。厦门航空广告公司凭借航空运输这一特殊的信息传播渠道,愿为中外企业提供优质高效的广告服务:

一、承办国内各类广告策划、设计等业务;

二、代理全国广告业务;

三、经营《厦门航空》杂志、航空服务指南、班期时刻表、登机牌、飞机票、飞机票套、波音 757、波音 737－700 型飞机机上闭路电视广告等航空广告业务;

四、承接电视广告片、企业专题片的摄制、编辑制作业务。

厦门市公交广告有限公司

地　址:湖滨中路 64 号
邮　编:361004
电　话:5053054　5098709
负责人:林阿立
联系人:蔡静梅

本公司成立于 1995 年 3 月 27 日,现已初具规模,以开发公交车辆媒体为主,主要项目有车身广告、车后玻璃广告、车厢内广告、公交候车廊广告等。

经营范围:设计、制作、代理、发布国内广告业务。

厦门商业广告公司

地　址:厦门市思明南路 56－72 号大丰商厦 4 楼
邮　编:361001
电　话:0592－2026154、2033338
传　真:0592－2033803
总经理:黄启勇

我公司成立于 1984 年,属国营广告公司,现为中国广告协会会员单位,中国对外经济贸易广告协会理事单位,厦门地区五家甲类公司之一,具有接受全面代理、企划、设计、制作和发布国内外广告业务的资格。公司成立以来,在厦门广告业竞争激烈的环境下不断发展,成绩斐然,从体现广告公司整体运作水平的全面广告代理活动到国外广告业务招展上,商广均有不凡业绩。

公司曾为日本松下电器公司、菲利普莫里斯集团(万宝路)、英美烟草公司(健牌、三五)、雷诺士(骆驼、沙龙、云丝顿)、马爹利洋酒等海外品牌服务过,曾为厦门厦杏摩托有限公司(厦杏摩托)、天第关系企业("天第"矿泉水、"天第"茗茶)、灿坤关系企业(EUPA 电器)、绿得饮料集团、厦门同安银城啤酒有限公司、"TANG"果珍等国内、合资品牌提供全方位广告服务。

经过多年的广告代理运作,我公司已建立遍布全国的媒介代理网络,并加强了同国外及港台广告公司及媒体的合作。

多年来,公司的各类广告作品,多次获全国奖和省级奖,其中:

——1989 年"凯歌"霓虹灯广告,"TANG"果珍立体户外广告分获第二届中国广告作品展一等奖、二等奖。

——1992 年第三届中国广告作品展,共获各类奖八项,是全国获奖最多的广告公司,也是福建唯一获得大奖的广告公司。

——1995 年"马蹄爽"广告获第四届中国广告作品展"中国广告金箭奖"。

商广人以市场谋士,创意尖兵为定位,以您的大业为轴,测风、度势,传动不息,与您共一圆心,同一方向,共创美好未来。

厦门市博美广告有限公司

地　址:厦门市公园西路 12 号之二(厦门影剧院二楼)

邮　编:361003

电　话:2108636　2108637　2127381

传　真:2127380

负责人:陈茂盛

经营范围:

经营、代理广告业务。

福建省广告公司泉州分公司

(福建省外经贸系统企业)

地　址:中国福建泉州九一街外贸大楼

邮　编:362000

电　话:(0595)2285042　2284227　2981990

传　真:(0595)2285042

总经理:张清杰

联系人:钟晓英

●策划、设计、制作、发布国内外广告

●经营:广告礼品、广告、装饰材料

●代理:报刊、杂志、电视、电台广播广告业务

竭诚希望同国内外广告企业交流、合作、发展

泉州市商业广告公司

地　址:泉州市区田安路丰泽商住城 B3 座写字楼 4-5 号

邮　编:362000

电　话:0595-2986565　2189896

传　真:0595-2772986　2189891

法人代表:杨志彤

联系人:苏远美

公司宗旨:

公司坚持"客户至上,信誉第一"的宗旨,以创意为中心、策划为主导,为客户提供全面优质服务,经营代理国内外各类广告业务,是福建省广告协会理事单位之一。

公司现有行政部、客户服务部、媒介部、创作设计部和户外广告牌制作工厂;公司员工具有职业广告人的敬业精神,对客户极为负责,本着诚、信两字竭尽全力为客户提供从市场调查、广告策划、创作设计、电视媒介投放及户外广告制作等全面而广泛的专业服务,从而使公司营业额逐年成倍递增。

福建省泉州市艺术广告公司

地　址:福建省泉州市温陵北路中侨大厦三楼

邮　编:362000

电　话:0595-2189263　2288263

传　真:0595-2288263

总经理:陈觉新

福建省泉州市艺术广告公司(原泉州市艺术图片社)创办于 1983 年,是泉州市文联的下属单位。对客户奉着"质量第一、信誉第一、服务第一"的宗旨,专业从事国内外各类广告的策划、制作、发布,并随时向客户反馈

市场信息;为客户提供 CIS 企业形象设计。

本公司为"泉州市信息咨询服务十强企业"之一;"95·南京全国第三届城市运动会"福建省唯一指定广告代理机构:"97·中华人民共和国第八届运动会"福建广告代理机构。

公司目前拥有多套日本、德国先进的专业摄影器材及美国苹果电脑创意设计系统。愿与各界共求繁荣与发展。

福建龙岩通联科贸有限公司信息广告分公司

地　址:福建龙岩市龙川东路
邮　编:364000
电　话:2301168
传　真:2302168
负责人:叶根荣
联系人:董　燕
经营范围:电话信息服务:960 人工信息台、968 自动声讯台、966 语音信箱、969 专家热线台、967 无线寻呼留言;设计、制作、代理、发布国内各类广告。

龙岩市森龙广告有限公司

地　址:龙岩市新罗区南城小溪路 2 - 22 号
邮　编:364000
电　话:2336518　2305230
1396979518　1396979528
负责人:林　兴
联系人:邱飞舟
业务范围

各种户外广告制作发布、各类媒体代理、创意、CI 广告策划、广告企业执导、环境设计制作、室内外空间装璜展示、电脑电子控制仪。

闽西广告公司

地　址:福建省龙岩市溪畔路溪南大厦一楼
邮　编:364000
电　话:(0597)2321319　2306998　2325719
传　真:0597 - 2321319
总经理:陈荣泽

龙岩闽西广告公司始建于 1982 年。是福建省广告协会理事单位,闽西唯一的国营综合性广告企业。1996 年获福建省十佳广告会员单位称号。

一、主要设备:引进美国、日本先进的电脑喷绘、电脑刻绘、电脑雕刻等先进设备,为高品位的广告创意提供了技术保证。

二、业务范围:广告策划、广告制作、广告代理。

主要业务:路牌广告、霓虹灯广告、灯箱广告、装饰装修设计及制作、包装设计、商标设计、广告礼品、电脑设计喷绘、刻绘、雕刻、广告装饰材料经营等。

三明市美术广告公司

地　址:福建省三明市绿岩路 3 幢(艺术大厦三楼)
邮　编:365000
电　话:8264363　8223840
经　理:王建华
联系人:丁玉凤
经营范围:

本公司系三明市文化局直属专业广告公司,正式成立于 1981 年,主要经营本市范围户外广告业务,为客户提供广告策划、创意、制作、发布等全面优质的专业化服务。协助客户举办各类有效促销活动。代理全国报刊、广播、电视、彩色印刷广告业务。

本公司下设永安分公司及装修工程部二个分支机构,其中装修工程部是一支具有较强实力的室内设计、装饰工程施工队伍,承接各类室内外装饰设计及工程施工。

十几年不懈的努力,始终如一的追求,全面优质的服务,赢得了客户的信赖。

三明市美术广告公司将一如既往地与各广告界同仁建立广泛联系,真诚合作,为拓展广告事业做出贡献。

泉州万通广告有限公司

地　址:泉州市少林路万通大厦五楼
邮　编:362000
电　话:0595-2775066　2795388
传　真:0595-2795399
负责人:魏献宗
联系人:杨晓衡

泉州万通广告有限公司系福建省首批中外合资广告公司,现有员工100多人,其中海内外高级创意、设计、制作人才30多人,集设计、制作、代理国内外广告业务为一体,是福建省内最具规模之一的专业广告公司。

福建省南平市红太阳广告有限公司

地　址:南平市胜利街综合A楼2楼左侧
邮　编:353000
电　话:0599-8833993
传　真:0599-8833533
总经理:杨新明

概念服务:
创意策划及电脑平面设计;
包装设计,市场定位,营销企划;
代理发布国内各类广告;
CIS建设导入,公关活动筹划。
经营理念:
追求　创意　文化
品质　信誉　人和

福建省南安市广告公司

地　址:南安市新华街171号
邮　编:362300
电　话:01385901688　0595-6383540
负责人:叶孙超
联系人:苏仁忠

本公司系国有广告装璜专业公司,为南安市商业总公司直属企业,福建省广告协会和泉州市广告协会成员单位,南安市室内装饰协会理事单位。公司本着与客户"同心耕耘、共创完美"为经营理念,以创意新、质量好赢得客户的赞誉。公司承办的户外广告工程数量(达2万多M^2)和质量均居福建省广告行业前列;承接的室内装饰工程被福建省装饰协会评为优良工程;95-96年度公司被福建省人事厅、贸易厅授予省级先进集体。

经营范围:

设计、制作、代理、发布国内外广告业务。企业形象策划、新产品营销策划。城市园境、灯光工程规划施工。室内装饰装修(设计施工丙级资质)。

惠安县艺达广告装潢公司

地　址:福建省惠安县螺城新街建管局大厦一楼左侧
邮　编:362100
电　话:0595-7383593、7373593
传　真:7373593
法人代表　负责人:哈　克
联系人:张国栋
经营范围:设计、制作、发布、代理国内外广告业务。承接室内外装修工程、大型路牌广告、电脑平面广告设计、印刷;企业展示活动、CI形象、营销、公关策划等各种多媒体广告业务。

龙岩紫金广告策划有限公司

地　址:福建省龙岩市和平路15号
电　话:0597-2339228　2308138
总经理:何　龙

福建龙岩紫金广告策划有限公司隶属于闽西紫金矿业集团,是一家实力雄厚,拥有现代先进设备及各种专业技术人员,集广告创意,工程施工,市场开拓等各种专业的高级设计制作群体。并已制作出大批各类广告,部分创意新颖的大型户外广告属省内首创。

本公司受理CI企业总体设计,承接各类产品的全方位包装,大型户外广告电脑喷绘,大型霓虹灯工程的设计和制作。策划企业营销推广大型活动项目。

本着"和谐进取,追求卓越"的精神,遵循我们"诚信周到,尽善尽美,尽心尽力"的宗旨,努力与社会各界同仁携手合作,共展鸿图。

龙岩市广告公司

地　址:龙岩市九一北路方龙大厦101号
邮　编:364000
电　话:0597－2295338　2302521
传　真:0597－2295338
负责人:林金水
联系人:廖雪琴
经营范围:设计、制作、发布各类广告,电脑创意、CI策划、室内高级装修、产品包装装璜、展馆布置。
兼　营:装饰材料批零、电脑设计、刻绘
代　理:国内电视、广播、报刊广告。

省级装修丙级企业,与外商投资100万创办龙岩环球装璜装修有限公司、闽西第一家霓虹灯厂。

三明兴屏广告公司

地　址:三明市人大常委会办公楼二楼
邮　编:365000
电　话:0598－8263724　8254412
传　真:0598－8263724
法人代表:张连宝
经营范围:

设计、制作、发布代理国内外各类广告兼营贸易

服务工商企业　促进经济发展

福建日报广告总公司

地　址:福建省福州市华林路84号
电　话:0591－7820601　7095891

我们永恒的主题:丰收
潮起潮落
金色的沙滩上
缤纷的彩贝闪烁着耀眼光芒
这仅仅是我们昨日的足迹
解读这岁月馈赠的昭示
请深入我们的承诺
深入秋天
深入金黄的麦地和果园
收割沉甸甸的喜悦
您将是快乐的采撷者
假如我们有幸携手
定能目睹我们热情耕耘的身影
在每一个新里程上
用最佳的创意为您种植灿烂的笑容
您是希望的守望者
可以透过我们的汗水目及远方
可以穿越世纪的彩虹触摸明天的太阳
每到收获的那个季节
在麦地和果园的那端
我们举杯共庆明天更美好

福建有线电视广告公司

地　址:福州白马河北路253号
邮　编:350001
电　话:(0591)7545936　7568508　7548730
传　真:(0591)7530136

在福建
广告公司如森林般耸立
但您却可以轻易地找到
福建有线电视广告公司

集影视台、综艺台、经济台、体育台等专业媒体为一体

合策划、市场调研、电脑平面设计、印刷于一身

她的线网连接八闽
信息贯通万家
尽心尽力、为您服务
是她的宗旨
理解互通
让我们真诚相拥

香港(福建)华人国际广告有限公司

地　址:福建福州市湖东路278号太阳广场8楼北座全层
电　话:(0591)7851888　7812666
传　真:(0591)7810666

在国内率先推行广告代理制的香港(福建)华人国际广告有限公司,是一家具有广告综合整体运作能力的国际性广告公司,是福建省投资规模大、实力强、档次高、设备先进的外资广告公司,集广告整体策划、设计、制作、发布、代理为一体,注册资金105万美元,办公营业面积800平方米,具有广告自营进出口和独立自由报关权。公司除拥有当今世界先进的数码激光盘、影视制作系统、三维电脑动画制作系统、电脑平面广告设计系统、大型独立的摄影棚、录音棚、配音配乐设施和户外广告制作工场,还拥有来自世界不同国家的广告精英队伍,华人广告运用当今世界先进科学技术的同时,结合中国国情,融合了浓厚的中国民族文化色彩,加上独到的运作手法,为企业提供全方位的广告代理服务,使企业达到推广产品、开拓市场、提高市场占有率的目的。

福建省电话号簿公司

地　址:福州市五一中路57号
邮　编:350005
经理室电话:7528725
编辑部　广告部:7533021
磁卡部　财务部:3356174
图文传真:3330030

福建省电话号簿公司是省邮电管理局属下的电信企业,专门从事《福建电话号簿》的编辑出版和经营号簿广告业务。

《福建电话号簿》每二年出版一次,发行面广、量大,使用期长,是电话用户的一本实用工具书,同时也是沟通社会信息的渠道。它直接服务于社会,服务于市场经济。在《福建电话号簿》上刊登广告是工商、工矿、企业的最好媒介,最佳选择。

本公司竭诚欢迎社会各界在《福建电话号簿》上刊登电话号码和广告业务。

福建隆达艺术传播有限责任公司

地　址:福州市五四路71号国贸广场十四层
邮　编:350001
电　话:(0591)7544514　7547044
传　真:(0591)7544522
经营范围:

代理国内各类广告,承办文化艺术交流活动。

福建太古之星广告传播公司

地　址:福州市五四路国贸广场33层
电　话:0591－7503510　7544188
传　真:0591－7544187
经营范围:

·广告行销
·创意沟通

泉州新时代广告有限公司

地　址:香港九龙宫塘巧明街108号南益集团大厦8楼A座
电　话:(852)27631218
传　真:(852)27631027
国内地址:福建省福州市泉秀路中段南建工业村
邮　编:362000
电　话:(0595)2585985　2585986
传　真:(0595)2583380
经营范围:

企业广告总代理、企业形象设计、产品行销策划、影视广告创意设计、报刊杂志广告设计、印刷品设计制作、室内外装饰装修设计及工程顾问。

泉州展览城广告装璜有限公司

地　址:泉州展览城商贸街90号
邮　编:362000
电　话:(0595)2488778
传　真:(0595)2488789
经营范围:

独家承接展览城户内外广告业务
展览会总体设计及展示布置
开幕式策划筹办

电子显示屏三维动画制作

提供主体联欢会、企业联手会、社会庆典、产品发布会等大型活动的策划

室内装璜及店面陈设

企业形象塑造推广

其它媒体广告代理。

福建省鸿宇公众信息传播有限公司

地　址:福建省鼓楼区道山路1号综合大楼五层

邮　编:350001

电　话:

经理室:7533993　办公室:7533313

财务部:7533123　营业部:7523823

业务部:7558998　设计部:7533176

采编一部:7566964　采编二部:7533991

技术部:3710021　7534457

号簿编辑部:3351666　7533353

160信息台:3710710

福建省鸿宇公众信息传播有限公司隶属福州电信局,它以服务社会为宗旨,应用现代化的传播手段致力于广告信息资源的开发和传播,并积极发展相关业务和周边服务。目前主要经营设计、制作、发布、代理国内广告,信息服务,电子产品及通信设备,电子计算机及配件的批发、零售等业务。

福建省广告公司漳州分公司

地　址:漳州市新华北路外贸大厦附属楼四层

邮　编:363000

电　话:0596-2932208

传　真:0596-2932581

电　传:929002　FICOZ CN

福建省广告公司漳州分公司隶属中国(福建)对外贸易中心集团漳州外贸公司,公司全体员工本着“您的要求是我们追求的目标,您的满意是我们服务的宗旨”的这一经营目标,拼搏开拓,探索进取,主要经营路牌、招牌、灯箱、霓虹灯、展示、印刷、室内外装饰、企业形象策划、庆典策划、礼品袋、纪念品、免费代理各地电视、电台、报刊等各媒体广告。

公司始终遵循“质量是企业生命”的原则,全心全意为各行业客户提供优质服务,我们有信心把公司推进到新的发展高度。

宁德地区融信发展公司

地　址:宁德地市莱茵城C座三层

邮　编:352100

电　话:2871806

总经理:宋光宁

经营范围:

广告设计制作、发布灯箱、路牌、装饰装修。

三明日报广告公司

地　址:福建省三明市红岩路41号

电　话:8223675

传　真:8241672

法人代表:林小平

三明日报广告公司是三明日报社下属专营各类广告业务的公司,是福建省广告协会会员单位。本公司具有丰富的广告经验,拥有一批独具创意的广告专业人才,从事广告策划、设计、制作、室内外装潢装饰、布置各种展览会、展示会、代理发布国内各类广告业务。在首届敬业杯全国报纸广告评比中荣获福建省唯一组织奖,两个广告作品获优秀奖,在全国第二届报纸广告评比中获三等奖作品一件,优秀奖作品一件。近年来,本公司的商标设计、CI设计、各类霓虹灯大型广告路牌等,都以高档次、高水平和优质服务赢得用户好评。

福建通联广告有限公司

地　址:福建福州王庄一区机电外贸大楼

邮　编:350011

电　话:(0591)3661062

传　真:(0591)3667795

总经理:万　毅

一次成功的塑造,如同一曲扣人心弦的乐章,一个精妙绝伦的故事,是创作者独具匠心的智慧和颠峰技巧的凝聚。

我们的实力=无限的智慧+精湛的技能+现代营销理念与客户的企望珠联璧合进而创造行销奇迹的成功范例。

我们的宗旨:点石成金。

本公司集策划、创意、制作和展示于一体,是福建最早拥有电脑喷绘设备的公司之一,拥有一次承建 2000m^2 展台的展具,实施电脑化管理,在境内外展示工程中积累了特别的经验,还是省委、省政府机关报的特别广告代理。

通联广告是您最忠诚的伙伴,她不仅仅衷情于今天的成功,选择通广,您还将拥有明天的辉煌。

●和谐、诚信、敬业、创新。

福建省教电广告有限公司

地　址:福建省福州市五四路 217 号
邮　编:350003
电　话:0591-7833718
传　真:0591-7837223
法人代表:张大展
总经理:范燕蓉
经营范围:设计、制作、发布、代理国内广告
公司特色:

福建省教电广告公司是隶属于福建省有线电视教育频道的经济实体,承担省有线电视教育频道的外联工作,在全省大中小学生中具有广泛影响,服务于全省教育系统和全省教育事业。为社会教育与社会沟通起着桥梁的作用。

公司宗旨:

传播文化　普及知识
服务教育　面向社会

福建省奥华广告公司

地　址:福州市省府路 6 号
邮　编:35000
电　话:0591-7512222　7504734
传　真:0591-7504694
总经理:李国平

福建省奥华广告公司是福建省首家综合企划型广告公司。1996 年在福建省经营额居同类型广告公司前茅。主要综合客户有福建著名品牌万利达 VCD、绿得八宝、健力宝(福建)、惠泉啤酒、片仔癀药业、福日彩电、三明烟草以及海尔电器等。

1997 年独家经营福建电视台两新闻间全部广告,1996 年、1997 年连续 2 年为福建省唯一经营中央电视台黄金招标广告。在媒介关系上,提供体系完善的全方位服务,与香港咨询公司合作,率先推出媒介监播服务项目。

奥华人在福建省内率先引进了美国 Maciutosl 苹果电脑设计排版系统和彩色喷绘系统。公司在资深设计总监的带领下,设计能力在福建独树一帜,走在前列。

奥华人在"企划领先·动脑在前"广告宗旨指导下,将与同行一起为提高福建的广告服务水平努力进取。

福州市邮政信息广告公司

地　址:福州市五一中路五一邮电局三楼
邮　编:350005
电　话:3337784、3332594
传　真:3331558
法人代表:周　萍
经营范围:

制作、投送国内、外商业信函、邮送广告。代理国内外广告业务,承办路牌、灯箱、霓虹灯设计、制作、发布。

厦门天韵广告发展有限公司

地　址:厦门市中山路 174 号二楼
邮　编:361001
电　话:(0592)2123191　2065592
传　真:(0592)2062215　2123191(总办)
法人代表、董事长:许多康

总经理:郑清海

厦门天韵广告发展有限公司是鼓浪屿国家级风景区唯一的一家专业广告公司,具有全方位策划、设计、制作能力。同时承办代理国内报纸、杂志、电视、广播、路牌、灯箱、霓虹灯、菲林制作、喷绘制作、展馆、商品展示、企业CI策划、广告印刷、橱窗设计布置、企业产品促销活动、文体商贸活动整体策略等广告业务。

本公司长期秉持"优质、高效、信誉"的经营宗旨和"诚实、沟通、感恩"的经营理念为客户提供最精益的广告服务,使其产品的优点发挥到市场的极限。面对未来错综复杂的市场挑战,凭借着丰富的作业经验和不断更新的观念,我们的承诺是——花最少的钱,做出最佳的广告,让广告主的投资获得最大的回报率,与广告主共享成功的欢乐。

厦门亚美广告有限公司

地　址:厦门市湖光路湖光大厦10楼
邮　编:361004
电　话:0592-5094209　5153058
　　　1396015616

厦门亚美广告有限公司,是厦门广告协会会员单位,是集策划、设计、制作及室内装饰等专业之大全的综合性公司。公司拥有雄厚的实力,具备一流的策划、设计技术人员、经营管理人员、业务人员、众多的媒体和精良的制作技术,拼拥有一流的现代化制作设备。

亚美人的宗旨是:"你的成功就是我们的成功。"是一个讲究群体作业的集体。公司成立以来先后承接了诸如国家土地局和国家体委联合在北京建立的迎"97香港回归纪念碑"及"第五届中国超级模特大赛暨97世界超级精英模特大赛中国选拔赛"等众多大型的广告业务。公司还获《一种广告灯箱面板》的实用新型专利。

亚美人本着精诚完美的服务精神,优质高效的作业态度,热忱欢迎各界朋友携手并进,共创辉煌。

厦门市鹭光霓虹灯广告公司

地　址:钱炉灰埕1号
邮　编:361001
电　话:2023771
负责人:吴俊杰

厦门市鹭光霓虹灯广告公司成立于1974年,是厦门市最早的霓虹灯广告制作专业企业,技术力量雄厚,设备齐全,质量上乘。

本公司能为用户策划、设计及发布各种大型霓虹灯广告、灯箱广告,并能根据用户要求制作各类广告业务,如铁字、不锈钢、铜字、电脑刻字等,质量可靠,实行三包。

本公司受市户外广告管理所委托,对中山路霓虹灯一条街各商家用户霓虹灯广告实行保修,维护及时,保证亮灯,受到好评与信赖。

本公司二十年来为厦门市的广告事业及城市美化做出了应有的贡献。设计、制作的作品多次在评比中获奖,充分显示出本公司的实力。

我们竭诚欢迎各界合作,热情为您服务。

经营范围:设计、制作、发布国内广告业务。

厦门市火炬广告公司

地　址:香江花园珊瑚阁8楼E座
邮　编:361009
服务专线:(0595)5134911　5133010
传　真:5134911
总经理:陈少斌

厦门市火炬广告公司由厦门市科委、团委支持创办,始创于1993年6月,属中国广告协会会员单位,注册资金人民币壹佰捌拾万元。公司主营各种广告设计,策划,制作和发布,代理国内广告业务和装修装饰(兼营各种商贸营销)。

火炬广告的服务范围为:

1.企业形象塑造和新产品营销企划。

2.报纸、刊物、电视、电台和气球、挂历、机、车、船票等媒体广告的策划，设计和发布代理。

3.各种广告礼品的精选和广告加工。

4.彩印画册及产品包装的设计，印刷。

5.标志广告词创意，样品照和录像拍摄，报刊广告的方案撰写和版面设计。

6.加工制作建筑模型，立体雕塑等。

7.布幅、彩旗、招牌、铁字、灯箱、霓虹灯等户外广告的制作发布。

8.精美图文刻绘，装潢展示布置。

火炬广告的宗旨是"点燃火炬，共创辉煌"，我们希望火炬的创意和高效服务能赢得您的信任；火炬的燃烧能使我们走向光辉璀灿的成功。

厦门市路桥广告公司

地　址：厦门市湖滨东路九号华闽酒店十八楼

邮　编：361004

电　话：5151828

传　真：杨允红

厦门市路桥广告公司系厦门市路桥建设投资总公司下属子公司，为技术密集型的国有企业，人才济济，注册资本雄厚，商业信誉甚优，主要承接广告设计、制作、发布和路桥景观设计业务。

本公司依托厦门路桥总公司开发建设交通大动脉的独特优势，拥有厦门大桥、新阳大桥、石鼓山立交桥等交通要道的户外广告媒体，广告效果极佳。随着厦门路桥总公司投建厦门国际会展中心、高速公路、环岛路、海沧大桥、火烧屿开发区等，本公司将拥有更多优越的广告媒体，发展前景十分广阔。

"锐意进取，追求卓越"是路桥人的企业精神，本公司竭诚为客商提供优质服务。选择路桥广告，必将获得最佳的经济效益和社会效益。欢迎您真诚合作，共创辉煌。

厦门市经典广告公司

地　址：厦门市湖滨中路白鹭洲

邮　编：361012

电　话：5085135

负责人：郝　洁

厦门市经典广告公司系国内合资企业，公司规模庞大，占地近两百五十平方米，设备齐全、环境优雅。公司注册资本为人民币伍拾万元整，固定资产已近百万元，拥有先进的苹果电脑和企划、设计人员。公司主要承接设计、制作、策划、代理国内外广告业务及从事商业、广告摄影，并可承接装修、装饰以及喷泉制作工程和夜景灯光工程的设计、施工。

本公司本着"努力进取，不断创新，信誉第一"的精神，竭诚为客户提供最优质的服务，经典广告是您合作的最佳伙伴，是您可以信赖的最好朋友。经典广告愿与您携手共进，共创辉煌。

南平市山海广告有限公司

地　址：南平市八一路先锋岭2号楼403室

邮　编：353000

电　话：8632258

总经理：林相祯

副总经理：叶盛华

南平市山海广告公司下设客户部、媒介部、创意部、制作部、财务部、总经理办公室。公司有受高等教育及专业训练的管理人员，有完善的电脑设备，以科技领先，有专业的设计人员。

山海广告以创意为中心，策划为主导。为企业作出整体广告策划，为企业设计形象。承办各类路牌、灯箱、霓虹灯广告等户外广告业务；接受开办各种大中型经贸活动，展览、晚会、表演等促销活动的委托业务。

山海公司以高水准的创意和制作，周到服务、合理价格及良好的信誉与您竭诚合作。

福建省建瓯市桂万广告社

地　址：建瓯市人民路79号

邮　编：353100

电　话：0599－3834056　9013267

经　理:张桂万
联系人:邓梅之　张景卉

桂万广告社——福建省建瓯市知名的广告专营单位。设备先进,技术力量强,擅长设计制作大型灯箱广告、巨幅夜光路牌广告及商场招牌,展馆布置。以创意新,用材优,制作精,信誉好而深受好评。

南平市气象局科技服务产业科

地　址:福建省南平市金山路110号
邮　编:353000
电　话:0599-8823716　8832498　5823738
传　真:0599-8833343　0599-5823738

主要业务:专业天气预报咨询、气象警报寻呼、电视天气预报背景广告、防雷避雷设施设计安装,升空庆典气球、彩虹门、飞艇及各类广告,庆典气球模型制作,兼营武夷岩茶系列。

福建省邵武建贤商贸广告有限公司

地　址:福建省邵武市熙春西路96号
邮　编:354000
电　话:0599-6323655　6328679　6321146
董事长兼总经理:张建贤

福建省邵武建贤商贸广告有限公司(原邵武市广告装璜公司)成立于1984年,现拥有一批经验丰富的广告策划、设计、制作人员,可为广告客户提供市场调查、广告代理、制定广告策略、处理信息反馈、广告设计制作、装璜装饰工程等业务。本公司兼营酒家、歌舞厅、娱乐城等服务项目。

欲求拓展经济贸易,我愿助你一臂之力!

泉州世纪广告有限公司

地　址:福建省泉州市田安路丰泽城写字楼三区二楼十七号
邮　编:362000
电　话:0595-2199777　0595-2199778
传　真:0595-2199778
负责人:汪志辉
联系人:李丽娜

世纪广告有限公司是一家具有高水平、高素质的专业广告公司,公司一向以"顾客至上,信誉第一"为宗旨,以出奇制胜的创意和真挚的态度,将永不懈怠的进取精神,落实在每一份广告制作的精益求精上,为广告客户尽一份世纪应尽的义务。为客户树立深入人心的形象,为其产品开拓出更为广阔的市场。公司一向遵循"立体、树美、和谐、超优"的企业精神和"团结拼搏、携手奋进、开拓创新、追求卓越"的企业方针,竭诚为新老客户提供最优质的服务。

天鹏之功,非一羽之轻;骐骥之速,非一足之力。世纪能有今天的发展与进步与社会各界的关心和帮助是分不开的。今后,世纪公司将推崇"唯公有福,唯诚有信"的企业形象,奉行"诚、和、勤、韧"的企业精神,坚持"品质与服务"的企业风格,追求"高科技、新奉献"的企业目标,世纪愿为迈向二十一世纪的企业先锋,与新老客户携手奋进,共创辉煌!

福建泉州市八达广告公司

地　址:泉州市区崇福路福利大厦24-28号
邮　编:362000
电　话:2988233　2792251
传　真:2790627
负责人:林　愉
联系人:詹小萍
经营范围:

设计、制作、发布、代理国内外广告业务及室内外装饰、咨询服务。

特色:1.CI设计:与厦大、华大的专家合作,进行系统全面、完整的CI作业;

2.商标、产品包装及画册印刷设计:优秀的美术专业人才,先进的电脑设计排版系统,与深圳制版印刷厂家定点挂钩;

3.擅长设计、制作大型霓虹灯广告、灯箱布灯箱及各类广告牌。

凹凸广告传播中心

地 址:福建省泉州市远太大厦1809
邮 编:362000
电 话:0595-2182278 2282502
传 真:0595-2282502
法人代表:庄建昌
经营范围:

专业代理国内企事业单位的广告策划、设计、制作和发布。现为国际广告杂志社理事成员单位。作品曾荣获首届华人平面设计大赛铜奖。

"一个善于摆弄'几何'形的群体"

泉州市明星广告公司

地 址:泉州市东湖马路巷10号
邮 编:362000
电 话:0595-2185310
传 真:0595-2285595
负责人:苏崔荣
联系人:林朝霞

泉州市明星广告公司主要经营设计、制作、代理、发布各种形式的广告业务。擅长设计制作立体栱门,艺术构想灵颖,工艺技巧精湛。《巨龙腾飞》荣获福建省第四届优秀广告作品户外立体广告佳作奖。矗立于泉州市区及相邻县(市)四通八达的地界要冲,鲜明体现地域特色,精确展示当地经济与社会发展趋向。融汇宣传性艺术性和商业价值成一体,过目难忘。在代理筹办大型活动方面也出奇制胜,策划香港天王歌星张学友96'泉州演唱会,万人激奋、欢声雷动、盛况空前,为历次名歌星莅泉演出之罕见。

公司始终把视点对准时代前列,不断超越自我,愿为更多的客户,尽心构建独领风骚的空间,竭力推出灿若明星的形象。

福建省晋江经贸广告公司

地 址:福建省晋江市青阳外经贸大厦701室
邮 编:362200
电 话:0595-5689633
传 真:0595-5661633
负责人:柯志云
联系人:林灿煌

晋江经贸广告公司,是晋江市对外经济贸易委员会属下的一家专业广告公司,其所处的地理环境,是被誉为"闽南金三角"的中国经济发达的前沿地带。公司以"以企业形象设计为主导的专业广告公司"为自身定位,展开多元化、专业化的服务工作。

公司一向坚持"理解人、尊重人、依靠人、培养人"的宗旨,以人为中心,人尽其能,人尽其用,充分尊重每一员工的自身价值,努力让其个人潜能得以最大限度地发挥。

公司自1994年创办至今,一向积极倡导并参与本地区企业文化的建设和提高。三年来,公司主持设计的企业形象已有近十家;同时也得到众多客户的理解、支持与信赖。相信随着自身业务素质和专业水平的不断提高,以及社会经济和文化的日益进步,在坚持专业路线的理念的指导下,公司定能有长足地发展。

福建省南安市新世纪广告公司

地 址:福建省南安市水头镇西大街海都大厦
邮 编:362342
电 话:0595-6982968 6983388 6988388
传 真:0595-6982466
负责人:吕毓辉
联系人:吕永康

新世纪广告公司为南安市早期开办的有代表性的综合广告公司。是福建省广告协会会员单位。在开展各种广告业务中,特别发挥公司地处闽南金三角腹地和福厦路中段,经济特别活跃、交通十分发达的地理优势,广设媒介,南伸厦门,北展福州,各式路牌遍植国道省道。公司近来引进和代理全省推广应用全天候自动翻版等新型广告牌,使户外广告更上一层楼。

本着"立足福建,面向港台,创一流广告,

立世纪新意”宗旨,依着广阔疆场,仗着精兵强将,公司严阵以待,随时陪伴社会各界同仁,一起奔向新世纪,共同创造美好的明天!

经营范围:

设计、制作、代理、发布国内广告业务兼营美术、广告装潢用品。

全天候自动翻版广告牌福建省总代理

石狮金三角广告公司

地　址:福建省晋江市建设委员会一楼

邮　编:362200

电　话:(0595)5682386　(0595)8782278

传　真:8786278

总经理、设计师:许金锺

业务联系部:吴锦璇

闽通南北广告轨道　星耀东西信息经纬

敝公司愿与全国各地广告朋友、兄弟广告公司携手合作,共创跨世纪之辉煌;发挥闽东南优势,开辟金三角天地,做一个对社会有益的广告人;以团结拼搏,立意创新的精神,用青春的汗水浇灌着这朵年轻的鲜花——广告事业。

经营:物业中介、房屋买卖、承揽制作、发布、代理国内广告业务。

漳州市佰诚广告事业有限公司

地　址:漳州南昌路132号

邮　编:363000

电　话:(0596)2066226

传　真:(0596)2058674

总经理:张鼎新

漳州市佰诚广告事业有限公司是漳州市户外较大的广告公司,公司一贯以“佰事尽忠、诚心诚意”的原则,提供最优良的服务,承接国内外广告业务。公司经营范围:大型户外广告、霓虹灯、大型电脑喷绘、跨街广告、人行道灯箱的制作发布。

福建双菱广告装璜发展有限公司

地　址:漳州市新浦路34幢201室

邮　编:363000

电　话:(0596)2895485

传　真:(0596)2895485

经　理:马　跃

双菱广告公司是隶属于上市公司——福建双菱集团股份有限公司的一家具有独立法人资格的专业广告公司。公司注册资本120万元,技术力量雄厚,设备先进,承办路牌、霓虹灯等户外广告;代理报刊、杂志、广播、电视等媒体广告业务;承接影视广告制作和装璜装修工程;组织文化艺术演出展览活动及承揽各类与广告宣传相关的业务。

“双菱广告”以策划、创意为先,以诚信、服务为本,是广大客户的良朋益友,是企业树立形象的最佳选择。

漳州大地广告公司

地　址:福建省漳州市漳响路13号

邮　编:363000

电　话:0596－2961818　2961067

传　真:2961067

负责人:苏学光

经营范围:

设计、制作、发布、代理国内各类广告业务。

漳州市青云影视广告公司

地　址:漳州市新华北路东华广场3B－206号

邮　编:363000

电　话:2930973　2058882　1396943199

图文传真:0596－2058882

总经理:伦　宇

业务范围:设计制作代理国内各类广告业务

服务宗旨:用集体的智慧为企业创造美好的未来而尽心服务。

漳州市天马广告公司

地　址:漳州市芗城区元光南路元锋楼302室

邮　编:363000
电　话:0596－2899424　2932344
手　提:1396943161
总经理:吴　兀
联系人:林小姐

漳州市天马广告公司是福建省广告协会理事,漳州市广告协会常务理事,广告作品曾多次在省、市广告评选中获奖,并于1996年7月被评为福建省广告十佳会员单位之一。公司拥有大批优秀的创意、设计、制作等专业人才以及先进的技术设备。承接各种设计、制作、发布、代理国内外各类广告业务。多年来,公司务实求精,以精湛的服务质量及良好的信誉赢得了广大客户的信赖。

天马广告公司的宗旨是"以一流的创意,一流的质量与信誉为广大客户提供一流的服务。"

传播您的意愿　架筑信息桥梁

漳州东方广告策划公司

地　址:漳州市瑞京花园9D幢101室
邮　编:363000
电　话:0596－2521689、2522933、2066626
图文传真:0596－2521689
法定代表人:陈　默
业务范围:

本公司专业从事CI策划、设计;包装、招贴、商标、画册、室内外装璜等设计和印刷;承接路牌、霓虹灯、灯箱、装修等各种户外广告制作及发布;代理全国各类广告媒体宣传。

漳州市广告公司

地　址:福建省漳州市胜利路35号工艺大楼二楼
邮　编:363000
电　话:0596－2031008　0596－2024082
传　真:0596－2031008
负责人:高国榕
手提电话:1396062279
联系人:李志伟
经营范围:

设计、制作、代理、发布国内各类广告业务。

本单位特点:地处闽南金三角地带,创建于1984年,实力雄厚。设计、制作各种类型户外广告及造型广告。

漳州市飞鹰广告有限公司

地　址:福建省漳州市胜利路7－9号粮食大厦二层
邮　编:363000
电　话:(0596)2069567　1396966567
传　真:(0596)2069567
联系人:苏小姐
经营范围:

设计、制作和代理国内各类广告,发布自制广告业务。

公关宣传活动策划。

简介:

漳州飞鹰广告有限公司是一家能够为客户提供综合广告服务的广告公司。

飞鹰广告人认为广告是一门科学,也是一门艺术。我们注重周密的市场调查和效果监测,同时也极力追求创意独特的艺术表现,作为区域广告代理,我们曾为一些国内知名产品开拓漳州市场作出自己的贡献。

飞鹰广告的宗旨是诚信,敏锐,勤奋,协作。志在为客户提供最好的服务,因为我们是从客户的角度来思考的,是围绕客户的目标来运作的。

莆田市新思维营销企划公司

地　址:福建省莆田市涵江区工业路21号二楼
邮　编:351111
电　话:0594－3592707　3592456
传　真:0594－3393316
负责人:苏国锋

莆田市新思维营销企划公司是一家以营销企划为导向,提供全面广告服务的现代运作方式的广告公司。公司以最新的行销理念、广告思维致力于开创广告新天地。

经营范围:市场调查、营销企划、广告策划、设计、制作、国内外各类媒体广告代理、户外广告发布、公关咨询、文化传播。

莆田华园广告有限公司

地　址:福建莆田市城厢区学园路口(制糖大楼2层)
邮　编:351100
电　话:0594-2290332
传　真:0594-2290332
福州联络处地址:福州市金鸡山20号
电　话:0591-7320699
传　真:0591-7320699
传　呼:129-8113989
法人代表:纪建英

华园广告有限公司经市工商局批准成立的莆田市唯一一家新型的综合性广告公司。

本公司的宗旨是:"周密企划,精心制作,为客户去占有市场"。本公司拥有一批经验丰富的广告设计制作人员,业务范围包括:设计、制作、发布国内外各类广告业务,本公司愿与各行各业的新老朋友携手并进,共同发展。

莆田市创意装璜广告公司

地　址:福建省莆田市文献路新街口大厦(创意电脑设计室)
电　话:0594-2295978
传　真:0594-2295978

本公司是莆田市唯一一家拥有电脑平面广告、二维、三维室内外绘图设计系统的企业,广告作品曾获福建省户外广告作品佳作奖,现拥有莆田市市区所有公共汽车车体,拥有莆田市最繁华商业地段户外广告媒体,是莆田市装璜界的率先者。我们的宗旨是:追求视觉感受,创造尽意空间。

莆田市大方广告设计有限公司

地　址:福建省莆田市文献路鼓谯楼西侧38号
电　话:0594-2397023
传　真:0594-2296182
总经理:许建忠

福建省龙岩市广播电视广告有限公司

地　址:福建龙岩市和平路15号
邮　编:364000
电　话:(0597)2335008　2335136
公司法人代表:王为民
总经理:简宝良

福建省龙岩市广播电视广告有限公司于1995年成立,公司独家代理龙岩电视台、闽西人民广播电台和闽西广播电视报的广告业务,拥有较先进的广告摄制设备和创意制作人才,公司创作的广告得到了广大客户和有关部门的好评。

1997年8月18日,公司在龙岩电视台开辟了《经济纵横》栏目,栏目长度15分钟,每周一晚9点18分播出,主要版块有经济论坛、企业之窗、股市杂谈、市场动态、价比三家等,报道经济形势、宣传企业之星、反映市场动态,栏目深受广大观众喜爱。

日和广告(龙岩)公司

地　址:福建省龙岩市西安路15号
邮　编:364000
电　话:0597-2207405　2207406(传真)
总经理:林忠红

日和广告(龙岩)公司拥有龙岩市区各主要路段户外广告的发布权

经营范围:

印刷品　影视　霓虹灯　路牌广告设计与制作。

龙岩交通广告有限公司

地　址:龙岩市新罗区龙川中路38号
邮　编:364000
电　话:0597-2290498　2215509

传　真:0597－2290498
法人代表:黄海祥

龙岩交通广告有限公司组建于1993年,是国内合资的专业广告经营单位。福建省广协会员。现公司下设业务部、工程部、贸易部和财务部。主要经营:户外大型灯箱、路牌、霓虹灯广告、灯饰工程、印刷、礼品等。配置了电脑广告创意设计系统,占据了龙岩市区部分黄金媒介。以"夯实基础,着眼未来,树立形象"为企业发展战略。

宁德市大地室内装饰广告有限公司

地　址:福建省宁德市蕉城南路19号－1(蕉南经委楼隔壁)
邮　编:352100
电　话:0593－2837538　2523588
传　真:0593－2322127
传　呼:129－7388358
法定代表人:叶梦祥

本公司是早已取得室内装饰装修资质证书的企业。承办室内装饰装修、设计、施工、建筑装璜及配套工程。制作安装各种不锈钢、铝合金门窗、厨、柜台、店面和系列隐框、半隐框玻璃幕墙。

承接室内外广告设计、美术设计、商品广告摄影、制作、发布、自制路牌、灯箱、霓虹灯及国内外各种类广告代理、广告材料、建筑材料、卫生洁具、家具制造、销售等。

企业拥有由三十多位具有丰富经验的室内外装饰装修、设计、施工和工艺美术设计及建筑的专业人才。组成了一支强有力的设计、施工和制作的队伍。

本公司本着求实、创意、个性、情调、实惠的原则,遵循精心设计、精心制作、精心施工、优质服务、保质量、保进制度的宗旨,得到了广大用户的信赖。

福州华业发展公司闽东广告分公司

地　址:宁德市测[illegible]路103号
电　话:0593－2826569
传　真:0593－2873788
负责人:郑　璋
经营范围:

设计、制作、发布灯箱、招牌、路牌、霓虹灯、橱窗、条幅、布展广告。

本公司长期与国际连锁ISS永艺标牌广告材料商行合作,这商行专业经营各国名厂生产的广告辅助材料,为广告界人士,设计单位及企业产品宣传提供全方位的服务,凭着专业的技术、精湛的设备、优良的素质令各界人士的宣传取得了满意的效果。本公司配备了日本"MIMAKI"的CG－121电脑高速切割机,JV－1300电脑喷画写真机和平台式切雕机,承接专业电脑切割、雕刻、喷画、设计规划及施工看板灯箱、展览会场、橱窗、车身、公共导览指示牌霓虹灯等业务。

宁德市腾龙广告装饰工程公司

地　址:福建省宁德市八一五中路28号
邮　编:352100
电　话:0593－2832682　2951767
传　真:0593－2832682
负责人:苏　斌
联系人:黄书国
经营范围:

广告设计、制作、代理、发布、霓虹灯、广告制作、室内外装潢装修、铝合金制品加工、电脑刻字印刷,横、竖幅布条广告,庆典气球广告、铜牌、铜字、不锈钢制品加工;装潢材料、广告材料批零。

三明市天天广告公司

地　址:三明市徐碧一村62幢207室
邮　编:365000
电　话:0598－8251589　8251289
传　真:0598－8251289
法人代表:潘桂生

本公司系全民所有制公司,下设经理室、市场信息调查部、策划设计部、业务承接部、广告制作部、铜字制作部、大屏幕广告部、财务部。

经营：路牌、灯箱、霓虹灯、铜字、铜壁画、商标、雕塑、装璜、装修工程、大屏幕广告。

代理：报刊、电视、电台国内广告。

三明市创意广告公司

地　址：三明市列东东街一路

邮　编：365000

电　话：0598－8223193

法人代表：姜晓谋

经营范围：

设计、制作、代理、发布国内各类广告业务。创意广告，成功在握。

三明市康神广告公司

地　址：梅列区高岩新村 52 幢 223 号

邮　编：365000

电　话：8227490　9000850

法人代表：陈春芬

经营范围：

从事设计、制作、发布国内各类广告业务

三明市艺术装璜广告公司

地　址：新市中路

邮　编：365001

电　话：8310523　9012163

法定代表人：黄居群

经营范围：

从事设计制作发布国内各类广告业务。

三明市公交广告分公司

地　址：三明市工业南路 126 号

邮　编：365000

电　话：0598－8335806

经营范围：

广告策划、创意、设计、制作。

车厢、站点广告。

美术装璜、设计。

室内装璜、装修。

承办展览会、展示会。

装饰材料。

城市雕塑、园林小品规划、设计、制作。

三明万事通声讯广告公司

地　址：三明市邮电大楼二楼

邮　编：365000

传　真：8242096

本公司隶属于三明市邮电局，依托邮电，面向社会，面向全市广告客户提供全方位的电话信息，语音信箱、声讯技术、开发、承办设计、制作、代理，发布各类广告业务。公司企划实力强劲，制作精良，市场调研准确，媒体优势突出，是具有现代化信息交流手段及全国统一信息网络的多元化公司。

公司下设：

采编部：电话：8253168

广告部：电话：8264918

咨询部：电话：98160

技术部：电话：8241466

经理室：电话：8242098

三明市三元广告公司

地　址：三明市新市南路 166 号人防楼

邮　编：365000

电　话：0598－8335737　8334917

法人代表：陈　星

经营范围：

承办代理国内广告　整体策划设计制作

承揽各类展览展示　承接商标包装印刷

室内装饰设计施工　经营建筑装饰材料

三明市精灵广告有限公司

地　址：福建省三明市东安新村 49 幢 202，203 室

邮　编：365000

电　话：0598－8254697

法定负责人：刘琳萍

经营范围：

企划、设计、制作、代理、发布广告业务；

电脑设计、绘图;室内外装璜、装修、不锈钢装修。

本公司以最热忱服务,竭诚为广大客户服务。

三明电视台广告公司

地　址:福建三明广播电视中心

邮　编:365000

电　话:0598－8241881

总经理:沈福财

我公司以三明电视台为依托,拥有三明地区独一无二的覆盖全区十二个县(市、区)的电视传播网络。我公司是个拥有八十万元注册资金的全民所有制广告专业公司,下设企划部、客户部、创作部、制作部、市场信息部、财务部和商业贸易(信彷分公司),以承播、制作、代理电视广告为主,并代理国内其他媒体的广告业务。拥有优秀的广告专业人才,将尽心尽力地为您服务!随着社会主义市场经济的发展,我公司正逐步向一个可同时进行商品贸易、各类广告创意制作等多种经营服务的总公司方向发展,实行从营销策略的制订到具体实施的一条龙服务。

竭诚欢迎社会各界与我同舟共进,共创美好事业!

三明声屏有线电视广告有限责任公司

地　址:三明市双园新村 32 幢

邮　编:365000

电　话:0598－8242213　8252767

法人代表:罗榕椿

经营范围:

设计、制作、发布国内各类广告业务。

三明市梅列天龙美术广告装璜部

地　址:三明列东、东新三路建行大厦一层

邮　编:365000

电　话:(0598)8225937　1396082249
　　　　1396086246

法人代表:滕　龙

我部系专业性的广告、装璜企业。讲究信誉,保证质量,有雄厚的资金和实力。近年来,完成了许多歌舞厅、酒家、卡拉 OK 厅高级装修的设计、施工。广告总体策划、路牌、灯箱、霓虹灯。有自己的广告路牌地段,及大型电动三角翻板广告牌。

本部宗旨:讲究信誉,确保质量。

沙县广告装饰公司

地　址:滨河路 6 幢 49 号

电　话:0598－5821092

经　理:王朝晖

手　机:0598－9013595

沙县广告装饰公司成立于 1992 年,隶属沙县商业局,主要专业从事:大型灯箱广告、霓虹灯广告、路牌、海报招贴、展览展示、商标设计等各类广告制作、发布。

1996 年承接"三明市 6.16 展销会"沙县展销馆、展览布置设计制作,被评为全市"布馆第二名"。

1997 年承接三明在福州举办的"三明市 5.20 展销会"沙县展销馆的展览布置设计制作被评为"全市布馆第一名"。

本公司历年来承接了以"百货大楼"大型霓虹灯招牌广告、杭州金松爱妻号洗衣机路牌广告为代表的各类广告受到客户信赖和好评。

永安市新闻大屏幕信息服务公司

地　址:永安市南门广场 1 号

邮　编:366000

电　话:0598－3616257

总经理:曾巧玲

公司成立于 1994 年,电子屏幕开播后,凭借媒介优势精心设计发布大量商业广告。1996 年,公司依照现代广告业发展要求对机构重新设置,服务范围延伸至户外大型广告牌设计、制作,室内外装修、包装、徽标设计,全面企划和报刊、电视广告代理,为永安市首家业务全面的专业广告公司。

福建省煤炭工业基本建设公司富华装饰工程分公司

地　址:永安燕江东路 28 号
邮　编:366000
电　话:0598－3622190　1396083219
经　理:黄奎明

本公司为装饰装修丙级设计、施工以及广告策划、制作、发布单位,引进了当今世界一流的高科技术德赛设计系统、电脑彩色喷绘系统,Photoshop 图文处理系统,电脑刻写系统;依靠专业工艺美术师等工程技术员,竭诚为社会各界、企事业单位、家庭实现更完美的策划、施工一条龙服务。

富华装饰给您带来美的环境,富华广告为您的事业创造奇迹。

新海洋室内外造型设计室

地　址:福建省永安市燕南路 40 号
　　　(煤炭工业大楼四层 401－410 室)
邮　编:366000
电　话:0598－3602193
传　真:0598－3618399
总经理:涂咏添

●室内外造型设计、各类平面立体设计、装饰装璜、装修设计施工。

●广告策划创意、设计制作发布。

视造型设计为灵魂——新海洋装修
视策划创意为生命——新海洋广告

报 纸 类

福建建设报社

地　址:福州市北大路 242 号
邮　编:350001
电　话:0591－7834020　7834019　7834017
传　真:0591－7834005
社长、总编:郭经钊
联系人:林少辉　郑志强

《福建建设报》是福建省建设战线的综合性报纸,1985 年 6 月 10 日正式创刊,由《福建建设报》董事会创办,福建省建设委员会主办。现为对开四版,每周一期,星期三出版,国内统一刊号 CN35－0011,邮局公开发行。福建建设报社为福建省广告协会会员单位,广告经营许可号为闽工商 0046 号。广告部面向全国,为广大用户提供设计、制作、发布、代理报纸广告业务服务。广告部坚持用户至上,以最合理价格提供最为周到的服务。1997 年整版价格 30000 元,是企事业单位尤其是广大建筑、装饰、建材、建机企业进行企业形象、产品宣传的理想媒体。

福建侨报

地　址:福州市五四路 155 号丰华苑
邮　编:350003
电　话:0591－7813894　7814004　7814007
福建侨报:
　　联系"三胞"之桥
　　中外交流之窗

福建侨报创办于 1956 年,目前已在海内外多点印刷,印刷版发行全国和世界七十二个国家及地区;电子版加入《中国之首》互联网络,使该报立足福建,走向世界。

该报介绍中国涉侨涉外方针、政策,传递福建政治、经济、文化最新信息,报道海外华侨华人社会和住地动态,提供探亲旅游、投资贸易、留学移民指南。

闽北日报社

社　址:福建省南平市八一路 350 号
邮　编:353000
电　话:0599－8831501
广告公司电话:0599－8825527
社　长:杨　斌

《闽北日报》是中共南平市委机关报,创刊于 1952 年 4 月,原为四开四版周三刊,1993 年改为对开周三报,1994 年改为对开四版日报。

《闽北日报》立足闽北,面向全国,以"指导地方工作,服务经济建设,传播科学文化,丰富精神生活"为办报方针。报纸强化对党和国家大政方针的宣传,及时报道闽北各地最新消息,注意反映人民群众呼声。内容生动活泼,版面丰富多彩。

《闽北日报》在加强指导性的同时,积极借鉴晚报的长处,注意从贴近群众、贴近生活的角度去反映经济工作、精神文明建设和社会生活的方方面面,可读性强。《武夷周刊》和《百合花》等一批专版深受读者喜爱。文艺副刊《武夷山》坚持高品位,吸引了全国各地众多的作家、诗人为它撰稿。

泉州晚报社广告部

地　址:福建省泉州市区新华路
邮　编:362000
电　话:(0595)2385201　2396693
传　真:(0595)2396693
广告业务负责人:叶庶民
经营范围:

设计、制作、发布国内广告,刊登外商来华广告。代理全国各报广告业务。

泉州是著名的侨乡和国务院首批公布的24个历史文化名城之一,"海上丝绸之路"的起点。

泉州现辖鲤城区、丰泽区、洛江区、晋江市、石狮市、南安市、惠安县、安溪县、永春县、德化县、金门县(待统一),人口650万。

泉州实行中央赋予的特殊政策、灵活措施,外向型经济发达,成为港澳台、外商来大陆投资的重要地区和对外贸易的重要基地。泉州市综合经济实力居福建省首位,成为福建省经济发展最快、最富潜力的地区。泉州市所辖的晋江、石狮、南安3市已跻身全国经济百强县。

《泉州晚报》植根于泉州这块历史悠久又特具现代魄力的土地,面向全国,放眼南洋,视野广阔,信息密集,传播迅速,辐射东南亚;《泉州晚报》兼备机关报和晚报特色,展现独特的版面编排艺术,对开8版,周末12版,天天彩印,采编全在新闻综合业务网络上完成;泉州晚报社目前拥有二报一刊,即《泉州晚报·海外版》和新闻性生活文化月刊《泉南文化》。《泉州晚报》发行量一直在福建省地市级首位。在《泉州晚报》刊登广告,影响及于海内外。

福州晚报广告部

地　址:福州市鼓楼区黎明街小柳
邮　编:350005
负责人:刘　屏
联系人:林可奇

福州晚报系我国沿海开放城市,历史文化名城、海峡西岸福建省省会——福州市的唯一一张大报,每天刊出对开8版。本报注重晚报特色,新闻信息量大,知识性、趣味性、可读书性强,每周还推出服务广大读者群众的《周末天地》(周五)、《家庭大观》(周六)和《环球看台》(周日),其内容丰富多彩,均为彩版印刷,很受欢迎。本报曾被评为全国20家最受欢迎的晚报之一。

福建经济报

地　址:福州市湖滨路110号六层
邮　编:350001
电　话:(0591)7547719　7502814
传　真:7547722
负责人:江　东

《福建经济报》是一张立足市场、背靠政府、面向社会、发挥舆论引导与信息传播两大功能的综合性周五报。其宣传内涵覆盖政府全部工作,是连结政府与市场、政府各部门之间的重要纽带。

福建经济潮广告文化传播中心是《福建经济报》下属的具有独立法人资格的全民所有制广告公司,中心凭借媒体优势,积极拓展报纸、电视、灯箱、路牌、印刷等各类广告。

欢迎省内外广告公司、信息中介单位惠顾。

海峡都市报

福建日报社主办

地　址:福建省福州市华林路福建日报大厦一层

电　话:0591-7095559　7095562

传　真:0591-7095580

●福建省第一份全省性市民生活报。

●内容丰富,贴近生活,服务市民。

●“敲门式”发行,深入市民家庭。

●实行“不折不扣”的代理制。

福建老年报社

地　址:福州市五四路263号

邮　编:350003

电　话:7841694

负责人:薛来健

联系人:林成端

《福建老年报》创刊于1986年5月5日,由中共福建省委老干部局、省老龄委、省人事厅、省劳动厅、省总工会主办,全国公开发行,1998年起为四开八版,每周四出版。主要读者是中老年人,报纸融思想性、知识性、趣味性于一体,读者群大,覆盖面广,可读书性强,深入家庭。

经营范围:

商业广告、药品、医疗、食品、保健产品等广告。

闽南日报广告部　漳州市闻达广告公司

地　址:福建省漳州市胜利西路(石龟头)新闻大楼内

邮　编:363000

电　话:0596-2598333

传　真:0596-2598333

负责人:陈西碑　1396964430(手机)

联系人:李文溪　1396964431(手机)

经营范围:

承办代理制作广告业务和各类文体活动策划、咨询服务(主要代理发布本媒介广告业务)。

特色:充分发挥侨乡和“厦、漳、泉”金三角优势。

莆田广播电视报

地　址:福建省莆田市南门外2号(市广播电视局大院内)

电　话:0594-2285605　2381212

传　真:2296790　2381213

法人代表:林　新

本报创建于1992年1月,属全民事业单位,该报是融广播电视指南、家庭生活娱乐为一体的专业报纸,深受读者欢迎。年出版52期,期发行量达8万之多。读者遍及经济活力极强的闽中各县、区。本报现有业务人员8名,大专以上文化6名,专业广告设计人员2名。拥有现代交通、通讯及电脑设备,固定资产超百万元,是广告主发布广告的理想选择。本报竭诚为各广告主服务。

三明广播电视报

地　址:三明市列东东街104号

邮　编:365000

电　话:0598-8263724　8263734

传　真:0598-8241865

法人代表:余以琳

三明广播电视报为四开八版周报,周四出版,辟有《星海犁浪》、《百姓理财》、《七彩市场》、《调色板》及节目预告、剧情介绍等栏目,融知识、趣味、可读于一体,是一张理想的家庭生活用报;月末彩报,全国彩报售价最低,每份0.20元,邮局订阅,代号33-39,年价10.44元,全省各邮局、所可随时订阅。

广播电视类

厦门有线电视台广告部

地　址:厦门市湖滨北路广电中心9楼

邮　编:361012
电　话:(0592)5301998　5301989
负责人:林平峰
联系人:游华章

厦门全市人口 126 万,人均月收入居全国第 3 位,厦门有线电视台所涵盖的正是厦门最有消费实力的群体。岛内(包括鼓浪屿)入网户数超过 90%,有线网全面覆盖岛外郊区,包括同安、杏林、集美所有城镇,总户数 28 万户。

媒体影响强劲有力

厦门有线电视台为全国城市有线台协作网的副会长台,实力雄厚。从媒体特点来说,更具活力与发展潜力。有线网络为世界最先进的亚特兰大 550 兆邻频传输,自制节目(包括广告)全部采用 BETACAM 及多媒体播出。作为新台,厦门有线电视台坚持让利给客户,相比较价格较低,有效效益颇强。现已成为特区最有影响的媒介之一。

收视率高　含金量足

厦门观众"港台味"浓,我台综合频道和电影频道娱乐性强,被称为"百姓台"、"家庭台"。根据央视调查咨询中心收视调查表明,厦门有线电视台黄金时间(19:30 – 21:30)收视率最高时突破 40%。

广告服务优质高效

厦门有线电视台自 1993 年开通以来,业务范围不断扩大,呈现强劲的发展势头。广告部主要负责本台各类广告的承办、审核、编排、播发任务,进行广告的制作、监督、收付管理。

广告部各项工作实行微机化管理,服务周到,信誉良好,为客户提供详尽节目资讯、收视率报告、广告播出证明以及监播录像带。同时部门拥有一支编摄播齐备的节目制作队伍,专业出品实惠优质的电视广告片。

厦门人民广播电台广告部
厦门海峡广告有限公司

地　址:厦门市湖滨北路广电中心
邮　编:361003
电　话:5301098　5301038　2020081
传　真:2020081　5301088
经　理:陈和心

厦门海峡广告有限公司隶属厦门人民广播电台。其主要经营范围是为厦广音乐台、厦广经济台、厦广新闻综合台三个系列台承揽设计制作广播广告。

厦门海峡广告有限公司是根据《中华人民共和国广告法》的有关规定,经工商行政管理部门审查核准的广告经营单位。公司立足闽南金三角,面向国内外,以百分的真诚,合理的价格与客户携手开拓市场。公司其他经营范围还有:设计制作、代理国内广播广告;承办广告印刷品、宣传资料设计业务;广告礼品、产品、大众传播器材和音像制品的批发、零售;报刊杂志代理发行、零售等等。

"海峡广告　跨越时空　跨越海峡"

福建电视台广告部

地　址:福建省福州市古田路 7 号东升大楼 10 层
邮　编:350005
电　话:0591 – 3353838
传　真:0591 – 3353168
总经理:吴志明

"给我一个支点,我可以撬动地球。"找到一个合适的支点,您也可以对市场把握自如。

福建电视台是福建省受众最多、收视率最高的电视媒体,对福建市场有着极大的影响力,是您开拓福建及东南沿海市场的理想支点。福建电视台广告部立足福建市场,辐射东南沿海,以透彻的市场了解,雄厚的专业实力为您提供全方位的服务,让您掌握最佳支点,把握市场游刃有余。

福州有线电视台广告部

地　址:福州八一七北路 249 号金辉大厦四层
邮　编:350001

电　话:3345906
传　真:3345906
广告部负责人:林　东
联系人:吴　悦　陈剑峰

福州有线电视台作为新兴的高科技传媒正在迅速发展、壮大,干线采用光纤的网络目前已覆盖五区六县二市,拥有用户30多万户,三年内将达60万户。

作为省会城市福州有线电视台已为用户提供高品质传输信号的14套节目,影视节目精彩纷呈、雅俗共赏,两套自办节目贴近百姓、贴近生活,丰富的节目内容及浓郁的地方特色使得福州有线电视台成为独树一帜的新兴传媒。凭藉顶尖收视率和优良收视效果,有线电视的广告播放在让观众享有信息时代的快捷与方便的同时,更让商企清醒地感受投入有线的黄金回报。

福州有线电视台广告部本着"有线广告,受益无限"的宗旨,努力集中精彩时段和卓越版面为广大客户创造最大的广告效益。福州有线电视台广告部全权代理本台的广告业务,尽心竭力,卓有成效地为国内外客商服务。

南平电视台　南平有线电视台

地　址:南平市胜利街142号
广告部电话:0599-8822006　8834753

两台合并(有线无线两台合并)
全国联播(全国82家电视台广告联播)
全台协同(各栏目确保高收视率)
全程服务(提供全方位立体化服务)

莆田电视台广告部

地　址:福建省莆田市城厢区田尾新村153号
邮　编:351100
电　话:0594-2391668
传　真:2391668
台　长:姚志平
广告部:柯晓东

莆田电视台位于福建省闽东南沿海地区,发射功率为3000瓦,覆盖全市各县区和周边县市的部分地区,人口达400万以上,现已实现全天播出。莆田电视台广告公司十分注重广告人才的培养和制作设备的引进,以质量第一,顾客至上为宗旨,以优质的服务和精益求精的敬业精神,力求广告信息的完美体现和有效传达,是莆田市目前最有影响力的传播媒体之一。

经营范围:

设计、制作、发布、代理国内外各类广告业务。

漳州有线广播电视台广告部

地　址:福建省漳州市平等路91号
邮　编:363000
电话、传真:(0596)2045008
台　长:陈天水
副台长:王建漳
广告部主任:李厚坤

漳州有线广播电视台已实现省、市、县区联网,节目覆盖所辖各地,用户35万。自办(影视、综艺)二套节目。每晚18:00播出,翌日9:00重播。欢迎您到水仙花的故乡做客,让我们携手共创辉煌。

漳州电视台广告部　闽南影视广告中心

地　址:福建省漳州市胜利西路11号
邮　编:363000
电　话:0596-2023844　1396961399
传　真:0596-2023844
主　任:郑和木
经营范围:

承揽、制作、发布国内各项广告业务。

特色:

漳州电视台节目,通过无线网、有线网全面覆盖漳州市所辖八县一市二区,收视人口500万。

莆田市有线电视台

地　址:莆田市城厢区石室东路 3 号
邮　编:351100
电　话:2288381(办)
传　真:2288382
台　长:戴建中
经营范围:国内外影视广告制作与传播

宁德电视台广告部

地　址:宁德市建新路 6 号
邮　编:352100
电　话:0593－2863999　2831482
传　真:0593－2831482
负责人:陈起鸿
联系人:黄劲松、林银峰

宁德电视台广告部是宁德电视台广告的全权代表机构,承接国内外电视广告的策划与制作。

宁德电视台广告部作为闽东唯一地区级电视台的广告部,拥有多名广告专业人员,设备先进,具有独立制作电视广告、节目、电脑动画设计能力。广告部下设经济节目组、自办《闽东经济》栏目,以多渠道宣传方式为宁德本地企业和到宁德开拓市场的外地企业提供更周到、更快捷的服务。

宁德电视台广告部是企业开拓闽东市场的理想伙伴。

经营范围:

制作、发布国内外电视广告业务、电视直销、产品推广等。

杂　志　类

每周文摘

一周两期,

《每周文摘》将书山报海的最新精华向您传递

让您准确把握世界的心跳!

《每周文摘》以快捷速度,浓缩国内外读物的最新精华,题材包容政治、经济、文化、社会诸方面。

帮您了解新闻、开阔视野、增长知识、娱乐生活。

1985 年发行量突破百万大关,至今畅销全国 98% 的县市、居全国文摘类报纸的前列。

在《每周文摘》刊登广告,将助您传播信息、打响品牌、开拓市场。广告联系电话:(0591)7095911　7095909

《福建金融》

地　址:福建省福州市五四路 220 号
邮　编:350003
电　话:0591－7827764
传　真:0591－7827764
社　长:倪健鹤
总编辑:林正平
联系人:周　冰

《福建金融》(月刊)是福建省金融学会及人民银行福建省分行、工商银行福建省分行、农业银行福建省分行、中国银行福建省分行、建设银行福建省分行、中保财险福建省分公司、中保寿险福建省分公司、福建兴业银行、农业发展银行福建省分行、投资银行福州分行合办的面向国内外公开发行的金融期刊。《福建金融》为大 16 开本,印刷精美、版式大方、内容翔实。

广告经营范围:

设计、制作、发布、代理国内杂志广告。

福建青年杂志社广告部

地　址:福州华林路福建日报大厦 6 楼
邮　编:350003
电　话:0591－7095789
联系人:李幼南

福建青年杂志社是我国一家优秀期刊社,曾被评为全国新闻先进集体。她主办的《青春潮》(原《福建青年》)、《青年博览》多年来锐意改革,不断创新,赢得了上百万读者群,发行遍布全国。

《青春潮》采用国际标准大16开本，四封及内插彩页均为进口铜版纸，内文为60克铜版纸印刷。它无论版式设计或文章内容均鲜明夺目，极富创意，显示出高品位高档次的现代气派。它的前身《福建青年》曾与《读者》、《参考消息》等报刊一起，被评为最受青年欢迎的全国十家报刊。

《青年博览》广收博采海内外佳作精萃，多年来已赢得众多不同阶层读者青睐，曾多次被评为全国十佳文摘报刊。采用16开本，四封为进口铜版纸，内文为60克铜版纸。

欢迎您加入《青春潮》的行列

欢迎您加入《青年博览》的行列

预祝您的产品，预祝您的企业随着《青春潮》的足迹遍及华夏五洲

预祝您的声名随着《青年博览》飞入千家万户，飞越时空。

艺术·生活(双月刊)杂志社

地　址:福州五一北路三十一号十三楼
邮　编:350001
电　话:7534506
负责人:余道伙
联系人:程梅英
经营范围:
编辑出版《艺术·生活)双月刊杂志。
设计、制作、发布、代理国内杂志广告。

江　西　省

公　司　类

江西现代广告发展公司

地　址:江西省南昌市八一大道1号17楼
邮　编:330002
电　话:6218734、6219266
传　真:6219078
负责人:赵　洪
联系人:张晓云

江西现代广告发展公司系综合性广告公司，集策划、设计、彩印、户外广告制作于一体，专业人才齐全，设备先进，坚持以策划为主导，创意为中心，平面设计为特色，不断地开拓户外广告媒体的全方位经营方针。荣获了《全国第三届广告展览》《全国第四届广告展览》优秀广告作品奖，同时，也赢得了省内外广大用户的赞誉。

本公司真诚地希望与社会各界通力合作，携手共进。

经营范围:整体广告策划、CI策划与设计、印刷广告、户外广告等，并代理电视、广播、报纸和杂志广告。

南昌市广告公司

地　址:南昌市丁公路111号(市工商局2楼)
邮　编:330002
电　话:0791－6260027　6214845
传　真:0791－6251686
电子信箱:nguang@public.nc.jx.cn
负责人:魏一新
联系人:周　强

南昌市广告公司系南昌市广告协会下属的一个综合性广告经营实体，系中国广告联合总公司成员单位，组建于1980年。现拥有户外媒体4000多平方，在繁华路段有200个灯箱广告位。知名广告作品有"IBM PC"、"松下电器"、"锦湖轮胎"、"立邦漆"、"百事可乐"、"三鹿奶粉"、"江铃汽车"等。公司承制、发布大型霓虹灯、路牌、灯箱广告；策划、制作、代理发布电视、报刊、广播广告业务；承接大型装修工程；主持企业CIS策划，企业营销策划等。

南昌邮政广告公司

地　址:南昌市邮政路1号
邮　编:330008
电　话:6788981　6776544
传　真:6775244
负责人:刘茂达
联系人:邹正明

南昌邮政广告公司成立于1991年,是一家集策划、设计、制作、发布于一体的综合性广告公司。在广大客户中努力树立起自己的企业形象,是邮政广告不断的追求。而今,邮政广告不仅拥有出类拔萃的人才和先进的设备,更凭借邮政无所不及的网络优势和多年的经验,倍受客户和业内人士赞誉,邮政广告是首批获得代理权资格的广告公司之一,并于1997年被江西省工商行政管理局评为“江西省A级综合性广告公司”。

南昌邮政广告公司的业务范围包括:邮送广告、商业信函(DM广告)、中国贺年有奖明信片广告、广告明信片、报纸、电视、广播等媒介的广告代理,画册、海报等各类平面广告的创意设计及印前制作,整体广告策划。

新干县广告公司

地　址:江西省新干县城滨阳路5号(县文化馆内)
邮　编:331300
电　话:0796－2605570
经　理:杨九根
业务经营:谢小珍　杨　昆
经营范围:

主营:招牌、路牌、民墙广告设计制作发布、商标设计、电脑刻字。

兼营:工艺美术设计、装潢、制作、霓虹灯制作、摄影、娱乐、玩具、文化用品、钢木家具。

南昌公交广告公司

地　址:江西省南昌市站前西路18号
邮　编:330003
电　话:(0791)6222391　6268184

南昌公交广告公司是一家综合性广告公司,现为中国广告协会会员,中国广告协会公交委员会理事,南昌市广告协会副会长级单位,连续5年被市政府授予“重合同,守信用”先进单位。

公司拥有先进的电脑设计制作设备和专业的技术队伍。下设经营部、办公室、业务部、设计部、综合工程部、霓虹工程部、下设公交霓虹材料商行、公交客运有限公司。公司本着竭诚为客户服务的宗旨,充分满足广大客户的需求,树立了良好的企业形象和声誉。

主营:交通广告、广告总体策划、霓虹广告、电脑创意设计、装饰工程、印刷品广告。

南昌新星广告信息公司

地　址:江西省南昌市北京西路154号319室
邮　编:330046
电　话:(0791)6263377　6213980－504
传　真:0791－6263377
负责人:包荣生
联系人:王　琪
经营范围:

1.CI创意设计;
2.全方位策划;
3.电视广告制作;
4.四大媒介(报纸、广播、电视、杂志)广告代理;
5.户外广告(霓虹灯、灯箱、路牌、栅栏牌、条幅、气球、立体造型等)制作、发布、代理;
6.新闻发布及各类促销公关活动;
7.室内外装饰;
8.信息咨询。

报 纸 类

江西日报广告部

地　址:南昌市豫章路1号

邮　编:330006
电　话:(0791)6849868　6803336
传　真:6849868
负责人:王福堂
联系人:章华光

《江西日报》是中共江西省委机关报。它围绕江西省委、省政府各个时期的中心任务,紧密结合实际、广泛、深入地反映和指导社会生活、表达人民群众的呼声,为读者提供多方面最新信息。它力求内容新、时间快、形式活、方面广,在思想性、指导性与群众性的有机结合中,让人们领略鄱赣大地上的一幅幅时代画卷和国内外的时事风云。

《江西日报》创刊于1949年6月7日,1984年《江西日报》开始向国外发行,对开四版,每星期二、三、四、五为对开8版,目前《江西日报》发行量达30多万份。

《江西日报》采用电脑激光排版,胶版印刷新技术,图文清晰、版面新颖。在广告策划,版面设计中,不断吸收现代广告创意理论和设计制作手法,努力为企业策划、设计、发布卓有成效的广告作品,是国内外工商企业刊登广告的理想阵地。

广播电视类

江西人民广播电台经济信息部

地　址:南昌市北京西路20号
邮　编:330046
电　话:6264040　6201731
传　真:0791－6236443
负责人:曾庆洪

江西人民广播电台创办于1949年5月,1997年1月上卫星,在江西的有效覆盖达70%以上。安徽、山东、福建、广东、江苏、湖南、湖北相邻地收听效果良好。全天播出18个小时。

江西电视台广告部

地　址:南昌市福州路169号二楼
邮　编:330006
电　话:0791－6226208　6213653
负责人:张晓建

南昌电视台经济信息部

地　址:南昌市民德路401号
邮　编:330008
电　话:771987

山　东　省

公　司　类

山东省广告装潢公司

地　址:济南市南门大街1号
邮　编:250011
电　话:6920660
电　报:0660
总经理:张小光
联系人:杜玉萍

山东省广告装潢公司是省内大型综合性广告行业的专业公司。公司的创意策划水平,设计制作能力在同行业中堪称一流;公司下辖霓虹灯厂、广告装潢厂、装饰工程部等三个相对独立的实体,对负责广告的创意策划,制作发布;国内外广告业务的代理及负责大型新闻发布,经贸洽谈,庆典活动的组织与实施有着极为丰富的经验。对霓虹灯照明工程,装饰装修工程,橱窗灯箱制作,产品样本设计,各种产品名牌的标志设计及印刷包装。

公司始建于1965年,现有在编职工48人,其中具有高级设计、创意职称的人员2名,中级职称8名。业务策划人员9名,工程技术人员12名,其它人员17名。是省内最大的广告公司之一。

公司的一贯宗旨是:“信誉至上,客户第一”,公司的无限信心是“靠近南门广告,通向成功之道”。

青岛广告公司

地　址:青岛市人民路27号
邮　编:266033
电　话:0532-3730155　3730156　3730157
传　真:0532-3730156
负责人:隋　伟
联系人:张培金

青岛广告公司成立于1978年,是青岛市从事广告业最早的公司之一。成立19年来,公司员工以广告人具有的特质和规范,为行业的发展尽心尽力,现已发展成为全省最大的广告公司之一。

公司部门齐全,完全具有综合策划、代理、发布广告的实力。我们所做的——就是为客户找准:企业与市场的最佳切合点。

青岛天诚广告公司

地　址:青岛鄱阳湖路7号
邮　编:266071
电　话:(0532)5818668　(0532)5825048
传　真:(0532)5825048
负责人:贾永壮
联系人:殷景迅

公司成立于1993年,是一家追求服务品质、注重营销创意、按照国际广告作业规程运作的全面服务策划代理型广告公司。

天诚公司以“诚”为本,积极汲取先进的广告理念和管理经验,拥有专业人才80名,60%为大专以上学历。公司设有总监室、综合业务部、策划部、创作部、媒介部、影视中心、工程制作部等部门,承接CI形象设计、大型活动策划、广告促销策划、商品包装设计、影视制作、工程制作、印刷及媒介代理等业务。先后为海尔集团、海信集团、银都置业、青岛生活导报、日本全日空、美国朗讯、荷兰壳牌、日本狮王、美国博士伦等国内外各个行业100多家客户提供了广告服务。

山东省栖霞广告装潢总公司

地　址:栖霞市翠屏路环翠巷二院
邮　编:265300
电　话:0535-5211047　5210910
手　机:139-6455877
传　呼:127-2581577
总经理:林德军
联系人:栾志超

公司成立于1991年5月,拥有固定资产310万元,有管理技术干部40多人,施工技术工人120多人,大中专毕业生30多人,下设两个工程处。广告公司和日照分公司,年施工能力达1000万元以上,具有丰富的装饰装修、广告制作施工经验,有雄厚的技术力量和先进的微机设计管理设备,是被国家认定的具有乙级设计能力和乙级施工资质的国营企业。公司多次在省市组织的评比和比赛中夺杯获奖,1995年被评为山东省装饰行业五十强企业。

本公司完全具备独立承包高级酒店、写字楼、商场及大型室内外装饰工程和户外广告、大型灯箱、电脑喷绘、玻璃幕墙、铝合金、不锈钢工程及环境艺术、玻璃雕刻等配套的设计、施工、制作加工能力。热忱欢迎用户光临指导,洽谈合作!

济宁市经纬广告有限公司

地　址:济宁市环城北路1号经纬大厦14楼
邮　编:272100
电　话:(0537)2313143

总经理:李东军

联系人:常红旗

济宁市经纬广告有限公司(原济宁市广告公司)始创于1984年,伴随中国广告的起步与发展,进行了十多年的奋进拼搏,公司已发展成为综合性广告代理公司,拥有先进装备,68名集高水平管理、创意、设计、制作并具有忘我敬业精神的队伍,业务融影视、报纸、展示、电子屏幕、霓虹灯、空中、路牌、CI策划、印刷、制作、发布、代理等为一体。公司下设业务部、影视部、设计部、策划创意部、印务部、新媒体开发部、工程部、霓虹灯艺术公司、装饰材料商场。精良的装备,专业的人才为客户提供满意的服务。

用我之双手,助您之伟业!

济南市公交广告公司

地　址:中国济南纬十二路10号

邮　编:250021

电　话:(0531)5960242

传　真:(0531)5960241

我公司是以城市公交汽电车体、候车亭、站牌为主要的户外广告媒体,近千部车体广告。三十多条路线贯穿泉城的东西南北,形成了一道道美丽的风景线。人在流动,车在运行,信息在传播是一种极佳的流动性广告媒体,它为树立企业形象,开拓产品市场引导健康消费、美化城市、增加市场的现代化气息、商业气息等方面也发挥着积极的作用。

本公司下属有恒艺广告制作中心,不但具备策划、平面设计、精美制作等诸方面的实力,还拥有日本生产的MICHEIAMGLO大型喷绘设备和NOVAJET小型喷绘机,它适用于户外灯箱广告、车身广告、大型路牌的喷绘制作,并已达到国内先进水平,下属部门还有实力雄厚的霓虹灯厂,制作安装均实行一条龙服务,还有经省二轻厅批准的乙级承揽装修的亚太装饰工程公司,恒业经贸公司是集广告材料等各类批发零售综合性部门。

我公司全体员工将竭诚与各广告公司加强合作,共同发展,与您共创美好的明天!

北京五洲广告公司青岛分公司

地　址:青岛市香港中路18号福泰广场1301室

邮　编:266071

电　话:1395321518　1395320701

负责人:徐　辉

联系人:郑　洁

我们崇尚真诚,我们追求卓越。

我们依托开拓的创作理念,先进的制作手段和雄厚的媒体实力,精心建造和维护通往消费者心中的桥梁。

本公司承办各类广告设计、制作和策划代理业务,兼营建筑内外装潢、为企业和团体提供会议策划与组织服务,计算机技术开发。

报 纸 类

大众日报

地　址:济南市经十路46号

邮　编:250014

电　话:(0531)2968911-3701

传　真:(0531)2962400

负责人:文风纯

大众日报——山东省委机关报,诞生于1939年1月1日,是目前中国大陆连续出版时间最长的报纸。《大众日报》是山东经济、政治、科技、文化和改革开放的新闻总汇,其报道翔实、准确、权威,在全国报界具有广泛影响。

《大众日报》对开八版,另辟有《大众周末》、《电脑特刊》,发行量50万份,是目前山东省发行量最大的综合性报纸。

《临沂日报》广告信息部

地　址:山东省临沂市即丘路3号

邮　编:276004

电　话:(0539)8313043

《临沂日报》系中共临沂市委机关报,是

临沂市唯一综合性日报，对开4版，每日一刊，激光照排，胶版印刷，发行全市12个县区，是一份深受读者喜爱的报纸。

临沂日报广告部是《临沂日报》对外的重要服务窗口。广告部聚集了一批广告人才，具有较强的广告策划手段和市场调查能力，曾连续四年在省同行业中被评为"重信誉、创优质"服务活动先进单位。所设计的广告作品多次在全省报纸广告优秀作品评选中获奖，在首届全国报纸广告评选活动中获优秀奖。

临沂日报广告部愿以优质的服务、优惠的价格，为促进商品流通，繁荣城乡市场，提高企业及其产品的知名度，扩大销售做出应有的贡献。

本部除在《临沂日报》上开辟专栏、专版广告外，还开辟了中缝广告、分类广告等，为广大客户提供全方位服务。

汇八方信息　集群体智慧
愿 您 美 名　广 告 天 下

济南日报广告部

地　址：山东省济南市经七路纬一路2号
邮　编：250001
电　话：(0531)6920202

山东经济报

地　址：济南市经四路大纬二路
邮　编：250001
电　话：613305

青岛日报广告处

地　址：青岛市太平路33号
邮　编：266001
电　话：264907

广播电视类

山东电视台广告部

地　址：济南市经十路81号
邮　编：250062
电　话：(0531)2951295转6810
传　真：(0531)2955872
负责人：魏　民
经营范围：

在山东电视台各套节目中发布各类电视广告。

山东人民广播电台

地　址：济南市青年东路11号
邮　编：250014
电　话：614242

济南人民广播电台

地　址：济南经十路14号
邮　编：250014
电　话：615549

济南电视台

地　址：济南市经十一路14号
邮　编：250014
电　话：614540

河　南　省

公 司 类

郑州市广告公司

地　址：河南省郑州市大学路16号广告大厦
邮　编：450052
电　话：8988188　8988588　8988888
6990220　6990222

负责人:杨长兴
联系人:张惠君 崔天保
经营范围:
广告代理;CI设计;
霓虹灯、路牌、大型喷绘广告制作;
代办新闻发布会、产品展销会、促销会等。
为企业提供市场调查,进行广告策划创意。

郑州市公交广告装璜公司

地 址:京广北路27号
邮 编:450000
电 话:0371-6974938
企业法人:艾战军
常务总经理:范振河

郑州市公交广告装璜公司(以下简称PCAC)自1984年成立以来,先后被评为河南省“十佳”广告公司和“重合同,守信用”先进单位,是经营郑州市公交公用设施广告的专业广告公司。

PCAC汇聚造就了一批具有实践经验和专业知识的精英,是集市场调研、创意策划、设计和电脑喷绘制作、发布、代理于一体的全方位的广告服务公司。

PCAC紧追国内外广告发展的最新成果,引进国内外先进的广告设计制作技术和设备,使PCAC广告作品更具冲击力、感染力,为中外企业塑造卓越的企业形象和开拓广阔的市场。

PCAC的企业精神:事在人为,超越自我,追求卓越,奋勇拼搏。

郑州市广告装潢公司

地 址:郑州市大学路33号
邮 编:450052
电 话:6968533 6963540 6969415
电 报:2211
总经理:刘平生
副总经理:唐超英、王建飞

郑州市广告装潢公司是中国广告联合总公司成员单位。可为客户提供如下服务:路牌、霓虹灯、电脑平面设计、雕塑、印刷广告,礼品广告,展览广告,公关广告,广告创意,影视制作,市场调查、策划。代理全国各类广告,包装装潢、装饰工程等。

河南省漯河市丽光广告公司

地 址:河南·漯河市交通路中段亚细亚南侧
邮 编:462000
电 话:(0395)2131528(办) 2152643(厂)
负责人:张金业
联系人:王 诊

主营:CI策划,设计、制作、发布各类户外广告,代理国内外各类广告,承接各类金属字、霓虹灯、灯箱、标牌、装璜设计、印刷、电脑服务,高楼、高塔灯光设计安装等业务。

报 纸 类

河南日报社广告处

地 址:郑州市纬一路一号
邮 编:450003
电 话:5951037 5970760
负责人:陈伊娜
联系人:王又方

《河南日报》是中共河南省委机关报,每日出版对开两张八版,内容丰富,覆盖面广,编排新颖,印刷精美。

河南日报广告处拥有一批年轻的企业管理、广告策划、市场调查、创意设计人才及国内一流的电脑制作设备,能为客户提供多层次、高品位的整体服务,与全国各地的广告公司,新闻媒介进行长期的业务合作等等。为方便客户,我们除开展正常广告业务及代理全国各地报纸广告业务外,不断推出了“公共关系”、“企业形象”专版以及“广告之窗”栏目,是企业及其他刊户自我宣传的理想媒体。

洛阳广播电视报社

地　址：洛阳市九都路副67号
邮　编：471000
电　话：3921872
传　真：3934027
负责人：王宝林
联系人：党文华　倪　玲

主营：报纸广告。

兼营：与广播电视、家庭生活有关的经济信息，以及户外广告等。

《洛阳广播电视报》每期四开十六版，七版电视节目预告，四版电视节目介绍，另设有影视人物、声屏社会、视听之友、报海采风等专版，集服务性、知识性、娱乐性、可读性为一体，周三出版，套红胶印，最高期发行量20万份，覆盖洛阳市九县六区及郑州、三门峡市部分县市。

洛阳广播电视报广告部有专业的策划、设计、公关人员，几年来一直奉行客户第一、优质服务的经营宗旨，为众多的客户成功地发布了广告，并被洛阳市工商行政管理局授予“信得过先进单位”。

平顶山日报社广告部

地　址：平顶山市建设路西段268号
邮　编：467002
电　话：日报广告　(0375)4944751
　　　　晚报广告　4930123
传　真：4946700　4963338
负责人：许凌云
联系人：张宝丽

平顶山日报是平顶山市委机关报，是平顶山市最具权威和影响力的媒体，全国发行，日发行量10万余份。平顶山晚报是走进居民家庭的良师益友，日发行量5万余份。

平顶山日报社广告部拥有先进的交通、通讯设施，拥有一流的广告创意微机系统，拥有高素质的专业策划、设计人才，可为客户提供全方位的广告策划、创意、设计、制作、发布乃至市场调查服务。

我们的服务定会为您的产品成功通向市场搭上桥梁，为您的事业发展开拓更广阔的天地。

广播电视类

洛阳电视台

地　址：洛阳市中州中路185号
邮　编：471000
电　话：3936432　3935872
传　真：3936432
广告部主任：朱孟献
联系人：张艾珍

承办国内电视广告业务。

洛阳电视台广告部有一套严格的制作、播出管理体系，具有独立策划、创作、拍摄、制作高档次广告的技术实力和设备实力。电视信号覆盖豫西地区的十多个县市，覆盖人口八百多万。洛阳电视台广告部奉行全心全意为广告客户服务的原则，对所有播出广告实行三级审看制度，以保证广告播出质量和宣传效果。除承揽制作各种形式，各种规格的文字、图象广告外，还在黄金时间开办了信息、产品介绍、文化娱乐为一体的《经济十分钟》栏目和天气预报节目。

河南人民广播电台广告部

地　址：郑州市经五路2号
邮　编：450003
电　话：5951286
电　报：1684
负责人：王扎根
联系人：黄云秋

河南人民广播电台人口覆盖率达89%以上，全国多数省、市区以及日本、东南亚、欧美等一些国家和地区也能收听到河南台的广播。河南电台广告部主要承揽、代理、制作、发布河南人民广播电台、河南经济广播电台、河南交通台、文艺台的广告业务。

河南电视台广告部

地　址:河南省郑州市经五路2号
邮　编:450003
电　话:(0371)5951983　5961300
传　真:(0371)5952275
负责人:石小兵
联系人:刘　颖

河南卫视台覆盖全省及周边地区,拥有近一亿电视观众。河南电视台广告部负责河南电视台三套自办节目的广告经营工作,设计、制作、发布国内外电视广告业务。

河南电视台已于1996年6月1日通过亚洲2号卫星,覆盖中国、日本、印度、东南亚、中东、东欧和澳洲等地。

河南电视台广告部负责河南电视台三套自办节目的广告经营工作。设计、制作、发布国内外电视广告业务。

开封有线电视台广告部

地　址:河南省开封市文昌后街2号
邮　编:475001
电　话:(0378)5965755
传　真:(0378)5977378
负责人:号志国
联系人:徐央文

主营:设计、制作、发布国内电视广告业务。

杂 志 类

《矿山机械》月刊

地　址:河南洛阳市涧西区重庆路
邮　编:471039
电　话:(0379)4218711-4788
　　　　(0379)4221660-2706
传　真:(0379)4221800
主　编:刘兴才
广告部:李惠杰　翟晓华　曲素兰

横跨"矿业工程类、煤矿开采类和机械及仪表工业类"三大工程学科的中文核心期刊,应用技术类刊物,已蝉联各届全国和机械系统"优秀科技期刊"奖。已在科技期刊的编辑出版方面闯出自己的特色,受到读者广泛好评。标准大16开(A4),每期正文80页。期发数11000册。读者分布于与矿山开采和矿物处理装备有关的矿山、选厂、工程建设、化工、电力、建材、工业和生活废物处理以及科研院所、制造厂和设计院等部门。拥有最新的排版和苹果创意系统。热情欢迎各企业在本刊上宣传自己的新技术、新产品。我们将竭诚为您服务。

湖　北　省

公 司 类

湖北省国际广告公司

地　址:汉口江汉北路四号八楼
邮　编:430022
电　话:85795137
传　真:85795117
负责人:李祥海

设计、制作、发布、代理国内外各类广告,自营和代理除国家组织统一联合经营的16种出口商品和国家实行核定公司经营的14种进口商品及技术的进出口业务;开展"三来一补"、进料加工业务;经营对销贸易和转口贸易。

兼营:批零兼营机电设备、农机具、建筑及装饰材料、日用五金、文化用品、工艺美术品(不含金银首饰)、纺织品、服装、农副土特产品。

武汉市公汽广告装璜公司

地　址:武汉市桥口区桥口路 160 号
邮　编:430030
电　话:027－83780744　83757569
传　真:027－83782350
总经理:刘林祥

武汉市公汽广告装璜公司依托公汽总公司,建设了三千多台公交车辆广告,四百多座站杆、站牌,以及一批大型户外光电广告,流动和静止的广告媒体曾获得“湖北省明星广告公司”称号。

我公司具有较强广告创意、设计、制作能力。并拥有九十年代最先进的美国 XEROX8954、400dpi 电脑静电写真机;苹果 9600/200 电脑等设备。

我们将以一片诚挚之心和良好的信誉,为您大展宏图而竭尽全力。

武汉市轮渡公司广告服务部

地　址:武汉市武昌区曾家巷轮渡码头
邮　编:430061
电　话:88217852
负责人:王华智
联系人:鲁　旺

武汉轮渡广告部是全国最大城市轮渡企业所辖单位,主要经营轮渡路牌广告业务。地处江城的轮渡广告拥有 36 座码头,42 条机动客轮作为自己的广告媒体,月均客流量达三十余万人次。近年来,轮渡广告精心制作发布霓虹灯、透光彩、灯箱、立体透空等多种形式广告,由于其制作精良、客流量大、广告效果好,因此,深受广告客户的青睐。

荆门市楚天公关广告公司

地　址:荆门日报社新闻大楼一楼
邮　编:448000
电　话:(0724)2335204
负责人:任　颐
联系人:任　颐

主营:主办国内公关活动及公关服务,代理、代办各类广告,经济技术信息服务,建筑、装璜材料销售。

报　纸　类

湖北日报社

地　址:武汉市武昌黄鹂路 65 号
邮　编:430077
电　话:(027)86773747　86783522
传　真:(027)86783522
社　长:卢吉安
总编辑:宋汉炎
总经理:陈新民

《湖北日报》是中共湖北省委的机关报,是全省发行量最大的一张综合性报纸。它创刊于 1949 年 7 月 1 日,对开八版,周六彩印。立足本省,面向全国,发行海内外。常年稳定读者 540 万,报纸阅读率全省第一。

湖北日报社主办的《楚天都市报》、《湖北农民报》、《市场指南报》和《新闻前哨》等系列报刊在全省乃至全国具有一定的影响。湖北日报作为母报与子报协调一致、优势互补,为各界提供服务。

湖北日报社目前拥有一支业务和技术素质较强的新闻专业队伍与技术人员队伍;还有一支较强的广告策划、编辑、美术设计等专业队伍。以新闻采编综合业务网及办公自动化计算机管理系统为主体的电子技术应用初具规模;报纸、书刊印刷实现电脑自动排版、彩色轮转胶印,并拥有一批高新技术印刷设备。

报社在认真抓好广告、印刷、发行等主体经营的同时,积极开拓多种经营项目,兴办有湖北神州广告公司、湖北中新广告艺术有限公司(合资)、湖北日报社实业发展总公司等经济实体,还在北京、上海、广州、海口、深圳等地设有报业经营办事机构。报社印刷厂已发展为集图像扫描、分色创意制版及报纸、期刊、课本、联动装订和包装彩印等综合型的联合企业,是中国 500 家最佳效益工业企业之一。

报社位于风景优美的武汉市东湖之滨，占地300余亩，已初步建成花园式工作（生产）、生活文明社区；现有资产近3亿元人民币。

广播电视类

湖北人民广播电台广告信息部

地　址：武汉市解放大道563号
邮　编：430022
电　话：85791532　85795743
传　真：85780526
负责人：李忠诚

在湖北人民广播电台、湖北人民广播电台文艺台、经济台、交通音乐台发布各类国内、外广播广告。

武汉人民广播电台经济信息部

地　址：武汉市建设大道620号
邮　编：430015
电　话：(027)85774829
传　真：(027)85796479
负责人：孔昭藩
联系人：廖贤霞

在本台发布各类国内、外广播广告。欢迎各广告公司代理本台广告业务。

荆门人民广播电台

地　址：荆门市塔影路13号
邮　编：448000
电　话：(0724)2332825　2334567　2332340

荆门市地处湖北中部，人口280万，是一座新兴石油、化工明星城市。荆门人民广播电台成立于1985年元月一日，副县级、台长胡常义。发射频率1161KHI、97MHZ、103MHZ；全天分二次播音，总播出时间13小时，发射功率10千瓦。荆门人民广播电台是全国广播广告协会会员单位，兼营广告业务。归口单位台经济信息部，负责人王宏静。目前，该台专业广告业务人员有7人，其中中级职称2人，初级职称5人。1997年广告收入60万。

湖　南　省

公　司　类

长沙铁路广告装饰公司

地　址：长沙市车站路68号
邮　编：410001
电　话：4119360　4137930
负责人：肖　宇
联系人：黄瑞其

本公司拥有长沙、衡阳火车站等黄金地段的广告媒体，具有雄厚的广告策划、设计、制作能力。公司成立十余年以来，以真诚的态度、清新的创意、精良的工艺和热情的服务赢得了广大客户的好评。荣获“全国广告企业重信誉创优质服务先进单位”、“湖南省明星广告企业”等光荣称号。1997年又被评为“湖南省广告行业精神文明先进单位”。本公司愿一如既往地与工商企业界的朋友们携手开拓，共创未来。

常德广播电视广告公司

地　址：湖南常德市武陵大道南段67号
邮　编：415000
电　话：(0736)7225833－3088　7225163
负责人：汪祚安
联系人：田　电
经营范围：

常德广播电视广告公司由常德人民广播电台广告部，常德电视台广告部、常德有线电视台广告部，常德广播电视报广告部联合组成的专业广告公司。隶属常德市广播电视局，经工商部门批准，专业代理广播、电视、报纸、户外、国内外广告业务。

常德电视台覆盖湖南省湘西北地区全市七县(市)二区，有线电视台网络已覆盖整个城区，拥有50多万观众。常德人民广播电台电波传遍湘西北地区。广播电视报深入千家万户。常德声、屏、报联手合作，相得益彰、交织汇集，形成一个综合性的完整的广告体系。

常德广播电视广告公司整体实力雄厚，荟萃广告设计、经营、策划及编、导、拍、制作等方面的专业人才，技术装备精良，能提供从创意设计、制作传播声屏报多媒体全方位的广告服务，在常电广制作播出广告，能取得良好的经济效益。常电广愿竭诚为国内外的企业界、经营界及各阶层客户提供优质服务。

湖南省国际贸易广告展览公司

地 址：长沙市五一东路80号省外贸大楼25－26层

邮 编：410001

电 话：(0731)2284201

传 真：(0731)2285826

负责人：杨时音

经营代理国内外各类广告；承办展览展销会；承接广告设计、制作业务。

湖南博创广告有限公司

地 址：长沙市白沙路88号天机大厦七楼

邮 编：410002

电 话：5112263 5111213

传 真：5115701

本公司主营全面广告策划代理，市场调研，CI策划，行销企划及影视、平面等各类广告创意、设计与制作发布。

本公司拥有一流的全面广告策划、市场调研、创意设计、媒介企划及行销管理等资深专业人才，拥有目前全省广告行业中最高档的苹果电脑设计系统配置。1995年在全国第四届优秀广告作品评比中，分别有招贴、报纸、电视等五件广告作品获奖，并荣幸地接受中国广告协会委托，独家编印发行《全国第四届优秀广告作品集》大型画册，1996年公司又有报纸广告创意获《广州日报全国优秀广告作品评比奖》。

公司的全面广告代理客户有以“长沙九芝堂集团”、“台湾金莎食品有限公司”、“梦洁纺缝制品有限公司”、“中美合资长圣药业”、“伊莱克斯中意(长沙)电冰箱有限公司”等为代表的一批实力雄厚的中外企业。1995年公司被省工商局、省广协评定为《湖南省明星广告公司》。

长沙市公交广告公司

地 址：长沙市车站路26号

邮 编：410001

电 话：4259012 4210619

总经理：田长云

长沙市公交广告公司成立于1985年8月，由以前的单一经营车身广告发展成为经营、发布、代理各类广告的专业性广告公司。

公司地处繁华的火车站，目前拥有1200多辆各类公交车辆车身广告媒体，拥有成套的高新技术设备和一批高素质人才。公司自1993年以来连续四年被市政府授予“重合同、守信用企业”，不断的向正规化、现代化、高标准、高质量的方向发展。

株洲市卫生图片社

地 址：株洲市人民中路46号

邮 编：412000

电 话：8216442

法 人：徐中一

株洲市卫生图片社隶属于株洲市卫生防疫站，是一家集广告策划、设计制作、商贸信息于一体的广告企业。主要以拍摄广告图片，广告丝印，灯箱灯片和幻灯片为特色，新引进高科技电脑喷绘系统进行广告创意设计，印刷产品画册，制作各种广告牌展板，灯箱、招牌，同时进行企业专题电视摄像的拍摄及各类礼品广告的经营。广交各界朋友，合作与交流。

报 纸 类

湖南日报社广告处

地　址：长沙市芙蓉中路
邮　编：410071
传　真：(0731)4427790
负责人：周新太（处长）
电　话：(0731)4427775
联系人：何子明
电　话：(0731)4312999－6024、6026

《湖南日报》是中共湖南省委机关报，年发行量多年来在全国省级党报中居前九位，是覆盖湖南城乡唯一的一张大报，集权威性、可信性于一体，在湖南乃至全国拥有广泛的读者，享有较高的声誉。

《湖南日报》每天出对开两大张共八个版。内容丰富，图文并茂。《湖南日报》在全国报纸系统的新闻、编校、印刷等诸项评比中，连年获奖并名列前茅。

《湖南日报》创刊于1949年。1979年《湖南日报》顺应改革开放和经济建设的大潮，率先在湖南省恢复发布报纸广告，由此带动和开启了湖南的广告市场。现在，广告已成为《湖南日报》宣传、传播内容的重要组成部分，是发展社会主义市场经济和丰富人们生活必不可少的巨大信息源地。

经营范围：

在《湖南日报》上发布国内外各类广告。承办分类广告。

株洲日报社信息广告部

地　址：湖南省株洲市天元区黄河北路
邮　编：412000
电　话：0733－8823918
传　真：8823919
负责人：王德智　谭　宪

株洲市为三湘重镇，江南交通枢纽，新兴工业城市，商贸中心，下辖五县（市），人口近400万。中华始祖——炎帝的陵寝坐落本市炎陵县，名胜众多，美不胜收。

《株洲日报》为中共株洲市委机关报，对开四版日报，为本地区发行量最大、最具权威性的综合性报纸，是广大读者了解株洲、了解湖南、了解全国、了解世界的重要媒体。

株洲日报社信息广告部，担负报纸广告策划创意、编排发布及全国报纸广告代理。本部阵容整齐，设备先进，电脑创意，服务周到，"诚""信"为本，竭诚为一切企事业及产品进入株洲市场架起快车道。

长沙晚报广告部

地　址：长沙市蔡锷中路161号
邮　编：410005
电　话：2224725　4442308
负责人：江　异　李新伟
联系人：文　姬

湖南广播电视报广告信息部

地　址：长沙市黄土岭
邮　编：410007
电　话：31811－338

广播电视类

湖南人民广播电台经济信息部

地　址：长沙市黄土岭
邮　编：410007
电　话：31811

长沙电台广告部

地　址：长沙市五一西路2号
邮　编：410005
电　话：447580

湖南省电视台

地　址：长沙市工农路
邮　编：410003
电　话：45674　29731 转 255

长沙电视台广告部

地　址：长沙市五一西路 2 号
邮　编：410005
电　话：447580

杂 志 类

化工设计通讯杂志

地　址：长沙市韶山中路 272 号
邮　编：410007
电　话：(0731)5534384－8184
传　真：5532185
广告业务负责人(联系人)：邓文高

经营范围：在本杂志广告栏中，承办化工(及其相关行业)产品、设备等广告业务。

刊登事项：本杂志系由邮局在国内外公开发行，并拥有广告经营许可证及广告业专用发票，创刊 20 多年，读者、订户遍及全国各地，发行量大，每版(16 开、铜版纸、照排)广告收费 1000 元(含设计、制作等费用)。

广 东 省

公 司 类

佛山市绿色频道广告有限公司

地　址：广东省佛山市季华五路 13 号三楼
邮　编：528000
电　话：0757－3336121　3336221
传　真：0757－3336221
负责人：谭　明
联系人：焦红玲

绿色频道广告有限公司前身为太阳广告策划公司，成立于 1992 年，公司从成立之初，就将“热诚、专心、高效”的服务精神和“客户得益才是我们最大的得益”的服务方向，贯穿于每一个合作客户的每一个案中。经过六年的发展壮大，以策略思考为前提，以创意为导向的绿色频道广告公司，今日已成为佛山广告界的翘楚。

面对激烈竞争的市场，公司率先在佛山广告界提出了整合营销策划和创立知名品牌的观念，将广告之长和营销之长巧妙结合，展开独到而出色的创意设计。拥有先进的硬件设施和高素质的广告英才不断加盟，使公司具备了强大的创意、设计、制作能力，并在全面市场调研基础上，为客户提供策略与战术相结合的广告计划和营销策划。同时针对企业的实际，推出各项以营销为中心的培训计划和专家讲座，为企业的营销工作点金添墨，倍增信心。

以专业创造广告的价值，绿色频道广告公司愿成为企业广告及营销的专家和朋友。

清远市广告公司

地　址：清远市区学宫街一号三楼
邮　编：511500
电　话：3333667　3332262
电　报：9529
总经理：苏耀坤
联系人：陈忠灵

清远市广告公司是中国广告协会团体会员和广东省广告协会理事单位。目前是清远市广告经营单位中首家获准经营外商来华广告的资格单位。

本公司有员工 60 余人，具有大专学历的设计人员和各类专业人员 20 余人。公司设行政办公室、业务部、广告策划部、制作部和工艺美术电镀部五大机构。其中广告策划部具有为客户提供全面策划和代理的能力；制作部承制各类路牌、霓虹灯、招牌和灯箱广告;工艺美术电镀部生产制作装饰壁画、工艺美术品和立体广告。

公司从1989年起多年被清远市人民政府授予"重合同、守信用"单位及被广东省广告协会授予首届"广东省广告业'重信誉创优质服务'先进单位"荣誉称号。我公司将继续奉行"客户效益第一、社会效益和经济效益并重"的宗旨,为广告客户提供优质服务。

欢迎广告客户和广告经营单位拨冗垂询。

湛江市广告公司

地　址:广东省湛江市霞山区解放东路10号
邮　编:524013
电　话:2220491　2222705
传　真:2222705
负责人:李　谷
联系人:李伟豪

梅州嘉应广告公司

地　址:广东省梅州市公园路2号之二
邮　编:514011
电　话:(0753)2231095
负责人:肖美元
联系人:谢本元

梅州嘉应广告公司是广东省广告协会会员单位,拥有一批经验丰富的美术设计师及工程技术人员。

主营:承接设计、制作、发布国内户外广告业务,代理各类媒介的广告业务。

兼营:室内外装饰及霓虹灯工程。

广东国际广告公司

地　址:广州市沿江东路463号珠岛宾馆10号西楼
邮　编:510100
电　话:020－83878056　87750725－2528
传　真:020－83878047
总经理:熊　城

广东国际广告公司成立于1993年1月1日,是广东省经济委员会与广东文学创作出版基金会合资建立的一家综合性大型广告公司。主要客户有:蓝带集团股份有限公司、百事可乐、英美烟草公司、世联集团、亚洲饮料、杨协成饮料、标志气车、爱德空调、鹰金钱、海尔、石湾米酒、蓝鹰葡萄酒、格力、威力、乔士等品牌。

公司业务网络遍布全国,与香港著名广告公司合作密切,拥有一批广告精英人才,采用先进的广告制作技术,在影视广告拍摄制作、平面设计、户外广告、媒介代理、客户服务、广告创意以及CI形象策划设计、大型综合性活动组织上均有成功业绩。

广东国际广告公司以独特的创意、一流的专业能力为客户提供高质量高效率服务。

中国对外贸易广州广告公司

地　址:广东省广州市流花路117号
邮　编:510014
电　话:(020)86681723
传　真:(020)86666937
负责人:戴新国
联系人:林　红

本公司成立于1988年,公司主要经营策划、代理、制作、设计、发布国内外各类广告。经营出国展览、来华展览,进出口贸易、彩印、包装、工程制作等业务。负责《中国出口商品交易会会刊》等刊物的编辑出版工作。开展市场推广、咨询服务和技术交流业务。

公司实力雄厚,拥有一批高质素的广告人才、从事广告专职人员达50多人,可为国内外客户提供优质服务。业务不断发展。公司代理一批国内外知名企业和名牌广告业务。如万宝路、万事发、555香烟、润讯、统一集团、青岛啤酒、中国嘉陵、四川长虹、贵州茅台、五羊一本田、轻骑摩托等知名品牌。经营实力、规模和效益均居全国同行前列。在广州地区广告实力综合评比中排列第二。

广州市对外贸易广告展览公司

地　址:广州市麓景路七号发展大厦东八楼
邮　编:510091
电　话:83573440　83573445
传　真:83573447
负责人:韩江南
联系人:潘姗姗

广州市对外贸易广告展览公司是外经贸委属下的国营企业,是中国外贸广告协会、广东省广告协会、广州市广告协会会员之一。

本公司主营国内外广告展览、技术交流及户外广告;兼营广告礼品、宣传品、摄影、录像器材、广告展览器材的进出口及保税仓业务。

本公司自1986年成立以来,成功地举办了多次大型国际性展览会,及成功地为麦氏咖啡、东芝电器、沙龙烟草、亨氏营养米粉、蓝带马爹利等世界名牌产品进行广告策划和投放活动,受到国内外客商的好评。

1995年本公司获广州地区25家最大广告企业排序第三名,并荣获广州地区"十佳广告公司"称号。

欢迎前来联系和洽谈业务。

广州市广告公司

地　址:广州市大南路49号
邮　编:510115
电　话:83335535
传　真:83330246
负责人:连　达
联系人:邱惠玲

广州市广告公司创建于1979年,是广州市诞生的首家专业广告公司,是中国广告协会会员、广告公司委员会常务委员单位、中广联成员公司、广州市广告协会副会长单位。

公司承办国内外各类广告业务,拥有一批优秀的广告人才和制作广告的先进设备,可完成广告总体策划、设计、制作、影视、印刷等各项广告业务。多次被评为全国、广东省"重信誉、创优质服务"先进单位,并在全国专业广告公司综合实力排序中位居前50名之内。

广东聚光堂广告有限公司

地　址:广州市河南江南大道中348号江南大酒店618房
邮　编:510245
电　话:84418888转618或619
传　真:84418888转618
负责人:张　松
联系人:高　莉

主营:设计、制作、发布国内外各类广告,代理自制广告的发布业务。

广州市天艺广告有限公司

地　址:广州东山三育路44号东山宾馆3号楼五层
邮　编:510080
电　话:(020)87602427　87773722-3520、3517、3515、3519、3500
传　真:(020)87602427
董事长:韩小鹰
经营范围:

天艺广告是一家大型中外合资广告公司,它具有广告策划、影视制作、平面设计综合代理实力的公司,公司在美国、澳洲、香港均设有分公司,担负国内企业向海外拓展的推广。天艺广告1996年被评为广州地区首家4A广告成员,1996年公司营业额在全国排序第40位,广东省第3位。在1997年中国第五届优秀广告评选中,荣膺5枚奖牌,其中"万家乐"报纸广告获平面广告银奖。公司现代理著名品牌客户有:万家乐热水器、太阳神、健力宝、乐华彩电、华凌冰箱、耶鲁固力锁、白天鹅宾馆、两面针集团、日本三菱电机、美国箭牌口香糖、美国百时美施贵宝"伊卡璐"洗发水等39家,是目前广东地区客户代理最大的公司之一。代理服务范围从企业市场推广策划、CIS战略实施到影视广告、平面设计、媒体投放、市场监测一系列配套性全方位服务。

广东黑马广告有限公司

地　址:广州市惠福西路 375 号大院四楼
邮　编:510120
电　话:(020)83387565,83321524,83334997,83386594,83182173
传　真:(020)83321524
负责人:黑　马
联系人:邹建团

黑马广告为资深广告人黑马先生于1985 年创立,属于"广州 4A"首批成员公司。

黑马曾为国际著名的宝洁、雅芳、亨氏开拓中国市场打响了头炮。为广东著名的万家乐、神州、华宝、科龙、索华成为中国市场同类产品的领先品牌而倾尽全力。为全国著名的太太、生命核能、美媛春、红桃 K 口服液屡创"一夜成名"的神话。为广州著名的合富辉煌、洛溪新城、汇桥新城房地产屡创销售奇迹。

都以为黑马代表着杰出的平面设计;善于为产品打开、占领市场,把广告做到叫绝,把销售做到叫座,这才是黑马的真谛。

黑马与全国媒介有着紧密的联系,1994、1995、1996 年在羊城晚报的代理额全国排名第二位。

"凝聚每一分热,旨在爆冷",黑马期待着与十分忠诚于自己品牌的客户并肩作战,时刻期待着。

广东省白马广告有限公司

地　址:广州市达道路 12 号金达大厦 9 楼
邮　编:510600
电　话:87769388 转 2910
传　真:87675804
负责人:韩子定
联系人:任燕玲

广东省白马广告有限公司成立于 1992 年,以策划创意为核心,创立了从市场调研、客户服务、策划创意、设计制作到媒体代理及发布、媒体监控等广告业务体系,取得了良好的经济效益和社会效益。近年,在户外媒体的开发与经营方面也取得了新的进展,其高质量的户外广告开始受到同行瞩目。

经营范围:

策划、创作、制作、代理及发布国内外广告业务。

希望广告有限公司

地　址:广州市流花路 117 号办公楼(15 号馆)5 楼
邮　编:510014
电　话:(020)86678000－86803
传　真:(020)86665866
负责人:傅郁芬
联系人:吴　蔚

主要经营项目:

承办代理国内外各类广告业务:承办代理出口广告业务;承办各类展览(包括来华展览、出国展览);承办各类公共宣传及国内外文艺团体交流活动;承接各类市场调查业务及信息咨询业务;承接各类广告制作、出版印刷及装饰装修业务。

主要成功个例:

广州市环市东路"灯饰广告一条路"

每年春秋两届中国出口商品交易会指定发放刊物《中国出口商品交易会参展商名录大全》

广州市外商投资企业产品展销会

"曼秀雷敦"广告促销活动

广州市大型电脑喷涂宣传画——邓小平同志视察南方,获广州市委、市政府颁授"共迎新春拂南粤"的表彰锦旗

广州市街道报栏工程,得到了市政府表彰,并授予"热心公益、服务市民"的锦旗

广州柏信广告有限公司

地　址:广州市建设六马路 33 号宜安广场1401－1414
邮　编:510060

电　话:020－83841316
传　真:020－83841321
负责人:曾　平
联系人:龙海燕

提供全面的综合性广告服务,具体包括:市场调查与研究,企业识别系统设计、平面设计与制作、影视广告的创意和制作、室内及户外广告的设计,制作与发布,媒介策划,购买及监测,促销活动策划与执行,商业展览策划与组织,赞助活动筹划与安排等。

南方航空广告公司

地　址:广州市白云机场南航贸易大厦四楼
邮　编:510405
电　话:8620－86123329
传　真:8620－86650797
负责人:马廷伟

主营:设计、制作、发布国内外各类广告业务。

兼营:国内商业及物资供销业(除国家专营专项商品)。

中国南方航空(集团)公司对外业务宣传广告的总代理。

广州电视广播有限公司

地　址:广州市环市中路233号广州电视台内
邮　编:510010
电　话:86679771　86664833－1210
传　真:86680533　86675485
负责人:邱卓涛
联系人:黄振英

主营:设计、制作国内外广告,代理自制广告的发布业务。

电视节目复录,电视事业的开发。电视广播信息咨询。国内商业及物资供销业(除国家专营专控项目)。兴办影视摄制基地及与其相关的文化娱乐观光事业。

广东广旭广告有限公司

地　址:广州市东风东路836号东峻广场四座18楼
邮　编:510080
电　话:87655619　87300570
传　真:87615893
负责人:刘醒豪
联系人:徐思聪

广东广旭广告公司是日本旭通信社和广东省广告公司合资成立的公司。1993年成立,成立第二年营业额即排名全四第四十八名,1995年成为广州地区"十佳"广告公司、同时被评为"综合实力第六名",1996年以排名第四的实力入选"广州地区综合性广告代理公司委员会",成为中国广告行业首批4A成员之一。现在广旭职员近50名,营业额每年以60%速度增长,1997年将会突破亿元大关。

近几年,广旭进行了重大改革,第一、改革"铁饭碗"制为聘用制,任人为贤为才,使一大批人才凝聚在广旭旗下。第二、改"班组制"为"部门制",取消承包制和提成制,铲平产生个人行为的山头,实行专业分工,相互协调,走发挥整体优势,实行整体运作的道路。第三、实行分配制度改革,改变过去基本工资加提成做法,实行国际通行的固定工资制度。这三方面的改革,使广旭进入了高效率的现代管理,提高了工作效率。

广旭集合着日本、香港以及本地广告精英,他们体现着三方面的优势:日本人的忠诚和勤奋,香港人的见多识广以及整体策划能力,本地人对本地市场的熟识以及其很强的实际操作能力。靠着广旭的整体优势,广旭向客户提供的是整体的、全方位的高质服务。

深圳市泰恩斯广告文化发展有限公司

地　址:深圳市深南中路深圳国际科技大厦21层(上海宾馆对面)
邮　编:518033
电　话:(0755)3761888　3761997　3760088
传　真:3761666

经营范围：

企业形象策划、设计、推广
各类户外广告创意、设计、制作、发布
影视广告创意制作
商务公关礼仪
各种媒体广告代理
各类产品行销之决策
承印各类精美印刷包装制品
编辑大型画册、资助出版、图书批发

深圳市明天形象策划有限公司

地　址：深圳市华强北路新世纪酒店八楼
邮　编：518028
电　话：3239924
传　真：3239944
董事长：高英杰
总经理：王　克

深圳市明天形象策划有限公司是深圳市政府机关报《深圳商报》社创办的一家综合性企业软科学策划公司。公司创立以来，奉行“实效是检验 CI 的唯一标准”，以形象战略为切入点，探索解决企业战略规划、经营诊断、情报研究、企业管理、市场营销、员工培训等企业在市场经济条件下遇到的深层次问题。数年来，先后为山东秦池、济南将军、江西草珊瑚、深圳中房、益力、衡韵、华侨城、招商石化、合作银行、免税、山东齐民思、得利斯、四川盐化、四川智强、珠海振国、郑州白鸽、江西广丰等三十余家大中型企业，实施 CI 策划、企业诊断、营销组合、企业再造等策划工程，形成了独具特色的实效型 CI 理论观点与操作方法，取得了引人瞩目的丰硕成果。荣获全国“十佳企业形象设计单位”、广东省“报业经营先进单位”，深圳市“最佳形象策划公司”。年营业额达到 5000 万元。

华艺广告公司

地　址：广东省深圳市火车站大楼 M 层
邮　编：518001
电　话：(0755)2327927　2331128
传　真：(0755)2345780
经营范围：

●灯柱广告
●射灯牌广告
●霓虹灯广告
●灯箱广告
●创意设计
●CIS、策划、样本

广东恒丰广告公司

地　址：深圳市上步南路国企大厦 A 座
邮　编：518031
电　话：(0755)2068333

人常生活在习惯与惯性中，我们从事的，恰恰是突破这种惯性的工作。对每一名设计师来说，创新不仅是工作，还意味着一种生活方式。

一件设计作品孤立地去谈“感觉好”或“感觉不好”是很肤浅和不牢靠的，如果能放在设计艺术发展的脉络中去考虑并结合这个时代的审美时尚，我想更能够把握作品是否有足够的生命力。

深圳市口岸广告公司

地　址：深圳罗湖口岸勤通楼七楼
邮　编：518001
电　话：2324920　2321525　2321526　2324515
传　真：2321525
经营范围：

专营深圳各关口广告业务
提供设计制作服务

深圳机场广告公司

（全国 50 家最大广告公司）

地　址：深圳上步轻工业区 105 栋五层（振兴路西路口）
邮　编：518028
电　话：3208096　3218951
传　真：3218947

深圳市公交广告公司

地　址:深圳市福华路34号附楼二楼
邮　编:518001
电　话:(0755)3334650　3603727　3606427
传　真:(0755)3603732

深圳市公交广告公司成立于1991年,直属于深圳市公交(集团)有限公司,拥有深圳市六十余条公汽线路、千余辆公共汽车的独家广告发布权,是集公交媒体广告设计、制作、发布于一身的专业型广告公司。

通过几年的实践努力,公司已形成完善的经营机制,设立有业务、策划、设计、制作、媒体开发等多个部门,全面使用电脑进行广告设计、业务查询以及广告发布的管理,具备明确、高效的运作流程。

凭借规范化的经营、高素质的专业人才、精益求精的制作水平,公司成长迅速,不仅在深圳户外广告同业中"独树一帜",并已跻身于深圳市广告行业实力排序的十甲之列。

发挥公交媒体的最大潜力,为客户提供更好的广告服务是公司全体员工的共同心愿。

深圳市万意达广告设计有限公司

地　址:深圳市彩田南路中深花园大厦B座29层
邮　编:518021
电　话:(0755)3374405　3374457
传　真:(0755)3374457
经营范围:

市场调查
企业CIS导入、市场营销、策划;
户外广告制作发布、媒介代理、发布;
平面设计制作,礼仪庆典活动策划;
产品广告摄影、礼品广告;
建筑沙盘、模型制作,环境工程设计;
工艺雕塑,城市雕塑。

深圳市旅游广告有限公司

地　址:深圳市罗湖区乐园12号旅贸大厦四楼
邮　编:518001
电　话:(0755)2177290　2204931　2204932
传　真:2177291
经营范围:

CIS形象策划、营销、广告策划
国内外各类媒介广告代理,户外广告制作发布
产品展示、展览设计、包装、印刷品设计。

深圳天达文化广告公司

地　址:深圳和平路63号深铁大厦1111、1112房
邮　编:518001
电　话:(0755)5572440
5584248转1112、1128
传　真:(0755)5572481

深圳天达文化广告公司是广铁集团文化广告总公司的全资子公司,成立于1994年4月,是一家具有设计、制作、代理发布国内外各类广告业务和拥有书刊发行、文化娱乐活动服务、贸易实业等经营权的综合性公司。公司成立以来,先后在广州、深圳采用高新技术发布了"诺基亚手机,世界之窗,红牛维他命饮料、马爹利洋酒、柯达胶卷、柯尼卡胶卷、可口可乐、杏花村汾酒、三个五香烟、金威啤酒"等大型户外广告,开行了"华宝号、健力宝号、顺德号、安康号"等以企业、城市、产品名称冠名的广告列车;编辑发行了"铁路货运指南"和"广州市迈向现代化国际大都市"等书刊;成功地组织了"俄罗斯普希金芭蕾舞团"的演出和"96年深圳全国铁路户外广告高新技术展示及研讨会";深圳火车站"世界之窗"广告还获得了广东省广告设计大赛银奖。

展望未来,深圳天达文化广告公司将认真贯彻铁道部大力发展铁路大多经的指示精神,勇于开拓,不断进取,努力创办成一个具有全功能型的广告公司。深圳天达文化广告公司将竭尽全力为各企业、团体提供最佳服

务。

深圳市三同广告设计公司

地　址:深圳市福田区华富路5号南光大厦11楼1号
邮　编:518041
电　话:3342373　3210876　3237087
传　真:3242010
经营范围:

●房地产总体营销策划
●大型电脑喷绘制作及材料销售
●大型霓虹灯制作及材料销售

同心:聚四方之奇才,采艺术之精灵顺天时,应地利,惟数三同。得同人同心,主文明以健,中正而应集异人。同心则利涉大川,利君子贞。同心于门,和睦与共,所向享通。是以名人之名,君子之君,其该出于此。

同力:持人才,善用其才。忠其之职,得物所值。蓄能者,惯使其能,效其之守,受益颇丰。会才能二者于一门,发光与热于一体,广施于商,告晓于民,得众人拾柴,其焰熔铁;大势大利也。

同享:昔者,商海茫茫,寻经觅径,求生财之方,问君知否?

有广告人曰:"近在咫尺,可寻三同书。"能省时度势,获茅塞顿开,送君入金色殿堂,便能东篱把酒黄昏后,同心同力同享受。

深圳万博广告设计有限公司

地　址:深圳市百花公寓一栋九楼B座
邮　编:518028
电　话:(0755)3219634　3259693

您的成功,就是我们的成功;
这是万博人的信条。
永远把客户摆在第一位;
这是我们的宗旨。……
而万博人博而雅的底蕴
才是助您成功的条件。
我们坚信……
创造名牌的同时也创造自己。

深圳市电话号簿公司

地　址:深圳市皇岗口岸皇岗电话机楼六楼
邮　编:518045
电　话:(0755)3393888
传　真:(0755)3380919

给你一把金钥匙——深圳黄页打开客户的大门

深圳市威格广告公司

地　址:深圳市深南东路207号摄影大厦4楼(地王大厦东面)
邮　编:518008
电　话:5894730　5894731　5894732　5893973
传　真:5894730

●设计
●制作
●代理
●发布

国内外各类广告业务

深圳市天先广告设计制作公司

地　址:深圳市深南东路4号《深圳特区报》附楼三楼
邮　编:518009
电　话:(0755)2245411　2245191　2244566-6729、6730
传　真:(0755)2245411

深圳市天先广告设计制作公司是深圳特区报下属的全资企业,成立于1993年,主要以企业形象策划、平面设计、媒介代理为主,公司集结了一批广告精英,在社会上有相当的知名度,经过几年的奋斗,公司的业务连年翻番。

目前公司除有全套的苹果设计系统,还斥资引进了美国大型电脑喷图设备和美国最新菲林输出系统,除了满足本公司户外广告及印刷需要外,还方便了社会有关单位。

我们的宗旨是:全心全意,竭尽所能,同

舟共济。

深圳天威广告有限公司

(深圳有线电视台直属企业)

地　址:深圳市彩田北路2号
邮　编:518026
电　话:(0755)3069728
传　真:(0755)3069999

意念,重在点破后玩味……

深圳泛太平洋广告有限公司

地　址:深圳市福田区华强北路新世纪酒店816室
邮　编:518028
电　话:(0755)3222221
传　真:(0755)3222822

深圳泛太平洋广告有限公司是经深圳市人民政府批准成立的,具有广告发布权的综合型广告公司。

深圳泛太平洋广告有限公司作为中国铁路系统内的一家专业广告公司、中国广告行业一支新的劲旅,立足铁路,面向深圳及泛太平洋地区,大力发展现代新型广告,竭力促进中国的广告事业向前发展。

主要服务项目:

1.广告策划、设计(包括CI工程,整体广告)。

2.霓虹灯、灯箱、电脑喷绘等广告制作。

3.出租一流广告位、发布户外广告。

深圳国门广告有限公司

地　址:深圳火车站东广场《深圳商报》电视信息屏
邮　编:518001
电　话:2335669　2327530
传　真:2327530

深圳国门广告有限公司是全国最大的合资广告公司之一,拥有目前全国最大的全彩色户外电子大屏幕,有效显示面积108平方米。

深圳国门广告有限公司拥有国内一流的影视制作奇才,平面设计高手,创意策划的"点子堆",为您提供以影视广告的创意、制作、发布为主的服务暨承办彩色电子大屏幕广告和外商来华广告业务。同时为您全心全意承办企业形象的设计与导入,报刊、杂志、广播、电视及其它所有媒体广告的代理策划与制作,大型活动的组织、实施等等。

深圳机场候机楼广告有限公司

地　址:深圳机场候机楼一楼内
邮　编:518128
电　话:7777453　7776177
传　真:7776177　7776126

深圳国际机场在短短的一年多,已跻身全国大机场之一。候机大楼是一个多功能、综合性的现代化候机服务中心,总面积四万多平方米。设有出入港大厅、候机厅及各种功能的服务系统。每年约有450~600万旅客通过这里。这里将是中国最繁忙、最现代化、最有潜力的航空港之一,深圳机场候机楼广告有限公司将协助您把握市场,在竞争中取胜!为您提供广告策划、设计和制作等一流服务。

在候机楼旅客最密集的地段为您设有灯箱广告,电视墙幕广告、闭路电视广告、实物广告、礼品广告和航空手册广告,各具特色,任君选择。

深圳南国影联股份有限公司

地　址:深圳市罗湖区嘉宾路南国影联大厦四楼
邮　编:518001
电　话:(0755)2176055　225466-133

深圳南国影联股份有限公司是全国第一家中外合资的文化娱乐企业,集电影、投影、旅行业、广告、游乐、酒楼、商场为一体,南国广告部拥有优越的广告位置,每天游客络绎不绝,是深圳市发布广告的黄金地段。并在花园广场临街位置设有200平方米的不锈钢灯箱群，及500平方米大厦四周外墙广告及楼顶200×6平方米面积的广告位，可提供给顾客发布广告。

欢迎国内外客户光临及国内外广告同行合作。

深圳市红叶文化娱乐发展公司

地　址：深圳市红岭南路金华街一号
邮　编：518010
电　话：2275127

红叶文化娱乐发展公司系城建集团属下之二级企业，开展电影、投影、彩色冲印、培训、电脑信息网络等项业务，承接中小型文艺演出及各种类型的会议。拥有700座位的立体声影院，数个大小不等的投影厅，大型室外停车场，地理位置优越。红叶将为您提供最佳服务。

深圳市千百度广告设计制作有限公司

地　址：深圳市莲花北景花园景晖阁2B房
邮　编：518034
电　话：3900516
传　真：3905066

深圳市千百度广告设计制作有限公司是一家经营专业公司，公司的宗旨：追求完美崇尚领先，具有一流的专业设计人员及最先进的平面设计、电视制作及良好的媒介关系，公司开创以来，先后为国内外颇有知名度的企业提供了创意、CI设计、大型策划、制作、代理等多项服务，并建立了长期合作关系。

给我们百分之百的信心，给你百分之百的满意。

深圳体育馆广告部

地　址：深圳市上步北路深圳体育馆
邮　编：518029
电　话：3259068

深圳体育馆广告部成立于1985年，随着体育馆的各类大型文体活动，制作和发布了大量宣传广告，并直接参予对赛事及演出活动的策划与组织，经过多年的探索与实践，造就了一批有实力、有经验的队伍，所发布的广告涉及中外名牌有TCL、中华自行车、益力矿泉水、中国电信、索尼、百事可乐等。

深圳体育场广告部

地　址：深圳市上步北路深圳体育场
邮　编：518029
电　话：3246431

深圳体育场广告部于1993年成立，多年来成功地举办过许多大型比赛和文艺演出，拥有经验丰富的广告从业人员队伍，场地广告设施齐全广告效果理想。经批准可利用自有场地设计、制作发布国内外广告业务。

招商局蛇口工业区文化广告公司

地　址：深圳蛇口公园路幸福中心C座
邮　编：518067
电　话：(0755)6691970　6692235　6692319　6675819
传　真：6674037

招商局蛇口工业区，毗邻港澳，地处中国经济最活跃的深圳特区，是中国第一个对外开放的工业区，影响辐射珠江三角洲乃至全国。

蛇口工业区文化广告公司是蛇口工业区全资企业，拥有蛇口地区近3000平方米的户外广告媒体，独家代理海内外发行的《蛇口消息报》的广告，具有专业水准的企业形象策划、营销策划、平面设计、印刷设计等全面服务的外向型广告公司。

以专业与敬业的服务，为客户所想，为客户所做，是招商局蛇口工业区文化广告公司的经营宗旨。

德伟科技中国有限公司

地　址：香港九龙红磡马头围道37－39号（红磡商业中心A座4楼7室）
电　话：00852－27730128
传　真：00852－23342534

深圳办事处地址:深圳市深南中路 28 号华南电力大厦 501 室
电 话:3350640 – 3501
联系人:郭 亮
经营范围:

广告大图设计、制作、输出全套系统,介绍广告大图制作新技术。

深圳三星电管有限公司

地 址:广东省深圳市福田区皇岗北路彩电工业区
邮 编:518026
电 话:(0755)3357000(总机)
传 真:(0755)3367008

深圳三星电管有限公司是于 1996 年 3 月经国家对外贸易经济合作部批准而成立的大型合资企业。总投资额为 6.05 亿美元(RMB50.215 亿元),合资双方分别是韩国三星集团下属的“三星电管(香港)有限公司”和“深圳市投资管理公司”。公司占地总面积为 22 万平方米,建筑面积为 15 万平方米。作为建国 40 年以来投资额最大的中外合资电子企业,一直有幸得到中央各部委、深圳市政府和深圳市投资管理公司的关心和大力支持,各项建设工作进展顺利。深圳三星电管有限公司将倾心致力于深圳的经济发展,为促进中国的经济繁荣作贡献。

作为追求视觉语言和影像文化的深圳三星电管有限公司,到 1998 年底,将具备年产 600 万只彩色显像管(CPT)和彩色显示管(CDT)的生产能力,它属于深圳市七大工业主导产业中的“微电子及基础元器件产业”,巨大的规模效益,将使深圳三星电管真正成为全国、乃至亚洲重要的彩色显像管/彩色显示管生产基地。

汕头市龙德广告有限公司　汕头市金园广告公司

地 址:汕头市黄河路万商广场 C 座 7 楼
邮 编:515041
总 机:8891078　8891178　8891278　8891378
传 真:总机转内线 8210
负责人:周建轩
联系人:陈 彤

汕头市龙德广告有限公司、汕头市金园广告公司是汕头市第五家成立的广告公司,是一家集策划、设计、制作、代理发布为一体的大型综合性企业。连续四年被评为“重合同守信用”荣誉单位。

多次全国性产品推广实施经验足显我们一贯的整合营销传播实施能力。

有声有色——影视广告制作
形神兼备——平面设计制作
点面俱全——行销企划实施
量大面广——媒介代理发布

从最初市场调查到最后的效果评估等各个环节,有高素质的企划、创意、设计、制作人员精心投入,有配套的 BETA – CAM 电视播录设备、三维动画制作系统、苹果系列平面设计系统以及先进的电脑网络管理系统等为后盾,从而使我们对客户的承诺一一兑现。

我们为客户提供全面服务。

我们与客户共同成长。

珠海市讯通广告公司

地 址:广东省珠海市香洲区凤凰路邮政大厦三楼
邮 编:519000
电 话:(0756)2218183
传 真:2218266
总经理:纪秋实
联系人:梁伟琴

主营:承办和代理国内外各种广告业务,平面广告设计,丝网印刷,代办邮电有关业务,晒图、植字、复印、室内装饰,批发零售通信设备。

珠海经济特区东方广告有限公司

地 址:珠海市吉大莲花山吉石路

邮　编:519015
电　话:0756－3356717　3367259
传　真:0756－3356707
负责人:刘启彦
联系人:卢品明

主营:承接国内广告、来华广告、出口广告的策划、制作、代理业务,承办制版、印刷广告业务,提供广告制作影视器材及信息咨询服务。户外广告及广告模特队。

另外,我公司在珠海拥有大量户外灯箱,霓虹灯广告牌位,在澳门即将回归祖国之际,欢迎各位商家届时能一展风采。

太阳广告策划公司

地　址:佛山市季华五路 13 号三楼
邮　编:528000
电　话:0757－3336121　3336221
传　真:0757－3336121
负责人:谭　明
联系人:李树珍

太阳广告策划公司,成立于 1992 年。公司成立之初,即确立了“热诚、专心、高效”的太阳精神,以提供具有创意性的广告服务,为客户创造性地占领市场奋力出击。历经五年的不断发展壮大,今日成为佛山广告界的翘楚。

在当今激烈的市场竞争中,太阳广告率先在佛山广告界提出了全面营销策划和创立知名品牌的观念,由此来展开各项相关广告创意设计,公司在这方面积累了丰富的经验和具备先进的硬件设施,拥有强大的创意、设计、制作能力。公司始终以服务客户为先导,不断吸纳广告英才,相继成立的策划部,以为客户进行专业全面的市场调研,提供策略与战术相结合的广告计划和营销策划。同时公司面向企业发展的需要,推出了各项以营销为中心的培训计划,冯两努营销讲座的成功举办无疑给重视营销工作的企业提供了一个信心之选。

太阳广告,完善自我,与你并肩,成为企业广告及营销方面的专家和朋友。

佛山市新闻出版公司太阳广告策划分公司

地　址:广东省佛山市季华五路 13 号三楼
邮　编:528000
电　话:0757－3336221　3336121　3382061
负责人:谭　明
联系人:李树珍

您已经深谙商战中的无情厮杀
是不是该树立自己响亮的品牌
是不是该全面谋划一个有效的营销策略
那就跟我们聊聊吧
当您的目标一旦准确
是当然能够一矢中的

致力中国的广告事业,是太阳广告永远延伸的主题

梅州市广告公司

地　址:梅州市东教场背市广播电视大楼
邮　编:514011
电　话:2230688　2222058
负责人:张品华

梅州市广告公司拥有一批精于广告策划、创意、设计等专业人才,是一个以广告创意为中心,为客户提供全面优质服务的综合性广告公司,为国内外广告客户设计、制作、发布路牌、民墙、霓虹灯广告,承办开业礼仪庆典,体育竞赛场地等广告业务;提供企业形象设计,包装装璜设计,室内装饰设计、制作、商标设计服务。代理各类新闻媒体广告业务。

梅州市广告公司是《梅州广播电视》周报广告总代理。

广东省惠州市广告装饰公司

地　址:惠州市下角东路 41 号
邮　编:516001
电　话:2227435　2213846

传　真:2227435
负责人:王新昌
联系人:王新昌

本公司成立于1982年,是一家专门从事设计、制作、发布、代理国内外各类广告业务及室内外装饰的专业公司。下设策划创意部、广告部、户外广告部、霓虹部、广告制作部、装饰部、工程部及综合服务部。曾获广东省广告业"重信誉,创优质服务"先进单位称号,并跨入首届中国广告公司实力排序百强之列。

本公司致力现代广告与现代企业联姻,孕育市场经济骄子。并务实求新,刻意寻求"人无我有,人有我新,人新我变"的崭新广告媒体,助企业走向成功,步入辉煌。

粤揭阳市区广告公司

地　址:揭阳市榕华大道教育围
邮　编:522000
电　话:8633004　8619924
负责人:许小腾(助理工程师)
联系人:许小腾

本公司成立于1985年,经营国内外广告业务和装饰工程。为客户设计企业形象,开拓产品市场提供系列广告策划服务;拥有路牌、灯箱、橱窗、霓虹灯、招牌、印刷等各类广告媒介形式,深受客户欢迎。

报 纸 类

开平报

地　址:广东省开平市三埠镇长沙光华路1号
邮　编:529311
电　话:2218805　2217986
传　真:(0750)2285088
社长、总编:李思泉
副社长、副总编:余文质　关伟生
余荣瑞　张雪惠

本报为中共开平市委机关报,周二刊,对开四版逢星期三、六出版,统一刊号CN44－0046。第一版为要闻版,第二版为经济版,第三版为科学知识版,第四版为文艺副刊。欢迎刊登广告。

阳江日报广告部

地　址:广东省阳江市区狮子四路82号
邮　编:529500
电　话:(0662)3313716
传　真:3329522
联系人:姜国亮

阳江市位于广东省西南沿海,设一市、二县、二区、有242万人口,是全国沿海对外开放城市之一。

阳江市背山面海,山海兼优,土地肥沃,气候丰饶,素有"鱼米之乡"美誉。市内自然景观美丽,海陵岛和春湾——凌霄岩被广东省定为省级旅游区。建市10年多来,阳江市委、市政府充分发挥地理、资源、人文优势,全面执行改革开放政策、灵活运用国家赋予的各项优惠政策,促进了区域的开放和开发建设。

《阳江日报》是中共阳江市委机关报,星期一至星期六对开四版,设有要闻版、综合新闻版、国内外动态、体育、为您健康、法制版,副刊版;星期天为8个版,其中5—8版为副刊版。版面社会新闻信息多,思想性强,坚持思想性、可读性并重,贴近生活,贴近读者,宣传党的路线方针政策,报道改革开放新风,为读者提供高品位的精神食粮。

在此基础上的阳江日报广告部以共创美好明天,共闯繁荣市场为己任,大力发展广告事业,广告经营范围有设计、制作、发布、代理国内报纸、电视、电台广告业务,同时拓展户外广告、霓虹灯制作、会场会议策划。广告设计新颖精美,传播信息渠道广阔,收费合理,欢迎海内外各界人士联系广告业务。

南方日报广告部

地　址:广州市广州大道中289号南方日报

社内
邮　编：510601
电　话：87373998－8108
传　真：87375401
负责人：李迪生

《南方日报》创刊已有40余年，每日发行量80万份，每天十二版，天天有彩版，发行网点覆盖全国40多个国家和地区。

在广告方面，目前已形成“机电大市场”、“南方汽车市场”、“现代办公用品”、“旅游天地”、“南方房地产”、“医疗保健”、“招聘广场”、“广东名药”、“信息速递”、“小方位广告”等固定广告专栏，成行成市，针对性强。广告部与全国及港澳各大众传媒关系密切，拥有先进的电脑设计系统，可为客户提供专业水准的服务。

广州日报

地　址：广州市人民中路同乐路10号
邮　编：510121
电　话：8887294　8855889
负责人：邢　珍
联系人：曾　巨

《广州日报》为对开20版，是中国大陆目前版面最多的综合性大型日报，常年辟有60多个专版，内容丰富多彩，适合各阶层人士，其中新闻信息占整张报纸的1/2左右，具有多功能开放型的特点。

《广州日报》发行面覆盖全国，不仅北京、上海、天津、沈阳、武汉、成都、海口等大城市的读者可以当天看到《广州日报》，同时由香港发行公司在香港发行，并发往日本、英国、美国、加拿大及世界各地。

《广州日报》承办国内外报纸广告，代理国内同行业广告业务。

羊城晚报

地　址：中国广州市东风东路733号
邮　编：510085
电　话：(020)7776211(总机转各部门)
广告负责人：唐小洛
广告联系电话：(020)7776763
　　　　　　　7776211转3392、3373
广告联系传真：(020)7776763

《深圳特区报》

地　址：深圳市深南中路4号(深圳特区报社旧址一楼)
邮　编：518028
电　话：(0755)2240001　2240006
传　真：(0755)2241692

《深圳特区报》是中共深圳市委机关报。《深圳特区报》是现代中国发展规模最快的城市日报。创刊仅15年，日发行量达45万份，其综合实力已进入中国报业前5名，是深圳地区发行量最大、广告量最大、版面最多、最受读者欢迎的综合性日报。

《深圳特区报》创刊于1982年5月24日。16年过去了，今天，《深圳特区报》一座47层高的报业大厦已经拔地而起，她是世界报业第一高楼；报纸发行量节节上升，覆盖国内所有大中城市及98%以上的县。同时，本报在香港设有发行代理，负责海外发行工作；在香港、北京、上海、成都、广州、惠州、汕头设有记者站和办事处；在北京、上海、武汉、成都设有卫星传版分印点，每天在港、澳及海外各地的发行量已经跃升为2万份；1994、1995、1996年广告收入连续跻身全国报纸的前5名。《深圳特区报》立足深圳，关注珠三角，面向全国，发行海内外，上网出版电子报刊，在国内外有很高的知名度和广泛的影响。目前，本报共有35个专版和300多个专栏，集新闻性、知识性、服务性、娱乐性于一体，受到了海内外广大读者的欢迎。

深圳商报

地　址：深圳市福田区景田商报路
邮　编：518034
电　话：3901440　3900055　3904202
　　　　3900011－8537

传　真：3923351

●深圳市政府机关报，广东省五大报之一

●每日对开二十版，另日出四版晚报。深圳商报、深圳晚报发行遍及全国各市县、海外二十六个国家和地区

●广告气势宏大、冲击力强、创意新颖、效果奇佳。1996年营业额达1.8亿元

●面向全国，辐射海外，是国内外商家注目的信息桥梁

汕头日报社

地　址：广东省汕头市金新南路
邮　编：515041
电　话：(0754)8312781
传　真：(0754)8626274
负责人：陈德义
联系人：王永如

《汕头日报》是中共汕头市委机关报，是经济特区一张具有鲜明地方特色的开放型的综合性大型日报，每日出报对开八大版，周日彩版，国内外发行。目前发行量约10万份，《汕头日报》坚持"立足汕头，覆盖潮汕，面向全国，沟通海外，透入家庭"的方针。大量报道汕头市及潮汕各地和国内、国际的重要新闻，报道汕头特区建设、潮汕风情和侨乡新貌，致力体现汕头作为开放城市、经济特区，著名侨乡的鲜明特色。

《汕头日报》广告部具有丰富经验的策划、创意、设计等专业人才20多人，并设置电脑录入，组版、平面设计等，大大提高工作效率。经营范围：在《汕头日报》和《汕头体育报》发布国内外报纸广告，承办该报分类广告。

广播电视类

汕头人民广播电台(广告部)

地　址：广东省汕头市潮汕路广播电视中心大楼首层
邮　编：515021
电　话：(0754)8210166　8210960
传　真：8210960

汕头广播电台是中国大陆较早开办的12家市级电台之一，至今已有40年历史，在潮汕地区的听众中有着深远的影响。

汕头广播电台如今已形成新闻台(FM99.3、AM1080)、经济台(FM102.5)、音乐台(FM107.1)三个系列台各具特色、优势互补、协调竞争、并列发展的格局。节目采用潮汕话、普通话二个语种播音，广播信号覆盖粤东、闽西、赣南，面积2万平方公里，人口约1600多万。

汕头广播电台拥有一批生气勃勃，掌握现代广播专业技能、高素质的广播从业人员。同时采用具有九十年代先进水平的制作、播控、传输、发射的全套广播技术设备，实现广告、节目播出自动化，经营管理电脑化。人员素质、技术设备和经营管理处全国市级电台的领先地位。

软件、硬件的同时发展，使汕头广播电台的广告经营具有强力的依托。节目收听率在粤东地区占绝对优势，广告收入在全国市级电台中名列前茅，形成了社会效益、经济效益并举的良好局面。

广州人民广播电台

地　址：广州市环市东路329号粤新大酒店二楼
邮　编：510095
电　话：(020)83592896
传　真：83390886
联系人：陈　坤　罗志民

广州人民广播电台于1991年12月1日正式播出，它是我国首家全天24小时播音的省会大城市调频立体声电台，拥有FM96.2兆赫与FM102.7兆赫两套内容风格各有特色的调频节目，广州电台以"立足广州，面向群众，当好党和政府的'喉舌'，做广大市民的良朋益友"为宗旨，"以新闻、信息为骨干，以

音乐、娱乐为血肉”,不仅培养了一批深受听众欢迎的主持人、记者、编辑,更为受众提供大量通而不俗的节目。节目编辑,更新快捷。真正做到与广大听众“声声相关,时时相伴”,成为广州地区和珠江三角洲收听率最高的电台之一,赢得了良好的社会宣传效益和经济效益。

广东电视台广告部

地　址:广州市环市东路331号
邮　编:510066
电　话:3324067　3324074　3358049
传　真:3358054　3358081
负责人:何日丹
联系人:冯志诚

广东电视台建台38年来,一直执广告电视传播业的牛耳,特别是举办过两届华语电视周后,在国内外声誉鹊起。

广东电视台自办两套节目,一套呼号为“广东电视岭南台(用普语播出)”;另一套呼号为“广东电视珠江台(用粤语播出)”。每天自办综合节目70多个栏目共30多个小时。广东电视通澳门等地区,收视人口超过9500万。1996年始广东电视实行卫星播出,信号有效覆盖45个国家,收视人口超过16亿。其信号覆盖范围之广及观众之多,在广东省独一无二,在全国省级电视台中,名列前茅。

深圳电视台

地　址:深圳市怡景路东广播电视大厦
邮　编:518021
广告业务电话:(0755)5529724　5409613
　　5403423
语音、信箱自动查询系统电话:
　　(0755)5403415

深圳电视台于1984年元旦建立,十几年来发展迅速。目前有两套自办节目(即33频道和48频道),全天各播出18个小时以上,覆盖深圳、珠海、中山、东莞、顺德、番禺、佛山、江门、惠州、广州等珠江三角洲地区以及香港、澳门等地区,拥有观众1800多万人。此外还有四个频道转播中央台和广东省台节目。

深圳电视台开设新闻、文艺、体育、经济以及生活服务等许多专栏,每年的节目生产量为2000小时以上,内容涉及政治、经济、文化、体育、教育、社会生活等各个方面,另有丰富多彩的各类大型晚会和娱乐节目及大型体育赛事的转播等等。节目内容丰富,形式多样,艺术性较高,具有鲜明的地方特色,既适合本地观众口味,又能够满足外地观众了解特区的需要。

深圳电视台拥有一支素质成熟、品质优秀的采、编、摄人员和技术队伍,他们多是来自全国各省、市电视台的优秀人才。多年来,由于他们的出色表现和成功运作,使深圳电视台获得良好的社会形象。

佛山人民广播电台广告部

地　址:佛山市季华路242号广播电视中心
邮　编:528000
电　话:0757－3381058
负责人:叶汉英
联系人:刘丽群

主营:发布各类广告(含外商来华广告),承办分类广告。

汕头电视台

地　址:广东省汕头市潮汕路广播电视中心
　　二楼
邮　编:515021
电　话:8210322　8100021
传　真:8204304
负责人:胡克威
联系人:何维钦
经营范围:

发布国内外电视广告,承办分类广告。

汕头电视台(33频道)发射功率十千瓦,节目覆盖汕头全市及潮州市,揭阳市大部分地区和福建省南部的部分地区,面积约一万平方公里、人口1600万人。覆盖率87%，其中城镇占70%，乡村占30%。地区电视机拥有数320万台，信号送入汕头有线电视网。汕头电视台黄金时段绝对收视率稳定在25%左右，已成为粤东地区传播信息、沟通产销的主要电视媒介。

梅州市有线广播电视台

地　址：梅州市东较场广播电视大楼一楼
邮　编：514011
电　话：2212806　2219998
传　真：0753－2219998
负责人：黄小平
联系人：黄庆东

梅州市有线广播电视台是一座大型的有线电视台，现有职工70人，其中正式职工43人，聘用技术工人27人。台内设有台长室、办公室、广告部、节目部、技术部、工程部、播出部。现已开通24套节目，全天24小时播出，拥有用户5万余户，观众20余万人次。

"有线电视、情系万家"，在梅州有线广播电视台的基础上，还开设了三角镇梅州有线电视二台、城北有线电视站，覆盖面达梅州地区、三角镇、城北镇和程江镇。开设的栏目有："连续剧坛"、"环球剧场"、"影视天地"、"卡拉OK点播"、"经济信息"、"文艺博览"等。

"塑造企业形象，提高产品知名度、促进商品流通"是广告部的经营宗旨。花最少的钱，办更多的实事，让我们携手共创梅州经济繁荣。

主营：承办制作，发布国内电视分类广告业务。

杂 志 类

《质量与市场》编辑部

地　址：广州市八旗二马路38号后五楼
邮　编：510110
电　话：83341934　83850099
负责人：何绍淅
联系人：冯文海

由广州市经济委员会主管，广州市质量管理协会主办的《质量与市场》杂志，是集质量经营、市场动态、营销策略为一体，宣传、报道工商各界企业形象，反映改革开放中的经济活动和充满时代气息的社会风貌，反映国家关于市场调控和质量管理的政策与方针，探讨搞好宏观调控和微观管理的相应对策，提供国内、国际市场信息。

《质量与市场》所反映和研究的市场是一种广义的市场，而不仅仅限于商品市场；所研究和促进的质量是一种广义的质量，包括一切产品，过程和行为的质量。所以《质量与市场》是高档次、高品位刊物。其视野开阔，立足点高，信息量大，可读性强。覆盖面达全国32个省（含港澳）、146个市、地区；国家军工、航天、机械、电子、铁道、冶金、船舶、烟草、煤炭、化工、建筑、司法等22个行业协会及各地大专院校均有订户，是广大企业家、质量管理工作者必读的有益刊物。办刊多年，深受广大读者欢迎。

《涉外税务》杂志

地　址：深圳市福田南路28号税务大楼14/F
邮　编：518033
电　话：（0755）3336333－1407、1409
传　真：（0755）3337545

《涉外税务》杂志（月刊）系国家一级学会——中国国际税收研究会会刊，由中国国际税收研究会与深圳市税务学会联合主办，1988年创刊，是国内唯一一家有关国际税收和涉外税收方面的专业杂志。

《涉外税务》现由国家税务总局副局长、中国国际税收研究会会长卢仁法同志担任主编，编委会由国内财税界知名专家、学者组成。为了适应改革开放和时代发展的需要，已从1995年第1期起改为大16开64页码，内文双色印刷的精美新版，扩版增容后的《涉外税务》，将继续秉承为改革开放鸣金呐喊，为外向型经济服务、为广大税收理论研究者、实务工作者和三资企业服务的宗旨，及时、周到地向广大读者提供信息。欢迎国内外各界人士订阅、赐稿和刊登广告。

广西壮族自治区

公 司 类

梅高广告策划有限责任公司
梅高形象设计策划有限公司
梅高营销企划有限责任公司
梅高印务礼品公司

地　址：广西桂林市龙隐路18号21栋
邮　编：541004
电　话：5811586　5811516　5816766
传　真：5812833　5817647　5816799
法人代表：高　峻
联系人：覃慧榕

梅高体系是中外合资、综合性智能型专业服务公司，在全国首届广告公司综合实力评选50强名列22位。本着"人才为本，创意先行、卓越沟通、奉献社会"的理念，运用"调查分析"、"策略建议"、"操作推广"三大优势服务系统，我们不断为客户提供全方位的广告策划、整合营销、形象设计、资讯顾问等服务。1996、1997年代表华人首获当今世界著名广告节——"纽约节"广告与营销效果AME国际奖项。现已在桂林、沈阳、北京、上海形成全国性服务网络。

代理、承办国内外广告策划、设计、制作、发布；营销诊断和规划、营销培训、顾问资讯；大型公关活动的策划、实施、设计、制作；企业形象策划、设计；印刷制版；商标、广告业务咨询服务；商标、包装装璜设计；代销本公司广告商品。

桂林华顿广告策划公司

地　址：桂林市解放东路1号环球大酒店二楼
邮　编：541001
电　话：(0773)2859450　2859455
传　真：(0773)2862233
负责人：邬永柳
联系人：翁印岚

桂林华顿广告策划公司、桂林华顿包装设计有限公司成立于1991年。几年来华顿公司一直坚持以"客户至上"、"创意至上"为理念，为广大客户提供全方位的服务，从平面广告设计、包装设计到营销、广告策划、形象策划，甚至广告制作、发布代理，华顿的业务涉及企业的方方面面，正因为拥有这样的实力，华顿的业务以广西为中心，形成覆及全国的客户网络，大的客户如"桂林西瓜霜"、"武汉健民"、"南方黑芝麻糊"、"玉柴机器"、"两面针"、"柳工机械"、"河南宛西制药"、广东奇星制药、北京啤酒、恒安集团等等。同时，由于公司注重真心实意服务中小客户，一大批中小客户在华顿的策划、包装后，走向市场，获得成功。如"华力电器"、"西麦阳光早餐"等等走向全国，更有一大批区域性的品牌产品。

由于公司注重自身素质的培养，拥有一大批业务、策划、设计方面的专才。在近几届全国优秀广告作品评选中，华顿屡获殊荣：1995年全国第四届广告展评获金奖、银奖等共七项；1997年全国第五届广告展评获银奖、铜奖、最佳公益奖等15项奖；1996年、1997年全国主题公益广告大赛获政府大奖；1998年获"亚太广告节"铜奖，也是中国仅两枚铜奖中的珍贵的一枚。公司还经常参与周边及国际知名广告展评活动,如参加美国“天下第一”(THE ONE SHOW)广告大赛,代表中国广告界入选参加法国戛纳国际广告节等。

柳州铁路局广告公司

地　址:广西柳州市南站路19号
邮　编:545007
电　话:(0772)3614889(市电)
　　　24510　21405(路电)
法　人:叶秋江

柳州铁路局广告公司成立于1984年8月,是柳州铁路局唯一一家广告专营公司。本公司以铁路为依托,辐射全国,1993年起连年广告营业额突破千万元。在由国家工商行政管理局和中国企业评价委员会共同举办的“首届中国广告公司实力排序”活动中,本公司以较强的综合实力进入全国50强。1997年评为全国广告行业“文明单位”。现为中国广告协会直接会员;中广协铁路委员会常务理事公司。

本公司竭诚为您奉献以下服务项目:中央及各省市电视、电台、报刊广告代理;旅客列车内各式广告、列车广播广告、各火车站台、通道、候车厅标牌、路牌、霓虹灯、灯箱、城市户外广告等广告设计、制作和发布。

柳州市美术广告公司

地　址:柳州市中山东路22号(文化大院)
邮　编:545001
电　话:(0772)2856514　2827408
负责人:覃金源

本公司成立于1980年,是柳州市、柳州地区一家经营广告业务的专业广告公司,设备先进,技术力量雄厚,拥有一批经过专业培训的技术人员。

本公司为企业进行广告整体策划,电脑设计;承接路牌、霓虹灯广告制作,各类有机玻璃制品,橱窗及各类展览陈列布置,立体模型制作,商标设计、包装装潢、产品样本设计,室内外装饰工程。代理全国各地各类广告业务及外商来华各类广告业务。

兼营美术绘画用品,书画作品,工艺美术品、复印、打字服务,霓虹灯材料零售。

广西对外经济贸易广告公司

地　址:南宁市七星路137号
邮　编:530022
电　话:(0771)2809867
传　真:(0771)5869380
电　挂:2723
负责人:覃丽初
联系人:关玉华

梧州市美术广告策划总公司(梧州市美术广告公司)

地　址:广西梧州市五七方路五号
邮　编:543000
电　话:(0744)2823620
负责人:李　坚
联系人:谢祥穗

主营:广告策划、代理国内广告业务、CI设计、路牌广告、霓虹灯广告,印刷广告、旗帜广告、灯箱招牌,装饰装修、平面设计、各类绘画、锦旗制作。

报　纸　类

柳州铁道报社

地　址:广西柳州市鹅岗路二区16号
邮　编:545007
电　话:(0772)3622380
负责人:周本盛
广告业务负责人:马　柳
联系人:马　柳

《柳州铁道》是中共柳州铁路局委员会机关报,于1953年2月7日创刊。报纸为四开四版,周三刊,每星期二、四、六出版,国内统一刊号CN45-0019。发行面广,覆盖广西、广东、湖南、贵州四省区铁路沿线,其月末版

《旅途大观》在全局20多个主要车站、30多趟旅客列车发行，并在北京、武汉等全国大、中城市设有100多个发行网点，其广告的影响面及渗透度有独特的优势。热忱欢迎管内外各企业、公司、各界朋友在《柳州铁道》报及其月末版《旅途大观》上刊登各类广告。同时承办国内报纸广告。

人民保健报社

地　址:广西南宁市天桃路31号
邮　编:530022
电　话:0771-2802723　2724337
负责人:古秋娥
联系人:周东程

人民保健报是由广西壮族自治区卫生厅主办，创刊于1988年1月28日，是全国五个少数民族自治区唯一公开发行的卫生报，1995年前是四开四版，1996年改为对开四版，1999年改为四开八版，周报，每周二出版。它立足大西南出海通道的广西，面向全国，全方位向读者介绍卫生信息，防病治病和科学生活知识。

经营范围:药品、保健品、医疗、医疗器械、食品、信息、公告等广告。

广西科技报

地　址:南宁市古城路31号
邮　编:530022
电　话:2802221
负责人:谢林城
联系人:张如贤

广西日报社广告部

地　址:南宁市民主路21号
邮　编:530026
电　话:5627123　5628600
传　真:5628600
负责人:覃士贵
联系人:梁惠萍

发布、承办报纸广告(含外商来华广告)。

广西工商报社

地　址:南宁市保爱路42号
邮　编:530021
电　话:2828264
负责人:黄耀坤
联系人:黄坚坚
经营范围:

本报为周二刊，全国发行，承办工商广告业务。

广播电视类

北海电视台

地　址:北海市贵州南路广播电视大院
邮　编:536000
电　话:0779-3035424　3055766
负责人:徐敦廉
联系人:卫焕崇
经营范围:

策划、制作、发布电视广告，播发经济信息。

北海电视台广告播出价格(元/次)

97.1执行

类别	时间段	5秒	10秒	15秒	20秒	30秒	45秒	60秒
A	19:00~21:00	250	400	600	800	1000	1200	1400
B	21:00~22:30	200	300	500	700	900	1100	1300
C	18:00~19:00	200	300	400	600	800	1000	1200
经济信息:一分钟之内2000元播二次含制作费(每晚一次) 特约播映广告在电视剧两集中间出二次(15秒1000元)								

说明:

1.凡在本台播出的广告，必须符合《中华人民共和国广告法》。

2.广告业务项目一律签订合同，款到安排播出。

3.电视广告经客户审定后，客户提出修改酌情收费(每次500元)

4.一条广告连续播三个月以上，可获优惠价。

广西人民广播电台广告信息部

地　址:广西南宁市民族大道75号

邮　编:530022
电　话:5866075　5854181－272
电　报:9288
负责人:覃理爱
联系人:危文彦

南宁人民广播电台
地　址:南宁市朝阳路 7 号
邮　编:530012
电　话:21717

广西有线电视台
地　址:广西南宁市七星路 123 号(区广播电视厅内)
邮　编:530022
电　话:(0771)2837232
传　真:(0771)2804500
负责人:何　丹
联系人:雷守华
电　话:(0771)2837176
经营范围:
发布国内各类广告;承办分类广告。

广西电视台
地　址:南宁市民族大道 14 号
邮　编:530022
电　话:42118

南宁电视台
地　址:南宁市朝阳路 7 号
邮　编:530012
电　话:24376

海　南　省

公　司　类

海口市广告装饰公司
地　址:海口市博爱北路 119 号四楼
邮　编:570101
电　话:6229936
负责人:陈成家
联系人:梁桃庆

本公司设备先进,技术力量雄厚,质量可靠,承接国内各类广告、美术设计、商标装璜,宾馆商场装饰工程,灯箱、霓虹灯招牌制作安装,展览布置,图片拍摄等业务。

报　纸　类

海口晚报广告部
海口报人广告公司
地　址:海口市新华南路 22 号
邮　编:570102
电　话:6212642　6212640
负责人:彭铁林
联系人:张　川
经营方式:设计、制作、代理、发布
经营范围:承办《海口晚报》国内报纸广告、代理国内外报纸广告业务

海南特区报社广告部
地　址:海口市金宇路 23 号金宇大厦 A 座 3 楼
邮　编:570206
电　话:6772320　6772301
负责人:唐凤林
联系人:章群英
经营范围:
承办海南特区报国内报纸广告业务,代理国内报纸广告。

海南声屏报社广告部

地　址:海口市海秀大道 1 号
邮　编:570206
电　话:6799791(办)　6778871(住)
负责人:周昌彪
主营:利用海南声屏报设计、制作、发布、代理国内外各类广告业务。

广播电视类

海南电视台广告部

地　址:海口市海秀路 1 号
邮　编:570206
电　话:6772252(0898)
负责人:丘海明
联系人:王　勉

海南人民广播电台广告部

地　址:海口市海秀路 1 号
邮　编:570005
电　话:774509

海口电视台广告部

地　址:海口市海秀路市委招待所大院内
邮　编:570005
电　话:777127

四　川　省

公　司　类

成都市美术广告有限公司

地　址:成都市祠堂街 16 号
邮　编:610015
电　话:(028)6121883　6125184
传　真:(028)6120875
电　报:0675
董事长、总经理:王世明
联系人:谭楚芳　李　悦

公司是本土资深专业广告公司,已有 45 年历史。公司现为国际广告协会中国分会会员,任中国广告协会理事,中广协广告公司委员会副秘书长,四川省广告协会、成都市广告协会副会长等职,1997 年底公司被中国广告协会命名为“全国广告行业文明单位”。

公司为美国 3M 公司等 8 家广告物料与广告器材生产制造企业的授权经销商和加工商,拥有先进的电脑设计制作设备和大批专业人才,是以设计、制作、发布、代理国内外各类广告为龙头,集装饰、摄影、书画、商贸、旅游于一体的集团性公司。

1998 年 9 月,公司完成国有公司向有限责任公司的转变,实现了内部资源重组,在广告经营方面设置企划传播和商务制作两个经营运作中心。秉承优良传统,超越陈规束缚,公司将以更新的经营机制和理念,卓有成效地为客户提供一体化、全方位优质服务。

中广联四川广告有限公司

地　址:四川成都市祠堂街 16 号
邮　编:610015
电　话:(028)6127881　6120474　6121883
传　真:(028)6120875　6126003
负责人:肖之云
联系人:余义晓

本公司是中国广告联合总公司(简称“中广联”)在四川的分支机构,由“中广联”和成都市美术广告有限公司合资经营。“中广联”系新华通讯社直属企业,现有 79 家成员公司分布于全国 60 个大中城市。

本公司以大型专业公司的综合服务能力与专心敬业之精神,履行对您的所有承诺。

经营范围:设计、制作、发布、代理国内外各类广告兼营室内装饰,展览设计制作。

成都华顿广告有限公司

地　址:成都市西安中路60号一幢302室
邮　编:610031
电　话:(028)7737088　7737017　7715041
传　真:(028)7737088
负责人:赵克毅
联系人:刘莫崵

本公司由成都市美术广告有限公司与香港华光广告有限公司合资组建,引进国际现代广告运作机制和广告制作新技术,以"创新、诚信"为本,充分依托两公司的专业优势,设计和制作、代理国内外各类广告,发布路牌、灯箱、霓虹灯广告;承接室内装饰和各种展览工程,竭诚为广大客户服务。

四川省巴蜀新形象广告策划公司

地　址:成都市一环路南三段六十四号
邮　编:610041
电　话:(028)5560866　5539015
传　真:(028)5550651
手　机:01398092961　01398092966
网址:http://www.BSNIA.com
Email:bashu@mail.sc.cninfo.net
天府热线网址:http://www.sc.cninfo.net
负责人:孟兴中
联系人:刘明君　王春艳

本公司是中央电视台西南地区资深广告代理单位,是《人民日报》、《经济日报》等国家级大型媒介和国内主要省级卫视等大型地方媒介的广告指定代理单位,公司拥有先进的平面广告、图片广告、影视广告制作的专业设备和杰出的专业员工队伍,能独立地为海内外企业进行市场营销策划、市场拓展、广告策划、广告创意、各类广告作品制作(平面广告、影视广告等)及代理发布等全方位整体服务。公司独立承担了中央电视台1998年在四川省和重庆市电视扶贫广告的创意、策划、制作及发布等宣传工作,先后为四川省和重庆市的大型企业集团在全国范围内的广告宣传进行了全方位服务。

公司已发展成为拥有45名员工队伍,注册资本达1000万元的大型综合性广告企业,已在北京设立专门的媒介购买公司和影视制作基地,并在重庆建立了分公司;是《人民日报》海外版广告理事会副理事长单位,中国广告协会、四川省广告协会会员单位,《现代广告》杂志理事单位。

成都铁路广告公司

地　址:成都市人民北路二段二十五号六楼
邮　编:610081
电　话:3173212　3173320
传　真:3173187
负责人:廖明杰
联系人:江润

成都铁路广告公司成立于1987年8月,是具有独立法人资格的综合性广告企业,是中国广告协会、中国铁路广告管委会、四川省广告协会和成都市广告协会骨干会员单位,也是全国百家广告行业文明单位之一,四川省、成都市两级广告协会授予的"重信誉、创优质服务"先进单位、铁路行业"青年文明号"行业。

八年来,公司在铁路和地方政府各级领导的直接关心支持下,得到了迅速的发展。现拥有30对旅客列车和成都火车北站地区6000平方米户外广告及宝成线成都至广元各站、成渝线成都至内江各站户外广告的独家经营权,以及全国铁路众多站、车广告经营代理权。

公司拥有一批高素质的广告管理、策划创意和设计制作队伍,并率先采用美国先进的电脑设计、电脑制版、电脑喷绘和刻绘系统,为国内企业提供高质量、全方位的广告宣传服务,先后与海外客商合作推出360平方米大型"555"射灯喷绘广告,与国内大中型企业联袂推出"全兴号"、"长虹号"、"宏达号"、"沱牌号"、"亚太号"等广告列车,以及240平方米西南最大电脑广告屏的开播,为促进西南地区市场经济的发展产生了长远的影响。

目前,公司正在由传统的媒体代理和户外广告制作发布向综合性、全面性客户代理转变,本公司立足铁路、着眼西南、面向全国,愿有更多的机会与海内外各界客商合作,促进双方事业更加辉煌!

四川省对外广告公司

地　址:四川省成都市府青路一段34号
邮　编:610082
电　话:3335953
传　真:333896
负责人:张东锐
联系人:蒋　奕

四川省对外广告公司成立于1980年,具备了较完善的国际国内业务网络,拥有一批经验丰富的广告专业人员,已形成市场调查、创意制作、媒介发布、展示促销、公共关系、信息反馈、装饰工程、广告礼品、广告器材及与之相关的进出口贸易等服务体系。公司以雄厚的资本实力,独具匠心的创意策划,先进的广告制作设备,快捷准确的媒体发布以及全面周到的其它服务,成功地为一百多家国内外客户提供了广告服务,获得了良好的社会效益和经济效益。

成都市公交广告装饰公司

地　址:四川成都市上西顺城街45号
邮　编:610015
电　话:6622508、6626797
传　真:6781151
负责人:周正如
联系人:张宣英

成都市公交广告装饰公司是成都市公共交通总公司下属的全民所有制国营企业。本公司是集广告设计、制作、发布和代理国际、国内各种媒介的综合性广告公司;同时是省建委的建筑装饰企业,本公司系中广协直接会员及公交委员会副主任单位、四川省广告协会常务理事,省、市广协广告公司委员会副主任。

位于四川腹地中心的成都市公交广告装饰公司,是西南地区实力雄厚的广告公司,在全国广告实力排序百强之列,成都市广告实力排序第二名。公司拥有1000余辆电、汽车、中巴,近200余座不锈钢候车亭及路牌面积近10000平方米,2000余个站桩以及电杆,线路80余条,年度销售车票2亿张,月票50万张,月票卡板20万张以及几十万份公交报和近10万份的公交线路图。公司拥有自身优越的广告媒体和先进的电脑办公设备和管理手段,并拥有一支一流的创意设计、调查策划、制作队伍。

成都公交广告将热情地为广大工商企业奔走相告。

经营范围:

主营:广告装饰工程

兼营:装裱字画、店堂设计、批发零售工艺美术品(不含金银制品)、装饰材料、百货、五金交电。

西南航空广告公司

地　址:四川成都市人民南路四段使馆路2号(南谊大厦七楼)
邮　编:610041
电　话:(028)5210995　(028)5210992
传　真:(028)5210985
负责人:刘天玺　陈观荣
联系人:钟　军

经营范围:

●设计、制作、发布和代理各种媒体的国内外广告

●经营航空公司所属场所的路牌和灯箱广告

●经营飞机票、飞机票套、登机牌、时刻表、机上闭路电视、航机杂志、安全须知、桌板、头片、饮料杯等航空媒体广告

●经营广告礼品和印刷业务

四川大方广告有限公司

地　址:四川省成都市将军街20号
邮　编:610015
电　话:6646627　6278581
传　真:6648400
负责人:袁　明
联系人:胡小丁

四川大方广告有限公司是一家能为客户提供全面服务的专业化综合代理广告公司。公司在整体广告策划实施及平面设计、大型户外图片路牌和室内灯箱广告的制作发布等领域具有独特优势。公司与成都电信局、成都卷烟厂、四川省建设银行和长虹电器等大型企业长期合作,为其策划设计了一系列在全国及省市获奖的优秀广告作品,整体策划实施了各类成功的广告促销活动。

公司愿与新老客户真诚合作,携手共进!

四川西南国际广告公司

地　址:成都市建设北路一段76号通美大厦14楼
邮　编:610051
电　话:(028)3381765
传　真:(028)3381841
负责人:肖景勋
联系人:王芙蓉

四川西南国际广告公司系中国广告协会会员、四川省广告协会副秘书长单位、国际广告协会中国分会会员、中国广告联合总公司成员公司。

公司经营范围:设计、制作、发布、代理国内外各类媒介广告业务、企业形象(CI)策划、室内外装饰;组织服装演展、礼仪公关服务、信息咨询服务等;独家代理成渝高速公路(简阳－隆昌段)的户外广告业务。

公司渠道畅通、网络健全、协调能力强、信息传递快,目前已同120余家企业主和广告经营单位建立了友好的合作关系。

报纸类

四川日报广告处

地　址:成都市红星中路二段70号
邮　编:610012
电　话:6758900－3086　6747676　6742700
电　报:1557
广告业务负责人:刘国熙
联系人:吕　兵　袁　伟
经营范围:

承办《四川日报》、《四川农村报》《文摘周报》的国内报纸广告及《四川日报》外商来华广告业务,代理国内报纸广告。承办《新闻界》国内杂志广告业务。

四川工人日报社经济部

地　址:中国四川省成都市一环路东三段31号
邮　编:610066
电　话:(028)4328129　4317265　4325906
负责人:邱明斤
联系人:刘绍书

《四川工人日报》是四川省总工会机关报,1950年创刊。是四川省唯一单独面向全省10万家企业和全省1000多万工薪职工的对开日报。国内外公开发行。

本报办报方针:坚持机关报性质,兼有晚报风格,突出维权特色。

本报宗旨:宣传工人阶级,维护职工权益,展示企业风貌,服务社会读者。

广播电视类

四川省自贡电视台

地　址:四川自贡市汇东新区文化路
邮　编:643000
电　话:(0813)2202435
传　真:(0813)2201430
台　长:张立宪

广告部主任：王安银

自贡电视台建于1984年10月1日。发射功率10千瓦，讯号覆盖全市及重庆、泸州、宜宾、乐山、内江等地市的部分地区，覆盖区域人口两千多万，在川南地区有着强大的影响。

自贡电视台自办有二十多个节（栏）目，拥有成套完整的进口摄录、编辑设备和真彩色三维动画工作站，并拥有一支训练有素的编采、制作、播控人员队伍。拍摄的电视剧《冠军从这里起飞》荣获第六届"飞天奖"三等奖。

自贡电视台是四川省城市电视台广告协作会秘书长台。

在自贡电视台发布广告，不仅能收到满意的回报，而且还能享受到优质的服务。

成都人民广播电台广告部

地　址：成都市双林路99号
邮　编：610051
电　话：028－4336955　4341759
负责人：赵　平

四川有线电视台广告部

地　址：四川省成都市金河街18号金河大酒店二号楼
邮　编：610031
电　话：6695887　6699821
传　真：6695887
负责人：伍昌邻

四川有线电视台作为四川省的三大广播电视传媒之一，以全天20多小时滚动播出的形式，向省内地区的150万户观众提供新闻综合、影视文艺、图文信息、妇女儿童、电视购物等五套节目。

我台于1995年10月开始在四川地区转播中央电视台电影、体育、综艺等四套卫星电视节目，并积极推进我省有线电视网络建设，尽快实行全省联网，以使四川一亿二千万人口中有更多的观众能够看到画面质量更清晰，节目内容更丰富的有线电视节目。

在此我们热忱欢迎各位朋友与我们友情合作，充分利用有线电视"纳千江万河、汇电视大海"的媒体优势，与我们一起共同描绘新世纪的宏伟画卷。

四川电视台广告部

地　址：四川省成都市东胜街40号
邮　编：610015
电　话：6634844　6693444　6637281
负责人：曹培俊（法人）　郑绿瀚
联系人：张建勇　赵长根

四川电视台广告部承揽全台各套节目电视广告经营业务。四川电视台截至1995年底自办两套电视节目，采用卫星（亚太1A）微波传输、直接发射三种方式传送电视信息；两套节目每天播出自办节目累计27小时，梯次覆盖成都市、四川省、全国及东南亚地区，覆盖区内电视人口超过十亿。四川电视台广告部具有策划、制作、营销多种服务功能，坚持公正、热情、高效为中外客户服务。

四川人民广播电台广告科

地　址：成都市红星中路119号
邮　编：610017
电　话：679053　665401转808

贵　州　省

公 司 类

贵阳市美术广告公司

地　址:贵州省贵阳市中华中路44号
邮　编:550001
电　话:(0851)5823086　5866826　5866525
负责人:齐荫清
联系人:邵培倩

贵州中亚广告公司

地　址:贵州省贵阳市北京路18号
邮　编:550004
电　话:(0851)6850259　6825912
负责人:彭学军
经营范围:
　　设计、制作、代理、发布国内广告业务。

贵州广告公司

地　址:贵州省贵阳市北京路21号
邮　编:550004
电　话:0851－6823572
传　真:6823572
负责人:徐联科
联系人:申鸿方

承办对外经济贸易广告业务,广告礼品,摄影器材的进出口业务,国内广告及代理电视报刊、印刷广告业务,三类商品进出口贸易业务及三来一补业务。

贵州商业广告有限责任公司

地　址:贵州省贵阳市陕西路2号
邮　编:550001
电　话:(0851)6825093　6816866
传　真:6816866
负责人:林　坚
联系人:王德榕

贵州商业广告有限责任公司(前身是贵州商业广告公司),1991年成立,是省内最早成立的广告公司之一。我公司拥有贵阳市繁华商业地段喷水池、紫林庵一千多平方米的广告媒体,以及延安东路等绿化带的广告发布权,能为客户提供市内黄金地段的广告位置,使厂商的产品在此得到完美的再现。

在全国享有盛誉的神奇制药公司成立之初,我公司就全权代理、发布神奇系列品牌形象和企业形象广告,对宣传神奇品牌收到良好效果。1993年我公司与贵州航天公司合作,在市中心延安路推出全省首例"航天小霸王"巨型墙体莹光广告;以后又在贵阳市繁华商业地段首次推出西南最大一块用反光材料制成的楼顶路牌广告《金雄香烟》和进口反光材料制成的立体广告《金星电视》。1996年公司代理全国十大名茶之一的"贵州羊艾毛尖茶"及羊艾茗茶系列的包装设计和印刷成品。几年来公司成功地推出了数十件超大型户外广告,先后代理了省内多家名牌产品的包装设计及印刷。

为使用新科技提高广告水平,我公司已购进美国苹果9600型设计电脑、大力神照排机、多霸扫描仪,结合最新的设计软件,卓越的中英文字库,完美的设计风格,精湛的制作技艺,能迅速表达客户所需的作品。

公司经营范围:设计、制作、发布、代理国内广告业务;代理策划、制作国内电视、广播、报纸、杂志广告;产品包装设计及印刷;设计、印制画册及其它各类宣传品;园林雕塑、工艺礼品、室内装饰装潢。

报 纸 类

经济信息时报

地　址:贵阳市西湖路8号
邮　编:550002
电　话:5893449　5892170
传　真:5822486
电　报:1873

贵州日报社广告发行处

地　址:贵阳市外环城东路360号
邮　编:550001
电　话:(0851)627859

贵阳晚报社广告部

地　址:贵州省贵阳市中山东路169号
邮　编:550001
电　话:(0851)513530

贵州广播电视报社广告科

地　址:贵阳市青云路271号
邮　编:550002
电　话:(0851)529626

广播电视类

贵州人民广播电台
贵州银河广告公司

地　址:贵州省贵阳市青云路259号
邮　编:550002
电　话:5860899　5822308
传　真:5860899
广告负责人:姚世权
法　人:梅应福
联系人:吴　钢

贵州人民广播电台在全省80多个县(市)、广播台(站)定时转播节目,并连接乡镇广播站1000多个,通广播的村已有3500多个,同时,上百家军工企业和遍布全省各地的中央直属企业和地方企业均常年定时转播本台节目,据统计,全省城乡有180多万部收音机、收录机和200万只有线广播喇叭。本台节目自1989年通过卫星转播以来覆盖面更为广阔,西南地区各省市和两广、两湖、海南等17个省、自治区均能清晰地收听到本台节目,本台还常收到新加坡、澳大利亚、日本、美国、法国、瑞典、芬兰等国家和地区收听本台节目的听众来信。

本台广告部承办企业产品和各类商品广告宣传,设有广告专题节目,广告部为工商企业提供广告策划,设计与制作,同时提供市场调查、信息反馈、产品推广等综合性服务。

贵阳人民广播电台广告部

地　址:贵州省贵阳市遵义路工人文化宫内
邮　编:550002
电　话:(0851)515764

贵州电视台广告部

地　址:贵州省贵阳市青云路261号
邮　编:550002
电　话:529108

贵阳电视台

地　址:贵阳市延安中路21云岩区少年宫(临时办公)
邮　编:550001
电　话:525951　523903　523907

云　南　省

公　司　类

昆明恒通广告公司

地　址:昆明市北站信通大楼4楼
邮　编:650051
电　话:0871－5153750　5152247
传　真:0871－5153750
负责人:郭洪明

昆明恒通广告公司1995年被国家工商局、中国企业家评价协会评定为中国五十家最大广告公司之一。

昆明恒通广告公司所代理的广告客户中有三家名列中国五百家最大企业之中。

昆明白宇现代广告有限公司

地　址:云南省昆明市省体育馆4号门4楼
邮　编:650041
电　话:(0871)3148198　3139809
传　真:(0871)3102694
法人代表:倪文贵
联系人:汤兴萍

一、主要服务范围:

客户服务:为客户提供企业形象策划、产品广告、SP、PR、DM、EM策划与实施建立和巩固客户名牌的领导地位,以促进销售。

创意设计制作服务:在广告策略的指导下,为客户提供具销售力的卓越创意、设计、制作。

媒介服务:运用先进的媒介理论和实际操作经验,提供媒介计划、媒介分析、媒介代理、控制和监督。

市场服务:提供专用的市场分析,各类消费者调研、广告测试等,为广告策划、创意和媒介计划提供坚实的作业基础。

二、理念系统

宗旨:以创名牌为己任,你的成功才是我的成功。

准则:整合行销传播——各种工具,一种声音。

报 纸 类

云南日报社广告处

地　址:昆明市新闻路51号
邮　编:650032
电　话:(0871)4192197
电　报:1632
负责人:曹水秀
联系人:秦廷学

云南日报社广告处主要经营广告设计,广告制作,发布国内外报纸广告。在云南日报社"报纸系列化、报业集团化、管理规范化"的总体布局中,拥有《云南日报》及其晚刊《春城晚报》、副页《文摘周刊》《语言美》、《农村信息导报》等广告发布媒体。同时,云南日报社广告处还代理云南日报在美国《国际日报》、澳大利亚《澳洲新报》、法国《欧洲时报》、香港《大公报》上创办的云南新闻专版的广告。

云南日报社广告处恪守发布质量第一的原则,热忱为广大客户服务,积极扩大与国内广告界同仁的合作,共创广告业的美好未来。

云南经济日报社

地　址:云南昆明东风东路延长线曙光小区
邮　编:650041
电　话:(0871)3316873　3335523
传　真:0871－3331263
负责人:杨析民
联系人:王祖鞭

《云南经济日报》是向国内外公开发行的对开套红大报,它及时传播准确度高、实用性强的经济信息,是云南经济的窗口,是沟通云南与全国及东南亚经济的桥梁,是经济工作者的良师益友,是领导决策的参谋。它拥有遍及全国的通联网,发行已覆盖全国30个省、市、自治区。通过中国图书进出口总公司和国际直邮,报纸已发行至香港特区和泰国、新加坡、越南、老挝、缅甸等东南亚、南亚以及欧美部分国家。

云南经济日报国际副刊、航空版《亚太风》,随正报发行外,还在云南民航53条国内国际航线各航班发行。

云南经济日报广告部拥有一支业务素质较强,能全心全意为广大客户服务的广告专业人员,能采用现代化手段,进行先进的广告创意和设计制作,满足客户的各种需求。1991年被评为云南省"重信誉创优质服务"先进单位。广告部主要经营范围是:策划、设计、制作、发布国内、外各类报纸广告及各类经济信息。

广播电视类

云南人民广播电台
地　址:昆明市人民西路广电中心
邮　编:650031
电　话:2122458　4141203

昆明人民广播电台
地　址:昆明市北京路601
邮　编:650032
电　话:3334963　3334969

云南电视台
地　址:昆明市人民西路47号
邮　编:650031
电　话:2124568

昆明电视台
地　址:昆明市大观路50号
邮　编:650032
电　话:4141490

陕　西　省

公　司　类

西安市美术广告总公司
地　址:西安市雁塔路中段5号
邮　编:710054
电　话:5521670　5529458　5511889
　　　5531583
FAX　:5521670
电　报:5656
负责人:林安令
联系人:石红娟　张居毅

西安市美术广告总公司是以策划、设计、制作发布、代理国内外各类广告的专业广告公司,现有职工五百多人,其中高、中、初级专业技术人员一百多名,管理机构设置科学,专业设备精良、先进。广告作品近百次在全国、省、市专业评比中获奖,现为中国广告协会会员,中广协广告公司委员会常委,省、市广告协会副会长单位。主要经营范围:广告整体策划、设计、制作、发布;承办、代理国内外各类经济广告;室内外装修设计、施工。

报　纸　类

安康日报社广告信息部(中国地市报广告委员会常务理事单位)
地　址:陕西安康市金州南路60号
邮　编:725000
电　话:(0915)3212549
传　真:(0915)3215581
主　任:张　钧
副主任:张良奎
业务联系:陈仪清

陕西安康地处秦头楚尾,居成渝、关中、江汉三大经济区的几何中心,阳安、襄渝两条电气化铁路交汇于此,在建的国家重点建设项目西康铁路(西安至安康)和西康二级公司,将沟通陇海、襄渝两大铁路干线。独特的地理环境和立体化的交通分布,使本报的信息辐射功能分外突出。

安康日报,创刊于1951年3月,已有40多年历史,订户和读者遍及全区的每一个党政机关,企业事业单位和乡镇村组,成为安康地区联系最广的信息中介,也是安康地区最权威传播范围最广泛的新闻传播媒介。

我们的工作宗旨:共创辉煌、同创卓越。

我们的待人原则：只要您和我们打一次交道，我们就将和您长交朋友。

我们的管理标准：规范化、标准化、科学化。

陕西日报广告处

地　址：西安市环城南路东段1号
邮　编：710054
广告处地址：西安市东大街334号
邮　编：710001
电　话：(029)7212418
电　报：0091
传　真：(029)7215262
广告处处长：崔广韬
业务联系人：石玉华
简介及经营范围：

陕西日报是西北地区日报发行量最大的一份报纸。它的前身是1940年3月25日在延安创办的《边区群众报》，至今已有50多年的历史。周一、周三、周六出八个版，后四个版分别为摄影专刊《社会大视角》、经济专刊《经济特刊》和社会综合副刊《周末》，内容广泛丰富，知识性、可读性强。

陕西日报在国内外发行，发行量30万份。刊登国内外各类广告，编印广告画册及产品说明书，并代办全国报刊的广告业务。

西安日报(晚报)社广告部

地　址：西安市南四府街9号
邮　编：710002
电　话：7281162　7271476
传　真：7610249

《西安日报》创刊于1953年7月1日(1982年改名《西安晚报》，1994年1月1日复刊)，是中共西安市委机关报，西部中心城市综合性大报，对开四版，向国内外公开发行。

《西安晚报》是中共西安市委直接领导的，全国创办较早的具有地方特色的大型晚报。对开十二版。向国内外公开发行。

"两报"以邓小平建设有中国特色的社会主义理论为指导，坚持党的基本路线，为人民服务，为社会主义服务，既有很强的思想性、指导性、权威性，又融知识性、服务性、趣味性为一体，立足西安面向全国，信息量大，适合多层次读者需要的报纸。

广播电视类

陕西人民广播电台

地　址：西安市北大街
邮　编：710003
电　话：7211263

西安人民广播电台

地　址：西安市大南门外振兴路副7号
邮　编：710068
电　话：8402605

陕西电视台

地　址：西安市建西街
邮　编：710004
电　话：7216898

西安电视台经济部

地　址：西安市振兴路
邮　编：710003
电　话：8402364

杂志类

《工商与市场》杂志社

地　址：西安市东郊永乐路4号
邮　编：710032
电　话：(029)3245199
负责人：田中智
联系人：汪继军

《工商与市场》杂志，是陕西省工商行政管理局主办并主管，全国公开发行的经济类月刊。读者对象主要是经济行政管理人员，经济研究人员、企业经营管理者、个体工商户和广大消费者。

《工商与市场》杂志以社会主义市场经济为“主旋律”，主要宣传国家的法律、法规和政策，剖析透视社会经济热点现象，展示工商行政管理动态风貌，服务于企业、个体工商户和广大消费者。内容广泛，既有思想性、指导性，又有知识性，趣味性，贴近生活，贴近读者。

《工商与市场》在内文、四封、内插页刊登各类文字、黑白、彩色照片广告，欢迎各工商企业及个体工商户刊登广告。

铸造技术杂志

地　址：西安市金花南路西安理工大学 608 号信箱
邮　编：710048
电　话：(029)3232933、3239700－2292
电　报：8503
图文传真：(029)335545
广告业务负责人：孙茂中
联系人：魏振双
经营范围：

刊登国内外铸造、冶金、机械、交电、化工、金属及造型和装饰材料、仪表、电子产品等广告。

甘　肃　省

公　司　类

兰州铁路广告艺术总公司

地　址：甘肃省兰州市火车站东街 143 号
邮　编：730000
电　话：8888068
传　真：徐春光
负责人：王惠萍

本公司不仅拥有雄厚的技术力量，精良的制作工艺和专业的设计人员，而且拥有多种广告媒体：站内路牌霓虹灯箱、铁路民墙电子显示、美术设计有机制作、宾馆商场装饰装修、室内室外环境设计、目录标志设计印刷、艺术广告模特宣传以及列车时刻表、站台票、列车座卧号广告等。

本公司将一如既往地遵循“质量至上，信誉第一”的服务宗旨，继续与新老客户竭诚合作，共谋发展。

甘肃省广告美术公司

地　址：兰州市金昌路 10 号
邮　编：730030
电　话：8412071

甘肃省对外贸易广告公司

地　址：甘肃·兰州市定西路 188 号
邮　编：730000
电　话：(0931)8885609　8883494

中国西北航空宣传广告公司

地　址：兰州市东岗西路 258 号
邮　编：730000
电　话：23421－3029

兰州铁路广告美术公司

地　址：兰州车站东路 143 号
邮　编：730000
电　话：20752

国营兰州广告公司

地　址：兰州市天平街 11 号
邮　编：730000

电　话:26764　418281　27377

报 纸 类

甘肃日报

地　址:兰州市白银路47号

邮　编:730030

电　话:(0931)8124364

传　真:(0931)8124364

中继线:8127715

广告业务负责人:陈少沛

联系人:马亚瑞

广告业务范围:承办报刊广告,代理国内、外同行业广告业务。

《甘肃日报》是中共甘肃省委机关报,是甘肃省最具权威、最具指导性、发行量最大、最为社会各界所关注的综合性日报。每逢周一、周三均出对开八版,其余时间为对开四版。本报广告处拥有专业策划创意人员及先进的平面设计设备,能为广大客户提供全面优质的服务。

甘肃科技报

地　址:兰州市庆阳路30号

邮　编:730030

电　话:(0931)8823654

广告部负责人:高晓军

《甘肃科技报》立足甘肃,面向全国,内容充实,栏目繁多,图文并茂,丰富多彩;发行范围广,广告收费合理,信息反馈准确、迅速;四开四版,每周二、五出版,国内统一刊号:CN62－0024,邮发代号:53－3。

代办各类广告业务,欢迎刊登广告。

广播电视类

甘肃人民广播电台广告经营管理部

地　址:兰州市东岗西路226号

邮　编:730000

电　话:8821208

负责人:高树新

联系人:边　城

在本台发布各类国内、外广播广告。

甘肃电视台广告中心

地　址:兰州市东岗西路226号

邮　编:730000

电　话:8415009

电　报:4997

负责人:李平生

甘肃省城兰州古称金城,位于祖国版图的几何中心,自古就是西北政治、经济、文化的中心,人口三百多万,是闻名全国的瓜果城。

甘肃电视台现拥有两套节目。甘肃电视台一套节目现有20多个栏目,内容丰富多彩,多项节目曾夺得全国大奖。覆盖人口为2400多万,覆盖率80%左右。由于甘肃的狭长地理环境,内蒙、四川、宁夏、青海和陕西交界的部分地区都能收看到甘肃电视台的一套节目,甘肃电视台是大西北人民的知心朋友。

目前国家已确定将兰州市建成中国西部商贸城,这里将是中国西部物资、商品的集散地、旱码头,也是八方客商大显身手之地。谁赢得了甘肃的市场,谁就抓住了在大西北发展的机遇。我们热忱欢迎全国各地的朋友与我们携手并进、共图发展。

兰州电视台

地　址:兰州市庆阳路54号

邮　编:730030

电　话:(0931)8824347　8415101－3007(办)

负责人:李建国

兰州电视台有一个比较完善先进的电视节目采录、制作、多媒体编辑、遥控、传输、发射系统;两套节目每周各播出14次,日播出时间12小时;电视信号覆盖率为全市的82.5%。兰州以及榆中、皋兰、永登远郊等地区的260多万人中80%可以收看到两台的节目。

兰州电视台以“加强新闻、精办专题、搞好文艺、宣传经济、扩大服务”为编辑思想，努力提高整体节目质量，最大满足城市及其农村广大观众的需要。所办节目融思想性、知识性、娱乐性和服务性为一炉。在开办的40多个各类节(栏)目中，《兰州新闻》、《经济信息十分钟》、《轻松一刻》等十多个栏目在观众中产生影响颇大，许多节目在全国获奖，整体节目收视率近几年一直稳定在52%以上。

青 海 省

公 司 类

西宁包装装潢广告公司

地　址：西宁市解放路22号
邮　编：810000
电　话：(0971)8233386(直拨)　8233387
法人代表：吕士民
联系人：王伟华

国营西宁包装装潢广告公司是西宁地区集包装装潢广告为一身的多功能经营服务型公司。设计制作各种户外广告，霓虹灯，路牌，灯箱等广告；包装设计印刷，样本印刷，商标装潢、设计展览，室内外装修。本公司技术力量强，业务辐射广，管理正规，经济状况好，是青海西宁地区有影响的专业公司

报 纸 类

青海日报

地　址：青海省西宁市七一路211号
邮　编：810000
电　话：(0971)6130830　6145358
电　报：3189
广告处负责人：何士栠
联系人：郜全意

《青海日报》是中共青海省委机关报，对开四版，星期五为八版，是青海省唯一的综合性大报，创刊于1949年10月20日，面向国内外公开发行。

青海日报广告处是青海省最大的一家报纸广告经营单位。主要代理省内外报纸、广播、电视、杂志等广告业务；策划、创意、设计和发布报纸广告。

青海日报广告处下设四部一室：广告接待部、编辑部、对外联络部、财务部、电脑室。

广播电视类

西宁电视台

地　址：西宁市南关街43号
邮　编：810000
电　话：(0971)8230739
传　真：(0971)8230739

宁夏回族自治区

公 司 类

银川市广告美术公司

地　址：银川市解放西街66号
邮　编：750001
电　话：5045201
传　真：6021508

电　报:0707
负责人:朱世德
联系人:冯茂源

我公司成立于1983年6月,中国广告联合总公司成员公司。本公司设计、制作发布国内户外广告业务,代理国内各类广告业务。

报纸类

宁夏日报广告部

地　址:宁夏银川市中山南街109号
邮　编:750004
电　话:(0951)6032801　6030829
　　　　6031497-321、320
传　真:(0951)6032801
电　报:1032

《宁夏日报》是宁夏回族自治区党委机关报,省级报纸,面向国内外发行,每天对开四版,周五对开八版,发行量10万多份。

宁夏日报广告部利用自有《宁夏日报》发布国内外报纸广告,为客户代理、策划、设计、发布各种报刊广告,承办分类广告业务。

宁夏日报广告部编排、策划、设计力量雄厚,激光照排,设备先进,是国内外工商企业宣传产品,提高知名度的理想媒介。

银川晚报社广告部

地　址:银川市中山南街123号
邮　编:750004
电　话:6032458

广播电视类

宁夏人民广播电台广告经理部

地　址:银川市新市区北京东路16号
邮　编:750021
电　话:6041323　6023313　6043894
经　理:李雪峰
联系人:陈丽雯

宁夏电视台广告经理部

地　址:宁夏银川新华西街86号
邮　编:750001
电　话:(0951)5045601

新疆维吾尔族自治区

公司类

新疆人广告公司

地　址:新疆乌鲁木齐市场子江路1号
邮　编:830051
电　话:0991-5820744　5818200-3399
负责人:贾兆新
联系人:贾兆新

新疆人广告公司成立于1993年,是《新疆日报》所属的全民所有制国营企业。现已成为能够为国内外广告客户进行各类广告的代理、市场调查、总体策划及各类广告的创意设计制作,护栏、布标、路牌广告的发布、宣传品的印刷、展览、展销等多功能的综合型广告公司。该公司拥有一支精悍的广告专业队伍和众多的户外广告媒体。

该公司优势:以《新疆日报》为媒体依托,拥有自己的创意设计制作系统,同时拥有自己的户外媒体——《新疆日报》新闻大楼。路牌面积1000米^{2}以上和阿勒泰路段400米^{2}的户外媒体。我公司还可在新闻大楼上楼顶约85米高处制作、发布大型豪华霓虹灯广告。

新疆准东广告公司

地　址:新疆阜康市石油基地准东电视台院内

邮　编:831511
电　话:0994－3831018、3831004
负责人:寇保胜
联系人:朱盛举
经营范围:

制作、摄制、代理、发布国内电视广告,为工商企事业单位摄制各种规格的电视片和资料。

设计、制作、代理、发布路牌、灯箱、布展等户外广告。

报 纸 类

新疆广播电视报广告部

地　址:新疆乌鲁木齐市团结路84号
邮　编:830044
电　话:0991－2570047　2560784转8158
传　真:0991－2561803
电　报:2330
主　任:张铁龙
联系人:张玉萍　梁丽芳

《新疆广播电视报》是隶属于新疆广播电视厅的一张专业报纸,自1999年起彩色印刷,现办有6个地州版(经新疆维吾尔自治区新闻出版局批准,新疆广播电视报同吐鲁番、马音郭楞、塔城、奎屯、博尔塔拉、昌吉六个地州市广播局联合办报),面向全疆发行,深入千家万户。它的宗旨是:引导视听,提供服务。它的主要内容是:预告中央电视台八套电视节目,以及新疆、四川、山东、浙江、云南、贵州等外省卫视20多套上星节目,并且还预告新疆境内的卫视不同语言多套电视节目。所在地无、有线广播电视节目和新疆人民广播电台的广播节目内容,荟萃影视信息,展示明星风采,集纳百科知识,紧跟时代潮流。

《新疆广播电视报》主要版面有:《节目表版》、《影视要闻版》、《影视剧情介绍》、《有线电视》、《广播天地》、《百花苑》、《影视人物》、《影视风景线》、《文摘报》、《家庭版》、《体育纵横》、《社会天地》等。

本广告部自成立以来,始终遵循“以策划为先导,以创意为中心”的经营战略,坚持“信誉第一,客户至上”的服务宗旨,始终如一地为国内外广大广告客户提供最佳的服务。

《新疆广播电视报》维、汉两文版,邮发代号是:57－4。

乌鲁木齐广播电视报

地　址:乌鲁木齐市建国路9号
邮　编:830002
电　话:(0991)2615598
传　真:(0991)2618214
负责人:张全利
联系人:孙庆东

《乌鲁木齐广播电视报》创刊于1993年,为四开/十六版周报,全年彩色印刷,报纸发行覆盖乌鲁木齐及周边地区,具有周期长,受众面广告等特点。多年来以她内容丰富、新颖版面、独特风格、贴近生活、贴近读者、锐意进取、不断创新而深受千家万户的喜爱。周五交稿,周三出版。

主要经营范围:发布国内外广告,承办分类广告业务。

新疆日报广告部

地　址:新疆乌鲁木齐市扬子江路1号
邮　编:830051
电　话:(0991)5850783、5859793
传　真:(0991)5850783
负责人:刘晓凤

“新疆日报”属新疆维吾尔自治区内发行量最大的报刊,发行面覆盖全疆。

新疆昌吉报社广告部

地　址:新疆昌吉市廷安中路59号
邮　编:831100
电　话:(0994)2343036
负责人:杨春辉
联系人:王新斌　王艳华

《昌吉报》是中共昌吉回族自治州党委机

关报,它以宣传党的方针政策,反映昌吉州改革开放新面貌为使命,报纸辐射昌吉州五县三市以及农六师各团场,是新疆有影响的一家综合性地州级报纸。

《昌吉报》创刊于1958年,已有40年历史。《昌吉报》报刊广告,迅速、及时、收效明显。《昌吉报》广告部以广交朋友,互通信息、为企业服务、为读者服务为宗旨,既重视经济效益,也重视社会效益,欢迎州、区及国内外工商企业、客商刊登各类广告。

广播电视类

乌鲁木齐电视台广告部

地　址:乌鲁木齐市红山路18号
邮　编:830002
电　话:2811827
负责人:王小宁、吴　锋
联系人:胡晓荣

新疆雪莲电视台广告部

地　址:新疆乌鲁木齐市团结路84号
邮　编:830001
电　话:2860449
电　报:6081
负责人:秦　玲
联系人:秦　玲
经营范围:

新疆电视台是全国唯一一家用汉、维、哈三种语言。五套节目(四频道维语,六频道汉语,八频道为文艺台,呼号为"雪莲电视台",十二频道哈语,卫星电视)同时播出的电视台,电视覆盖率达73%,上星节目通过"中星五号"全天16小时播出,覆盖全国及亚洲、太平洋地区。

雪莲电视台隶属新疆电视台,每逢节假日增加一次维语节目播出,其它时间均为汉语节目时间,每天播出电视剧、电影精品、文艺片集数最多,时间最长,深受各族观众欢迎。

朋友,欢迎您到新疆来作客,我们愿与您真诚合作!

新疆有线电视台广告部

地　址:乌鲁木齐市团结路84号
邮　编:830001
电　话:2870717
负责人:兰　天
联系人:赵　辉　景　湛

新疆有线电视台是全国唯一一家同时用维、汉、哈语三种语言、四套节目同时播出的省级有线电视台。

新疆电视台广告部

地　址:乌鲁木齐市团结路84号
邮　编:830001
电　话:2861420

新疆人民广播电台广告信息部

地　址:乌鲁木齐市团结路84号
邮　编:830044
电　话:2861756

乌鲁木齐人民广播电台广告部

地　址:乌鲁木齐市新民路36号
邮　编:830002
电　话:2818840

广告经营单位名录索引

北京市

公司类：

报纸类

广播电视类

杂志类

天津市

公司类

报纸类

广播电视类

杂志类

上海市

公司类

报纸类

广播电视类

杂志类

重庆市

公司类

报纸类

广播电视类

杂志类

河北省

公司类

报纸类

广播电视类

山西省

公司类

报纸类

广播电视类

内蒙古自治区

公司类

报纸类

辽宁省

公司类

报纸类

广播电视类

杂志类

吉林省

公司类

报纸类

广播电视类

杂志类

黑龙江省

公司类

报纸类

广播电视类

杂志类

江苏省

公司类

报纸类

广播电视类

杂志类

浙江省

公司类

报纸类

广播电视类

安徽省

公司类

报纸类

广播电视类

福建省

公司类

报纸类

报纸类

广播电视类

杂志类

广西壮族自治区

公司类

报纸类

广播电视类

海南省

公司类

报纸类

广播电视类

四川省

公司类

报纸类

广播电视类

贵州省

公司类

报纸类

广播电视类

云南省

新疆维吾尔族自治区

公司类

报纸类

广播电视类

广告刊户索引

广告经（兼）营单位认刊表

<table>
<tr><td>全　称</td><td colspan="3"></td></tr>
<tr><td>地　址</td><td colspan="2"></td><td>邮　编</td><td></td></tr>
<tr><td>电　话</td><td colspan="2"></td><td>电　报</td><td></td></tr>
<tr><td>负责人</td><td></td><td>联系人</td><td colspan="2"></td></tr>
<tr><td colspan="5">广告内容：

（可另附纸）</td></tr>
</table>

《中国广告年鉴》认刊回执

<table>
<tr><td>刊户名称</td><td colspan="3"></td><td>负责人</td><td colspan="2"></td></tr>
<tr><td>地　址</td><td colspan="3"></td><td>电话</td><td></td><td>邮编</td></tr>
<tr><td>开户银行帐号</td><td colspan="6"></td></tr>
<tr><td>刊登类别</td><td colspan="6">□彩色广告　□黑白广告　□文字广告</td></tr>
<tr><td>刊　费</td><td colspan="3"></td><td>汇款时间</td><td colspan="2"></td></tr>
<tr><td>付款方式</td><td>转帐</td><td>邮汇</td><td colspan="4" rowspan="2">刊户单位
公　章</td></tr>
<tr><td>刊户经办人</td><td colspan="2"></td></tr>
</table>

《中国广告年鉴》介绍

《中国广告年鉴》是国家工商行政管理局、中国广告协会、中国广告联合总公司和新华出版社共同编辑出版的一部大型资料工具书。

《中国广告年鉴》自 1988 年创刊至今，已出版七册（1988 年版、1992 年版、1994 年版、1995 年版、1996 年版、1997 年版、1998 年版），发行海内外。不仅受到国内广告经营单位、广告主的重视和欢迎，也引起国际广告业、信息业的普遍关注，是反映我国广告业发展状况的重要历史文献。广告年鉴以其内容丰富，资料翔实被称为研究中国广告业发展的编年史册。

《中国广告年鉴》的主要内容有：党和国家领导人对广告工作的指示、讲话，中国广告业发展概况，中国广告业统计资料，广告法规、条例、方针、政策，广告界大事纪要，广告学术论文选登，广告专业名词注释等。为了重点介绍各地广告业发展的情况以及广告管理经验，从 1996 年起特辟地方及专业委员会情况介绍专栏，供大家学习、参考。

《中国广告年鉴》自创办以来，一直得到各地工商部门广告管理机构、广告协会及广告界广大同仁的鼎力相助。在此，我们表示诚挚的谢意。愿我们大家继续努力，共同把广告年鉴办得更好，年复一年的出版下去。

中国广告年鉴编辑部
地址：北京市海淀区羊坊店路 3 号
邮编：100038
电话：63074320　63954857